廣雅疏證

【清】王念孫 撰

下

上海古籍出版社

廣雅疏證卷第七下

高郵王念孫學

釋器

盎謂之盆

爾雅盎謂之缶郭璞注云盆也方言瓿謂之盎自關而西或謂之盆或謂之盎急就篇甀缶盆盎甕罃壺顏師古注云缶盆盎一類耳缶即盎也大腹而斂口盆則斂底而寬上考工記陶人爲盆實二鬴厚半寸脣寸

瓿甂𤮏缶也

說文缶瓦器所以盛酒漿秦人鼓之以節歌陳風宛丘篇坎其擊缶正義云易離卦九三不鼓缶而歌是樂器爲缶也坎卦六四尊酒簋貳用缶則缶是酒器襄九年宋災左傳曰具綆缶備水器則缶是汲水之

器、然則缶是瓦器、可以節樂、又可以盛水盛酒、卽今之瓦盆也、禮器、五獻之尊、門外缶、門內壺、君尊瓦甒、鄭注云、壺大一石、瓦甒五斗、缶大小未聞也、正義云、以小爲貴、近者小、則遠者大、缶在門外、則大於壺矣、方言、缶謂之瓿甊、郭璞注云、卽盆也、說文、甂缶也、籀文作𨱸、篆文作𧆸、急就篇、甑瓽甂甌瓨甖盧、注云、盧、小甖、並字異而義同、

甈甌甂也

方言、甂、陳魏宋楚之閒謂之題、自關而西謂之甂、其大者謂之甌、說文、甂、似小瓿、大口而卑、淮南子說林訓云、狗彘不擇甂甌而食、楚辭七諫云、甂甌登於明堂兮、周鼎潛乎深淵、說苑反質篇云、瓦甂、陋器也、方言注云、今河北人呼小盆爲題子、杜啟反、太平御覽卷引通俗文云、小甌曰題、甂題猶匾匾也、衆經音義卷六云、韻集、匾匾、方殄反、匾他奚反、纂文云、匾匾、薄也、今俗呼廣薄爲匾匾、關中呼𥫱匾、器之大口而卑者、與廣薄同義、故亦有甂題之名、又匾匾與𥫱匾、一聲之轉、大口而卑者謂之甂、猶下文匾榼謂之椑矣、甌之

言甌也。卷二云：「甌，小也。」説文：「甌，小盆也。」爾雅：「甌瓿謂之缻。」郭注云：「瓿甂，小甖。」小甖謂之甌，瓿猶小盆謂之甌也。甌與甂題皆小盆，而甂匙又小於甌，故方言云：「其大者謂之甌。」

甈甈甂也。

廣韻：「甈，罌屬。」玉篇：「甈，甈甂也。」爾雅：「康瓠謂之甈。」説文：「甈，康瓠破罌也。或作𤭛。」方言：「甈謂之盎。」

甞坻甖也。

説文：「鑑，大盆也。」周官淩人「春始治鑑」，鄭注云：「鑑如甀，大口，以盛冰，置食物於中，以禦溫氣。」釋文：「鑑，胡暫反。本或作監。」莊子則陽篇云：「衛靈公有妻三人，同濫而浴。」襄九年左傳注云：「水器，盆鑑之屬。」並字異而義同。墨子節葬篇云：「多爲屋幕，鼎鼓几梴壺濫，戈劍羽旄齒革。」呂氏春秋節喪篇云：「玩好貨寶，鍾鼎壺濫，轝馬衣被戈劍，不可勝數。」濫與壺並稱，蓋亦盆盎之屬。愼勢篇云：「功名著乎槃盂，銘篆著乎壺鑑。」是也。高誘注云「以冰置水漿於其中爲濫」，失之。説文：「甞，大盆也。」急就篇云：「甑甞甂甌坻甖盧。」玉篇：「坻，瓶也。」

甇𤭛甄㼜瓬㼽瓿甊缶甀甒瓮罌甗𤭸𤮍𤭰𤮯甋瓿
𤮾𤭞罃瓨𦉪𤭛瓶也

說文、𤭛、罌也、或作瓶、方言、瓬、㼽、甒、缶、甄、甇、甄、瓮、瓿、甊
甇、罌也、靈桂之郊謂之瓬、其小者謂之㼽、周魏之閒
謂之𤭛、秦之舊都謂之甄、淮汝之閒謂之缶、江湘之
閒謂之甇、自關而西晉之舊都河汾之閒其大者謂
之甄、其中者謂之瓿甊、自關而東趙魏之郊謂之瓮、
或謂之罌、東齊海岱之閒謂之甇、罌其通語也、罌與
罌同、甇各本譌作甇、今訂正、玉篇、甇、大罌也、說文、甄
器也、方言注云、今江東通呼大瓮爲瓬、爾雅、甌瓿謂
之瓿、郭注云、瓿甊、小罌、襄二十四年左傳、部婁無松
柏、杜預注云、部婁、小阜、小阜謂之部婁、猶小罌謂之
瓿甊也、單言之則曰瓿、字亦作錇、說文、錇、小缶也、漢
書揚雄傳、吾恐後人用覆醬瓿也、顔師古注云、瓿、小
罌也、說文、缶、瓦器也、又云、䍃、小口罌也、徐鍇傳云、周
禮注、鑑如缾大口、是缾小口也、缾與甄同、字亦作甖、
墨子備城門篇云、救門火者、各一甖、水容三石以上、
列子湯問篇云、山名壺領、狀若甔甀、東周策云、夫鼎

者非效隘壺齊瓡可懷挾提挈以至齊者淮南子氾論訓抱瓡而汲高誘注云瓡武也今兗州謂小武爲瓡方言注云今江東呼甖爲瓡子士喪禮下篇甒二鄭注云甒瓦器古文甒皆作廡甒瓦甒廡武並通禮器君尊瓦甒鄭注云瓦甒大五斗正義云此瓦甒卽燕禮公尊瓦甒大也禮圖瓦甒大受五斗口徑尺頸高二寸大中身銳下平瓦甒與瓦大同說文一瓮甖也通作罋甕士喪禮下篇注云罋瓦器其容蓋一觳說文甖缶也墨子備城門篇云用瓦木罌容十升以上者盛水方言罃陳魏宋楚之閒曰甂或曰瓶燕之東北朝鮮洌水之閒謂之瓺齊之東北海岱之閒謂之甔周洛韓鄭之閒謂之甄或謂之罃甔字通作儋又作擔史記貨殖傳漿千甔集解徐廣曰甔大罌也索隱云甔漢書作儋孟康曰儋甖也甖受一石故云儋石漢書蒯通傳守儋石之祿應劭注云齊人名小甖爲儋受二斛後漢書明帝紀生者無擔石之儲李賢注引埤倉云甔大甖也案諸說或訓甔爲甖或以爲大甖或以爲小甖古無定訓疑莫能明也玉篇瓶小甖也又云執瓶餅有耳也瓶訓爲瓶未見所出瓶曹憲音方往反各本瓶譌作瓬方往譌作方住玉篇瓶方往反

今據以訂正說文瓬下平缶也讀若昜方言甂謂之甃字亦作甖通作甕說文甖汲缾也井九二井谷射鮒甕敝漏虞翻注云羸其瓶凶故甕敝漏也甃與瓶同方言罃謂之甀說文罃備火長頸缾也急就篇云甀缶盆盎甕罃壺瓨亦作缸說文瓨佀罌長頸受十升又云缸瓨也急就篇云甑甗甌瓨甖盧史記貨殖傳醯醬千瓨徐廣音義云瓨長頸罌也瓨曹憲音下江反各本瓨譌作缸惟影宋本皇甫本不譌說文𦉼瓦器也又云瓴瓮佀缾者瓴與𦉼同漢書高祖紀譬猶居高屋之上建瓴水也如淳注云瓴盛水缾也淮南子脩務訓云今夫救火者汲水而趨之或以甕瓴或以盆盂其方員銳橢不同盛水各異其於滅火鈞也瓴甕皆可以盛水又可以節歌墨子三辯篇云農夫春耕夏耘秋斂冬藏息於瓴缶之樂李斯上始皇帝書云擊甕叩缻彈箏搏髀而歌皆是也𦉼各本譌作鐳影宋本皇甫本不譌王篇瓾瓶受一斗者集韻云北燕謂瓶爲瓾

鏔鉼敲鏤鬲鍑鑹鏞鍪鬵𨰬錡鬴鐈鬲𩏂釜也

方言、鍑、北燕朝鮮洌水之閒、或謂之錪、或謂之鉼、江淮陳楚之閒謂之錡、或謂之鏤、吳揚之閒謂之鬲、玉篇、錪、小釜也、說文、䰛、三足鍑也、小雅大東篇、跂彼織女、毛傳云、跂、隅貌、孫毓釋之云、織女三星跂然如隅、義與䰛同也、爾雅、鼎款足者謂之鬲、服虔注漢書司馬遷傳云、款、空也、郊祀志、鼎空足曰鬲、蘇林注云、足中空不實者名曰鬲、說文、鬲、鼎屬、實五觳、斗二升曰觳、象腹交文三足、漢令作㽁、或作𩰲、考工記、陶人爲鬲、實五觳、厚半寸、脣寸、士喪禮云、新盆槃瓶廢敦重鬲、方言、釜、自關而西或謂之釜、或謂之鍑、漢書匈奴傳云、多齎鬴鍑薪炭、說文、鍑、如釜而大口、衆經音義卷二引三倉云、鍑、小釜也、與說文異義、未知孰是、說文、鏕、温器也、今俗語謂煮肉爲熝肉、卷四云、熝、煨、熅也、熅謂之熝、故温器亦謂之鏕矣、說文、鑄、煎膠器也、又云、鍪、鍑屬也、急就篇、鐵鈇鑽錐釜鍑鍪、顏師古注云、鍪似釜而反脣、一曰、鍪、小釜類、卽今所謂鍋也、字或作堥、內則、敦牟巵匜、鄭注云、牟、讀曰堥、正義、隱義曰、堥、土釜也、以木爲器象土釜之形、說文、鬹、三足釜也、有柄喙、爾雅、煁、烓也、郭注云、今之三隅竈、烓與鬹聲相近、三隅竈謂之烓、猶三足釜謂之鬹矣、說文、䰙、上鍪也、從虗号聲、虗、古陶器也、䖒、各本譌作豐、自宋時本已然、故集韻類篇竝云䖒或作豐、案䖒從虍号聲、非從豆號聲、豐乃䖒之譌字、非䖒之別體、故說文玉篇廣韻俱無豐字、今訂正、召南采蘋篇、維錡及釜、傳云、有足曰錡、錡之言踦也、爾雅蟰蛸長踦、郭注云、小鼅鼄長腳者、說文、鬴、鍑屬也、或作釜、隸省作釜、釜與鬴同聲同義、而廣雅訓鬴爲釜者、古今異字、必以此釋彼而其義始明、爾雅云、輔、俌也、嗟、䇸也、迺、乃也、廣雅云、壹、弌也、焫、爇也、熿、熿也、花、𠌶也、皆以同聲同義之字、轉相訓釋、鬴之訓釜、亦猶是也、各本鬴下衍也字、今刪、鐈之言喬然高也、說文、鐈、佀鼎而長足、䰝、卽今鍋字也、說文、秦名土釜曰䰝、從鬲干聲、又云、鬷、釜屬也、各本䰝譌作鬲、鬷下又脫釜也二字、集韻類篇竝引廣雅、䰝、釜也、今據以補正、

鋗謂之銚

說文、銚、温器也、衆經音義卷十四云、銚似鬲、上有鐶、釜也、篇銅鍾鼎鋞鋗鉇銚、顏師古注云、鋗、温器也、鋗與銚同類、故亦可通稱、博古圖有漢梁山鋗、容二斗、重十斤、元康元年造、

鍚鍹謂之銼鑹

說文、銼鑹、鍑也。衆經音義卷十六引聲類云、銼鑹、小釜也。太平御覽引纂文云、秦人以鈷鏻爲銼鑹、案物形之小而圓者、謂之銼鑹。單言之則曰銼、廣韻、銼、蜀呼鈷鏻也。銼者、族鑹之合聲、故銼鑹又謂之鏃鑹。急就篇注云、小釜曰鏃鑹、是也。說文、痤、小腫也。一曰族累病。桓六年左傳謂其不疾瘯蠡也。瘯蠡與族累同。急言之則爲痤矣。爾雅釋木、痤、接慮李。郭注云、今之麥李。齊民要術引廣志云、麥李細小。麥李細小、故有接慮之名。急言之亦近於痤、故又謂之痤。銼鑹族累接慮、一聲之轉、皆物形之小而圓者也。玉篇、鍚鍹小釜也。太平御覽引魏略云、我槌破汝鍚鍹邪。又引杜預奏事云、藥杵臼澡槃熨斗釜瓮銚槃鍚鍹、皆民間之急用也。說文、鑢、溫器也。讀若奥。集韻又音燠。此即鍚鍹二字之合聲。

案謂之檈

檈、各本譌作擄。今訂正。方言、案、陳楚宋魏之間謂之檈。自關東西謂之案。說文、案、几屬。急就篇、橢杅槃案桮問盌顏師古注云無足曰槃有足曰案所以陳舉食也考工記玉人案十有二棗栗十有二列鄭注云案玉飾案也玉案十二以爲列棗栗實於器乃加於案戴先生補注云案者棜禁之屬儀禮注曰棜之制上有四周下無足禮器注云禁如今方案隋長局足高三寸此以案承棗栗上宜有四周漢制小方案局足此亦宜有足謹案案之言安也所以安置食器也槾之言寬也說文寬置物也案亦所以置食器其制蓋如今承槃而有足或方或圓禮器注言方案說文訓椀爲圓案是也古人持案以進食若今人持承槃漢書外戚傳云許后朝皇太后親奉案上食是也亦自持案以食若今持酒杯者并槃而舉之鹽鐵論取下篇云從容房闥之間垂拱持案而食是也凡案或以承食器或以承用器皆與几同類故說文云案几屬

⿱干皿謂之槃

說文槃承槃也⿱干皿音干戈之干各本⿱干皿譌作盂玉篇⿱干皿公安切槃也廣韻同集韻類篇⿱干皿居寒切引廣雅

盂謂之槃、郭忠恕佩觿云、盂、槃、也、字從干祿之干、今據以訂正、

匵檢謂之椑

說文、檢、酒器也、徐鍇傳云、檢之爲言奩也、說文、奩、覆也、成十六年左傳、欒鍼使行人執檢承飲、造於子重、說文、椑、圜檢也、急就篇云、槫檢椑榹匕箸籫、太平御覽引謝承後漢書云、傳車有美酒一椑、椑之言卑也、說文以爲圜檢、廣雅以爲匾檢、凡器之名爲椑者、皆兼此二義、考工記廬人、勿兵椑、刺兵摶、鄭注云、齊人謂柯斧柄爲椑、則椑、隋圜也、摶、圜也、然則正圜者謂之摶、圜而匾者謂之椑、故齊人謂柯斧柄爲椑也、又匾與椑一聲之轉、故瓮之大口而卑者謂之甈、說見上文甂甌甈也下、

盞櫨案盨銚鋭柯櫂椙栓柍盦盌椀盂也

盂之言迂曲也、盂盌椀、皆曲貌也、說文、盂、飲器也、士喪禮下篇、兩敦兩杅、鄭注云、杅以盛湯漿、杅與盂同、敦與盞同、古者敦以盛食、盟則用以盛血、或用木而飾以金玉、或用瓦無飾、皆有蓋有足、無足者謂之廢

雅疏證　一　卷第七上

敦、爾雅、邱一成爲敦邱、孫炎注云、形如覆敦、敦器似盂、少牢饋食禮疏引孝經鉤命決云、敦規首、上下圓相連、聶崇義三禮圖引舊圖云、敦受一斗二升、漆赤中、大夫飾口以白金、周官玉府、若合諸侯則共珠槃玉敦、鄭注云、敦槃類、珠玉以爲飾、古者以槃盛血、以敦盛食、合諸侯者、必割牛耳、取其血歃之以盟、珠槃以盛牛耳、尸盟者執之、鄭司農云、玉敦歃血玉器、內則敦牟卮匜、鄭注云、敦牟黍稷器也、士喪禮云黍稷用瓦敦、有蓋、又云、敦啟會、面足、注云、敦有足、則敦之形如今酒敦、少牢饋食禮云、主婦自東房執一金敦黍有蓋、又云、敦皆南首、注云、敦有首者、尊者器飾也、飾蓋象龜形、士喪禮、新盆槃瓶廢敦重鬲、注云、廢敦、敦無足者、所以盛米也、方言、盂謂之檶、河濟之間謂之盌盞、椀謂之[illegible]、盂謂之銚銳、椀謂之棢柍、又云、盂、宋楚魏之間或謂之盌、盌謂之盂、或謂之銚銳、盌謂之櫂、盂謂之柯、海岱東齊北燕之間或謂之盎、廣韻引埤倉云、檶、盂也、玉篇、盌盞、大盂也、字亦作安殘、太平御覽引李尤安殘銘云、安殘令名、甘旨是盛、埏埴之巧、甄陶所成、倉彼美珍、思此鹿鳴、柍各本譌作抉、今訂正、方言、椀謂之棢柍、二字共爲一名、則廣雅棢栚二字之閒，不當有栓字，當本在桮字之上，或在栚字之下，而寫者誤倒其文也。棬之言卷曲也。玉藻「母沒而杯圈不能飲焉」，注云：「圈，屈木所爲，謂巵匜之類。」孟子告子篇「以杞柳爲桮棬」，棬、圈竝與棬通。椀之言宛曲也。急就篇「槫杅槃案桮閜盌」，顏師古注云：「盌似盂而深長。」盌與椀同。

盪𥃤𥃝椷盃閜盞昷杯也

方言：「盃、椷、盞、昷、閜、盪、𥃝，桮也。秦晉之郊謂之盃，自關而東趙魏之閒曰椷，或曰盞，或曰昷，其大者謂之閜。吳越之閒曰盪，齊右平原以東或謂之𥃝。桮，其通語也。」桮與杯同。說文：「桮，𥃤也。」「𥃤，小桮也。」或作𧷸。𥃤與椷古同聲，方言作椷，蓋即𥃤之假借字也。廣韻：「𥃤，箱屬。」或作簀，簀是其例矣。方言注云：「盃，所謂伯盃者也。」太平御覽引典論云：「劉表諸子好酒，造三爵，大曰伯雅，中曰仲雅，小曰季雅。」雅與盃通。說文：「閜，大開也。」大桮亦爲閜。急就篇云：「槫杅槃案桮閜盌。」藝文類聚引李尤杯銘云：「小之爲杯，大之爲閜。」凡言閜者，皆大開之貌。司馬相如上林賦「谽呀豁閜」，司馬彪注云：「谽呀，大貌。豁閜，空虛也。」郭璞注云：「皆澗谷之形容也。」廣韻：「閜，大笑、義竝同也。盞、與琖通、說見下條。太平御覽引通俗文云、㮤杯曰盞、或謂之盌。

斝、醆、爵也。

爵、說見下文「一升曰爵」下。禮運、醆斝及尸君、非禮也、鄭注云、醆斝、先王之爵也、唯魯與王者之後得用之、其餘諸矦用時王之器而已。大雅行葦篇「洗爵奠斝」、傳云、斝、爵也。夏曰醆、殷曰斝、周曰爵。周官量人、凡宰祭、與鬱人受斝[illegible]而皆飲之。鄭衆注云、斝、器名。引明堂位云、爵、夏后氏以琖、殷以斝、周以爵。鄭注明堂位云、斝、畫禾稼也。說文、斝、玉爵也。或說斝受六升。郊特牲、舉斝角、注云、天子奠斝、諸矦奠角。昭七年左傳、賂以瑤甕玉櫝斝耳、杜預注云、斝耳、玉爵。正義云、言耳者、蓋此器旁有耳、若今之杯、故名。明堂位云、爵用玉琖仍彫、周官量人釋文云、琖、劉本作湔、字竝與醆同。爵謂之醆、杯謂之盞、一也。方言注云、盞、最小桮也。爾雅、鍾小者謂之棧、李巡注云、棧、淺也。棧、盞竝音側限反、其義同。

⿸卮耑、觛、卮也。

說文、巵、圜器、一名觛、所㠯節飲食、內則、敦牟巵匜、鄭注云、巵匜、酒漿器、應劭注漢書高祖紀云、巵、鄉飲酒禮器也、古以角作、受四升、古巵字作觗、說文、䚗、小巵也、玉篇之耎之紫二切、又說文、𧣴、小巵有耳蓋者、玉篇時耎切、䚗從耑聲、𧣴從專聲、專與耑、皆小意也、故釋詁云、耑、小也、說文、叀、專小謹也、專六寸簿也、䚗、各本譌作觤、今訂正、說文、觛、小觶也、海外西經、女蔑操角觛、女祭操俎、郭璞注云、角觛、觶屬、急就篇云、蠡斗參升半巵觛、賈子諭誠篇、酒二䣢䣢、與觛同、玉篇、𢈈、小含也、觛𢈈並音丁案反、義相近也、

㼌蠡䔿瓥瓢也

方言、瓥、陳楚宋魏之間或謂之櫼、或謂之瓢、衆經音義卷十八引三倉云、瓢、㼌勺也、說文、瓢、蠡也、周官鬯人、禜門用瓢齎、杜子春注云、瓢謂㼌蠡也、漢書東方朔傳、以蠡測海、張晏注云、蠡、㼌瓢也、楚辭九歎、瓟瓥蠹於筐簏、王逸注云、瓟、㼌、瓥、瓢也、瓥、蠡蠡並通、說文、䔿、蠡也、士昏禮、實四爵合卺、鄭注云、合卺、破匏也、昏義云、共牢而食、合卺而酳、卺與䔿通、太平御覽引三禮圖云、卺取四升㼌中破、夫婦各一、瓥、卽方言櫼字

也、衆經音義卷十八引廣雅作甗、音羲、甗從虜聲、甗從虛聲、虜虛竝從虍聲、是虜與虛同聲、故從虜之字或從虛、方言注云、今江東通呼勺爲⿰木戲、音羲、衆經音義云、江南曰瓢⿰木戲、蜀人言蠡⿰木戲、漢書王莽傳、立斗獻、顏師古注云、獻、音羲、謂斗魁及杓末如勺之形也、獻從虜聲而讀爲羲、猶甗從虜聲而讀爲羲矣、

⿱竹夆豆⿱竹豦杯落也

方言、桮落、陳楚宋衛之閒謂之豆筥、自關而西謂之桮落、郭注云、盛桮器籠也、說文、笿、桮笿也、徐鍇傳云、笿、亦籠也、笿者、絡也、猶今人言籮、落笿、竝與落通、卷二云、落、居也、杯落亦所以居杯也、說文、⿱竹夆、桮笿也、⿱竹豦與筥通、義亦與筐筥之筥同、

籯筲桶㯗籫箸筩也

方言、箸筩、陳楚宋魏之閒謂之筲、或謂之籯、自關而西謂之桶㯗、郭注云、盛朼箸籫也、籯、與籯同、籯之言盛受也、說見下文籯籠也下、說文、宋魏謂箸筩爲箾、箾、與筲通、箸筩謂之筲、猶刀室謂之削也、方言注云、

今俗亦通呼小籠爲桶檧急就篇㯉榼椑榹匕箸籫、顔師古注云籫盛匕箸籠也玉篇音子短切箸筩謂之籫猶竹筥謂之篹、喪大記食粥於盛不盥、食於篹者盥鄭注云篹竹筥也、

柶匙匕也

說文匕所以比取飯一名柶古者匕或以匕黍稷或以匕牲體吉事用棘匕喪事用桑匕小雅大東篇有捄棘匕傳云匕所以載鼎實士昏禮匕俎從設注云匕所以别出牲體也特牲饋食禮記棘心匕刻注云刻若今龍頭少牢饋食禮云雍人摡鼎匕俎于雍爨又云廩人摡甑甗匕與敦于廩爨注云匕所以匕黍稷疏云上雍人云匕者所以匕肉此廩人所掌米故云匕黍稷也少牢下篇覆二疏匕于其上注云疏匕匕柄有刻飾者又二手執挑匕枋以挹湆注于疏匕注云此二匕者皆有淺斗狀如飯操挑長枋可以抒物於器中者雜記枇以桑長三尺或曰五尺刊其柄與末注云枇所以載牲體者此謂喪祭也吉祭枇用棘枇與匕同太平御覽引三禮圖云匕以載牲體長二尺四寸葉博三寸長八寸漆丹柄頭疏匕形如飯

橾、以棘心爲之、案三禮圖記匕之長、與雜記不合、失之、說文、柶、匕也、柶有醴柶、有鉶柶、吉事用角柶、喪事用木柶、士冠禮、側尊一甒醴、有篚、實勺觶角柶、注云、柶狀如匕、以角爲之者、欲滑也、士喪禮云、東方之饌、兩瓦甒、其實醴酒、角觶木柶、少牢饋食禮云、上佐食羞兩鉶、皆有柶、三禮圖引舊圖云、柶長尺、櫃博三寸、曲柄長六寸、漆赤中及柄端、又周官玉府、大喪共角柶、鄭衆注云、角柶、角匕也、以楔齒令可飯含、士喪禮楔齒用角柶、記云、楔貌如軛、上兩末、疏云、此角柶、其形與扱醴角柶別、故屈之如軛、中央入口、兩末向上、易出入也、方言、匕謂之匙、後漢書隗囂傳、奉盤錯鍉、李賢注云、鍉即匙字、

筴謂之箸

說文、箸、飯攲也、攲、音羈、太平御覽引通俗文云、以箸取物曰攲、曲禮云、飯黍毋以箸、又云、羹之有菜者用梜、鄭注云、梜猶箸也、今人或謂箸爲梜提、梜與筴同、急就篇注云、梜、所以夾食也、

龍、疏、蒲、科、杓也

一說文勺挹取也象形中有實考工記梓人爲飲器勺
一升士冠禮注云勺尊斗所以𣁋酒也桮案勺之言酌
斗之言枓也勺之有飾者龍勺疏勺蒲勺是也勺之
無飾者禮器之樿杓士喪禮之素勺是也杓與勺同
明堂位夏后氏以龍勺殷以疏勺周以蒲勺鄭注云
龍龍頭也疏通刻其頭蒲合蒲如鳧頭也枓各本譌
作科影宋本皇甫本不譌大雅行葦篇酌以大斗傳
云大斗長三尺也釋文斗字又作枓都口反徐又音
主正義云大斗長三尺謂其柄也漢禮器制度注勺
五升徑六寸長三尺是也此蓋從大器挹之於尊用
此勺耳其在尊中不當用如此之長勺也枓杓所以
𣁋酒亦所以𣁋水中庸云今夫水一勺之多冨官鬯
人大喪之大渳設斗鄭注云斗所以沃尸也喪大記
浴水用盆沃水用枓士喪禮疏云枓受五升方有柄
用挹盆中水以沃尸少牢饋食禮司宮設罍水于洗
東有枓鄭注云枓𣁋水器也凡設水用罍沃盥用枓

⿰氵戽斗謂之⿰木⿷匚巠

卷二云戽抒也說文抒挹也太平御覽引纂文云⿰氵戽
斗抒水斗也廣韻云戽斗舟中渫水器也戽與⿰氵戽同

柜、曹憲音頤、各本柜誤作柖、集韻類篇並引廣雅㕦斗謂之柖、則宋時廣雅本已誤、案說文、柖、舀也、音祀、柖與柜不同義、葢俗書柜字作柤、因譌而爲柖、釋宮篇、頤、軛也、今本譌作䀈、正與此同、考玉篇、柜、弋之切、船戽斗也、廣韻、柜、船舀水斗也、御覽引廣雅㕦斗謂之柜、皆作柜、不作柖、今據以訂正、

焅謂之熇

說文、焅、旱氣也、玉篇、熇、焃也、廣韻、熇、焅熱也、據諸書所訓、則焅熇二字、當在釋詁熱也一條內、今在釋器、當別有意義、未知所出、

𤳳𤱍筲𥳑也

𥳑、卽筥字也、衆經音義卷十五云、筥、又作𥳑、同、力與紀與二反、古者筥𥳑同聲、周官掌客注云、筥、讀如棟梠之梠、大雅以遏徂旅、孟子作徂莒、皆其證也、方言、𥳑、南楚謂之筲、趙魏之郊謂之笶𥳑、郭注云、盛餅筥也、餅、與飯同、說文、筥、箱也、周頌良耜篇云、載筐及筥、其饟伊黍、是筥以盛飯也、餘見下文籅筲箄篗簏也、

下、篆、亦與與筥同、太平御覽引纂文云、睽映、大筥也、方言注云、今建平人呼筥爲筲、說文䈰、飯筥也、受五升、秦謂筥爲䈰、又云、䈰、飯器、容五升、䈰䈰竝與筲同、士喪禮下篇、筲三、黍稷麥、鄭注云筲、畚種類也、其容蓋與簋同一觳、論語子路篇斗筲之人、鄭注云、筲、竹器、容斗二升、與說文異義、未知孰是、論語斗筲竝言、則筲與斗不同量、文選王命論注引漢書音義、筲受一斗、失之、

籓籮箕也

箕、所以簸揚米而去其穅也、方言、箕、陳魏宋楚之閒謂之籮、說文、箕、簸也、籓、大箕也、

畉𤳉匧畊畚也

說文、畚、蒲器也、𦉘屬、所㠯盛種、周官挈壺氏、掌挈畚以令糧、鄭衆注云、畚、所以盛糧之器、宣二年左傳、寘諸畚、杜預注云、畚以草索爲之、筥屬、十一年傳、稱畚築、注云、畚盛土器、襄九年傳陳畚梮、注云、畚、蕢籠、土昏禮、婦執笲棗栗、鄭注云、笲、竹器有衣者、其形蓋如今之筥筌籚矣、三禮圖引舊圖云、笲、讀如皮弁之弁、

畚、笲竝從弁聲、畚爲筥屬、而笲形如筥笑籚、則其命名之意亦同矣、玉篇、畉、小畚也、晉書天文志、天棓東七星曰扶筐、盛桑之器、主勸蠶也、扶與畉通、⿰田庶之庶反、廣韻、⿰田庶、筐⿰田庶也、⿰田庶之言貯也、所以貯米也、說文、⿰田宁⿰巾盾也、所吕盛米、⿰田宁與⿰田庶聲近義同、說文、⿷匚吕、田器也、又云、莜、艸田器、引論語吕杖何莜、今本作蓧、包咸注云、蓧、竹器、皇侃疏云、蘿籠之屬也、釋文、蓧本又作條、又作莜、竝字異而義同、說文、⿰巾反、蒲席⿰田宁也、⿰冊冊、⿰巾反也、杜林以爲竹筥、揚雄以爲蒲器、讀若軿車、急就篇、笆篰篿筥籅笲篿、顏師古注云、竹器之盛飯者、大曰篿、小曰筥、篿與⿰冊冊亦聲近義同、

⿱竹沂⿱竹襄篓⿷匚吕籅也

方言、炊籅謂之縮、或謂之篓、或謂之⿷匚吕、郭注云、漉米籅也、說文、籅、漉米籔也、太平御覽引纂文云、籅、淅箕也、一曰籔、魯人謂之淅⿱竹襄、急就篇云、笆篰篿筥籅笲篿、玉篇、⿱竹沂、盪米具也、⿱竹襄、籅、漉米竹器也、漉與盪同、亦作盪、說文、籔、炊籅也、玉篇、籔或作篘、篓、方言又作縮、縮篘篓籔四字、古聲竝相近、篓之言縮也、漉米而縮

去其汁、如漉酒然、鄭與注周官甸師云、東茅立之祭前、沃酒其上、酒滲下去、若神歆之、故謂之縮、縮浚也、郊特牲、縮酌用茅、鄭注云、泲之以茅、縮去滓也、義竝與縮同、周官大宰注云、澤無水曰藪、澤虞注云、水希曰藪、義與籔亦相近、說文、匴、盝米籔也、集韻匴或作匴、方言注云、江東呼匴爲淅籤、匴之言浚也、卷二云、浚、盝也、周官注云、縮浚也、縮籔匴一聲之轉、籔之轉爲匴、猶數之轉爲算矣、

箾謂之筅

箾、卽今之刷鍋帚也、說文、陳畱謂飯帚曰箾、箾之言捎也、所以捎去餘飯也、考工記輪人注云、捎、除也、聲轉爲筅、筅猶洗刷也、筅、曹憲音素典反、各本脫去筅字、其素典反之音、又誤入下文箾字下、集韻類篇箾穌典切、引廣雅箾謂之箾、則所見已是誤本、故以箾字上屬爲句、案箾爲飯帚、箾爲箄筥之屬、兩物絕不相似、且玉篇廣韻箾字亦不音素典反、玉篇筅筅帚也、廣韻作筅、筅云、筅帚、飯具、或作筅、是筅與箾異名而同實、又玉篇廣韻筅字竝音穌典切、穌典與素典同音、今據以訂正、餘見下條、

箾匴匱笥也

說文、笥、飯及衣之器也。曲禮、凡以弓劍苞苴簞笥問人者、鄭注云、簞笥盛飯食者。圓曰簞、方曰笥。緇衣引兌命云、惟衣裳在笥。說文、箾、竹器也。玉篇所閒蘇干二切。云、竹器似箱而麤。曹憲音素管反。士冠禮爵弁皮弁緇布冠各一匴。鄭注云、匴、竹器名。今之冠箱也。古文匴爲篹。釋文、匴、篹並素管反。衆經音義卷十五引聲類云、管、箱也。喪大記、食粥於盛不盥、食於篹者盥。注云、篹、竹筥也。史記鄭當時傳、其餽遺人不過算器食。徐廣音義云、算音先管反、竹器也。匴、篹、算並與箾同。是箾爲簞笥之屬也。玉篇、匴、又作笲。士昏禮注云、笲、竹器有衣者。其形蓋如今之筥筅簠矣。士昏禮記云、笲緇被纁裏。案笲以盛棗栗腶脩、亦以盛菜。聘禮賓釋幣于禰、用以盛幣埋之。喪禮用以盛貝及沐浴巾、具見經文。匱、通作簞。簞與笥對文則異、散文則通。說文、簞、笥也。漢律令、簞、小筐也。簞以盛食、亦以盛巾櫛。士冠禮云、櫛實于簞。士虞禮云、匜水錯于槃中、簞巾在其東。

匵謂之匱

說文、匱、匣也、匵、匱也、櫝、匱也、櫝與、匵同、金縢云、乃內冊于金縢之匱中、聘禮云、賈人啟櫝論語云、韞匵而藏諸、

匧謂之椷

匧之言挾也、爾雅云、挾、藏也、說文、匧、椷藏也、或作篋士冠禮、同篋、鄭注云、隋方曰篋、篋椷一聲之轉、椷之言函也、說文、椷、篋也、周官伊耆氏、共其杖咸、鄭注云、咸讀爲函、椷咸函竝通、

定謂之耨

說文、槈、鎒器也、或作鎒、呂氏春秋任地篇云、耨柄尺、此其度也、其耨六寸、所以閒稼也、高誘注云、耨所以耘苗也、刃廣六寸、所以入苗閒也、齊語、挾其槍刈耨鎛、舊音引賈逵注云、耨、鎡錤也、管子輕重乙篇云、一農之事、必有一耜一銚一鎌一鎒一椎一銍、然後成爲農、槈耨鎒竝同、爾雅、斪斸謂之定、李巡注云、定、鋤

別名、案定者、斫物之稱、今江淮閒謂以斧斫物曰釘、音帶定反、是其義也、

檔謂之钁

說文、钁、大鉏也、廣韻云、方言云、關東名曰鹵斫、淮南子兵略訓、奮儋钁、高誘注云、钁、斫也、六韜軍用篇云、棨钁刃廣六寸、柄長五尺以上、爾雅、斫謂之鐯、郭注云、钁也、說文作櫡、字竝與檔同、

鉀謂之銛

說文、銛、臿屬也、

籗筌謂之笓

廣韻、笓、取鰕竹器也、太平御覽引韓詩云、九罭之魚、罭、取鰕笓也、又引纂文云、箄、流水中張魚器也、箄與笓同、玉篇、筌、捕魚筍也、字亦作荃、莊子外物篇云荃者、所以在魚、得魚而忘荃、左思吳都賦、筌鰛鱨、劉逵注云、筌、捕魚器、今之斗回也、

曲梁謂之罶

邶風谷風篇、毋逝我梁、毋發我笱、傳云、梁、魚梁、笱、所以捕魚也、周官䱷人、掌以時䱷爲梁、鄭衆注云、梁、水偃也、偃水爲關空、以笱承其空、說文、笱、曲竹捕魚笱也、罶、曲梁、寡婦之笱、魚所留也、或作䍡、引魯語講罛䍡、今本作罶、韋昭注云、罶、笱也、爾雅云、凡曲者爲罶、又云、嫠婦之笱謂之罶、釋文、罶、本或作罶、罶罶䍡竝同、今人謂取魚具爲魚䉵、聲亦相近也、水雅魚麗篇魚麗于罶、苕之華篇三星在罶、傳竝云、罶、曲梁也、寡婦之笱也、曲、各本譌作典、今訂正、

篧籗䈇罩也

說文、罩、捕魚器、䈇、與罩同、凡自上籠下謂之罩、故淮南子說林訓云、罩者抑之、罾者舉之、說文、䍜、覆鳥令不得飛也、玉篇音竹教切、義與罩同、說文、籗、罩魚者也、或作籗作篧、爾雅、篧謂之罩、李巡注云、篧、編細竹以爲罩捕魚也、孫炎注云、今楚篧也、楚篧、謂以荆爲之、

澷涔栫也

說文、栫、以柴木壅水也、郭璞江賦云、栫澱爲涔、栫者、叢積之名、哀八年左傳、囚諸樓臺、栫之以棘、杜預注云、栫、擁也、釋文、栫本又作荐、栫之言荐也、韋昭注晉語云、荐、聚也、小爾雅云、魚之所息謂之橬、橬、槮也、積柴水中而魚舍焉、爾雅、槮謂之涔、郭注云、今之作槮者、聚積柴木於水中、魚得寒入其裏藏隱、因以薄圍捕取之、周頌潛篇、潛有多魚、毛傳云、潛、糝也、韓詩作涔、云、涔、漁池也、淮南子說林訓、罧者扣舟、高誘注云罧者、以柴積水中以取魚、扣、擊也、魚聞擊舟聲、藏柴下、壅而取之也、今兖州人積柴水中捕魚爲罧、幽州名之爲涔、罧與槮槮同、涔與潛橬同、澷涔皆壅積之意、卷二云、澷、漬也、說文、涔、漬也、漬積聲相近、雨水漸漬謂之澷、亦謂之涔、柴木壅積謂之涔、亦謂之澷、其義一也、

罔謂之罟

此罔魚及鳥獸之通名、繫辭傳云、作結繩而爲罔罟、以佃以漁、是也、罔、說文作网、又作網、

罽罾魚罔也

此專謂魚罔也各本罽下衍罟罽二字罔上又脫魚字莊子胠篋釋文引廣雅罾魚罔也太平御覽引廣雅罽罾魚罔也今據以訂正說文罽魚网也罾魚网也楚辭九歌罾何為兮木上王逸注與說文同莊子胠篋篇云鉤餌罔罟罾笱之知多則魚亂於水矣太平御覽引風土記云罾樹四木而張網於水車輓之上下形如蜘蛛之網方而不圓

畢罕网旆率也

案爾雅於釋諸羅罔之後即云約謂之救律謂之分二者蓋亦羅罔之屬約蓋即下文軥謂之輓律即此率字也說文率捕鳥畢也象絲网上下其竿柄也率與律古同聲說文紛馬尾韜也釋名云紛放也防其放弛以拘之也紛與分義相近郭注云律管可以分氣則義近於鑿且於文不類矣說文畢田网也小雅大東篇有捄天畢傳云畢所以掩兔月令罝罘羅網畢翳鄭注云小而柄長謂之畢呂氏春秋畢翳作單

弋、太平御覽引蔡邕月令章句云、掩飛禽曰畢、齊語田狩畢弋、韋昭注云、畢、掩雉兔之網也、說文、罕、网也、史記天官書云、畢曰罕車、主弋獵、宋玉高唐賦云、弓弩不發、罘罕不傾、揚雄羽獵賦云、罕車飛揚、武騎聿皇、說文、囮、下取物縮藏之、讀若籥、廣韻、罭、女減切、捕魚網也、罭與囮聲義相近、旝亦囮也、玉篇音於業於儼二切、廣韻、旝、掩翳也、說文、罨、罕也、徐鍇傳云、網從上掩之也、司馬相如子虛賦、揜翡翠、左思蜀都賦作罨、字並與旝通、罨以捕鳥、亦以捕魚、太平御覽引風土記云、罨如罽而小、斂口、從水上掩而取之也、

𦊼罯兔罟也 罠

說文、𦊼、兔罟也、𦊼、曹憲音互、玉篇廣韻並同、各本𦊼譌作𦊻、音內互字又譌作牙、集韻類篇、𦊻、牛加切、兔罔也、則宋時廣雅本已誤、考說文玉篇廣韻皆作𦊼不作𦊻、今據以訂正、玉篇网部末有𦊻字、音牙、兔罔也、乃宋人依誤本廣雅增入者、不可引以爲據、劉攽中山詩話云、唐人書互爲𠀤、𠀤似牙字、因譌爲牙、凡經史諸子中互字多譌作牙、從互之字亦然、顧氏音學五書辨之詳矣、罯之言覆也、說文、罯、覆車网也、引

王風兔爰篇雉離于⿱罒包或作罦又云⿱罒否兔罟也爾雅罬謂之罦罦覆車也孫炎注云覆車網可以掩兔者也郭璞注云今之翻車也有兩轅中施罥以捕鳥月令罝罘羅網畢翳鄭注云獸罟曰罝罘高誘淮南子注云罘麋鹿罟也莊子胠篋篇削格羅落罝罘之知多則獸亂於澤矣釋文罘本又作罦罦⿱罒包⿱罒否罘竝同⿱罒否各本譌作罟惟影宋本皇甫本不譌爾雅彘罟謂之羉郭注云羉幕也釋文羉力端反又莫潘反本或作䍙亡巾反案䍙亦幕也羉䍙幕一聲之轉左思吳都賦䍙䍡連網劉逵注云䍙麋網也張協七命布飛羉張脩䍙李善注引廣雅䍙兔罟也今本脫䍙字集韻引廣雅䍙兔彘罟也彘字因與爾雅相涉而衍

其罥謂之欙

罥之言綰也挂也說文繯网也一曰綰也玉篇罥挂也或作羂周官冥氏掌設弧張鄭注云弧張罿罦之屬所以扃絹禽獸文選上林賦羂騕褭李善注引聲類云羂係取也史記司馬相如傳作罥呂氏春秋上農篇云繯網罝罦不敢出於門太元翕次八揮其罦絕其羂釋文云羂挂也網引獸也竝字異而義同欙

之言羅也。漢書司馬相如傳注云：罥，謂羅繫之也。初學記云：𦆽者，以綸爲之。見環濟要略。案今本其罥謂之𦆽，在兔罟也之下，則是兔罟之罥謂之𦆽也。考諸書言罥𦆽者，皆所以係取鳥獸，不專施於兔罟，且此句與下句軥謂之軦文同一例，則罥上不當有其字明矣。太平御覽引廣雅其罥謂之𦆽，集韻、類篇𦆽字訛作㩴，云兔罥也，則宋初廣雅本已誤。然考初學記云𦆽者以綸爲之，廣雅曰罥謂之𦆽，則唐時廣雅本尚不誤也。又案說文：䍙，网也。玉篇：䍙，音侮，雉网也。䍒，音某，网也。廣韻：䍙，音侮，又音媒，雉网也。集韻：䍒，音某，网也，或作䍙。玉篇、廣韻、集韻之訓多本廣雅，疑今本其罥謂之𦆽上脫去䍙、雉罟也四字，其字乃某字之譌，某字卽䍙字之音，既譌爲其字，又誤入正文也。但諸書未引廣雅，不敢以意增損耳。

軥謂之軦

軥之言鉤也，拘也。卷一云：軥、軦，牽引也。軥，曹憲音衢，字或作約。爾雅：約謂之救。郭注云：救絲以爲約，或曰亦罥名。罥名之說與上下文相合，說見上文畢罕罦旃率也下。救與拘聲亦相近，約謂之救，猶云約謂之拘鄭注周官屨人云約謂之救著於舄屨之頭以爲行戒釋文救劉音拘疏云言拘取自拘持是也約謂之拘猶云約之言拘鄭注士冠禮云約之言拘以爲行戒是也爾雅之約本是冒名而鄭以釋屨頭飾者約所以拘持屨頭軥所以拘持舄獸二者不同而同爲拘持之義故其訓同也凡物之與類而同名者其命名之意皆相近爾雅斛謂之疀謂田器也而鄭注少牢下篇以此釋挑匕云挑謂之歃有淺斗狀如飯橾蓋挑匕所以插取食斛所以插取土二者不同而同爲插取之義故其訓亦同也

脁䏽牒牘牑牏版也

說文版判也判之言片也今人言版片是也釋名云板版也昄昄平廣也板與版同爾雅屋上薄謂之筄郭注云屋笮也筄與脁同古者屋笮亦謂之版楚辭招魂紅壁沙版元玉梁些王逸注云以丹沙畫飾軒版承以黑玉之梁是也成二年公羊傳踊于棓而闚客何休注云凡無高下有絕加躡板曰棓齊人語也棓與䏽同方言牀上版衛之北郊趙魏之閒謂之牒或曰牑廣韻書版曰牒義與牀版同論衡量知篇云

截竹爲筒、破以爲牒、加筆墨之跡、乃成文字、是也、說文、牑、牀版也、讀若邊、牀版謂之牑、亦謂之牒、簡謂之牒、亦謂之編、其義一也、說文、牘、書版也、論衡量知篇云、斷木爲槧、析之爲板、力加刮削、乃成奏牘、齊策云、取筆牘受言、急就篇注云、牘、木簡也、既可以書、又可執之以進見於尊者、形若今之木笏、但不挫其角耳、說文、牏、築牆短版也、讀若俞、徐鍇傳云、牆兩頭版也、

泰山罍著犧象罇也

罇、字本作尊、尊有蓋有足、其面有鼻、無足者謂之著尊、少牢饋食禮云、啟二尊之蓋冪、少儀云、尊壺者面其鼻、足也、周官司尊彝掌六尊六彝之位、春祠夏禴、其朝踐用兩獻尊、其再獻用兩象尊、秋嘗冬烝、其朝獻用兩著尊、其饋獻用兩壺尊、凡四時之閒祀、追享、朝享、其朝踐用兩大尊、其再獻用兩山尊、鄭衆注云、獻、讀爲犧、犧尊、飾以翡翠、象尊以象鳳皇、或曰以象骨飾尊、著尊者、著略尊也、或曰著地無足、壺者以壺爲尊、大尊、大古之瓦尊、山尊、山罍也、鄭注云、山罍、刻而畫之爲山雲之形、明堂位、尊用犧象山罍、鄭注云、

犧尊以沙羽爲畫飾象尊象骨飾之正義引鄭志云犧讀如沙沙刻畫鳳皇之象於尊其羽形娑娑然或有作獻字者齊人聲之誤耳又明堂位泰有虞氏之尊也山罍夏后氏之尊也著殷尊也犧象周尊也注云泰用瓦著著地無足燕禮公尊瓦大兩鄭注云瓦大有虞氏之尊也大與泰同瓦大卽禮器之瓦甒說見前甒瓶也下山罍一名罍尊禮器云君西酌犧象夫人東酌罍尊魯頌閟宮篇犧尊將將毛傳云犧尊有沙飾也正義云犧尊之字春官司尊彝作獻鄭司農云獻讀爲犧犧尊飾以翡翠象尊以象鳳皇或曰以象骨飾尊此傳云犧尊有沙羽飾與司農飾以翡翠意同阮諶禮圖云犧尊飾以牛象尊飾以象於尊腹之上畫爲牛象之形王肅云將將盛之美也太和中魯郡於地中得齊大夫子尾送女器有犧尊以犧牛爲尊然則象尊尊爲象形也王肅此言以二尊形如牛象而背上負尊皆與毛鄭義異未知孰是案莊子天地篇云百年之木破爲犧尊青黃而文之淮南子俶眞訓云百圍之木斬而爲犧尊鏤之以剞剧雜之以青黃華藻鏄鮮龍蛇虎豹曲成文章高誘注云犧尊猶疏鏤之尊犧古讀若娑娑與疏聲相近明堂位

周獻豆、鄭注亦云獻疏刻之、然則犧尊者、刻而畫之爲衆物之形、在六尊之中、最爲華美、故古人言文飾之盛者、獨舉犧尊也。魯頌言犧尊將將、亦是盛美之貌、管子形勢解云將將鴻鵠貌之美者是也。毛傳云犧尊、有沙飾者。鄭司農云飾以翡翠、後鄭云刻畫鳳皇之象於尊、其羽形婆娑然。說雖不同、而同是彫文刻鏤之義、則亦不甚相遠也。至阮諶謂犧尊以牛爲飾、衹因犧字從牛、遂望文生義而創爲此說。案說文犧、宗廟之牲也。詩曰以我齊明、與我犧羊。傳曰雄雞自憚其犧、然則犧者、牲之總名、而六畜之所公共、尊名謂之犧、何以知其必爲牛也。記曰天子以犧牛、諸侯以肥牛、大夫以索牛。若犧牛也可稱爲犧、則肥牛亦可稱爲肥、索牛亦可稱爲索乎。然諶之說、猶謂尊以牛爲飾、至王肅則謂形如牛而背上負尊、且引齊大夫子尾送女器爲證。於是後人皆信其言、而斥毛鄭諸儒爲臆說。此尤不可以不辯。周官六尊六彝之名、多取諸鳥獸、雞彝鳥彝虎彝蜼彝、皆謂畫其形以飾尊、若犧尊爲牛形、則與雞鳥諸彝之制不合、其不可信一也。郊特牲云宗廟之器可用也、而不可便其利也、所以交於神明者、不可同於所安樂之義也。故孔

子言犧象不出門，嘉樂不野合，齊大夫子尾送女，安得用宗廟之祭器？其不可信二也。且犧尊果爲子尾送女之器，則其銘内必有子尾之名，然後可以辨識。既有子尾之名，則是子尾家用之尊，而非宗廟獻尸之尊，其不可信三也。據莊子、淮南子所云，則犧尊皆以木爲之，今魯郡所得犧尊在地中七百餘年，而完好可以辨識，則是金器而非木器，其不可信四也。然則子尾送女之器本與犧尊無涉，特王肅以犧尊爲牛尊，故見有器如牛形者，即援以爲證耳。宋宣和博古圖所載周犧尊二，皆爲牛形，則又襲王肅之說而僞爲之者，不足深辯也。若象尊之制，司農謂以象骨飾尊，阮諶謂畫象以爲飾，經傳既無明文，不敢臆斷。王肅謂尊爲象形而背上負尊，亦與雞、鳥諸彝之制不合，不可從也。各本罍上脱山字，案山罍爲夏后氏之尊，故在泰尊之下、著尊之上，又司尊彝六尊皆有罍，諸臣之所昨也。司農注云：尊以裸神，罍，臣之所飲也。山罍與泰、著、犧、象同爲裸神之尊，若但言罍，即與諸臣所飲者無異，今補。各本又脱犧、象二字，案上文斝、醆、爵也，龍、疏、蒲、杓也，皆并列三代之制，此條無獨缺周制之理，今補。

𦃇總鮮支縠絹也

說文、絹、繒如麥稍、釋名云、絹、䋎也、其絲䋎厚而疏也、䋎、音堅、墨子辭過篇云、治絲麻、捆布絹、周官內司服注云、素沙者、今之白縛也、今世有沙縠者、名出于此、縛、與絹同、廣韻、總、細絹也、衆經音義卷十三引通俗文云、輕絲絹曰總、總、與總同、太平御覽引何晏九州論云、清河縑總、房子好緜、文選魏都賦、緜纊房子、縑總清河、李善注引廣雅、總、絹也、鮮支、一作鮮卮、說文、縛白鮮卮也、衆經音義卷二十一引纂文云、白鮮支、絹也、亦名縞、說文、縠、細縛也、釋名云、縠、粟也、其形戚戚、視之如粟也、又謂之沙、亦取戚戚如沙也、宋玉神女賦、動霧縠以徐步兮、李善注云、縠、今之輕紗薄如霧也、

繰謂之縑

說文、縑、幷絲繒也、釋名云、縑、兼也、其絲細緻數兼於絹也、淮南子齊俗訓云、縑之性黃、染之以丹則赤、檀弓、布幕、衛也、縿幕、魯也、鄭注云、縿、縑也、縿、讀爲綃、

紈縡素也

說文、素、白致繒也、雜記注云、素生帛也、小爾雅云、縞之麤者曰素、釋名云、素、樸素也、已織則供用、不復加功飾也、說文、紈、素也、釋名云、紈、渙也、細澤有光渙渙然也、齊策云、下宮糅羅紈、曳綺縠、而士不得以爲緣、太平御覽引范子計然云、白素出三輔、白紈素出齊魯、說文、縡、素屬、

純縜絲也

說文、純、絲也、引論語子罕篇今也純、漢書王褒傳、夫荷旃被毳者、難與道純綿之麗密、薛瓚注云、純、絲也、

紨絻纆絓絬紬也

說文、紬、大絲繒也、釋名云、紬、抽也、抽引絲端出細緒也、鹽鐵論散不足篇云、繭紬縑練者、婚姻之嘉飾也、說文、紨、粗紬也、玉篇、絻、細紬也、管子立政篇云、刑餘戮民不敢服絻、說文、纆、粗緒也、廣韻云、緒似布也、急就篇、絳緹絓紬絲絮緜、皇象本絓作纆、字竝與纆同、說文、絓、繭滓絓頭也、釋名云、紬又謂之絓、絓、挂也、挂

於杖端振舉之也急就篇絳緹絓紬絲絮緜顏師古注云紬之尤麤者曰絓蠶𦈋所抽也管子輕重甲篇云則絓絲之籍去分而斂矣𦂈曹憲音刮各本𦂈譌作緜案諸書無謂紬爲緜者玉篇𦂈下刮切細紬也集韻又音刮今據以訂正

𦇧絡綃也

說文綃生絲也衆經音義卷十五引通俗文云生絲繒曰綃𦇧曹憲音苦木反論衡量知篇云染練布帛名之曰采貴無染練之治名曰縠麤無染練之治卽所謂生絲也縠與𦇧通急就篇綈絡縑練素帛蟬顏師古注云絡卽今之生緗也九章算術均輸章云絡絲一斤爲練絲一十二兩是絡爲生絲也說文𦇧未練治纑也絡麻未漚也義與生絲竝相近

𦁐縞緻葯練也

說文練湅繒也釋名云練爛也煑使委爛也𦁐之言苛細也字通作阿列子周穆王篇及淮南子脩務訓

竝云衣阿錫曳齊紈高誘注云阿細縠錫細布漢書司馬相如傳被阿錫揄紵縞張注云阿細繒錫細布史記李斯傳阿縞之衣錦繡之飾徐廣音義云齊之東阿縣繒帛所出案徐說失之阿縞皆細繒之名非以其出自東阿而謂之阿縞也楚辭招魂蒻阿拂壁羅幬張些蒻與弱通阿細繒也弱阿猶言弱緆淮南子齊俗訓云弱緆羅紈是也拂猶被也言以弱阿被牀之四壁又張羅幬也王逸注訓蒻爲蒻席阿爲曲隅皆失之縞之言皜皜然也說文縞鮮卮也禹貢厥篚元纖縞傳云縞白繒也高誘注淮南子兵略訓云縞細繒也緻一名細緻釋名云細緻染縑爲五色細且緻不漏水也潛夫論浮侈篇云從奴僕妾皆服葛子升越筩中女布細緻綺縠冰紈錦繡下文云縞謂之㪺說文白㪺縞也急就篇鬱金半見緗白㪺顏師古注云白㪺謂白素之精者其光旳旳然也

𧞤䋁絖也

說文纊絮也或作絖小爾雅云纊緜也絮之細者曰纊禹貢厥篚纖纊史記作纖絮𧞤讀爲𦵈說文𦵈藍

衣也、淮南子繆稱訓、寢關曝纊、高誘注云、纊、繭也、纊謂之繭、故以纊著衣、亦謂之繭、玉藻、纊爲繭、縕爲袍、鄭注云、繭袍、衣有著之異名也、纊謂今之新緜、縕謂今纊及舊絮也、各本絖下脫也字、遂與下條相連、今補、

編緒繶紃絛也

說文、絛、扁緒也、急就篇注云、絛、一名偏諸、織絲縷爲之、周官巾車、革路、絛纓五就、鄭注云、絛、讀爲絛、其樊及纓、以絛絲飾之而五成、編緒卽說文之扁緒、亦卽急就篇注之偏諸、諸聲轉字異耳、漢書賈誼傳、爲之繡衣絲履偏諸緣、服虔注云、加牙條以作履緣也、周官屨人、爲赤繶黃繶、士冠禮、黑屨、青絇繶純、鄭注並云、繶、縫中紃也、淮南子說林訓、絛可以爲繶、不必以紃、高誘注云、紃、亦繶也、說文、紃、圜采絛也、內則、織紝組紃、鄭注云、紃、絛也、正義云、薄闊爲組、似繩者爲紃、雜記、韠紃以五采、注云、紃施諸縫中、若今時絛也、荀子富國篇、布衣紃屨之士、楊倞注云、紃、絛也、謂編麻爲之、麤繩之屨也、

菁草鷄翹葵綟鬱金愧韋麴塵綠綟紫綟無緑綦綺畱

黃綵也

說文翹尾長毛也急就篇春草鷄翹鳧翁濯顏師古注云春草象其初生纖麗之狀也鷄翹鷄尾之曲垂者言織刺爲春草鷄翹之形一曰謂染彩而色似之蒸綶本作烝栗急就篇烝栗絹紺縉紅繎釋名云蒸栗染紺使黃色如蒸栗然也魏文帝與鍾大理書云竊見玉書稱美玉赤擬雞冠黃侔蒸栗鬱通作鬱急就篇鬱金半見緗白勬注云鬱金染黃也太平御覽引南州異物志云鬱金色正黃愧各本譌作愧今訂正麴塵亦染黃也周官內司服鞠衣鄭注云鞠衣黃桑服也色如鞠塵鞠與麴通說文綟帛莀艸染色續漢書輿服志注引徐廣云綟草名也以染似綠又云似紫盭莀草本有綠紫二色故所染之帛各如其草之色也綟通作盭漢書百官表諸侯王金璽盭綬晉灼注云盭草名也出琅邪平昌縣似艾可染綠因以爲綬名急就篇縹綟綠紈早紫硟注云綟蒼艾色也東海有草其名曰莀以染此色因名綟云此皆謂綠

綟也、爾雅、藐、茈草、郭注云、可以染紫、一名茈莀、廣雅釋草云、茈莀茈草也、周官掌染草注云、染草、茅蒐橐蘆豕首紫茢之屬、劉昌宗讀茢爲戾、續漢書輿服志注引何承天云、綟紫色綬、此皆謂紫綟也、莀與戾茢通、茈與紫通、說文、莀、艸也、可目染畱黃、然則莀草所染、又不止綠紫二色矣、綦綺、葢謂織綺文如綦也、說文、綺、文繒也、釋名云、綺、敧也、其文敧邪、不順經緯之縱橫也、有綦文、方文如綦也、綦與綦通、畱黃之色、染與織皆有焉、說文、莀艸可目染畱黃、此謂染綵也、古樂府相逢行、大婦織綺羅、中婦織流黃、此謂織綵也、玉藻正義引皇侃疏云、駵黃之色黃黑、畱駵流竝通、

衣隱也

白虎通義云、衣者、隱也、裳者、障也、所以隱形自障蔽也、

無追章甫委皃收冔皮弁通天遠游進賢高山方山惠文建華卻非解豸冠也

白虎通義云冠者帣也所以帣持其髮也帣通作絭
說文冠絭也所以絭髮弁冕之總名周官弁師注云
弁者古冠之大稱委貌緇布曰冠無追字亦作毋追
又作牟追委皃與委貌同論語先進篇云端章甫周
語晉侯端委以入韋昭注引舊說云衣元端冠委貌
續漢書輿服志注云石渠論元冠朝服戴聖曰元冠
委貌也士冠禮記委貌周道也章甫殷道也毋追夏
后氏之道也鄭注云委猶安也言所以安正容貌章
明也甫以表明丈夫也毋發聲也追猶堆也以其形
名之三冠皆所常服以行道也釋名云牟追牟目也
言其形冒髮追追然也委貌冠形委曲有貌上小下
大也續漢書輿服志云委貌冠皮弁冠同制長七寸
高四寸制如覆杯前高廣後卑鋭所謂夏之毋追殷
之章甫者也委貌以早絹爲之皮弁以鹿皮爲之行
大射禮於辟雍公卿諸侯大夫行禮者冠委貌執事
者冠皮弁冔亦作冔大雅文王篇云常服黼冔史記
五帝紀云帝堯黃收純衣內則云有虞氏皇而祭夏
后氏收而祭殷人冔而祭周人冕而祭士冠禮記周
弁殷冔夏收注云弁名出於槃槃大也言所以自光
大也冔名出於幠幠覆也言所以自覆飾也收言所

以收斂髮也齊所服而祭也獨斷云冕冠周曰爵弁殷曰冔夏曰收皆以三十升漆布爲殼廣八寸長尺二寸加爵冕其上周黑而赤如爵頭之色前小後大殷黑而微白前大後小夏純黑亦前小後大皆有收以持笄上古以布中古以絲漢雲翹樂祠天地五郊舞者服之說文覍冕也籒文作𠑹或作弁隸作弁白虎通義云弁之爲言攀也所以攀持其髮也釋名云弁如兩手相合抃時也以爵韋爲之謂之爵弁以鹿皮爲之謂之皮弁以韎韋爲之謂之韋弁白虎通義云皮弁者所以法古至質冠之名也上古之時質先加服皮以鹿皮者取其文章也士冠禮記三王共皮弁素積注云質不變也周官弁師王之皮弁會五采玉璂象邸玉笄諸侯及孤卿大夫之皮弁各以其等爲之注云會縫中也璂讀如薄借綦之綦綦結也皮弁之縫中每貫結五采玉十二以爲飾謂之綦邸下柢也以象骨爲之侯伯綦飾七子男綦飾五玉三采孤綦飾四三命之卿綦飾三再命之大夫綦飾二玉二采各本皮弁二字誤在解豸之下今訂正張衡東京賦云冠通天佩玉璽獨斷云通天冠天子常服漢受之秦禮無文輿服志云通天冠高九寸正豎頂少

邪卻、乃直下、爲鐵卷、梁前有山、展筩爲述、淮南子齊俗訓、楚莊王通梁組纓、太平御覽引高誘注云、通梁遠遊冠也、獨斷云、遠遊冠、諸侯王所服、展筩無山、禮無文、輿服志云、遠遊冠、制如通天、有展筩橫之於前、無山述、漢書雋不疑傳云、冠進賢冠、帶櫑具劍、獨斷、云、進賢冠、文官服之、前高七寸、後三寸、長八寸、公侯三梁、卿大夫尚書博士兩梁、千石六百石以下一梁、漢制、禮無文、輿服志云、進賢冠、古緇布冠也、文儒者之服也、公侯三梁、中二千石以下至博士兩梁、自博士以下至小吏私學弟子皆一梁、鄭注士冠禮云、緇布冠、今小吏冠其遺象也、史記朱建傳云、衣儒衣、冠側注、獨斷云、高山冠、齊冠也、一曰側注、高九寸、鐵爲卷梁不展筩、無山、秦制、行人使官所冠、今謁者服之、禮無文、太傅胡公說曰、高山冠、蓋齊王冠也、秦滅齊、以其君冠賜謁者、輿服志云、高山冠、一曰側注、制如通天、不邪卻、直豎、無山述展筩、注引漢書音義云、其體側立而曲注、漢書五行志云、昌邑王賀見大白狗冠方山冠而無尾、獨斷云、方山冠、以五采縠爲之、漢祠宗廟大予八佾樂、五行舞人服之、衣冠各從其行之色、如其方之色而舞焉、漢書武五子傳、冠惠文冠、服虔注云武冠也或曰趙惠文王所服故曰惠文獨斷云武冠或曰繁冠今謂之大冠武官服之侍中中常侍加黄金附貂蟬之飾太傅胡公說曰趙武靈王始施貂蟬鼠尾飾之秦滅趙以其君冠賜侍中輿服志云武冠一曰武弁大冠侍中中常侍加黄金璫附蟬爲文貂尾爲飾謂之趙惠文冠東京賦冠華秉翟列舞八佾李善注引獨斷云大樂郊祀舞者冠建華冠獨斷又云建華冠以鐵爲柱卷貫大珠九枚今以銅爲珠形制似縷簏記曰知天文者冠鷸是也天地五郊明堂八佾舞者服之建華各本譌作連華今訂正獨斷云卻非冠宮門僕射服之禮無文輿服志云卻非冠制似長冠下促宮殿門吏僕射冠之負赤幡青翅燕尾淮南子主術訓楚文王好服解冠楚國效之高誘注云解豸之冠如今御史冠漢書淮南王安傳作法冠顏師古注云御史冠也張敞傳秦時獄法吏冠柱後惠文應劭注云今法冠是也獨斷云法冠楚冠也一曰柱後惠文冠高五寸以纚裹鐵柱卷秦制執法服之今御史廷尉監平服之謂之解豸太傅胡公說曰左氏傳有南冠而縶者是知南冠蓋楚之冠秦滅楚以其君冠賜御史

纚帞幘也

說文、幘、髮有巾曰幘。釋名云、幘、賾也。下齊眉賾然也。急就篇注云、幘者、韜髮之巾、所以整嫧髮也。常在冠下、或單著之。古之卑賤執事不冠者之所服也。孝武帝幸館陶公主家、召見董偃、偃傳青褠綠幘、主贊曰、主家庖人臣偃昧死再拜謁、乃賜衣冠引上殿。董仲舒止雨書曰、執事者皆赤幘、知皆不冠者之所服也。元帝額有壯髮、不欲使人見、始進幘服之、羣臣皆隨焉。然尚無巾、如今半頭幘而已。王莽無髮、乃施巾、故語曰王莽禿、幘施屋。續漢書輿服志云、古者有冠無幘、其戴也、加首有頍、所以安物。至秦乃加武將首飾爲絳袙、以表貴賤、其後稍稍作顏題。漢興續其顏卻摞之、施巾連題卻覆之、今喪幘是其制也。至孝文乃高其顏題、續之爲耳、崇其巾爲屋、合後施收、上下羣臣貴賤皆服之。纚之言桼也、所以桼髮也。玉篇音卯員切、又作𩬊、云小兒帽也。廣韻云、小幘也。士冠禮注云、緇布冠無笄者著頍、圍髮際、結項中、隅爲四綴以固冠。今未冠笄者著卷幘、頍象之所生也。釋文卷去員反。輿服志云、未入學小童幘句卷屋者，示尚幼少未遠冒也。卷、鬈、䊼竝通。卷與頍一聲之轉也。⿰巾介，各本譌作帉。凡隸書從介從分之字往往譌溷。曹憲音芬云反，則所見本已譌作帉。案諸書無訓帉爲幘者。帉即下文帉字，乃巾名，非幘名也。玉篇、廣韻：⿰巾介音介，幘也。與服志注引晉公卿禮秩云：太傅、司空、司徒著黑介幘。介與⿰巾介通，今據以訂正。

假結謂之髻

太平御覽引說文云：髻，結髮也。士冠禮：將冠者采衣紒。鄭注云：紒，結髮也。古文紒爲結。髻、結、紒竝通。髻通作副。釋名云：王后首飾曰副。副，覆也，以覆首也。亦言副貳也，兼用衆物成其飾也。周官追師：掌王后之首服，爲副、編、次。鄭注云：副之言覆，所以覆首爲之飾，其遺象若今步繇矣。編，編列髮爲之，其遺象若今假紒矣。次，次第髮長短爲之，所謂髲髢。明堂位：夫人副褘立于房中。鄭注云：副，首飾也，今之步搖是也。如鄭君說，則步搖者，副之遺象；假結者，編之遺象。而此云假結謂之髻者，副之異於編次者，副有衡笄六珈以爲飾，而編次無之，其實副與編次皆取他人之髮合已髮以爲結，則皆是假結也。鄘風君子偕老篇：副笄六珈、毛傳云、副者、后夫人之首飾、編髮爲之、是也、後漢書東平憲王蒼傳注云、副、婦人首服、三輔謂之假紒、續漢書輿服志云、皇后謁廟、假結步搖簪珥、

簂謂之帨

釋名云、簂、恢也、恢廓覆髮上也、魯人曰頍、頍、傾也、著之傾近前也、齊人曰帨、飾形貌也、士冠禮注云、滕薛名簂爲頍、續漢書輿服志云、太皇太后皇太后入廟翦氂簂簪珥、後漢書烏桓傳婦人著句決飾以金碧猶中國有簂步搖、李賢注云、簂字或爲幗、婦人首飾也、魏志明帝紀注引魏氏春秋云、諸葛亮遣使致巾幗婦人之飾以怒宣王、方言、車枸簍宋魏陳楚之間謂之筱、郭注云、今呼車子弓爲筱、音巾幗、覆髮謂之幗、車蓋弓謂之筱、其義一也、

晨辯逗宬帎也

皆未詳、

帉㠶帥帨幋㡝幏幣巾也

巾者，所以覆物，亦所以拭物。說文：巾，佩巾也。方言：幏巾也。大巾謂之帉。嵩嶽之南陳潁之閒謂之帤，亦謂之幏。郭注云：今江東通呼巾帉。帉之言墳也。爾雅云：墳，大也。說文：楚謂大巾曰帉。內則左佩紛帨。鄭注云：紛帨，拭物之巾也。今齊人有言紛者。釋文：紛，或作帉。並與帉同。說文：㠶，枕巾也。帥帨，一字也。說文：帥，佩巾也。或作帨。召南野有死麕篇：無感我帨兮。士昏禮記：母施衿結帨。毛傳、鄭注並與說文同。幋之言般也。方言云：般，大也。說文：幋，覆衣大巾也。或以爲首幋。又云：㡝，禮巾也。幏之言蒙也。方言注云：巾主覆者，故名幏。說文：幏，蓋衣也。書大傳：下刑墨幏。鄭注云：幏，巾也。使不得冠飾，以恥之也。廣韻：㡝，小巾也。

帍裱被巾也

方言：帍裱謂之被巾。郭注云：婦人領巾也。案：裱，猶表也。表，謂衣領也。唐風揚之水篇：素衣朱襮。毛傳云：襮，領也。襮與表古同聲。故易林否之師云：揚水潛鑿，使石絜白。衣素表朱，遊戲皋沃。衣素表朱，即素衣朱襮

也、帍、猶扈也、楚辭離騷、扈江離與辟芷兮、王逸注云、扈、被也、被巾所以扈領、故有帍裱之稱、

承露幘巾覆也

方言、覆結謂之幘巾、或謂之承露、或謂之覆髤、皆趙魏之間通語也、郭注云、今結籠是也、餘見上文䙡帓下、幘也、

䙡䙝謂之帹

玉篇云、面衣也、

帞頭帑𢄼帶髤帶絡頭幧頭也

方言、絡頭、帞頭、𢄼帶、髤帶、帑、幓、幧頭也、自關而西秦晉之間曰絡頭、南楚江湘之間曰帞頭、自河以北趙魏之間曰幧頭、或謂之帑、或謂之幓、其偏者謂之𢄼帶、或謂之髤帶、釋名云、綃頭、綃、鈔也、鈔髮使上從也、或謂之陌頭、言其從後橫陌而前也、鄭注士喪禮云、喪服小記曰、斬衰髺髮以麻、免而以布、此用麻布爲

之、狀如今之著幧頭矣、自項中而前交於額上、卻繞紒也、吳越春秋句踐入臣外傳、越王服犢鼻著樵頭、後漢書向栩傳、好被髮著絳綃頭、古陌上桑詩、脫帽著帩頭、竝字異而義同、鄭注問喪云、今時始喪者、邪巾貊頭、笄纚之存象也、釋文貊作袹、漢書周勃傳、太后以冒絮提文帝、應劭曰、陌頟絮也、晉灼曰、巴蜀異物志謂頭上巾爲冒絮、帞袹貊陌竝通、陌與冒一聲之轉、卷四云、鬢髮髻也、方言注云、鬢帶髮帶、今之偏疊幧頭也、

覆䘹䙕褋襌衣也

襌之言單也、說文、襌、衣不重也、玉藻、襌爲絅、鄭注云、有衣裳而無裏、急就篇注云、襌衣似深衣而褒大、方言云、襌衣、江淮南楚之閒謂之褋、關之東西謂之襌衣、古謂之深衣、又云、覆䘹謂之襌衣、褋、亦作褋、說文、南楚謂襌衣曰褋、楚辭九歌、遺余褋兮醴浦、王逸注云、褋、襜襦也、潛夫論浮侈篇云、麤鹿履舄、文組綵褋

𧞣裕祇裯襜褕也

說文直裾謂之襜褕漢書外戚恩澤表武安侯恬坐衣襜褕入宮不敬免顏師古注云襜褕直裾襌衣也方言襜褕江淮南楚謂之褈褣自關而西謂之襜褕褈褣小爾雅作童容任氏幼植深衣釋例云釋名襜褕言其襜襜宏裕也方言或謂之童容童容之名即是襜襜宏裕之義詩漸車帷裳箋云帷裳童容也周禮巾車皆有容蓋鄭司農注亦云容謂幨車山東謂之裳幃或曰幢容後漢書劉盆子傳乘軒車大馬赤屏泥絳襜絡注云襜帷也帷謂之襜亦謂之童容直裾襌衣謂之襜褕亦謂之童容其義一也說文祗裯短衣也方言云汗襦自關而西或謂之祗裯楚辭九辯被荷裯之晏晏兮王逸注云裯祗裯也若襜褕矣後漢書羊續傳云唯有布衾敝祗裯

襋衱謂之褗

魏風葛屨篇要之襋之毛傳云襋領也說文同方言衱謂之褗郭注云即衣領也曲禮天子視不上於袷鄭注云袷交領也玉藻袷二寸注云袷曲領也袷與衱同說文褗領也士昏禮注云卿大夫之妻刺黼

以爲領、如今偃領矣、偃與褗通、

直衿謂之幍

說見下條

袒飾褻明襗袍襡長襦也 袿

內則云、衣不帛襦袴、說文、襦、短衣也、一曰㬮衣、釋名云、襦、耎也、言溫耎也、急就篇注云、長衣曰袍、下至足跗、短衣曰襦、自膝以上、一曰短而施要者曰襦、淡衣釋例云、吳越春秋越王夫人衣無緣之衣、施左關之襦、襦下有裳、則襦爲短衣可知、其似襦而長者則特別之曰長襦、史記匈奴傳云、繡袷長襦是也、直衿亦作直領、釋名云、直領、邪直而交下、亦如丈夫服袍方也、漢書景十三王傳、刺方領繡、晉灼注云、今之婦人直領也、繡爲方領、上刺作黼黻文、方言、袒飾謂之直衿、郭注云、婦人初嫁所著上衣直衿也、方言又云、褻明謂之袍、爾雅、袍、襴也、玉藻云、纊爲襴、緼爲袍、釋名云、袍、丈夫著下至跗者也、袍、苞也、苞內衣也、婦人以

絳作衣裳上下連、四起施緣、亦曰袍、義亦然也、淡衣
釋例云、喪大記、袍必有表、謂之一稱、注、袍、褻衣、必有
以表之、乃成稱也、蓋袍爲淡衣之制、特燕居便服耳、
故云表褻衣、若無衣以表之、則不成稱、續漢書輿服志
云、或曰、周公抱成王燕居、故施袍、是袍爲古人燕居
之服、自漢以後、始以絳紗袍早紗袍爲朝服矣、念孫
案周官玉府注云、燕衣服者、巾絮寢衣袍襗之屬、論
語、紅紫不以爲褻服、秦風無衣正義引鄭注云、褻服
袍襗、此皆袍爲褻衣之明證也、班固竇車騎北征頌
云、勞不御輿、寒不施襗、襗通作澤、釋名云、汗衣、近身
受汗垢之衣也、詩謂之澤、受汗澤也、或曰鄙袒、或曰
羞袒、作之用六尺、裁足覆胷背、言羞鄙於袒而衣此
耳、秦風無衣篇、與子同袍、與子同澤、鄭箋云、澤、褻衣
近汗垢、襡或作䙱、晉書夏統傳、服袿襡、音義引字林
云、襡、連要衣也、釋名云、襡、屬也、衣裳上下相連屬也、
荆州謂禪衣曰布襡、亦曰襜褕、言其襜襜宏裕也、雜
記注、繭衣裳者、若今大襡也、正義云、謂衣裳相連而
以綿纊著之、釋名云、婦人上服曰袿、其下垂者上廣
下狹、如刀圭也、宋玉神女賦云、振繡衣、被袿裳、枚乘
梁王菟園賦云、袿裼錯紆、連袖方路、廣䫇爾雅疏竝

引廣雅、袿、長襦也、今本脫袿字、

襌襦謂之襜

方言、汗襦、陳魏宋楚之間謂之襜襦、或謂之襌襦、郭注云、今或呼衫爲襌襦、又偏襌謂之襌襦、注云、卽衫也、釋名云、襌襦、如襦而無絮也、漢書來歙傳注引東觀記云、光武解所被襜襦以衣歙、集韻類篇引廣雅襌襦謂之襜裿、連下文裿字爲句、失之、

裿作襦謂之裨襦

此條有脫誤、未詳其義、

複襦謂之襜

說文、複、重衣、一曰褚衣、重衣、謂袷衣也、褚衣、謂衣之有絮者、此云複襦是也、釋名、襌襦、如襦而無絮也、然則有絮者謂之複襦矣、急就篇襜褕袷複褶袴褌顏師古注云、褚之以緜曰複、古辭孤兒行云、冬無複襦、

[illegible]士三尺有司二尺有五寸鄭注云紳帶之垂者言其屈而重也案對文則紳爲帶之垂者散文則帶亦謂之紳內則端韠紳注云紳大帶所以自申約是也說文鞶大帶也引訟上九或錫之鞶帶馬融虞翻注竝與說文同太平御覽引某氏注云鞶帶革帶也緄之言混成也說文緄織成帶也太平御覽引東觀漢紀云上賜鄧遵金剛鮮卑緄帶一具後漢書南匈奴傳云遺單于童子佩刀緄帶各一曹植七啟云緄佩綢繆或彫或錯緄曹憲音袞各本脫去緄字其音內袞字又誤入正文玉篇廣韻緄古本切帶也今據以訂正方言厲謂之帶小雅都人士傳云厲帶之垂者玉篇⿰革延馬帶也

佩紟謂之裎

方言佩紟謂之裎郭注云所以系玉佩帶也紟通作衿爾雅佩衿謂之褑郭注云佩玉之帶上屬衿之言相紟帶也少儀甲不組縢鄭注云組縢以組飾之及紟帶也爾雅紟謂之袸注云衣小帶義竝與佩紟同

夏無單衣是也方言複襦江湘之間謂之⿰衤豎又云襜褕其短者謂之裋褕說文裋豎使布長襦也裋長於襦而短於襜褕故裋褕亦曰裋褐古謂僮僕之未冠者曰豎亦短小之意也列子力命篇朕衣則裋褐釋文引許慎淮南子注云楚人謂袍爲裋荀子大略篇作豎褐裋豎竝與⿰衤豎同

複襂謂之裀

此說文所謂重衣也襂與衫同釋名云衫芟也芟末無袖端也方言注以衫爲襌襦其有裏者則謂之裀裀猶重也

裲襠謂之袹腹

裲襠蓋本作兩當鄭注鄉射禮云直心背之衣曰當釋名云裲襠其一當胷其一當背也帕腹橫陌其腹也帕與袹同

繞領帔帬也

說文帬下裳也或作裠釋名云裠羣也連接羣幅也案帬之言圍也圍繞要下也故又謂之繞領方言繞衿謂之帬郭注云俗人呼接下江東通言下裳衿與領同帔之言披也方言帬陳魏之閒謂之帔說文云宏農謂帬帔也

大巾褘衻襜袚蔽厀也韍謂之韠

方言蔽厀江淮之閒謂之褘或謂之袚魏宋南楚之閒謂之大巾自關東西謂之蔽厀齊魯之郊謂之衻釋名云韠蔽也所以蔽膝前也婦人蔽膝亦如之齊人謂之巨巾田家婦女出至田野以覆其頭故因以爲名也又曰跪襜襜跪時襜然張也衻襜一字也爾雅衣蔽前謂之襜釋文襜方言作衻同昌占反小雅采綠篇不盈一襜毛傳與爾雅同正義引李巡爾雅注云衣蔽前衣蔽膝也凡言襜者皆障蔽之意衣蔽前謂之襜牀前帷謂之襜車裳帷謂之幨幰謂之幨其義一也漢書東方朔傳館陶公主自執宰敝膝敝膝與蔽厀同袚韍一字也說文作市云從巾象其連帶之形易作紱詩作芾禮記作韍左傳作黻方言作

袚易乾鑿度作茀白虎通義作紼並字異而義同韠本作韠即蔽膝之合聲韠韍又一聲之轉說文韠藩落也韠引襄十年左傳篳門圭窬爾雅畢堂牆李巡注云厓似堂牆曰畢其謂之畢者皆取障蔽之意與韠同也齊風載驅篇簟笰朱鞹傳云車之蔽曰笰義亦與韍同小雅采菽篇赤芾在股鄭箋云芾太古蔽膝之象也冕服謂之芾其他服謂之韠以韋爲之正義引乾鑿度注云古者田漁而食因衣其皮先知蔽前後知蔽後後王易之以布帛而猶存其蔽前者重古道不忘本也明堂位云有虞氏服韍夏后氏山殷火周龍章鄭注云韍冕服之韠也舜始作之以尊祭服禹湯至周增以畫文後王彌飾也玉藻云韠君朱[illegible]廣二尺上廣一尺長三尺其頸五[illegible]韠之言蔽也

廣雅疏證卷第七下　三

說文帶紳也釋名云帶蔕也著於衣如物之繫蔕也

古者佩玉有綬以上系於衡衡上復有綬以系於革帶說文綎系綬也綎與裎古字通離騷珽玉字作珵是其例也

裯襦袿襡褔䙆袔䘸袘袼褏褑袂衽袖也

說文褏袂也俗作袖釋名云袖由也手所由出入也亦言受也以受手也方言裯繻謂之袖郭注云衣褾也江東呼碗夏侯湛雀釵賦云理袿襟整服飾是袿爲袖也玉篇袔䘸袖也䘸通作掖方言襜謂之掖注云衣掖下也儒行衣逢掖之衣鄭注云逢猶大也大掖之衣大袂禪衣也正義云大掖謂肘掖之所寬大漢書司馬相如傳揚袘戌削張注云袘衣袖也深衣袼之高下可以運肘注云袼衣袂當掖之縫也蓋袂爲袖之大名袼爲袖當掖之縫其通則皆爲袖也釋親云胳謂之腋人腋謂之胳故衣䘸亦謂之袼也玉篇𧜭衣䘸也字或作𧚊通作胡深衣袂圜以應規注云謂胡下也釋名云構禪衣之無胡者也言袖夾直形如溝也褏者下垂之名人頷下謂之胡輈頭下謂之胡衣䘸下謂之褏其義一也集韻引埤倉云褑衣

袖也、釋名云、袂、掣也、掣、開也、開張之以受臂屈伸也、史記貨殖傳云、齊冠帶衣履天下、海岱之閒斂袂而往朝焉、留侯世家云、陛下南鄉稱霸、楚必斂衽而朝、衽、亦袂也、列女傳魯季敬姜云、文伯引衽攘捲而親饋之、廣韻、褾、袖端也、又云、褾、袖褾袂也、玉篇、袖、衣袂也、

衽裀袾⿰衤弓裑也

裑、謂衣中也、字通作身、喪服記、衣二尺有二寸、鄭注云、此謂袂中也、言衣者、明與身參齊、疏云、衣即身也、⿰衤弓、通作躬、續漢書五行志云、獻帝建安中、男子之衣、好爲長躬而下甚短、

褾䘯⿰衤市衽褑袂也

竝見上注、

䘯謂之袩

方言、䘯謂之袩、廣韻、䘯、衣衽也、方言、褸謂之袩、郭注云、即衣衽也、各本脫謂之二字、集韻類篇引廣雅䘯

袩衽謂之褸衩讀至下文衩字絕句則宋時廣雅本已誤今據方言訂正

衽謂之褸

方言褸謂之衽郭注云衣襟也或曰裳際也說文衽衣裣也釋名云衽襜也在旁襜襜然也玉藻深衣衽當旁鄭注云衽謂裳幅所交裂也凡衽者或殺而下或殺而上衽屬衣則垂而放之屬裳則縫之以合前後上下相變深衣續衽鉤邊注云續猶屬也衽在裳旁者也屬連之不殊裳前後也說文褸衽也爾雅衣裗謂之裞郭注云衣褸也齊人謂之攣釋文褸又作褸衣褸謂之衽猶襟褸謂之紝說文紝機褸也

衩衸袥裓膝也

玉篇裓膝蔽衸也裓曹憲音七益反字從衣朿聲朿音刺各本譌從束今訂正玉篇衩衣衸也說文衸袥也徐鍇引字書云衸補衻蔽也說文袥衣衸也

寢衣衾䘸被也

釋名云、被、被也、所以被覆人也、說文、被、寢衣、長一身有半、論語鄉黨孔傳云、寢衣、今之被也、召南小星傳云、衾、被也、說文云、大被也、釋名云、衾、广也、其下廣大、如广受人也、

襗謂之絝

絝、或作袴、内則云、衣不帛襦袴、說文、絝、脛衣也、釋名云、袴、跨也、兩股各跨別也、方言、袴、齊魯之閒謂之䙞、或謂之襱、關西謂之袴、說文、褰、絝也、引昭二十五年左傳徵褰與襦、褰䙞襣竝同、

其棺謂之襱

方言注云、今俗呼袴踦爲襱、又無襇之袴謂之襣、注云、襇亦襱、字異耳、說文、襱、絝踦也、徐鍇傳云、踦、足也、案今人言袴腳、或言袴管是也、管與棺同、各本脫去襱字、集韻類篇竝引廣雅、絝其棺謂之襱、今據補、

袑裕襣幝也

說文、幝、幒也、或作褌、釋名云、褌、貫也、貫兩腳上繫要中也、急就篇、襜褕袷複褶袴褌、顏師古注云、袴合襠

謂之褌最親身者也易林否之小畜云載車無褌裸裎出門漢書朱博傳褒衣大袑太平御覽引孟康注云袑大袴也方言褌陳楚江淮之閒謂之䘸說文幒幝也或作帪字竝與松同方言無䘵之袴謂之襣注云袴無踦者即今犢鼻褌也史記司馬相如傳集解引韋昭漢書注云犢鼻褌以三尺布作形如犢鼻

幝無襠者謂之裗

今之開襠袴也裗之言突突突者穴也故竈窗亦謂之突

褅謂之褓

說文褓小兒衣也漢書宣帝紀曾孫雖在襁褓孟康注云褓小兒被也被亦衣也故論語謂被爲寢衣大戴禮保傅篇周成王在襁褓之中史記魯世家作强葆漢書賈誼傳作繈抱司馬相如傳作繈保竝字異而義同褓之言保也保亦衣也故衣甲者謂之保介月令措之于參保介之御閒鄭注云保猶衣也說文褅褓也引小雅斯干篇載衣之褅今本作裼毛傳云裼褓也釋文裼韓詩作禘竝字異而義同

繄袼褔次衣也

方言、繄袼謂之褔、郭注云、即小兒次衣也、次、即今涎字、說文、褔、次裹衣也、

褿袯䘺褯也

玉篇、褯、小兒衣也、李奇注漢書宣帝紀云、緥、小兒大藉也、藉、與褯通、說文、褿、帴也、王篇又作𢅋、云、藉也、說文、帴、帗也、帴帗、與䘺袯同、廣韻、帴、小兒藉也、

袺謂之䙔襭謂之褱

爾雅、執衽謂之袺、扱衽謂之襭、周南芣苢篇、薄言袺之、薄言襭之、毛傳與爾雅同、此云、袺謂之䙔、襭謂之褱、與爾雅毛傳異義、葢本於三家也、列女傳蔡人之妻云、采采芣苢之草、雖甚臭惡、猶始於捋采之、終於懷襭之、說與廣雅同、袺、各本譌作祮、今據曹憲音訂正、管子輕重戊篇、丁壯者胡丸操彈、胡、與䙔通、

帴帊襎䘳帉幞也

此皆巾屬，所以覆物者也。方言「繙裷謂之幭」，郭注云：
「即帊幞也。」說文：「幭，蓋幭也。」管子小稱篇云：「乃援素幭
以裹首而絕。」呂氏春秋知化篇云：「乃爲幎以冒面而
死。」幎與幭同。廣韻引通俗文云：「帛三幅曰帊。」帊、衣襆
也。玉篇：「帊，巾也。」各本襆下脫也字，遂與下條相連。集
韻、類篇幭、帊、繙、帊四字注並引廣雅「帳也」，則宋時廣
雅本已脫也字。衆經音義卷十八、二
十一並引廣雅「帊，幞也」，今據以訂正。

帷、幔、幬、幕、帟，帳也

說文：「帳，張也。」史記、漢書或通作張。周官幕人「掌帷幕
幄帟綬之事」，鄭注云：「在旁曰帷，在上曰幕。幕或在地，
展陳于上。帷、幕皆以布爲之。四合象宮室曰幄，王所
居之帳也。帟，主在幕若幄中坐上承塵。幄、帟皆以繒
爲之。凡四物者，以綬連繫焉。」說文：「幔，幕也。」司馬相如
長門賦云：「張羅綺之幔帷兮。」爾雅「幬謂之帳」，郭注云：
「今江東亦謂帳爲幬。」釋文：「幬，本或作㡡。」說文作幃，云：
「禪帳也。」楚辭招魂云：「羅幬張些。」檀弓「君於士有賜帟」，
鄭注云：「帟，幕之小者，所以承塵。」帟，各本譌作奕，今訂
正。卷二云：「幃、幔、幕，覆也。」釋名云：「帷，圍也，所以自障圍

也、幕、幕絡也、在表之稱也、小幕曰帟、張在人上奕奕然也、幔、漫也、漫漫相連綴之言也、帳、張也、張施於牀上也、

幌、帴、幏也

說文、幏、帷也、釋名云、幏、廉也、自障蔽爲廉恥也、字或作簾、覲禮疏引禮緯云、天子外屏、諸侯內屏、大夫以簾、士以帷、太平御覽引通俗文云、障牀曰襜、釋名云、牀前帷曰襜、言襜襜而垂也、新序雜事篇云、不出襜幄而知天下、襜與帴同、爾雅、衣蔽前謂之襜、襜與幌皆是障蔽之名、幏謂之幌、亦謂之襜、屋梠謂之槐、亦謂之檐、槐與幌、檐與襜聲近而義同也、

髮謂之髻

說文、髻、髻髮也、又云、𦣻、古文百也、巛象髮、髮謂之髻、髻、即巛也、案巛隸作川、川與髻古同聲、故云、髻即巛也、士喪禮云、巾柶髻爪埋于坎、喪大記云、君大夫髻爪實于綠中、士埋之、鄭注、髻、亂髮也、髻之言蠢蠢然

也說文惷惷亂也引昭二十四年左傳王室曰惷惷焉今本作蠢漢書天文志有黑雲狀如猋風亂鬊衆經音義卷十五引韋昭音蠢

鬄謂之髲

說文髲益髮也鬄髲也或作髢釋名云髲被也髮少者得以被助其髮也鬄剔也剔刑人之髮爲之也周官追師掌王后之首服爲副編次鄭注云次次第髮長短爲之所謂髲髢少牢饋食禮主婦被錫鄭注云被錫讀爲髲鬄古者或剔賤者刑者之髮以被婦人之紒爲飾因名髲鬄焉召南采蘩篇被之僮僮鄭箋亦以爲髲鬄鄘風君子偕老篇鬒髮如雲不屑髢也哀十七年左傳公見己氏之妻髮美使髡之以爲呂姜髢鄭箋杜注竝云髢髲也各本脫鬄字今補

屝屨麤舄屩鞨不借𩊚角鞮屣薄平䩞屨也

說文屨足所依也方言屝屨麤屨也徐兖之郊謂之屝自關而西謂之屨中有木者謂之複舄自關而東

謂之複履、其庳者謂之鞅下、襌者謂之鞮、絲作之者謂之履、麻作之者謂之不借、粗者謂之屨、東北朝鮮洌水之間謂之䩕角、南楚江沔之間總謂之麤、西南梁益之間或謂之屩、或謂之屐、其通語也、徐土邳沂之間大麤謂之䩕角、釋名云、齊人謂草履曰屝、僖四年左傳共其資糧屝屨、杜預注云、屝、草屨也、喪服傳、菅屨者、菅非也、非與屝通、釋名云、屨、拘也、所以拘足也、周官屨人掌王及后之服屨、爲赤舄、黑舄、素屨、葛屨、鄭注云、複下曰舄、襌下曰屨、凡屨舄各象其裳之色、士冠禮曰、元端黑屨、素積白屨、爵弁纁屨、是也、說文、⿱艹麤、艸履也、⿱艹麤與麤通、釋名云、屐、荊州人曰麤、絲麻韋草皆同名也、麤、措也、言所以安措足也、急就篇屐屩絜麤羸窶貧、顏師古注云、麤者、麻枲雜履之名也、王襃僮約云、織履作麤、廣韻、屐有頸曰屩、方言注云、屩、字或作屫、喪服傳、繩屨者、繩菲也、鄭注云、繩菲今時不借也、鹽鐵論散不足篇云、綦下不借、鞔鞮革舄、急就篇云、裳韋不借爲收人、釋名云、不借、言賤易有、宜各自蓄之、不假借於人也、齊人云、搏腊、搏腊猶把鮓、麤貌也、案釋名以搏腊爲麤貌、是也、搏腊疊韻字、轉之則爲不借、非不假借於人之謂也、說文絣字注云、一曰不借綼周官弁師注作薄借綦、薄借、卽不搏腨也、齊民要術引四民月令云、十月作白履不惜、不惜、卽不借也、說文、鞮角鞮屬也、方言注云、鞮角、今漆蹶屐有齒者、釋名云、仰角屐上施履之名也、行不得不當仰履角擧足乃行也、急就篇云、鞮印角褐韈巾、仰卬、竝與鞠通、鞫玉篇音似足切、鞮也、廣韻云、白鞫鞮也、說文、鞻鞮屬也、躧舞履也、或作韈、孟子盡心篇舜視棄天下、猶棄敝蹝也、趙岐注云、蹝草履可蹝者也、呂氏春秋長見篇視釋天下若釋躧、觀表篇作舍屣、竝字異而義同、說文鞮革履也、急就篇注云、鞮薄革小履也、周官鞮鞻氏注云、鞻讀如屨、鞮屨、四夷舞者所扉也、今時倡蹋鼓沓行者自有扉、曲禮注云、鞮屨、無約之非也、

其緣謂之無綶

上文云、無綶、綶也、然則履緣謂之無綶、亦謂以采絲爲緣也、周官屨人爲赤繶黃繶、鄭衆注云、以赤黃之絲爲下緣、

其紟謂之綦

紟之言禁也。履系謂之紟，衣系謂之紟，佩系謂之紟，其義一也。紟綦一聲之轉，綦之言戒也，戒亦禁也。履系謂之綦，車下紩謂之綦，其義一也。說文紼字注云，一曰不借紼。周官弁師注作薄借綦。士喪禮組綦繫于踵，注云，綦履係也，所以拘止履也。綦讀如馬絆綦之綦。內則云，履著綦。

鞳䩦𩍐𩏂靸屐也

屐或作鞾。釋名云，鞾，跨也，兩足各以一跨騎也，趙武靈王始服之。鞳䩦，屐也。鞳，各本譌作鞳，今訂正。釋名云，𩍐𩏂，𩍐𩏂，皆疊韻字也。玉篇鞳字注云，鈌前雍者也。𩍐𩏂，猶速獨，足直前之名也。急就篇云，𦨻裘𩍐𩏂鞾之云，靸，釋名云，靸，韋履深頭者之名也。靸，襲也，以其深襲覆足也。急就篇靸鞮卬角褐韤巾，顏師古注云，靸，謂韋履頭深而兌，平底者也，今俗呼謂之跣子。

屎屐屣屩也

說文、屩、屐也、屐、屩也、釋名云、屩、蹻也、出行著之、蹻蹻輕便、因以爲名也、屐、楮也、爲兩足楮以踐泥也、史記平準書集解引韋昭漢書注云、屩、草屐也、衆經音義卷十四引三倉云、屐、木屩也、莊子天下篇、以跂蹻爲服、跂蹻與屐屩同、方言、屐、西南梁益之閒或謂之⿸尸糸、說文、⿸尸糸、屐也、一曰青絲頭屐也、讀若阡陌之陌、從糸戶聲、各本⿸尸糸作⿸尸糸、因屐屝屩諸字而誤、今訂正、屝、已見上文、

緻謂之編

玉篇、編、履底、編也、緻、編緻也、集韻引字林云、緻、刺履底也、

緉綊絞也

方言、緉、綊、絞也、關之東西或謂之緉、或謂之綊、絞、通語也、郭注云、謂履中絞也、

縝縷纑也

方言、纑謂之縝、郭注云、謂纑縷也、說文、縷、綫也、纑、布縷也、孟子滕文公篇、彼身織屨、妻辟纑、趙岐注云、緝

續其麻曰辟、

練麻曰纑、

萆謂之衰

說文、衰、艸雨衣、秦謂之萆、越語云、譬如衰笠、時雨既至、必求之、經傳或從艸作蓑、說文、萆、雨衣、一曰衰衣、齊語、身衣襏襫、韋昭注云、襏襫、蓑薜衣也、薜與萆同、六韜農器篇云、蓑薜簦笠、

簦謂之笠

說文、笠、簦無柄也、簦、笠蓋也、急就篇注云、大而有把、手執以行謂之簦、小而無把、首戴以行謂之笠、吳語簦笠相望於艾陵、韋昭注云、簦、笠、備雨器也、史記虞卿傳云、躡屩擔簦、簦與笠對文則異、散文則通、故士喪禮下篇注云、笠、竹篛蓋也、淮南子說林訓云、或謂笠、或謂簦、名異實同也、

幢謂之翿

方言、翿、幢、翳也、楚曰翿、關西關東皆曰幢、說文、翳、翳也、所目舞也、引陳風宛丘篇左執翳、今本作翿、爾雅、

翢、纛也。纛、翳也。郭注云、今之羽葆幢、舞者所以自蔽翳。釋名云、翿、陶也、其貌陶陶下垂也。鄉射禮記云、君國中射、則以翿旌獲、白羽與朱羽糅。周官鄉師、及葬執纛以與匠師御匶而治役。鄭注云、雜記曰、匠人執翿以御柩。翿、羽葆幢也。以指麾輓柩之役、正其行列進退。翳、翿、翢並同。纛與翿古亦同聲。釋名云、幢、童也、其貌童童然也。韓非子大體篇云、雄駿不創壽於旗幢。

幨謂之幰

淮南子氾論訓、隆衝以攻、渠幨以守。高誘注云、幨、幰也、所以禦矢也。兵略訓云、雖有薄縞之幨、腐荷之櫓、然猶不能獨穿也。齊策云、攻城之費、百姓理襜蔽、舉衝櫓。襜與幨通。幨者、蔽也。說見上文襜蔽郄也下。幰之言扞蔽也。衆經音義卷十四引倉頡篇云、布帛張車上爲幰。釋名云、幰、憲也、所以禦熱也。幨謂之幰、車幔謂之幰、車裳帷謂之襜、其義一也。

⿱竹嚴籞⿱竹禁翳也

廣雅疏證　卷第七下

月令罝罘羅網畢翳鄭注云翳射者所以自隱也新序雜事篇云弋者脩其防翳說文簸雉射者所蔽也漢書元帝紀嚴籞池田晉灼注云嚴籞射苑也嚴與簸通宣帝紀詔池籞未御幸者假與貧民服虔注云籞在池水中作室可用棲鳥鳥入中則捕之䅵曹憲音禦古通作禦管子戒篇云桓公弋在禦韓非子外儲說云齊宣王問弋於唐易子曰弋者奚貴唐易子曰在於謹禦徐爰注射雉賦云禦翳中盛飲食處今俗呼翳名曰倉也

幖徽帾[illegible][illegible]幟幡也

太平御覽引說文幡識也古今注云信幡古之徽號也所以題表官號以爲符信故謂爲信幡也字亦作旛釋名云旛幡也其貌幡幡然也幖之言表也說文幖識也周官肆師表齍盛告絜鄭注云故書表爲剽剽表皆謂徽識也後漢書皇甫嵩傳著黃巾爲標幟表剽標幖並通說文徽識也曰絳徽帛著于背引昭二十一年左傳揚徽者公徒今本作徽大傳殊徽號鄭注云徽號旌旗之名也徽或作褘張衡東京賦戎

士介而揚揮。薛綜注云：揮爲肩上絳幟，如燕尾者也。徽、徽、褘、揮竝通。周官司常注云：徽識所以題別衆臣，樹之於位，朝者各就其位。或謂之事，或謂之名，或謂之號。三者，旌旗之細也。士喪禮曰：爲銘各以其物。亾則以緇長半幅，赬末長終幅，廣三寸，書名於末。此蓋其制也。徽識之書則云某某之事，某某之名，某某之號。今大閱禮象而爲之。兵凶事若有死事者，亦當以相別也。帾之言題署也。廣韻：帾，標記物之處也。說文：隸人給事者之衣爲卒。卒，衣有題識者。又云：衣，卒也。方言：南楚東海之閒卒謂之褚。郭注云：言衣赤也。衣赤謂之褚。以絳徽帛謂之帾，其義一也。司常注云：今城門僕射所被及亭長著絳衣，皆徽識之舊象。是其證矣。說文：前，幡識也。又云：箋，表識書也。箋與前象亦同義。幟，帘讀若抑，各本譌作帘，今訂正。幟之言識也。墨子旗幟篇云：幟竿長二丈五，帛長丈五，廣半幅。小雅六月篇：織文鳥章。鄭箋云：織，徽織也。士喪禮注引檀弓云：以奴者爲不可別，故以其旗識識之。史記叔孫通傳云：張旗志。幟、織、識、志竝通。

袁謂之褰

說文、帙、書衣也。或作袠。後漢書楊厚傳云、吾綈袠中有先祖所傳祕記。書衣謂之袠、故小橐亦謂之袠。內則云、右佩箴管線纊施縏袠。玉篇、帙、小橐也。說文、㠼、書囊也。㠼者纏裹之名。文選西都賦㠼以藻繡、李善注引說文、㠼纏也。

幃謂之幐

說文、幐、囊也。後漢書儒林傳序云、大則連爲帷蓋、小乃制爲幐囊。幐與縢通。說文、幃、囊也。楚辭離騷、蘇糞壤以充幃兮。王逸注云、幃謂之幐。幐、香囊也。

帣橐𣓌囊也

大雅公劉篇、于橐于囊。毛傳云、小曰橐、大曰囊。史記陸賈傳、索隱引埤倉云、有底曰囊、無底曰橐。橐、橐與囊對文則異、散文則通。故說文云、橐、囊也、囊、橐也。帣之言卷束也。說文、帣、囊也。今鹽官三斛爲一帣。又說文、㯻、橐也。玉篇音袞。㯻亦帣也、猶袞衣之袞或作卷矣。玉篇、𣓌、大多切、馬上連囊也。今俗語亦謂馬上連囊

曰舵、音
大佐反、

絭謂之纕

說文、纕、援臂也、玉篇云、收衣袖絭也、說文、絭、攘臂繩也、淮南子原道訓、短袂攘卷以便刺舟、卷與絭、攘與纕、並聲近義同、

鑑謂之鏡

梳枇笸櫛也

說文、櫛、梳比之總名也、櫛之言節也、其齒相節次也、考工記作櫛同、說文、梳、理髮也、釋名云、梳、言其齒疏也、史記匈奴傳索隱引倉頡篇云、靡者爲比、麤者爲梳、急就篇云、鏡籢疏比各異工、疏比、與梳枇同、釋名云、梳之數者曰比、言細相比也、北堂書鈔引崔寔政論云、無賞罰而欲世之治、猶不畜梳枇而欲髮之治也、說文、笸、取蟣比也、

艓謂之⿰舟叉

玉篇、釵、婦人歧笄也、釋名云、叉、枝也、因形名之也、宋玉諷賦、翡翠之釵、釵叉竝與⿰舟叉通、

笄⿰舟是笳⿱髟朁也

說文、先、首笄也、俗作簪、先簪竝與⿱髟朁同、釋名云、簪、兟也、以兟連冠於髮也、士喪禮注亦云、簪、連也、說文、笄、簪也、釋名云、笄、係也、所以拘係冠使不墜也、几笄有二類、一爲冕弁冠之笄、唯男子有之、士冠禮皮弁笄爵弁笄之屬是也、一爲安髮之笄、男子婦人皆有之、內則子事父母、婦事舅姑、皆櫛縰笄總是也、鄘風君子偕老篇、象之揥也、毛傳云、揥、所以摘髮也、魏風葛屨篇云、佩其象揥、揥與⿰舟是通、釋名云、揥、摘也、所以摘髮也、說文、擿、搔也、君子偕老正義云、以象骨搔首、因以爲飾、故云所以摘髮、說文、⿰骨會、骨擿之可會髮者、喪服記注云、笄有首者、若今時刻鏤摘頭矣、摘擿揥竝與⿰舟是同義、笄筎一聲之轉、太元閒上九、男子折笄、婦人易哿、哿與筎同、范望注以哿爲笄飾、失之、

幱㡗謂之帊

廣韻引埤倉云、幱㡗、赤紙也、漢書外戚傳赫蹏書、應劭注云、赫蹏薄小紙也、顏師古注云、今書本赫字或作擊、說文繫褫二字注竝云、繫褫也、赫蹏繫蹏繫褫、竝與幱㡗同、玉篇帊帊㡗也、皇甫本㡗字作紘、下文、紘、索也、紘字作㡗、前後互誤、各本紘、字又誤作紭、惟影宋本不誤、

縢縈緘紲紘纜緝紩緪絃縻紖縋緵繏徽纆絢笅纍繩索也

說文、縢、緘也、鄭注金縢云、縢、束也、秦風小戎篇竹閉緄縢、毛傳云、縢、約也、魯頌閟宮篇朱英綠縢、傳云、縢、繩也、莊子胠篋篇、攝緘縢、釋文、縢、向崔本作縢、急就篇纍繘繩索絞紡纑、繘、一作綃、綃與縈同義、文選海賦、維長綃挂帆席、張銑注云、綃連帆繩也、義與縈亦相近、說文、緘、束篋也、喪大記、大夫士封以咸、鄭注云、咸、讀爲緘、今齊人謂棺束爲緘繩、咸、或爲椷、竝字異而義同、釋名云、棺束曰緘、緘、函也、各本緘下衍也字、

莊子胠篋釋文引廣雅、緘縢、繩也、衆經音義卷十六
引廣雅縢繩也、卷十一十六並引廣雅緘索也、今據
以訂正、紐紖二字、說見卷二紐紖係也下、紘說見卷
三紘束也下、廣韻、纜、纜繩也、集韻云、荆州謂帆索曰
纜、方言、車枸簍、其上約或謂之筤、郭注云、卽車帶也
音覓、筤與纜同義、玉篇、絑、索也、古作鉄、方言、車下鉄
陳宋淮楚之閒謂之畢、玉篇、絥、帆索也、義亦與絑同、
緪之言亘也、說文、緪、大索也、卷二云、縻、係也、後漢書
魯恭傳注引倉頡篇云、縻、牛繮也、說文、縻、牛轡也、或
作絼、史記司馬相如傳羈縻勿絕、索隱引漢官儀云
馬曰羈、牛曰縻、漢書匈奴傳作羈靡、並字異而義同、
說文、縋、吕繩有所縣鎮也、引襄十九年左傳夜縋納
師、又僖三十年傳、夜縋而出、杜注云、縋、縣城而下也、
今俗語亦謂以繩有所縣鎮曰縋、縋之言重膇也、成
六年傳、於是乎有沈溺重膇之疾、注云、重膇、足腫也、
方言注云、槌、縣蠶薄柱也、義與縋並相近、方言云、槌、
之横者、宋魏陳楚江淮之閒謂之𣚍、所以縣𣚍、關西
謂之綸、東齊海岱之閒謂之緵、卷三云、徽、束也、說文、
徽、三糾繩也、纆、索也、坎上六、係用徽纆、馬融注云、徽
纆、索也、劉表注云、三股曰徽、兩股曰纆、揚雄解嘲云、

免於徼索莊子駢拇篇云約束不以纆索史記南越尉佗傳云成敗之轉譬若糾纆纆墨竝通豳風七月篇云宵爾索綯爾雅綯絞也絞亦索也急就篇云纍繘繩索絞紡纑是也方言車紂自關而東周洛韓鄭汝潁之閒或謂之曲綯注云綯亦繩名小爾雅綃索也綃與綯同索謂之綯猶編絲繩謂之絛矣筊亦絞也說文筊竹索也漢書溝洫志搴長茭兮湛美玉薛瓚注云竹葦絚謂之茭茭與筊通其草索亦謂之茭墨子尚賢篇云傳說被褐帶索辭過篇云古之民未知爲衣服時衣皮帶茭茭亦索也纍之言係纍也說文纍大索也論語公冶長篇雖在縲紲之中孔傳云縲黑索也史記仲尼弟子傳作累漢書司馬遷傳作纍竝字異而義同

繘絡綆也

方言繘自關而東周洛韓魏之閒謂之綆或謂之絡關西謂之繘郭注云汲水索也說文綆汲井繩也繘綆也襄九年左傳云具綆缶備水器士喪禮云管人汲不說繘

緣繯絡也

凡繩之相連者曰絡。莊子胠篋篇云削格羅落罝罘之知多，落與絡同，繯與羂同，說見上文羂索也下。繯各本譌作緣，今訂正。繯之言綰也。漢書揚雄傳虹蜺爲繯，韋昭注云繯旗上繫也。蕭該音義云案說文字林三倉竝云繯絡也。說文繯网也，字或作羂。太元翕次八云揮其羿，絕其羂，義亦與繯同。

輅軲車也軒⿰車尃轀輬轒輐輧輀軺輂輺輦輰⿰車遂⿰車鳥頭鸞

軥栁車也

說文車輿輪之總名也。釋名云車古者曰車聲如居，言行所以居人也；今曰車聲近舍，行者所處若居舍也。輅古通作路。藝文類聚引白虎通義云天子大路，路大也、道也、正也，君至尊制度大，所以行道德之正也。諸侯路車，大夫軒車，士飾車。周官巾車掌王之五路，玉路、金路、象路、革路、木路。鄭注云王在焉曰路。玉路、金路、象路以玉金象飾諸末。革路鞔之以革而漆之，無他飾。木路不鞔以革，漆之而已。自輅至栁皆是車名則輅軺之下不當更有車也二字蓋也上一字本是車名因脫去右畔僅存左畔車字後人遂妄加字也字耳軒之言扞蔽也說文軒曲輈藩車也閔二年左傳鶴有乘軒者杜預注云軒大夫車正義引服虔注云車有藩曰軒王逸注招魂云軒樓版也周官小胥疏引左傳注云諸侯軒縣闕南方形如車輿皆扞蔽之意也說文轉軶裹也從䒫聲則轉非車名集韻引廣雅作轉玉篇廣韻俱無轉字所未詳也史記秦始皇紀棺載輼涼車中涼與輬通漢書霍光傳載光尸柩以輼輬車注文穎曰輼輬車如今喪轜車也孟康曰如衣車有窗牖閉之則溫開之則涼故名之輼輬車也薛瓚曰秦始皇道崩祕其事載以輼輬車百官奏事如故此不得是轜車類也案杜延年傳載霍光柩以輬車駕大廄白虎駟以輼車駕大廄白鹿駟爲倅師古曰輼輬本安車也可以臥息後因載喪飾以㮇翣故遂爲喪車耳輼者密閉輬者旁開窗牖各別一乘隨事爲名後人既專以載喪又去其一總爲藩飾而合二名呼之耳案薛顏二說是也說文輼臥車也輬臥車也韓非子外儲說云有乘輼車至李史門者宋玉九辯云前輕輬之鏘鏘兮後輜乘之從

從然則輼輬各爲一車而非衆車明矣玉篇轒輓兵車也輓亦作輼墨子備城門篇有轒輼車孫子謀攻篇脩櫓轒輼魏武帝注云轒輼者轒牀也其下四輪從中推之至城下文選長楊賦碎轒輼李善引服虔注云轒輼百二十步兵車或可寢處軿通作苹周官車僕掌苹車之萃注云苹猶屛也所用對敵自蔽隱之車也孫子八陳有苹車之陳故書苹作平杜子春云平車當爲軿車其字當爲苹列女傳齊孝孟姬曰妾聞妃后踰閾必乘安車輜軿今立車無軿非所敢受命也後漢書梁冀傳注引倉頡篇云軿衣車也定九年左傳正義引說文云輜軿衣車也前後有蔽釋名云輜車載輜重臥息其中之車也輜廁也所載衣物雜廁其中也軿車軿屛也四面屛蔽婦人所乘牛車也輜軿之形同有邸曰輜無邸曰軿說文輀喪車也漢書王莽傳云此似輀車非僊物也釋名云輿棺之車曰轜轜耳也縣於左右前後銅魚搖絞之屬耳耳然也轜與輀同說文軺小車也釋名云軺車軺遙也遙也遠也四向遠望之車也齊語服牛軺馬韋昭注云服牛車也軺馬車也管子海王篇云行服連軺輂者必有一斤一鋸一椎一鑿若其事立如淳注漢書

高祖紀云、律、四馬高足爲置傳、四馬中足爲馳傳、四
馬下足爲乘傳、一馬二馬爲軺傳、輂者、輿載之名、說
見卷二輂載也、下、周官鄉師、正治其徒役、與其輂輦、
注云、輂、駕馬、輦、人輓、行所以載任器也、止以爲蕃營、
司馬法曰、夏后氏謂輦曰余車、殷曰壺奴車、周曰輜
輦、輦一斧一斤一鑿一梩一鉏、周輦加二版二築、又
曰、夏后氏二十人而輦、殷十八人而輦、周十五人而
輦、宣十二年左傳正義云、蔽前後以載物、謂之輜車、
載物必重、謂之重車、人輓以行、謂之人輦、輜重輦一物
也、巾車連車組輓、注云、連車爲輇輪、人輓之以行、連
與輂通、輂之言連也、連者引也、引之以行、故曰輦、孟
子流連荒亡、趙岐注云、連者引也、淮南子覽冥訓云、
若以磁石之能連鐵也、而求其引瓦、則難矣、暢轍通
作陽遂、晉書輿服志、陽遂車駕牛、蓋本於魏制也、明
堂位、鸞車有虞氏之路也、鉤車夏后氏之路也、注云、
鸞有鸞和也、鉤有曲輿者也、鉤與軥通、柳各本譌作
柳、惟影宋本不譌、釋名云、輿棺之車、其蓋曰柳、柳聚
也、衆飾所聚、亦其形僂也、士喪禮下篇注云、載柩車、
周禮謂之蜃車、雜記謂之團、其車之輿狀如牀、中央
有輴前後出、設前後輅、輿上有四周、下則前後有軸、以輇

爲輪雜記注云將葬載柩之車飾曰柳周官縫人衣翣柳之材注云柳之言聚諸飾之所聚檀弓設蔞翣注云蔞翣棺之牆飾荀子禮論篇云無帾絲歶縷翣其須以象菲帷幬尉也呂氏春秋節喪篇云僂翣以督之柳蔞縷僂竝通莊子達生篇荀生有軒冕之尊死得於豚楯之上聚僂之中則爲之聚僂謂柩車飾也僂者衆飾所聚故曰聚僂豚讀爲團楯讀爲輴喪大記君大夫葬用輴士葬用團車是也解者失之

蠠謂之紡

未詳

縒車謂之麻鹿道軌謂之鹿車

方言縒車趙魏之閒謂之轣轆車東齊海岱之閒謂之道軌轣轆與麻鹿同說文縒著絲於筟車也秦風小戎篇五楘梁輈毛傳云楘歷錄也一輈五束束有歷錄墨子備高臨篇說連弩車之法云以磨鹿卷收義與縒車謂之麻鹿竝相近方言車下鉄陳宋淮楚之閒謂之畢大者謂之綦郭注云鹿車也疏證云此

言維車之索也、考工記玉人、天子圭中必、鄭注云、必讀如鹿車縪之縪、謂以組約其中央、圭中必爲組、鹿車縪爲索、其約束相類、故讀如之、

軒謂之鞶

鞶之言盤、軒之言紆也、說文、軒、軺內環靼也、靼、柔革也、

鞙謂之⿰車解

鞙、各本作輯、曹憲音釋、輯、子入反、⿰車解、音解、集韻類篇輯字注云、廣雅、輯謂之⿰車解、一曰車鞙、⿰車解字注云、廣雅、鞙謂之⿰車解、據此則宋時廣雅本輯字有作鞙者、案衆經音義卷十五云、鞙、戶犬反、大車縛槅者也、引廣雅、鞙謂之輢、輢、居宜反、輢⿰車解聲相近、鞙輯形相似、然則⿰車解爲輢之異文、而輯爲鞙之譌字也、說文、鞙、大車縛軶靼也、字或作伊、釋名云、鞅、懸也、所以懸縛軶也、集韻、鞙、馬勒也、馬勒謂之鞙、亦謂之輢、縛軶靼謂之輢、亦謂之鞙、皆束縛之意也、上條軒謂之鞶、爲軺內環靼、此條爲大車縛軶靼、事正相類、考說文、玉篇廣韻

俱無輯字、曹憲音子入反、非是、今訂正、

轅謂之輈

方言、轅、楚衞之閒謂之輈、謂小車轅也、僖元年公羊傳注云、輈、小車轅、冀州以此名之、釋名云、轅、援也、車之大援也、輈、句也、轅上句也、秦風小戎篇、五楘梁輈、毛傳云、梁輈、輈上句衡也、正義云、輈從軫以前稍曲而上、至衡則向下句之、考工記輈人、國馬之輈深四尺有七寸、田馬之輈深四尺、駑馬之輈深三尺有三寸、鄭衆注云、深、謂轅曲中、

㴑轅謂之靳

定九年左傳云、吾從子、如驂之靳、說文、靳、當膺也、不言靳係於轅、此云㴑轅謂之靳、未詳其義、

輫轓箱也

箱之言輔相也、箙謂之箱、太室兩夾謂之廂、車兩轓謂之箱、其義一也、小雅大東篇、睆彼牽牛、不以服箱、

毛傳云箱大車之箱也說文箱大車牝服也考工記車人大車牝服二柯有參分柯之二鄭注云牝服長八尺鄭司農云牝服謂車箱輫之言棐也爾雅云棐輔也方言箱謂之輫轓謂之輫亦謂之箱箯謂之箱亦謂之篚其義一也士冠禮注云篚竹器如笭者說文篚車笭也車笭謂之篚車箱謂之輫其義一也轓之言藩屏也續漢書輿服志注引通俗文云車箱爲藩周官巾車漆車藩蔽鄭注云蔽車旁禦風塵者藩今時小車藩漆席以爲之漢書景帝紀令長吏二千石車朱兩轓千石至六百石朱左轓應劭注云車耳反出所以爲之藩屏翳塵泥也以簟爲之或用革太元積次四君子積善至于車耳測曰君子積善至于蕃也轓蕃藩並通說文軓車耳反出也軓轓聲近義同軓字亦作版荀子禮論篇棺槨其額象版蓋斯拂也楊倞注云版謂車上障蔽者

䡔謂之軾

說文軾車前也釋名云軾式也所伏以式所敬者也考工記通作式鄭注云式深尺四寸三分寸之二高

三尺三寸、說文、絥、車絥也、或作茯、鞴、釋名云、鞴、伏也、在前人所伏也、急就篇云、鞇鞴靯䩬鞍鑣鍚、史記酷吏傳、同車未嘗敢均茵伏、徐廣音義云、伏、軾也、並字異而義同、

轓謂之軓

說見上文、

幢謂之幏

方言、幢、翳也、關西關東皆曰幢、說文、翳、華葢也、釋名云、幢、童也、其貌童童然也、漢書韓延壽傳云、建幢棨植羽葆、

靯䩬謂之鞇

說文、茵、車中重席也、從艸因聲、鞇、司馬相如說茵從革、漢書霍光傳作絪、並字異而義同、釋名云、鞇、因也、因與下輿相連著也、秦風小戎篇、文茵暢轂、毛傳云、文茵、虎皮也、鞇、各本譌作鞇、惟影宋本皇甫本不譌、

急就篇云、鞇靴鞋鞲鞍鑣鍚、釋名云、鞋鞲、車中重薦也、輕鞋鞲、小貂者也、鞋鞲疊韻字、廣韻、鞥他胡切、鞲鞥、𥟵也、𥟵、屣中薦也、鞲鞥亦疊韻字、屣中薦謂之鞲鞥、猶車中薦謂之、鞋鞲矣、

覆笭謂之幦

幦、字或作幭蔑幎、其義並同、幦之言幎也、幎、覆也、故車覆笭謂之幦、說見卷二幎覆也下、大雅韓奕篇、鞹鞃淺幭、毛傳云、幭、覆式也、周官巾車、王之喪車五乘、木車犬𧜀疏飾、素車犬𧜀素飾、藻車鹿淺𧜀革飾、駹車然𧜀髤飾、漆車犴𧜀雀飾、士喪禮主人乘惡車、白狗幦、曲禮大夫士去國素幦、玉藻君羔幦虎犆、大夫齊車鹿幦豹犆、朝車、士齊車鹿幦豹犆、先後鄭注並云、覆笭也、笭者、式下縱橫交結之木、禮注之覆笭、即詩傳之覆式、故宋玉九辯云、倚結軨兮長太息、涕潺湲兮下霑軾、軨與笭同、說文、笭、車笭也、軨、車轖閒橫木也、釋名云、笭、橫在車前、織竹作之、孔笭笭也、

𨏥轐輹陰靷伏兔也

轗之言縣連也說文轗車伏兔下革也讀若閔轐之言附著也說文轐車伏兔也考工記加軫與轐焉鄭衆注與說文同輈人云良輈環灂自伏兔不至軓七寸是也說文輹車軸縛也小畜九三輿說輹正義引鄭注云輹謂輿下縛木與軸相連鉤心之木是也又引子夏傳云輹車屐也僖十五年左傳車說其輹正義引子夏易傳云輹車下伏兔也輹曹憲音扶欲反各本脫去輹字其扶欲之音遂誤入轐字下考玉篇廣韻集韻及考工記釋文轐字俱不音扶欲反又玉篇廣韻集韻及易左傳釋文輹字俱音服正與扶欲之音相合今據以訂正釋名云屐似人屐也又曰伏兔在軸上似之也又曰轐轐伏也伏於軸上也鉤心從輿心下鉤軸也縛在車下與輿相連縛也阮氏伯元考工記車制圖解曰轐在輿底而銜於軸上其兩旁作半規形與軸相合下有二長足少鍥其軸而夾鉤之所謂鉤心也又有革以固之所謂轗也秦風小戎篇陰靷鋈續毛傳云陰揜軓也靷所以引也鄭箋云揜軓在軾前垂輈上正義云靷者以皮爲之繫於陰版之上此與軸上之伏兔迥不相涉廣雅以陰靷爲伏兔誤也

軑轂輇輪也

輪之言員也、運也、考工記、兵車之輪、六尺有六寸、田車之輪、六尺有三寸、乘車之輪、六尺有六寸、方言、輪韓楚之間謂之軑、關西謂之轂、釋名云、輪、綸也、言彌綸也、周帀之言也、或曰轣、言輻總入轂中也、轣與轂同、說文、有輻曰輪、無輻曰輇、又云、輇、蕃車下庳輪也、雜記、載以輲車、鄭注云、輲讀爲輇、輇崇蓋半乘車之輪、引說文無輻曰輇、蓋載柩車以輇爲輪、因謂之輇車矣、

轂　**篆謂之軧**

商頌烈祖及小雅采芑竝云、約軧錯衡、毛傳云、軧長轂之軧也、朱而約之、鄭箋云、軧、轂飾也、毛鄭詩考正云、軧說文亦作𨊠、從革、孔沖遠以軧爲長轂名、非也軧卽考工記之幬革、朱而約之者、朱其革以幬於幹也、惟長轂盡飾、大車短轂則無飾、故曰長轂之軧、謹案考工記輪人容轂必正、陳篆必直、幬必負幹、鄭注云、篆、轂約也、幬負幹者、革轂相應、無贏不足、周官巾車、孤乘夏篆、注云、夏篆、五采畫轂約也、篆卽轂約、故

廣雅云、轂䡈謂之軝、卷三云、約縳、束也、縳䡈竝音直轉反、其義同、各本譌作軝謂之轂、采芑釋文、軝、廣雅云、轂䡈、今據以訂正、

⿰車單⿰車矍⿰車豦輮輋輞也

釋名云、輞、罔也、罔羅周輪之外也、考工記輪人、牙也者、以爲固抱也、鄭衆注云、牙、謂輪輮也、世閒或謂之罔、罔輞竝與輞同、淮南子說林訓云、古之所爲不可更、則椎車至今無蟬匷、鹽鐵論非鞅篇云、椎車之蟬攫、負子之教也、蟬與⿰車單通、匷攫竝與⿰車矍通、⿰車豦者、大車之罔也、考工記車人渠三柯者三、鄭注云、渠二丈七尺、謂罔也、書大傳、取大貝大如大車之渠、鄭注云、渠車罔也、渠與⿰車豦通、車罔謂之⿰車豦、筐之員者謂之籧、義相近也、說文、輮、車网也、考工記車人、行澤者反輮、行山者仄輮、鹽鐵論散不足篇云、古者椎車無柔、棧輿無植、柔與輮通、釋名云、輞、關西曰輮、言柔曲也、說卦傳云、坎爲矯輮、爲弓輪、是其義也、輋、玉篇音拱、輋之言鞏固也、拱抱也、故曰牙也者、以爲固抱也、

輥謂之軸

軸之言持也、說文、軸、持輪也、舟柁謂之舳、機持經者謂之柚、義並同也、方言、軒謂之軸、輥之言關也、横亙之名也、說文、輥、輥車前横木也、與輥謂之軸亦同義、

鍋鋸釭也

急就篇云、釭鐧鍵鉆冶錮鐈、說文、釭、車轂口鐵也、釋名云、釭空也、其中空也、凡鐵之空中而受枘者謂之釭、新序雜事篇淳于髡謂鄒忌曰、方內而員釭、是也、內與枘同、車釭空中、故又謂之穿、在內爲大穿、在外爲小穿、考工記輪人五分其轂之長去一以爲賢去三以爲軹、鄭衆注云、賢大穿也、軹小穿也、說文、銎斤斧穿也、斤斧穿謂之銎、猶車穿謂之釭、釭銎之爲言皆空也、方言、車釭、燕齊海岱之閒謂之鍋、或謂之鋸自關而西謂之釭、鍋釋名作輠、云、輠、裹也、裹軹頭也、鋸之言緷也、卷三云、緷束也、

軞⿰車堯轊也

說文、軎、車軸耑也、或作轊、鄧析子無厚篇云、夫木擊折轊、水戾破舟、轊之言銳也、昭十六年左傳注云、銳細小也、軸兩耑出轂外、細小也、小聲謂之嘒、小鼎謂之鏏、小棺謂之槥、小星貌謂之嘒、蜀細布謂之緭、𦙶翮末謂之䍐、車軸兩耑謂之轊、義竝同也、方言、車轊齊謂之轆、史記田單傳、盡斷其車軸末而傅鐵籠、籠與轆通、各本譌作轊轆轅也、案轆轅皆轊之異名、當以轊釋轆轅、不當以轅釋轊、集韻類篇竝引廣雅、轅轊也、今據以訂正、

鍊鏅釱錧也

錧之言管也、說文、輨、轂耑錔也、吳子論將篇云、車堅管轄、舟利櫓楫、輨、管竝與錧同、方言、輨、軑、鍊鏅、關之東西曰輨、南楚曰軑、趙魏之閒曰鍊鏅、說文、軑、車輨也、楚辭離騷、齊玉軑而竝馳、王逸注云、軑、錮也、漢書揚雄傳、肆玉釱而下馳、釱與軑同、軑之言鈐制也、史記平準書、敢私鑄鐵器煮鹽者釱左趾、索隱引三倉云、釱、踏腳鉗也、軑一聲之轉、踏腳鉗謂之釱、轂耑錔謂之釱、其義一也、餘見下文鏅鐗鉆也下、

枸簍隆屈筱篷䈄籠軬也

此謂蓋弓也。方言、車枸簍、宋魏陳楚之閒謂之筱、或謂之䈄籠。自關而西秦晉之閒謂之枸簍、西隴謂之椸、南楚之外謂之篷、或謂之隆屈。郭注云、卽車弓也。椸與軬同。釋名云、軬、藩也。藩蔽雨水也。說文作轒、云、淮陽名車穹隆轒。四民月令有上犢車蓬軬法、見齊民要術。枸、各本譌作拘、今訂正。枸簍者、蓋中高而四下之貌。山顛謂之岣嶁、曲脊謂之痀僂、高田謂之甌窶、義與枸簍並相近。倒言之則曰僂句。昭二十五年左傳、臧會竊其寶龜僂句。龜背中高、故有斯稱矣。枸簍或但謂之簍。玉篇、簍、車弓也。漢書季布傳、置廣柳車中。李奇注云、廣柳、大隆穹也。柳與簍通。隆屈猶僂句也。張衡西京賦云、終南太一、隆崛崔崒、是其義也。釋名謂車弓爲隆強、云、隆強、言體隆而強也。強亦屈也、猶漢書言屈強矣。䈄籠、說文作穹隆。倒言之則曰隆穹。故李奇漢書注云、廣柳、大隆穹也。司馬相如大人賦云、詘折隆窮、躩以連卷、是其義也。或但謂之䈄。玉篇、䈄、姑簍也。姑簍卽枸簍之轉。考工記謂之弓。弓亦穹也。故釋名云、弓、穹也。張之穹隆然也。方言注云、今呼車子弓爲篠、音巾幗、後漢書烏桓傳注云、幗、婦人首飾也、釋名作簂、云、簂、恢也、恢廓覆髮上也、與車弓謂之篠同義、方言注云、今通呼車弓爲篷、廣韻、篷、織竹夾箬覆舟也、與車弓之篷亦同義、

筤謂之笶

釋名、車弓上竹曰郎、郎、與筤通、筤之言宧也、說文、宧、㝩也、方言、㝩、空也、葢弓二十有八、稀疏分布、宧宧然也、集韻、笶、車弓竹也、

箹篔篕帶也

方言、車枸簍、其上約謂之箹、或謂之篔、郭注云、即篕帶也、箹、亦約也、篔之言纜也、上文云、纜、索也、高誘注淮南子原道訓云、小車篕四維謂之紘繩、即篕帶也、

絢紂緧也

方言、車紂、自關而東周洛韓鄭汝潁之閒謂之緻、或謂之曲綯、或謂之曲綸、自關而西謂之紂、郭注云、緻、

亦緪名、引豳風七月篇、宵爾索綯、說文、紛、馬尾韜也、小爾雅、綯、索也、韜綯竝與綯通、說文、紂、馬緧也、緧、馬紂也、釋名云、鞧、遒也、在後遒迫使不得卻縮也、考工記輈人、必緧其牛後、鄭衆注云、關東謂紂爲緧、緧楸緧竝同、綯與紂緧古聲亦相近、

陽門箳篂雀目蔽簹也

玉篇、簹、車簹管也、太平御覽引郭林宗別傳云、宿仲琰柴車駕牛、編荊爲當、當與簹通、釋名云、立人、象人立也、或曰陽門、在前曰陽、兩旁似門也、鄭衆注考工記車人云、羊車、謂車羊門也、羊與陽通、箳篂通作屛星、續漢書輿服志注引謝承書云、別駕車前有屛星、如刺史車曲翳儀式、又引通俗文云、車當謂之屛星、爾雅、輿竹前謂之禦、後謂之蔽、李巡注云、編竹當車前以擁蔽、名之曰禦、則禦亦蔽也、衞風碩人篇、翟茀以朝、毛傳云、茀、蔽也、正義云、車之前後、設障以自隱蔽、謂之茀、周官巾車注引詩作翟蔽以朝、

羈𩋡勒也

說文、勒、馬頭絡銜也、釋名云、勒、絡也、絡其頭而引之也、周官巾車云、革路龍勒、說文、羈、馬絡頭也、或作羈、經傳省作羈、釋名云、羈、檢也、所以檢持制之也、竝字異而義同、玉篇、䩬、古核切、勒也、亦作革、䩬、廣韻、䩬、䋁首也、爾雅、䋁首謂之革、郭注云、䋁、靶勒、小雅蓼蕭篇鞗革沖沖、毛傳云、鞗、䋁也、革、䋁首也、䪅、䩬、革、竝同、勒與䩬革、古亦通用、錢氏曉徵焦山鼎銘跋尾云、古器銘多用鋚勒字、石鼓及寅簋文作鋚勒、伯姬鼎作攸勒、宰辟父敦作攸革、此文亦但作攸、鋚、古文之鋚勒、即詩所云鞗革也、案小雅斯干篇、如矢斯棘、韓詩棘作朸、神農本草云、天門冬一名顛勒、博物志云、天門冬、一名顛棘、古者革、䩬、棘三字同聲、棘之通作朸勒、猶革䩬之通作勒矣、

靮謂之韁

說文、韁、馬紲也、釋名云、韁、疆也、繫之使不得出疆限也、漢書敘傳、繫名聲之韁鎖、韁與繮同、檀弓、則孰執羈靮而從、鄭注云、靮、紖也、少儀云、犬則執緤、牛則執紖、馬則執靮、緤、紖、靮、皆引也、緤之言曳、紖之言引、靮

之言扚也、玉篇云、扚、引也、

靶謂之綏

靶之言把也、所把以登車也、說文、綏、車中靶也、大雅韓奕箋云、綏、所引以登車也、

馬鞅謂之脊

僖二十八年左傳云、晉車七百乘、韅靷鞅靽、說文、鞅、頸靼也、釋名云、鞅、嬰也、喉下稱嬰、言纓絡之也、

⿰革句⿰革世駻⿱穴韋也

說文、⿱穴韋、馬鞁具也、⿰革句⿰革世駻、未詳所出、

防汗謂之鞈

說文、鞈、防汗也、淮南子主術訓云、鞅鞈鐵鐙、太平御覽引東觀漢記云、和帝賜桓郁馬二匹、并鞍勒防汗、又引魏百官名云、黃地金鏤織成、鄣汗一具、鄣汗、即防汗、一名弇汗、鹽鐵論散不足篇云、今富者黃金琅

勒、厠、繡
弇汗、

韉謂之鞘

說文、韉、綏也、玉篇、韉、韋鞌帶也、廣韻、韉、韋韉也、一曰韲皃、鞘、亦韲皃也、猶旗旒謂之旓矣、

縶、縝、絆也

說文、絆、馬縶也、又云、馽、絆馬也、引成二年左傳韓厥執馬馽前、今本作執縶馬前、小雅白駒傳亦云、縶、絆也、說文、縝、絆前兩足也、莊子馬蹄篇、連之以羈馽、釋文、馽、司馬向崔本竝作縝、崔云、絆前兩足也、左思吳都賦、縝麋麖、劉逵注與崔說同、引莊子亦同、

㮂、桊、枸也

枸、猶拘也、今人言牛拘是也、㮂之言亦枸也、桊、猶圈束也、說文、桊、牛鼻中環也、衆經音義卷四云、今江北曰牛拘、江南曰桊、呂氏春秋重己篇、使五尺豎子引其棬、而牛恣所以之、棬、與桊同、

槆阜櫪也

方言、櫪、梁宋齊楚北燕之間或謂之槆、或謂之阜、郭注云、養馬器也、周官校人云、三乘爲阜、三阜爲𣪠、六𣪠爲廄、六廄成校、呂氏春秋權勳篇、猶取之內阜而著之外阜也、高誘注云、阜、櫪也、史記鄒陽傳集解引漢書音義云、阜、食牛馬器、以木作如槽、槽與早聲相近、今人言馬槽是也、

㡋篼幞篼帳囊也

㡋、或作裺、方言、飤馬橐、自關而西謂之裺囊、或謂之裺篼、或謂之幞篼、燕齊之閒謂之帳、說文、篼、飤馬器也、篼猶兜也、今人謂以布盛物曰兜、義與此同、㡋幞帳皆收斂之名、㡋之言掩也、說文云、掩、斂也、釋名云、綃頭、齊人謂之㡋、言斂髮使上從也、義與㡋篼同、幞之言婁也、小雅角弓箋云、婁、斂也、帳之言振也、中庸振河海而不泄、鄭注云、振、猶收也、方言注云、帳、廣雅作振、字音同耳、是郭所見本正作振、

廣雅疏證卷第七下

廣雅疏證卷第八上

高郵王念孫學

釋器

骸骼骹䯢骨也

骨之言䯢也、說文、骨、肉之䯢也、䯢與核同、骸之言亦核也、說文、骼、禽獸之骨也、月令、掩骼埋胔、鄭注云、骨枯曰骼、肉腐曰胔、蔡邕月令章句云、露骨曰骼、有肉曰胔、骼之言垎也、說文、垎、土乾也、一曰堅也、義與骼相近、說文、骹、脛也、爾雅、馬四骹皆白驓、郭注云、骹、膝下也、考工記輪人說殺輻之數云、參分其股圍去一以爲骹圍、鄭衆注云、股謂近轂者也、骹謂近牙者也、方言股以喻其豐、故言骹以喻其細、人脛近足者細於股、謂之骹、羊脛細者亦爲骹、案骹之言較也、爾雅、較、直也、小雅賓之初筵篇、殽核維旅、蔡邕注典引云、肉曰肴、骨曰䯢、

衁䘓衉血也

釋名云、血、濊也、出於肉、流而濊濊也、說文、衁、血也、歸妹上六、士刲羊無血、僖十五年左傳作無衁、䘓之言汚䘓也、說文、䘓、汚血也、素問氣厥論云、膽移熱於腦、則辛頞鼻淵、傳爲衄䘓瞑目、䘓與衁一聲之轉也、上文云、㡇幭幞也、㡇之轉爲幭、猶衁之轉爲䘓矣、說文、衉、羊凝血也、或作䘓、釋名云、血脂以血作之、增其酢豉之味、使甚苦以消酒也、北堂書鈔引盧諶祭法云、春夏秋祠皆用脂血、脂與衉同、北戶錄引證俗音云、南方謂凝牛羊鹿血爲衉、各本皆無衉字、其音釋內有言暗也三字、段氏若膺云、言暗當爲苦暗、卽衉字之音也、北戶錄引說文、衉、口紺反、玉篇音空紺切、廣韻集韻音苦紺切、口紺空紺苦紺竝與苦暗同音、是苦暗爲衉字之音、因脫去衉字、僅存苦暗二字、苦字又譌作言、後人遂於言暗下妄加也字耳、今從段說訂正、

膫膋膜也

說文、膜、肉閒胲膜也、釋名云、膜、幕也、幕絡一體也、內則注通作莫、玉篇、膜、嗼膜也、說文、腡、肉表革裏也、

肌膚肴朕腠脼腡膳脊腱脤膰肉也

釋名云、肉、柔也、又云、肌、懻也、膚幕堅懻也、膚、布也、布在表也、肴通作殽、說文、肴、啖也、初學記引說文、肴、雜肉也、特牲饋食禮注云、凡骨有肉曰殽、蔡邕注典引云、肉曰肴、骨曰殽、各本肴譌作者、衆經音義卷六卷二十二竝引廣雅、肴、肉也、今據以訂正、朕之言啖也、北戶錄引字林云、朕、肴也、又引證俗音云、今內國猶言餅朕、趙策云、衣服使之便於體、膳啗使之嗛於口、啗與朕通、說文、朕、脯也、徐鍇傳云、古謂脯之屬爲朕、因通謂儲蓄味爲朕、南史孔靖飲宋高祖無朕取伏雞卵爲肴、是也、今俗言人家無儲蓄爲無朕、活太元逃次六、費我朕功、范望注云、孰食爲朕、焦仲卿妻詩交廣市鮭珍、鮭與朕通、說文、脼、朕肉也、集韻引吳人謂腌魚爲朕脼、亦儲蓄之名也、腡之言弱也、廣韻、腡肥腝也、急就篇云、肌腡脯脂魚臭腥、膳之言善也、周官膳夫、掌王之食飲膳羞、鄭注云、膳、牲肉也、少儀云、爲己祭而致膳于君子、曰膳、謂致祭肉也、脊、通作旅、

鹽鐵論散不足篇云、胥旅重疊、燔炙滿案、旅之言臚也、肥美之稱也、藝文類聚引韋昭辯釋名云、腹前肥者曰臚、聲義與旅相近、腱之言健也、說文筋、筋之本也、或作腱、楚辭招魂肥牛之腱、臑若芳些、王逸注云腱、筋頭也、內則注云、餌筋腱也、何氏隱義云、腱、筋之大者、說文祳、社肉盛以蜃、故謂之祳、天子所以親遺同姓、引春秋定十四年石尙來歸祳、今本祳作脤、周官掌蜃注引作蜃、云蜃之器以蜃飾、因名焉、說文䐑宗廟火孰肉、以饋同姓諸矦、引僖二十四年左傳天子有事䐑焉、今本䐑作膰、襄二十二年傳作燔、定十四年公羊傳云、脤者何、俎實也、腥曰脤、孰曰燔、穀梁義與公羊同、周官大宗伯以脤膰之禮親兄弟之國、注云脤膰、社稷宗廟之肉、以賜同姓之國、同福祿也、疏引異義左氏說與說文同、

胵臉縣䐈也

䐈、古熟字也、夏竦古文四聲韻引古孝經熟字如此、齊民要術引倉經云、作縣熟法、豬肉十斤去皮切臠、蔥白一升、生薑五合、橘皮二葉、秫三升、豉汁五合、調和蒸之、各本皆脫縣字、北堂書鈔引廣雅、胥臉縣熟

也、衆經音義卷十五引廣雅、臉、縣孰也、今據補、內則云、魴鱮烝、孟子滕文公篇、饋孔子蒸豚、烝蒸、竝與脀通、

蓋謂之⿱蓺皿

謂以肉爲菹也、義見下文蓋菹也下、菹蒩⿱蓺皿竝通、各本⿱蓺皿譌作⿱埶皿、集韻類篇菹或作⿱蓺皿、今據以訂正、

胾膊臠也

說文、臠、切肉臠也、字或作脟、呂氏春秋察今篇、嘗一脟肉而知一鑊之味、淮南子說山訓脟作臠、臠者、分割之名、史記司馬相如傳子虛賦、脟割輪淬、集解引郭璞云、脟膊也、音臠、胾之言裁也、說文、胾、大臠也、曲禮、左殽右胾、鄭注云、殽、骨體也、胾、切肉也、殽在俎、胾在豆、膊之言剸也、卷一云、剸、斷也、說文、膊、切肉也、淮南子繆稱訓、同味而嗜厚膊者、必其甘之者也、高誘注云、厚膊、厚切肉也、

⿰月羨謂之⿰月立

臐經傳皆作羹爾雅肉謂之羹太平御覽引舊注云肉有汁曰羹釋名云羹汪也汁汪郎也脮之言汁也字亦作湆士昏禮大羹湆在爨鄭注云大羹湆煮肉汁也今文湆作汁少儀云凡羞有湆者不以齊

魿鮆鮨鮺也

說文鮺藏魚也南方謂之魿北方謂之鮺周官庖人共祭祀之好羞鄭注云若荊州之鮺魚青州之蟹胥釋名云鮓菹也以鹽米釀之如菹熟而食之也字並與鮺同春秋衛庚公差字子魚差亦鮺字也曲禮鹽曰鹹鹺鹺與鮺義亦相近說見釋言鮺鹹也下說文魿鮺也一曰大魚爲鮺小魚爲魿玉篇作鯵音才沈才感二切僖三十年左傳注云昌歜昌蒲菹也釋文歜在感反在感與才感同音昌蒲菹謂之歜猶魚鮓謂之魿矣說文鮨魚胳醬也出蜀中爾雅魚謂之鮨肉謂之醢郭注云鮨鮓屬也

鱐脘膊腤膴胏脩腒腩脯也

漢書東方朔傳云乾肉爲脯釋名云脯搏也乾燥相搏著也周官腊人掌乾肉凡田獸之脯腊膴胖之事

鄭注云、大物解肆乾之、謂之乾肉、薄析曰脯、捶之而施薑桂曰鍛脩、腊、小物全乾者、鱐與脩聲近而義同、說文、膴、乾魚尾膴膴也、引周官庖人膴、今本作腒鱐、鄭衆注云、腒、乾雉、鱐、乾魚、康成注內則與此同、籑人朝事之籑、其實𪌒蕡白黑形鹽膴鮑魚鱐、注云、鱐者析幹之、出東海、鱐各本譌作鱻、惟影宋本皇甫本不譌、說文、脘、胃脯也、漢書貨殖傳濁氏以胃脯而連騎、晉灼注云、今太官常以十月作沸湯燖羊胃以末椒薑坋之、暴使燥是也、說文、膊、薄脯膊之屋上也、徐鍇傳云、今人謂作脯爲膊、脯也、方言膊暴也、燕之外郊朝鮮洌水之閒、凡暴肉謂之膊、釋名云、膊迫也、薄椓肉迫著物使燥也、春秋繁露求雨篇云、敬進清酒膊脯、說文、昔乾肉也、籀文作𦠆、隸作腊、釋名云、腊昔也、噬嗑六三噬腊肉、馬融注云、晞於陽而煬於火曰腊肉、鄭注腊人云、腊之言夕也、餘見卷二熔乾也下、說文、膴無骨腊也、揚雄說鳥腊引腊人膴判、今本作膴胖、鄭衆以膴爲膺肉、杜子春以爲夾脊肉、康成以爲牒肉大臠、皆與說文異義、案腊人所掌皆乾肉之事、說文以膴爲腊是也、說文、𦙫、食所遺也、引噬嗑九四噬乾𦙫、今本作胏、釋文、馬云、肉有骨謂之胏、字林云、夌、倉所遺也、一曰脯也、子夏作脯、荀董同、鄭衆注周官腊夫云、脩、脯也、釋名云、脩、縮也、乾燥而縮也、王風中谷有蓷篇、暵其脩矣、毛傳云、脩、且乾也、義與脯脩同、說文、北方謂鳥腊曰腒、傳曰、堯如腊、舜如腒、士相見禮云、摯冬用雉、夏用腒、內則、夏宜腒鱐、盧植注云、腒、雉腊也、案卷三云、腒、久也、考工記弓人及其大脩也、鄭注云、脩、猶久也、周語、厚味實腊毒、文選七命注引賈逵云、腊、久也、言味厚者其毒久、是腊、脩、腒皆久也、故肉之久而乾者、謂之腊、亦謂之脩、亦謂之腒矣、

臇膹䐈臛也

臛、字本作膗、亦作臛、說文、膗、肉羹也、釋名云、臛、蒿也、香氣蒿蒿也、鄭注公食大夫禮云、膷、膮、今時膗也、牛曰膷、羊曰臐、豕曰膮、皆香美之名也、膮音呼堯反、膷、臐、膮、一聲之轉、膮、膗、聲相近也、楚辭招魂、露雞膗蠵、王逸注云、有菜曰羹、無菜曰膗、匡謬正俗云、羹之與膗、烹煮異齊、調和不同、非係於菜也、說文、臇、膗也、或作熼、楚辭招魂、酸鵠臇鳧、王注云、臇、小膗也、文選曹植名都篇、膾鯉臇胎鰕、李善注引倉頡解詁云、臇、

少汁臛也、說文、雋、肥肉也、雋與膹聲義相近、說文、膹、臛也、太平御覽引倉頡解詁云、膹、臛多汁也、賈子匈奴篇云、美臛炙膹、鹽鐵論散不足篇云、穀膹鴈羹、膹之言肥也、禹貢厥土黑墳、馬融注云、墳、有膏肥也、義與膹相近、說文、膹、切孰肉內於血中和也、字亦作䐶、釋名云、肺䐶、䐶、饡也、以米糝之如膏饡也、太平御覽引盧諶祭法云、四時祠皆用肺䐶、

百葉謂之膍胵

說文、膍、牛百葉也、一曰鳥膍胵、或作肶、又云、胵、鳥胃也、莊子庚桑楚篇、臘者之有膍胲、司馬彪注云、膍、牛百葉也、周官醢人、脾析、鄭衆注云、脾析、牛百葉也、士喪禮下篇注云、脾讀爲雞脾肶之脾、脾析、百葉也、內則、鴇奧鹿胃、注云、鴇奧、脾肶也、脾肶、與膍胵同、膍胵脾析、皆分析之貌、故又謂之百葉、

胃謂之胘

說文、胘、牛百葉也、徐鍇傳云、今俗言肚胘也、集韻引服虔說、有角曰胘、無角曰肚、齊民要術有牛胘炙、

胖𦢊𦡄膋脂也

鄭注內則云、凝者曰脂、釋者曰膏、玉篇、胖𦟝、牛羊脂也、𦟝與𦢊同、又云、𦡄、臆中脂也、說文、膫、牛腸脂也、引小雅信南山篇取其血膫、今本作膋、郊特牲、取膟膋燔燎、注云、膟膋、腸間脂也、內則肝膋注同、

龍須謂之黝

未詳、

䭑餴𩞄也

說文、䭑、飯氣蒸也、䭑餴皆蒸熟之名、方言云、甑、自關而東或謂之酢䭑、因此以立名也、餘見下條、

饙謂之餥

說文、饙、滫飯也、或作餴、餴、大雅泂酌篇、可以餴饎、毛傳云、餴、䭑也、爾雅、饙、䭑、稔也、孫炎注云、蒸之曰饙、均之曰䭑、郭璞注云、今呼餥飯爲饙、饙熟爲䭑、釋文引字書云、饙、一蒸米也、又引倉頡篇、餥、饙也、餥與滫同、

餈之言羞也、卷三云、羞、孰也、

㷮謂之𤏡

玉篇炰音缹、火熟也、小雅六月篇、炰鼈膾鯉、大雅韓奕篇、炰鼈鮮魚、徐邈並音甫九反、韓奕箋云、炰鼈以火孰之也、炰與缹同、正義引通俗文云、燥煮曰缹、禮運、燔黍捭豚、鄭讀捭爲擘、云、釋米擘肉、加於燒石之上而食之、案捭者㷮之俗字、㷮與燔一聲之轉、皆謂加於火上也、鹽鐵論散不足篇云、古者燔黍食稗、而㷮豚以相饗、卽用禮運之文、

麲麧謂之䴵

釋言云、糗、䴵、食也、玉篇䴵、糗也、或作麲、唐本草注云、米麥麲、蒸米麥熬磨作之、一名糗、易林賁之震云、皀過稻廬、甘樂䴵䴵、玉篇、䴵、充小切、䴵糗聲相近、猶今人言炒也、說見下條、

糗糇糒也

說文、糒、乾飯也。史記李將軍傳云、大將軍使長史持糒醪遺廣。說文、糗、熬米麥也。柴誓、峙乃糗糧。鄭注云、糗、擣熬穀也。周官籩人糗餌粉餈。鄭衆注云、糗、熬大豆與米也。昭二十五年公羊傳、敢致糗于從者。何休注云、糗、糒也。糗糒、皆乾也。玉篇糗音邱九尺沼二切。糗之言炒、糒之言𤎍也。方言、凡以火而乾五穀之類、關西隴冀以往謂之𤎍、秦晉之閒或謂之焣。焣與炒同。鄭注籩人云、鮑者於⿰米畐室中糗乾之。⿰米畐與𤎍同。程氏易疇通藝錄云、糗有擣粉者、有未擣粉者。籩實之纘黃白黑、其糗之未擣粉者與。旣夕篇之四籩棗糗栗脯、直呼糗餌爲糗、則已擣之糗粉於餌者也。其已擣粉之糗、可和水而服之者、若今北方之麪茶、南方之麪麨、皆其類也。其未擣粉而亦可和水者、則鄭氏注六飲之涼云、今寒粥若糗飯雜水是也。餱、本作餱。小雅伐木篇云、乾餱以愆。大雅公劉篇云、乃裹餱糧。爾雅、餱、食也。說文、餱、乾食也。徐鍇傳云、今人謂飯乾爲餱。

粰䊩、糈、𩝤也。

說文、饊、熬稻張皇也、急就篇、棗杏瓜棣饊飴餳、顔師古注云、饊之言散也、熬稻米飯使發散也、粰粖之言浮流、糈之言疏、皆分散之貌也、北戶錄注引證俗音云、今江南呼饊飯已煎米以糖餅之者爲粰粖

麴䴬粿䵅糜糈也

糈、通作屑、糈之言屑屑也、玉篇、糈、碎米也、廣韻云、米麥破也、說文、糂、粲也、粲、糂粲散之也、糂與糈古聲義竝同、麴之言瑣瑣也、說文、麴、小麥屑之覈也、齊民要術引四民月令云、夏至後糴麴麴、䴬之言濛濛也、下文麴謂之䴬、義相近也、說文、麴、麥覈屑也、十斤爲三斗、九章算術粟米章云、小麴率十三半、大麴率五十四、糜之言靡細也、米麥屑謂之糜、猶玉屑謂之靡、楚辭離騷、精瓊靡以爲粻、王逸注云、靡、屑也

𥽃謂之麪

太平御覽引倉頡解詁云、麪、細麲也、說文、麪、麥末也、𥽃、麲也、麪𥽃語之轉、𥽃猶末也

孰倉謂之餕餥

餕讀若飧、小雅祈父篇、有母之尸饔、毛傳云、熟食曰饔、大東篇、有饛簋飧、傳云、飧、熟食也、合言之則曰飧饔、周官外饔云、賓客之飧饔饗食之事、是也、昭二十五年公羊傳、餕饔未就、何休注云、餕、熟食、饔、熟肉、餕饔、卽飧饔、淮南子道應訓、釐負羈遺之壺餕而加璧焉、壺餕、卽壺飧、是飧餕古通用、倒言之則曰饔飧、孟子滕文公篇、饔飧而治、是也、

⿰飠美⿰飠齊⿰飠令餣⿰飠元餌也

說文、䰞、粉餅也、或作餌、釋名云、餌、而也、相黏而也、餻、曹憲音高、今本方言餌謂之餻、或謂之餈、或謂之⿰飠令、或謂之餣、或謂之⿰飠元、太平御覽引方言、餻作饎、又引方言、⿰飠美作⿰飠羕、郭注音恙、玉篇、⿰飠美、餘障切、餌也、廣韻同、集韻引方言、⿰飠美、餌也、或作⿰飠羕、與廣雅及今本方言皆異、未知孰是、說文、餈、稻餅也、或作⿰飠齊、或作粢、釋名云、餈、漬也、烝糝屑使相潤漬餅之也、周官籩人糗餌粉餈、鄭注云、此二物皆粉稻米黍米所爲也、合蒸曰餌、餅之曰餈、疏云、今之餈糕名出於此、高誘注呂氏春秋仲秋紀云、今之八月、比戶賜高年鳩杖粉粢、⿰飠元之言圜也、今人通呼

餌之圜者爲飥、程氏易疇云、今吾歙猶呼社餈爲社飩、

餦餭飴䬴餹餳也

急就篇云、棗杏瓜棣饊飴餳、說文、餳、飴和饊也、方言、凡飴謂之餳、自關而東陳楚宋衞之閒通語也、釋名云、餳、洋也、煑米消爛洋洋然也、方言、餳謂之餦餭、郭注云、卽乾飴也、周頌有瞽釋文正義引方言竝作張皇、楚辭招魂粔籹蜜餌有餦餭些、王逸注云、餦餭、餳也、餦各本譌作粻、今訂正、內則云、棗栗飴蜜以甘之、說文、飴、米糱煎也、釋名云、飴、小弱於餳、形怡怡然也、方言、飴謂之䬴、又云、餳謂之餹、注云、江東皆言餹、

餚謂之𩜳

方言、𩜳謂之餚、注云、以豆屑雜餳也、說文、豋、豆飴也、太平御覽引倉頡解詁云、𩜳、飴中著豆屑也、𩜳與豋同、淮南子時則訓天子衣苑黃、高誘注云、苑讀豋飴之豋、

飦鬻粘粍粖粥粰糜毇糮饘也

廣雅疏證　卷第八上

饘、玉篇音之延切、說文、饘、糜也、周謂之饘、宋衛謂之飦、僖二十八年左傳、甯子職納櫜饘焉、杜預注與說文同、飦、玉篇音記言切、說文、𩱳、鬻也、或作餰飦健孟子滕文公篇、飦粥之食、趙岐注云、飦、饘粥也、荀子禮論篇、酒醴餰鬻、並字異而義同、餰、玉篇音居六切、飦餰語之轉、饘鬻亦語之轉、鬻之爲餰、猶饘之爲飦、方俗音有侈弇耳、粘之言曼胡也、爾雅、餬、饘也、說文、鬻鍵也、字並與粘同、粔之言微、粖之言末也、玉篇、𥹷粥粖也、或作粔、說文、涼州謂鬻爲𩰲、或作粖、麪謂之䵂饘謂之𩱿、義相近也、爾雅、鬻、糜也、昭七年左傳釋文引孫炎注云、淖糜也、說文、鬻、鍵也、俗省作粥、釋名云粥、濯於糜粥粥然也、籸、亦糜也、月令行糜粥飲食、淮南子時則訓作籸鬻、說文、糜、糝也、釋文云、糜、煮米使糜爛也、糊謂之糜、饘謂之糜、義亦相近也、

湩謂之乳

說文、湩、乳汁也、穆天子傳、巨蒐之人、具牛馬之湩、以洗天子之足、郭璞注云、湩、乳也、今江南人亦呼乳爲湩、史記匈奴傳、不如湩酪之便美、漢書湩作重、案湩者、重濁之意、故廣韻云、湩、濁多也、卷三云、穜、𦳣、厚也、

橦與湩、蕣與乳、
聲義竝相近。

清酌清英醴醪醍瀝[氵乳]醝酎酏酴酒也

曲禮云、凡祭宗廟之禮、酒曰清酌、說文、醠、濁酒也、周官酒正、辨五齊之名、一曰泛齊、二曰醴齊、三曰盎齊、四曰緹齊、五曰沈齊、鄭注云、盎、猶翁也、成而翁翁然蔥白色、如今酇白矣、祭統、夫人薦盎、鄭注云、設盎齊之尊也、淮南子說林訓、清醠之美、始於耒耜、高誘注云、清醠、酒也、周禮酏齊是、案酒正注云、自醴以上尤濁、盎以下差清、故盎齊有清盎之名、而說文以爲濁酒者、盎齊在清濁之閒、比於泛齊醴齊則爲清、比於緹齊沈齊則爲濁也、醠醠盎英、字異而義同、太平御覽引淮南子清醠作清英、各本英字誤入曹憲音內、今訂正、說文、醴、酒一宿孰也、文選南都賦注引韓詩云、醴、甛而不泲也、酒正注云、醴、猶體也、成而汁滓相將、如今恬酒矣、恬、與甛同、說文、醪、汁滓酒也、劉子湯問篇云、臭過蘭椒、味過醪醴、禮運云、粢醍在堂、酒正注云、緹者、成而紅赤、如今下酒矣、緹、與醍同、釋名云、緹齊、色赤如緹也、下文云、緹、赤也、楚辭大招、吳醴白糵、和楚瀝只。王逸注云：瀝，清酒也。說文：醹，厚酒也。大雅行葦篇「酒醴維醹」，毛傳云：醹，厚也。集韻云：醹或作釽，釽猶乳也。乳與酒古聲相近而義同。北堂書鈔引春秋說題辭云：酒之言乳也。太平御覽引春秋元命包云：文王四乳，是爲含良，善法酒旗，布恩舒明。宋均注云：乳，酒也。衆經音義卷九引通俗文云：白酒曰醝。酒正釋文云：鄭白，卽今之白醝酒也。張華輕薄篇云：蒼梧竹葉清，宜城九醖醝。說文：酎，三重醇酒也。襄二十二年左傳見於嘗酎，杜注云：酒之新熟重者爲酎。月令孟夏之月，天子飲酎，鄭注云：酎之言醇也，謂重釀之酒也。正義云：酎音近稠，稠者釀厚，故爲醇也。漢書景帝紀張晏注云：正月旦作酒，八月成，名曰酎。酎之言純也。至武帝時，因八月嘗酎，會諸侯廟中，出金助祭，所謂酎金也。說文：酏，黍酒也。醁，酒母也。玉篇：醁，麥酒不去滓飲也。齊民要術有蜀人作醁酒法。

酪酨䣼漿也

禮運以爲醴酪，鄭注云：酪，酢酨也。說文：酨，酢漿也。鄭注內則云：漿，酢酨也。漢書食貨志云：䤃酨灰炭。周官漿人、水漿醴涼醫酏、鄭注云、涼、今寒粥若糗飯雜水也、膳夫注涼作醇、內則、漿水醷濫、注云、濫、以諸和水也、以周禮六飲校之、則濫涼也、說文、醇、雜味也、又云、犉、白黑雜毛牛也、犉、犉牛也、春秋傳曰犉犉、雜和謂之醇、雜毛牛謂之犉、其義一也、

醦䤈醶醯酸酮䤋酢也

廣韻、醦、酢甚也、說文、䤈、酢也、酢、醶也、醦䤈醶醶聲並相近、說文、醯、酸也、醯與醯同、說文、酸、酢也、關東謂酢曰酸、楚辭大招、吳酸蒿蔞、一作吳酢醬醶、玉篇、酮、酢欲壞也、又云、䤋、許角切、酢也、廣韻、䤋、酢味也、玉篇、嚛、火沃切、伊尹曰、酸而不嚛、呂氏春秋本味篇作酸而不酷、並聲近而義同、各本皆脫䤋字、酉陽雜俎酒食篇、醦、醶、酮、䤋、醋也、酪、截醇、漿也、䴛、鹺、䴾、䶩、鹻、鹽也、醓、䤃、醬、醶、䣼、醬也、以上四條、皆本廣雅、今據補、

醞䤌釀酘也

集韻引字林云、酘、重醞也、北堂書鈔引酒經云、昔醹九投、澄清百品、投與酘通、說文、醞、釀也、釀、醞也、作酒

曰釀、醋、曹憲音汝吏反、集韻引字林云、醋、重釀也、字亦作酣、玉篇、酣、重釀也、案醋之言佴也、仍也、爾雅、佴、貳也、廣雅、仍、重也、醋、各本譌作醋、今據曹憲音訂正、

豉謂之䜴

此謂豆豉也、豉、說文作枝、配鹽幽尗也、徐鍇傳云、幽、謂造之幽暗也、豉、猶寑也、下文云、寑、幽也、集韻、豉、幽豆也、䜴之言暗也、謂造之幽暗也、

寑、醯、鬱、屏、幽也

此通謂藏食物也、幽字義見上條、卷四云、寑、藏也、藏與幽同義、說文、醯、孰麴也、玉篇余心子心二切、醯之言淫也、韋昭注晉語云、淫、久也、鬱者、鬱積、屏者、隱屏、故皆訓爲幽也、說文、䤃、韭鬱也、

麩、麳、麲、䴹、䵄、䴸、麴也

說文、籟、酒母也、或作鞠、今經傳皆作麴、釋名云、麴、朽也、鬱之使生衣朽敗也、方言、䵄、麩、麳、麲、䴹、䴸、䵄、麴也、

自關而西秦豳之閒曰䴷晉之舊都曰𪌳齊右河濟曰麫、或曰䴸、北鄙曰𪍣、麴其通語也、說文、𪌳、餅𪎊也、方言注云、今河東人呼麴爲𪌳、案𪌳之言哉也、爾雅、哉、始也、麴爲酒母、故謂之𪌳、說文、𪍢、餅𪎊也、𪍣之言䴷小也、方言注云、䴷細餅麴也、又云、䴸、大麥麴也、說文、𪍣、餅𪎊也、𪍣亦始也、說見釋言𪋗培也下、𪌲之言蒙也、說文、𪍠、𪎊生衣也、方言注云、𪍩有衣麴也、𪍠𪌲𪍩並同、

𪉩鹺𪊏𪉬（鹼）𪉝鹽也

說文、鹽、鹹也、玉篇、𪉩、煎鹽也、廣韻、鹺、南方名鹽也、玉篇、𪊏鹼、戎鹽也、廣韻同、神農本草云、戎鹽主明目、各本俱脫鹼字、今據酉陽雜俎補、廣韻、𪉝、蜀人呼鹽也、

醠𨣳醬醶（醷）醢醓醨醇醬也

說文、醷、擣榆醬也、醷與醠同、玉篇云、醠、醬醶也、或作醷、說文、醬醶、榆醬也、齊民要術引四民月令云、榆莢色變白將落、可作醬醶、楚辭大招、吳酸蒿蔞、王逸注云、或曰吳酸醬醶、醬醶、榆醬也、玉篇、醷醢、醬也、卽醬

醶之轉聲，各本脫去醶字，集韻類篇竝引廣雅醶醬也。酉陽雜俎作鹼，云醶鹼醬醶鹼醬也。玉篇鹼南方呼醬也。今據補。說文，醓，血醢也。禮有醓醢，以牛乾脯粱麴鹽酒也。釋名云，醢多汁者曰醓。醓，瀋也。宋魯人皆謂汁爲瀋。醓與醓同。大雅行葦篇醓醢以薦，毛傳云，以肉曰醓醢。周官醢人韭菹醓醢，鄭注云，醓，肉汁也。爾雅，肉謂之醢。說文，醢，肉醬也。又云，醨，醬也。玉篇，醨，醢醬也。

䪢𨢥釀酤盞醃蘫**菹也**蘫

說文，菹，酢菜也。或作䔾𧄚。又云，䔾，醢也。或作䔾，字竝與菹同。周官醢人，王舉則共醢六十甕，以五齊七醢七菹三臡實之。鄭注云，齊當爲齏。凡醢醬所和，細切爲齏，全物若牒爲菹。少儀曰，麋鹿爲菹，野豕爲軒，皆牒而不切，麇爲辟雞，兔爲宛脾，皆牒而切之，切葱若薤，實之醯以柔之。由此言之，則齏菹之稱，菜肉通。內則與少儀同，鄭注云，此軒辟雞宛脾，皆菹類也。釀菜而柔之以醯，殺腥肉及其氣。案菹之言租也。豳風鴟鴞篇，予所蓄租，韓詩云，租，積也。說文，䪢，墜也。或作齏，周官禮記作齊，字竝同。䪢者細碎之名。莊子言䪢粉

是也、說文、𩐁、𩐁也、太平御覽引通俗文云、淹韭曰𩐁、
淹韮曰𩐁、釀之言釀也、內則注釀菜是也、說文、酤、韭
鬱也、太平御覽引倉頡解詁云、酤、酢菹也、上文云、蘫
謂之蘫、蘫亦與菹同、蘫之言烝也、衆積之名也、爾雅
云、烝、衆也、醃之言淹漬也、玉篇引倉頡篇云、腌、酢淹
肉也、鹽鐵論散不足篇云、煎魚切肝、羊淹雞寒、腌淹、
並與醃通、說文、蘫、瓜菹也、蘫之言濫也、晉語宣公夏
濫於泗淵、韋昭注云、濫、漬也、釋名云、桃濫、水漬而藏
之、其味濫濫然酢也、義與蘫相近、蘫、曹憲音藍、各本
脫去蘫字、其音內藍字又誤入正文、今訂正、說文、菹、
菹也、或作䔃、並與蘫同、集韻
引廣雅、蘫、菹也、今本脫蘫字、

甛甙醰甘也

說文、甛、美也、周官注通作恬、說文、醰、甛長味
也、王褒洞簫賦云、良醰醰而有味、醰與譚同、

穅謂之䅥

穅之言康也、爾雅、康、虛也、說文、穅、穀之皮
也、或作康、隸省作穅、康、爾雅云、康謂之蠱、

泔潘瀾也

說文、瀾、潘也、周官槁人注、潘瀾戔餘、灡、與瀾同、潘、玉篇音孚袁切、說文、潘、淅米汁也、哀十四年左傳、遺之潘沐、杜注云、潘、米汁、可以沐頭、內則、燂潘請靧、鄭注云、潘、米瀾也、衆經音義卷九云、潘、倉頡篇作潘、周官槁人釋文云、潘、本或作藩、並字異而義同、說文、周謂潘曰泔、衆經音義云、江北名泔、江南名潘、

潲濯滫也

說文、滫、久泔也、荀子勸學篇、蘭槐之根是爲芷、其漸之滫、君子不近、庶人不服、楊倞注云、滫、溺也、案滫、謂久泔也、褚少孫續三王世家傳曰、蘭根與白芷漸之滫中、君子不近、庶人不服、徐廣音義云、滫者、淅米汁也、淮南子人閒訓、申茮杜茝、美人之所懷服也、及漸之於滫、則不能保其芳矣、高誘注云、滫、臭汁也、晏子雜篇、今夫蘭本、三年而成、湛之苦酒、則君子不近、庶人不佩、義並相近也、玉篇、潲、臭汁也、潘也、集韻云、汎潘以食豕也、士喪禮、渜濯棄于坎、鄭注云、沐浴餘潘水也、皇侃喪大記疏云、濯、謂不淨之汁也、爾雅釋木、

梢、梢擢、郭注云、謂木無枝柯、梢擢長而殺者、長謂之脩、亦謂之梢、亦謂之擢、臭汁謂之瀞、亦謂之湫、亦謂之濯、事雖不同、而聲之相轉則同也、

澱謂之滓

滓之言緇也、釋名云、泥之黑者曰滓、說文、滓、澱也、澱之言定也、其滓定在下也、爾雅、澱謂之垽、說文、澱、滓垽也、又云、㘁謂之垽、垽、滓也、㘁與澱同、

鯹鱢鬱𦞦腐㱙餋餧饘餲𩚩饖隻煙膱臭也

鯹鱢、通作腥臊、內則、烏皫色而沙鳴、鬱、鄭注云、鬱、腐臭也、周官內饔、鬱作貍、徐邈音於弗反、晏子春秋諫篇云、酒醴酸、不勝飲也、府粟鬱、不勝食也、荀子正名篇云、香臭芬鬱腥臊洒酸奇臭、以鼻異、說文、𦞦、鬱也、玉篇云、臭草也、呂氏春秋盡數篇云、流水不腐、是腐爲臭也、列子周穆王篇云、饗香以爲朽、嘗甘以爲苦、是朽爲臭也、朽與㱙同、玉篇、餋臭敗之味也、爾雅、肉謂之敗、魚謂之餒、釋文云、餒、字書作餧、論語鄉黨篇、

魚餒而肉敗、皇侃疏云、餒謂魚臭壞也、爾雅、餒謂之餧、說文、餒、倉臭也、廣韻、餒、呼艾切、或作餲、論語倉饐而餲、餲與鶡聲近義同、鶡、曹憲音許戒反、各本鶡譌作鰨、集韻、鶡、許介切、引廣雅、鶡、臭也、許介與許戒同音、今據以訂正、廣韻、鮑、鮑臭也、鮑與饐同、饖之言穢也、說文、饖、飯傷熱也、爾雅、食饐謂之餲、郭注云、飯饖臭也、釋文引倉頡篇云、饖、食臭敗也、饖餲饐一聲之轉、大戴禮曾子疾病篇、貸乎如入鮑魚之次、明永樂大典本貸作膱、是膱爲臭也、膱貸古字通、考工記弓人注、樴讀爲脂膏膱敗之膱、釋文引呂忱云、膱、膏敗也、臆與膱亦同義、焦煙之訓爲臭、謂聲臭之臭也、月令云、其臭焦、周官大宗伯、以禋祀祀昊天上帝、鄭注云、禋之言煙、周人尚臭煙、氣之臭聞者、

芳馞馝馞膮𦤗馦膷䐼馨𦤣馥香也馥馤

司馬相如上林賦云、晻薆咇茀、此釋其義也、馣與晻通、玉篇、馤、香也、馤與薆通、合言之則曰馣馤、文選上林賦注云、說文、馣馤、香氣奄藹也、馣與晻、馤與薆音義同、史記司馬相如傳作晻曖蓊勃、張衡南都賦云、

晻曖蓊蔚，含芬吐芳。曹植王仲宣誄云：芳風晻藹。並字異而義同。此釋上林賦之文，則馣下當有藹字。蓋傳寫遺脫也。說文：苾，馨香也。馞，食之香也。玉篇：咇，芳香也。馝，大香也。小雅楚茨篇云：苾芬孝祀。周頌載芟篇云：有飶其香。馝咇飶苾並通。文選蘇武詩注引韓詩馥芬孝祀。馥與馝古亦同聲。漢帝堯碑云：生自馥芬。張表碑云：有馥其馨。皆本韓詩也。玉篇：馞，大香也。揚雄甘泉賦云：香芬茀以窮隆兮。張衡七辯云：芳以藿椒，拂以桂蘭。郭璞椒贊云：馞其芬辛。馞拂茀並通。合言之則曰馝馞。文選上林賦注云：郭璞曰：香氣盛馝馞也。馝馞咇茀音義同。香盛謂之馝馞，猶水盛謂之滭浡。餘見釋訓馥馥馞馞馣馣香也下。馝各本作苾，蓋後人以意改之。集韻類篇並引廣雅：馝馞，香也。今據以訂正。又各本脫去馞字，今據補。說文：膮，豕肉羹也。公食大夫禮：腳以東，臐膮。牛炙。鄭注云：腳臐膮今時臛也。牛曰腳，羊曰臐，豕曰膮，皆香美之名也。古文腳作香，臐作薰。案腳臐膮一聲之轉。膮亦臛也。臛字或作膈。釋名云：膈，蒿也。香氣蒿蒿也。腳亦香也。臐亦薰也。廣韻：馠，小香也。馚，香氣也。嗛，香美也。釋訓篇云：馚馚馦馦，香也。嗛與馦同。馚與馠同。集韻：𦬊，香草

廣雅疏證　卷第八上　十四

也、蒸、各本譌作蒸、今訂正、玉篇、馚、大香也、釋訓云、馚馧、香也、廣韻、馩馧、香氣也、集韻類篇竝引廣雅、馩馧、香也、今本脫馩馧二字、

鼐鼒鐫鏄鬵鼎也

說文、鼎、三足兩耳、和五味之寶器也、九家易云、牛鼎受一斛、天子飾以黃金、諸侯白金、羊鼎五斗、大夫飾以銅、豕鼎三斗、士飾以鐵、爾雅、鼎絕大謂之鼐、郭璞注云、最大者、圜弇上謂之鼒、孫炎注云、斂上而小口者、周頌絲衣篇、鼐鼎及鼒、毛傳云、大鼎謂之鼐、小鼎謂之鼒、說文引魯詩說、鼐、小鼎也、又云、鐫、鬵也、鬵、今俗作鐺、鐺形三足似鼎、故唐薛大鼎鄭德本賈敦頤號鐺腳刺史、鐺又謂之鐫、鐫亦三足之名也、史記天官書云、小三星隅置曰鬵觿、廣韻鐫觿竝許規戶圭二切、義相近也、說文、鬵、三足釜也、鬵與鐫聲義亦相近、玉篇、鏄、銅器、三足有耳也、淮南子說山訓、鼎鏄日用而不足貴、高誘注云、鏄、小鼎、字或作䵼、說林訓、水火相憎、䵼在其間、五味以和、注云、䵼、小鼎、一曰鼎無耳為䵼、案鏄者、小貌也、說見上文、轐轉、輔也、下、玉篇、

鬵、大鼎也、

鬵謂之䰝

爾雅、䰝謂之鬵、方言、甑、自關而東或謂之甗、或謂之鬵、甑與䰝同、說文、䰝、鬵屬也、又云甑、甗也、籀文作𩰫、考工記、陶人爲甑、實二鬴、厚半寸、脣寸、七穿、說文鬵、大釜也、一曰鼎大上小下若甑曰鬵、古文作䰛、檜風、匪風篇、溉之釜鬵、毛傳云、鬵、釜屬、

毲氂𩮀毳髦毛也

說文、毲、彊曲毛、可目著起衣、古文作厐、玉篇音力之切、衆經音義卷九、氂力之反、引三倉云、氂、毛也、漢書王莽傳、莽好以氂裝衣、顏師古注云、毛之强曲者曰氂、以裝褚衣中、令其張起也、褚與著同、即說文所云彊曲毛可目著起衣者也、彊曲猶屈彊也、漢書有劉屈氂、義取諸此與、淮南子說山訓、馬氂截玉、高誘注云、氂、馬尾也、毲厐氂氂竝同、氂又音毛、說文、氂、犛牛尾也、玉篇音莫袍切、字通作旄、禹貢、齒革羽旄、傳云、

旄旄牛尾也。正義云：說文犛，西南夷長毛牛也。此犛牛之尾可爲旌旗之飾，經傳通謂之旄。牧誓云：右秉白旄。詩云：建旐設旄。皆謂此牛之尾也。說文：氂，毛氂也。鬣，髮鬣鬣也。或作𤢺獵，並字異而義同。說文：毳，獸細毛也。又云：髦，髮也。

毦謂之毫

毫、毦通作豪、翰。

𦑄翢翢翭䎘風狄羽也

玉篇：𦑄，音孚，細毛也。廣韻云：翮下羽也。𦑄，各本譌作𦑄，集韻、類篇並引廣雅：𦑄，翢，羽也。今據以訂正。玉篇：翢，翮下弱羽也。翢之言姍姍也。釋訓云：姍姍，弱也。廣韻：翢，翢上短羽也。說文：翭，羽初生兒。續漢書禮儀志注引通俗文云：細毛曰翭。淮南子人閒訓：鴻鵠奮翼揮翭。高誘注云：翭，六翮之末也。翭與䎘同。翭者，微末之名，猶車軸兩端謂之轄矣。邶風簡兮篇：右手秉翟。毛傳云：翟，翟羽也。樂記：干戚旄狄以舞之。狄與翟同。

⿰革羽⿰犭氏翼也

⿰革羽通作革。說文：⿰革羽，翍也。小雅斯干篇「如鳥斯革」，毛傳云：革，翼也。釋文：革，韓詩作⿰革羽，云：翅也。翅與翍同。說文：翍，翼也。或作⿰犭氏，周官作翨，並字異而義同。⿰犭氏各本譌作𣮊，今訂正。

⿸鹿毛毦⿰此毛毼⿰貢毛毭⿱丛毛氍⿰魚毛⿰非毛⿰辛毛⿸夫毛氀罽也

說文：罽，西戎毳布也。罽與罽通。逸周書王會篇云：以白旄紕罽爲獻。爾雅：氂，罽也。舍人注云：罽，戎人績羊毛而作衣。漢書高祖紀注云：罽，織毛，若今毼及氍毹之類也。玉篇：⿸鹿毛，毦罽，曲文者。後漢書宦者傳云：金銀罽毦施於犬馬。罽謂之毦，故凡以毛羽爲飾者通謂之毦。晉語注云：鳥羽繫於背，若今軍將負毦矣。後漢書西南夷傳注云：毦，卽今馬及弓槊上纓毦也。毦，吳琯以下諸本皆譌作眊，惟影宋本、皇甫本、畢本不譌。毦，曹憲音二，畢本二譌作三，吳本以下三字又譌作毛，惟影宋本、皇甫本不譌。衆經音義卷一引字林云：罽之方文者曰⿰此毛。又引通俗文云：織毛曰罽，邪文曰⿰此毛。廣韻：毦，毛布也。陳琳神武賦云：罽毦皮服。幽風七月篇、無衣無褐、鄭箋云、褐、毛布也、褐、與毼同、毾㲪、即氍毹也、廣韻、毾毲毿也、太平御覽引通俗文云、織毛褥謂之氍毹、細者謂之毲毿、衆經音義卷九引通俗文云、細礪謂之磫礭、義與毾氍相近也、毲毲亦罽之細者也、毲之言繁縟、毲之言蒙戎也、說文、鞼、韋𥶽飾也、鞼與毲同義、毦毲、猶毲毲也、廣韻、毦毲、毦毲、輕毛皃、太平御覽引通俗文云、細葛謂之毦毲、義竝相近也、㲜之言摟也、爾雅、摟、聚也、衆經音義卷十四引通俗文云、毛布曰㲜、卷二引聲類云、㲜毼、毛布也、後漢書烏桓傳云、婦人能織㲜毼、

金錯鐵也

楚語引書曰、若金用女作礪、是金爲鐵也、說文、九江謂鐵曰錯、史記高祖功臣矦表索隱引三倉同、張衡南都賦云、銅錫鉛錯、左思吳都賦云、琨瑤之阜、銅錯之垠、錯之言劼也、爾雅云、劼、固也、方言云、錯、堅也、自關而西秦晉之閒曰錯、

白銅謂之鋈

秦風小戎篇陰靷鋈續毛傳云鋈白金也鄭箋云鋈續白金飾續靳之環正義云金銀銅鐵總名爲金此設兵車之飾或是白銅白鐵未必皆白銀也

赤銅謂之錫

大雅韓奕篇鉤膺鏤錫毛傳云鏤錫有金鏤其錫也鄭箋云眉上曰錫刻金飾之今當盧也案人眉上謂之揚故刻金爲飾當馬眉之上謂之鏤錫據傳云有金鏤其錫則錫非金名矣此訓錫爲赤銅與毛鄭異義或本於三家與錫各本譌作鍚惟影宋本皇甫本不譌

水銀謂之澒

說文澒丹沙所化爲水銀也淮南子地形訓云赤丹七百歲生赤澒澒各本皆作汞案太平御覽及嘉祐補注本草圖經本草引廣雅並作澒圖經云按廣雅水銀謂之澒丹竈家乃名汞蓋字亦通用耳據此則舊本廣雅作澒後人多見汞字少見澒字遂改澒爲汞耳今訂正

鐵朴謂之礦

說文、磺、銅鐵樸石也、周官丱人注云、丱之言礦也、金玉未成器曰礦、王褒四子講德論作鑛、竝字異而義同、

鉛礦謂之鏈

鏈、通作連、史記貨殖傳、江南出枏梓薑桂金錫連、徐廣音義云、連、鉛之未鍊者、漢書食貨志殽以連錫、李奇注云、鉛錫樸名曰連

鏅鋇鋁鉛 𨦌 鍱 鋌也

說文、鋌、銅鐵樸也、淮南子脩務訓、苗山之鋌、文選七命注引許慎注同、鹽鐵論殊路篇云、於、越之鋌不厲匹夫賤之、廣韻、鋇、柔鋌也、鋁、二尺鋌也、各本皆脫𨦌鍱二字、玉篇、𨦌、小鋌也、鍱、鋌也、𨦌之言茷也、鄭注君奭云、茷、小也、文選七命、𨦌越鍛成、李善注、𨦌或爲鍱引廣雅、鍱、鋌也、鍱與鍱同、廣韻鍱字注引廣雅、鍱、鋌

也、集韻類篇鋌字注並引廣雅鏃、鏶、鋌也、是鏃鏶二字在鋌字之上、今據補、

戉戚斧也

說文、斧斫也、鄭注檀弓云、斧形旁殺、刃上而長、戈今作鉞、說文、戉、大斧也、引司馬法、夏執元戉、殷執白戉、周左杖黃戉、右把白旄、六韜軍用篇云、大柯斧刃長八寸、重八斤、柄長五尺以上、一名天鉞、伐木天斧重八斤、柄長三尺以上、戉各本譌作戊、今訂正、說文、戚、戉也、大雅公劉篇、干戈戚揚、毛傳云、戚、斧也、揚、鉞也、戚、春秋左傳作鏚、

鏦謂之斨

豳風七月篇、取彼斧斨、毛傳云、斨、方銎也、破斧傳云、隋銎曰斧、銎謂受柄之孔也、釋名云、斨、戕也、所伐皆戕毀也、

鑱謂之鈹

鈹之言破也。說文、鈹、大鍼也。靈樞經九鍼十二原篇云、鈹鍼長四寸、廣二分半、末如劒鋒。鑱之言劖也。說文、鑱、銳也。劖、剽也。剽、砭刺也。史記扁鵲傳、鑱石撟引。索隱云、鑱謂石針也。

鐫謂之鏨

鏨之言斬也。說文、鏨、小鑿也。又云、鐫、破木鐫也。一曰琢石也。釋名云、鐫、鐏也、有所鐏入也。

銍謂之刈

說文、銍、穫禾短鐮也。管子輕重乙篇、一農之事、必有一耜一銚一鐮一鎒一椎一銍、然後成爲農。釋名云、銍、穫禾鐵也。銍銍、斷禾穗聲也。周頌臣工篇、奄觀銍艾。毛傳云、銍、穫也。艾與刈同。穫謂之銍、亦謂之刈、故穫器謂之銍、亦謂之刈。齊語云、挾其槍刈耨鎛。是也。太平御覽引纂文云、江湘以銍爲刈。刈者斷割之名。釋詁篇云、攻、愒也。攻與刈聲義同。

划鉊鉚鍥鑇鎌也

墨子備城門篇云長鎌柄長八尺六韜軍用篇云芟草木大鎌柄長七尺以上說文鎌鍥也字或作鎌釋名云鎌廉也體廉薄也方言云刈鉤江淮陳楚之閒謂之鉊或謂之鐹自關而西或謂之鉤或謂之鎌或謂之鍥鐹與划同鉤與釽同划之言過也所割皆決過也鉤子戟謂之戈義與此同也說文鉊大鎌也鎌或謂之鉊張徹說管子輕重己篇云鉊鉛乂櫨鉊之言釗也說文釗刓也刓剸也又云釽鎌也急就篇鈐鏥鉤銍斧鑿鉏顏師古注云鉤卽鎌也形曲如鉤因以名云淮南子氾論訓木鉤而樵高誘注與說文同說文鍥鎌也鍥之言契也爾雅契絕也郭注云今江東呼刻斷物爲契斷說文鏺兩刃有木柄可以刈草讀若撥六韜農器篇云春鏺草棘夏耨田疇鏺之言撥也大雅蕩箋云撥猶絕也

銃謂之銎

說文銎斤斧穿也豳風七月傳云斨方銎也破斧傳云隋銎曰斧斧銎之言空也其中空也斤斧穿謂之銎猶車穿謂之釭釭銎聲相近說見上文鐹錕釭也下方言矛骹謂之銎郭注云矛刃下口則凡鐵之空中

而受柄者，皆謂之鋻矣。六韜軍用篇「方胸鋌矛千二百具」，胸卽鋻字也。銃、鋻聲亦相近。太平御覽引通俗文云：「鑿充曰銃。」

鍱、鋂、鏝，鐶也

鐶，古通作環。說文：「鋂，大環也。一環貫二者。」齊風盧令篇「盧重鋂」，毛傳云：「鋂，一環貫二也。」廣韻：「鏝，重環也。」鏝與鋂聲相近，說見卷一「摀、菅，懑也」下。

鹿觡、鐖、釣，鉤也

說文：「鉤，曲也。」方言：「鉤，宋楚陳魏之閒謂之鹿觡，或謂之鉤格；自關而西謂之鉤，或謂之鐖。」鹿觡，謂鉤形如鹿觡也。方言注云：「或呼鹿角。」玉篇：「觡，麋鹿角也。」有枝曰觡，無枝曰角。觡之言枝格也。史記律書云：「角者，言萬物皆有枝格如角也。」格與鉤同義，故鉤或謂之鉤格。淮南子主術訓云：「桀之力，别觡伸鉤。」亦以兩形相近而類舉之矣。廣韻引埤倉云：「鐖，縣物鉤也。」釣，謂魚鉤也。莊子外物篇「任公子爲大鉤巨緇」，鉤一本作

釣、東方朔七諫云、以直鍼而爲釣兮、又何魚之能得、

鏶謂之鍱

說文、鏶、鍱也、或作錤、又云、鍱、鏶也、齊謂之鍱、玉篇、鍱鏶鍱也、鏶猶集也、鍱猶葉也、說見卷三集葉聚也下、

籤謂之鏟

說文、籤、銳也、貫也、鏟、字或作弗、衆經音義卷十二云、弗、字苑初限反、謂以籤貫肉炙之者也、

栓櫼釘也

玉篇、栓、木釘也、衆經音義卷十四引字林云、櫼、木釘也、

鍤銶緫鍼也

鍼、或作箴、鍤之言插也、說文、鍤、郭衣鍼也、玉篇云、長鍼也、說文銶、綦鍼也、玉篇亦云、長鍼也、管子輕重乙篇云、一女必有一刀一錐一箴一銶、然後成爲女、趙策、鯷冠秫縫、史記趙世家作郤冠秫絀、徐廣音義云、

銶者、綦鍼也、古字多假借、故作銶耳、廣韻、綖、連鍼也、靈樞經九鍼論云、長鍼取法於綦鍼、長七寸、綦、與綖同、

鏅鐗鍇也

鍇之言合沓也、考工記圖云、軸當轂釭裛之以金謂之鐗、說文、鐗、車軸鐵也、釋名云、鐗、閒也、閒釭軸之閒、使不相摩也、吳子治兵篇云、膏鐗有餘、則車輕人、急就篇云、釭鐗鍵鈷冶錮鐈、軸鍇謂之鐗、猶轂鍇謂之鍊、餘見上文鍊鏅釱錧也下、

稱謂之銓

漢書王莽傳云、考量以銓、說文、稱、銓也、銓、衡也、

錘謂之權

鄭注月令云、稱錘曰權、漢書律歷志說權之制云、圜而環之、令之肉倍好、餘見卷三權錘重也下、

鍴謂之鑽

說文、鑽、所㠯穿也、管子輕重乙篇云、一車必有一斤一鋸一釭一鑽一鑿一銶一軻、然後成爲車、此謂鑽鑿之鑽也、方言、鑽謂之鍴、矜謂之杖、此謂矛戟刃也、廣雅鍴謂之鑽、訓本方言、而刻於鑴鋊鋟錐也之上、則似誤以爲鑽鑿之鑽矣

鑴鋊鋟錐也

說文、錐、銳也、又云、觿、佩角銳耑可㠯解結、衞風芄蘭篇、童子佩觿、毛傳云、觿所以解結、內則左佩小觿右佩大觿、鄭注云、觿貌如錐、以象骨爲之、釋文、觿本或作鑴、鑴者、銳末之名、周官眡祲十煇、三曰鑴、鄭注云、鑴讀如童子佩鑴之鑴、謂日旁氣刺日也、爾雅釋獸驨如馬一角、亦以其角形如錐而名之、故逸周書王會篇謂之雖馬、雖錐聲相近也、方言、錐謂之鋊、郭注云、廣雅作鋊、與今本異、鋟之言鑯也、卷四云、鑯、銳也、

鏤謂之鋊

鍇非刻鏤之義、諸書亦無訓鏤爲鍇者、葢傳寫者與下句鍇字相涉而誤、鍇當作鈒、爾雅、鏤、鈒也、郭注云、刻鏤物爲鈒、王褒洞簫賦云、鈒鏤離灑、說文、鏤、剛鐵也、可㠯刻鏤、禹貢厥貢璆鐵銀鏤砮磬、鄭注與說文同、爾雅云、金謂之鏤、

鋁謂之鑢

說見卷三鑢磨也下、鑢與鋁同、

礱碫䃾礛磻磫䃴磨砥磏礪也

礪之言粗厲也、禹貢、礪砥砮丹、鄭注云、礪、磨刀刃石也、大雅公劉篇作厲、餘見卷三礪磨也下、太平御覽引尸子云、磨之以礱礪、是礱爲磨石也、孔子弟子公孫龍、字子石、龍與礱通、餘見卷三礲磨也下、說文、碫、厲石也、引春秋傳鄭公孫碫字子石、今本作段、又鄭印段、宋褚師段、皆字子石、大雅公劉篇、取厲取鍛、毛傳云、鍛、石也、鄭箋云、鍛石所以爲鍛質也、孫子勢篇云、如以碫投卵、碫鍛段竝通、碫、各本譌作破、今訂正、

說文、厱諸、治玉石也。玉篇、礛䃴、青礪也。淮南子說山訓、玉待礛諸而成器。高誘注云、礛諸、攻玉之石。說林訓云、璧瑗成器、礛諸之功。竝與厱諸同。廣韻、磫䂬、青礪也。衆經音義卷九云、通俗文、細礪謂之磫䂬、礛䃴治玉。磫䂬治金。案細礪謂之磫䂬、猶細罽謂之毾氍矣。砥之言緻密也。說文、底、柔石也。或作砥。鄭注禹貢云、磨刀刃石、精者曰砥。小雅大東篇、周道如砥。孟子萬章篇引作厎。餘見卷三砥磨也下。磏之言廉也。說文、磏、厲石也。赤色。讀若鎌。字亦作礛。管子法法篇云、毋赦者、痤睢之礛石也。磏與礛䃴之礛聲相近、故高誘注淮南子讀礛為廉矣。北山經、京山其陰有元䃤、郭璞注云、黑砥石也。䃤音竹篠之篠。集韻類篇竝引廣雅、䃤、礪也。今本脫䃤字。

鈐鏅謂之鑯

說文、鉵、枱屬也。又云、鈐鏅、大犂也。一曰類枱。急就篇鈐鏅鉤銍斧鑿鉏。顏師古注云、鈐鏅、大犂之鐵。鈐與鈐同、鏅與鏅同。鉵與鑯同。

鎡錤鋸鈹鏄鉏也

鉏之言除也、說文、鉏、立薅斫也、又云、斫、齊謂之兹其、衆經音義卷十九引倉頡篇云、鉏、兹其也、孟子公孫丑篇云、雖有鎡基、不如待時、漢書樊酈滕灌傅靳周傳贊作兹基、周官薙氏注作兹其、月令注作鎡錤、竝字異而義同、管子小匡篇、惡金以鑄斤斧鉏夷鋸欘、尹知章注云、鋸欘、钁類也、說文、钁、大鉏也、鈹之言破也、集韻引埤倉云、鐯鐅、鉏也、鐅與鈹同、釋名、鏄、亦鉏類也、鏄、迫也、迫地去草也、周頌臣工篇、庤乃錢鏄、毛傳云、鏄、鎒也、周語日服其鏄、韋昭注云、鏄、鉏屬、

錠謂之鐙

楚辭招魂云、蘭膏明燭、華鐙錯些、說文、鐙、錠也、急就篇鍛鑄鉛錫鐙錠鐎、顏師古注云、鐙、所以盛膏夜然燎者也、其形若杆而中施釭、有柎者曰錠、無柎者曰鐙、柎謂下施足也、鐙之形狀、略如禮器之登、故爾雅瓦豆謂之登、郭注云、即膏登也、

曲道栻梮也

梮通作局說文局簙所吕行棊也方言所以行棊謂之局或謂之曲道漢書王莽傳天文郎按栻於前顏師古注云栻所以占時日褚少孫續日者傳今夫卜者必法天地象四時順於仁義分策定卦旋式正棊索隱云式卽栻也旋轉也栻之形上圓象天下方法地用之則轉天綱加地之辰故云旋式棊者筮之正棊蓋謂卜以作卦也

簙箸謂之箭

簙通作博韓非子外儲說云秦昭王以松柏之心爲博箭方言秦晉之間謂之簙吳楚之間謂之蔽或謂之箭裏說文簙局戲也六箸十二棊也楚辭招魂箟蔽象棊有六簙些王逸注云箟玉也蔽簙箸以玉飾之也或言箟簬今之箭囊也投六箸行六棊故爲六簙也西京雜記云許博昌善陸博法用六箸以竹爲之長六分或用二箸列子說符篇釋文引六博經云博法二人相對坐向局局分爲十二道兩頭當中名

爲水用棊十二枚法六白六黑又用魚二枚置於水中其擲采以瓊爲之二人互擲采行棊棊行到處即豎之名爲驍棊即入水食魚亦名牽魚每牽一魚獲二籌翻一魚獲三籌若己牽兩魚而不勝者名曰被翻雙魚彼家獲六籌爲大勝也

箑謂之扇

方言扇自關而東謂之箑自關而西謂之扇說文箑或作篓呂氏春秋有度篇夏不衣裘冬不用翣箑篓翣竝通

篋謂之簪

說文鐕可以綴箸物者衆經音義卷十四引通俗文云綴衣曰鐕太平御覽引韻集云鐕綴衣細竹也鐕鑯竝與簪同案簪者連綴之名士喪禮簪裳於衣鄭注云簪連也故簪篋之簪與簪笄之簪異物而同名

箘謂之刷

文選養生論注引通俗文云、所以理髮謂之刷、釋名云、刷、帥也、帥髮長短皆令上從也、篦之言刮也、說文作𦸗、云、𠬶也、𠬶、與刷通、

縞謂之𦀟

說見上文縞𦀟練也下、

椱

玉篇椱、織椱也、亦作梭、太平御覽引通俗文云、所以行緯謂之椱、各本皆作椱謂之縢、案椱所以行緯、縢所以持經、二者各殊其用、無緣以縢爲椱、此因本條內有脫文、而下條桭謂之縢、又脫去桭字、遂誤合爲一條、今訂正、

桭謂之縢

說文、縢、機持經者也、玉篇音詩證切、衆經音義卷十四引三倉云、經所居機曰縢、方言注云、縢所以纏紙、

淮南子氾論訓云：後世爲之機杼勝複，以便其用。王逸機賦云：勝複迴轉。勝與滕通。複，說文作椱，云：機持繒者。廣韻：椱，匹卦切。滕屬。蜀人以織布。出埤倉。各本脫椱字。滕字又譌作縢。縢本作縢，故譌而爲縢。集韻引廣雅椱謂之滕，今據以訂正。

篇謂之植

未詳。

𥳑謂之篗

方言：篗，𥳑也。兗豫河濟之間謂之𥳑。郭注云：所以絡絲也。說文：篗，收絲者也。或作䉶。篗從竹蒦聲。各本譌作篗，今訂正。

其杘謂之𣖠

下文云：杘，柄也。𣖠，各本譌作隸。集韻、類篇並引廣雅：篗，其杘謂之𣖠。今據以訂正。

經梳謂之枃

玉篇云、凡織先經以枃梳絲使不亂、出埤倉、枃之言均也、字通作均、列女傳魯季敬姜云、主多少之數者均也、太平御覽引舊注云、均、謂一齒受一縷、多少有數、

斛注謂之篅

方言、所以注斛、陳魏宋楚之閒謂之篅、自關而西謂之注、郭注云、盛米穀寫斛中者也、今江東亦呼爲篅、

斛謂之鼓

聘禮記云、十斗曰斛、漢書律歷志云、斛者、角斗平多少之量也、曲禮、獻米者操量鼓、鄭注云、量鼓、量器名、何氏隱義云、東海樂浪人呼十二斛爲鼓、案十二斛之數、與廣雅縣殊、蓋後世量名不同於古也、管子樞言篇云、釜鼓滿則人概之、荀子富國篇云、瓜桃棗李一本、數以盆鼓、據左傳考工記、釜受六斗四升、盆受一斛二斗八升、皆與一斛之鼓不甚相遠、故或並言釜鼓、或並言盆鼓也、爾雅何鼓謂之牽牛、郭注云、今

荊楚人呼牽牛星爲檐鼓、檐者、何也、
案此鼓亦謂量名之鼓、故以何言之、

方斛謂之桶

說文、桶、木方受六斗、字通作甬、月令、角斗甬、鄭注云、甬、今斛也、呂氏春秋淮南子竝作桶、史記商君傳亦云、平斗桶、

𥬠謂之篅

衆經音義卷四引倉頡篇云、篅、圓倉也、說文、𥬠、篅也、篅、判竹圜以盛穀也、篅𥬠、或作圌囤、釋名云、圌、屯也、屯聚之也、圌、以草作之團團然也、淮南子精神訓、守其篅𥬠、高誘注云、篅𥬠、受穀器也、急就篇云、𥬠篅箯筥籅笲篿、𥬠之言沌沌然圜也、管子樞言篇云、沌沌乎博而圜、孫子兵勢篇云、渾渾沌沌、形圓而不可敗、餘見卷三圖圓也下、

帞㲄𤰞也

說文、貯、幗也、所以盛米、貯之言貯也、亦通作貯、賈子春秋篇云、囊漏貯中、貯、各本譌作貯、今訂正、幗之言屯聚、褁之言蘊積也、說文、幗、載米貯也、廣韻云、布貯曰幗、

篔筹筊篣籯篝笭籠也

說文、籠、舉土器也、一曰笭也、論語子罕篇、譬如爲山、未成一簣、包咸注云、簣、土籠也、漢書王莽傳、綱紀咸張、成在一匱、匱與簣通、方言、籠、南楚江沔之閒謂之筹、或謂之筊、郭注云、今零陵人呼籠爲筹、筹、各本譌作筹、惟影宋本皇甫本不譌、說文、筊、鳥籠也、楚辭九章、鳳皇在筊兮、王逸注云、筊、籠落也、說文、篣、宗廟盛肉竹器也、周官牛人、共其牛牲之互、與其盆篣、鄭衆注云、篣、受肉籠也、說文、籯、笭也、漢書韋賢傳、遺子黃金滿籯、如淳注云、籯、竹器、受三四斗、今陳留俗有此器、顏師古云、今書本籯字或作盈、並與籯同、籯之言籯也、盛受之名也、襄三十一年左傳、以隸人之垣以籯諸侯、賈逵注云、籯、受也、方言、箸筩、陳楚宋魏之閒或謂之籯、郭注云、盛朼箸籫也、義亦與籯籠之籯同、史記陳涉世家、夜篝火、滑稽傳、甌窶滿篝、徐廣音義

竝云，篝，籠也。龜策傳以篝燭此地，音義云，然火而籠罩其上。篝與篝同。篝者，籠絡之名。楚辭招魂秦篝齊縷，王逸注云，篝，絡也。縷，綫也。義與篝籠之篝亦相近。說文，答，籝也。

熏篝謂之牆居

方言，篝，陳楚宋魏之間謂之牆居。郭注云，今薰籠也。薰與熏同。說文，篝，客也，可熏衣。宋楚謂篝牆居也。

簞籚籃筐也

說文，匡，飯器也。筥也。或作筐。召南采蘋傳云，方曰筐，圓曰筥。匡者，方正之名，故爾雅云，匡，正也。對文則筐與筥異，散文則通，故說文又訓筐爲筥也。周南卷耳傳云，頃筐，畚屬也。小雅鹿鳴傳云，筐，篚屬，所以行幣帛也。月令注云，曲植籧筐，皆所以養蠶器也。聘禮記凡餼大夫黍粱稷筐五斛，鄭注云，器寡而大略也。是筐之所用不同，而大小亦異矣。簞，說見上文匴笥也下。匴與簞同。籚或作盧。說文，盧，飯器也。又云，凵，盧飯器，以柳爲之。凵或作𥬔。方言，簇，趙魏之間謂之𥬔簇。郭注云，盛餅筥也。𥬔簇，今通語也。士昏禮注云，笲，竹器有衣者、其形蓋如今之筥笑籚矣、笑籚與凵盧同、旅、亦籚也、笑旅亦笑籚也、古者盧旅同聲、士冠禮注云、古文旅作臚、周書盧弓、左傳作旅弓、皆其例矣、說文、籚、大篝也、古文作𠪚、

籅筲箄簍籢也

說文、籢、飲牛筐也、方曰筐、圜曰籢、義與毛傳同、又云、籍、飯筥也、受五升、聘禮云、米百筥、筥半斛、呂氏春秋季春紀、具栚曲籢筐、高誘注云、員底曰籢、方底曰筐、皆受桑器也、月令作遽筐、淮南子時則訓作筥筐、方言、栝落、陳楚宋衞之閒謂之豆筥、郭注云、盛栝器籠也、以上諸筥、異用而同名、皆筐之圜者也、方言、箄、籅、箕、筲、籢也、江沔之閒謂之籅、趙代之閒謂之筲、淇衞之閒謂之牛筐、籢其通語也、籢小者、南楚謂之簍、自關而西秦晉之閒謂之箄、籅之言與也、卷二云、與、載也、筲之言韜也、自上覆物謂之韜、自下盛物亦謂之韜、方言注云、筲音弓弢、蓋得其義矣、箄之言卑小也、方言注云、今江東亦名小籠爲箄、說文、簍竹籠也、急就篇云、箯箄箕帚筐篋簍、簍之言婁婁也、斂聚之名也、小雅角弓箋云、婁、斂也、方言、飲馬橐、自關而西或謂

之𧞣兜、𧞣與𧞣義相近、

𣙙𣛢梫持椅植样槌也

方言、槌、宋魏陳楚江淮之閒謂之植、自關而西謂之槌、齊謂之样、其橫、關西曰𣛢、宋魏陳楚江淮之閒謂之𣙙、齊部謂之持、郭注云、槌、縣蠶薄柱也、說文、絕呂繩有所縣鎮也、義與槌相近、說文、關東謂之槌、關西謂之持、齊民要術引崔寔云、三月清明節、令蠶妾具槌持箔籠、𣛢、說文作栚、云、槌之橫者也、關西謂之㮇、呂氏春秋季春紀、具栚曲篴筐、高誘注云、栚讀曰朕、栚、㮇也、三輔謂之栚、關東謂之㮇、㮇與持同、淮南子時則訓注作持、梫、曹憲音夊、各本梫譌作校、音內夊字又譌作夊、集韻類篇梫、音夊、椅也、今據以訂正、方言注云、𣛢亦名校、校音夊、校與梫通、梫之言較也、爾雅云、較、直也、說文、持、槌也、玉篇音陟革切、持植之爲言皆直也、月令、具曲植籧筐、鄭注云、植、槌也、样之言惕也、卷三云、惕、直也、样惕並音羊、其義同也、

箇謂之薄

說文薄蠶薄也方言薄宋魏陳楚江淮之閒謂之苖或謂之麴自關而西謂之薄南楚謂之蓬薄說文苖蠶薄也又云曲蠶薄也曲苖笛並同月令具曲植籧筐鄭注云曲薄也高誘注呂氏春秋云青徐謂薄爲曲史記絳侯世家勃以織薄曲爲生索隱引許愼淮南子注云曲葦薄也豳風七月傳云豫畜萑葦可以爲曲薄各本譌作薄惟影宋本不譌

䈙籥䈎䈞笘籙觚也

觚通作觚急就篇急就奇觚與衆異顏師古注云觚者學書之牘或以記事削木爲之蓋簡屬也其形或六面或八面皆可書觚者棱也以有棱角故謂之觚今俗猶呼小兒學書簡爲木觚章蓋古之遺語也說文云剖竹未去節謂之䈙又云籥書僮竹笘也衆經音義卷二引纂文云關西以書篇爲籥引之云金縢啟籥見書馬融注云籥開藏卜兆書管也鄭王注並同案書者占兆之辭籥者簡屬所以載書故必啟籥然後見書也啟謂展視之下文以啟金縢之書與此同少儀云執策籥尚左手策著也籥占兆之書所載

也、故幷言之、馬、鄭、王三家說尚書、以籥爲開藏之管、其誤有二、周官司門、掌授管鍵以啟閉國門、鄭衆注云、管謂籥、鍵謂牡、月令、脩鍵閉、慎管籥、鄭注云、管籥搏鍵器、是籥者啟鍵之器、可言啟鍵、不可言啟籥也、且所以藏書者匱也、管鍵之所施者亦匱也、下文云、公歸、乃內冊于金縢之匱中、又云、啟金縢之書、乃得周公所自以爲功代武王之說、是公歸內冊、然後幷占兆之書藏之匱中、方其爲壇於外、卽命元龜、唯取占兆之書以出、而匱不與焉、無匱安有鍵、無鍵閉安用管籥以啟之哉、少儀注又云、籥如笛、三孔、龜策之策、與羽籥之籥連文、爲不類矣、說文、䈎、籥也、廣韻云、籥、簿書䈎也、䈎之言葉也、與簡牒之牒同義、故文心雕龍云、牒者、葉也、短簡編牒、如葉在枝、䈎與籥一聲之轉、卷二云、煠、爚也、爚之轉爲煠、猶籥之轉爲䈎矣、說文、顈川人名小兒所書寫爲笘、引之云、學記、呻其佔畢、春秋齊陳書字子占、佔、占、並與笘同、爾雅云、簡謂之畢、笘亦簡之類、故學記以佔畢連文、鄭注以佔爲視、於文爲不辭矣、玉篇、籙、篿也、廣韻云、札也、

篇章篿程也

玉篇、篣、笸、篣也、篣之言
㝑也、說文作㝑、見上條、

篇䈝籅牌籍也

說文、籍、簿書也、玉
篇、䈝、䈝、戶籍也、

笧謂之篇

說文、冊、符命也、諸侯進受於王也、象其札一長一短
中有二編之形、古文作笧、通作策、又云、篇、牒也、爾雅、
篇謂之畢、郭注云、今篇札也、釋名云、篇、閒也、編之扁
扁有閒也、笧之言賾也、編之賾然整齊也、聘禮記、百
名以上書於策、不及百名書於方、鄭注云、策、簡也、方、
版也、獨斷云、策者、簡也、其制長二尺、短者半之、其次
一長一短、
兩編下附、

㮯枍柯桐櫑柲弣柄也

柄之言秉也、所秉執也、士昏禮作枋、管子小匡篇作
秉、山權數篇作棅、並字異而義同、㮯、玉篇音丑利切、

說文、𡱂、籆柄也、或作柅、徐鍇傳云、籆、即今絡絲籆也、上文云、籆、𡱂謂之㯟、是也、柅又音乃几反、姤初六繫于金柅、釋文、柅、說文作檷、云絡絲趼也、趼亦柄也、絡絲趼謂之柅、猶籆柄謂之𡱂、𡱂柅之爲言皆尸也、尸、主也、故王弼注云、柅者、制動之主、墨子備穴篇云、斫𡱂長三尺、則𡱂爲柄之通稱矣、方言、矛柄謂之矜、郭注云、今字作槿、又矜謂之杖、注云、矛戟槿、即杖也、考工記盧人注云、凡矜八觚、漢書陳勝項籍傳贊、鉏櫌棘矜、服虔注云、以棘作矛槿也、淮南子兵畧訓云、伐棘棗而爲矜、柯之言榦也、豳風伐柯傳云、柯、斧柄也、考工記車人云、柯長三尺、博三寸、厚一寸有半、玉篇、柯、鎌柄也、說文、櫌、鉏柄名、徐鍇傳云、今俗人尚謂鉏柄爲鉏櫌、釋名云、齊人謂鉏柄曰櫌、櫌然正直也、管子輕重己篇云、鉊鉛又櫌、鹽鐵論論勇篇云、鉏櫌棘櫌以破衝隆、太平御覽引通俗文云、鑿柄曰橩、橩與櫌聲近義同、昭二年穀梁傳云、壚之爲言猶竟也、是其例矣、方言、戟柄、自關而西謂之柲、說文、柲、欑也、欑、積竹杖也、考工記、盧人爲廬器、戈柲六尺有六寸、殳長尋有四尺、車戟常、酋矛常有四尺、夷矛三尋、鄭注云、柲、猶柄也、昭十二年左傳、君王命剝圭以爲鏚柲、則斧柄亦謂之柲矣。釋名云：弓中央曰弣，弣，撫也，所撫持也。大射儀見鏃於弣，鄭注云：弣，弓把也。考工記弓人方其峻而高其柎，少儀弓則以左手屈韣執拊，柎、拊竝與弣同。其刀削柄亦謂之拊，少儀削授拊，注云：拊謂把也。說文：劍，刀握也，義竝與弓弣同。玉篇云：劍或爲弣。

杬、櫍，椹也。

椹或作鍖，櫍或作鑕，通作質。凡椹櫍或用以斫木，爾雅椹謂之榩，孫炎注云：斫木質，是也。或用以莝芻，周官圉師注云：椹質，圉人所習。襄二十六年公羊傳云：夫負羈縶執鈇鑕從君東西南北，則是臣僕庶孽之事，是也。或用以斬人，漢書項籍傳注云：質，鍖也，古者斬人加於鍖上而斫之。昭二十五年公羊傳君不忍加之以鈇鑕，何休注云：鈇鑕，要斬之罪。秦策云：今臣之罰不足以當椹質，要不足以待斧鉞，是也。或用以爲射槷，周官司弓矢王弓弧弓以授射甲革椹質者是也。或川以爲門槷，昭八年穀梁傳置旃以爲轅門，以葛覆質以爲槷，范甯注云：質，椹，是也。

柊楑㪍櫌椎也

說文、椎、擊也、齊謂之終葵、終葵與柊楑同、郎椎之反語也、考工記玉人、大圭長三尺、杼上、終葵首、鄭注云、終葵、椎也、說文、櫌、摩田器也、字亦作耰、呂氏春秋簡選篇云、鉏耰白梃、可以勝人之長銚利兵、高誘注云、耰、椎也、賈誼過秦論云、鉏耰棘矜、不銛於鉤戟長鎩也、淮南子氾論訓、後世爲之耒耜耰鉏、高注云、耰、椓塊椎也、三輔謂之儓、所以覆種也、櫌各本譌作擾、今訂正、

敁棓桲棁柍欇殳梃度杖也

說文、杖、持也、玉篇、敁、他禮切、橫首杖也、敁字蓋從丈是聲、丈亦杖也、敁之言提也、提、擊也、史記吳王濞傳、皇太子引博局提吳太子、是也、方言、僉、宋魏之閒謂之欇殳、或謂之度、自關而西謂之棓、齊楚江淮之閒謂之柍、或謂之桲、郭注云、此皆打之別名也、棓之言棓擊也、說文、棓、棁也、淮南子詮言訓、羿死于桃棓、太平御覽引許慎注云、棓、大杖、以桃木爲之、說山訓作桃部、古字假借也、俗作棒、六韜軍用篇云、方首鐵棓、

維朌、重十二斤、柄長五尺以上、一名天棓、開元占經石氏中官占引石氏云、天棓五星、天之武備也、棓者大杖、所以打賊也、史記天官書索隱引詩緯云、槍三星、棓五星、主槍人棓人、是棓爲打也、說文、棓、梲也、急就篇、捃穫秉把插捌杷、碑本捌作拔、枝、拔、苙與桲同、說文、梲、木杖也、急就篇、鐵椎榅杖梲柲杸、顏師古注云、梲、小棓也、今俗呼爲袖梲、言可藏於懷袖之中也、淮南子主術訓云、無以異於執彈而來鳥、揮梲而狎大也、宣十八年穀梁傳、梲、殺也、范甯注云、梲謂捶打㦰賊而殺、是梲爲打也、曹風候人篇、何戈與祋、毛傳云、祋、殳也、祋與梲聲義亦相近、說文、枷、拂也、淮南謂之柍、說見下文拂謂之枷下、柍之言抰也、卷三云、抰、擊也、欐殳、亦殳也、說文、殳、以杸殊人也、禮、殳以積竹八觚、長丈二尺、建於兵車、校、軍中士所持殳也、經傳皆作殳、考工記、廬人爲廬器、殳長尋有四尺、五分其長以其一爲之被而圍之、衛風伯兮傳云、殳長丈二而無刃、周官司戈盾注云、殳如杖、方言、戟柄自關而西謂之柲、或謂之殳、矛柄謂之矜、矜謂之杖、柲、矜、殳皆杖也、故廬人爲廬器、殳矛戈戟皆有焉、殳之言投也、投亦擊也、釋名云、殳、殊也、有所撞挃於車上、使殊離也。梃之言挺也。孟子梁惠王篇殺人以梃與刃。呂氏春秋簡選篇鉏耰白梃。趙岐高誘注竝云梃。杖也。應劭注漢書諸侯王表云。白梃。大杖也。方言注云。今江東呼打爲度。引之云。周官司市。凡市入則胥執鞭度守門。鄭注云。必執鞭度以威正人衆也。度謂殳也。因刻丈尺耳。案古人謂殳爲度。以打得名。故鄭云以威正人衆也。又云因刻丈尺者。以上文云以量度成賈而徵儥。故并及之。其實鞭度但供撻戮。下文胥職云執鞭度而巡其前。凡有罪者撻戮而罰之。是也。若均平物賈。則當兼操權量。不得獨持丈尺矣。賈公彥不解謂殳爲度之義。乃云一物以爲二用。若以繫鞘於上。則爲鞭。以長丈二。因刻丈尺。則爲度。失之。

箠策篗折⿱竹朵也

說文。⿱竹朵。箠也。急就篇鐵棰檛杖梲柲校。顏師古注云。麤者曰檛。細者曰杖。文選長笛賦。裁以當簻便易持。李善注云。簻。馬策也。⿱竹朵簻檛竝同。檛者。擊也。禰衡擊鼓爲漁陽三檛。是也。箠策皆擊也。說文。箠。擊馬策也。策。馬箠也。箠策長五尺。考工記輈人云。軌前十尺而策半之。漢書刑法志云。箠長五尺。玉篇。篗。木細枝也。

字本作蔢、方言、青齊兗冀之閒謂木細枝曰蔢、故傳曰、慈母之怒子也、雖折蔢笞之、其惠存焉、

簝謂之笪

太平御覽引纂文云、箴、箛、槍也、玉篇、簝、笪、逆槍也、或作簸、廣韻、笪、斜逆也、簝各本譌作籠、今訂正

柤、樘、柱、距也

說文、歫、槍也、歫、與距同、槍與樘聲相近、少牢饋食禮、長皆及俎拒、鄭注云、拒、讀爲介距之距、俎距、脛中當橫節也、是距與樘異名而同實、說文、柤、木閑也、徐鍇傳云、閑、闌也、柤之言阻也、說文、樘、衺柱也、又云、牚、歫也、考工記弓人、維角牚之、鄭衆注云、牚、讀如牚距之牚、車牚之牚、王延壽魯靈光殿賦、枝牚杈枒而斜據、張載注云、枝牚、梢梁之上木也、長三尺、義竝與樘同、

梏、衡、楅、榔也

說文、榔、角械也、梏與桎梏之梏同義、字本作告、說文、告、牛觸人、角箸橫木、所以告人也、從口從牛、引大畜

六四僅牛之告、今本作牿、釋文云、九家作告、虞翻注云、告、謂以木楅其角也、衡之言横、楅之言偪也、說文、衡、牛觸横大木其角、從角大行聲、又云、楅、以木有所畐束也、魯頌閟宮篇夏而楅衡、毛傳云、楅衡、設牛角以楅之也、周官封人飾其牛牲、設其楅衡、杜子春注云、楅衡、所以持牛令不得抵觸人、

篗梟輿也

輿、字或作轝、卷一云、輿、舉也、篗之言編也、編竹爲輿也、說文、篗、竹輿也、文十五年公羊傳、筍將而來也、何休注云、筍者、竹篗、一名編輿、齊魯以北名之曰筍、史記張耳陳餘傳、上使泄公持節問之篗輿前、集解引韋昭云、篗、輿如今輿牀、人輿以行也、索隱引三倉解詁云、篗、轝土器也、漢書顏師古注云、篗輿者、編竹木以爲輿、形如今之食輿矣、急就篇、笔篅篗笥籅箅篝、注云、竹器之盛飯者、大曰篗、小曰笥、義亦相近也、卷一云、梟、舉也、說文、梟、舉食者、徐鍇傳云、如食牀、兩頭有柄、二人對舉之、襄九年左傳、陳畚挶、漢書五行志作蕢、應劭注云、蕢、所以輿土也、周語、偫而畚挶、韋昭注與應劭同、史記夏紀、山行乘檋、漢書溝洫志作山

行則梮、韋昭注云、梮、木器、如今輿牀、人舉以行也、義竝與⿱具木同、⿱具木從木具聲、各本譌作⿰土⿱具木、今訂正、

鍏畚⿰臿支梩喿臿也

爾雅、𣂁謂之疀、郭注云、皆古鍬鍤字、管子度地篇云、籠臿版築各什六、齊策云、坐而織蕢、立則杖插、竝字異而義同、釋名云、鍤、插也、插地起土也、方言、臿、燕之東北朝鮮洌水之間謂之𣂁、宋魏之間謂之鏵、或謂之鍏、江淮南楚之間謂之臿、沅湘之間謂之畚、趙魏之間謂之喿、東齊謂之梩、⿰臿支音嫣、汭之嫣、字從臿支聲、⿰臿支從支聲而讀若嫣、猶有頍者弁之頍、從支聲而讀若跬也、說文、鍦、臿屬也、讀若嫣、高誘注淮南子精神訓云、三輔謂臿爲⿰金爲、字竝與⿰臿支同、各本⿰臿支字皆作⿰臿攵、音插、案音插則與下文臿字重出、且說文玉篇廣韻集韻類篇皆無⿰臿攵字、此因⿰臿支字譌作⿰臿攵、後人遂妄改曹憲之音耳、今考集韻類篇、⿰臿支俱爲切、引廣雅、⿰臿支臿也、其音卽本於曹憲、是廣雅本作⿰臿支、不作⿰臿攵、曹憲本音嫣、不音插、今據以訂正、說文、梠、臿也、或作梩、周官鄉師注引司馬法云、輦一斧一斤一鑿一梩一鉏、孟子滕文公篇、虆梩而掩之、趙岐注云、虆梩、籠臿之

屬、莊子天下篇、禹親自操櫜耜、崔譔注云、耜、插也、並字異而義同、梠之言剚也、剚入土中也、耒頭金謂之耜、義亦同也、方言注云、臬、字亦作鍫、釋名云、鍤或曰銷、銷削也、能有所穿削也、新序刺奢篇云、魏王將起中天臺、許綰負樸鍤入、臬樸鍫銷、並字異而義同、少牢下篇注云、二匕皆有淺斗、狀如飯樸、義與臿謂之臬亦相近、臬音七遙反、斛音土貂反、二者同物而異名、故方言云、燕之東北謂之斛、趙魏之間謂之臬、爾雅注以斛爲古鍫字、非也、

鏵鋘鍫也

說文、鍫、河內謂臿頭金也、方言注云、今江東呼鍫刃爲鍫、說文、茉、兩刃臿也、宋魏曰茉、或作釫、方言作鏵淮南子齊俗訓、脩脛者使之跖钁、高誘注云、長脛者以蹋插、使入深也、太平御覽引淮南子钁作鏵、吳越春秋夫差內傳云、寡人夢兩鋘殖吾宮牆、後漢書戴就傳注引字詁云、鋘、臿刃也、茉釫鏵鋘、並字異而義同、今俗語猶謂臿爲鏵鍫、淮南子精神訓注云、臿、鏵也、青州謂之鏵、三輔謂之鍋、鍋鏵語之轉、釋言篇云、

蔿、鵙、譁也、蔿、譌之轉爲譁、猶鍋之轉爲鏵矣、釋名云、鍤、或曰鏵、鏵、刳也、刳地爲坎也、曲禮、爲國君削瓜者華之、鄭注云、華、中裂之也、義與鏵同、

築謂之杵

說文、築、擣也、周官鄉師注引司馬法云、輂一斧一斤一鑿一梩一鉏、周輦加二版二築、六韜軍用篇云、銅築長五尺以上、

渠挐謂之杷

方言、杷、宋魏之間謂之渠挐、或謂之渠疏、郭注云、有齒爲杷、無齒爲朳、說文、杷、收麥器也、急就篇、捃穫秉把插捌杷、顔師古注云、捌杷、皆所以推引聚禾穀也、捌、與朳同、六韜軍用篇云、鷹爪方胸鐵杷、柄長七尺以上、漢書貢禹傳、捽屮杷土、顔注云、杷、手掊之也、音蒲巴反、是杷爲掊聚之名也、通藝錄云、握物謂之把、指爪微屈焉謂之爬、此杷之所由名也、方言注云、今江東亦名杷爲渠挐、釋名、齊魯謂四齒杷爲欋、欋與

渠挐渠疏、皆語之轉也、

柫謂之枷

方言、僉、自關而西或謂之柫、郭注云、今連枷、所以打穀者、說文、柫、擊禾連枷也、漢書王莽傳、予之北巡、必躬載柫、顏師古注云、柫、所以擊治禾者也、今謂之連枷、齊語、耒耜枷芟、韋昭注云、枷、柫也、所以擊草也、王褒僮約云、刻木爲枷、屈竹作杷、釋名云、枷、加也、加杖於柄頭、以檛穗而出其穀也、或曰羅枷、羅三杖而用之也、羅連一聲之轉、今江淮閒謂打穀器爲連皆、皆枷亦一聲之轉、柫之言拂也、說文、拂、過擊也、枷之言敂也、卷三云、敂、擊也、柫、枷、皆擊也、故馬融廣成頌云、拂游光、枷天狗、方言注以枷柫爲打之別名、是也、

䇉篗謂之桀

說文、栙、栙雙也、桀、栙雙也、徐鍇傳引字書云、䇉篗、帆也、䇉篗與栙雙同、廣韻云、栙雙、帆未張、

佯簷倚陽筕篖也

方言、符篖、自關而東周洛楚魏之閒謂之倚佯、自關而西謂之符篖、南楚之外謂之篖、郭注云、似籧篨、直文而粗、江東呼笪、

倚佯與倚陽同、

笙䈽䉂簟籧笛筵西薦䉐筱席也

說文、席、藉也、筵、竹席也、席與藉古同聲而通用、漢書劉向傳、呂產呂祿席太后之寵、席猶藉也、賈捐之傳民衆久困、相枕席於道、如淳曰、席、音藉、筵之言延也、爾雅、延、陳也、周官司几筵注云、筵亦席也、鋪陳曰筵、藉之曰席、然其言之、筵席通矣、古者席以九尺爲度、短不過尋、長不過常、考工記匠人、明堂度九尺之筵、公食大夫禮、蒲筵常、加萑席尋、是也、方言、簟、宋魏之閒謂之笙、或謂之籧苗、自關而西或謂之簟、或謂之䈽、郭注云、今江東通言笙、左思吳都賦、桃笙象簟、劉逵注云、桃笙、桃枝簟也、吳人謂簟爲笙、案笙者、精細之名、方言云、自關而西秦晉之閒、凡細貌謂之笙、簟爲籧篨之細者、故有斯稱矣、䈽之言曲折也、方言注云、今云䈽篾篷也、又云、江東呼籧篨爲䉂、䉂與發同、漢祝睦後碑、巠誨素棺、幣以葭蕟、葭蕟、卽今人所謂

蘆簸也。說文：簟，竹席也。釋名云：簟，覃也，布之覃覃然正平也。齊風載驅傳云：簟，方文席也。小雅斯干篇：下莞上簟。鄭箋云：莞，小蒲之席也。竹葦曰簟。籧笛猶拳曲，語之轉也。簟可卷，故有籧笛之名。關西謂之筕，亦此義也。各本籧笛二字之閒有篨字，蓋後人以意加之。籧篨自見下條，乃竹席之粗者，與籧笛不同，今據方言㓨、㐁、曹憲音天念反。說文：㐁，舌皃。義與席不相近。曹云：亦有本作茵字。說文：茵，車中重席也。則作茵者是。茵之言因也。說見上文鞇韉謂之鞇下。鞇與茵同。釋名云：薦，所以自薦藉也。晏子春秋雜篇云：布薦席，陳簠簋。薦、蔣一聲之轉。蔣通作蔣。夏小正：四月取荼。傳云：荼也者，以為君薦蔣也。七月灌荼。傳云：荼，萑葦之秀，為蔣褚之也。韓非子十過篇云：縵帛為茵，蔣席頹緣。王襃僮約云：編蔣織薄。是蔣為席也。

篕䉠謂之籧篨

說文：籧篨，粗竹席也。淮南子本經訓：若簟籧篨。高誘注云：籧篨，葦席也。鹽鐵論散不足篇云：庶人即草蓐索經，單藺籧篨而已。方言：簟之粗者，自關而西謂之籧篨，自關而東或謂之篕棪。棪與䉠通。

笭箽

此條内有脱文、不可復考、玉篇、箽、筵也、集韻、笭、郎丁切、箽、馳貞切、云、廣雅、笭箽、竹席、箽上文簞與籧篨、皆是竹席、則竹席不獨笭箽、蓋竹席二字、乃集韻釋廣雅之辭、非廣雅原文也、集韻笭又郎定切、箽又他定切、云、笭箽、車中筵也、

石鍼謂之柴

襄二十三年左傳、美疢不如惡石、服虔注云、石、砭石也、說文、砭、已石刺病也、東山經、高氏之山其下多箴石、郭璞注云、可以爲砭箴治癰腫者、箴與鍼同、柴者銳末之名、鳥喙謂之觜、義相近也、

鼓䕎謂之枫

䕎、曹憲音纇、字或作纇、衆經音義卷十七引埤倉云、纇、鼓枫也、又引字書云、鼓材也、卷二十四云、今江南名鼓匡爲纇、案纇者、中空之名、急就篇、輻轂輨轄輮輡轃、顏師古注云、轃者、轂中空受軸處也、義與纇同、

考工記謂轂𨍭爲藪，鄭衆注云：藪，謂轂空壺中也，以其中空如壺，故曰壺中。鼓𩰫之字從壺，義與此同也。柧，亦中空之名，義與瓜同。

砮雘，丹也。

說文：丹，巴越之赤石也。徐鍇傳云：山海經有白丹、黑丹，丹以赤爲主，黑白皆其類也。說文：砮，石可以爲矢鏃。禹貢：荆州厥貢礪砥砮丹，梁州厥貢璆鐵銀鏤砮磬。賈逵注魯語云：砮，中矢鏃之石也。案賈、許皆云砮中矢鏃，廣雅以砮爲丹，未詳所據。說文：雘，善丹也。梓材：惟其塗丹雘。馬融注與說文同。南山經云：青邱之山，其陰多青雘。雞山，其下多丹雘。雘有青赤之異，猶丹有赤白黑之異矣。

𢏚謂之彈

說文：彈，行丸也。玉篇：青州謂彈曰𢏚。𢏚者，遥擊之名。燕策云：荆軻引其匕首提秦王。義與𢏚相近。

帥、𧸖，弦也。彈弸

帥、曹憲音升芮反、各本譌作師、惟影宋本皇甫本不譌、帥蕢二字、義與弓弦不相近、未詳、集韻類篇竝引廣雅、彈、弴、弦也、今本脫此二字、說文、彈、射也、引楚辭天問羿焉彈日、又云、弴、角弓也、雒陽名弩曰弴、彈弴二字、義與弦亦不相近、此條內必多脫文、不敢臆爲之說、

彄謂之絠

說文、彄、弓弩耑弦所居也、蔡邕黃鉞銘云、馬不帶鈌、弓不受彄、說文、絠、彈彄也

拾捍韝韘也

拾捍韝爲一物、韘爲一物、拾捍韝、皆謂遂也、著於左臂、所以扞弦也、韘、謂決也、著於右手大指、所以引弦也、說文、韝、射臂沓也、又云、韘、射決也、所吕拘弦、吕象骨韋系箸右巨指、或作弽、衞風芄蘭篇、童子佩韘、毛傳云、韘、玦也、鄭箋云、韘之言沓、所以彄沓手指、小雅車攻篇、決拾既佽、毛傳云、決、鉤弦也、拾、遂也、周官繕人、掌王之用弓弩矢箙矰弋抉拾、鄭衆注云、抉、謂引弦彄也、拾、謂韝扞也、鄭注云、抉、挾矢時所以持弦飾

也、著右手巨指、士喪禮曰、抉用正王棘、若檡棘、則天子用象骨與韝扞、著左臂、以韋爲之、鄉射禮袒決遂、鄭注云、決猶闓也、以象骨爲之、著右大擘指、以鉤弦闓體也、遂射韝也、以韋爲之、著左臂、所以遂弦也、其非射時則謂之拾、拾斂也、所以蔽膚斂衣也、曲禮野外軍中無摯、以纓拾矢可也、鄭注云、拾謂射韝、內則右佩玦捍、注云、捍謂拾也、言可以捍弦也、管子戒篇云、桓公望見管仲隰朋、弛弓脫釬而迎之、韓非子說林篇云、羿執鞅持扞、操弓開機、賈子春秋篇云、丈夫釋玦靬、扞釬靬並與捍同、抉玦鞅並與決同、以上諸書、或專言拾、或專言捍、或專言韝、或專言鞢、或兼言決拾、或兼言決遂、或兼言決捍、皆徵然二物、不可混同、廣雅以拾捍韝鞢爲一物、蓋失之矣、

彇弳𩪁也

玉篇、𩪁、弓弭也、小雅采薇傳云、弭弓反末也、弭與𩪁聲近而義同、郊特牲注云、𢐗讀爲弭、是其例矣、彇字亦作簫、釋名云、弓末曰簫、言簫梢也、大射儀左執弣、右執簫、鄭注云、簫弓末也、曲禮右手執簫、左手承弣、

鄭注云簫弭頭也謂之簫簫邪也正義云弓頭稍剡差邪似簫簫故謂爲簫簫也今人謂弓頭爲弰弰簫之言亦相似也案簫者邪辟之貌故又謂之𧤲餘見卷二蕭衺也下

鞬韔櫜韜韣弓藏也

鞬之言鍵閉也方言所以藏弓謂之鞬晉語其左執鞭弭右屬櫜鞬韋昭注云櫜矢房鞬弓弢也僖二十三年左傳注同藏弓謂之韔故弓藏亦謂之韔秦風小戎篇云虎韔鏤膺又云交韔二弓是也毛傳云韔弓室也說文云弓衣也檀弓赴車不載櫜韔釋文作韔鄭風大叔于田作鬯小戎釋文云韔本亦作暢竝字異而義同小雅彤弓篇受言櫜之毛傳云櫜韜也韜弓謂之櫜故弓韜亦謂之櫜昭元年左傳請埀櫜而入杜注云埀櫜示無弓是也說文弢弓衣也弢與韜同卷四云韜藏也成十六年左傳中項伏弢齊語弢無弓服無矢韋杜注竝云弢弓衣也韣之言襡也内則注云襡韜也說文韣弓衣也又云韇弓矢韇也韇與韣同覲禮載龍旂弧韣少儀弓則以左手屈韣執拊鄭注竝云韣弓衣也凡弓藏矢藏之名各有專

屬、而皆可以互通。說文、韇、所以盛弓矢也。韜、劒衣也。韇、弓矢韇也。少儀云、劒則啟櫝。又云、戈有刃者櫝。左傳國語注竝以櫜爲矢房、是韇櫜韜韣之名、不獨施於弓也。少儀云、甲若無以前之、則袒櫜奉胄。樂記云、倒載干戈、包之以虎皮、名之曰建櫜。則凡兵甲之衣通謂之建櫜矣。建、與鞬同。

掤、医、匵、𠙴、鞴、靫、矢藏也。

鄭風大叔于田篇、抑釋掤忌。毛傳云、掤、所以覆矢。馬融注云、掤、櫝丸蓋也。字通作冰。昭二十五年左傳、公徒釋甲、執冰而踞。賈逵注云、冰、櫝丸蓋也。然則掤所以覆矢、非所以藏矢也。医之言蔽翳也。說文、医、盛弓弩矢器也。引齊語兵不解医。今本作翳。韋昭注云、翳、所以蔽兵也。案医字從矢、固當訓爲矢藏。若齊語所云、則兵藏之通稱也。匵𠙴、蓋矢箙之圓者也。匵字或作櫝、又作韇。𠙴、通作丸。方言、所以藏弓謂之鞬、或謂之匵丸。後漢書南匈奴傳弓鞬韇丸。李賢注引方言作藏弓爲鞬、藏箭爲韇丸、與廣雅合。案賈逵馬融服虔竝以掤爲櫝丸蓋、則櫝丸之爲矢箙甚明。然鄭注士冠禮云、今時藏弓矢者謂之韇丸、則弓弢亦同斯

稱矢、集韻引埤倉云、鞴靫、箭室也、鞴靫、亦作步叉、釋
名云、步叉、人所帶、以箭叉其中也、續漢書輿服志注
引通俗文云、箭箙謂之步叉、
各本鞴靫譌作靫鞴、今訂正、

飛⿰金龟䥨第矢拔箭也

方言、箭、自關而東謂之矢、關西曰箭、郭注云、箭者、竹
名、因以爲號、釋名云、矢、指也、言其有所指向迅疾也、
又謂之箭、箭、進也、考工記矢人注云、矢槀長三尺、羽
者六寸、刃二寸、方言、箭、三鐮長六尺者謂之飛龟、文
選閒居賦、激矢龟飛、李善注引東觀漢紀、光武作飛
龟箭以攻赤眉、龟與⿰金龟同、說文、䥨、隹射矢也、第、周官
作茀、司弓矢、䥨矢茀矢、用諸弋射、鄭注云、結繳於矢
謂之䥨、䥨、高也、茀矢象焉、茀之言刜也、二者皆可以
弋飛鳥刜羅之也、史記留侯世家索隱引馬融注云、
繳繫短矢謂之䥨、吳語云、白常白旂素甲白羽之䥨、
則兵矢亦謂之䥨矣、秦風駟驖篇、舍拔則獲、毛傳云、
拔、矢末也、正義云、以鏃爲首、故拔爲末、此當云、箭末
謂之拔、不當
訓拔爲箭也、

平題鈀錍鉤腸羊頭銔鑪鏃砮鏑也

說文、鏑、矢鏠也。方言、凡箭鏃胡合羸者、四鐮、或曰拘腸、三鐮者謂之羊頭、其廣長而薄鐮者謂之錍、或謂之鈀。箭其小而長中穿二孔者、謂之鉀鑪。內者謂之平題。郭注云、平題、今戲射箭也。題、頭也。廣韻引方言注云、江東呼錍箭曰鈀。爾雅、金鏃翦羽謂之鍭。郭注云、今之錍箭是也。後世言金鎞、名出於此也。鉤腸與拘腸同。銔鑪、當爲鉀鑪。隸書甲字作宁、牢字作宇、二形相似、故鉀字譌而爲銔。銔、曹憲音牢、玉篇鉀、古狎切、鉀鑪、箭也。銔、力刀切、銔鑪、錍也。廣韻同。則鉀之譌銔由來已久。方言注云、鉀鑪、今箭錍鑿空兩邊者也。盬盧兩音。郭氏讀鉀爲盬、是其字本從甲、不從牢。今據以辨正。說文、族、矢鏠也。鏃、利也。經傳皆作鏃。釋名云、齊人謂鏑爲鏃。說文、砮、石可㠯爲矢鏃。引禹貢荊州貢砮丹、魯語肅愼氏貢楛矢石砮、其長尺有咫。韋昭注云、砮、鏃也。以石爲之。魏志挹婁傳云、矢用楛、長尺八寸、青石爲鏃。

夫襓木劒衣也

夫，舊本作袂，曹憲音扶。木，舊本作林，曹憲音陳律反。案少儀「加夫襓與劍焉」，鄭注云：「夫襓，劍衣也。夫或爲煩，皆發聲。」正義曰：「云『夫襓，劍衣也』者，熊氏云：依廣雅『夫襓，木劍衣』，謂以木爲劍衣者，若今刀檢。云『夫或爲煩，皆發聲』者，以禮記本夫字或作煩字，俱是發聲。然則襓之一字，是劍衣之正名。襓字從衣，當以繒帛爲之。熊氏用廣雅以木爲之，其義未善也。」據正義所引熊安生說，則廣雅本作「夫襓，木劍衣也」甚明。自曹憲所見本夫字始譌作袂，木字始譌作林，袂、林二字從衣，皆因與襓字相涉而誤。其林字右畔從朮，則木字之譌。考玉篇、廣韻，袂字皆音膚，不音扶。說文：「袂，襲袂也。」廣韻：「袂，衣前襟也。」皆非劍衣之名。又說文、玉篇、廣韻皆無林字。曹憲音陳律反，非是。今訂正。

柗、室、鄭，劍削也

凡刀劍室通謂之削，字或作鞘。說文：「削，鞞也。」釋名云：「刀室曰削。削，峭也，其形峭殺，裹刀體也。」方言：「劍削，自河而北燕趙之閒謂之室，自關而東或謂之廓，或謂之削，自關而西謂之鞞。」鞞與鞞同。柗之言合也。說文柃、劒柙也。柙、亦柃也。玉篇引莊子刻意篇有干越之劒者、柃而藏之。今本作柙。柃、各本譌作拾。今訂正。凡刀劒削亦通謂之室。燕策云、拔劒、劒長、操其室。史記春申君傳云、刀劒室以珠玉飾之、是也。秦風小戎傳云、韔、弓室也。則弓弢亦謂之室矣。郭、與廓同。釋名云、弩牙外曰郭、爲牙之規郭也。義亦與劒郭同。

劒珥謂之鐔

各本脫之字、今補。說文、鐔、劒鼻也。釋名云、劒旁鼻曰鐔。鐔、尋也。帶所貫尋也。趙策云、吳干之劒、無鉤罕鐔蒙須之便、操其刃而刺、則未入而手斷。莊子說劒篇以周宋爲鐔。釋文、鐔、三倉云、劒口也。徐云、劒鐶也。司馬云、劒珥也。楚辭九歌、撫長劒兮玉珥。王逸注云、玉珥、謂劒鐔也。通藝錄云、劒首者何、蘷於莖者也。首也者、劒鼻也。劒鼻謂之鐔。鐔謂之珥、或謂之環、或謂之劒口、有孔曰口。視其旁如耳然曰珥。面之曰鼻。對末言之曰首。故曲禮、進劒者左首。正義云、首、劒拊鐶也。首及莖竝與劒同物、鑠金而成、自首至末、一體也。少儀云、澤劒首、鄭氏以爲金器弄之易於汙澤、是也。辛丑六月、瑤田在揚州、汪容甫得一古劒以遺余。劒首形如覆盂、宛然而中空、吳楢玉過余、見之、因爲余舉一證曰、莊周書、夫吹管也、猶有嗃也、吹劍首者、吷而已矣、司馬彪云、劍首謂劍鐶頭小孔也、劍首必如此乃可言吹、吹聲異於管者、管空長、故其聲嗃、劍首空淺、不能有嗃聲、但吷然而已、然則劍首之義可定矣、劍首名鐔、鐔之言覃也、是于于者非覃之形乎、茲其所以名鐔者乎、說鐔之義、頗多異聞、證以是劍、吾能擇而從之矣、念孫案易疇以鐔爲劍首、確不可易、原文甚詳、今錄其大概如此、

鞞靳刀削也

說文、鞞、刀室也、鞞之言屏藏也、亦刀劍削之通名、說見上文、內則、右佩遰、鄭注云、遰、刀鞞也、遰與靳同、

龍淵太阿干將鏌釾莫門鏩蚍魚腸醇鈞燕支蔡倫屬鹿干隊堂谿墨陽鉅闕辟閭劍也

說文、劍、人所帶兵也、籀文作劎、考工記、桃氏爲劍、莖長五寸、身長五、其莖長、謂之上制、四其莖長、謂之中

制、三其莖長、謂之下制。韓策云、韓卒之劍戟、皆出於冥山、棠谿、墨陽、合伯、鄧師、宛馮、龍淵、太阿、皆陸斷馬牛、水擊鵠鴈。史記蘇秦傳索隱引晉太康地記云、汝南西平有龍淵水、可以淬刀劍、特堅利、故有龍淵之劍、楚之寶劍也。淮南子人閒訓云、援龍淵而切其股。齊策云、今雖干將莫邪、非得人力、則不能割劌矣。莫邪與鏌釾同。莊子大宗師篇作鏌鋣。吳越春秋闔閭內傳云、干將者、吳人也。莫邪、干將之妻也。干將作劍、金鐵之精不銷、莫邪乃斷髮翦爪、投於鑪中、金鐵乃濡、遂以成劍、陽曰干將、陰曰莫邪。越絕外傳記寶劍篇云、吳有干將、越有歐冶子。應劭注漢書賈誼傳云、莫邪、吳大夫也、作寶劍、因以冠名。又注司馬相如傳云、干將、吳善冶者。案干將、莫邪、皆連語、以狀其鋒刃之利、非人名也。王褒九懷云、舒余佩兮綝纚、竦余劍兮干將。是干將爲利刃之貌。莫邪疊韻字、義亦與干將同。干將、莫邪、皆利刃之貌、故又爲劍戟之通稱。史記商君傳云、屈盧之勁矛、干將之雄戟。司馬相如子虛賦云、建干將之雄戟。戟與戈同類、故魏文帝浮淮賦云、建干將之銛戈。說文、鏌釾、大戟也。漢書揚雄傳、杖鏌邪而羅者以萬計。注亦以爲大戟。干將莫邪爲劒載之通稱則非人名可知故自西漢以前未有以干將莫邪爲人名者自吳越春秋始以干將爲吳人莫邪爲干將之妻其他說雖不同而同以爲人名總由誤以干將二字爲姓遂致紛紛之說又吳越春秋越絕書所說龍淵太阿魚腸純鈞鉅闕之狀皆非事實故槧無取焉諸書說劒皆無莫門之名廣韻劒字注全引廣雅此條文亦無莫門二字莫字疑是鏌字之誤音誤人正文門字疑因下文鉅闕辟閭等字從門而誤衍也西京雜記云漢帝相傳以高帝斬蛇劒劒上有七采珠九華玉以爲飾雜廁五色流離爲劒匣刃上常若霜雪開匣拔鞘輒有風氣光采射人葢卽廣雅所謂斷蛇也淮南子脩務訓云夫純鈞魚腸之始下型擊則不能斷刺則不能入高誘注云純鈞利劒名魚腸文理屈襞若魚腸者覽冥訓作淳鈞齊俗訓作淳均竝與醇鈞同哀十一年左傳使賜之屬鏤以死服虔注云屬鏤劒名荀子成相篇到而獨鹿棄之江屬鏤獨鹿竝與屬鹿同呂氏春秋知分篇得寶劒於干遂高誘注云干遂吳邑淮南子道應訓作干隊秦策作干隧竝字異而義同楊倞注荀子勸學篇引呂氏春秋作干越越與遂古聲亦相近莊子刻意

篇，有干越之劍者，柙而藏之，是也。楚辭九歎「執棠谿以刜蓬兮」，王逸注云：「棠谿，利劍也。」鹽鐵論論勇篇云：「世言強楚勁鄭，有犀兕之甲，棠谿之鋌也。」徐廣史記蘇秦傳音義云：「汝南吳房有棠谿亭。」棠與堂通。淮南子脩務訓「服劍者期於銛利，而不期於墨陽、莫邪」，高注云：「墨陽、莫邪，美劍名也。」鹽鐵論論勇篇云：「楚鄭之棠谿、墨陽，非不利也。」荀子性惡篇云：「闔閭之干將、莫邪、鉅闕、辟閭，古之良劍也。」新序雜事篇云：「辟閭巨闕，天下之利器。」也。巨與鉅通。

陳寶、孟勞、馬氏、白楊、剞、劂、劉，刀也

說文：「刀，兵也。」顧命「陳寶赤刀」，傳以陳寶爲陳先王所寶之器物，正義引鄭氏說同。此以陳寶爲刀名，則與赤刀同類，或用今文說也。僖元年穀梁傳云：「孟勞者，魯之寶刀也。」魏左延年秦女休行云：「左執白楊刀，右據宛魯矛。」淮南子脩務訓「羊頭之銷」，高誘注云：「白羊子刀也。」羊與楊通。剞之言阿曲，劂之言屈折也。說文：「剞，剧，曲刀也。」剧與劂同。淮南子俶眞訓「鏤之以剞剧」，高注云：「剞，巧工鉤刀也；剧者，規度刺畫墨邊箋也。」所

以刻鏤之具也、楚辭哀時命、握剞劂而不用兮、王逸注云、剞劂、刻鏤刀也、漢書揚雄傳、般倕弃其剞劂兮、應劭注云、剞、曲刀、劂、曲鑿也、

錟鏦矟𥍯𥎊矛也

考工記、廬人爲廬器、酋矛常有四尺、夷矛三尋、方言、錟謂之鈹、說文、錟、長矛也、錟之言剡也、爾雅云、剡、利也、方言、矛、吳揚江淮南楚五湖之閒謂之鍦、或謂之鏦、淮南子兵略訓、脩鎩短鏦、華嚴經卷十五音義引許愼注云、鏦、小矛也、鏦之言摐也、釋言篇云、摐、撞也、矟、即今槊字也、釋名云、矛長丈八尺曰矟、馬上所持、言其矟矟便殺也、又曰激矛、激、截也、可以激截敵陳之矛也、案矟激皆長貌也、爾雅釋木、梢、梢擢、郭注云、謂木無枝柯、梢擢長而殺者、又無枝爲檄、注云、檄擢直上、卷二云、儌、長也、檄與激、梢與矟義竝相近、說文、鉈、短矛也、荀子議兵篇、宛鉅鐵鉈、慘如蠭蠆、楊倞注云、鉈、矛也、史記禮書作鐵施、左思吳都賦、藏鍦於人、劉逵注云、鍦、矛也、字竝與𥍯同、曹憲音蛇、後世言蛇矛、名出於此也、釋名云、𥎊矛、長九尺者也、𥎊、霍也、

所中霍然卽破裂也、吳都賦、長殺短兵、李善注引廣雅、殺、矛也、說文繫傳引字書、椴、小矛也、並字異而義同、矜、各本譌作矜、今訂正、

穳謂之鋋

方言、矛、吳揚江淮南楚五湖之閒或謂之鋋、說文、鋋、小矛也、史記匈奴傳、其長兵則弓矢、短兵則刀鋋、索隱引埤倉云、鋋、小矛鐵矜、漢書鼂錯傳云、萑葦竹蕭屮木蒙蘢、支葉茂接、此矛鋋之地也、六韜軍用篇云、曠林草中、方胸鋋矛千二百具、矛謂之鋋、故以矛刺物亦謂之鋋、上林賦云、格蝦蛤、鋋猛氏、是也、釋名云、鋋、延也、達也、去此至彼之言也、衆經音義卷十一云、穳、小矛也、引字詁古文錄穳二形、今作穳、穳之言鑽也、小矛謂之穳、猶矛戟刃謂之鑽、方言、鑽謂之鏅、矜謂之杖、是也、凡戈戟矛、皆以其刃得名、

稂穘蒲蘇鎔鈹也

鈹之言破也、方言、錟謂之鈹、郭注云、今江東呼大矛爲鈹、說文、稂、矛屬、廣韻云、短矛也、稂、各本譌作稂、今

訂正、說文、䅗、矛屬、急就篇云、鈒戟鈹鎔劒鐔鍭、

鏔子鏝胡釨戛戈戟也

說文、戟、有枝兵也、戈、平頭戟也、釋名云、戟、格也、旁有枝格也、戈、句孑戟也、戈、過也、所刺擣則決過、所鉤引則制之弗得過也、案謂所刺擣所鉤引皆決過也、考工記注以戈爲句兵、句戈一聲之轉、猶鎌謂之鉤、亦謂之刈也、考工記、廬人爲廬器、戈柲六尺有六寸、車戟常、冶氏爲戈、廣二寸、內倍之、胡三之、援四之、戟廣寸有半寸、內三之、胡四之、援五之、鄭注云、戈、今句孑戟也、或謂之雞鳴、或謂之擁頸、戟、今三鋒戟也、方言戟、楚謂之釨、凡戟而無刃、秦晉之閒謂之釨、或謂之鏔、吳揚之閒謂之戈、東齊秦晉之閒謂其大者曰鏝胡、其曲者謂之鉤釨鏝胡、孑、與下釨字同、方言注云、釨、取名於鉤釨也、莊四年左傳、授師孑焉、考工記疏引舊注云、孑、句孑戟也、鏝、各本譌作鍡、唯影宋本皇甫本不譌、考工記注云、俗謂戈胡爲曼胡、曼與鏝通、鏝胡者、寬大之貌、釋名云、胡餅、作之大漫冱也、義與鏝胡同、說文、戛、戟也、張衡東京賦云、立戈迆戛、

其鋒謂之䥴

其孑謂之戟

孑者、取名於鉤孑、考工記謂之胡、

匽謂之雄戟

方言、三刃枝、南楚宛郢謂之匽戟、郭注云、今戟中有小孑刺者、所謂雄戟也、史記商君傳云、屈盧之勁矛、干將之雄戟、子虛賦、建干將之雄戟、張注云、雄戟、胡中有鮔者、

鐓釬鐏也

鐓、或作錞、曲禮、進戈者前其鐏、後其刃、進矛戟者前其鐓、鄭注云、銳底曰鐏、取其鐏地、平底曰鐓、取其鐓地、鐓與鐏對文則異、散文則通、秦風小戎篇、厹矛鋈錞、毛傳云、錞、鐏也、說文、錞、矛戟柲下銅鐏也、鐏、柲下銅也、釋名、矛下頭曰鐏、鐏入地也、方言、矛鐏謂之釬、釬之言榦也、卷三云、榦、本也、凡矛戟以足爲本、首爲

末、釬、各本譌作釬、唯影宋本皇甫本不譌

吳魁干瞂樐戰盾也

盾、或作楯、釋名云、盾、遯也、跪其下避刃以隱遯也、古者盾或以木、或以革、其繫之以紛、王肅注粊誓云、干有紛繫持之、是也、方言、盾、自關而東或謂之瞂、或謂之干、關西謂之盾、周官司兵、掌五兵五盾、鄭注云、五盾、干櫓之屬、是盾爲干櫓瞂之總名也、楚辭九歌、操吳戈兮被犀甲、王逸注云、或曰操吾科、吾科、楯之名也、吾科與吳魁同、太平御覽引廣雅作吳科、科魁聲相近、故後漢書東夷傳謂科頭爲魁頭、釋名云、盾大而平者曰吳魁、本出於吳、爲魁帥者所持也、案吳者大也、魁亦盾名也、吳魁猶言大盾、不必出於吳、亦不必爲魁帥所持也、方言、吳、大也、吳語、奉文犀之渠、韋昭注云、渠、楯也、渠與魁一聲之轉、故盾謂之渠、亦謂之魁、帥謂之渠、亦謂之魁、芋根謂之芋渠、亦謂之芋魁也、干、與下戰字同、說文、戰、盾也、爾雅、干、扞也、孫炎注云、干盾自蔽扞、瞂之言蔽扞也、說文、瞂、盾也、秦風小戎篇、蒙伐有苑、毛傳云、伐、中干也、逸周書王會解、請令以鮫䶈利劒爲獻、史記孔子世家、矛戟劒撥、索隱云、撥、謂大楯也、伐撥、竝與䶈通、說文、櫓、大盾也、或作樐、儒行、禮義以爲干櫓、鄭注云、干櫓、小楯大楯也、史記秦始皇紀贊、流血漂鹵、字亦與樐同、墨子備城門篇云、櫓廣四尺、高八尺

鎦甲介鎧也

周官司甲注、甲、今時鎧也、疏云、今古用物不同、其名亦異、古用皮謂之甲、今用金謂之鎧、從金爲字也、釋名云、鎧、猶塏也、塏、堅重之言也、或謂之甲、似物有孚甲以自禦也、凡甲、聚衆札爲之、謂之旅、上旅爲衣、下旅爲裳、考工記函人云、權其上旅與其下旅、而重若一、宣十二年左傳云、得其甲裳是也、鎦字本作函、函之言含也、考工記、燕無函、鄭衆注云、函讀如國君含垢之含、函、鎧也、介與鱗介之介同義、介者、堅也、繫辭傳云、介如石焉、

兜鍪謂之冑

說文、冑、兜鍪也、兜鍪、首鎧也、急就篇作兜鉾、後漢書禰衡傳、更著岑牟單絞之服、李賢注云、岑牟、鼓角士冑也、鞪鍪鉾牟竝通、韓策云、甲盾鞮鍪、即兜鞪之轉也、冑之言幬也、卷二云、幬、覆也、徐言之則曰兜鞪、兜者、擁蔽之名、鞪者、覆冒之稱、故帽亦謂之兜鍪、淮南子氾論訓、古者有鍪而綣領以王天下者矣、高誘注云、鍪、頭著兜鍪帽也、

錏鍜謂之鏂銗

說文、錏鍜、頭鎧也、鏂銗即錏鍜之轉、

機謂之牙

緇衣引大甲云、若虞機張、往省括于厥度則釋、鄭注云、機、弩牙也、繫辭傳、言行、君子之樞機、曲禮正義引鄭注同、

和鑾鐲鐸鉦鐃鍾鏄鈴也

說文、鈴、令丁也。謂其聲令丁然也。今人言鈴、當語之轉也。廣韻云、鈴似鐘而小。自和鑾以下九事、大小不同、而形竝相似也。爾雅、有鈴曰旂。周頌載見正義引李巡注云、以鈴著旐端。周官巾車、大祭祀、鳴鈴以應雞人。鄭注云、必使鳴鈴者、車有和鸞相應和之象。說文、人君乘車、四馬鑣八鑾。鈴象鸞鳥之聲、和則敬也。字通作鸞。小雅蓼蕭篇、和鸞雝雝。毛傳云、在軾曰和、在鑣曰鸞。周頌載見篇、和鈴央央。傳云、和在軾前、鈴在旂上。經解、升車則有鸞和之音。鄭注云、鸞和皆鈴也。所以爲車行節也。引韓詩內傳云、鸞在衡、和在軾前。升車則馬動、馬動則鸞鳴、鸞鳴則和應。大戴禮保傳篇亦云、在衡爲鸞、在軾爲和。鄭於小戎箋及大馭注、玉藻注、皆用韓詩說。於烈祖箋用毛詩說。桓二年左傳、錫鸞和鈴、昭其聲也。史記禮書集解引服虔注云、鸞在鑣、和在衡。說苑說叢篇亦云、鸞設於鑣、和設於衡。續漢書輿服志注引五經異義云、詩云、八鸞鎗鎗、則一馬二鸞也。又曰、輶車鸞鑣、知非衡也。左傳正義云、鸞若在衡、衡唯兩馬、安得置八鸞。以此知鸞必在鑣。案烝民、韓奕皆言四牡八鸞、明是一馬二鸞、五經異義及左傳正義所辨是也。若和之所設、舊說以爲社軾、劉向服虔杜預則以爲社衡、未知孰是、又云刀環、有鈴者謂之鸞刀、小雅信南山篇、執其鸞刀、傳云、刀鸞刀、刀有鸞者、言割中節也、郊特牲云、割刀之用而鸞刀之貴、貴其義也、聲和而后斷也、說文、鐲、鉦也、鐃大鈴也、鉦、鐃也、佀鈴、柄中上下通、鐃、小鉦也、釋名云鐃聲譊譊也、周官鼓人、以金鐲節鼓、以金鐃止鼓、以金鐸通鼓、注云、鐲、鉦也、形如小鍾、軍行鳴之、以爲鼓節、鐃、如鈴無舌、有柄、執而鳴之、以止擊鼓、鐸、大鈴也振之以通鼓、大司馬職云、卒長執鐃、兩司馬執鐸、公司馬執鐲、又云、鼓人皆三鼓、司馬振鐸、羣吏作旗、車徒皆作、所謂以金鐸通鼓也、又云、鼓行鳴鐲、車徒皆行、所謂以金鐲節鼓也、又云、鼓退鳴鐃、且卻、所謂以金鐃止鼓也、小雅采芑篇、鉦人伐鼓、傳云、鉦以靜之、鼓以動之、大司馬疏引司馬法云、十人之長執鉦百人之帥執鐸、鉦者、丁寧之合聲、晉語、戰以錞于丁寧、儆其民也、韋昭注云、丁寧、謂鉦也、又鈴之、金口木舌者謂之木鐸、周官小宰徇以木鐸、注云、古者將有新令、必奮木鐸以警衆、使明聽也、木鐸、木舌也、文事奮木鐸、武事奮金鐸、鍾說見釋樂、僕氏鍾下、說文、鏄大鍾淳于之屬、所目應鍾磬也、周官左傳國語作鏄儀禮作鑮、鄭注周官鎛師及大射儀竝云、鑮如鍾而大、周語細鈞有鍾無鎛、昭其大也、大鈞有鎛無鍾、甚大無鎛、鳴其細也、注云、鍾、大鍾、鎛、小鍾也、與許鄭異義、未知孰是、

印謂之璽、鈕謂之鼻

說文、璽、王者印也、籀文作璽、印、執政所持信也、鈕、印鼻也、古文作𤣿、周官司市、凡通貨賄以璽節出入之、鄭注云、璽節、印章、如今斗檢封矣、獨斷云、璽者、印也、印者、信也、天子璽以白玉、螭虎鈕、古者尊卑共之、月令曰、固封璽、春秋左氏傳曰、魯襄公在楚、季武子使公冶問、璽書追而與之、此諸矦大夫印稱璽者也、衛宏曰、秦以前民皆以金玉爲印、龍虎鈕、唯其所好、秦以來、天子獨以印稱璽、又獨以玉、羣臣莫敢用也、初學記引漢官儀云、諸矦王黃金璽、槖駝鈕、文曰璽、列矦黃金印、龜鈕、文曰章、丞相大將軍黃金印、龜鈕、文曰章、中二千石銀印、龜鈕、文曰章、千石六百石四百石銅印、鼻鈕、文曰印、淮南子說林訓、龜紐之璽、賢者以爲佩、高誘注云、紐、係也、紐與鈕通、鈕之言樞紐也、凡器之鼻、謂之紐、昭十三年左傳云、楚平王再拜皆

獻璧紐、周官弁師、元晃朱裏延紐、注云、紐、小鼻也、

綸組紱綬也

說文、綬、韍維也、綸、糾青絲綬也、組、綬屬也、爾雅、璲、綬也、郭注云、即佩玉之組、所以連繫瑞玉者、玉藻、天子佩白玉而元組綬、鄭注云、綬者、所以貫佩玉、玉相承受者也、古者綬以貫玉、至戰國始有印綬之名、史記蔡澤傳云、懷黃金之印、結紫綬於要、是也、續漢書輿服志云、古者君臣佩玉、所以章德、上有韍、所以執事、五伯迭興、戰兵不息、於是解去韍佩、畱其係璲、以爲章表、韍佩既廢、秦乃以采組連結於璲、光明章表、轉相結受、故謂之綬、漢承秦制、加之以雙印佩刀之飾、乘輿黃赤綬、自諸矦王以下、有赤綬綠綬紫綬青綬黑綬黃綬青紺綸之異焉、爾雅釋草、綸似綸、組似組、注云綸今有秩嗇夫所帶糾青絲綸、組綬也、釋名云、綸倫也、作之有倫理也、緇衣、王言如絲、其出如綸、注云綸今有秩嗇夫所佩也、案綸爲有秩嗇夫所佩、故刻在諸綬之末、法言孝至篇云、五兩之綸、半通之銅、蓋印綬之至微者也、北堂書鈔引漢官儀云、綬長一丈

廣雅疏證　卷第八上　釋器

二尺闊三尺漢書嚴助傳云方寸之印丈二之組是
組即綬也文選西都賦注引倉頡篇云紱綬也漢書
諸侯王表作戟丙吉傳
作紼竝字異而義同

瑹珽笏也

笏說文作回穆天子傳作曶士喪禮注云今文笏作
忽竝字異而義同釋名云笏忽也君有教令及所啟
白則書其上備忽忘也玉藻云笏天子以球玉諸侯
以象大夫以魚須文竹士竹本象可也笏度二尺有
六寸其中博三寸其殺六分而去一桓二年左傳袞
冕黻珽杜注云珽玉笏也若今吏之持簿釋文引徐
廣云簿手版也考工記玉人大圭長三尺杼上終葵
首天子服之鄭注云王所搢大圭也或謂之珽終葵
椎也爲椎於其杼上明無所屈也杼殺也相玉書曰
珽玉六寸明自炤離騷珽作珵玉藻云天子搢珽方
正於天下也諸侯荼前詘後直讓於天子也大夫前
詘後詘無所不讓也鄭注云珽之言挺然無所詘也
或謂之大圭長三尺於杼上又廣其首方如椎頭後
則恆直荼讀爲舒遲之舒舒儒者所畏在前也詘謂

圜殺其首不爲椎頭諸侯唯天子詘焉是以謂笏爲舒大夫奉君命出入者也上有天子下有己君又殺其下而圜大戴禮虞戴德篇云天子御珽諸侯御荼大夫服笏正民德也逸周書王會解云天子摺珽唐叔荀叔周公大公摺笏荼與瑹通各本瑹譌作蒤唯影宋本皇甫本不譌

箓籙篇篓節也

說文節篇爰也徐鍇傳云字書篇篓簡牘也篇爰與篇篓通箓籙並與錄通周官職幣皆辨其物而奠其錄杜子春注云定其錄籍也篇各本作篙蓋因曹憲音內滿字而誤集韻類篇並引廣雅篇篓節也今據以訂正

梡棵橛椇**房杫虡桯胗俎几也**

說文几踞几也象形釋名云几庪也所以庪物也周官司几筵疏云阮諶云几長五尺高尺二寸廣二尺馬融以爲長三尺說文且薦也從几足有二橫一其下地也俎禮俎也從半肉在且上且與俎古同聲俎

之言直也、直者、藉也、言所以藉牲體也、明堂位云、魯禘俎用梡嶡、又云、俎、有虞氏以梡、夏后氏以嶡、殷以椇、周以房俎、鄭注云、梡、斷木爲四足而已、嶡之言蹷也、謂中足爲橫距之象、周禮謂之距、椇之言枳椇也、謂曲橈之也、房、謂足下跗也、上下兩閒有似於堂房、正義云、梡形四足如案、禮圖云、梡長二尺四寸、廣尺二寸、高一尺、諸臣加雲氣、天子犧飾之、嶡亦如梡而橫柱四足中央如距也、案梡者、斷木之名、莊子天下篇椎拍輐斷、義與梡同、故鄭云斷木爲四足也、棵亦梡字也、廣韻、棵、斷木也、橛與嶡同、橛距一聲之轉、少牢饋食禮注云、俎距、脛中當橫節也、椇之言句曲也、明堂位正義云、枳椇之樹、其枝多曲橈、故陸機草木疏云、椇曲來巢、殷俎足似之也、各本皆脫椇字、今補、魯頌閟宮篇籩豆大房、毛傳云、大房、半體之俎也、鄭箋云、大房、玉飾俎也、其制足閒有橫、下有跗、似乎堂後有房然、周語王公立飫、則有房烝、韋昭注云、房、大俎也、謂半解其體、升之房也、方言、俎、几也、西南蜀漢之郊曰杫、後漢書鍾離意傳無被枕杫、李賢注云、杫、謂俎几也、方言、榻前几、江沔之閒曰桯、趙魏之閒謂之椸、其高者謂之虡、虡與簴同、虡之言舉也、所以舉物也、義與笥虡相近、郭注以爲卽笥虡、殆非也、說文、桯、牀前几也、廣韻云、牀前長几也、桯、郭璞音刑、桯之言經也、橫經其前也、牀前長几謂之桯、猶牀邊長木謂之桯、士喪禮下篇注云、輁狀如長牀、穿桯、前後著金而關軸焉、是也、䑣、卽方言㮇字、鹽鐵論散不足篇云、古者無杠樠之寢、牀移之案、移與䑣同、几謂之㮇、衣架謂之㮇、義亦相近也、

棲謂之牀

孟子萬章篇、二嫂使治朕棲、趙岐注云、棲、牀也、

浴牀謂之柖

淮南子說山訓、从而弃其柖簀、高誘注云、柖簀、从者浴牀上■也、喪大記、設牀、襢笫、鄭注云、襢笫、袒簀也、謂無席、如浴時牀也、士喪禮記云、御者四人抗衾而浴、襢笫、

簀笫

說文簀牀棧也笫牀簀也爾雅簀謂之笫方言牀齊魯之閒謂之簀陳楚之閒或謂之笫郭注並云牀版也檀弓華而睆大夫之簀與鄭注云簀謂牀笫周官玉府掌王之衽席牀笫襄二十七年左傳牀笫之言不踰閾鄭杜注並云笫簀也笫之言齊也編竹木爲之均齊平正故謂之笫聲轉爲簀簀之言嫧也凡言嫧者皆齊平之意說見卷四嫧齊也下史記范雎傳雎佯死卽卷以簀索隱云簀謂葦荻之薄也蓋編葦爲薄嫧嫧然齊平故亦謂之簀聲又轉爲棧棧亦齊平之意猶編木爲馬牀謂之馬棧也此條與上下文不相屬當有脫字或云當作簀笫也或云當作簀謂之笫案此篇之例凡一物二名者則云某謂之某自三名以上始用也字以總承之此條若云簀笫也則與本篇之例不合若云簀謂之笫則不應全襲爾雅之文說文笫訓爲簀簀訓爲棧廣雅之訓多本說文疑簀笫下本有棧也二字簀笫棧也樹桃杠也皆承上棲謂之牀言之

樹桃杠也

說文、杠、牀前横木也、鹽鐵論散不足篇云、古者無杠樠之寢、牀移之案、急就篇云、奴婢私隸枕、牀杠、杠者、横亘之名、石橋謂之杠、義與牀杠相近也、方言、牀杠、北燕朝鮮之閒謂之樹、自關而西秦晉之閒謂之杠、南楚之閒謂之趙、郭注云、趙、當作桃、聲之轉也、中國亦呼杠爲桃牀、皆通語也、桃、與洮同、上文云、洮、版也、義與牀洮亦相近、

廣平榻枰也

廣平爲博局之枰、榻爲牀榻之枰、皆取義於平也、說文、枰、平也、方言、所以投簙謂之枰、或謂之廣平、韋昭博弈論云、所志不出一枰之上、釋名、牀長狹而卑曰榻、言其榻然近地也、枰、平也、以版作之、其體平正也、衆經音義卷四引埤倉云、枰、榻也、初學記引通俗文云、牀三尺五曰榻、版獨坐曰枰、枰與榻對文則異、散文則通、榻、亦平意也、今人言平㬹是也、

蹐樌棣樹也

說文、柎、闌足也、案凡器足謂之柎、柎之言跗也、跗、足也、說文、𢁡、持弩柎也、𢁡與跗義相近、

蓐謂之㪌

爾雅、蓐謂之兹、郭注云、公羊傳曰、屬負兹、兹者、蓐席也、衆經音義卷三引三倉云、蓐、薦也、說文、㪌、蓐也、

篋謂之枷

爾雅、竿謂之箷、郭注云、衣架也、釋文、箷、李本作箟、曲禮、男女不同椸枷、鄭注云、椸、可以枷衣者、釋文椸作杝、内則云、不敢縣於夫之楎椸、椸杝箟竝與箷同、架與枷同、衆經音義卷十二引倉頡篇云、椸、格也、格枷竿一聲之轉、枷、各本譌作榤、今訂正、

軖謂之笙

說文、笙、可㠯收繩也、軖、紡車也、紡車所以收絲、故亦謂之笙、衆經音義卷十二引通俗文云、繰車曰軖、

爇爟熜炬也

炬者、舉火之名、說文、苣、束葦燒也、苣、與炬同、說文、蒸析麻中榦也、或作蒸、蒸之言烝也、烝、衆也凡析麻榦及竹木爲炬、皆謂之蒸、弟子職記舉火之禮云、蒸閒容蒸、然者處下、尹知章注云、蒸、細薪也、燕禮、甸人執大燭於庭、鄭注云、甸人、掌共薪蒸者、楚辭七諫、菎蕗雜於廏蒸兮、王逸注云、枲翮曰廏、熇竹曰蒸、說文、舉火曰爟、引周官司爟掌行火之政令、呂氏春秋本味篇、湯得伊尹、祓之於廟、爝以爟火、高誘注云、火者、所以祓除不祥、置火於桔臯、燭以照之、漢書郊祀志、通權火、如淳注云、權、舉也、權與爟通、熜字本作熜、或作總、說文、熜、然麻蒸也、熜之言總也、說文、總、聚束也、弟子職、錯總之法、橫于坐所、注云、總、設燭之束也、

龠二曰合合十曰升升四曰梪梪四曰區區四曰釜釜十曰鍾鍾十曰斞斞十曰秉

漢書律歷志云、量者、龠合升斗斛也、所以量多少也、本起於黃鍾之龠、用度數審其容、以子穀秬黍中者千有二百實其龠、以井水準其槩、合龠爲合、十合爲升、十升爲斗、十斗爲斛、而五量嘉矣、其法、用銅方尺

而圜其外旁有庣焉其上爲斛其下爲斗左耳爲升右耳爲合龠龠者黃鍾律之實也躍動微氣而生物也合者合龠之量也升者登合之量也斗者聚升之量也斛者角斗平多少之量也考工記栗氏爲量量之以爲鬴深尺內方尺而圜其外其實一鬴其臀一寸其實一豆其耳三寸其實一升鄭注云四升曰豆四豆曰區四區曰鬴鬴六斗四升也鬴十則鍾昭三年左傳齊舊四量豆區釜鍾四升爲豆各自其四以登於釜釜十則鍾杜注云四豆爲區區斗六升四區爲釜釜六斗四升鍾六斛四斗聘禮記十斗曰斛十六斗曰籔十籔曰秉二百四十斗鄭注云秉十六斛今江淮之閒量名有爲籔者二百四十斗謂一車之米秉有五籔也桓與豆同豆之言亦聚也聚升之量也管子[illegible]篇云釜鏂之數不得爲侈弇鏂與區同區者藏物之稱說文區藏隱也徐鍇傳云凡言區者皆有所藏也小盆謂之甌義與區相近也釜與鬴同周官廩人凡萬民之食食者人四鬴上也人三鬴中也人二鬴下也注云六斗四升曰鬴論語雍也篇與之釜馬融注與鄭同釜之言府也卷三云府聚也襄二十九年左傳鄭子皮餼國人粟戶一鍾注云六斛

四斗曰鍾、鍾、亦聚也、斞、字或作庾逾、又作籔、說又、斞量也、聘禮、米三十車、車秉有五籔、注云、秉有五籔、二十四斛也、今文籔或爲逾、昭十二年左傳、粟五千庾、史記魯世家集解引賈逵注云、十六斗爲庾、論語、與之庾、包咸注與賈逵同、斞之言輸也、卷三云、輸、聚也、案斛六斗曰斞、六斛四斗曰鍾、是鍾大於斞、今云鍾十曰斞、則斞反大於鍾、非矣、斞、曹憲音庾、各本斞十曰秉之斞作庾、因曹憲音而誤、今訂正、論語、冉子與之粟五秉、馬融注云、十六斛曰秉、魯語、出稯禾秉芻缶米、韋昭注引聘禮十庾曰秉、秉之言方也、方者、大也、量之最大者也、

秉四曰筥筥十曰稯稯十曰秅

此亦聘禮記文、秉、謂禾一把也、與十六斛之秉、同名而異實、以其爲人所秉持、故謂之秉、說文、秉、禾束也、從又持禾、又云、秉、持二禾、秉持一禾、小雅大田篇、彼有遺秉、昭二十七年左傳、或取一秉秆焉、毛傳杜注竝云、秉、把也、筥、讀若旅、謂禾四把也、筥之言旅也、鄭注樂記云、旅、俱也、周官掌客注云、四秉曰筥、讀如棟

梠之梠、是也。秉四曰筥、各本皆作秉十曰筥、此因與上下文相涉而誤、今訂正。稯之言總也。說文、總、聚束也。故掌客注云、稯、猶束也。聘禮注云、古文稯作緵。掌客釋文作總、並字異而義同。秅之言都也。都、亦聚也。掌客疏云、秅者、束之總名、是也。案聘禮、禾三十車、車三秅。記云、四秉曰筥、十筥曰稯、十稯曰秅、四百秉爲一秅。注云、此秉、謂刈禾盈手之秉也。筥、穧名也。若今淶易之閒、刈稻聚把、有名爲筥者。詩云、彼有遺秉、又云、此有不斂穧、一車之禾三秅、爲千二百秉、三百筥、三十稯也。詩大田正義引此而釋之云、言此秉者、以對米秉爲異、禾之秉、一把耳、米之秉則十六斛。禾之筥、四把耳、米之筥則五斗。掌客、車禾眂飧牢、牢十車、車三秅、注云、聘禮曰、四秉曰筥、十筥曰稯、十稯曰秅、每車三秅、則三十稯也。稯、猶束也。米禾之秉筥、字同而數異。禾之秉、手把耳。筥、讀如棟梠之梠、謂一穧也。據周官儀禮及鄭注之文、是禾束之秉、與量名之秉、其事既異、其數亦殊。量名之秉爲十六斛、比於斗斛數、爲最多之數。禾束之秉爲一把、比於筥稯秅、爲最少之名。說文秅字注云、周禮二百四十斗爲秉、四秉曰筥、十筥曰稯、十稯曰秅、案聘禮記二百四十斗、乃總言一車所載之米，非承上「十籔曰秉」言之。許氏誤合兩句爲一事，遂以二百四十斗爲秉，此下連引「四秉曰筥，十筥曰稯，十稯曰秅」，則又誤以禾束之秉爲量名之秉，并下文之筥、稯、秅，皆誤以爲量名矣。韋昭魯語注云：「聘禮曰：十六斗曰庾，十庾曰秉。秉，一百六十斗也。四秉曰筥，十筥曰稯，稯，六百四十斛也。」則亦誤以禾束之秉爲量名之秉，特以秉爲一百六十斗與許氏異耳。廣雅「秉四曰筥」之文，正承「籔十曰秉」之下，蓋亦與韋、許同誤。從許氏之說，由二百四十斗而遞加之以至於秅，則有九千六百斛，一車三秅，則有二萬八千八百斛；從韋氏之說，由一百六十斗而遞加之以至於三秅，亦有一萬九千二百斛。非唯牛不能任，亦且車不能容，故鄭氏獨以「四秉曰筥」之秉爲禾一把也。

一升曰爵，二升曰觚，三升曰觶，四升曰角，五升曰散。

特牲饋食禮記「實二爵、二觚、四觶、一角、一散」，鄭注引舊說云：「爵一升，觚二升，觶三升，角四升，散五升。」禮器云：「宗廟之祭，貴者獻以爵，賤者獻以散；尊者舉觶，卑者舉角。」明堂位云：「魯禘爵用玉琖仍雕，加以璧散、璧角、考工記、梓人爲飲器、勺一升、爵一升、觚三升、獻以爵而酬以觚、一獻而三酬、則一豆矣、鄭注云、觚字之誤、當爲觶、禮器正義及梓人疏云、案異義、今韓詩說、一升曰爵、爵、盡也、足也、二升曰觚、觚、寡也、飲當寡少也、三升曰觶、觶、適也、飲當自適也、四升曰角、角、觸也、飲不能自適、觸罪過也、五升曰散、散、訕也、飲不能自節、爲人所謗訕也、總名曰爵、其實曰觴、觴者、餉也、古周禮說、爵一升、觚三升、獻以爵而酬以觚、一獻而三酬、則一豆矣、許慎謹案周禮云、一獻三酬當一豆、若觚二升、不滿一豆、鄭駁之云、觶字古書或作角旁氏、與觚字相近、學者多聞觚、寡聞觗、寫此書亂之而作觚耳、說文、爵、禮器也、象爵之形、中有鬯酒、又持之也、所吕飲、器象爵者、取其鳴節節足足也、隸省作爵、祭統、尸酢夫人執柄、夫人授尸執足、正義云、爵爲雀形、以尾爲柄、餘見上文斝醆爵也下、論語雍也篇觚不觚、馬融注云、觚、禮器、一升曰爵、二升曰觚、說文、觶、鄉飲酒觶也、禮曰、一人洗、舉觶、觶或作觗、禮經作觚、梓人疏引禮器制度云、觚大二升、觶大三升、郊特牲、舉斝角、鄭注云、天子奠斝、諸侯奠角、祭統云、尸飲九、以散爵獻士及羣有司、

綃謂之絹

此謂白繒之未染者也急就篇烝栗絹紺縉紅繎顏師古注云絹生白繒似縑而疏者也玉篇綃素也雜記注云素生帛也餘見上文縏總鮮支縠綃也下

縓謂之紅

說文紅帛赤白色也論語鄉黨篇紅紫不以爲褻服皇侃疏引鄭注云紅纁之類也又引頴子嚴云南方火火色赤火剋金金色白以赤加白故爲紅紅爲南方閒色釋名云紅絳也白色之似絳者也絳與紅聲義並相近故漢書外戚恩澤表絳侯作紅侯爾雅記染赤之法云一染謂之縓說文縓帛赤黃色也喪服記麻衣縓緣鄭注云縓淺絳也士喪禮記縓綼緆注云縓今之紅也檀弓練衣黃裏縓緣注云縓纁之類檀弓又云周人尚赤赤戎事乘騵騵與縓聲義亦相近

纁謂之絳

緇謂之皁

並見下文、

碧縹紺繰綠緅緫蒼青也

說文、青、東方色也、青之言清也、故釋名云、清、青也、去濁遠穢色如青也、說文、碧、石之青美者、西山經云、高山、其下多青碧、皇侃鄉黨疏引潁子嚴云、西方金、金色白、金剋木、木色青、以白加青、故為碧、碧為西方閒色、說文、縹、帛青白色也、釋名云、縹、猶漂漂、淺青色也、有碧縹、有天縹、有骨縹、各以其色所象名之也、易稽覽圖云、白青之色如縹、王襃九懷云、翠縹兮為裳、縹色在青白之閒、故白亦謂之縹、釋名云、土白曰漂、王逸九思云、鬢髮薴顇兮鬢顠白、皆是也、說文、紺、帛深青而揚赤色也、論語、君子不以紺緅飾、皇侃疏引鄭注云、紺緅、元之類也、墨子節用篇云、冬服紺緅之衣、下文云、黚、黑也、黚與紺義相近、說文、繰、帛如紺色也、又云、綠、帛青黃色也、綠與緑同、釋名云、綠、瀏也、荊泉之水、於上視之、瀏然綠色、此似之也、皇侃疏引潁子嚴云、東方木、木色青、木剋土、土色黃、以青加黃、故爲緑、緑爲東方閒色、論語釋文引字林云、緅、青色也、紺緅皆淺青色、而緅又淺於紺、考工記、鍾氏染羽、三入爲纁、五入爲緅、七入爲緇、鄭注云、緅、今禮俗文作爵、言如爵頭色也、凡元色者、在緅緇之閒、其六入者與、疏云、淮南子曰、以涅染紺、則黑於涅、涅卽黑色也、纁入黑汁則爲紺、更以紺入黑汁則爲緅、紺緅相類、故連文云、君子不以紺緅飾也、更以緅入黑汁則爲元、更以元入黑汁則爲緇、緇元相類、故禮家每以緇布衣爲元端也、士冠禮注云、爵弁色赤而微黑、如爵頭然、或謂之緅、論語孔傳云、一入曰緅、三年練、以緅飾衣、爲其似衣喪服、故不以爲飾也、案此說蓋誤以緅爲纁、故皇侃駁之云、孔意言緅是淺絳色也、禮家三年練、以纁爲淺衣領緣、不云用緅、且考工記五入爲緅、則緅非復淺絳明矣、說文、繱、帛青白色也、繱與總同、亦通作蔥、爾雅、青謂之蔥、郭注云、淺青也、小雅采芑篇、有瑲蔥珩、毛傳云、蔥、蒼也、玉藻云、三命赤韍蔥衡、衡與珩同、說文、驄、馬青白雜毛也、義亦與蔥同、說文、蒼、草色也、經傳或通作倉、

丹、彤、朱、赩、纁、絳、赬、烊、赫、緹、𧹞、赭，赤也。

說文：赤，南方色也。釋名云：赤，赫也，太陽之色也。說文：丹，巴越之赤石也。又云：彤，丹飾也。凡經言彤弓、彤矢、彤管、彤几、彤裳之屬，皆是也。彤之言融也，赤色著明之貌。大雅既醉篇云：昭明有融。是也。說文：赨，赤色也。管子地員篇：其種大苗細苗，赨莖黑秀箭長。義亦與彤同。豳風七月傳云：朱，深纁也。說文作絑，云：純赤也。士冠禮注云：凡染絳，一入謂之縓，再入謂之赬，三入謂之纁，朱則四入與。衆經音義卷十九引字林云：赩，赤皃也。楚辭大招：逴龍赩只。王逸注云：赩，赤色也。王延壽魯靈光殿賦云：丹柱歙赩而電烻。小雅采芑篇：路車有奭。毛傳云：奭，赤也。奭與赩同。故瞻彼洛矣篇：韎韐有奭，白虎通義引作赩。方言：𪒠，色也。郭注云：𪒠然，赤黑貌也。玉篇：赩、𪒠並音許力切，義亦相近也。說文：纁，淺絳也。考工記：鍾氏染羽，三入爲纁。爾雅：一染謂之縓，再染謂之赬，三染謂之纁。李巡注云：三染，其色已成爲絳。纁、絳，一名也。鄭衆注周官染人亦云：纁，絳也。說文：絳，大赤也。絳與紅聲義相近，說見上文。說文：赬，赤色也。引周南汝墳篇：魴魚赬尾。或作䞓、𧹟、浾沍、今詩作赬、毛傳云、赬、赤也、爾雅注云、淺赤也、士喪禮作經、哀十七年左傳作竀、竝字異而義同、爾雅、桱河桺、郭注云、今河旁赤莖小楊、陸機云、河桺皮正赤、如絳、經桱竝音丑貞反、其義同也、垟與騂垟同義、騂今作騂、檀弓云、周人尚赤、牲用騂、魯頌駉篇有騂有駛、毛傳云、赤黃曰騂、說文、垟、赤剛土也、今亦作騂、周官草人、騂剛用牛、杜子春注云、騂剛、謂地色赤而土剛強也、說文、赫、火赤皃、從二赤、邶風簡兮篇、赫如渥赭、毛傳云、赫、赤貌、說文、緹、帛丹黃色也、或作衹、周官草人、赤緹用牛、鄭注云、赤緹、縓色也、酒正、五齊、四曰緹齊、注云、緹者、成而紅赤、如今下酒矣、烌亦赫也、故方言云、烌、赫也、說文、赭、赤土也、赭之言明著也、邶風赫如渥赭、鄭箋以赭爲丹、管子地數篇云、上有赭者、下有鐵、

黈黊䵮䵐䵎黇黅䵊䵍䵑黃也

說文、黃、地之色也、釋名云、黃、晃也、猶晃晃、象日光色也、莊二十三年穀梁傳、禮、天子諸侯黝堊、大夫倉、士黈、范甯注云、黈、黃色也、淮南子主術訓、黈纊塞耳、所以掩聰、漢書東方朔傳作黈纊充耳、所以塞聰、薛綜

注東京賦云黈纊言以黃緜大如丸縣冠兩邊當耳不欲妄聞不急之言也如淳東方朔傳注云黈音土苟反黈與䵺與黊同說文黊鮮明黃也又云黊黃華也黊與黊同義說文黇黃黑色也又云黇白黃色也謂黃色之薄者也黇之言沾沾也卷一云沾薄也說文黗黃黑也玉篇黗黃黑如金也黅黃色也音並與金同素問五常政大論云敦阜之紀其色黅元蒼說文頷面黃也頷與黅聲近而義同說文黕黃濁黷也黕與黗同黗亦䵵也方俗語有輕重耳玉篇䵺音充又音統黃色也引大戴禮子張問入官篇䵺纊塞耳掩聰也今本䵺作統盧辯注云統黃色也東京賦注引大戴禮作黊黊與䵺古同聲故黊或作䵺曹憲云䵺亦有本作䵺玉篇䵺口浪切亦黃色也說文䵷青黃色也䵷色在青黃之閒故青黑亦謂之䵷漢書薛宣傳遇人不以義而見疻者與痏人之罪鈞應劭注云以杖手毆擊人剝其皮膚腫起青黑而無創瘢者律謂之疻痏陸機毛詩草木蟲魚鳥獸疏云鮪魚似鱣而色青黑䵷鮪痏並音于鄙反義相近也

皔皛晳皢皭皠皚的皏皜皤皎皦潔白也

皅之言明白也、說文、皅、西方色也、皔、玉篇音旱、皔悍、白也、曹憲音汗、賁六四、白馬翰如、檀弓云、殷人尚白、戎事乘翰、翰與皔通、皛之言皎皎也、說文、皛、顯也、文選潘岳關中詩注引倉頡篇云、皛、明也、又陶潛赴假還江陵夜行塗口詩注引通俗文云、通白曰皛、說文、皙、人色白也、鄘風君子偕老篇、揚且之皙也、毛傳云、皙、白皙也、鄭公孫黑字子皙、楚公子黑肱字子皙、孔子弟子狄黑字皙、曾點字子皙、皆取相反之意也、小雅瓠葉箋云、斯、白也、斯與皙聲近而義同、皙音析、字從白析聲、與晳字異、晳音折、又音制、字從日折聲、舊本皙譌作晳、曹憲音制、失之、皢之言曉也、說文、皢、日之白也、廣韻引埤倉云、皭、白色也、史記屈原傳云、皭然泥而不滓者也、重言之則曰皭皭、義見釋訓、皠與下翯字同、翯翯之言皜皜也、說文、皠、鳥之白也、又云、翯、鳥白肥澤皃、史記司馬相如傳上林賦、翯乎滈滈、索隱引郭璞注云、水白光貌、又大人賦、吾乃今目睹西王母皠然白首、漢書作暠然、並字異而義同、重言之則曰皠皠、義見釋訓、說文、犨、白牛也、義亦與皠同、說文、皚、霜雪之白也、枚乘七發云、白刃磑磑、又云、浩浩溰溰、如素車白馬帷蓋之張、劉歆遂初賦云、漂積雪之皚皚兮、竝字異而義同。的之言灼灼也。說文、旳、明也。引說卦傳爲旳顙、今本作的。爾雅釋畜、的顙、白顛。舍人注云、的、白也。顙、額也。額有白毛、今之戴星馬也。爾雅釋鳥、鵫雉、鵫雉。郭注云、今白鵫也。江東呼白鵫、亦名白雉。鵫與翰、鵫與的、古竝同聲。覲禮、匹馬卓上、九馬隨之。鄭注云、卓猶的也。以素的一馬以爲上。是其證也。玉篇、皏、皛、白也。又淺薄色也。素問風論、肺風之狀、色皏然白。王冰注云、皏、薄白色也。楚辭遠遊、玉色頩以脕顏兮。王逸注云、面目光澤以鮮好也。頩與皏聲義相近。說文、皤、老人白也。或作䪻。引賁六四賁如皤如。爾雅云、蘩、皤蒿。豳風七月傳云、蘩、白蒿也。白鼠謂之皤、義亦與皤同。皎或作皦。說文、皎、月之白也。引陳風月出皎兮。又云、皦、玉石之白也。王風大車篇有如皦日。毛傳云、皦、白也。釋文、皦本又作皎。潔經傳通作絜。

黝黤黯黶默黰黕早䵞涅元黛緇墨黸黮蕉黎黔䵨黴䵝黵黜縝黷黝黲黟黑也　黜

說文、黑、火所熏之色也、釋名云、黑、晦也、如晦冥時色也、爾雅、黑謂之黝、說文、黝、微青黑色也、黝之言幽也、幽與黝、古同聲而通用、周官牧人、陰祀用黝牲、鄭衆注云、黝讀爲幽、幽、黑也、小雅隰桑篇、其葉有幽、毛傳云、幽、黑色也、玉藻、一命緼韍幽衡、鄭注云、幽讀爲黝、又周官守祧、其祧則守祧黝堊之、鄭衆注云、黝讀爲幽、幽、黑也、堊、白也、引爾雅地謂之黝、牆謂之堊、黳、說文作黳、云、黑有文也、讀若飴盌字、廣韻黳音於勿於目二切、黄黑色也、周官染人、夏纁元、故書纁作𫄸、淮南子時則訓、天子衣苑黄、高誘注云、苑讀盌飴之盌、春秋繁露五行順逆篇云、民病心腹宛黄、竝字異而義同、說文、盌、豆飴也、方言注云、以豆屑雜餳也、說文矣、廣韻黳又音謁、色壞也、義亦與黳同、徐鍇繫傳云、淮南子注竝讀黳爲盌、蓋以其色如盌飴、故讀從之黳、謂物經溽暑而變斑色也、黯之言闇也、說文、黯、淺黑也、史記孔子世家云、黯然而黑、春秋晉蔡黯字墨、是其義也、說文、黶、中黑也、玉篇云、黑子也、漢書高祖紀、左股有七十二黑子、顔師古注云、今中國通呼爲黶子、五行志注云、檿、山桑之有點文者也、義亦與黶同、默、亦墨字也、韓詩外傳云、默然而黑、說文、黰、黑皺也、黓、各本譌作黓、今訂正、爾雅、大歲在壬曰元黓、是黓爲黑也、字通作弋、漢書文帝紀、身衣弋綈、如淳注云、弋、皁也、張安世傳云、安世尊爲公矦、身衣弋綈、周官大司徒、其植物宜皁物、鄭衆注云、皁物、柞栗之屬、今世閒謂柞實爲皁斗、陸機毛詩疏云、皁斗殼爲汁、可以染皁、說文作草、俗作皁、䵎、字或作黫、說文、黫、黑羊也、廣韻引字林云、黫、黑色也、史記天官書云、黫然黑色甚明、成二年左傳、左輪朱殷、杜注云、朱、血色、血色久則殷、今人謂赤黑爲殷色、殷黫竝音於閒反、義相近也、說文、涅、黑土在水中也、論語陽貨篇、不曰白乎、涅而不緇、孔傳云、涅可以染皁、字通作泥、史記屈原傳、皭然泥而不滓者也、索隱、泥音涅、滓音緇、洪範正義引荀子、白沙在涅、與之俱黑、大戴禮曾子制言篇涅作泥、淮南子說山訓、譬猶以涅拭素也、高注云、涅、黑也、說文、儵、青黑繒發白色也、爾雅云、䵴、黑虎、義與儵同、說文、緇、帛黑色也、釋名云、緇、滓也、泥之黑者曰滓、此色然也、考工記、鍾氏染羽、三入爲纁、五入爲緅、七入爲緇、檀弓、爵弁經紂衣、紂與緇同、說文、齊謂黑爲驢、字通作盧、黑土謂之壚、黑犬謂之盧、目童子謂之盧、黑弓謂之旅弓、黑矢謂之旅矢、黑水謂之瀘水、黑橋謂之盧橋、義並同也。說文、黬、桑葚之黑也。玉篇、黬、敕感都甚二切。廣韻又徒感切。文選魏都賦注引聲類云、黬、淺黑色也。淮南子主術訓云、問瞽師曰、黑何若、曰、黯然。或謂之黤黮。衆經音義卷十七引倉頡篇云、黤黮、淺黑不明也。楚辭九辯云、彼日月之照明兮、尚黯黮而有瑕。說文、黕、滓垢也。九辯云、或黕點而汚之。義與黮同。桑實謂之葚、亦以其黑色名之。故魯頌桑葚字通作黮也。列子黄帝篇云、燋然肌色皯黣。逸周書王會篇、用闟木。孔晁注云、闟木生水中、色黑而光、其堅若鐵。義竝與焦同。楚辭云、顏色憔悴。憔與蕉義亦相近也。衆經音義卷六引字林云、黧、黑黄也。古通作黎、又作犂。史記李斯傳、面目黎黑。秦策作犂。韓非子外儲說作黧。說文、耇、老人面凍黎若垢也。又云、雞黄、一曰楚雀。其色黎黑而黄。義竝同也。墨子貴義篇云、黔者、黑也。襄十七年左傳云、澤門之晳、實興我役、邑中之黔、實慰我心。說文、黔、黎也。秦謂民爲黔首、謂黑色也。周謂之黎民。案小雅天保篇、羣黎百姓、毛傳云、黎、衆也。則黎民猶言衆民、不與黔首同義。餘見卷四黔首民也下。說文、黚、黄黑也。義亦與黔同。玉篇、黶、面黑子也。名醫别錄云、麝香去面黶。說文、黴、物

中久雨青黑也、淮南子脩務訓云、堯瘦臞、舜黴黑、楚
辭九歎云、顏黴黧以沮敗兮、黲之言墨也、玉篇音亾
載切、字亦作黣、列子黃帝篇、肌色皯黣、釋文、黣、埤倉
作䵉、謂禾傷雨而生黑斑也、今人猶謂物傷濕生斑
爲黣、黣聲如梅、莊子知北遊篇、媒媒晦晦、釋文、媒音妹、
李云、媒媒晦貌、義與黣亦相近、說文、黯、沃黑色也、又
云、嬒、女黑色也、引曹風候人篇、嬒兮蔚兮、嬒與黯同
義、今本嬒作薈、毛傳云、薈蔚、雲興貌、義亦相近也、書
大傳云、山龍青也、華蟲黃也、作繪黑也、宗彝白也、璪
火赤也、繪與黯亦聲近義同、說文、黚、淺黃黑也、讀若
染繒中東緅紺、是讀與論語紺緅同、故鄭注以紺緅
爲元類、玉篇、黚音巨炎巨今二切、則讀與黔同、黔亦
黑也、鄘風君子偕老篇、鬒髮如雲、毛傳云、鬒、黑髮也、
昭二十八年左傳云、昔有仍氏生女、鬒黑而甚美、名
曰元妻、說文、袗、元服也、士冠禮云、兄弟畢袗元、月令、
乘元路、鄭注云、今月令曰乘軫路、義並與縝同、說文、
黳、小黑子也、黶䵴黳一聲之轉、說文又云、黳、赤黑色
繒也、周官巾車、安車彫面黳總、鄭衆注云、黳讀爲鳧
鷖之鷖、黳總者、青黑色、以繒爲之、疏云、鷖者、取鳧鷖
之色青黑爲義、玉篇、黳、黑石也、字或作堅、唐本草云

堅狀似元玉而輕、出西戎、義並與纁同、說文、黗、黃濁黷也、廣韻云、黃黑色也、黗與純聲義相近、周官媒氏、凡嫁子娶妻入幣純帛無過五兩、鄭注云、純、實緇字也、古緇以才爲聲、納幣用緇、婦人陰也、玉藻大夫佩水蒼玉而純組綬、鄭注云、純、當爲緇、古文緇字或作糸旁才、祭統、王后蠶於北郊、以共純服、鄭注以純爲緇色、釋文、純、側其反、士冠禮、爵弁服纁裳純衣緇帶韎韐、鄭注云、純衣、絲衣也、餘衣皆用布、唯冕與爵弁服用絲耳、士昏禮、純衣纁袡、鄭亦以爲絲衣、案三禮皆謂黑色爲純、則純字自有黑義、無煩改讀爲緇、亦未必皆爲紂字之譌也、古爵弁服固以絲爲之、然士冠禮之純衣、與纁裳連文、則義主於色而不主於絲、士昏禮之純衣纁袡、亦猶是也、若訓純爲絲、則於文不類矣、說文、黲、淺青黑色也、玉篇云、今謂物將敗時顏色黲黲也、王粲登樓賦云、天慘慘而無色、慘與黲通、說文、黳、黑木也、丹陽有黳縣、玉篇、黖、於旣切、淺黑也、集韻引廣雅、黖、黑也、今本脫黖字、

櫕櫝櫬槥柩棺也

說文、棺、關也、所㠯掩尸、喪大記云、君大棺八寸、屬六寸、椑四寸、上大夫大棺八寸、屬六寸、下大夫大棺六寸、屬四寸、士棺六寸、說文、槥、棺櫝也、漢書高祖紀、令士卒從軍死者、爲槥歸其縣、應劭注云、槥、小棺也、今謂之櫝、韓長孺傳云、士卒傷死、中國槥車相望、案槥者、小貌也、說見上文轊輗輯也下、櫝之言容也、義與匵匵同、亦通作匵、漢書楊王孫傳、窾木爲匵、顏師古注云、匵、小棺也、昭二十九年左傳、乘馬死、公將爲之櫝、義亦同也、說文、櫬、棺也、櫬之言親也、襄四年左傳定姒薨、無櫬、杜注云、櫬、親身棺也、檀弓、君卽位而爲椑、鄭注云、椑、謂杝棺親尸者、檮之言盛受也、玉篇、𤗚音受、𤗚、棺也、𤗚與檮同、曲禮、在牀曰尸、在棺曰柩、白虎通義云、柩之爲言究也、久也、不復變也、

其當謂之脈

當、謂棺前後蔽也、車前後蔽謂之當、義與棺當同、脈、通作和、呂氏春秋開春論云、昔王季葬於渦山之尾、欒小齧其墓、見棺之前和、

附引廣雅三條、

餛飩餅也

見衆經音義卷十五、及北户錄注、集韻類篇引廣雅作餛飩、說文、餅、麪餈也、釋名云、餅、幷也、溲麪使合幷也、方言、餅謂之飥、或謂之餦、或謂之餛、齊民要術有水引餺飥法、北户錄引作渾屯、又云廣雅作餛飩、字苑作餺飥、顔之推云、今之餛飩、形如偃月、天下通食也、

繁弱鉅黍弓也、

見藝文類聚、及初學記太平御覽、釋名云、弓、穹也、張之穹隆然也、定四年左傳、封父之繁弱、杜注云、繁弱、大弓名、荀子性惡篇云、繁弱鉅黍、古之良弓也、韓策及史記蘇秦傳竝云、谿子少府時力距來、皆射六百步之外、距與鉅通、來乃黍字之譌、史記集解云、距來者、謂弩勢勁利、足以距來敵、緣文生訓、失之、距黍、壘韻字、故荀子廣雅竝作鉅黍、潘岳閒居賦亦云、谿子巨黍、異絭同機、

谿子弩也、

見太平御覽說文、弩、弓有臂者、釋名云、弩、怒也、有勢怒也、淮南子俶真訓、烏號之弓、谿子之弩、不能無弦而射、高誘注云、谿子、弩所出國名也、新序雜事篇云、蘱谿子、隨時烏、餘見上條、

廣雅疏證卷第八上

廣雅疏證卷第八下

高郵王念孫學

釋樂

休流扶持下謀雲門六莖五韺大章簫韶大夏大頀大武勺大予

休流、未詳何代樂名、通典云、神農樂名扶持、亦曰下謀、見帝系譜及孝經緯、樂記正義及周官大司樂疏、並引孝經鉤命決云、神農之樂曰下謀、太平御覽載樂書引禮記云、神農播種百穀、濟育羣生、造五弦之琴、演六十四卦、承基立化、設降神謀、故樂曰下謀、以名功也、周官大司樂舞雲門大卷大咸大磬大夏大濩大武、鄭注云、黃帝樂曰雲門大卷、黃帝能成名萬物以明民共財、言其德如雲之所出、民得以有族類、大咸、咸池、堯樂也、堯能殫均刑灋以儀民、言其德無所不施、大磬、舜樂也、言其德能紹堯之道也、大夏、禹樂也、禹治水傳土、言其德能大中國也、大濩湯樂也、湯以寬治民而除其邪、言其德能使天下得其所也、大武、武王樂也、武王伐紂以除其害、言其德能成武功、樂記、大章、章之也、咸池、備矣、韶、繼也、夏、大也、殷周之樂盡矣、鄭注云、大章、堯樂名也、言堯德章明也、周禮闕之、咸池、黄帝所作樂名也、堯增脩而用之、咸、皆也、池之言施也、言德之無不施也、周禮曰大咸、漢書禮樂志、箸黄帝作咸池、顓頊作六莖、帝嚳作五英、堯作大章、舜作招、禹作夏、湯作濩、武王作武、周公作勺、勺、言能勺先祖之道也、武、言以武功定天下也、濩、言救民也、夏、大承二帝也、招、繼堯也、大章、章之也、五英、英華茂也、六莖、及根莖也、咸池、備矣、莖英與誙誸同、白虎通義亦云、顓頊樂曰六莖、帝嚳樂曰五英、樂記正義、大司樂疏竝引樂緯云、帝嚳曰六英、顓頊曰五莖、葢所傳者異也、簫、各本譌作蕭、今訂正、韶、與磬招同、臯陶謨云、簫韶九成、哀十四年公羊傳疏引宋均注樂說云、簫之言肅、舜時民樂其肅敬而紹堯道、故謂之簫韶、初學記引樂緯注云、韶、繼也、舜繼堯之後、脩行其道、故曰簫韶、各本皆脫大夏二字、今補、頀、與濩同、護、各本譌作護、惟影宋本不譌、頀護古字本通、但廣雅證蔱韶護四字皆從音、卷四云、護、護也、其字亦從音、今從影宋本、詩序云、武、奏大武也、酌、告成大武也、言能酌先祖之道以養天下也、燕禮記作勺、宣十二年左傳作汋、並字異而義同、後漢書明帝紀、改大樂爲大予樂、李賢注云、尚書璇機鈐曰、有帝漢出、德洽、作樂名予、故據璇機鈐改之、續漢書禮儀志注引蔡邕禮樂志云、大予樂、典郊廟上陵殿中諸會食舉之樂、予、一作雅、班固傳東都賦、揚世廟、正予樂、文選予作雅、

樂名

題上事也、各本樂名上有右字、下鼓名琴名並同、此後人以意加之、爾雅廣雅文無此例、今刪

足鼓植鼓縣鼓雷鼓靈鼓路鼓鼖鼓鼛鼓晉鼓鼙鼓鞀鼓應朄搏拊

白虎通義引樂記云、土曰塤、竹曰管、皮曰鼓、匏曰笙、絲曰弦、石曰磬、金曰鍾、木曰柷、此謂八音也、釋名云、

鼓、廓也、張皮以冒之、其中空廓也、明堂位、夏后氏之鼓足、殷楹鼓、周縣鼓、鄭注云、足、謂四足也、楹、爲之柱、貫中上出也、縣、縣之簨虡也、商頌那篇、置我鞉鼓、毛傳云、夏后氏足鼓、殷人置鼓、周人縣鼓、鄭箋云、置、讀曰植、植鞉鼓者、爲楹貫而樹之、鞉雖不植、貫而搖之、亦植之類、中山經、祠首山用干儛置鼓、置、亦讀曰植、植鼓、卽楹鼓也、或謂之建鼓、大射儀、建鼓在阼階西、鄭注云、建、猶樹也、以木貫而載之、樹之跗也、周頌有瞽篇云、應田縣鼓、禮器云、廟堂之下、縣鼓在西、雷、本作靁、鼖、或作賁、說文又作鞼、鼛、或作皋、周官鼓人、以雷鼓鼓神祀、以靈鼓鼓社祭、以路鼓鼓鬼享、以鼖鼓鼓軍事、以鼛鼓鼓役事、以晉鼓鼓金奏、說文云、靁鼓八面、靈鼓六面、路鼓四面、鼖鼓鼛鼓晉鼓皆兩面、大司馬職云、王執路鼓、諸侯執賁鼓、軍將執晉鼓、師帥執提、旅帥執鼙、冥氏云、爲阱擭以攻猛獸、以靈鼓歐之、大僕云、建路鼓于大寢之門外、以待達窮者與遽令、大雅靈臺篇云、賁鼓維鏞、顧命云、鼖鼓在西房、鼖之言墳也、爾雅云、墳、大也、又云、大鼓謂之鼖、周官大司馬疏引司馬法云、千人之帥執鼙、萬人之主執大鼓、大鼓、卽鼖鼓也、考工記韗人云、鼓長八尺、鼓四尺、中圍加三之一、謂之鼖鼓、又云、爲皋鼓、長尋有四尺、鼓四尺、倨句磬折、皋、亦大也、故鄭注明堂位云、皋之言高也、小雅鼓鍾篇、鼓鍾伐鼛、大雅緜篇、鼛鼓弗勝、毛傳竝云、鼛、大鼓也、周官大司樂、王大食三侑、皆令奏鍾鼓、鼓、謂皋鼓也、荀子正論篇云、曼而饋、伐皋而食、雍而徹、是也、考工記、韗人爲皋陶、長六尺有六寸、左右端廣六寸、中尺、厚三寸、穹者三之一、上三正、鄭注云、此鼓兩面、以六鼓差之、賈侍中云、晉鼓大而短、近晉鼓也、鼜、說文作𪔂、云、夜戒守鼓也、禮、昏鼓四通爲大𪔂、夜半三通爲戒晨、旦明五通爲發晌、周官鼓人、凡軍旅、夜鼓鼜、鄭注與說文同、眡瞭、鼜愷獻、杜子春注云、鼜、讀爲憂戚之戚、謂戒守鼓也、擊鼓聲疾數、故曰戚、鎛師、凡軍之夜三鼜、皆鼓之、守鼜、亦如之、杜注云、一夜三擊、備守鼜也、春秋傳所謂賓將趨者、音聲相似、掌固、夜三鼜以號戒、杜注云、鼜、讀爲造次之造、謂擊鼓行夜戒守也、案造戚二字、古聲皆與蹙相近、詩自詒伊戚、與奧蹙菽宿覆爲韻、孟子、舜見瞽瞍、其容有蹙、韓非子忠孝篇作其容造焉、大戴禮保傅篇、靈公造然失容、造然、卽蹙然、杜云、鼜、讀爲憂戚之戚、擊鼓聲疾數、故曰戚、聲則同於憂戚、義則取諸疾數故又云鼖讀爲造次之造造次亦疾意也賈疏以爲取軍中憂懼之意失之大雅緜箋云凡大鼓之側有小鼓謂之應鼙朔鼙大射儀建鼓在阼階西應鼙在其東一建鼓在西階西朔鼙在其北注云應鼙應朔鼙也先擊朔鼙應鼙應之朔始也釋名云鼙裨也裨助鼓節也月令命樂師脩鞀鞞鼓鞞與鼙同鞀與鼗同爾雅大鼗謂之麻小者謂之料皐陶謨云下管鼗鼓周官小師掌教鼓鼗注云鼗如鼓而小持其柄搖之旁耳還自擊大射儀鼗倚于頌磬西紘注云鼗如鼓而小有柄賓至搖之以奏樂鼗之言兆也兆始也釋名云鼗導也所以導樂作也商頌作鞉月令作鞀說文云籀文作磬竝字異而義同應謂應鼙也朄謂朔鼙也爾雅小鼓謂之應孫炎注云和應大鼓也禮器云廟堂之下應鼓在東周官小師下管擊應鼓注云應鼙也周頌有瞽篇應田縣鼓毛傳云應小鞞也鄭箋云田當作朄朄小鼓在大鼓旁應鞞之屬也朄說文作朄云擊小鼓引樂聲也周官大師下管播樂器令奏鼓朄鄭衆注云朄小鼓也先擊小鼓乃擊大鼓小鼓爲大鼓先引故曰朄朄讀爲道引之引朄字從申柬聲各本譌從東今訂正釋名云搏拊以韋

盛穅、形如鼓、以手拊拍之也、皋陶謨、搏拊琴瑟、書大傳云、以韋爲鼓、謂之搏拊、搏拊或謂之拊搏、或謂之拊、其實一也、明堂位、拊搏玉磬、注云、拊搏、以韋爲之、充之以穅、形如小鼓、所以節樂、大戴禮禮三本篇、縣一磬而尚拊搏、荀子禮論篇作縣一鍾尚拊膈、周官大師、帥瞽登歌、令奏擊拊、注云、拊、形如鼓、以韋爲之、著之以穅、樂記云、弦匏笙簧、會守拊鼓、

鼓名

神農氏琴長三尺六寸六分上有五弦曰宮商角徵羽文王增二弦曰少宮少商

風俗通義引世本云、神農作琴、說文、琴、禁也、神農所作、洞越練朱五弦、周加二弦、後漢書仲長統傳注引三禮圖云、琴本五弦、曰宮商角徵羽、文王增二、曰少宮少商、初學記引琴操云、琴長三尺六寸六分、廣六寸、五弦、大弦爲君、小弦爲臣、文王武王加二弦以合君臣之恩、各本商上脫少字、藝文類聚玉海引廣雅

竝作少宮少
商、今據補、

鳴廉脩營藍脅號鍾宮中自鳴焦尾

淮南子脩務訓云、琴或撥刺枉橈闊解漏越、而稱以楚莊之琴、則側室爭鼓之、山桐之琴、澗梓之腹、雖鳴廉脩營唐牙、莫之鼓也、高誘注云、鳴廉、言其鳴音聲有廉隅、脩營、音清涼、聲和調也、案此謂世俗之人皆貴古而賤今、故琴之惡者而稱爲古琴、則人爭鼓之、否則雖善而莫之鼓也、故下文云、服劒者期於銛利、而不期於墨陽莫邪、乘馬者期於千里、而不期於驊騮綠耳、鼓琴者期於鳴廉脩營、而不期於濫脅號鍾、是濫脅號鍾爲古琴之名、而鳴廉脩營、乃言其聲之美、非琴名也、廣雅以四者皆爲琴名、失之、濫與藍同、楚辭九歎、破伯牙之號鍾兮、王逸注云、號鍾、琴名、馬融長笛賦云、若絙瑟促柱、號鍾高調、宮中、當爲空中、聲之誤也、初學記引纂要云、古琴名有鳴廉脩況藍脅號鍾自鳴空中焦尾、太平御覽引大周正樂亦云鳴廉脩況藍脅自鳴空中號鍾焦尾、況與營聲相近、後漢書蔡邕傳、吳人有燒桐以爨者、邕聞火烈之聲、知其良木、因請而裁爲琴、果有美音、而其尾猶焦、故時人名曰焦尾琴焉、宋書樂志云、齊桓曰號鍾、楚莊曰繞梁、相如曰焦尾、伯喈曰綠綺、事出傳元琴賦、世云、焦尾是伯喈琴、伯喈傳亦云爾、以傳氏言之、則非伯喈也、

琴名

伏羲氏瑟長七尺二寸上有二十七**弦**

風俗通義引世本云、宓羲作瑟、釋名云、瑟、施弦張之瑟瑟然也、各本此條皆刻在上文焦尾之後、琴名之前、瑟、皆作琴、二十七弦、皆作五弦、太平御覽玉海竝引廣雅、伏羲氏琴長七尺二寸、上有五弦、則宋時廣雅本已與今本同、案琴名二字、專指上鳴廉以下七者而言、與此條曾不相涉、廣雅先記琴制、後記瑟制、是以伏羲氏瑟、刻於衆琴名之後、若如今本作伏羲氏琴、則當刻於神農氏之前矣、且徧考諸書、皆言瑟長七尺二寸、不言琴長七尺二寸、廣雅於衆樂器皆記其制、亦無獨缺瑟制之理、此因瑟字誤作琴、後人

遂移此條於琴名二字之前、幷改二十七弦爲五弦、以牽合琴制、而不知與長七尺二寸之文、大相抵捂也、文選笙賦注引廣雅云、琴長三尺六寸六分、五弦、瑟二十七弦、隋書音樂志云、琴、神農制爲五弦、周文王加二弦爲七、瑟、二十七弦、伏犧所作者也、顏師古急就篇注云、琴、神農所作也、長三尺六寸六分、五弦、周文王增二弦、又云、瑟、庖犧氏所作也、長七尺二寸、二十七弦、義皆本於廣雅、今據以訂正、爾雅、大瑟謂之灑、郭注云、長八尺一寸、廣一尺八寸、二十七弦、說與廣雅小異、

柷象桶方三尺五寸深尺八寸四角有陛鼠

敔象伏虎背上有二十七刻

皋陶謨、合止柷敔、周官小師疏引鄭注云、柷、狀如漆筩而有椎、合之者投椎其中而撞之、敔、狀如伏虎、背有刻、所以鼓之以止樂、周頌有瞽篇、鞉磬柷圉、毛傳云、柷、木椌也、圉、楬也、圉與敔同、柷之言俶、敔之言禦也、爾雅、俶、始也、禦、禁也、釋名云、柷以作樂、敔以止樂、爾雅、所以鼓柷謂之止、所以鼓敔謂之籈、郭注云、柷

如漆桶、方二尺四寸、深一尺八寸、中有椎、柄連底挏之、令左右擊、止者其椎名、敔如伏虎、背上有二十七鉏鋙刻、以木長尺擽之、籈者、其名、風俗通義引樂記云、柷、漆桶、方三尺五寸、高尺八寸、中有椎、說與廣雅合、陛鼠、其制未聞、

俓氏鍾十六枚

毋句氏磬十六枚

鍾與鐘古字通、鍾之言充也、荀子樂論云、鍾充實、磬廉制、是也、釋名云、磬、罄也、其聲罄罄然堅緻也、明堂位、坙之和鍾、叔之離磬、鄭注引世本作篇云、坙作鍾、無句作磬、坙與俓同、無與毋同、周官小胥、凡縣鍾磬、半爲堵、全爲肆、鄭注云、鍾磬皆編縣之、二八十六枚而在一虡謂之堵、鍾一堵磬一堵謂之肆、磬師云、掌教擊磬擊編鍾、襄十一年左傳、鄭人賂晉侯以歌鍾二肆、杜注云、肆、列也、縣鍾十六爲一肆、二肆、三十二枚、案晉語亦云、鄭伯嘉來納歌鍾二肆、又云、公賜魏絳歌鍾一肆、則鍾縣自得稱肆、不必鍾磬全而後謂

之肆也、今依杜氏解之、一虡二筍、筍各八鍾、共十六鍾、謂之肆、半肆謂之堵、磬亦如之、與周官內外傳皆合、於義爲長、

塤象稱錘以土爲之有六孔

篪以竹爲之長尺四寸有八孔 一孔上出寸三分

塤、說文作壎、篪、或作箎、月令作篪、釋名云、塤、喧也、聲濁喧喧然也、篪、啼也、聲從孔出、如嬰兒啼聲也、小雅何人斯篇云、伯氏吹壎、仲氏吹篪、周官小師、掌教鼓塤、鄭衆注云、塤六孔、鄭注云、塤、燒土爲之、大如鴈卵、笙師、掌教龡塤篪、鄭衆注云、篪七孔、疏引禮圖云、篪九孔、爾雅、大篪謂之沂、大塤謂之嘂、郭注云、篪、以竹爲之、長尺四寸、圍三寸、一孔上出寸三分、名翹、橫吹之、小者尺二寸、塤、燒土爲之、大如鵝子、銳上平底、形似稱錘、六孔、小者如雞子、釋文引世本云、塤圍五寸半、長三寸半、六孔、篪長尺二寸、太平御覽引世本注云、篪吹孔有觜如酸棗、通典引蔡邕月令章句云、篪六孔、有距、橫吹之、或曰距、或曰翹、或曰觜、皆謂其上

出之吹孔也、通典云、今橫笛加觜者、謂之義觜笛、卽篪之遺象也、各本八孔下、多前有一孔上有三孔後有四孔頭有一孔十六字、又脫去一孔上出寸三分七字、太平御覽引廣雅、篪前有一孔、後有四孔、頭有一孔、則所見本已與今本同、但少上有三孔一句耳、案上文塤有六孔、下文龠有七孔、管有六孔、皆不言諸孔所在之處、今本前有一孔云云、文與前後不協、必曹憲之注、誤入正文者也、其上出之吹孔、與諸孔異、故獨記其制、猶下文竽笙之管、獨記其宮管也、爾雅注云、一孔上出寸三分、義卽本於廣雅、周官笙師疏引廣雅云、篪以竹爲之、長尺四寸、八孔一孔上出寸三分、今據以訂正、

籟謂之簫大者二十四管小者十六管有底

說文、簫、參差管樂、象鳳之翼、釋名云、簫、肅也、其聲肅肅而清也、周頌有瞽篇、簫管備舉、鄭箋云、簫、編小竹管、如今賣餳者所吹也、爾雅、大簫謂之言、小者謂之筊、通典引月令章句云、簫編竹有底、大者二十三管、小者十六管、長則濁、短則清、以密蠟實其底而增減之則和、周官小師疏引易通卦驗云、簫長尺四寸、藝

文類聚引三禮圖云、雅簫長尺四寸、二十四彄、頌簫長尺二寸、十六彄、彄亦管也、籟之言厲也、聲清厲也、高誘注淮南子齊俗訓云、簫、籟也、莊子齊物論篇人籟則比竹是已、

笙以瓠爲之十三管宮管在左方

竽象笙三十六管宮管在中央

釋名云、笙、生也、竹之貫匏、象物貫地而生也、以匏爲之、故曰匏也、竽、亦是也、其中汙空以受簧也、簧、橫也、於管頭橫施於中也、爾雅、大笙謂之巢、小者謂之和、郭注云、列管瓠中施簧管端、大者十九簧、小者十三簧、周官笙師、掌敎龡竽笙、鄭衆注云、竽三十六簧、笙十三簧、疏引易通卦驗、竽長四尺二寸、鄭注云、竽類管、用竹爲之、形參差象鳥翼、風俗通義云、笙長四尺、十三簧、象鳳之身、又云、謹案樂記、竽管三十六簧也、長四尺二寸、今二十三管、笙師疏引廣雅瓠作匏、

籥謂之笛有七孔

龠或作籥，笛或作篴。說文：「龠，樂之竹管，三孔，以和衆聲也。」爾雅云：「大籥謂之産，其中謂之仲，小者謂之箹。」邶風簡兮篇「左手執籥」，毛傳云：「籥，六孔。」趙岐注孟子梁惠王篇云：「籥，簫也。或曰籥若笛而短，有三孔。」周官笙師「掌教龡籥、篴」，鄭注云：「籥如篴，三空。」杜子春注云：「篴，今時所吹五空竹篴。」笛與龠形相似，故對文則異，散文則通。釋名云：「笛，滌也，其聲滌滌然也。」說文：「笛，七孔筩也。羌笛三孔。」風俗通義引樂記云：「笛長一尺四寸，七孔。」馬融長笛賦謂羌笛四孔，京房加一孔，以備五音。

管象篪，長尺，圍寸，有**六孔，無底。**

爾雅：「大管謂之簥，其中謂之篞，小者謂之篎。」風俗通義引樂記云：「管，漆竹，長一尺，六孔。」宋書樂志引月令章句云：「管者，形長尺，圍寸，有六孔，無底。」周官小師「掌教鼓管」，鄭衆注云：「管如篪，六孔。」爾雅注引賈逵解詁同。鄭注云：「管如篴而小，併兩而吹之，今大予樂官有焉。」周頌執競篇作「筦」，大戴禮少閒篇作「琯」。說文云：「古者琯已玉。舜之時，西王母來獻其白玉琯。前零陵文學奚景於冷道舜祠下得笙玉琯。」各本「六孔」上脫「有」

字、史記司馬相如傳正義及太平御覽引廣雅俱有有字、與上塤篪籥三條文同一例、今據補、

天子樂八佾諸公六佾諸侯四佾

春秋隱五年、考仲子之宮、初獻六羽、公羊傳云、六羽者何、舞也、天子八佾、諸公六、諸侯四、穀梁傳同、白虎通義云、八佾者、何謂也、佾者、列也、以八人爲行、列、八八六十四人也、諸公六六爲行、諸侯四四爲行、何休公羊注同、

㖦歈謳詠吟歌也

樂記云、歌之爲言也、長言之也、㖦之言洪大也、玉篇胡冬徒弄二切、廣韻引埤倉云、㖦、大歌聲也、楚辭招魂、吳歈蔡謳、王逸注云、歈、謳、皆歌也、左思吳都賦、荊豔楚舞、吳愉越吟、愉與歈通、歈之言揄也、說文、揄、引也、亦長言之意也、說文、謳、齊歌也、詠之言永也、所謂歌永言也、

廣雅疏證卷第八下

廣雅疏證卷第九上

高郵王念孫學

釋天

太初氣之始也生於酉仲清濁未分也太始形之始也生於戌仲清者爲精濁者爲形也太素質之始也生於亥仲已有素朴而未散也三氣相接至於子仲剖判分離輕清者上爲天重濁者下爲地中和爲萬物

列子天瑞篇云、太初者、氣之始也、太始者、形之始也、太素者、質之始也、氣形質具而未相離、故曰渾淪、又云、一者、形變之始也、清輕者上爲天、濁重者下爲地、沖和氣者爲人、故天地含精、萬物化生、易乾鑿度同、小雅采薇正義引詩緯云、陽生酉仲、陰生戌仲、太平御覽引詩推度災云、陽本爲雄、陰本爲雌、物本爲魂、雄生八月仲節，號曰太初。又引乾鑿度云：雌生戌仲，號曰太始。雄雌俱行三節，而雄合物魂，號曰太素。

天地辟設人皇以來至魯哀公十有四年積二百七十六萬歲分爲十紀曰九頭五龍攝提合雒連通序命循蜚因提禪通疏仡

續漢書律歷志引蔡邕議云：元命苞、乾鑿度皆以爲開闢至獲麟二百七十六萬歲。文選魯靈光殿賦注引春秋命歷序云：皇伯、皇仲、皇叔、皇季、皇少五姓同期，俱駕龍，號曰五龍。又云：人皇九頭，宋均曰：九頭九人也。各本攝譌作挻，雒譌作雄，連譌作建，循蜚譌作脩蜚，疏訖譌作流記。司馬貞補三皇紀引春秋緯云：十紀，一曰九頭紀，二曰五龍紀，三曰攝提紀，四曰合雒紀，五曰連通紀，六曰序命紀，七曰循飛紀，八曰因提紀，九曰禪通紀，十曰疏訖紀。禮記正義引六藝論注云：六紀者，九頭紀、五龍紀、攝提紀、合洛紀、連通紀、序命紀。書正義引廣雅云：十紀者，九頭、五龍、攝提、合雒、連通、序命、循蜚、因提、禪通、疏仡。今據以訂正。

年紀

東方昦天東南陽天南方赤天西南朱天西方成天西北幽天北方元天東北變天中央鈞天

呂氏春秋有始覽云、天有、九野、中央曰、鈞天、東方曰蒼天、東北曰變天、北方曰元天、西北曰幽天、西方曰顥天、西南曰朱天、南方曰炎天、東南曰陽天、開元占經天占篇引尚書考靈曜云東方皞天、西方成天、南方赤天、餘與呂氏春秋同、葢廣雅所本也皞、與昦同、楚辭天問九天之際安放安屬、王逸注亦與考靈曜同變、各本譌作䜌、初學記太平御覽引廣雅竝作變今據以訂正、又初學記太平御覽引廣雅、赤天竝作炎天、

九天

天圜廣南北二億三萬三千五百里七十五步東西短

減四步周六億十萬七百里二十五步從地至天一億一萬六千七百八十七里半下度地之厚與天高等

億、與億同、各本圖廣譌作圖闊、周官大司徒疏、開元占經天占篇、法苑珠林日月篇、太平御覽並引廣雅、天圜廣南北二億三萬三千五百里七十五步、今據以訂正、又各本八十七里下脫半字、大司徒疏引廣雅從地至天一億一萬六千七百八十七里半、開元占經、初學記、太平御覽、法苑珠林引廣雅並作八十一里半、雖一與七異文、而里下皆有半字、今據補、案此條天度里數、與下條宿度里數不同、則所采非一人之說、又案周髀經云、天離地八萬里、淮南子天文訓云、天去地億五萬里、張衡靈憲云、八極之維、徑二億三萬二千三百里、南北則短減千里、東西則廣增千里、自地至天、半於八極、則地之深亦如之、論衡說日篇云、天行三百六十五度、凡積七十三萬里、海外東經注引詩含神霧云、天地東西二億三萬三千里、南北二億三萬一千五百里、藝文類聚引春秋元命包云、天周九九八十一萬里、又引三五歷紀云、天去地九萬里、開元占經天占篇引洛書甄燿度云、天地相去十七萬八千五百里、又引孝經援神契云、周天七衡六間者、相去萬九千八百三十三里三分里之一、合十一萬九千里、又引關令內傳云、天地南午北子、相去九十一萬里、東卯西酉、亦九十一萬里、四隅空相去亦爾、天去地四十萬九千里、以上諸書所言天度、與廣雅或大同小異、或相去縣絕、其廣袤里數、不知據恒星天言之乎、抑據日月五星天言之乎、既無定法可憑、今皆存而不論、

天度

東方七宿七十五度南方七宿百一十二度西方七宿八十度北方七宿九十八度四分度之一四方凡三百六十五度四分度之一一度二千九百三十二里二十八宿閒相距積一百七萬九百一十三里徑三十五萬

六千九百七十一里

此謂赤道度也、開元占經二十八宿占引劉向洪範傳云、東方七宿七十五度、北方七宿九十八度四分度之一、西方七宿八十度、南方七宿百一十二度、淮南子天文訓云、星分度、角十二、亢九、氐十五、房五、心五、尾十八、箕十一四分一、斗二十六、牽牛八、須女十二、虛十、危十七、營室十六、東壁九、奎十六、婁十二、胃十四、昴十一、畢十六、觜巂二、參九、東井三十三、輿鬼四、柳十五、七星七、張翼各十八、軫十七、月令正義引尚書考靈燿云、周天三百六十五度四分度之一、一度二千九百三十二里、千四百六十一分里之三百四十八、周天百七萬一千里、徑三十五萬七千里、說與廣雅小異、又案徑三十五萬六千九百七十一里、各本皆脫一字、周官大司徒疏引廣雅、己與今本同、今以圍三徑一計之、當有一字、續漢書郡國志注引帝王世紀、周天積一百七萬九百一十三里、徑三十五萬六千九百七十一里、義本廣雅、今據補、

宿度

東北條風東方明庶風東南清明風南方景風西南涼風西方閶闔風西北不周風北方廣莫風

淮南子天文訓云何謂八風距日冬至四十五日條風至四十五日明庶風至四十五日清明風至四十五日景風至四十五日涼風至四十五日閶闔風至四十五日不周風至四十五日廣莫風至史記律書云不周風居西北維主殺生廣莫風居北方廣莫者言陽氣在下陰莫陽廣大也條風居東北維主出萬物條之言條治萬物而出之也明庶風居東方明庶者明衆物盡出也清明風居東南維主風吹萬物景風者居南方景者言陽氣道竟涼風居西南維主地地者沈奪萬物氣也閶闔風居西方閶者倡也闔者藏也言陽氣道萬物闔黃泉也北堂書鈔引春秋考異郵云條者生也明庶者迎衆也清明者精芒也景者大也言陽氣長養也涼者寒也陰氣行也閶闔者咸收藏也不周者不交也言陰陽未合化也廣莫者大莫也開陽氣也隱五年左傳正義引易通卦驗條風作調風說文作融風各本西南西北下並有方字後人

以意加之也、上文釋九天之名、四隅皆省一方字、此條內東北條風、東南清明風、亦無方字、今據刪、

八風

昌光握譽可鍇持勝履予

後漢書班固傳注引河圖云、昌光出軫、五星聚井、太平御覽引符瑞圖云、昌光者、瑞光也、見於天漢、高受命、昌光出軫、晉書天文志云、昌光赤如龍、聖人起、帝受終則見、易是類謀云、王察可鍇一角九尾、握譽持勝、履予、皆未詳、

祥氣

格擇旬始天狗枉矢氛祲倍譎冠珥

擇、或作澤、司馬相如大人賦云、建格澤之脩竿兮、總光燿之采旄、垂旬始以爲幓兮、曳彗星而爲髾、說苑辨物篇云、欃槍彗孛旬始枉矢蚩尤之旗、皆五星盈縮之所生也、開元占經妖星占篇引黃帝占云、格澤

者、如炎火之狀、上黃下白、從地而上、下大上銳、又引巫咸云、旬始出於北斗旁、狀如雄雞、其怒青黑、象伏鼈、桂矢類大流星、色蒼黑、蛇行、望之如有毛目、長數匹、著天、史記天官書與巫咸黃帝占同、釋名云、桂矢言其光行若射矢之所至也、開元占經流星占篇引巫咸云、流星有光、見人面、墜地若不至地、望之有足、名曰天狗、天官書云、天狗狀如大奔星、有聲、其下止地類狗、所墮及望之如火光炎炎衝天、其下圜如數頃田處、上兌有黃色、說文、氛、祥氣也、祲、精氣成祥也、昭十五年左傳、吾見赤黑之祲、非祭祥也、喪氛也、杜注云、祲、妖氛也、氛、惡氣也、周官眂祲注云、祲、陰陽氣相侵漸成祥者、倍字或作背、譎字或作鐍、璚、僪、又作穴、呂氏春秋明理篇、日有倍僪、有暈珥、高誘注云、皆日旁之危氣也、在兩旁反出爲倍、在上反出爲僪、在上內向爲冠、兩旁內向爲珥、開元占經日占篇引京氏云、氣中赤外青、曲向外、名爲背、又引石氏云、氣青赤、曲向外、中有一橫、狀如帶、名爲璚、氣青赤立在日上、名爲冠、日兩旁有氣、短小、青赤、名爲珥、淮南子覽冥訓云、背譎見於天、漢書天文志、暈適背穴、抱珥亩蜺、孟康曰、穴多作鐍、其形如玉鐍也、如淳曰、有氣

剌日爲鐍、鐍、抉傷也、諸家說譎字之義各異、未知孰是、各本倍譎二字、誤在天狗之上、今訂正、

祅氣

赤霄濛澒朝霞正陽淪陰沆瀣列缺倒景

淮南子人間訓、鴻鵠背負青天、膺摩赤霄、高誘注云、赤霄、飛雲也、楚辭九歎云、譬若王僑之乘雲兮、載赤霄而淩太清、又云、貫澒濛以東朅兮、王逸注云、澒濛、氣也、倒言之則曰濛澒、澒字或作庬鴻、張衡思元賦云、踰庬鴻於宕冥、是也、楚辭遠遊、飡六氣而飲沆瀣兮、漱正陽而含朝霞、王注云、陵陽子明經言春食朝霞、朝霞者、日始欲出赤黃氣也、秋食淪陰、淪陰者、日沒以後赤黃氣也、冬食沆瀣、沆瀣者、北方夜半氣也、夏食正陽、正陽者、南方日中氣也、并天元地黃之氣、是爲六氣也、漢書司馬相如傳、呼吸沆瀣兮餐朝霞、應劭注與王逸同、卷一云、淪、沒也、日沒以後之氣、故曰淪陰、淪、曹憲音倫、各本淪字誤作渝、音內倫字誤作喻、又誤入正文、今訂正、楚辭遠遊云、上至列缺兮、降望大壑、漢書司馬相如傳、貫列缺之倒景兮、服虔曰、

人在天上，下向視日月，故景倒在下也。張注引陵陽子明經云：列缺氣去地二千四百里，倒景氣去地四千里，其景皆倒在下。

常氣

一穀不升曰歉，二穀不升曰饑，三穀不升曰饉，四穀不升曰歉，五穀不升曰大侵。

此襄二十四年穀梁傳文也。穀梁傳歉作嗛，歉作康。范甯注云：嗛，不足貌。康，虚也。侵，傷也。案歉、饑、饉、歉皆虚乏之名。饑與飢同意。卷三云：歉、董，少也。董與饉同意。歉者，空聲之轉。說文：歉，飢虚也。淮南子天文訓云：三歲而一饑，六歲而一衰，十二歲而一康。韓詩外傳歉作鐮，歉作荒。荒亦歉也。爾雅：濂，虚也。郭璞音義云：本或作荒。泰九二包荒，鄭讀爲康。

口口口

右影宋本、皇甫本、畢本、吳本皆缺三字。胡本據爾雅補炎字、與所缺字數不合。郎本於炎下加氣字、其謬滋甚。今仍缺三字。

蒼曰靈威仰，赤曰赤熛怒，黄曰含樞紐，白曰白招矩，黑曰叶光紀。

薛綜注東京賦引河圖云、蒼帝神名靈威仰、赤帝神名赤熛怒、黄帝神名含樞紐、白帝神名白招拒、黑帝神名協光紀。周官大宗伯疏引春秋運斗樞云、大微宫有五帝座星。又引文燿鉤云、春起青受制、其名靈威仰、夏起赤受制、其名赤熛怒、秋起白受制、其名白招拒、冬起黑受制、其名叶光紀、季夏六月火受制、其名含樞紐。拒與矩同、協與叶同、字亦作汁。

五帝號

立春春分東從青道二，出黄道東，交於房二度中。立夏夏至南從赤道二出黃道南交於七星四度中立秋秋分西從白道二出黃道西交於胃十二度中立冬冬至北從黑道二出黃道北交於虛二度中四季之月還從黃道

唐書大衍歷議引洪範傳云、日有中道、月有九行、中道、謂黃道也、九行者、青道二出黃道東、赤道二出黃道南、白道二出黃道西、黑道二出黃道北、立春春分、月東從青道、立夏夏至、月南從赤道、立秋秋分、月西從白道、立冬冬至、月北從黑道、漢書天文志略同、大衍歷議又云、推陰陽歷交在冬至夏至、則月行青道白道、所交則同、而出入之行異、故青道至春分之宿、及其所衡、皆在黃道正東、白道至秋分之宿、及其所衡、皆在黃道正西、若陰陽歷交在立春立秋、則月循赤道黑道、所交則同、而出入之行異、故赤道至立夏之宿、及其所衡、皆在黃道西南、黑道至立冬之宿、及其所衡、皆在黃道東北、若陰陽歷交在春分秋分、則月行赤道、黑道、所交則同、而出入之行異、故赤道至夏至之宿、及其所衝、皆在黃道正南、黑道至冬至之宿、及其所衝、皆在黃道正北、若陰陽歷交在立冬、則月循青道白道、所交則同、而出入之行異、故青道至立春之宿、及其所衝、皆在黃道東南、白道至立秋之宿、及其所衝、皆在黃道西北、其大紀皆兼二道、而實分主八節、合於四正四維、按陰陽歷中終之所交、則月行正當黃道、去交七日、其行九十一度、齊於象之率、而得八行之中、八行與中道而九、是謂九道、

月行九道

正月不溫七月不涼二月不風八月雷不藏三月風不衰九月無降霜四月雷不見十月蟄蟲行五月陽暑不揫十一月不合凍六月浮雲不布十二月草不悉七月白露不降正月有微霜八月浮雲不歸二月雷不行九

月物不凋三月草木傷十月流火不定四月蚰蟲不育十一月寒不降五月雨雹十二月萌類不見六月五穀不實

正月建寅、七月建申、申與寅衡、故七月不涼、與正月不溫相應也、下皆放此、淮南子時則訓云、孟春與孟秋爲合、仲春與仲秋爲合、季春與季秋爲合、孟夏與孟冬爲合、仲夏與仲冬爲合、季夏與季冬爲合、故正月失政、七月涼風不至、二月失政、八月雷不藏、三月失政、九月不下霜、四月失政、十月不凍、五月失政、十一月蟄蟲冬出其鄉、六月失政、十二月草木不脫、七月失政、正月大寒不解、八月失政、二月雷不發、九月失政、三月春風不濟、十月失政、四月草木不實、十一月失政、五月下雹霜、十二月失政、六月五穀疾狂、義與此條相近、

月衡

衡、字亦作衡、漢書五行志引京房易傳云、蜺再重赤而專、至衡旱、孟康注云、專、員也、若五月蜺再重赤而員、至十一月旱也、案十一月與五月相對、故曰衡、衡者、相對之名、淮南子天文訓云、歲星之所居、其對爲衡、

日月五星行黃道始營室東壁奎婁胃之陽入昴畢間行觜觿參之陰度東井輿鬼行柳七星張翼軫之陰入角亢閒貫氐房出心尾箕之陰入斗牽牛閒行須女虛危之陽復至營室

漢書天文志云、中道者、黃道、一曰光道、光道北至東井、南至牽牛、東至角、西至婁、日之所行爲中道、月五星皆隨之也、開元占經日占篇引河圖云、日月五星同道、過牽牛須女虛危營室東壁奎婁胃昴、皆行其南之九尺、畢北七尺、觜觿參北一丈三尺、貫東井、出輿鬼南六尺、出柳北六尺、出七星張北一丈三尺、出

翼軫北一丈二尺、貫角亢、出氐南二尺、出房左右股間、出心北二尺、出尾北九尺、出箕北六尺、貫斗、復至牽牛、此日月五星行常道也、各本皆脫亢字、今補

七燿行道

山神謂之离

說文、离、山神獸形、字亦作螭、文十八年左傳、投諸四裔以禦螭魅、周官凡以神仕者疏引服虔注云、螭、山神獸形、或曰如虎而啖虎、魅、怪物、或曰、人面獸身而四足、好惑人、山林異氣所生、爲人害者、

河伯謂之馮夷江神謂之奇相

莊子大宗師篇、馮夷得之以遊大川、司馬彪注引清泠傳云、馮夷、華陰潼鄉隄首人也、服八石得水仙、是爲河伯、竹書紀年、帝芬十六年、洛伯用與河伯馮夷鬭、文選七發注引淮南子作馮遲、海內北經、從極之淵、維冰夷恆都焉、冰夷人面、乘兩龍、郭璞注云、冰夷、馮夷也、穆天子傳、陽紆之山、河伯無夷之所都居、郭

注云、無夷、馮夷也、史記封禪書索隱引庾仲雍江記云、奇相、帝女也、卒爲江神、郭璞江賦、奇相得道而宅神、乃協靈爽於湘娥、義本此、

物神謂之𩲡

說文、𩲡、老精物也、或作魅、周官凡以神仕者、以夏日至致地示物𩲡、鄭注云、百物之神曰𩲡、餘見上山神謂之离下、各本𩲡字譌作鬼、今訂正、

土神謂之羵羊水神謂之罔象木神謂之畢方火神謂之游光金神謂之清明

魯語、季桓子穿井、獲如土缶、其中有羊焉、使問之仲尼、對曰、木石之怪夔蝄蜽、水之怪龍罔象、土之怪羵羊、韋昭注云、或云、罔象食人、一名沐腫、唐固注云、羵羊、雌雄未成者、淮南子氾論訓、山出嘄陽、水生罔象、木生畢方、井生羵羊、高誘注云、罔象、水之精也、畢方、木之精也、狀如鳥、青色、赤脚、一足、不食五穀、羵羊、土

之精也、墳、與蹟通、法苑珠林六道篇引夏鼎志云、罔象如三歲兒、赤目黑色、大耳長臂赤爪、索縛則可得食、張衡東京賦作罔像、並與罔象同、韓非子十過篇云、畢方並鎋、蚩尤居前、畢字或作必、藝文類聚引尸子云、木之精氣爲必方、又法苑珠林審察篇引白澤圖云、火之精名曰必方、狀如鳥、一足、以其名呼之則去、又云、上有山林、下有川泉、地理之間生精、名曰必方、狀如鳥、長尾、薛綜注東京賦云、畢方、老父神、如鳥、一足兩翼、常銜火在人家作怪災、說並與廣雅異、東京賦、嬉野仲而殲游光、薛綜注云、野仲游光、惡鬼也、兄弟八人、常在人間作怪害、馬融廣成頌云、捎罔兩、拂游光、游或作遊、法苑珠林六道篇引王子云、木精爲遊光、金精爲清明、諸書說游光、亦與廣雅異、

異祥

漢書五行志云、異物生謂之眚、自外來謂之祥、

朱明曜靈東君日也

楚辭天問曜靈安藏、王逸注云、曜靈、日也、九歌有東君篇、史記封禪書、晉巫祠五帝東君雲中司命巫社巫族人先炊之屬、索隱引廣雅、又云、東君亦見歸藏易、

夜光謂之月

楚辭天問、夜光何德、王逸注云、夜光、月也、

天河謂之天漢

夏小正傳云、漢也者、天漢也、小雅大東傳云、漢、天河也、

震䨓靁霹雷也

䨓之言運轉也、說文、齊人謂靁爲䨓、古文作䨓、靁之言啍啍然也、廣韻云、靁、雷也、出韓詩、霹之言砰訇也、玉篇、霹、補孟切、雷也、集韻云、雷聲也、影宋本皇甫本霹字誤作霹、又誤在雷也二字之下、畢吳諸本皆誤作霹、今訂正、

雲運也雨渠也

呂氏春秋圜道篇、雲氣西行云云然、冬夏不輟、高誘注曰、云、運也、周旋運布、膚寸而合、西行則雨也、藝文類聚引禮統云、雲者、運氣布恩普博也、初學記引春秋說題辭云、雲之爲言運也、含陽而起、以精運也、各本皆脫雲字、今補、

晷柱景也

說文、晷、日景也、柱、謂景柱也、淮南子俶真訓云、以鴻濛爲景柱、又繆稱訓、劉子觀景柱而知持後矣、高誘注云、先有形而後有景、形可亾而景不可傷、

風師謂之飛廉雨師謂之荓翳雲師謂之豐隆

周官大宗伯、以槱燎祀司中司命飌師雨師、飌與風同、風師、一曰風伯、韓非子十過篇云、風伯進掃、雨師灑道、楚辭離騷、後飛廉使奔屬、王逸注云、飛廉、風伯也、九辯云、通飛廉之衙衙、荓字或作蓱、又作屏、楚辭

天問、蓱號起雨、王注云、蓱、蓱翳、雨師名也、文選洛神賦注引虞喜志林、亦以爲雨師、然王注九歌雲中君又云、雲神、豐隆也、一曰屏翳、漢書司馬相如傳、召屏翳、誅風伯、刑雨師、應劭曰、屏翳、天神使也、韋昭曰、雷師也、曹植詰咎文云、屏翳司風、洛神賦云、屏翳收風、則又以爲風師、未知孰是、楚辭離騷、吾令豐隆乘雲兮、王注云、豐隆、雲師、一曰雷師、案開元占經石氏中官占引石氏云、五車東南星名曰司空、其神名曰雷公、西南星名曰卿、其神名曰豐隆、則豐隆雷公、非一神也、若淮南子天文訓、季春三月、豐隆乃出以將其雨、張衡思元賦、豐隆軯其震霆兮、則竝以豐隆爲雷師、然離騷既云、豐隆乘雲、九章又云、願寄言於浮雲兮、遇豐隆而不將、則以豐隆爲雲師、於義爲長、司馬相如大人賦云、貫列缺之倒景兮、涉豐隆之滂濞、揚雄河東賦云、雲霏霏而來迎兮、澤滲灕而下降、鬱蕭條其幽藹兮、滃汎沛以豐隆、皆以豐隆爲雲也、

日御謂之羲和月御謂之望舒

楚辭離騷、吾令羲和弭節兮、王注云、羲和、日御也、初學記引淮南子天文訓、爰止羲和、爰息六螭、許慎注

云、日乘車、駕以六龍、羲和御之、離騷、前望舒使先驅兮、王注云、望舒、月御也、漢書揚雄傳、望舒弭轡、服虔注亦云、

青龍天一·太陰太歲也

爾雅、大歲在寅曰攝提格、淮南子天文訓、太陰在寅歲名曰攝提格、開元占經歲星占篇引許慎注云、太陰謂太歲也、天文訓又云、天神之貴者、莫貴於青龍或曰天一、或曰太陰、太平御覽引尚書考靈燿青龍甲寅、攝提格孳、鄭注云、青龍、歲也、歲、卽太歲、周官保章氏、十有二歲之相、鄭注云、歲、謂太歲、歲星爲陽、右行於天、太歲爲陰、左行於地、十二歲而小周、是也、或曰攝提、開元占經歲星占引甘氏云、攝提格之歲、攝提在寅、歲星在丑、是也、青龍或曰倉龍、漢書王莽傳歲在壽星、倉龍癸酉、服虔注云、倉龍、太歲、是也、太陰或曰歲陰、史記天官書云、攝提格歲、歲陰左行在寅、歲星右轉居丑、是也、

甲乙爲幹幹者日之神也寅卯爲枝枝者月之靈也

大戴禮曾子天圓篇云：陽之精氣曰神，陰之精氣曰靈。各本枝下脫者字，今補。

甲剛乙柔丙剛丁柔戊剛己柔庚剛辛柔壬剛癸柔

淮南子天文訓云：凡日，甲剛乙柔，丙剛丁柔，以至於癸。曲禮云：外事以剛日，內事以柔日。

甲齊乙東夷丙楚丁南夷戊魏己韓庚秦辛西夷壬衞癸北夷子周丑狄寅楚卯鄭辰晉巳衞午秦未宋申齊酉魯戌趙亥燕

淮南子天文訓、漢書天文志及開元占經日辰占邦篇引石氏說，竝與廣雅略同。石氏及天文志，寅楚作寅趙，未宋作未中山。石氏乙東夷作乙東海，壬衞作壬燕，戌趙作戌越。天文訓癸北夷作癸趙，天文志壬衞作壬燕趙，辰晉作辰邯鄲，戌趙作戌吳越，亥燕下有代字。

角亢鄭氐房心宋尾箕燕斗牽牛須女吳越虛危齊營

室東壁衛奎婁魯胃昴畢趙觜觿參魏東井輿鬼秦柳

七星張周翼軫楚

周官保章氏、以星土辨九州之地所封封域、皆有分星、以觀妖祥、鄭注云、大界則曰九州、州中諸國之封域、於星亦有分焉、其書亾矣、堪輿雖有郡國所入度、非古數也、今其存可言者、十二次之分也、星紀、吳越也、元枵、齊也、娵訾、衛也、降婁、魯也、大梁、趙也、實沈、晉也、鶉首、秦也、鶉火、周也、鶉尾、楚也、壽星、鄭也、大火、宋也、析木、燕也、案襄九年左傳云、商主大火、二十八年傳云、歲棄其次、而旅於明年之次、以害鳥帑、周楚惡之、昭元年傳云、辰爲商星、參爲晉星、十年傳云、顓頊之虛、姜氏任氏寔守其地、十七年傳云、衛顓頊之虛也、其星爲大水、周語云、歲在鶉火、則我有周之分野也、晉語云、實沈之虛、晉人是居、此皆星次分野之可據者也、考淮南子天文訓、漢書地理志、史記天官書正義引星經及晉書天文志所載范蠡鬼谷先生張良諸葛亮譙周京房張衡諸家說、星次分野、竝與廣雅略同、惟天文訓以斗牽牛爲越之分野、須女爲吳之分野，胃昴畢爲魏之分野，觜觿參爲趙之分野，史記正義引星經，以須女爲齊之分野，危爲衛之分野，畢爲魏之分野，漢書地理志，以氐爲鄭之分野，斗爲吴之分野，牽牛須女爲越之分野，晉書天文志所載諸說，以胃爲魯之分野，則與廣雅小異，襄九年左傳正義云，天有十二次，地有九州，以此九州，當彼十二次，何必所分皆當，星紀在於東北，吴越實在東南，魯衛東方諸矦，遥屬戌亥之次，漢書地理志分羣國以配諸次，其地分或多或少，鶉首極廣，鶉火甚狹，徒以相傳爲說，其源不可得而聞也，各本吴下脫越字，觜下脫觿字，今補，須譌作顗，今訂正，

北斗七星一爲樞二爲旋三爲機四爲權五爲衡六爲開陽七爲搖光樞爲雍州旋爲冀州機爲青兖州權爲徐揚州衡爲荆州開陽爲梁州搖光爲豫州

曲禮正義引春秋運斗樞云，北斗七星，第一天樞，第二旋，第三機，第四權，第五衡，第六開陽，第七搖光，第

一至第四爲魁，第五至第七爲杓。開元占經石氏中官占引河圖云：北斗第一星開，樞受；第二星提，旋序；第三星機，爟緒；第四星權，拾取；第五星玉衡，拒；第六星開陽，紀；第七星搖光，吐。又引春秋文曜鉤云：華岐以北，積石、龍門，西至三危之野，雍州，屬魁星。太行以東，至碣石、王屋、砥柱，冀州，屬旋星。三河、雷澤，東至海岱以北，兖、青之州，屬機星。蒙山以東，至羽山，南至江會稽、震澤，徐、揚之州，屬權星。大别以東，至雲夢、九江、衡山，荆州，屬衡星。荆山西南，至岷山，北距鳥鼠，梁州，屬開陽星。外方、熊耳以東，至泗水、陪尾，豫州，屬杓星。

歲星謂之重華，或謂之應星。

開元占經歲星占篇引石氏云：歲星歲行一次，十二歲一周天，與太歲相應，故曰歲星。又云：歲星一名重華，一名應星。史記天官書同。後漢書郎顗傳：尚書洪範記曰：德厚受福，重華留之。重華者，歲星在心也。重華，各本作重星，蓋因下文應星、罰星而誤，今訂正。

熒惑謂之罰星，或謂之執法。

營、或作熒、開元占經熒惑占篇引韓揚云、熒惑之爲言熒惑、以象讒賊、進退無常、不可爲極、太平御覽引黃石公陰謀祕訣法云、營惑者、御史之象、主禁令刑罰、天官書正義引天官占云、熒惑爲執法之星、

鎮星謂之地矦

鎮、或作塡、開元占經塡星占篇引荊州占云、塡星、其行歲塡一宿、故名塡星、又引石氏云、塡星、一名地矦、天官書同、太平御覽引春秋元命包云、詹諸精流、生織女、立地矦、宋均注云、地矦、鎮星別名也

太白謂之長庚或謂之大囂

開元占經太白占篇引石氏云、太白者、大而能白、故曰太白、一曰大囂、小雅大東篇、東有啟明、西有長庚、毛傳云、日且出、謂明星爲啟明、日既入、謂明星爲長庚、庚、續也、天官書云、太白出東方、庫近日曰明星、高遠日曰大囂、各本大囂作太囂、因上文太白而誤、今訂正、

辰星謂之爨星或謂之**免星或謂之鉤星**

辰者、時也、開元占經辰星占篇引洪範五行傳、辰星常見於四仲以正四時、是也、各本爨星皆作鉤星、下文又云、或謂之鉤星、兩鉤字重出、文選景福殿賦注引廣雅云、辰星或謂之鉤星、正與下文相合、則上鉤字誤也、天官書索隱引天官占云、辰星一名爨星、開元占經引廣雅云、辰星謂之爨星、今據以訂正、天官書云、兔七命、曰小正、辰星、天兔、安周星、細爽、能星、鉤星、索隱云、謂兔星凡有七名、命者、名也、各本兔星上脫或謂之三字、今補、晏子春秋外篇、昝吾見鉤星在四心之間、地其動乎、淮南子道應訓鉤作句、四作駟、高誘注云、句星、客星也、駟、房也、句星守房心、則地動也、案句星謂辰星也、天官書天文志竝云、辰星出房心間、地動、是其證、

大角謂之棟星

開元占經石氏中官占引石氏云、大角一星在攝提閒、天官書云、大角者、天王帝坐廷、開元占經引甘氏云、大角者、棟星也、又引詩紀樞云、大角爲天棟、以正紀綱

天宮謂之紫宮

開元占經石氏中官占引石氏云、紫宮垣十五星、西蕃七、東蕃八、天官書云、環之匡衞十二星藩臣、皆曰紫宮、淮南子天文訓云、紫宮者、太一之居也、開元占經引樂汁圖云、天宮、紫微宮也、

參旗

此條有闕文、不可以意增、姑記所聞以俟考正、開元占經石氏外官占引石氏云、參旗九星在參西、一名天弓、晉書天文志云、參旗、一曰天旗、一曰天弓、天官書、天廁西、有句曲九星三處羅、一曰天旗、二曰天苑、三曰九游、參旗二字、各本誤入上條紫宮之上、太平御覽引廣雅、天宮謂之參旗紫宮、則所見已是誤本、今訂正、

參伐謂之大辰

參與伐相連、言參可以見伐、言伐亦可以見參、召南小星篇、維參與昴、毛傳云、參、伐也、考工記、熊旗六斿、

以象伐也、鄭注云、伐屬白虎宿、與參連體而六星、開元占經西方七宿占引石氏云、參十星、天官書云、參爲白虎、三星直是也、下有三星兌、曰罰、其外四星、左右肩股也、罰與伐同、昭十七年公羊傳、大火爲大辰、伐爲大辰、北辰亦爲大辰、何休注云、伐謂參伐也、大火與伐、天所以示民時早晚、天下所取正、故謂之大辰、辰時也、晉語、辰參天之大紀也、韋昭注云、所以紀天時、

太微

此條有闕文、開元占經石氏中官占引石氏云、太微十星在翼軫北、天官書云、太微、三光之廷、匡衞十二星、藩臣、西將東相、南四星執法、淮南子天文訓云、太微者、太一之庭也、周官大宗伯疏引春秋元命包云、太微爲天庭、開元占經引孝經緯亦云、太微、天廷、漢書續漢書天文志竝同、然則此條原文、或是太微謂之天廷與、

房謂之明堂

爾雅、天駟、房也、天官書云、房爲天府、曰天駟、開元占經東方七宿占引石氏云、房四星、又云、房爲天子明堂、昭七年公羊傳疏引星備同、又引文燿鉤云、房心爲明堂、中央大星、天王位、漢書李尋傳云、太白隨營惑入天門、至房而分、

不敢當明堂之精、

須女謂之婺女

須、通作須、呂氏春秋有始覽、北方曰元天、其星婺女虛危營室、淮南子天文訓作須女、開元占經北方七宿占引石氏云、須女四星、

又引巫咸云、須女、天女也、

參謂之實沈

參、已見上文、昭元年左傳云、后帝遷實沈于大夏、主參、唐人是因、故參爲晉星、晉語云、實沈之虛、晉人是居、開元占經分野略例云、

實沈、參之神也、因名文焉、

昴謂之旄頭

爾雅、大梁、昴也、西陸、昴也、召南小星篇、維參與昴、毛傳云、昴、畱也、開元占經西方七宿占引石氏云、昴七星、天官書云、昴曰髦頭、天文志髦作旄、晉書天文志云、昴爲旄頭、昴畢閒爲天街、天子出、旄頭罕畢以前驅、此其義也、

東井謂之鶉首

開元占經南方七宿占引石氏云、東井八星、天官書云、東井爲水事、漢書律歷志云、鶉首初東井十六度、終於柳八度、開元占經分野略例云、南方七宿、其形象鳥、以井爲冠、以柳爲口、鶉鳥也、首、頭也、故曰鶉首

張謂之鶉尾

張者、鳥嗉之名、爾雅云、亢、鳥嚨、其粻、嗉、粻、通作張、嗉通作素、天官書云、柳爲鳥注、七星頸、張素、開元占經引石氏云、張六星、晉語云、歲及鶉尾、律志云、鶉尾初張十八度、終於軫十一度、

軫謂之鳥孥

開元占經引石氏云、軫四星、天官書云、軫爲車、孥、通作帑、襄二十八年左傳、歲棄其次、而旅於明年之次、以害鳥帑、周楚惡之、杜注云、歲星棄星紀之次、客在元枵、失次於北、禍衝在南、南爲朱鳥、鳥尾曰帑、鶉火鶉尾、周楚之分、故周楚受其咎、正義云、於人則妻子爲帑、於鳥則鳥尾爲帑、妻子爲人之後、鳥尾亦鳥之後、故俱以帑爲言也、

營室謂之豕韋

爾雅、營室謂之定、鄘風定之方中箋云、定星昏中而正四方、於是可以營制宮室、故謂之營室、開元占經北方七宿占引石氏云、營室二星、天官書云、營室爲清廟、曰離宮閣道、昭十一年左傳云、歲在豕韋、案今衞輝府滑縣古豕韋氏國、春秋時衞地也、衞爲營室之分野、故營室謂之豕韋、猶實沈主參、而因謂參爲實沈也、

北辰謂之曜魄

爾雅、北極謂之北辰、昭十七年公羊傳疏引孫炎注云、北極、天之中、以正四時、謂之北辰、開元占經引石氏中官占引石氏云、北極五星在紫微宮中、又引黃帝占注云、北極紐星、天之樞也、天運無輟而極星不移、案極星、即北辰也、古者極星正當不動之處故曰居其所而衆星共之、爾雅北極謂之北辰與角亢以下同在星名之列、公羊傳以北辰心伐爲三大辰、鄉飲酒義謂之三光、皆指極星言之、考工記匠人夜攷之極星以正朝夕、鄭注云、極星謂北辰、尤爲明據、賈逵張衡蔡邕王蕃陸績以紐星爲不動處、是也、梁祖暅測不動處距紐星一度有餘、今紐星又移而不動之處乃在鉤陳大星與紐星之間、此因星移東而徙是以極星移度後儒遂謂經文之北辰皆指無星之處而言之失其旨矣、呂氏春秋有始覽云、衆星與天俱遊而極星不移、高誘注云、極星北辰星也、語曰北辰居其所而衆星拱之、故曰不移、蓋周秦之間極星未移、故呂氏之言正與考工相合、故高注引論語以證極星之不移、後人見極星已移、乃妄改之曰極星與天俱遊而天極不移、或又改爲天樞不移、以强合無星之說、而不知其與高注大相抵捂也、凡言辰者皆在天之成象而可以正時者也日月星謂之三辰日月所會之宿謂之辰極星謂之北辰北辰心伐謂之大辰其義一也是以堯典言歷象日月星辰中庸言日月星辰繫焉祭法言日月星辰民所瞻仰皆指在天成象者言之後儒謂天之無星處皆辰則無稽之言也北堂書鈔引書大傳云北辰謂之曜魄春秋緯謂北極爲曜魄寶蓋本於大傳也各本皆云北辰謂之大堂天淵謂之紐玆大堂天淵四字因下文妃星謂之大堂天淵謂之三淵而誤開元占經引廣雅北辰曰曜魄今據以訂正

天淵謂之紐玆

天淵二字因下文而誤說見上條徧考各史志及開元占經所載諸星皆無紐玆之目此條脫誤已甚不可考正矣

妃星謂之大當

影宋本以下大當竝譌作大堂郎本又譌作天堂錢氏曉徵曰皆大當之誤太平御覽引樂汁圖云鉤陳

後宮也、大當、正妃也、注云、大當、鉤陳末大星、卽天官書所云、後句四星、末大星正妃也、唐碧落碑、大當叶曜、中闈以睦、亦本樂汁圖、今從錢說訂正、

天淵謂之三淵

開元占經巫咸中外官占引巫咸云、天淵十星、在鼈東九坎閒、一名三淵、

軒轅謂之路寢

天官書云、軒轅、黃龍體、前大星、女主象、旁小星、御者後宮屬、開元占經石氏中官占引石氏云、軒轅十七星在七星北、又云、軒轅星、王后以下所居宮也、一曰帝南宮、淮南子天文訓云、軒轅者、帝妃之舍也、莊三十二年公羊傳云、路寢者何、正寢也、

輿鬼謂之天廟

天官書云、輿鬼、鬼祠事、中白者爲質、開元占經南方七宿占引石氏云、輿鬼五星、中央色白如粉絮者、積

尸氣也、一曰鈇鑕、又引南宫侯云、輿鬼者、天廟、主神祭祀之事、

星

圓丘大壇祭天也方澤大折祭地也大昭祭四時也坎壇祭寒暑也王宫祭日也夜明祭月也幽禜祭星也雩禜祭水旱也四坎壇祭四方也廟祧壇墠鬼祭先祖也

周官大司樂云、冬日至、於地上之圜丘奏之、若樂六變、則天神皆降、可得而禮矣、夏日至、於澤中之方邱奏之、若樂八變、則地示皆出、可得而禮矣、各本譌作坎、今訂正、祭法云、燔柴於泰壇、祭天也、瘞埋於泰折、祭地也、用騂犢、埋少牢於泰昭、祭時也、相近於坎壇、祭寒暑也、王宫、祭日也、夜明、祭月也、幽宗、祭星也、雩宗、祭水旱也、四坎壇、祭四方也、山林川谷邱陵、能出雲、爲風雨、見怪物、皆曰神、有天下者祭百神、諸侯在其地則祭之、亡其地則不祭、鄭注云、壇折、封土爲祭處也、壇之言坦也、坦明貌也、折、炤晢也、必爲炤明

之名、尊神也、昭明也、亦謂壇也、時、四時也、亦謂陰陽之神也、相近、當爲禳祈聲之誤也、禳猶卻也、祈求也、寒暑不時則或禳之或祈之、寒於坎、暑於壇、王宮日壇、王君也、日稱君、宮壇營域也、夜明亦謂月壇也、宗皆當爲禜字之誤也、幽禜亦謂星壇也、星以昏始見禜之言營也、雩禜亦謂水旱壇也、雩之言吁嗟也、春秋傳曰、日月星辰之神則雪霜風雨之不時於是乎禜之、山川之神則水旱癘疫之不時於是乎禜之、四方、卽謂山林川谷邱陵之神也、祭山林邱陵於壇、川谷於坎、每方各爲坎爲壇、祭法又云天下有王、分地建國、置都立邑、設廟祧壇墠而祭之、乃爲親疏多少之數、是故王立七廟、一壇一墠、曰考廟、曰王考廟、曰皇考廟、曰顯考廟、曰祖考廟、皆月祭之、遠廟爲祧、有二祧、享嘗乃止、去祧爲壇、去壇爲墠、壇墠有禱焉祭之、無禱乃止、去墠曰鬼、諸侯立五廟一壇一墠、曰考廟、曰王考廟、曰皇考廟、皆月祭之、顯考廟、祖考廟、享嘗乃止、去祖爲壇、去壇爲墠、壇墠有禱焉祭之、無禱乃止、去墠爲鬼、大夫立三廟二壇、曰考廟、曰王考廟、曰皇考廟、享嘗乃止、顯考祖考無廟、有禱焉爲壇祭之、去壇爲鬼、適士二廟一壇、曰考廟、曰王考廟、享嘗乃止、顯考無廟、有禱焉、爲壇祭之、去壇爲鬼、官師一廟、曰考廟、王考無廟而祭之、去王考爲鬼、庶士庶人無廟、死曰鬼、注云、廟之言貌也、宗廟者、先祖之尊貌也、祧之言超也、超上去意也、封土曰壇、除地曰墠、場、亦墠也、楚語壇場之所、韋昭注云、除地曰場、既濟釋文引倉頡篇云、鬼、遠也、

祀處

䄍禮䘹祱䙝臘祓禊餟祼輆䰞祊祾禖禫祧醮禬䄅望禨祥禫禱禜禳祭也

䄍臘、義見下條、藝文類聚引說文云、祭豕先曰禮、月祭曰䘹、祱、本作餟、說文、餟、小餟也、玉篇、餟或作餽、方言、餽、餽也、說文云、吳人謂祭曰餽、䙝、本作膢、韓非子五蠹篇云、夫山居而谷汲者、膢臘而相遺以水、說文、膢、楚俗以十二月祭飲食也、一曰嘗新始殺食新曰貙膢、衆經音義卷九引三倉云、膢、八月祭名也、漢書武帝紀、令天下膢五日、太平御覽引如淳注云、膢音樓、漢儀注、立秋貙膢、許慎曰、楚俗以十二月祭飲食

也冀州北部或以八月朝作飲食爲膢其俗語曰膢
臘社伏蔡邕曰貙虎常以立秋日搏獸還食其母王
者亦以此日出獵還以祭宗廟膢音劉劉殺也續漢
書禮儀志云立秋之日始斬牲以薦陵廟斬牲之禮
名曰貙劉祓之言拂也說文祓除惡祭也周官女巫
掌歲時祓除釁浴鄭注云歲時祓除如今三月上巳
如水上之類釁浴謂以香薰草藥沐浴宋書禮志引
韓詩云鄭國之俗三月上巳之溱洧兩水之上招魂
續魄秉蘭草拂不祥又引月令季春天子始乘舟蔡
邕章句曰陽氣和暖鮪魚時至將取以薦寢廟故因
是乘舟禊於名川也論語莫春浴乎沂自上及下古
有此禮今三月上巳祓於水濱蓋出此也續漢書禮
儀志云三月上巳官民皆絜於東流水上自洗濯祓
除去宿垢疢爲大絜絜者言陽氣布暢萬物訖出始
絜之矣絜與禊通方言餟餽也說文餟祭酹也易林
豫之大畜云住馬醊酒醊與餟同餟餟酹聲並相近
祼之言灌也說文祼灌祭也經傳亦通作灌說文出
將有事于道必先告其神立壇四通樹茅𠂤依神爲
軷既祭軷轢于牲而行爲犯軷大雅生民篇取羝以
軷毛傳云軷道祭也軷之言跋也字或作祓聘禮記

出祖、釋軷、祭酒脯、乃飲酒于其側。鄭注云：祖，始也。既受聘享之禮，行出國門，止陳車騎，釋酒脯之奠於軷，爲行始也。春秋傳曰：跋涉山川。然則軷，山行之名也。道路以險阻爲難，是以委土爲山，或伏牲其上，使者爲軷，祭酒脯祈告，卿大夫處者於是餞之，飲酒於其側。禮畢，乘車轢之而遂行。古文軷作祓。周官大馭掌馭玉路以祀及犯軷，遂驅之。注云：行山曰軷，犯之者，封土爲山象，以菩芻棘柏爲神主，既祭之，以車轢之而去，喻無險難也。杜子春云：軷，讀如別異之別，謂祖道轢軷磔犬也。又月令孟冬其祀行，注依中霤禮云：行在廟門外之西，爲軷壤，厚二寸，廣五尺，輪四尺，北面設主於軷上。曾子問正義引崔靈恩云：宮內之軷，祭古之行神；城外之軷，祭山川與道路之神。說文：𥛱，數祭也。卷四云：𥛱，謝也。𥛱，各本譌作毳，今訂正。祊，說文作鬃，云：門內祭先祖所方皇，或作祊。小雅楚茨篇祝祭于祊，傳云：祊，門內也。爾雅：閍謂之門。李巡注云：閍，廟門名。閍亦與鬃通。禮器爲祊乎外，注云：祊祭，明日之繹祭也。謂之祊者，於廟門之旁，因名焉。郊特牲祊之於東方，失之矣。注云：祊之禮，宜於廟門外之西室。又祊之爲言倞也，注云：倞猶索也。正義云：凡祊有二種、一是正祭之時、既設祭於廟、又求神於廟門之內、詩云祝祭于祊是也、一是明日繹祭之時、設饌於廟門外西室、卽上文祊之於東方注云祊之禮、宜於廟門外之西室是也、說文、禖祭也、月令、仲春之月、元鳥至、至之日、以大牢祠于高禖、天子親往、后妃帥九嬪御、乃禮天子所御、帶以弓韣、授以弓矢、于高禖之前、注云、元鳥燕也、燕以施生時來、巢人堂宇而孚乳、嫁娶之象也、媒氏之官以爲候、高辛氏之世、元鳥遺卵、娀簡狄吞之而生契、後王以爲媒官嘉祥而立其祠焉、變媒言禖、神之也、續漢書禮儀志注引蔡邕章句云、高尊也、禖媒也、吉事先見之象也、葢爲人所以祈子孫之祀、元鳥感陽而至、其來主爲字乳蕃滋、故重其至日、因以用事、契母簡狄、葢以元鳥至日有事高禖而生契焉、故詩曰、天命元鳥、降而生商、又引盧植注云、居明顯之處、故謂之高、因其求子、故謂之禖、詩生民元鳥傳並云、祈於郊禖、又魯頌閟宮有侐傳引孟仲子曰、是禖宮也、說文、禪、祭天也、禪之言墠也、禮器正義引書說云、禪者、除地爲墠、文選高唐賦、醮諸神、禮太一、李善注云、醮、祭也、漢書郊祀志云、益州有金馬碧雞之神、可醮祭而致、說文、禬、會福祭也、周官女祝、掌以時招梗禬禳之事、以除疾殃、注云、除災害曰禬、禬猶刮去也、大祝、六祈、三曰禬、四曰禜、注云、禬禜、告之以時有災變也、鬳、各本譌作養、玉篇、鬳金媛切、祭也、廣韻同、集韻云、常山謂祭爲鬳、今據以訂正、望者、遥祭之名、周官大宗伯、國有大故、則旅上帝及四望、鄭衆注云、四望、日月星海、後鄭云、四望、五嶽四鎭四瀆、大司樂、乃奏姑洗、歌南呂、舞大磬、以祀四望、注云、四望、五嶽四鎭四竇、此言祀者、司中司命風師雨師、或亦用此樂焉、公羊春秋僖三十一年、四卜郊不從、乃免牲、猶三望、傳云、天子有方望之事、無所不通、諸侯山川、有不在其封內者、則不祭也、三望者何、望祭也、然則曷祭、祭大山河海、何休注云、方望、謂郊時所望祭四方羣神、日月星辰、風伯雨師、五岳四瀆、及餘山川、凡三十六所、左傳正義云、鄭元以爲望者、祭山川之名、三望、謂淮海岱也、賈逵服虔以爲三望、分野之星、國中山川、北堂書鈔引五經異義云、望祭、河海太山日月星也、陳祥道禮書云、望雖以名山大川爲主、而實兼上下之神、故詩於柴望、言懷柔百神、及河喬嶽、周禮於四望、言祀而不言祭、左氏曰、望郊之細也、又曰、望、郊之屬也、公羊曰、方望之事、無所

不通則望兼上下之神可知矣說文䰕鬼俗也淮南
傳曰吳人鬼越人䰕今淮南子人閒訓作荆人鬼越
人禨高誘注云禨祥也禨之言祈也漢書天文志察
禨祥如淳注云呂氏春秋荆人鬼越人禨今之巫祝
禱祠淫祀之比也景十三王傳彭祖不好治宮室禨
祥服虔注云求福也士虞禮記朞而小祥曰薦此常
事又朞而大祥曰薦此祥事中月而禫注云祥禫祭
名也祥吉也禫之言澹澹然平安意也說文禱告事
求福也又云禜設緜蕝爲營以禳風雨雪霜水旱癘
疫於日月星辰山川也一曰營衞使災不生周官大
祝六祈四曰禜注云禜如日食以朱絲營社莊二十
五年公羊傳云日食以朱絲營社或曰脅之或曰爲
闇恐人犯之故營之祭法幽宗祭星也雩宗祭水旱
也注云宗皆當爲禜禜之言營也昭元年左傳山川
之神則水旱癘疫之災於是乎禜之日月星辰之神
則雪霜風雨之不時於是乎禜之正義云賈逵以禜
爲營攢用幣攢聚也聚草木爲祭處說文禳磔禳
祀除癘殃也鄭注女祝云卻變異曰禳禳攘也
臘也䄍索也夏曰清祀殷曰嘉平周曰大䄍秦曰臘

各本皆作臘索也、案索也二字、乃䄍字之訓、非臘字之訓、臘字下脫去本訓索也上又脫去䄍字、諸書或云、臘獵也、或云、接也、未知誰是、廣雅原文、今依例補入也字而闕其訓、并補入䄍字、䄍本作蜡、蔡邕獨斷云、臘者歲終大祭、又云、夏曰嘉平、殷曰清祀、周曰大蜡、漢曰臘、風俗通義與獨斷同、又云、臘者獵也、言田獵取獸以祭其先祖也、或曰、臘者接也、新故交接、故大祭以報功也、劉峻注世說引五經要義云、夏曰嘉平、殷曰清祀、周曰大蜡、總謂之臘、諸書與廣雅或同或異、未知孰是、僖五年左傳虞不臘矣、杜注云、臘歲終祭衆神之名、史記秦紀、惠文君十二年、初臘、秦始皇紀、三十一年、更名臘曰嘉平、月令、孟冬之月、天子乃祈來年于天宗、大割祠于公社及門閭、臘先祖五祀、勞農以休息之、鄭注云、此周禮所謂蜡也、臘謂以田獵所得禽祭也、或言祈年、或言大割、或言臘、互文也、郊特牲云、天子大蜡八、伊耆氏始爲蜡、蜡也者索也、歲十二月、合聚萬物而索饗之也、注云、謂求索也、萬物有功加於民者、神使爲之、祭之以報焉、郊特牲又云、蜡之祭也、主先嗇而祭司嗇也、祭百種以報嗇也、饗農及郵表畷、禽獸、仁之至、義之盡也、古之君子、使之必報之、迎貓、爲其食田鼠也、迎虎、謂其食田豕也、迎而祭之也、祭坊與水庸、事也、又云、皮弁素服而祭、素服、以送終也、黃衣黃冠而祭、息田夫也、注云、黃衣黃冠而祭、謂既蜡臘先祖五祀也、於是勞農以休息之、禮運正義云、揔而言之、謂之蜡、析而言之、祭百神曰蜡、祭宗廟曰息民、

天子祭以鬯諸侯以薰鄉大夫以茝蘭士以蕭庶人以艾

此逸禮王度記文、見白虎通義、及周官鬱人疏、各本艾上脫以字、今補、鬯薰茝蘭蕭艾、皆祼祭所用以和鬯酒者也、大雅江漢篇、秬鬯一卣、毛傳云、秬、黑黍也、鬯、香草也、築煑合而鬱之曰鬯、正義云、禮緯有秬鬯之草、中候有鬯草生郊、皆謂鬱金之草也、以其可和秬鬯、故謂之鬯草、鄭衆注鬱人云、鬱爲草若蘭、釋草云、薰草、蕙草也、說文云、茝、虈也、蘭、香草也、爾雅云、蕭、萩、艾、冰臺、

王者以四時畋以奉宗廟因簡戎事刈草爲防敺而射

之不題禽不掩遇不捷草越防不追天子取三十焉一爲乾𦵔二爲賓客三曰充君之庖其餘以與士

爾雅、春獵爲蒐、夏獵爲苗、秋獵爲獮、冬獵爲狩、桓四年穀梁傳云、四時之田、皆爲宗廟之事也、昭八年傳云、因蒐狩以習用武事、禮之大者也、防、謂田之大限也、小雅車攻傳云、大芟草以爲防、歐、與驅同各本譌作歐、今訂正、題禽、謂迎禽而射之、掩遇、謂旁射也、掩或作詭、孟子滕文公篇爲之詭遇、一朝而獲十、趙岐注云、橫而射之曰詭遇、詩傳云、面傷不獻、翦毛不獻正義云、面傷、謂當面逆射之、翦毛、謂在旁而逆射之、不獻者、嫌誅降、即不題禽不掩遇之謂也、比九五、王用三驅、失前禽、失、讀爲放佚之佚、桓四年左傳正義引鄭注云、失前禽者、謂禽在前來者、不逆而射之、旁去又不射、唯背走者順而射之、用兵之法亦如之、降者不殺、奔者不禦、加以仁恩、養威之道、亦其義也、說苑脩文篇云、不抵禽、不詭遇、班固東都賦云、弦不睼禽、繼不詭遇、抵睼、竝與題通、說文、捷、獵也、不捷草、謂不捷獵邪行、入草中以逐獸、穀梁傳所謂車軌塵、馬倏踬、不失其馳者也、越防不追、如戰不逐奔也、穀梁傳云、過防弗逐、不從奔之道也、詩傳云、戰不出頃、田不出防、不逐奔走、古之道也、穀梁傳云、禽雖多、天子取三十焉、其餘與士衆、以習射於射宮、車攻箋云三十者、每禽三十也、一爲乾豆、謂上殺也、二爲賓客、謂次殺也、三曰充君之庖、謂下殺也、先宗廟、次賓客、後庖廚、尊祖敬賓之道也、公羊穀梁王制詩傳、皆有此文、詩傳云、自左膘而射之、達於右腢爲上殺、射右耳本、次之、射左髀、達於右髃爲下殺、何休云、自左膘射之、達於右髃、中心死疾、鮮潔、故乾而豆之以薦於宗廟、自左膘射之、達於右髀、遠心死難、故以爲賓客、自左髀射之、達於右髃、中腸胃汙泡、死遲、故以充君之庖廚

隸兵

隸、讀爲肄、肄、習也、肄與隸古同聲而通用、玉藻隸束及帶、隸讀爲肄、昭三十年左傳、若爲三師以肄焉、肄本又作隸、

全羽曰旞析羽曰旌熊虎曰旗

此周官司常文也、鄭注云、全羽析羽、皆五采繫之於旞旌之上、所謂注旄於干首也、司常又云、師都建旗、道車載旞、斿車載旌、說文、旞、道車所載、全羽以爲飾、允允而進也、或作䢳、旌、游車載旌、析羽注旄首、所以精進士卒也、旗、熊旗六游、以象伐星、士卒以爲期、鄘風干旄篇云、孑孑干旌、爾雅、注旄首曰旌、李巡曰、旄牛尾著干首、孫炎曰、析五采羽注旄上也、其下亦有旒縿、襄十四年左傳、范宣子假羽旄於齊、杜注云、析羽爲旌、王者游車之所建、齊私有之、因謂之羽旄、考工記輈人云、熊旗六斿、以象伐也、

天子杠高九仞諸侯七仞卿大夫五仞士三仞

此禮稽命徵文也、見周官儀禮疏、各本脫去卿字、又脫去士三仞三字、爾雅疏所引、已與今本同、今考爾雅釋文引廣雅、大夫上有卿字、與下文卿大夫七斿至軹文同一例、又爾雅釋文、北堂書鈔、初學記、太平御覽引廣雅、並有士三仞三字、今據補、爾雅、素錦綢杠、郭璞注云、以白地錦韜旗之干、干、亦杠也、語之轉

耳、鄉射禮記、杠長三仞、鄭注云、杠、橦也、七尺曰仞、士喪禮、竹杠長三尺、注云、杠、銘橦也、周官司常疏云、案禮緯、天子之杠高九仞、諸侯七仞、大夫五仞、士三仞、士喪禮竹杠長三尺、則死者以尺易仞、天子九尺、諸侯七尺、大夫五尺、士三尺、其旌身亦以尺易仞也、

天子十二斿至地諸侯九斿至軫卿大夫七斿至軹士三斿至肩

說文、游、旌旗之游也、或作遻、又云、旒、旌旗之游也、字竝與斿同、或謂之旒、聲亦相近也、周官巾車注云、旗之正幅爲縿、斿則屬焉、節服氏、六人維王之大常、注云、王旌十二旒、兩兩以縷綴連、旁三人持之、禮、天子旌曳地、昭七年左傳、楚子之爲令尹也、爲王旌以田、芉尹無宇斷之、十年傳、齊侯使王黑以靈姑銔率、請斷三尺焉而用之、杜注云、靈姑銔、公旗名、斷三尺、不敢與君同、新序義勇篇云、司馬子期獵於雲夢、載旗之長拖地、芉尹文拔劍齊諸軫而斷之、子期伏軾而問、對曰、臣以君旗曳地故也、國君之旗齊於軫、大夫

之旗齊於軾、今子、荆國有名大夫、而滅三等、文之斷也、不亦宜乎、周官公羊疏、及左傳正義、并引禮含文嘉云、天子之旗九仞、十二旒曳地、諸侯七仞、九旒齊軫、卿大夫五仞、七旒齊較、士三仞、五旒齊首、説與廣雅小異、案考工記云、六尺有六寸之輪、軹崇三尺有三寸也、加軫與轐焉、四尺也、鄭注云、軫、輿也、軹、轂末也、旗斿愈短、則去地愈高、此云、諸侯至軫、卿大夫至軹、若爲轂末之軹、則反卑於軫、而卿大夫之斿、反長於諸侯矣、然則所謂軹者、葢兩輢之橫直木也、考工記輿人、參分較圍、去一以爲軹圍、注云、軹、輢之植者衡者是也、兩輢通高五尺五寸、其上出軾者二尺二寸、謂之較、其下三尺三寸、木橫直相結如窻櫺、所謂軹也、此軹在軫之上、而諸侯之斿齊軫、故王黑請以齊侯之旗、斷三尺而用之、則至於軹而不至於軫矣、軾在軫上、亦高三尺三寸、故芈尹文謂大夫之旗齊於軾也、禮緯謂卿大夫之旒齊較、較則高於軹、又廣雅士斿至肩、禮緯士旒齊首、首亦高於肩、葢所傳者異也、自諸侯而下、降殺以兩、禮緯謂士五旒、是也、廣雅五作三、葢字之誤、又案周官、王建大常十有二斿、上公建旂九斿、侯伯七斿、子男五斿、孤卿建旜、大夫

士建物、其斿各視其命之數、禮緯廣雅所記、諸侯以下旗斿、皆不視其命數、亦所傳異也、

旟幟

附引廣雅一條

年稔秋穀熟也

見廣韻太平御覽及文選永明十一年策秀才文注、說文、秊、穀孰也、從禾千聲、隸省作年、爾雅、夏曰歲、商曰祀、周曰年、孫炎注云、年、取禾穀一熟也、桓二年穀梁傳云、五穀皆熟爲有年、說文、稔、穀孰也、僖二年左傳、不可以五稔、杜注云、稔、熟也、襄二十七年傳、不及五稔、注云、稔、年也、釋文云、穀一熟、故爲一年、說文、烌禾穀孰也、今書作秋、秋之言成就也、盤庚云、若農服田力穡、乃亦有秋、月令、麥秋至、太平御覽引蔡邕章句云、百穀各以其初生爲春、熟爲秋、故麥以孟夏爲秋、卷三云、飪、酋、熟也、飪與稔同聲、酋與秋聲亦相近、

廣雅疏證卷第九上

廣雅疏證卷第九下

高郵王念孫學

釋地

神農度四海內東西九十萬里南北八十一萬里

開元占經地占篇引春秋命歷序云、神農始立州制形、甄度四海、東西九十萬里、南北八十一萬里、續漢書郡國志注引帝王世紀云、地說稱日月所照、三十五萬里、諸子所載神農之地、過日月之表、近爲虛誕矣、

帝堯所治九州地二千四百三十萬八千二十四頃其墾者九百一十萬八千二十四頃

二千四百三十萬八千二十四頃、各本二十譌作二百、藝文類聚、太平御覽、竝引孝經援神契云、計校九

州之別，土壤山陵之大川澤所注，萊沛所生，鳥獸所聚，其墾者，九百一十萬八千二十四頃，墝埆不墾者，千五百二十萬頃，是合而計之，共得二千四百三十萬八千二十四頃。開元占經引廣雅云，唐帝所治九州地，二千四百三十萬八千二十四頃，今據以訂正。

夏禹所治四海內地東西二萬八千里南北二萬六千里出水者八千里受水者八千里

此中山經文也，管子地數篇、呂氏春秋有始覽、淮南子地形訓竝同。

四海九州

湖藪陂塘都沆㡿澤埏衍皋沼池也

說文：湖，大陂也。王逸注九歎云：大池也。風俗通義云：湖者，都也，言流瀆四面所猥都也。藪之言聚也，草木禽獸之所聚也。故周語云：藪，物之歸也。說文：藪，大澤也。鄭風大叔于田傳云：藪，澤也。禽之府也。周官大宰

注云、澤無水曰藪、澤虞注云、水希曰藪、是藪爲有水
無水之通稱矣、說文、陂、沱也、沱與池同、月令注云、畜
水曰陂、穿地通水曰池、塘古通作唐、周語云、陂唐汙
庳以鍾其美、韋注云、都、聚也、韓詩外傳云、禽獸厭湙
山而下於都澤、都猶豬也、禹貢、大野既豬、馬融注云、
水所停止湙者曰豬、史記夏紀作都、周官稻人以豬
畜水、鄭衆注引左傳規偃豬、後鄭云、偃豬者、畜流水
之陂也、檀弓、洿其宮而豬焉、鄭注云、豬、都也、南方謂
都爲豬、沆、大澤也、其字本作沆、或作坑、阬、又作亢、沆
亦爲鹽澤之名、其字或作甗、又作坑、阬、說文、沆、大澤
也、徐鍇傳引博物志云、停水東方曰都、一名沆、王逸
注七諫云、陂池曰坑、玉篇、甗、鹽澤也、沆、坑、亢三字諸
書中或譌作沆、或譌作沈、或譌作坑、或譌作元、久仍
其誤而莫之察也、亢、元字相近、淮南子地形訓、東南
方曰具區、曰元澤、元者、亢之譌、初學記、太平御覽引
淮南子竝作沆澤、是其證也、沆字俗書作沆、譌而爲
沆、又譌而爲沈、風俗通義云、謹按傳曰、沆者、莽也、言
其平望莽莽無涯際也、沈澤之無水、斥鹵之類也、今
俗語亦曰沆、水數沆、字皆沆字之譌、沆與莽聲相近、
皆大澤之貌、故云沆者、莽也、言其平望莽莽無涯際

也沆又爲鹽澤之名故云斥鹵之類水經巨馬河注云督亢溝水東逕督亢澤澤包方城縣風俗通曰沆漭也言平望漭漭無崖際是其證也藝文類聚引續述征記云馬當沆中有九十臺注云齊人謂湖爲沆沆亦沆之譌沆湖一聲之轉齊人謂湖爲沆卽博物志所云東方謂停水曰沆也漢書刑法志除山川沈斥城池邑居園囿術路沆亦沆之譌沆與斥同類故漢書廣雅皆以沆斥連文顏師古不知沆之譌爲沈乃云沈謂居水之下其失也鑿矣沆字或作坑俗書作坑因譌而爲坑水經河水注云濕水東北爲馬當坑坑東西八十里南北三十里坑者坑之譌坑與沆同卽續述征記之馬當沆也膠水注云膠水北歷土山注於海土山以北悉鹽坑坑亦坑之譌北堂書鈔引齊地記云齊有皮邱坑民煮坑水爲鹽是其證也文選西京賦游鷮高翬絕阬踰斥阬斥皆澤也阬與沆同故漢書趙充國傳云出鹽澤過長阬李善注阬音剛失之後漢書馬融傳彌綸阬澤皐牢陵山陵與山同類阬與澤同類李賢注以阬爲壑亦失之莊子逍遙遊篇鵬搏扶搖羊角而上者九萬里斥鴳笑之司馬彪注云斥小澤也本亦作尺淮南子精神訓

鳳皇不能與之儷而況尺鷃乎新序雜事篇尺澤之鯢豈能與之量江海之大尺竝與斥同鴳扗斥中故曰斥鴳作尺者假借字耳文選七啟注引許慎云鴳雀飛不過一尺尺失之澤之言宅也水所宅也故周語云澤水之鍾也埏衍聲相近故池謂之衍亦謂之埏埏曹憲音延各本埏譌作埏音内延字又譌作廷考說文玉篇廣韻集韻類篇俱無埏字玉篇埏隰也池也下溼曰隰停水曰池皆有廣衍之義故皆謂之埏今本玉篇池字譌作地五音集韻埏池也五音篇海埏隰也池也竝本玉篇玉篇本於廣雅今據以訂正楚辭九歎巡陵夷之曲衍兮王逸注云衍澤也卷二云衍廣也小爾雅云澤之廣者謂之衍襄二十五年左傳井衍沃賈逵注云下平曰衍義與澤謂之衍相近小雅鶴鳴篇鶴鳴于九皋毛傳云皋澤也韓詩云九皋九折之澤昭二十八年左傳御以如皋杜注與毛傳同王逸注離騷云澤曲曰皋義亦相近也召南采蘩篇于沼于沚傳云沼池也

都野孟豬彭蠡少原振澤渚毗沛澤雷澤幽都

禹貢原隰厎績至于豬野夏本紀作都野地理志作豬壄又云休屠澤在武威郡武威縣東北古文以爲豬壄澤又云谷水出姑臧南山北至武威入海海即休屠澤也水經禹貢山水澤地都野澤在武威縣東北注云其水上承姑臧武始澤東北至武威縣故城東水流兩分一水北入休屠澤俗謂之西海一水東入豬野謂之東海通謂之都野案都野澤在今涼州府鎮番縣東北都豬古同聲都野豬野休屠語之轉停水之義孟豬亦猶是也禹貢道菏澤被孟豬夏本紀作明都地理志作盟豬周官職方氏青州其澤藪曰望諸鄭注云望諸明都也在睢陽爾雅十藪宋有孟諸文十年左傳遂道以田孟諸杜注云孟諸宋大藪也淮南子地形訓云孟諸在沛地理志云禹貢盟諸澤在梁國睢陽縣東北元和郡縣志云孟諸澤在宋州虞城縣西北周回五十里案孟豬明都望諸皆同聲假借澤在今歸德府商邱縣東北接虞城縣界虞城西北有孟諸臺亦故澤地也自元以後歸德屢被河決澤之畔岸不可復尋矣禹貢云彭蠡既豬又云漢水南入于江東匯澤爲彭蠡地理志云彭蠡澤在豫章彭澤縣西案彭蠡澤今曰鄱陽湖周回四百

五十里浸南昌饒州南康九江四府之境上承湖漢豫章諸水北流至湖口縣入江少原渚毗幽都皆未詳所在振澤一名具區振或作震禹貢震澤底定傳云震澤吳南大湖名職方氏揚州其澤藪曰具區注云具區在吳南爾雅吳越之間有具區郭注云今吳縣南大湖即震澤是也地理志云具區澤在會稽郡吳縣西古文以爲震澤禹貢山水澤地云震澤在吳縣南五十里夏本紀索隱云左傳稱笠澤謂震澤也胡氏朏明禹貢錐指曰震澤蓋自吳西南境東出爲松江一名笠澤在今吳江縣界水經注云松江上承太湖更逕笠澤在吳南松江左右國語越伐吳吳禦之笠澤吳軍江北越軍江南者是也孔郭指此爲太湖則誤矣又曰震澤之源當與太湖俱來若霅而水草所鍾淺而易溢自底定之後始可陂障民仰其利故職方謂之澤藪而五湖則別之曰浸迨乎日久塡淤生殖漸繁遂成沃壤漢後諸儒求其地而不得遂合五湖而一之矣吾意今吳越之交自莫釐武山以東至平望八赤之閒皆古震澤地也特世代荒遠川隰更移故其迹不可尋耳水經泗水東過沛縣東注云昔許由隱於沛澤即是縣也縣蓋取澤爲名呂氏

春秋求人篇云、昝者堯朝許由於沛澤之中、案沛爲澤名、亦爲澤之通稱。僖四年公羊傳、齊桓公濱海而東、大陷于沛澤之中、孟子滕文公篇沛澤多而禽獸至、是也、禹貢雷夏既澤、雍沮會同、夏本紀集解引鄭注云、雍水沮水相觸而合入此澤中。職方氏兗州其浸盧維、注云盧維當爲雷雍字之誤也、引禹貢爲證、墨子尚賢篇云、舜漁雷澤、地理志云禹貢雷澤在濟陰郡成陽縣西北、水經瓠子河注云雷澤在大成陽縣故城西北十餘里、其陂東西二十餘里、南北十餘里、夏本紀正義引括地志云、雷夏澤在濮州雷澤縣郭外西北、雍沮二水、出雷澤西北平地、案雷澤在今山東曹州府荷澤縣之東北、濮州之東南、自五代以後、河水衝決、雍沮雷澤皆蕩滅無存、

池

瓊支瑾瑜昭華白珩璇璸弁和璵璠璽棘碧瑻藍田球

璸琬珍璐瑭璑琱赤瑕

文與枝同。楚辭離騷「折瓊枝以繼佩」，九歌「盍將把兮瓊芳」，王逸注云：「瓊，玉枝也。」玉篇引莊子外篇云：「積石生樹，名曰瓊枝，其高一百二十仞，大三十圍，以琅玕爲之實。」說文：「瑾瑜，美玉也。」宣十五年左傳云：「瑾瑜匿瑕。」西山經云：「瑾瑜之玉，堅栗精密，濁澤而有光，五色發作，以和柔剛。」分言之則或曰瑾，或曰瑜。楚辭九章云「懷瑾握瑜」，九歎云「捐赤瑾於中庭」，玉藻云「世子佩瑜玉」，皆是也。淮南子泰族訓云：「堯贈舜以昭華之玉。」西京雜記云：「秦有玉笛，長二尺二寸，二十六孔，銘曰昭華之琯。」昭或作苕。藝文類聚引書大傳云：「堯贈舜以苕華之玉。」說文：「珩，佩上玉，所已節行步也。」晉語「白玉之珩六雙」，韋昭注云：「珩，佩上飾也，形似磬而小。」楚語「楚之白珩」，注云：「珩，佩上之橫者。」禮記通作衡。珩之言衡也，衡施於佩上也。一命再命黝珩，三命蔥珩，白珩其最貴者，玉藻云「天子佩白玉」是也。說文：「璿，美玉也。」引僖二十八年左傳「璿弁玉纓」，今本璿作瓊。堯典「在璿機玉衡」，馬融注亦云：「美玉。」天官書作旋，後漢書安帝紀作琁，竝字異而義同。周官大宗伯「以元璜禮北方」，白虎通義引逸禮云：「半璧曰璜。」定四年左傳「分魯公以夏后氏之璜」，杜注云：「璜，美玉名。」明堂位云：「大瓚，天子之器也。墨子耕柱篇云：和氏之璧，隋侯之珠，三棘六異，此諸侯之所謂良寶也。韓非子和氏篇云：楚人和氏得玉璞楚山中，奉而獻之厲王。厲王使玉人相之，玉人曰：石也。王以和爲誑，而刖其左足。及厲王薨，武王即位，和又奉其璞而獻之武王。武王使玉人相之，又曰：石也。王又以和爲誑，而刖其右足。武王薨，文王即位，和乃抱其璞而哭於楚山之下，三日三夜。王乃使玉人理其璞而得寶玉焉，遂命曰和氏之璧。新序雜事篇和氏作弁和。定五年左傳：陽虎將以璵璠斂。杜注云：璵璠，美玉，君所佩。釋文：璵，本又作與。說文云：與璠，魯之寶玉。孔子曰：美哉璵璠，遠而望之，奐若也；近而視之，瑟若也。一則理勝，一則孚勝。信二年公羊傳：垂棘之白璧。何休注云：垂棘，出美玉之地。趙岐孟子注同。碧瓐，蓋青黑色玉也。瓐之言驢也。釋器云：碧，青也；驢，黑也。淮南子氾論訓云：劒工惑劒之似莫邪者，唯歐冶能名其種；玉工眩玉之似碧盧者，唯猗頓不失其情。盧與瓐通。漢書地理志云：京兆尹藍田縣，山出美玉。外戚傳云：璧帶往往爲黄金釭，函藍田璧。說文：⿱來玉瓄，玉也。⿱來玉與琜同，亦通作來。晉書輿服志云：九嬪銀印青綬，佩來瓄玉。說文：璐，玉也。楚辭九章：被明月

兮佩寶璐、王逸注云、寶璐、美玉也。文選雪賦注引許
愼淮南子注同。淮南子脩務訓、唐碧堅忍之類、猶可
刻鏤以成器用。高誘注云、唐碧、石似玉。唐與塘通。說
文、瑊、三采玉也。周官弁師、瑉玉三采。故書瑉作瑊。鄭
衆注云、瑊、惡玉名。中山經、穀水多珚玉。今本珚譌作
珚。水經穀水注及太平御覽竝引作珚。說文、瑕、小
赤也。司馬相如上林賦、赤瑕駁犖。張注云、赤瑕、赤玉
也。張衡七辯云、玩赤瑕之璘豳。瑕者、赤色之名。赤雲
氣謂之霞、赤玉謂之瑕、馬赤
白雜毛謂之騢、其義一也。

玉

水精謂之石英瑠璃珊瑚玫瑰夜光隋侯虎魄金精璣
珠爲蚌精之名、亦爲美石之通稱、故其字從玉。爾雅
西方之美者、有霍山之多珠玉焉。郭璞注云、珠、如今
雜珠而精好。是珠又爲美石之通稱矣。英、衆經音義
卷七引廣雅作瑛。南山經、堂庭之山多水玉。郭璞注
云、水玉、今水精也。太平御覽引廣志云、水精出大秦
黃支諸國。劉楨魯都賦云、水精潛光乎雲穴。說文、珋、

石之有光璧珋也。珋與璢同。藝文類聚引韻集云：璢璃，火齊珠也。又引廣志云：璢璃出黃支、斯調、大秦、日南諸國。又引南州異物志云：璢璃本質是石，欲作器，以自然灰治之。鹽鐵論力耕篇云：璧玉、珊瑚、璢璃，咸爲國之寶。璢璃古通作流離。漢書西域傳：罽賓國出璧流離。孟康曰：流離青色如玉。顔師古曰：魏略云大秦國出赤、白、黑、黃、青、綠、縹、紺、紅、紫十種流離。此蓋自然之物，采澤光潤，踰於衆玉。今俗所用，皆銷冶石汁，加以衆藥，灌而爲之，尤虛脃不貞實，非其物也。說文：珊瑚色赤，生於海，或生於山。司馬相如上林賦：珊瑚叢生。郭璞注云：珊瑚生水底石邊，大者樹高三尺餘，枝格交錯，無有葉。漢書西域傳云：罽賓國出珊瑚。名醫別錄云：珊瑚生南海。蘇恭注云：似玉紅潤，中多有孔，亦有無孔者，又出波斯國及師子國。太平御覽引元中記云：珊瑚出大秦西海中，生水中石上，初生白，一年黃，三年赤，四年蟲食敗。珊瑚或曰蘇胡。開元占經器服占篇引孝經援神契云：王者要誓信，則蘇胡鉤出。太平御覽引作珊瑚鉤。玉篇引倉頡篇云：玫瑰，火齊珠也。韓非子外儲說左篇云：綴以珠玉，飾以玫瑰。司馬相如子虛賦：其石則赤玉玫瑰。晉灼注亦云火齊珠，顔師古云：火齊珠，今南方之出火珠也。裴松之注魏志引魏略云：大秦國多玫瑰。劉逵吳都賦注引異物志云：火齊如雲母，重沓而可開，色黃赤似金，出日南。墨子耕柱篇云：和氏之璧，隋侯之珠，三棘六異，此諸侯之所謂良寶也。初學記、太平御覽引墨子隋侯並作夜光。史記田敬仲世家，梁王曰：寡人有徑寸之珠，照車前後各十二乘者十枚，卽所謂夜光之珠也，或謂之明月。趙策云：明月之珠，和氏之璧。文選西都賦注引許愼淮南子注云：夜光之珠有似明月，故曰明月也。凡珠玉之有光者，通謂之夜光。故楚策云：夜光之璧。揚雄羽獵賦云：椎夜光之流離。流離亦珠也。莊子讓王篇云：以隨侯之珠，彈千仞之雀。趙策云：操隨侯之珠，時宿於野。隨侯之珠，猶言夏后氏之璜，封父之繁弱耳。淮南子注所稱大蛇銜珠之事，近於虚誕矣。急就篇云：係臂琅玕虎魄龍。漢書西域傳云：罽賓國出虎魄。博物志云：神仙傳，松脂淪入地中，千年化爲茯苓，茯苓千年化爲虎魄，虎魄一名江珠。今泰山有茯苓而無虎魄，益州永昌出虎魄而無茯苓，所未詳也。太平御覽引廣志云：虎魄生地中，其上及旁不生草，淺者四五尺，深者八九尺，大如斛，削去外皮、中成虎魄如斗、初時如桃膠、凝堅乃成、出博南縣、舊唐書西域傳云、俱蘭國出金精、太平御覽引劉楨清慮賦云、憑文瑤之几、對金精之盤、說文、璣、珠不圜也、禹貢、厥篚元纁璣組、釋文引字書云、璣、小珠也、呂氏春秋重己篇云、人不愛崑山之玉、江漢之珠、而愛己之一蒼璧小璣、王逸注七諫云、圜澤爲珠、廉隅爲璣、

珠

蜀石碝玟硨磲碼碯武夫琨珸瑎石瑊玏珂

司馬相如上林賦、蜀石黃碝、張注云、蜀石、石之次玉者也、說文、碝、石次玉者、字或作礝瑌、玉藻云、士佩礝玟、中山經云、扶豬之山、其上多礝石、史記司馬相如傳子虛賦、瑌石武夫、漢書作礝、文選作碝、爾雅釋文引應劭注云、礝石白者若冰、半有赤色、玟與下瑎字同、玉藻、士佩瑌玟、鄭風子衿傳作瑌珉、管子揆度篇云、陰山之礝碈、說文、玟、石之美者、又云、珉石之美者、聘義、君子貴玉而賤碈、鄭注云、碈石似玉、

中山經云、岐山其陰多白珉、楚辭九歎、藏瑉石於金匱兮、王逸注云、瑉石、石次玉者、玫瑉珉碈竝字異而義同、硨磲、古通作車渠、藝文類聚引廣志云、車渠出大秦國及西域諸國、南海藥譜引韻集云、車渠玉石之類、形似蚌蛤、有文理、魏文帝車渠椀賦序云、車渠玉屬也、多纖理縟文、生於西國、其俗寶之、小以繫頸、大以爲器、碼碯、通作馬腦、藝文類聚引廣志云、馬腦出西南諸國、魏文帝馬腦勒賦序云、馬腦玉屬也、出自西域、文理交錯、有似馬腦、故其方人因以名之、或以繫頭、或以飾勒、南山經、會稽之山、其下多砆石、郭璞注云、砆石、武夫、石似玉、今長沙臨湘出之、魏策云、白骨疑象、武夫類玉、張注子虛賦云、武夫石之次玉者、赤地白采、蔥龍白黑不分、太平御覽引廣志云、武夫有白黑、可以爲枋棊、四子講德論作碔砆、琨珸通作昆吾、說文、琨石之美者、禹貢、瑤琨篠簜、王肅注云、瑤琨美石次玉者也、案琨即琨珸也、琨珸謂之琨、猶碔砆謂之砆、瑊功謂之瑊、子虛賦、琳瑉昆吾、昆吾謂石之次玉者也、張注子虛賦云、昆吾山名也、出善金、引尸子、昆吾之金、史記索隱引河圖云、流州多積石、名昆吾石、鍊之成鐵、以作劍、光明如水精、於事爲不類矣、中山經、葛山、其下多瑊石、郭注云、瑊石、瑊玏、石似玉也、說文作玪塾、云、石之次玉者、子虛賦、瑊玏元厲、張注與說文同、玉篇、珂石次玉也、亦碼碯絜白如雪者、案珂者、馬勒飾石形似之、因以名焉、左思吳都賦、致遠流離與珂珹、劉逵注云、老鵰入海化爲珹、己裁割若馬勒者謂之珂、亦其類也、

石之次玉

東方有魚焉如鯉六足鳥尾其名曰鮯南方有鳥焉三首六目六足三翼其名曰鸞鵂西方有獸焉如鹿白尾馬足人手四角其名曰玃如北方有民焉九首蚍身其名曰相繇中央有蚍焉人面豺身鳥翼蚍行其名曰化蚍此五方之異物也

東山經云、湙澤有魚焉、其狀如鯉、而六足鳥尾、名曰鮯鮯之魚、其鳴自叫、南山經云、基山有鳥焉、其狀如

雞、而三首六目、六足三翼、其名曰鵸鵌、鵸與鶖同、西山經云、皋塗之山有獸焉、其狀如鹿而白尾、馬足人手而四角、名曰玃如、大荒北經云、共工臣名曰相繇、九首蛇身自環、食于九土、其所歍所尼、卽爲源澤、不辛乃苦、百獸莫能處、中山經云、陽水中多化蛇、人面而豺身、鳥翼而蛇行、其音如叱呼、案爾雅所記五方異物、曰比目魚、曰比翼鳥、曰比肩獸、曰比肩民、曰枳首蛇、此皆耳目所及、非同語怪、若取山海經所記怪物以益之、則悉數難終、不得限以五事矣、

八家爲鄰、三鄰爲朋、三朋爲里、五里爲邑、十邑爲都、十都爲師、州十有二師焉、

此書大傳文也、鄭注云、州凡四十三萬三千家、此蓋虞夏之數也、各本朋譌作明、今訂正、十邑爲都、各本作十邑爲鄉、十鄉爲都、若加以十都爲師、十二師爲州、則一州凡有四百三十二萬家、與鄭注不合、蓋後人以意加之也、考書大傳、及晉書地理志、初學記、太平御覽、路史疏仡紀、竝作十邑爲都、今據以訂正、

㽥㽙堅甄埴塿垟壚墤阺田地土也

㽥之言柔也、說文、㽥、和田也、㽙之言濡也、玉篇仁緣奴過二切、字亦作堧、廣韻、堧、沙土也、說文、堅、剛土也、九章算術商功章云、穿地四、爲壤五、爲堅三、堅、舊本作臤、音堅、案作臤者、曹憲避隋文帝諱而缺其下畫、釋草篇蘻字作繫、正與此同、其音內堅字、則後人所加也、說文、埴、黏土也、字或作[土戠]、又作戠、釋名云、土黃而細密曰埴、埴、膱也、黏肥如脂之膱也、膱字或作[月直]、鄭注考工記弓人云、[月直]、黏也、禹貢、厥土赤埴墳、鄭本作戠、考工記疏引鄭注云、戠、黏土也、晉書成公綏傳天地賦云、海岱赤埴、華梁青黎、周官草人、埴壚用豕、鄭注云、埴壚、黏疏者、管子地員篇云、斥埴宜大菽與麥、黑埴宜稻與麥、考工記搏埴之工二、注亦云、埴、黏土也、埴爲黏土、而因以爲土之通稱、法言脩身篇、擿埴索塗、李軌注云、埴、土也、謂旨人以杖擿地而求道也、塿、謂疏土也、說文、塿、歷土也、管子地員篇、赤壚歷彊肥、尹知章注云、歷、疏也、歷塿一聲之轉、歷之言歷歷、塿之言婁婁也、地員篇、𣪊土之狀婁婁然、注云、婁婁、疏也、說文、垟、赤剛土也、字亦作騂、周官草人、騂剛用牛杜子春注云騂剛謂地色赤而土剛強也魯頌駉篇傳云赤黃日騂說文壚黑剛土也字通作盧釋名云土黑日盧盧然解散也禹貢下土墳壚傳云壚疏也呂氏春秋辯土篇云凡耕之道必始於壚爲其寡澤而後枯淮南子地形訓壚土人大沙土人細大戴禮易本命篇作虛土之人大虛卽盧字之譌盧辯注云大者象地虛縱失之管子地員篇纑土之狀彊力剛堅纑亦與壚同壚爲黑剛土亦因以爲土之通稱淮南子覽冥訓上際九天下契黃壚高誘以壚爲土是也墳之言賁賁然也韋昭注晉語云墳起也禹貢厥土黑墳馬融注云墳有膏肥也周官草人云墳壤用麋

耦䎡䢮耩䅭䅺䅨藨䎤耠鑼䎑䅭犂營墾鞋耕也 [illegible]

耦之言偶也考工記匠人耜廣五寸二耜爲耦鄭注云古者耜一金兩人併發之說文䎡兩壁耕也一日覆耕種也讀若匪䢮之言抌也卷一云抌刺也玉篇䢮掘地也臿屬也亦作鈂說文鈂臿屬也讀若沈䢮鑼耠犂鞋皆田器之名而因以爲耕名猶梧梲及度皆杖名而因以爲擊物之名也玉篇耩䅭也齊民要

術云鋤得五偏以上不須耩耕與耩一聲之轉今北方猶謂耕而下種曰耩矣⿰耒巽字或作𦔮廣韻引字統云𦔮耕也齊民要術綠豆小豆胡麻皆五六月𦔮種注云𦔮漫掩也⿰耒突之言突也玉篇⿰耒突耕禾閒也齊民要術引氾勝之書云宿麥至春凍解棘柴曳之突絕其乾葉緇本作菑說文菑才耕田也爾雅田一歲曰菑孫炎注云菑始災殺其草木也大雅皇矣釋文引韓詩云反草曰菑无妄六二云不耕穫不菑畬大誥云厥父菑厥子乃弗肯播梓材云若稽田既勤敷菑小雅大田篇以我覃耜俶載南畝鄭箋云俶讀爲熾載讀爲菑栗之菑民以其利耜熾菑發所受之地也考工記輪人察其菑蚤不齵注云菑謂輻入轂中者也輻入轂中謂之菑猶耜入地中謂之菑菑之言倳也李奇注漢書蒯通傳云東方人以物臿地中爲倳是其義也周頌載芟篇緜緜其麃毛傳云麃耘也釋文引說文云穮耨鉏田也字林云耕禾閒也昭元年左傳譬如農夫是穮是蓘穮麃竝與藨同藨各本譌作𦔽考說文玉篇廣韻集韻俱無𦔽字今訂正䎙之言拔也拔開也玉篇䎙或作坺云耕外地也鑼猶䎙也方俗語有輕重耳說文鑼耜屬也⿰耒咅之言剖也玉

篇、秙、耜屬也、廣韻云、钃器、出埤倉、玉篇、耥、耕麥地也、又云、樸、冬耕也、又作嘆、引埤倉云、嘆、耕麥地也、齊民要術云、種大小麥、皆須五月六月嘆地、犁、本作辪、或作犂、說文、辪、耕也、釋名云、犁、利也、利發土絕草根也、論語雍也篇、犂牛之子、皇侃義疏云、犂、或音貍、謂襍文也、或音梨、謂耕犂也、漢書匈奴傳、犂其庭、掃其閭、顏師古注云、犂、耕也、楚辭天問、咸播秬黍、莆雚是營、王逸注云、營、耕也、呂氏春秋辯土篇云、今之耕也、營而無獲、廣韻、劚、烏莖切、芟除林木也、齊民要術云、至春而開墾、其林木大者劚殺之、劚與營聲近而義同、爾雅釋訓釋文引倉頡篇云、墾、耕也、周語、土不備墾、韋昭注云、墾、發也、桂之言刲也、說文、桂、冊又可㠯劃麥、河內用之、玉篇、鉋、部巧切、鉋地也、廣韻云、臿地也、今俗語猶呼掘地爲鉋、聲如庖廚之庖、埶、鉋、皆掘地之名、故其字竝從臬、釋器云、臬、臿也、集韻類篇竝引廣雅、鉋、耕也、今本脫鉋字、

⿰耒肖⿰耒曼⿰耒畟⿰耒高⿰耒奄積埶植樹耤潭投蒔種也

玉篇、⿰耒肖、⿰耒曼、種也、⿰耒曼之言漫也、廣韻、⿰耒曼、種遍皃、齊民要術說種胡麻法云、漫種者、先以耬耩、然後散子、漫、與

稷同稷、本作塈、說文塈、種也、一曰內其中、徐鍇傳云、
內子於土中也、廣韻稷、不耕而種也、穯之言離遢也、
齊民要術至春穯種、注云、離而種之曰穯、玉篇穯犁
種也、齊民要術云、大小麥逐犁穯種者佳、玉篇積、灰
中種也、說文埶、種也、今作埶蓺、玉篇稭、種麥也、𦲷曹
憲音派、各本譌作𦲷、字書所無、考說文玉篇廣韻𦲷
匹賣切、正合曹憲之音、今據以訂正、集韻引廣雅作
𦲷、說文玉篇廣韻皆無此字、今不從、投謂投種於土
中也、齊民要術引氾勝之書云、夜半漬麥種、向晨速
投之、方言、蒔、殖、立也、蒔、更也、說文蒔、更別種也、蒔殖
聲相近、故播殖亦謂之播蒔、引之云、玉篇蒔、石至切、
又音時、堯典播時百穀、周頌思文正義引鄭注云、時、
讀曰蒔、種蒔五穀也、晏子春秋諫篇云、民盡得種時、
說苑辨物篇時作樹、樹亦殖也、倒言之則曰時播、史
記五帝紀時播百穀草木、淳化鳥獸蟲蛾、旁羅日月
星辰、時播、淳化、旁羅、皆連語耳、集解訓時爲是、正義
謂順四時而布種、皆失之、種、各本譌作種、
說文玉篇廣韻集韻皆無種字、今訂正、

原端也大鹵大原也

水經汾水注引春秋說題辭云、高平曰大原、原、端也、平而有度也、釋名云、原、元也、如元氣廣大也、元與原同義、故亦訓爲端、隱元年公羊疏引春秋說云、元者、端也、左氏春秋經、昭元年、晉荀吳帥師敗狄于大鹵、公羊穀梁皆作大原、公羊傳云、此大鹵也、曷爲謂之大原、地物從中國、邑人名從主人、原者何、上平曰原、下平曰隰、穀梁傳云、中國曰大原、狄曰大鹵、號從中國、名從主人、汾水注引書大傳云、大而高平者謂之大原、案晉之大原、卽禹貢所謂既脩大原至于岳陽昭元年左傳所謂宣汾洮、障大澤、以處大原者也、杜預云、大原、晉陽也、在今大原府大原縣東北、

釋邱

邱上有木爲柲邱

蔡邕郭林宗碑云、棲遲泌邱、又周巨勝碑云、洋洋泌邱、于以逍遥、束晳元居釋云、學既積而身困、夫何爲乎祕邱、泌祕、竝與柲通、案陳風衡門篇、泌之洋洋、可以樂飢、毛傳云、泌、泉水也、蔡邕束晳以泌爲邱名、廣

雅云、邱上有丘、說竝與毛異、葢本於三家也、

小陵曰邱

周官大司徒注云、土高曰邱、大阜曰陵、是邱小於陵也、

無石曰皀

皀、本作𠂤、隸變作阜、爾雅、大陸曰阜、北堂書鈔引韓詩云、積土高大曰阜、說文、𠂤、大陸也、山無石也、風俗通義云、阜者、茂也、言平地隆踊、不屬於山林也、

四隤曰陵四起曰京曲京曰阿

爾雅、大阜曰陵、大陵曰阿、絕高爲之京、陵之言陵遲也、文選長楊賦注引薛君韓詩章句云、四平曰陵、四平、猶四隤也、漢書項籍傳、因四隤山而爲圜陳外鄉、孟康注云、四隤、四下隤陁也、爾雅、京、大也、四起、謂四面隆起也、倉之方者謂之京、義亦同也、阿者、曲也、故大雅有卷者阿、毛傳云、卷、曲也、文選西京賦注、及衆

經音義卷一、竝引韓詩云、曲京曰阿、然則四隤曰陵以下三句、皆韓詩義也、各本曲京作四京、因上文兩四字而誤、今訂正、鄘風定之方中傳云、京、高邱也、大雅皇矣傳云、京、大阜也、衞風考槃傳云、曲陵曰阿、說文、阿、曲自也、蓋邱阜陵京、對文則異、散文則通矣、

皀細也

北堂書鈔引此作峊、細土也、其義未詳、

藏謂之壙

釋名云、壙、曠也、藏於空曠處也、鄭衆注周官冢祝云、壙、謂穿中也、史記秦始皇紀、奇器珍怪徙臧滿之、臧與藏同、

墳堬埰墦埌壟垎塿邱陵墓封冢也

說文、冢、高墳也、釋名云、冢、腫也、象山頂之高腫起也、爾雅云、山頂、冢、又云、墳、冢、大也、卷一云、封、大也、故冢

或謂之墳，或謂之封矣。方言云：「冢，秦晉之閒謂之墳，或謂之培，或謂之塿，或謂之埰，或謂之埌，或謂之壠，自關而東謂之丘，小者謂之塿，大者謂之丘。」郭璞注云：「墳取名於大防也。」爾雅「墳，大防」，李巡注云：「謂厓岸狀如墳墓。」墳、封、墦一聲之轉，皆謂土之高大者也。方言云：「墳，地大也。青幽之閒，凡土而高且大者謂之墳。」埰之言宰也。宰亦高貌也。列子天瑞篇云：「望其壙宰如也。」僖三十三年公羊傳「宰上之木拱矣」，何休注云：「宰，冢也。」宰與埰聲相近，故冢謂之埰，埰亦謂之宰；官之寀亦謂之宰，事謂之采，采亦謂之縡。方言注云：「古者卿大夫有采地，死葬之，因名曰埰。」其失也鑿矣。孟子離婁篇之「東郭墦閒之祭者」，趙岐注云：「墦閒，冢閒也。」墦之言般也。方言云：「般，大也。」山有嶓冢之名，義亦同也。埌亦壟也，語之轉耳。衆經音義卷七引通俗文云：「邱冢謂之壙埌。」莊子列御寇篇「闔胡嘗視其良」，釋文云：「良或作埌，冢也。」壟，說文作壠，亦通作隴。淮南子說林訓云：「或謂冢，或謂隴，名異實同也。」曲禮云：「適墓不登壟。」壟之言龍嵸也。方言注云：「有界埒，似耕壠，因名之也。」大水大阪謂之隴，義亦同也。培亦高貌也。風俗通義云：「部者，阜之類也。今齊魯之閒田中少高卬者，名之爲部、義並與培同、塿亦高貌也、孟子告子篇、可使高於岑樓、趙注云、岑樓、山之銳嶺者、義與塿同、方言注云、培塿亦堆高之貌、因名之也、培塿堬聲之轉、冢謂之堬、亦謂之培塿、罌謂之㼶、亦謂之瓿甊、北陵謂之西險、小山謂之部婁、義並相近也、曲禮爲宮室不斬於邱木、鄭注云、邱、壟也、釋名云、邱、象邱形也、邱之言邱虛也、應劭注漢書張良傳云、邱虛壯大、是也、陵之言隆也、秦名天子冢曰山、漢曰陵、釋名云、陵、象也、陵形也、墓之言模也、規模其地而爲之、故謂之墓、說文、墓、兆域也、方言、凡葬而無墳謂之墓、注云、言不封也、周官有冢人、有墓大夫、鄭注云、冢、封土爲邱壠、象冢而爲之、墓、冢、塋之地也、檀弓、古也墓而不墳、注云墓、謂兆域、今之封塋也、土之高者曰墳、葢自秦以前、皆謂葬而無墳者爲墓、漢則墳墓通稱、故水經渭水注引春秋說題辭云、邱者、墓也、周官冢人以爵等爲邱封之度、注云、王公曰邱、諸臣曰封、王制、庶人不封不樹、注云、封、謂聚土爲墳、封亦高起之名、大司徒注云、封、起土界也、

宅垗塋域葬地也

孝經云、卜其宅兆而安措之、兆與垗同、士喪禮筮宅、鄭注云、宅葬居也、又主人兆南北面、注云、兆域也、周官冢人職云、掌公墓之地、辨其兆域而爲之圖、案商頌元鳥篇、肇域彼四海、鄭箋云、肇當作兆、小宗伯兆五帝于四郊、鄭注云、兆爲壇之營域、樂記綴兆舒疾注云、綴謂鄭舞者之位也、兆其外營域也、是兆爲營域之通稱、故爾雅云、兆域也、塋亦營也、說文塋墓地也、漢書楚元王交傳云、太夫人薨、賜塋、唐風葛生篇蘞蔓于域、毛傳云、域營域也、

隇陝阻陂阤險也

小雅四牡篇、周道倭遲、釋文云、韓詩作倭夷、文選西征賦注、引韓詩周道威夷、又引薛君章句云、威夷險也、爾雅、西陵威夷、蓋亦取險阻之義、隇陝威夷倭遲竝字異而義同、威夷之爲倭遲、猶陵夷之爲陵遲矣、阻陂阤三字、說見卷二陂陀險阻衺也下、阤與陀同、

岡嶺隥陘阪也

阪之言反側也爾雅陂者曰阪郭注云陂陀不平陂阪聲相近岡今作岡岡之言綱嶺之言領也爾雅山脊岡孫炎注云長山之脊也釋名云岡亢也在上之言也嶺通作領列子湯問篇云終北國中有山名曰壺領說文陘仰也衆經音義卷四引三倉云陘小阪也穆天子傳云天子西征乃絶隃之關陘陘之言登也閻道謂之陘道義亦同也陘之言徑也字亦通作徑孟子盡心篇山徑之蹊閒介然趙岐注云山徑山之領法言吾子篇云山嶺之蹊不可勝由矣馬融長笛賦云膺陗阤腹陘阻並字異而義同此與爾雅山絶陘異義

隒澳㕓厈浦潯濱潀涓浖汜墳漘陴涘垷厓也

厓字或作崖又作涯說文隒崖也爾雅重甗隒孫炎注云山基有重岸也其水厓亦謂之隒王風葛藟傳以漘爲水隒是也張衡西京賦云刊層平堂設切厓隒則殿基亦偕斯稱矣隒之言廉也鄉飲酒禮設席于堂廉鄭注云側邊曰廉是其義也澳字或作隩又作奧說文澳隈崖也又云隩水隈崖也爾雅云隩隈

又云厓內爲隩外爲鞫李巡注云厓內近水爲隩其外爲鞫衞風瞻彼淇奧昭二年左傳及大學竝作澳澳之言奧也鄭注堯典云奧內也說文厂山石之崖巖人可居象形籒文作厈玉篇音呼旦切厈與厓岸之岸聲相近也說文浦水瀕也大雅常武篇率彼淮浦毛傳云浦厓也楚辭九歌云望涔陽兮極浦浦者旁之轉聲猶言水旁耳淮南子原道訓游於江潯海裔文選江賦注引許愼注云潯水厓也楚辭漁父篇游於江潭潭與潯通古者潭潯同聲故高誘注原道訓云潯讀葛覃之覃漢書揚雄傳因江潭而往記兮顏師古云潭音尋濱說文作瀕云水崖也人所賓附禹貢海濱廣斥漢書地理志作瀕大雅召旻篇池之竭矣不云自頻傳云頻厓也竝字異而義同濱與邊聲相近水濱猶言水邊故地之四邊亦謂之濱小雅北山篇云率土之濱是也大雅鳧鷖篇鳧鷖在潀傳云潀水會也說文云小水入大水曰潀皆不以潀爲厓唯鄭箋云潀水外之高者也正義云水外之地潀然而高蓋厓涘之中復有偏高之處說與廣雅相近也爾雅水草交爲湄釋名云湄眉也臨水如眉臨目也秦風蒹葭篇在水之湄傳云湄水隒也小雅巧言

篇居河之麇僖二十八年左傳余賜女孟諸之麇並與湄同又案爾雅釋厓岸之名云涘爲厓窮瀆氾谷者澂此言水厓謂之涘其窮瀆之厓則謂之氾通谷者之厓則謂之澂澂氾皆厓岸之名非溝瀆之名也釋文云澂本又作湄亾悲反又一水草交爲湄釋文云湄本或作澂亾悲反則湄澂是一字廣雅以湄氾同訓爲厓義本於爾雅也而郭璞於窮瀆氾注云水無所通者於谷者澂注云通於谷則是以窮瀆爲氾通谷者爲澂說文亦云氾窮瀆也若然則澂氾當與谿谷溝瀆同列於釋水何得與澮谷瀆涘同列於釋邱而總之以厓岸之名乎斯不然矣涬之言界埒也淮南子俶眞訓云形埒垠堮是也涬亦通作埒淮南子齊俗訓狟狢得埵防高注云埵水埒也防隄也是埒爲水厓也爾雅水潦所還埒邱注云謂邱邊有界埒水繞環之義與厓埒亦相近周官大司徒設其社稷之壝鄭注云壝壇與堳埒也壝謂之埒亦謂之堳厓謂之涬亦謂之埒其義一也氾卽爾雅所謂窮瀆氾非水決復入之氾也對文則窮瀆之厓爲氾通瀆之厓爲澂散文則澂氾通稱淮南子道應訓公孫龍至於河上而航在一氾高注云氾水涯也班固幽通賦

芉彊大於南汜、曹大家注與高誘同、顧命夾兩階戺、傳云、堂廉曰戺、堂邊謂之戺、亦謂之廉、廉、水厓謂之隒、亦謂之汜、其義一也、墳者、高起之名、爾雅墳大防、李巡注云、墳謂厓岸狀如墳墓、說文作坋、又云濆水崖也、周南汝墳篇遵彼汝墳、傳云、墳大防也、大雅常武篇鋪敦淮濆、傳云、濆厓也、周官大司徒墳衍注云、水崖曰墳、竝字異而義同、說文滑水崖也、爾雅厓夷上洒下、不滑、孫炎注云、平上陗下、故名滑、郭璞云、不發聲也、王風葛藟篇在河之滑、傳云、滑水隒也、魏風伐檀篇寘之河之滑兮、傳云、滑厓也、釋文滑本亦作脣、脣者、在邊之名、口邊謂之脣、水厓謂之滑、屋宇謂之宸、聲義竝相近也、隒猶𪔐也、語之轉耳、涘與汜聲相近、爾雅涘爲厓、王風葛藟篇在河之涘、僖元年公羊傳自南涘、毛傳何注竝與爾雅同、影宋本隒涘二字誤入曹憲音內、涘字又誤作泮、皇甫以下諸本皆誤作洋、集韻類篇有泮字、音迷浮切、引廣雅隒泮厓也、則所見已是誤本、案說文玉篇廣韻俱無泮字、葢涘譌爲泮、泮又譌爲洋耳、今訂正、說文垠岸也、或作圻、漢書敘傳漢良受書於邳沂、晉灼注云、沂崖也、圻沂、竝與垠同、凡邊界謂之垠、或謂之堮、文選西京賦注

引許慎淮南子注云、垠堮、端
崖也、厓岸垠堮、一聲之轉、

㕙垠陬隅隈也

僖二十五年左傳注云、隈、隱蔽之處、高誘注淮南子
覽冥訓云、隈、曲深處也、凡山曲水曲通謂之隈、爾雅
云、隩、隈、說文云、隈、水曲、管子形勢篇云、大山之隈、皆
是也、卷四云、㕙、隱也、楚辭九歎、步從容於山㕙、王逸
注云、㕙、隈也、㕙陬聲相近、山㕙猶山陬耳、垠或作沂、
通作鞫、爾雅、厓內爲隩、外爲鞫、李巡注云、厓內近水
爲隩、其外爲鞫、孫炎云、內、曲裏也、外、曲表也、大雅公
劉篇芮鞫之即、鄭箋云、水之內曰隩、水之外曰鞫、漢
書地理志芮水出右扶風汧縣西北、東入涇、詩芮阸阸
雍州川也、顏師古注云、大雅芮鞫之即、韓詩作芮阸、
周官職方氏注引詩作汭垠、案隈是厓內之名、非厓
外之名、廣雅以厓外之垠訓爲隈、未詳所據也、說文
阸、阪隅也、
隅、陬也、

厓隩

附引廣雅一條

土高四墮曰椒邱

見文選謝惠連泛湖歸出樓中翫月詩注、楚辭離騷馳椒邱且焉止息、王逸注云、土高四墮曰椒邱、司馬相如上林賦云、出乎椒邱之闕、

釋山

岱宗謂之泰山

在今泰安府泰安縣北五里、堯典、至于岱宗、風俗通義云、宗者長也、五嶽之長、

天柱謂之霍山

在今六安州霍山縣南五里、漢書地理志、天柱山在廬江郡灊縣南、水經禹貢山水澤地注云、霍山、天柱山也、引爾雅大山宮小山、霍、邵氏二雲爾雅正義云今霍山縣之霍山、中峯庳小、而四圍有大山環繞之、

華山謂之太華

在今同州府華陰縣南十里、

常山謂之恆山

在今定州曲陽縣西北百四十里、漢避文帝諱、改恒山爲常山、見地理志注、

外方謂之嵩高

在今河南府登封縣北十里、禹貢熊耳外方桐柏、地理志云、古文以崈高爲外方山、崈高、郎嵩高、各本外下脫方字、嵩下脫高字、嵩上又衍嵱字、今訂正、

峋嶁謂之衡山

在今衡州府衡山縣西北三十里、中山經注亦云、衡山、俗謂之峋嶁山、案峋嶁、猶穹隆、語之轉也、若車枸簍或謂之穹隆矣、

蜀山謂之𡺎山

𡺎、說文作𡾜，字或作岷，又作汶。𡺎山在今龍安府松潘廳西北二百二十里。地理志云：禹貢𡺎山在蜀郡湔氐道西徼外，江水所出。蜀、讀爲獨，字或作瀆。史記封禪書云：瀆山，蜀之汶山也。水經江水注云：岷山，卽瀆山也，水曰瀆水。

吳山謂之開山

在今鳳翔府隴州西南，俗以在州西四十里者爲汧山，在州南八十里者爲嶽山，其實一山也。開與汧同。禹貢：道岍及岐。釋文：岍，字又作汧，馬本作開。周官職方氏：雍州其山鎮曰嶽山。爾雅釋山：河西嶽。鄭郭注並云：吳嶽也。地理志云：吳山在右扶風汧縣西，古文以爲汧山，雍州山也。續漢書郡國志云：汧縣有吳嶽山，本名汧山。是兩漢志並以汧山爲吳嶽。史記封禪書：自華以西名山七，曰華山、薄山、岳山、岐山、吳岳、鴻冢、瀆山，則分吳嶽與嶽山爲二，而不言汧山。禹貢錐指云：漢志雖云吳山在縣西，而岡巒綿亙延及其南，與嶽山只是一山、自周尊岍山曰嶽山、俗又謂之吳山、或又合稱吳嶽、史記又析嶽山與吳嶽爲二、而岍山之名遂隱、其實此二山者、周禮總謂之嶽山、禹貢總謂之岍山、當以漢志爲正、

薄落謂之幵頭

在今平涼府平涼縣西四十里、地理志云、幵頭山在安定郡涇陽縣西、禹貢涇水所出、幵頭、或作笄頭、史記五帝紀、黃帝西至于空桐、登笄頭、是也、又作雞頭、秦始皇紀、巡隴西北地、出雞頭山、是也、淮南子地形訓、涇出薄落之山、高誘注云、一名笄頭山、元和郡縣志云、笄頭山、一名薄落山、故涇水亦曰薄落水、淮南子覽冥訓云、嶢山崩而薄落之水涸、是也、

土高有石山山產也石䂙也

土高有石、對無石曰阜言之、義本說文也、釋名云、山產也、產生萬物也、䂙、曹憲音石、案說文、䂙、百二十斤也、石訓爲䂙、義無所取、疑是柘字之譌、卷一云、柘、大也、石與碩同聲、碩亦大也、漢書匈奴傳、石畫之臣、鄧

展注云、石、大也、石畫、卽碩畫、

冡腫也

爾雅、山頂、冡、釋名云、冡、腫也、言腫起也、

嶽确也

确、謂堅确也、

凡天下名山五千二百七十出銅之山四百六十有七出鐵之山三千六百有九

此中山經文也、出銅之山以下、亦見管子地數篇、二百七十、中山經作三百七十、續漢書郡國志注引帝王世紀作三百五十、

崐崘虛有三山閬風板桐元圃其高萬一千一百一十

里一十四步二尺六寸

楚辭離騷云、朝發軔於蒼梧兮、夕余至乎縣圃、又云、朝吾將濟於白水兮、登閬風而緤馬、天問云、崐崘縣圃其凥安在、增城九重、其高幾里、哀時命云、擥瑶木之橝枝兮、望閬風之板桐、縣圃與元圃同、閬風或作涼風、板桐或作樊桐、淮南子地形訓云、崐崘虛有增城九重、其高萬一千里百一十四步二尺六寸、又云縣圃涼風樊桐、在崐崘閶闔之中、崐崘之邱、或上倍之、是謂涼風之山、或上倍之、是謂縣圃之山、或上倍之、乃維上天、王逸注離騷引河圖括地象亦云、崐崘高萬一千里、二書所記崐崘里數與廣雅大同小異、事涉無稽、非所詳究也、

𡶶眣𡾰谿谷也

𡶶與淵同、禹貢、岱畎絲枲、傳云、畎、谷也、畎之言穿也、字或作甽、釋名云、山下根之受霤處曰甽、甽、考工記匠人注云、壟中曰甽、甽義竝相近也、𡾰、本作嶰、或作澥、又作解、說文、嶰、水衡官谷也、一曰小谿、漢書律歷志、黃

帝使泠綸自昆侖之陰、取竹之解谷、孟康注云、解、脫也、谷、竹溝也、取竹之脫無溝節者也、一說、昆侖之北谷名也、張衡西京賦云、擿漻澥、拨川瀆、馬融廣成頌云、窮浚谷、底幽嶰、竝字異而義同、徯與豀同、各本谷下脫也字、今補、

釋水

濆泉直泉也直泉涌泉也

爾雅、濫泉正出、正出、涌出也、李巡注云、水泉從下上出曰涌泉、直、猶正也、公羊春秋昭五年、叔弓帥師敗莒師于濆泉、傳云、濆泉者何、直泉也、直泉者何、涌泉也、左氏作蚡泉、穀梁作賁泉、皆古字通用、小雅采菽篇、觱沸檻泉、沸、濆一聲之轉、爾雅、瀵、大出尾下、郭璞注云、今河東汾陰縣、有水口如車輪許、濆沸涌出、其深無限、名之爲瀵、瀵與濆、聲亦相近、

州居也陼處也沚止也渚至也

爾雅、水中可居者曰洲、小洲曰陼、小陼曰沚、小沚曰坻、洲與州同、坻與渚同、釋名云、沚、止也、可以止息其上也、各本處止二字互誤、沚字又誤作渚、太平御覽引廣雅、沚、止也、今據以訂正、

海晦也江貢也河何也淮均也濟濟也伊因也洛繹也

釋名云、海、晦也、主承穢濁、其色黑如晦也、風俗通義云、江者、貢也、出珍物可貢獻也、水經河水注引春秋說題辭云、河之爲言荷也、荷精分布、懷陰引度也、荷與何同、又淮水注引春秋說題辭云、淮者、均其務也、釋名云、濟、濟也、源出河北、濟河而南也、伊、各本皆作津、合下文洛瀍澗推之、則津字當是伊字之譌、今訂正、洪範絲陘洪水、漢石經陘作伊、則伊因古同聲、故訓伊爲因、鄭風溱洧篇伊其相謔、鄭箋亦云、伊、因也、初學記引春秋說題辭云、洛之爲言繹也、言水繹繹光燿也、繹各本譌作驛、惟影宋本不譌、

瀍理也澗閒也漢逢也渭偶也汝汝也涇徑也

瀍與理聲不相近、理字當是壥字之譌、壥與廛同、字與瀍同聲、故云瀍、壥也、集韻類篇竝云、廛、亦作壥、壥與理相似、因

譌而爲理矣。說文、玉篇、廣韻、集韻皆無偕字。疑是偕字之譌。初學記引春秋說題辭、滑之爲言偕也。注云滑滑、流行貌。滑也之滑、滑滑之滑、疑皆偕字之譌。玉篇、廣韻並云、偕、行也。正合流行之義。太平御覽引春秋說題辭云、汝之爲言汝也。訓與廣雅同而未詳其義。諸書依字解經、李多皮傅。於主名山川之意未必有當也

湍瀨也。磯磧也

說文、瀨、水流沙上也。楚辭九歌、石瀨兮淺淺。王逸注云、瀨、湍也。漢書武帝紀、遣歸義越侯甲爲下瀨將軍、史記南越傳瀨作厲。瀨之言厲也。厲、疾也。月令云、征鳥厲疾、是也。石上疾流謂之瀨。故無石而流疾者、亦謂之瀨。楚辭九章云、長瀨湍流、泝江潭兮、是也。說文湍、疾瀨也。史記河渠書云、水多湍石、不可漕。湍之言遄也。爾雅、遄、疾也。其無石而流疾者、亦謂之湍。孟子性猶湍水、是也。合言之則曰湍瀨。淮南子原道訓、漁者爭處湍瀨。高誘注云、湍瀨、水淺流急之處也。說文磧、水陼有石者。衆經音義卷二十二引三倉云、磧、水

中沙灘也。磧之言積也。塞北沙漠謂之磧，義亦同也。衆經音義卷十五引埤倉云：「磧，水中磧石也。」案薛瓚注武帝紀云：「瀨，湍也。吳越謂之瀨，中國謂之磧。」則湍瀨與磧異名而同實。衆經音義卷一、卷十九、卷二十三並引廣雅「磧，瀨也」，似此條湍瀨下本無也字。然水流石上謂之湍瀨，石在水中謂之磧，磧亦可分爲兩義。太平御覽引廣雅亦作「湍瀨也」。影宋本以下並同，今仍其舊。

哄洫畎涿陌堧溝渠川瀆欲窞科臽坑也

爾雅：「阬，虛也。」阬與坑同。坑之言康也。爾雅：「康，虛也。」康、坑、歙、科、渠皆空之轉聲也。哄者，空大之名。哄猶洪也。字亦作䜫。玉篇：「䜫，大谷名。」廣韻云：「大壑也。」壑、哄、洫、陌、臽皆虛之轉聲也。周官遂人：「治野，夫間有遂，十夫有溝，百夫有洫，千夫有澮，萬夫有川。」考工記：「匠人爲溝洫，耜廣五寸，二耜爲耦。一耦之伐，廣尺深尺謂之甽；田首倍之，廣二尺深二尺謂之遂；九夫爲井，井閒廣四尺深四尺謂之溝；方十里爲成，成閒廣八尺深八尺謂之洫；方百里爲同，同閒廣二尋深二仞謂之澮。專達於川，各載其名。」對文則有甽、遂、溝、洫、澮之異，散文則通謂之溝洫故言匠人爲溝洫也大雅文王有聲篇築城伊淢淢與洫同洫亦虛也管子小稱篇滿者洫之虛者實之尹知章注云洫虛也說文く水小流也古文作甽篆文作畎巜水流澮澮也川貫穿通流水也引臯陶謨濬く巜距川今本く作畎巜作澮鄭注匠人云壟中曰甽甽之言穿也穿地通水也故通谷亦謂之畎禹貢岱畎絲枲是也遂通作遂隧又作術月令審端徑術鄭注云術周禮作遂遂者達也達水於溝也阬與畎聲相近阬各本譌作涓玉篇阬乎犬切坑也廣韻同集韻類篇並引廣雅阬坑也今據以訂正埂亦坑也方俗語有輕重耳說文秦謂阬爲埂玉篇引倉頡篇云埂小坑也釋名云溝搆也縱横相交搆也說文渠水所居也管子度地篇云水之出於地溝流於大水及海者命曰川水說文瀆溝也又云隫通溝以防水也古文作續瀆之言竇也說文竇空也故周官注四瀆或作四竇飲與坎同說卦傳云坎陷也窞之言深也說文窞坎中小坎也坎初六人于坎窞王肅注云窞坎底也孟子離婁篇原泉盈科而後進盡心篇流水之爲物也不盈科不行趙岐注並云科坎也太元從次五從水之科滿科亦坎也

范望注以科爲法失之、科之言窠也、卷三云、科、空也、說文云、窠、空也、說文、臽、小阱也、今通作陷、欿窞名聲竝相近、臽、各本譌作舀、今訂正、

瀢潭淵也 自三仞以上二億三萬三千五百五十有九

說文、淵、回水也、管子度地篇云、水出於地而不流者、命曰淵水、卷三云、淵、湙也、說文、瀢、回也、楚辭九章、長瀨湍流、泝江潭兮、王逸注云、楚人名淵曰潭、潭、亦湙也、漢書揚雄傳、潭思渾天、顏師古注云、潭、湙也、各本淵下脫也字、今補、自三仞以下、淮南子地形訓文也、彼文云、凡鴻水淵藪、自三百仞以上、二億三萬三千五百五十里有九淵、三百仞之百、五十里之里、九淵之淵、皆衍文、

清滌浮著水也

曲禮云、凡祭宗廟之禮、水曰清滌、浮著、未詳、

陽矦瀉汏波也

波之言播蕩也。韓策云：塞漏舟而輕陽侯之波，則舟覆矣。楚辭九章淩陽侯之氾濫兮，王逸注云：陽侯，大波之神。文選七發注引此無之神二字。淮南子覽冥訓：武王伐紂，渡于孟津，陽侯之波，逆流而擊。高誘注云：陽侯，陽陵國侯也。溺死於水，其神能爲大波，有所傷害，故因謂之陽侯之波。應劭注漢書揚雄傳云：陽侯，古之諸侯也，有罪自投江，其神爲大波。皆所未詳也。文選西都賦注引倉頡篇云：濤，大波也。濤與濄同。楚辭九章齊吳榜以擊汏，王注云：汏，水波也。九歎云：挑揄揚汏，盪迅疾兮。濤汏一聲之轉，猶淅米謂之淘，亦謂之汏矣。

舟舫䒀船也

此釋舟之總名也。方言：舟，自關而西謂之船，自關而東謂之舟。釋名云：船，循也，循水而行也。又曰：舟，言周流也。爾雅：舫，舟也。郭璞注云：並兩船。說文：舫，船也。明堂月令曰：舫人，習水者。楚策云：一舫載五十人與三月之糧。舫之言方也。鄉射禮不方足，鄭注云：方，猶併也。說文：方，併船也。併船以渡謂之舫，併木以渡亦謂之舫，故爾雅又云：舫，泭也。月令：命漁師伐蛟。鄭注云：今月令漁師爲榜人。司馬相如子虛賦：榜人歌。張注云：榜，船也。月令曰：命榜人。榜人，船長也。鄭、張所引月令，卽明堂月令也。葢榜、舫聲相近，故舫人或作榜人矣。張載榷論云：吳榜越船，不能無水而浮。船，各本譌作䑻舡之舡，今訂正。

䑲艬䑸艜艒䑧艢舺艆艗䑦艫艑艖䑯艡艂舡艞舸艠艘䑳𦪈䑴艃䑸舶艀艦䑴艇艅艎艨艟𦪸艏舴艋艭舟也

此釋衆舟之名也。釋名云：三百斛曰䑲。䑲，貂也。貂，短也。江南所名，短而廣，安不傾危者也。初學記引埤倉云：䑲，吳船也。衛風河廣篇：誰謂河廣，曾不容刀。鄭箋云：小船曰刀。釋文：刀，字書作舠，說文作䑲。正義引說文云：䑲，小船也。並字異而義同。䑲之言貂也，凡物之短者謂之貂，說見卷二貂短也下。艬之言巉巉然也。玉篇：艬，大船也。廣韻云：合木船也。䑸亦艬也，語之轉耳。初學記引周遷輿服雜事云：欲輕行則乘海䑸，䑸合木船也。方言：南楚江湘之閒，凡船大者謂之舸，小舸謂之艖，艖謂之艒䑿，小艒䑿謂之艇，艇長而薄者謂之艜，短而深者謂之艄，小而深者謂之䑼。東南丹陽會稽之閒謂艖爲欚。小爾雅云：艇之小者曰艄。方言注云：今江東呼艖艄者。梁書羊侃傳云：于兩艖艄起三閒通梁水齋，是也。陳書侯景傳以舨艕貯石沈塞淮口，舨艕與艖艄同。各本舺下有艀艋二字，艀音責，艋音猛，下文艓艒下又有艀艋二字，艀音側格，艋音猛。案玉篇艀音陟格切，廣韻陟格側伯二切，集韻陟格側格實窄三切，而皆無責音，其下文側格之音則與廣韻集韻相合，是此處艀艋二字爲衍文，而其音亦後人所妄加也，今刪。初學記引埤倉云：海中船曰艆䑪。集韻：䑪䑹，大艑也。吴志呂蒙傳云：盡伏其精兵𦪙䑹中。藝文類聚引物理論云：工匠經涉河海，爲艑䑹以浮大川。北堂書鈔云：豫章𦪙䑹洲在城之西南，作𦪙䑹大艑之處。水經贛水注作谷鹿洲，並字異而義同。衆經音義卷一引通俗文云：吴船曰艑，晉船曰舶。北堂書鈔引荊州記云：湘洲七郡大艑所出，皆受萬斛。宋臧質石城樂云：大艑載三千，漸水丈五餘。方言注云：今江東呼艖小底者也。舨艜猶抵當也。廣韻

艒䑧，小戰船也，出字林，艀舡，猶䑧肛也，說見卷二䑧
肛䑧也，下，左思吳都賦，宏舸連舳，劉逵注引方言，江
湘凡大船曰舸，吳志董襲傳云，乘大舸船，突入蒙衝
裏，舸者，洪大之稱，門大開謂之閜，大杯謂之閜，大船
謂之舸，義相近也，說文，欚，海中大船也，欚與𦪇同，船
與筏異物而同用，故船謂之舫，亦謂之𦨴，亦謂之𦪇
編木謂之筏，亦謂之泭，亦謂之舫，凡此皆浮之轉聲
也，艭，䒀，即史記所謂樓船也，船上爲樓謂之樓船，猶
車上爲樓謂之樓車，史記平準書，治樓船高十餘丈
南越傳，令罪人及江淮以南樓船十萬師往討之，集
解引應劭漢書注云，作大船，船上施樓，故號曰樓船
也，般，與上艭字同，玉篇，般，𦨴也，廣韻云，小船也，般，曹
憲音叉，影宋本皇甫本般字譌作舟，叉二字，雙行並
刻，畢吳諸本叉字復譌作叉，今據曹憲音訂正，集韻
引廣雅，般，舟也，又其一證矣，艫之言檔，艦之言檻，皆
謂船之有屋者也，衆經音義卷十一引字書云，船上
有屋者曰艫，玉篇，艫，或作船，小船有屋也，楚辭九章
乘舲船余上沅兮，王逸注云，舲船，船有䆫牖者，淮南
子主術訓，湯武不能與越人乘幹舟而浮於江湖，高
誘注云，幹舟，小船也，越人習水，自能乘之，幹與舲通

軨。今本譌作幹。藝文類聚、太平御覽引淮南子並作舲。俶眞訓越舲蜀艇，不能無水而浮。高注云：舲，小船也。越人所便習。此足與主術訓注互相證明矣。船之言博大也。衆經音義卷一引埤倉云：舶，大船也。廣韻云：海中大船也。水經江水注云：吳孫權裝大船，名之曰長安，亦曰大舶，載坐直之士三千人。舶之言浮也。玉篇：艀，小艀也。小艀謂之艀，猶小泭謂之桴矣。晉書忠王尚之傳音義引字林云：艦，屋船也。釋名云：上下重版曰艦，四方施版以禦矢石，其內如牢檻也。三國志周瑜傳云：劉表治水軍，蒙衝鬭艦，乃以千數。左思吳都賦：巨檻接艫。劉逵注云：船上下四方施版者曰檻。檻與艦通。方言注云：樑，即長艄也。樑艄並渠容反。玉篇：艄，小船也。方氏密之通雅云：今皖之太湖呼船小而淺者曰艓艚。淮南子越舲蜀艇，太平御覽引作越艄蜀艇。又引注云：艄，小艇。所引蓋許愼注也。後漢書馬融傳：方餘皇，連艄舟。李賢注引淮南子亦作艄。小爾雅云：小船謂之艇。方言注云：艇，艄也。釋名云：二百斛以下曰艇，其形徑挺，一人二人所乘行也。高誘注俶眞訓云：蜀艇，一版之舟。案高注訓蜀爲一，義本方言。但越舲蜀艇皆以其地名之，若以蜀艇爲一版之舟、則於文不類矣、昭十七年左傳、楚大敗吳師、獲其乘舟餘皇、杜注云、餘皇、舟名、左思吳都賦、䢦餘皇於往初、郭璞江賦、漂飛雲、運艅艎、竝與艅艎同、玉篇艨艟、戰船也、字本作蒙衝、後漢書禰衡傳云、黄祖在蒙衝船上、大會賓客、船之有蒙衝、猶車之有衝車、蒙冒也、衝突也、釋名云、外狹而長曰蒙衝、以衝突敵船也、艗首本作鷁首、畫鷁於船首、因命其船爲鷁首也、方言、船首謂之閤閭、或謂之鷁首、注云、鷁、鳥名也、今江東貴人船前作青雀、是其像也、淮南子本經訓、龍舟鷁首、高注云、鷁、水鳥、畫其象著船頭、故曰鷁首也、張衡西京賦、浮鷁首、翳雲芝、薛綜注云、船頭象鷁鳥厭水神、故天子乘之、鷁首或但謂之鷁、司馬相如子虛賦云、浮文鷁、揚旌栧、是也、玉篇、艐艋、小舟也、小舟謂之艐艋、小艎謂之蚱蜢、義相近也、藝文類聚引宋元嘉起居注云、餘姚令何玢之造作艐艋一艘、精麗過常、𦪇本作欚、說文、欚、江中大船名、洪氏稚存釋舟云、案方言、艖爲小舸、欚與艖同、則欚亦不盡是大舟矣、又云、小舟謂之麗、莊子秋水篇、梁麗可以衝城、司馬彪注、梁麗、小船也、裴松之三國志王朗傳注稱、獻帝春秋、朗對孫策使者云、獨與老母共乘一欚、流矢始交，便棄欐就伃，亦欐爲小舟之證。欐、麗古字通。念孫案：玉篇、廣韻欚、欐竝力底切。方言欚爲小舸，則欚與欐、麗竝通。莊子人閒世篇：「楸柏桑，三圍四圍，求高名之麗者斬之。」司馬彪注亦以麗爲小船。曹植盤石篇云「呼吸吞船欐」，則欐又爲船之通稱矣。

簰、⿱竹泭、𤄷、筏也

方言：「泭謂之簰，簰謂之筏。筏，秦晉之通語也。」衆經音義卷三云：「筏，通俗文作䑧，韻集作橃，編竹木浮於河以運物也。南土名簰，北人名筏。」字又作栰。論語公冶長篇馬融注云：「編竹木，大者曰栰，小者曰桴。」簰之言比次也。後漢書岑彭傳「乘枋箄下江關」，李賢注云：「枋箄，以木竹爲之，浮於水上。」箄、簰、簿竝同。⿱竹泭之言比附也。說文：「泭，編木以渡也。」爾雅釋言：「舫，泭也。」孫炎注云：「方木置水中爲泭筏也。」釋文：「泭，字或作⿱竹泭，樊本作柎。」周南漢廣釋文引郭璞音義云：「木曰簰，竹曰筏，小筏曰泭。」釋水：「庶人乘泭。」李巡注云：「併木以渡也。」齊語：「方舟設泭，乘桴濟河。」韋昭注云：「編木曰泭，小泭曰桴。」管子輕重甲篇云：「冬不爲杠，夏不束泭。」楚辭九章：「乘氾泭以下流兮、王逸注云、編竹木曰泭、楚人曰泭、秦人曰橃、箳篧筏泭柎並同、潢之言横也、横流而渡也、說文、潢、㠯船渡也、方言、方舟謂之潢、郭注云、揚州人呼渡津舫爲杭、荊州人呼潢、潢亦杭也、語之轉耳、六韜軍用篇云、天横、一名天船、張衡思元賦云、乘天潢之汎汎兮、浮雲漢之湯湯、横潢並與潢通、據方言說文、則潢爲方舟之名、非筏名也、玉篇廣韻亦不訓爲筏、至集韻始引廣雅潢筏也、然衆經音義卷十四、引廣雅箳篧筏也、而無潢字、疑廣雅潢字本别爲一條、而脫誤在此也、

舥謂之舷

此謂船兩邊也、衆經音義卷十六引埤倉云、舷、船舷也、楚辭漁父篇、鼓枻而去、王逸注云、叩船舷也、舷或作弦、舥、或作桅、淮南子說林訓、遽契其舟桅、高誘注云、桅、船弦版也、讀如左傳襄王出居鄭地氾之氾、今本淮南子桅譌作桅、桅字草書作桅、因譌而爲桅、集韻類篇並云、舥或作桅、漢童子逢盛碑亦有桅字、

䑳謂之桄

此謂船前横木也。桄之言横也。集韻、桄，舟前木也。凡舟車前之横木皆曰桄。衆經音義卷十四云、桄，聲類作𨋩。車下横木也。今車牀及梯轝下横木皆曰桄。釋名釋車篇云、桄，横在前，如臥牀之有桄也。桄，横也。横在下也。義與聲類同。今本釋名桄字譌作枕，而校是書者輒證以方言軫謂之枕，且刪去横在下也四字，弗思甚矣。別言之，則船前横木曰桄；合言之，則四邊皆曰桄。今人言邊桄是也。玉篇艙，船艙也。船艙，猶言船桄。今本玉篇船艙譌作艙船。廣韻艙，船艙也。集韻艙，船前桄也。足正今本之失。合言之，則四邊皆曰艙，若錢四周謂之輪郭矣。

艁舟謂之浮梁

方言、艁舟謂之浮梁。郭璞注云、卽今浮橋。說文、艁，古文造。桊造之言曹也，相比次之名也。造次一聲之轉，故凡物之次謂之造。昭十一年左傳、僖子使助薳氏之簉。杜注云、簉，副倅也。張衡西京賦、屬車之簉。薛綜注云、簉，副也。義與造舟竝相近。大雅大明篇、造舟爲梁。爾雅、天子造舟。李巡注云、比其舟而渡曰造舟。孫炎云、比舟爲梁也、薛綜注東京賦云、造舟、以舟相比次爲橋也、以上諸說皆合造字之義、昭元年左傳、秦后子造舟于河、正義云、李巡孫炎郭璞、皆不解造義、葢造爲至義、言船相至而竝比也、案比舟二字、正釋造字之義、沖遠不得其解而轉訓爲至、爾雅釋文訓造爲作、宣十二年公羊傳疏引舊說訓造爲詣、又轉訓爲成、皆由不知造爲比次之義、故望文生訓而卒無一當矣、艁、各本皆作造、此後人據經文改之也、詩及爾雅釋文竝云、造、廣雅作艁、今據以訂正、

崐崘虛赤水出其東南陬河水出其東北陬洋水出其西北陬弱水出其西南陬河水入東海三水入南海

海內西經云、海內崐崘之墟在西北、赤水出東南隅以行其東北、西南流注南海、厭火東、河水出東北隅以行其北、西南又入渤海、又出海外、卽西而北、入禹所導積石山、洋水黑水出西北隅以東、東行、又東北、南入海、羽民南、弱水青水出西南隅以東、又北、又西南過畢方鳥東、淮南子地形訓云、弱水出自窮石、至

于合黎、餘波入于流沙、絕流沙、南至南海、其記河水赤水洋水、與海內西經略同、葢廣雅所本也、崐崘所在、言人人殊、四水出其四隅、尤無實驗、所謂不可爲典要者與

水自渭出爲滎、水自汾出爲派

水經渭水注云、渭水東北逕渭城南、東分爲二水、廣雅曰、水自渭出爲滎、其猶河之有雍也、此瀆東流注渭水、又汾水注云、汾水於大陵縣左迆爲鄔澤、廣雅曰、水自汾出爲汾陂、陂南接鄔、地理志曰、九澤在北、幷州藪也、呂氏春秋謂之大陸、又名之曰漚夷之澤、俗謂之鄔城泊、又會嬰侯之水、亂流逕中都城南、侯甲水注之、又西逕鄔縣故城南、又西北入鄔陂而歸於汾流矣、案酈注水自汾出爲下、當有闕文、鄔城泊在今汾州府介休縣東北

廣雅疏證卷第九下

廣雅疏證卷第十上

釋草

皋蘇白䓘也

南山經云、侖者之山有木焉、其狀如穀而赤理、其汁如漆、其味如飴、食者不飢、可以釋勞、其名曰白䓘、郭注云、或作皋蘇、皋蘇、一名白䓘、見廣雅、案白䓘木名而入釋草者、方言云、蘇芥草也、白䓘草類、故一名皋蘇、特其狀如穀而赤理、因又以爲木耳、侖者之山有木焉、其狀如穀而赤理、其名曰白䓘、猶中山經、姦山有木焉、其狀如棠而赤葉、名曰芒草、雖以爲木、仍是草類、皋蘇䓘三字皆從艸、足以明之矣、玉篇云、白䓘草、食之不飢、亦與廣雅同、藝文類聚引張協都蔗賦云、皋蘇妙而不逺、何況沙棠與椰實、皋蘇味如飴、故以比甘蔗也、高誘注淮南精神訓云、勞、憂也、皋蘇解憂忿、故曰可以釋勞、初學記引王朗與魏太子書云、奉讀歡笑以藉飢渴雖復萱草忘憂皋蘇釋勞無以加也應瑒報龐惠恭書云雖萱草樹背皋蘇在側悒忿不逞祇以增毒徐陵玉臺新詠序云代彼萱蘇蠲兹愁疾皆其證也至說文云䓘葛屬也白華玉篇云䓘草名其實似瓜食之治瘧則與廣雅異同未審

茈蘻蕨也

爾雅蘻月爾郭注云即紫蘻也似蕨可食後漢書馬融傳云茈萁芸蓏茈與紫同萁與蘻同又爾雅蕨鼈注云廣雅云紫蘻非也初生無葉可食江西謂之鼈案草木鳥獸同類者亦得同名紫蘻蕨之類也齊民要術引詩義疏云蕨山菜也初生似蒜莖紫黑色洞冥記云元草黑蕨又云紫莖寒蕨謝靈運酬從弟惠連詩山桃發紅萼野蕨漸紫苞則蕨亦紫色故紫蘻謂之蕨也鄭樵爾雅注云蘻今謂之蘻蕨似蕨而大可食羅願爾雅翼云蕨生如小兒拳紫色而肥今野人今歲焚山則來歲蕨菜繁生其舊生蕨之處蕨葉老硬敷披人誌之謂之蕨基廣雅云蕨紫萁基豈萁之轉邪戴侗六書故云蕨紫萁也生山中其有蕨萁

有狼萁蕨萁初出土、紫色、拳如小兒手、可食、李時珍本草云、紫萁似蕨、有花而味苦、謂之迷蕨、初生亦可食、是紫藄稱蕨、後世方俗語猶然也、

蕖䓘也

說文、䓘、草也、繫傳引字書云、黃䓘草也、玉篇、黃蓓、草名、䓘、香草、蕖、蕖䓘草也、廣韻、草、香草、集韻、草、䕲香草、䓘與蓓、廣韻同薄亥切、又與草同蒡久切、黃蓓草䕲、未知孰爲蕖也、

王白蕢也

未詳、

蒩蕺也

說文、蒩、菜也、玉篇、蕺、菜也、張衡南都賦、其園圃則有蓼蕺蘘荷、李善注引風土記云、蘵、香菜、根似茆根、蜀人所謂蒩香、蘵與蕺同、後漢書馬融傳、茈藄芸蒩、李賢注云、其根似茅根、可食、左思蜀都賦、樊以蒩圃、劉

逵注云、蒩、草名也、亦名土茄、葉覆地而生、根可食、人飢則以繼糧、李善注引埤倉云、蒩、蕺也、謝靈運山居賦、畦町所藝、蓼蕺蕽薺、北戶錄引越絕云、蕺山、越王句踐種蕺處、古今注云、荆揚人謂蒩爲蕺、齊民要術云、菹菜紫色有藤、唐本草注云、蕺菜葉似蕎麥、肥地亦能蔓生、莖紫赤色、多生溼地山谷陰處、山南江左好生食之、關中謂之蒩菜、蒩蕺菹藉字竝通、

黎蘆蔥苒也

蔥、各本譌作蕙、今訂正、急就篇云、牡蒙甘草菀藜蘆、神農本草云、藜蘆、一名蔥苒、吳普本草云、藜蘆、一名蔥葵、一名山蔥、一名豐蘆、一名蕙葵、大葉根小相連、名醫別錄云、一名蔥菼、藜與豐菼與苒音竝相近、玉篇、藜、旅題切、豐、力弟切、苒、他甘切、菼、他敢切、苒與苒同、御覽引廣雅、藜蘆、蔥苒也、陶隱居本草注云、藜蘆根下極似蔥而多毛、蘇頌圖經云、藜蘆有二種、水藜蘆根鬚百餘莖、蔥白藜蘆根鬚三二十莖、均州土俗亦呼爲鹿蔥、又云、莖似蔥白、根黃白色、范子計然云、藜蘆出河東、黃白者善、

菗蒢地榆也

菗、玉篇云、菗蒢菜也、名醫別錄云、地榆生桐柏及冤句山谷、陶隱居注云、菜似榆而長、初生布地、其花子紫黑色如豉、故名玉豉、齊民要術引神仙服食經云、地榆一名玉札、北方難得、故尹公度曰、寧得一斤地榆、不用明月珠、其實黑如豉、北方呼豉爲札、當言玉豉、此草霧而不濡、太陽氣盛也、鑠玉爛石、其根作飲、其汁釀酒、又引廣志云、地榆可生食、梁元帝元覽賦、金鹽玉豉、堯韭舜榮、謂此矣、

莪蒿蘪蒿也

爾雅、莪、蘿、郭注云、今莪蒿也、亦曰蘪蒿、說文、莪、蘿、蒿屬、菻、蒿屬也、菻與蘪同、小雅菁菁者莪傳云、莪、蘿、蒿也、正義引義疏云、莪蒿也、一名蘿蒿、生澤田漸洳之處、葉似邪蒿而細、科生、三月中、莖可生食、又可蒸、香美味、頗似蔞蒿、陳藏器本草拾遺云、蘪蒿生高岡、宿根先於百草、一名莪蒿、如詩疏及本草拾遺所說莪蒿之形、葢茵陳之類也、名醫別錄云、茵陳蒿生大山及丘陵坡岸上、陶注云、似蓬蒿而葉緊細、莖冬不死、

春又生、本草拾遺云、經冬不死、至春更因舊苗而生新葉、故名茵陳、二者相近矣、

蕑蘭也

鄭風溱洧篇、方秉蕑兮、陳風澤陂篇、有蒲與蕑、傳竝云蕑蘭也、神農本草云、蘭草主殺蠱毒、辟不祥、通神明、案鄭風正義引義疏云、蕑即蘭香草也、莖葉似澤蘭廣而長節、藏衣著書中、辟白魚、是其殺蠱毒也、初學記引韓詩章句云、鄭國之俗、三月上巳、於溱洧兩水之上、招䰟續魄、秉蘭拂除不祥之故、周官女巫掌歲時祓除釁浴、注云、歲時祓除、如今三月上巳如水上之類、釁浴謂以香薰草藥沐浴、夏小正、蓄蘭、傳云、爲沐浴也、楚詞九歌、浴蘭湯兮沐芳、王逸注云、言已將修饗祭以事雲神、乃使靈巫先浴蘭湯、沐香芷、以自絜清也、是其辟不祥通神明也、蕑或爲蕳、蘭或爲蓮、衆經音義卷二引字書云、蕳與蕑同、蕳蘭也、又引說文云、蕳香草也、卷十二引聲類云、蕳蘭也、又引說文云、香草也、今本說文蕳草出吳林山、脫去香字耳、廣韻、蕳香草、即本說文、中山經云、吳林之山多蕳草、青要之山有草焉、其狀如蕳、其本如藁本、洞庭之山

其草多葌蘪蕪芍藥芎藭、以葌與藁本蘪蕪芍藥芎藭竝言之、其爲香草明矣、郭璞以葌爲菅、云似茅、恐非也、說文芎藭蘭葌四字連文、別出茅菅二字於後、則葌與蘭同、不與菅同矣、是蕑通作葌也、管子地員篇、五粟之土、五臭生之、薜荔白芷蘪蕪椒連、五沃之土、五臭疇生、蓮與蘪蕪藁本白芷、是蘭通作蓮也、詩溱洧釋文引韓詩、蕑、蓮也、御覽引韓詩章句云、蕑蘭也、初學記引韓詩章句云、秉蘭拂除不祥之故、皆借蓮爲蘭、澤陂箋云、蕑當爲蓮、芙蕖實也、云當爲蓮而不云蕑蓮也、則以蕑之本字不訓爲蓮、藕之蓮、故必破字耳

蘱芽蔽也

廣韻、蔽、茅類、蘱、草名、似蒲、一云似茅、爾雅、蘱、薡董、郭注云、似蒲而細、邢昺疏云、可爲屩、亦可綯以爲索、說文、董、薡董也、杜林曰、藕根、徐鍇傳云、似蒲而細、今人以織屨、西京賦、草則葴莎菅蔽、李善注引聲類云、蔽草中爲索、玉篇同、成九年左傳、雖有絲麻、無棄菅蔽、正義云、陸機毛詩疏、菅似茅、滑澤無毛、筋宜爲索、蔽

亦菅之類、喪服傳云、疏屨者、藨蒯之菲也、可以爲屨、並可代絲麻之乏、然則蒯爲索爲屨、與蕕同、是一物也、遼釋行均龍龕手鑑云、蕕草、一名鼎童、似鳥尾、可食、

廉薑、葰也、

說文、葰、薑屬、可以香口、字或作綏、士喪禮記、茵著用茶、實綏澤焉、注云、綏廉薑也、取其香且御溼、或作浚、鹽鐵論散不足篇云、浚茈蓼蘇、或作葰、劉逵吳都賦注引異物志云、葰、一名廉薑、生沙石中、薑類也、其累大辛而香、削皮、以黑梅并鹽汁漬之、則成也、始安有之、或作荽、潘岳閒居賦云、蓼荽芬芳、御覽引劉楨清慮賦云、俯拔廉薑、又引此作蔟葰廉薑也、齊民要術同、

草蒿、青蒿也、

爾雅、蒿、菣、郭注云、今人呼青蒿香中炙啗者爲菣、小雅鹿鳴篇、食野之蒿、正義引義疏云、蒿、青蒿也、荊豫之閒、汝南汝陰皆云菣也、神農本草、草蒿、一名青蒿、一名方潰、陶隱居注云、即今青蒿、人亦取雜香菜食

之、蜀本圖經云、葉似菌陳蒿而背不白、高四尺許、
江東人呼爲抓蒿、爲其臭似抓、北人呼爲青蒿、

枸乳苦杞也

爾雅、杞、枸檵、郭注云、今枸杞也、枸、與枸同、字從木、各本譌從才、玉篇云、枸、枸杞也、本作枸、集韻、枸、或作枸、引廣雅、枸乳、苦杞也、今訂正、小雅四牡篇、集于苞杞、正義引義疏云、杞、其樹如樗、一名苦杞、春生可作羹茹、微苦、神農本草云、枸杞味苦寒、陶隱居注云、葉可作羹、味小苦、蘇頌圖經云、俗謂之甜菜、案今世亦謂之甜菜、初食味苦、苦杞之名、起於此矣、御覽引吳普本草云、枸杞、一名羊乳、益其下垂似之、壽義疏云、枸杞子秋熟正赤、蘇頌本草圖經云、六月七月生小紅花、隨便結紅實、形微長如棗核、案今江淮閒謂之狗嬭子、狗枸同聲、嬭、即乳也、玉篇、嬭、乳也、

游冬苦菜也

月令云、孟夏苦菜秀、呂氏春秋任地篇云、日至苦菜死、亦單謂之苦、唐風采苓篇云、采苦采苦、公食大夫

禮云、鉶芼羊苦、鄭注云、苦、苦茶也、內則云、濡魚、包苦實蓼、又謂之茶、爾雅茶、苦菜、邶風谷風篇云、誰謂茶苦、其甘如薺、豳風七月篇云、采茶薪樗、食我農夫、大雅緜篇云、堇茶如飴、神農本草云、一名茶草、一名選、名醫別錄云、一名游冬、生山陵道旁、冬不死、桐君藥錄云、三月生扶疏、六月花從葉出、莖直花黃、八月實黑、實落、根復生、冬不枯、則游冬之名、其取諸此乎、顏氏家訓云、禮云苦菜秀、案易統通卦驗元圖曰、苦菜生於寒秋、更冬歷春、得夏乃成、今中原苦菜則如此也、一名游冬、葉似苦苣而細、摘斷有白汁、花黃似菊、江南別有苦菜、葉似酸漿、其花或紫或白、子大如珠、熟時或赤或黑、此菜可以釋勞、案郭璞注爾雅、此乃識黃蒢也、今河北謂之龍葵、梁世講禮者以此當苦菜、既無宿根、至春方生耳、亦大誤也、又高誘注呂氏春秋曰、榮而不實曰英、苦菜當言英、益知非龍葵也、爾雅釋文云、茶、苦菜、在釋草篇、本草爲菜上品、陶宏景乃疑是茗、失之矣、釋木篇檟苦茶、乃是茗耳、案顏陸二家之辨、皆得其實、程先生易疇通蓺錄云、苦菜有二種、一種爲苦蕒、一種北方人呼爲藘蕒菜也、苦蕒八九月生者、葉皆從根出、不生莖、斷之有白汁、其味苦、春生者、四月中抽莖作花、月令孟夏苦菜秀是也、花黃如菊、其鄂作苞、花英之本藏苞中、一英下一子、子末生白毛如絲、英落苞開、子末之白毛乃見、數以萬計、形圓如毬、所謂荼也、鹽鐵論云、秦法繁于秋荼、苦菜之荼生於秋者、一花之跗、多以萬計、洵爲繁矣、蘧蕒菜七月生者有幹、其葉節節臺生、數葉後又生岐莖、花如苦蕒苞開、白如毬、八九月猶盛開、其子有形而不實、引之案南方人呼苦蕒菜者、確如此說、至北方人說蘧蕒菜、宿根經冬不死、斷其莖有白漿、取其葉和醬食之、或和餳、皆可、其味苦、四五月花黃如菊、九月方止、不結子、亦無白毛、高誘注呂氏春秋孟夏紀、謂苦菜榮而不實、殆謂是與、

蒤姑艾但鹿何澤蘭也

陶隱居注別錄杉材云、蒤姑葉細細、多生石邊、療蒤瘡、陳藏器本草拾遺云、蒤姑如鼠跡大、生階墀閒陰處、氣辛烈、主蒤瘡、又本草蜀羊泉、唐注云、此草俗名蒤姑葉似菊、花紫色、子類枸杞子、根如遠志、主療蒤瘡、餘不詳、

蓳羊蹏也

蓳有二、一爲蒴藋、烏頭之類也、爾雅云、芨、堇草、郭注云、卽烏頭也、江東呼爲堇、名醫別錄云、蒴藋有毒、一名堇草、一名芨、說文繫傳引字書云、蒴藋一名堇、玉篇、蒴藋有五葉、堇、一名蒛、廣韻、芨、烏頭別名、或作蒛、蓳、蒴藋別名、集韻、芨、堇草也、通作蒛、蒛、草名、蒴藋也、是蒴藋名堇、名芨、又名堇也、一爲羊蹏、小雅我行其野篇言采其蓫、傳云、蓫、惡菜也、齊民要術引義疏云、今羊蹏似蘆菔、莖赤、煮爲茹、滑而不美、多噉令人下痢、幽州謂之羊蹄、揚州謂之蓫、一名蓨、蹄與蹏同、爾雅、苖、蓨、卽蓫、一名蓨者、集韻、堇或作苖、通作蓫、羊蹄也、詩釋文、蓫、本又作蓄、神農本草、羊蹄、一名東方宿、一名連蟲陸、一名鬼目、名醫別錄云、一名蓄、陶隱居注云、今人呼爲禿菜、卽是蓄音之譌、引詩云、言采其蓄、更有一種味酸者、齊民要術引字林云、堇似冬藍、蒸食之酢、陶隱居注本草羊蹄云、又一種極相似而味醋、呼爲酸摸、本草拾遺云、酸摸葉酸美、人亦折食其英、葉似羊蹄、是山大黃、一名當藥、爾雅、須、蕵蕪、郭注云、似羊蹄、葉細、味酢可食、是羊蹄一種名蓫名蒿、一種名飡蕪名酸摸、而總謂之堇也、名醫別錄云、蒴藋有毒、生田野、羊蹄無毒、生川澤、寇宗奭本草衍義云、蒴藋花白、子如綠豆、羊蹄花青白、子三棱、二者各殊、玉篇云、堇、一名蒵、又云、似冬藍、食之醋、則是合蒴藋羊蹄爲一物、誤矣、

牛莖牛厀也

神農本草、牛膝、一名百倍、名醫別錄云、生河內川谷及臨朐、陶隱居注云、今出近道蔡州者、最長大柔潤其莖有節、似牛膝、故以爲名也、乃云有雌雄、雄者莖紫色而節大爲勝、爾御覽引吳普本草云、牛厀生河內、或臨邛、葉如夏藍、莖本赤、又引廣雅牛莖、牛厀也、各本莖譌作莖、今訂正、廣韻莖牼竝戶耕切、說文、牼、牛厀下骨也、牛莖之名、殆取此義與、抱朴子黃白篇云、俗人見方用鼠尾牛厀、皆謂之血氣之物也、

豨耳馬莧也

豨卽豚字、神農本草、莧實、一名馬莧、陶隱居注云、今馬莧別一種、布地生、實至微細、俗呼爲馬齒莧、亦可

食、小酸、恐非莧實也、顔氏家訓云、馬莧堪食、亦名豚耳、俗曰馬齒、江陵有一僧、面形上廣下狹、劉緩幼子云、似馬莧、是其狀矣、李時珍云、馬齒莧大葉者、俗呼爲豘耳草、小葉者爲鼠齒草、豘與豚同、

卬昌陽菖蒲也

說文、茚、昌蒲也、茆、茚茆也、茚、與卬同、亦作𦬊、玉篇、茚、五唐切、菖蒲也、𦬊、語兩切、草生池水邊、廣韻、茚、五剛切、菖蒲別名、又魚兩切、集韻、𦬊、語兩切、菖蒲也、或作茚、神農本草、菖蒲久服輕身、不忘不迷惑、延年、一名昌陽、陶注云、今處處有、生石磧上、槪節爲好、生下濕地大根者、名昌陽、此藥甚去蟲、并蚤蝨、藝文類聚引吳普本草云、菖蒲、一名堯韭、一名昌陽、亦作昌羊、淮南說林訓云、昌羊去蚤蝨而來蛉窮、高誘注云、昌羊、昌蒲也、名醫別錄云、白昌、一名水宿、一名莖蒲、陳藏器云、一名昌陽、生水畔、人亦呼爲菖蒲、與石上菖蒲別、根大而臭、一名水菖蒲、案此與陶注生下濕地根大者、名昌陽正合、但本草經及吳普本草竝云菖蒲一名昌陽、恐俱是大名、不分水石也、且管子地員篇云、山之上、其草蘄白昌、又云、其山之㫄、有彼黃宦、及

彼白昌似生石上者亦名白昌也周官醢人朝事之豆其實昌本鄭注云昌蒲根也公食大夫禮醢醢昌本注云昌本昌蒲本菹也僖三十年左傳饗有昌歜杜注云昌蒲菹也韓非子難篇文王嗜菖蒲菹呂氏春秋任地篇冬至後五旬七日昌始生昌者百草之先生者也

攣夷芍藥也

攣夷即留夷留夷攣聲之轉也張注上林賦云留夷新夷也新與辛同王逸注楚詞九歌云辛夷香草也郭璞注西山經云芍藥一名辛夷亦香草屬然則鄭風之勺藥離騷之留夷九歌之辛夷一物耳毛詩溱洧傳云勺藥香草御覽引義疏云今藥草勺藥無香氣非是也未審今何草司馬相如賦云勺藥之和揚雄賦曰甘呫之和勺藥之羹然則勺藥人人食之也案西山經云繡山其草多芍藥中山經句檷之山條谷之山洞庭之山竝云其草多芍藥則芍藥山草名醫別錄云芍藥生中岳川谷及邱陵陶注云出白山蔣山茅山最好白而長大餘處多赤與山經合則古之芍藥即醫家之藥草芍藥也今人畦種之離騷所謂

畦。晉夷者矣，其根莖及葉無香氣，而花則香，故毛詩謂之香草，猶蘭爲香草，亦是花香，莖葉不香也。至司馬相如子虛賦，勺藥之和，揚雄蜀都賦，甘甛之和，勺藥之羹，皆是調和之名，陸氏引以證勺藥之草，誤也。伏儼注子虛賦云，勺藥以蘭桂調食，文穎云，勺藥，五味之和也，韋昭云，勺藥，和齊鹹酸美味也。勺，丁削反，藥，旅酌反，晉灼云，南都賦曰歸鴈鳴鶉，香稻鮮魚，以爲勺藥，酸恬滋味，百種千名，文說是也。李善云，枚乘七發云，勺藥之醬，然則和調之言，於義爲得，今案，勺丁削反，藥，旅酌反，勺藥之言適歷也，適亦調也，說文⿰甘厤字從厤，云，厤，調也，與歷同，又云，秝，希疏適歷也，讀若歷，周官遂師注云，磨者，適歷，執綍者名也，疏云，分布希疏得所，名爲適歷也，然則均調謂之適歷，聲轉則爲勺藥，蜀都賦云，有伊之徒，調夫五味，甘甛之和，勺藥之羹，七命云，味重九沸，和兼勺藥，論衡譴告篇云，釀酒於罌，烹肉於鼎，皆欲其氣味調得也，時或鹹苦酸淡不應口者，由人勺藥失其和也，嵇康聲無哀樂論云，大羹不和，不極勺藥之味，皆其證矣，服虔注子虛賦，列或說云，以勺藥調食，亦未嘗審信也，而顏師古乃云，勺藥，草名，其根主和五藏，又辟毒氣，故合

之於蘭桂五味、以助諸食、因呼五味之和爲勺藥、及
考古人飲食、未聞有用勺藥者、旣已無可舉證矣、乃
云今人食馬肝馬腸、合勺藥而煮之、是古之遺法、據
其說、則今人非食馬肝馬腸、且不用芍藥、何以知古
人用勺藥助食乎、然且歷詆
諸家妄爲音訓、斯爲謬矣、

菥蓂馬辛也

爾雅、菥蓂、大薺、郭注云、似薺、葉細、俗呼之曰老薺、神
農本草云、菥蓂子、味辛微溫、一名蔑析、一名大戢、一
名馬辛、名醫別錄云、一名大薺、生咸陽川澤及道傍、
陶注云、今處處有之、人乃言是大薺子、呂氏春秋任
地篇、孟夏之昔、殺三葉而穫大麥、高誘注云、昔、終也、
三葉、薺亭歷菥蓂也、是月之季枯死、大麥熟而可穫、
月令謂之靡草、孟夏之月、靡草死、麥秋至、卽所謂殺
三葉而穫大麥也、鄭注引舊說云、靡草、薺亭歷之屬、
正義云、以其枝葉靡細、故云靡草、依爾雅注、則菥蓂
之葉、又細于薺也、張衡南都賦云、其園圃則有菥蓂、
芋瓜、

蒣蔀魚薺也

菜屬、一名蒣、一名蔀、玉篇云、蒣、魚薺也、廣韻云、蔀、菜、魚薺也、

狗薺大室葶藶也

爾雅、蕇亭歷、郭注云、實葉皆似芥、一名狗薺、見廣雅釋文云、亭歷、或作葶藶、引廣雅狗薺大室葶藶也、各本俱脫葶字、今補、神農本草云、葶藶、一名大室、一名大適、生藁城平澤、名醫別錄云、一名丁歷、一名蕇蒿丁與葶聲相近也、陶注云、出彭城者最勝、今近道亦有、母則公薺子細黃、至苦、爾雅釋文云、今江東人呼爲公薺蓋菥蓂葶藶皆薺之類、故菥蓂謂之大薺、葶藶謂之狗薺、或謂之公薺、蘇頌本草圖經云、初春生苗葉高六七寸、有似薺、根白、枝莖俱青、三月開花、微黃、結角子扁小如黍粒微長、黃色、是其狀也、又謂之靡草、月令、孟夏之月、靡草死、鄭注引舊說云、靡草、薺亭歷之屬、正義云、以其枝葉靡細、故云靡草也、案呂氏春秋任地篇、孟夏之昔、殺三葉、高誘注云、三葉、薺亭歷菥蓂也、是月之季枯死、淮南天文訓云、五月爲

小刑、葶藶枯、或云、孟夏之季、或云五月者、孟夏之季、與五月相屬耳、韓非子難勢篇云、味非飴蜜也、必苦菜亭歷也、淮南繆稱訓云、大戟去水、亭歷愈脹、則亭歷非適口之嘉蔬、而可爲苦口之良藥也、

藡雈也

周官司几筵注云、萑如葦而細者、藡、或作荻、萑之未秀者也、或謂之蒹、或謂之薍、或謂之炎、或謂之鵻、或謂之烏蓲、或謂之蒹、爾雅云、炎、鵻也、炎、薍也、又云、蒹、蘼、炎、薍、釋文引張揖云、未秀曰烏蓲、夏小正傳云、萑未秀爲炎、說文云、炎、雈之初生、一曰薍、一曰鵻、蒹、萑之未秀者、陸機毛詩疏、則分藡薍、雈爲一物、蒹爲一物、郭璞爾雅注、則分炎薍爲一物、蒹藡爲一物、齊民要術引陸疏云、薍、或謂之荻、至秋堅成、即刈謂之萑、三月生、初生、其心挺出、其下本大如箸、上鋭而細、一名蓫薚、揚州人謂之馬尾、秦風正義引疏云、蒹、水草也、堅實、牛食之、令牛肥彊、青徐州人謂之蒹、兖州遼東通語也、是陸氏言蒹、不與薍藡同也、郭注爾雅蒹蘼云、似萑而細高數尺、江東呼爲蘼藡、注炎薍云、似葦而小、實中、江東呼爲烏蓲、又注司馬相如子虛賦云、蒹荻

也、似萑而細小、是郭氏言蒹藡不與薍同也、然陸云、蒹草堅實、郭云、菼薍實中、陸云、薍謂之荻、郭云、蒹荻也、江東呼爲薕藡、則蒹藡菼薍、仍是一物耳、陸誤以蓫薚爲薍、郭不審爲未秀之通稱、故說之多岐、今案莊子則陽篇云、欲惡之孽、爲性萑葦、蒹葭始萌以扶吾形、然則葦之始生爲葭、萑之始生爲蒹矣、蒹薕菼薍俱是荻、故詩詠蒹葭蒼蒼、則不言菼、詠葭菼揭揭則不言蒹、亦可知蒹菼異名同實、而分爲二物者誤也、蒹藡雖爲未秀之名、而既秀亦得稱之、豳風七月云、八月萑葦、而秦風蒹葭蒼蒼、白露爲霜、即指其時是既秀者名萑、亦名蒹也、淮南說林訓云、藡苗類絮而不可爲絮、高誘注云、藡苗、萑秀、楚人謂之藡、藡讀敵戰之敵、幽冀謂之萑苕也、是既秀者名萑、亦名藡也、故詩疏云、薍謂之荻、至秋堅成謂之萑、而廣雅則即以藡爲萑、義得兩通也、毛鄭詩考正云、王風大車傳云、菼、騅也、蘆之初生者也、蘆字譌當作萑、夏小正傳云、萑未秀爲菼、葦未秀爲蘆、許叔重說文多本毛詩、於菼字云、萑之初生、然則毛詩轉寫譌失顯然矣、今案說文云、薍、菼也、八月薍爲葦、葦字亦當爲萑、說文本於詩傳、豳風八月萑葦傳云、薍爲萑、葭爲葦、二

者殊
矣、

會及五味也

爾雅、菋、荎藸、郭注云、五味也、蔓生、子叢在莖頭、神農本草云、五味、一名會及、御覽引吳普本草云、一名元及、陶注云、今第一出高麗、多肉而酸甜、次出青州冀州、味過酸、其核並似豬腎、又有建平者、少肉、核形不相似、味苦、亦良、唐本注云、五味皮肉甘酸、核中辛苦、都有鹹味、此則五味具也、其葉似杏而大、蔓生木上、子作房如落葵、大如蘡子、

山蘄當歸也

爾雅云、薜、山蘄、郭注云、廣雅云、山蘄、當歸、當歸、今似蘄而麤大、又云、薜、白蘄、注云、即上山蘄、釋文云、蘄、古芹字、神農本草云、當歸、一名乾歸、生隴西、陶注云、今隴西四陽黑水當歸、多肉少枝、氣香、名馬尾當歸、稍難得、西川北部當歸、多根枝而細、歷陽所出、色白而氣味薄、不相似、呼為草當歸、唐本注云、當歸苗有二

種、一種似大葉芎藭、一種似細葉芎藭、細葉者名蠶頭當歸、大葉者名馬尾當歸、陶稱歷陽者、蠶頭當歸也、御覽引范子計然云、當歸出隴西、無枯者善、古今注云、相招召、贈之以文無、文無一名當歸也、

芪母兒踵東根也

說文云、芪芪母也、玉篇云、莐母草、即知母也、爾雅、蕁、莐藩、郭注云、生山上、葉如韭、一曰蝭母、神農本草云、知母、一名蚔母、一名蝭母、名醫別錄云、一名兒踵草、一名東根、一名沈燔、一名蕁、生河內川谷、陶注云、今出彭城、形似菖蒲而柔潤、葉至難死、掘出隨生、須枯燥乃止、御覽引范子計然云、提母出三輔、黃白者善、

芪莐知蝭蚳提、古聲竝相近也、

郝蟬丹蔘也

郝郤古聲相近、郝蟬、即郤蟬也、各本丹字譌作也、惟影宋本不譌、神農本草云、丹參、一名郤蟬草、御覽引吳普本草云、丹參、一名赤參、一名木羊乳、一名郤蟬草、生桐柏或太山山陵陰、莖葉小方如荏、毛根赤、四

月華紫、陶注云、今近道處處有、莖方有毛、紫花、時人呼爲逐馬、

飛廉扁蘆伏豬木禾也

各本蘆下衍也字、今刪、名醫別錄云、飛廉、一名漏蘆、一名伏豬、一名本禾、生河内川澤、陶注云、處處有、極似苦芺、惟葉下附莖輕、有皮起似箭羽、葉又多刻缺、花紫色、今既別有漏蘆、則非此別名爾、案神農本草漏蘆飛廉分見、並云久服輕身益氣、漏蘆主疽痔濕痹、下乳汁、名醫別錄所言飛廉功用亦同、唐本注云、飛廉有兩種、一是證陶生平澤中者、其生山岡上者、葉頗相似而無疏缺、且多毛、莖亦無羽、根直下、更無旁枝、蘇頌圖經云、此所說與秦州海州所謂漏蘆者花葉及根頗相近、然則飛廉卽漏蘆之類、故得同名也、漏與扁通、陸羽茶經引凡將篇云、漏盧飛廉、猶神農本草之分爲二也、廣雅云、飛廉、扁蘆、伏豬、木禾也、猶名醫別錄之合爲一也、或主辨異、或主統同耳、神農本草云、飛廉、一名輕飛、陶注亦云、飛廉莖輕、則飛廉之名始取義于輕與、陶注本草蜚蠊云、形似䗪蟲、而輕小能飛、亦其義也、

貝父藥實也

貝父、卽貝母也、爾雅、莔、貝母、郭注云、根如小貝、圓而白華、葉似韭、鄘風載馳篇、言采其蝱、傳云、蝱、貝母也、采其蝱者、將以療疾、蝱、與莔同、正義引義疏云、蝱、今藥草貝母也、其葉如栝樓而細小、其子在根下、如芋子、正白、四方連累相著、有分解、神農本草云、貝母、一名空草、名醫別錄云、一名藥實、一名商草、商字卽莔字之誤也、陶注云、形似聚貝子、故名貝母、蘇頌圖經云、二月生苗、莖細青色、葉亦青、似蕎麥、葉隨苗出、七月開花碧綠色、如鼓子花、陸機云、貝母葉如栝樓、今近道出者正類此、郭璞云、白華葉似韭、此種罕復見之、

王連黃連也

各本脫黃連也三字、神農本草云、黃連、一名王連、御覽引廣雅云、王連、黃連也、今據補、齊民要術引崔寔四民月令、五月五日合止痢黃連圓、始養生者所必用、與藝文類聚引江淹黃連頌云、黃連上草、丹沙之

大、禦孽辟妖、長靈久視、其爲用重矣、御覽引范子計然云、黃連出蜀都、黃肥堅者善、名醫別錄云、生巫陽川谷及蜀郡大山、蜀本圖經云、苗似茶、花黃、叢生、一莖生三葉、高尺許、冬不凋、江左者節高若連珠、蜀都者節下不連珠、今秦地及杭州柳州者佳、藥性論云、黃連一名支連、

蕀苑遠志也其上謂之小草

爾雅、葽繞蕀蒬、郭注云、今遠志也、似麻黃、赤華、葉銳而黃、其上謂之小草、見廣雅、蒬與苑通、上、謂臺也、爾雅、莞、苻離、其上蒚、郭注云、謂其頭臺首也、是也、急就篇云、遠志續斷參土瓜、神農本草云、遠志葉名小草、一名棘菀、一名葽繞、一名細草、名醫別錄云、生太山及宛句川谷、陶注云、小草狀似麻黃而青、博物志云苗曰小草、根曰遠志、世說排調篇郝隆譏謝安云、處則爲遠志、出則爲小草、又御覽引魏氏春秋同、異云但有遠志不見當歸、葢昔人多假借遠志之名以爲驗、然命名之本義、或未必然也、

黃良大黃也

神農本草云、大黃生河西、御覽引吳普本草云、大黃一名黃良、一名火參、一名膚如、或生蜀郡北部、或隴西、二月生黃赤葉、四四相當、黃莖、高三尺許、三月華黃、五月實黑、唐本草注云、葉子莖竝似羊蹄、但麤大而厚、其根細者亦似宿羊蹄、大者乃如椀、長二尺、水經瀑水注引魏土地記云、到刺山有佳大黃、

莵葿黃文內虛黃芩也

說文、荾、黃荾也、荾、與芩同、急就篇云、黃芩伏苓礜此胡、神農本草云、黃芩、一名腐腸、生秭歸川谷、陶注云、彭城鬱州亦有之、圓者名子芩、破者名宿芩、其腹中皆爛、故名腐腸、御覽引范子計然云、黃芩出三輔、色黃者善、又引吳普本草云、一名黃文、一名妬婦、一名虹腸、一名經芩、一名印頭、一名內虛、二月生赤黃葉、兩兩四四相值、莖空中、或方員、高三四尺、四月華紫紅赤、五月實黑、根黃、案虹腸之虹與紅同、紅、亦腐也、名醫別錄作空腸、吳氏云、其莖空中、此內虛之名所由起矣、

因塵馬先也

各本脱也字、今補、因塵、與茵蔯同、神農本草、茵蔯在上品、馬先在中品、云、茵蔯蒿生太山、馬先蒿、一名馬屎蒿、生南陽川澤、御覽引吳普本草云、因塵生田中、葉如藍、陶注云、茵蔯似蓬蒿而葉緊細、莖冬不死、春又生、馬先、一名爛石草、小雅蓼莪正義引義疏云、蔚牡蒿也、三月始生、七月華、華似胡麻華而紫赤、八月爲角、角似小豆角、銳而長、一名馬新蒿、馬新卽馬先也、諸家無以因塵爲馬先者、此云因塵馬先、或時驗亦通稱、如飛廉扁蘆、此葳麥句薑、皆異物同名、此俱是蒿、稱名尤易相假也、

虵㮚馬牀虵牀也

爾雅、盱、虺牀、郭注云、蛇牀也、一名馬牀、見廣雅、淮南汜論訓云、夫亂人者、芎藭之與藁本也、蛇牀之與麋蕪也、此皆相似、說林訓云、蛇牀似麋蕪而不能芳、神農本草云、蛇牀子、一名蛇米、生臨淄川谷、御覽引吳普本草云、一名蛇珠、名醫別錄云、一名蛇㮚、一名虺牀、一名思益、一名繩毒、一名棗棘、一名牆蘼、陶注云近道田野墟落間甚多、花葉正似蘼蕪、蜀本圖經云似小葉芎藭、花白、子如黍粒、黃白色、生下濕地、虵牀

子如黍粒、故謂之虵米、又謂之虵㮚、謝靈運山居賦五華九實、自注、以蛇牀實爲九實之一、即虵㮚也、㮚各本譌作㮚、今據名醫別錄訂正、牀、俗書作床、字與麻相近、故馬牀之牀各本譌作麻、今訂正、

葽莠也

豳風七月篇四月秀葽、傳云、葽葽草也、箋云、夏小正四月王萯秀、葽其是乎、毛鄭詩考正云、葽者、幽莠也、戰國策云、幽莠之幼也似禾、夏小正四月秀幽、幽葽語之轉耳、通藝錄云、此蓋本廣雅葽莠也之云、余自驗之、不然也、莠於夏至前後始作采、小暑大暑之閒乃其正秀之時、是秀於六月、非秀於四月也、說文云詩四月秀葽、劉向說此味苦、苦葽也、今莠余試嘗之甘、鄭氏詩箋疑葽爲王萯、亦不以爲莠、莠葽相轉、殆未可以聲定之、今案草木多異實而同名者、莠一名葽、非謂詩之秀葽也、穆天子傳珠澤之藪、爰有萑葦莞蒲茅萯蒹葽、郭璞注云、葽莠屬、引詩四月秀葽、則莠屬本有葽名、但不當以爲詩之秀葽耳、御覽引韋曜毛詩荅雜問云、甫田維莠、今之狗尾也、說文繫傳引字書云、葽、狗尾草也、是葽與莠同、

常蓼馬尾蔏䕡也

爾雅蓫薚馬尾郭注云廣雅曰馬尾蔏䕡本草云別名薚今關西亦呼爲薚江東爲當陸薚與蔏蓫與䕡聲相近常蓼蔏䕡當陸聲亦相近也玉篇云蕈栟當陸別名又云藰章陸也蕈蔏古同聲栟藰陸三字古亦同聲也神農本草云商陸一名葛根一名夜呼生咸陽川谷蜀本圖經云葉大如牛舌而厚脆有赤花者根赤白花者根白今所在有之齊民要術引詩義疏云薍或謂之荻至秋堅成即刈謂之萑三月生初生其心挺出其下本大如箸上銳而細有黃黑勃箸之汙人手把取正白噉之甛脆一名蓫薚揚州謂之馬尾故爾雅云蓫薚馬尾也幽州謂之旨苹案薍荻萑不與蓫薚馬尾同物乃以所見之馬尾與薍謂之荻堅成謂之萑者合爲一類誤矣夬夬九五莧陸夬夬子夏傳云莧陸木根草莖剛下柔上也馬融鄭元王肅皆云莧陸一名商陸宋衷云莧莧菜也陸商陸也荀爽云莧者葉柔根堅且赤陸亦取葉柔根堅也去陰遠故言陸言差堅于莧莧根小陸根大三體乾剛在下根深故謂之陸也

鬼桃銚弋羊桃也

爾雅、萇楚、銚芅、郭注云、今羊桃也、或曰鬼桃、葉似桃華白、子如小麥、亦似桃、說文云、萇楚、銚弋、一名羊桃、檜風隰有萇楚篇、隰有萇楚、猗儺其枝、傳云、萇楚、銚弋也、猗儺、柔順也、箋云、銚弋之性、始生正直、及其長大、則其枝猗儺而柔順、不妄尋蔓草木、正義引義疏云、今羊桃是也、葉長而狹、華紫赤色、其枝莖弱、過一尺、引蔓於草上、今人以爲汲灌、重而善沒、不如楊柳也、近下根、刀切其皮、著熱灰中脫之、可韜筆管、中山經云、豐山其木多羊桃、狀如桃而方莖、可以爲皮張、郭注云、一名鬼桃、治皮腫起、神農本草云、羊桃、一名鬼桃、一名羊腸、生山林川谷、名醫別錄云、一名萇楚、一名御弋、一名銚弋、陶注云、山野多有、似家桃、又非山桃、子小細、苦不堪噉、花甚赤、詩云、隰有萇楚者、卽此也、案毛詩疏、羊桃華紫赤、爾雅注云、華白、則有二種也、其枝條柔弱蔓生、故詩猗儺其枝、傳箋竝以猗儺爲柔順、但下章又云、猗儺其華、猗儺其實、華與實不得言柔順、而亦云猗儺、則猗儺乃美盛之貌矣、小雅隰桑篇、隰桑有阿、其葉有難、傳云、阿然美貌、難然

盛貌、阿難、
與猗儺同

虎蘭澤蘭也

士喪禮記、茵著用荼、實綏澤焉、注云、澤、澤蘭也、取其香且御溼、神農本草云、澤蘭、一名虎蘭、一名龍棗、生汝南、又生大澤旁、名醫別錄云、一名虎蒲、陶注云、今處處有多生下濕地、葉微香、可煎油、或生澤傍、故名澤蘭、亦名都梁香、又作浴湯、人家多種之而葉小異、今山中又有一種甚相似、莖方、葉小强不香、旣云澤蘭、又生澤傍、故山中者爲非、唐本注云、澤蘭莖方、節紫色、葉似蘭草而不香、陶云都梁香、乃蘭草爾、花白紫萼、莖圓、殊非澤蘭也、案吳普本草云、澤蘭一名水香、生下地水傍、葉如蘭、二月生香、赤節、四葉相値枝節閒、澤蘭卽水香、故鄭氏儀禮注云、澤蘭取其香且御溼、不得以方莖紫節不香者當之也、李當之云、蘭草是今人所種似都梁香草、與毛詩義疏蘭草似藥草澤蘭之說合、是都梁香卽澤蘭、蘭草但似都梁耳不得謂都梁香爲蘭草、非澤蘭也、蘇頌圖經謂澤蘭葉似薄荷、寇宗奭衍義謂葉似菊、皆謬于古、始不可

信、

蘎續斷也

急就篇云遠志續斷參土瓜、顔師古注云、續斷、一名接骨、即今所呼續骨木也、又有草續斷、其葉細而紫色、椵亦入藥用、神農本草云、續斷主傷折跌、續筋骨、一名龍豆、一名屬折、名醫別錄云、一名接骨、一名南草、一名槐、生常山山谷、槐與蘎同、陶注云、桐君藥錄云、續斷生蔓延、葉莖如荏、大根、本黄白有汁、七月八月採根、今皆用莖葉節節斷皮黄皺狀如雞腳者、又呼爲桑上寄生、恐皆非眞、時人又有接骨樹、高丈餘許、葉似蒴藋、皮主療金瘡、有此接骨名、疑或是、而廣州又有一藤名續斷、一名諾藤、斷其莖、器承其汁飲之、療虛損絶傷、用沐頭、又長髮、折枝插地即生、恐此又相類、李云是虎薊、與此大乖、而虎薊亦自療血爾、唐本注云、葉似苧而莖方、根如大薊、黄白色、御覽引范子計然云、續斷出三輔、又引范汪方云、續斷即是馬薊、與小薊葉相似、但大於小蘇耳、葉似旁翁菜、但小厚、兩邊有刺刺人、其華紫色、

地髓地黃也

爾雅、苄、地黃。郭注云、一名地髓、江東呼苄。淮南覽冥訓云、地黃主屬骨、而甘草主生肉之藥也。神農本草云、地黃一名地髓。名醫別錄云、一名苄、一名芑。生咸陽川澤黃土地者佳。陶注云、生渭城者乃有子實、實如小麥。蘇頌圖經云、二月生、葉似車前、葉上有皺文而不光、高者及尺餘、低者三四寸、其華似油麻花而紅紫色、亦有黃花者、其實作房如連翹、子甚細而沙褐色、根如人手指、通黃色。公食大夫禮鉶芼牛藿羊苦豕薇。注云、苦、苦荼也。今文苦爲苄。說文云、苄、地黃也。引禮曰鈃芼牛藿羊苄豕薇。案古人飲食無用地黃者、苄乃苦之假借也。

薰草蕙草也

僖四年左傳、一薰一蕕。杜注云、薰、香草。西山經云、浮山有草焉、名曰薰草、麻葉而方莖、赤華而黑實、臭如蘼蕪、佩之可以已癘。古者祭則煮之以祼。周官鬱人疏引王度記云、天子以鬯、諸侯以薰、大夫以蘭芝、是也。或以爲香，燒之。淮南說林訓云：腐鼠在壇，燒薰於宮。漢書龔勝傳云：薰以香自燒，是也。離騷云：豈惟紉夫蕙茝。王逸注云：蕙，香草也。西山經云：天帝之山下多菅蕙。蓺文類聚引廣志云：蕙草綠葉紫華，魏武帝以爲香燒之。名醫別錄云：薰草一名蕙草，生下濕地。陶注云：俗人呼燕草，狀如茅而香者爲薰草，人家頗種之。引藥錄云：葉如麻，兩兩相對。陳藏器云：卽是零陵香。薰草人家種之，離騷所謂樹蕙之百畝者矣。

茯神，茯蓉也。

蓉與苓同。呂氏春秋精通篇云：人或謂兔絲無根，兔絲非無根也，其根不屬也，伏苓是。淮南說山訓云：千年之松，下有伏苓，上有兔絲。高誘注云：伏苓，千歲松脂也。苓亦作靈。褚少孫續龜筴傳云：傳曰：下有伏靈，上有兔絲。所謂伏靈者，在兔絲之下，狀似飛鳥之形。新雨已，天清靜無風，以夜捎兔絲去之，卽以篝燭此地燭之，火滅，卽記其處，以新布四丈環置之，明卽掘取之，入四尺至七尺得矣，過七尺不可得。伏靈者，千歲松根也，食之不死。神農本草云：茯苓一名茯菟。名醫別錄云：其有抱根者名茯神，生太山山谷大松下。

陶注云、今出鬱州、自然成者、大如三四升器、外皮黑細皺、内堅白、形如鳥獸龜鼈者良、御覽引范子計然云、茯苓出嵩高三輔、又引典術云、松脂入地、千歲而爲茯苓、望松樹赤者下有之、

茈葳麥句薑蘧麥也

神農本草云、紫葳、一名陵苕、一名茇葥、生西海、陶注引李當之云、是瞿麥根、御覽引吳普本草云、紫威、一名瞿麥、紫葳、即茈葳、瞿麥、即蘧麥、是李當之吳普竝以茈萎爲蘧麥也、陶注云、博物志云、郝晦行華草於大行山北、得紫萎華、必當奇異、今瞿麥華乃可愛而處處有、不應乃在大行山北、且其樹有莖葉、恐亦非瞿麥根、案本草紫葳一名陵苕、即名醫別錄鼠尾一名陵翹者、詩義疏云、陵苕、一名鼠尾、七八月中華紫、是也、本草瞿麥紫葳分見、則不以紫葳爲瞿麥、然李當之言紫葳是瞿麥根、則目驗當時瞿麥根亦有名紫葳者、吳普云、一名瞿麥、蓋以瞿麥有紫威之名矣、紫葳以色得名、小雅苕之華箋云、陵苕之華、紫赤而繁、故陵苕謂之紫葳、陶注本草瞿麥云、花紅紫赤可愛、故瞿麥亦謂之紫葳、草木異物而同名者、正多此

類、麥句薑當爲巨句麥、本草云、瞿麥、一名巨句麥、天名精、一名麥句薑、二物不同、下句麥麥句薑之名相混、因誤以麥句薑爲蘧麥、郭璞注爾雅大菊蘧麥云、一名麥句薑、卽仍此誤也、各本麥句薑作陵苕、蓋後人不知麥句薑當爲巨句麥、又不知陵苕蘧麥俱名紫葳而不同、遂據本草紫葳一名陵苕改之矣、爾雅釋文引廣雅、茈葵、麥句薑蘧麥也、今據以訂正、

女蘿、松蘿也

此言女蘿、下文言兔絲、別二物也、神農本草、松蘿、一名女蘿、在木部、菟絲、一名菟蘆、在草部、名醫別錄云、松蘿生熊耳山川谷松樹上、菟絲生朝鮮川澤田野、蔓延草木之上、色黃而細者爲赤網、色淺而大者爲菟虆、陶注云、松蘿多生雜樹上、而以松上者爲眞、菟絲浮生藍紵麻蒿上、小雅頍弁正義引陸氏義疏云、菟絲蔓連草上生、黃赤如金、合藥菟絲子是也、非松蘿、松蘿自蔓松上生、枝正青、與菟絲殊異、釋文云、在草曰兔絲、在木曰松蘿、然則女蘿松蘿與菟絲爲二物矣、但此二物、究亦同類、呂氏春秋精通篇云、人或謂

兔絲無根、兔絲非無根也、其根不屬也、伏苓是、淮南說山訓云、千年之松、下有茯苓、上有菟絲、則菟絲亦生於松上、漢書禮樂志云、豐草葽、女蘿施、則女蘿亦生於草上、古詩云、與君爲新婚、菟絲附女蘿、博物志云、女蘿寄生菟絲、菟絲寄生木上、則二物以同類相依附也、故女蘿菟絲、亦得通稱、廣雅云、女蘿、松蘿也、兔邱、兔絲也、而爾雅云、唐蒙、女蘿、女蘿、菟絲、猶說文云、在壁曰蝘蜓、在艸曰蜥易、而爾雅云、蠑螈、蜥蜴、蜥蜴、蝘蜓、蝘蜓、守宮、同類者並得同名也、小雅頍弁篇蔦與女蘿、施于松柏、傳云、女蘿、菟絲、松蘿也、楚詞九歌云、被薜荔兮帶女蘿、王逸注云、女蘿、菟絲也、無根緣物而生、高誘注呂氏春秋淮南子亦云、菟絲、一名女蘿、此則皆本爾雅、合爲一類、或主統同、或主辨異、義得兩通也、

陵澤甘遂也

神農本草云、甘遂一名主田、名醫別錄云、一名甘藁一名陵藁、一名陵澤、一名重澤、生中山川谷、陶注云、第一本出太山、江東比來用京口者、大不相似、赤皮者勝、白皮者都下亦有、名草甘遂、殊惡、唐本注云、草

甘遂、乃蚤休也。療體全別、眞甘遂苗如澤漆、草甘遂苗一莖、莖端六七葉、如萞麻鬼臼葉、眞甘遂皮赤肉白、作連珠實重者良、亦無皮白者、皮白者乃是蚤休俗名重臺也、御覽引范子計然云、甘遂出三輔、又引吳普本草云、一名甘澤、一名鬼醜、一名苦澤、

馬唐馬飯也

名醫別錄云、馬唐、一名羊麻、一名羊粟、生下濕地、莖有節、生根、陳藏器云、生南土廢稻田中、節節有根、著土如結縷、堪飼馬、馬飯之名、或以此與、

山薑茉也

爾雅、朮、山薊、郭注云、今朮似薊而生山中、中山經云首山、其陰多茉芫、又云、女凡之山、其草多菊茉、神農本草云、朮、一名山薊、生鄭山、藝文類聚引范子計然云、朮出三輔、黃白色者善、又引吳普本草云、朮一名山連、一名山芥、一名天蘇、一名山薑、名醫別錄云、生漢中南鄭、陶注云、今處處有、以蔣山白山茅山者爲

勝、多脂膏而甘、去水、朮乃有兩種、曰朮葉大有毛而作椏、根甜而少膏、赤朮葉細無椏、根小苦而多膏、蘇頌圖經云、苗青色、榦青赤色、華紫碧色、庾肩吾荅陶隱居賚朮煎啟云、綠葉抽條、生於首峯之側、紫華標色出自鄭巖之下、是也、圖經又云、葉似薊、根似薑、然則山薊以葉得名、山薑以根得名也、抱朴子僊藥篇云、朮、一名山精、故神藥經云、必欲長生、常服山精、此方術家語耳、然藝文類聚引崔寔四民月令云、二月採朮、則古人多有服食之者、

地血茹藘蒨也

藘、各本譌作蘆、今訂正、爾雅、茹藘、茅蒐、郭注云、今之蒨也、可以染絳、說文云、茅蒐、茹藘、人血所生、可以染絳、又云、茜、茅蒐也、茜與蒨同、鄭風東門之墠篇茹藘在阪、正義引義疏云、一名地血、齊人謂之茜、徐州人謂之牛蔓、中山經云、釐山其陰多蒐、郭注云、茅蒐、今之蒨草也、史記貨殖傳云、千畞卮茜、徐廣云、茜、一名紅藍、其花染繒赤黃也、御覽引范子計然云、蒨根出北地、赤色者善、蜀本草圖經云、染緋草也、葉似棗葉

頭銳、下闊、莖葉俱澀、四五葉對生節間、蔓延草木上、根紫赤色、周官掌染草、鄭注云、染草、蒻藘象斗之屬、古衣服旌旗多用其色者、鄭風出其東門篇縞衣茹藘、傳云、茹藘、茅蒐之染女服也、箋云、茅蒐染巾也、小雅瞻彼洛矣篇韎韐有奭、傳云、韎韐者、茅蒐染草也、一曰韎韐所以代韠也、箋云、韎韐、茅蒐染也、茅蒐韎韐聲也、韎韐、祭服之韠、合韋爲之、正義引鄭駁五經異義云、韎、草名、齊魯之間言茅蒐聲如韎韐、陳留人謂之蒨、士冠禮韎韐注云、士染以茅蒐、因以名焉、今齊人名蒨爲韎韐、晉語韎韋之跗注、韋昭注云、茅蒐、今絳草也、急疾呼茅蒐成韎也、說文云、綪、赤繒也、以茜染、故謂之綪、定四年左傳綪茷旃旌、杜注云、綪茷、大赤、取染草名也、述異記云、洛陽有卮茜園、漢官儀云、染園出卮茜、供染御服、是其處也、

兔邱、兔絲也、

中山經云、姑媱之山、帝女死焉、化爲䔄草、其實如菟邱、郭注云、菟邱、菟絲也、見廣雅、餘詳女蘿松蘿也下、

地筋、枸杞也、

即前枸乳苦杞也，枸乳以子得名，地筋以根得名，猶言地骨也。神農本草枸杞一名地骨，詩義疏同。

地毛莎隋也

爾雅云：薃侯莎，其實媞。夏小正云：正月緹縞。傳云：縞也者，莎隋也。緹也者，其實也。隋與隨同。楚詞招隱士云：青莎雜樹兮，薠草靃靡。淮南覽冥訓云：路無莎薠。皆是也。說者以爲莎即爾雅臺夫須。小雅南山有臺義疏云：舊說夫須莎草也，可爲蓑笠。御覽引廣志云：莎可以爲雨衣，雨衣即蓑也。唐本草注云：莎草根名香附子，一名雀頭香，所在有之，莖葉都似三棱，根若附子，周帀多毛，交州者最勝，大者如棗，近道者如杏仁許，荆襄人謂之莎草根。

美丹甘草也

爾雅所謂蘦大苦也。邶風簡兮篇隰有苓，苓與蘦同。傳云：苓，大苦。正義引孫炎爾雅注云：本草云蘦今甘草是也。蔓延生，葉似荷，青黃，其莖赤有節，節有枝相當。或云蘦似地黃。郭璞注同。案大苦者，大苄也。爾雅云，苄，地黃，苄苦古字通。公食大夫禮羊苦，今文苦爲苄是也。藞似地黃，故一名大苦。沈括筆談云：郭璞注乃黃藥也，其味極苦，故謂之大苦，非甘草也。甘草枝葉悉如槐。案宋本草圖經謂甘草葉如槐，與古相違，殊不足信。苦乃苄之假借，非以其味之苦也。據圖經黃藥葉似蕎麥而大，苦葉乃似荷，似地黃，形狀亦不同，不審括何以知爲黃藥。淮南覽冥訓云：甘草主生肉之藥。神農本草亦云：甘草味甘，主長肌肉，一名蜜甘，一名美草。美草與美丹同意，始取其味之甘美與。孫炎據本草以藞爲甘草，今本草無復藞名，蓋傳者失之。名醫別錄云：一名蜜草，一名蕗草，生河西川谷積沙山及上郡。又云：木甘草生木間，三月生大葉如蛇牀，四四相值。然則木甘草亦是枝葉相當，孫炎謂甘草枝相當，得其實矣。

苦萃，款凍也。

款或作欵，凍或作涷。爾雅：菟奚，顆凍。郭注云：款冬也，紫赤華，生水中。西京雜記云：董仲舒曰：葶藶死於盛夏，款冬華於嚴寒。藝文類聚引述征記云：洛水至歲末凝厲，則款冬茂悅曾冰之中。又引范子計然云：款冬、出三輔、神農本草云、款冬花、一名橐吾、一名顆冬、一名虎鬚、一名兔奚、名醫別錄云、一名氐冬、生常山山谷、及上黨水旁、急就篇云、款東貝母薑狼牙、半夏皁莢艾橐吾、則是款凍橐吾爲二物、與本草異也、顔師古注云、款東、卽款冬、亦曰款凍、以其凌寒叩冰而生、故爲此名也、生水中、華紫赤色、一名兔奚、亦曰顆東、橐吾似款冬而腹中有絲、生陸地、華黃色、一名獸須、案楚詞九懷云、款冬而生兮、凋彼葉柯、王逸注云物叩盛陰、不滋育也、顔師古本其訓、故以款凍爲叩冰、然反覆九懷文義、實與王注殊指、其云、款冬而生兮、凋彼葉柯、瓦礫進寶兮、捐棄隨和、鉛刀厲御兮、頓棄大阿、總言小人道長、君子道消耳、款冬瓦礫鉛刀喻小人、葉柯隨和大阿喻君子、言陰盛陽窮之時、款冬微物、乃得滋榮、其有名材柯葉茂美者、反凋零也、款冬而生、指款冬之草、不得以爲物叩盛陰、草之名款冬、其聲因顆涷而轉、更不得因文生訓、釋魚云、科斗、活東、舍人本作顆東、科斗登冬生之物、而亦名顆東、則謂取叩冰凌寒之意者謬矣、傳咸款冬花賦云維茲奇卉款冬而生、亦仍王逸之誤、又案藝文類聚引吳普本草云、款冬十二月花、黃白、陶隱居本草注

云、款冬第一出河北、其形如宿蓴未舒者佳、其腹裏有絲、然則腹有絲而華黃者、即是款冬、顏師古以此爲橐吾、亦未審所據、

黃精龍銜也

名醫別錄云、黃精、一名重樓、一名菟竹、一名雞格、一名救窮、一名鹿竹、生山谷、陶注云、今處處有、二月始生、一枝多葉、葉狀似竹而短、根似萎蕤、萎蕤根如荻根及菖蒲、穊節而平直、黃精根如鬼臼黃連、大節而不平、藝文類聚引漢武內傳云、下藥有巨勝黃精、御覽引廣志云黃精葉似小黃

細條少辛細辛也

管子地員篇云、其山之淺、羣藥安生、小辛大蒙、小辛、即少辛、中山經云、浮戲之山、東有蛇谷、上多少辛、郭注云、少辛、細辛也、經又云、蛇山、其草多嘉榮少辛、神農本草云、細辛味辛溫、一名小辛、生華陰、御覽引范子計然云、細辛出華陰、色白者善、又引吳普本草云、細辛如葵、葉赤黑、一根一葉相連、蘇頌圖經云、其根

細而味極辛、故名之曰細辛、今人多以杜衡當之、蓋二物相似、故博物志云、杜衡亂細辛也、

菝挈狗脊也

御覽引春秋運斗樞云、機星散爲菝葜、拔葜與菝挈同、博物志作拔揳、云拔揳與萆薢相亂、一名狗脊、御覽引吳普本草云、狗脊如萆薢、是菝挈即狗脊也、亦名菝葀、挈葀聲相近也、玉篇云、菝葀狗脊也、廣韻云、菝葀狗脊根、可作飲、菝葀狗脊同物、而云菝葀狗脊根、猶葯芷同物、而云葉謂之葯、薰蕙同物、而云根謂之薰也、名醫別錄作菝葜、陶注云、此有三種、大畧根苗並相類、菝葜莖紫短小、多細刺、小減萆薢而色淺、人用作飲、御覽引吳普本草云、狗脊一名狗青、一名萆薢、一名赤節、一名强膂、如萆薢、莖節如竹有刺、葉圓青赤、根黃白、本草狗脊陶注云、狗脊與菝葜相似而小異、其莖葉小肥、其節疏、其莖大、直上有刺、葉圓有赤脈、根凹凸巃嵸如羊角、細强者是、皆其形狀也、御覽引廣雅菝作薢、鄭注月令作萆、

蔆芰薢茩也

蔆、或作淩、或作菱、爾雅云、淩、蕨攈、郭璞注云、今水中芰、又薢茩、芙光、郭注云、芙明也、葉鋭、黃赤華、實如山茱萸、或曰蔆也、關西謂之薢茩、案說文云、蔆、芰也、楚謂之芰、秦謂之薢茩、楚詞離騷、製芰荷以爲衣兮、王逸注云、芰、蔆也、秦人曰薢茩、是蔆名薢茩、相承自古、爾雅釋草、如蘾、烏蕵、澤、烏蕵、唐蒙、女蘿、蒙、王女之類、多同實異名、而前後分見、薢茩芙光、淩蕨攈、或亦是也、蕨攈之攈、孫炎作攈、音居郡反、又居羣反、蕨攈芙光、薢茩、正一聲之轉矣、周官籩人、加籩之實、蔆芡㮚脯、鄭注云、蔆、芰也、楚語、屈到嗜芰、韋注云、芰、蔆也、徐錯說文繫傳、因周官加籩有蔆、而楚語屈建有羊饋而無芰薦、二者不合、遂謂屈到所嗜芰、非水中之蔆、又因爾雅薢茩芙光注、兼存決明及蔆之說、遂謂屈到嗜芰爲決明之菜、案決明名芰、于古無徵、周官楚語不必悉合、徐說疏矣、蘇頌本草圖經云、菱葉浮水上、花黃白色、花落而實生、漸向水中乃熟、實有二種、一種四角、一種兩角、是則蔆之形狀雖殊、名則一而酉陽雜俎引王安貧武陵記、四角三角曰芰、兩角曰蔆、強爲分別、其說非也、各本茩作荷、音狗、案荷字不須作音、諸書薢茩字亦無作荷者、蓋字本作茩、曹憓音荀、寫者因音內荀字、而誤寫正文作荀、後人又見正文與音內字重複、遂改音內荀字爲狗耳、爾雅釋文引廣雅云、薩、芰、薢茩、今據以訂正、

芵明羊角也

郭璞注爾雅英光云、英明也、葉銳、黃赤華、實如山茱萸、英與芵同、亦作決、神農本草、決明子、陶隱居注云、葉如茳芒、子形似馬蹄、呼爲馬蹄決明、又別有草決明、是萋蒿子、蜀本圖經云、葉似苜蓿而闊大、夏花、秋生子作角、皆其形狀也、御覽引吳普本草云、決明子一名草決明、一名羊明、羊明當依此作羊角、因上兩明字而誤也、陶隱居謂草決明別是一種、吳普則謂決明子一名草決明、蓋同類者亦得通稱、

苓耳蒼耳**葹常枲胡枲枲耳也**

爾雅云、卷耳、苓耳、郭璞注云、廣雅云、枲耳也、亦云胡枲、江東呼爲常枲、或曰苓耳、形似鼠耳、叢生如盤、釋文引廣雅云、苓耳、蒼耳、葹、常枲、枲、胡枲、枲耳也、列子楊朱篇釋文引倉頡篇云、枲、葈耳也、一名蒼耳、各本俱

脫蒼耳二字，今據補。楚詞離騷云：薋菉葹以盈室兮。王逸注云：葹，枲耳也。常枲，一作常思。思、枲古聲相近。胡枲一作胡葸。葸與枲同音。神農本草云：葈耳，一名胡葈，一名地葵。名醫別錄云：一名葹，一名常思。陶注云：此是常思菜，傖人皆食之。以葉覆麥作黃衣者。一名羊負來。昔中國無此，言從外國逐羊毛中來。御覽引博物志云：洛中人有驅羊如蜀者，胡葸子箸羊毛。蜀人取種之，因名羊負來。案負來疊韻字，無煩曲說。草名取於牛馬羊豕雞狗者，不必皆有實事。況采采卷耳，周南所詠，又不得言中國無此草也。淮南覽冥訓云：夫瞽師庶女，位賤尚葈。高誘注云：尚，主也。葈，耳，菜名也。幽冀謂之檀菜，洛下謂之胡葈。主是官者，至微賤也。案主枲耳之官，書傳未聞。尚葈蓋即周官典枲，下士二人者。典亦主也。言典枲本賤官，瞽師庶女，則又賤於典枲。葈謂麻枲也，非謂枲耳也。齊民要術引崔寔四民月令云：五月五日采葸耳。即枲耳也。玉篇：䒹，且己切，枲耳也。䒹當爲蓰字之誤，蓰蓋從艸囟聲。蓰從囟聲而讀如枲，猶思從囟聲而讀如司。廣韻、集韻胡枲竝作胡蓰，蓰即蓰字，筆畫小異耳。列子釋文引倉頡篇枲耳之枲作蓰，亦蓰之誤。枲耳別名務說文云、蓩、卷耳也、又名璫草、又名爵耳、詩卷耳正義引陸璣疏云、卷耳葉青白色、似胡荽、白華細莖、蔓生、可煮爲茹、滑而少味、四月中生子、如婦人耳中璫、今或謂之璫草、幽州謂之爵耳、

雞狗獳蒲公也

諸書無言蒲公草者、古今注云、燕支花似蒲公、唐本草云、蒲公草、一名耩耨草、獳、曹憲音奴侯反、耩、集韻音古項切、又音居侯切、狗獳耩耨聲正相近、蒲公蒲公聲亦相近、其是與、但雞狗獳三字不相連、疑雞下脫去一字、唐本草注云、蒲公草葉似苦苣、花黃、斷有白汁、人皆噉之、宋蘇頌圖經云、俗呼爲蒲公英、語訛爲僕公罌、寇宗奭衍義云、今地丁也、四時常有花、花罷飛絮、絮中有子、落處即生、又案玉篇、獳、乃侯切、草也、集韻、獳、奴侯切、草名、蓋獳或作獳、

羊躑躅芵光也

此與爾雅薢茩芵光同名異實、非謂蔆與決明也、躑躅、亦作躑躅、神農本草云、羊躑躅味辛溫、名醫別錄

云一名玉支陶注云花苗似鹿葱羊誤食其葉躑躅而死故以爲名古今注云羊躑躅花黃羊食之則死羊見之則躑躅分散故名羊躑躅也二說小異唐本草注云花似旋葍花色黃者蜀本圖經云樹生高二尺葉似桃葉花黃似瓜花御覽引吳普本草云羊躑躅生淮南又引建康記云建康出躑躅

堇藋也

今之灰藋也說文云藋堇草也大雅緜篇釋文云廣雅云堇藋也今三輔之言猶然一名拜一名蔏藋爾雅云拜蔏藋郭注云蔏藋亦似藜陳藏器本草云灰藋生熟地葉心有白粉似藜子炊爲飯香滑案灰藋今處處原野有之四月生苗有紫紅線棱葉端有缺面青背有白灰莖心嫩葉背面全白野人多以爲蔬南方婦女用以煮線或以飼豕八九月中結子如莧其紅灰者古謂之藜淮南修務訓藜藋之生蟓蟓然日加數寸不可以爲櫨棟易成者名小也藜藋多生不治之地昭十六年左傳云斬之蓬蒿藜藋

華黎也

藜藋之赤者也。史記太史公自序正義云：藜似藋而表赤。陳藏器本草云：灰藋生熟地，葉心有白粉，似藜。藜心赤，莖大，堪爲杖，入藥不如白藋也。案莊子讓王篇云：原憲杖藜而應門。則陳氏所說者不誤。又爾雅竹萹蓄郭注云：似小藜，赤莖節。史記留侯世家正義引孔文祥云：黃石公杖丹藜，履赤舃。庾信竹杖賦云：秋藜促節，白藋同心。是古人皆以白者爲藋，赤者爲藜矣。別一種名萊，似蒡蓎草。玉篇、廣韻竝云：萊，藜草也。小雅南山有臺篇：北山有萊。齊民要術引陸氏義疏云：萊，藜也。莖葉皆似菉王芻，今兗州人蒸以爲茹，謂之萊蒸。案爾雅：菉，王芻。郭注云：菉，蓐也。唐本草注云：藎草俗名菉蓐草，葉似竹而細薄，莖亦圓小。此其狀不類灰藋。陸云藜草似菉王芻，蓋藜之別種也。高誘注淮南時則訓云：藜，荒穢之草也。今野地多生藜，俗謂之紅灰藋，與白者皆可食。古者用以爲羹。墨子非儒篇云：藜羹不糂。

寄屑，寄生也

卽釋木所云宛童寄生樢也。屑，各本譌作屏。案神農本草云：桑上寄生，一名寄屑。廣韻十二曷注云：寄生又名寄屑、屑與屛字形相似而譌、今訂正、爾雅云、寓木、宛童、郭注云、寄生樹、一名蔦、小雅頍弁篇、蔦與女蘿、傳云、蔦、寄生也、說文云、蔦或從木作樢、寓木、故從木耳、樢之言㨮也、方言云、㨮、依也、郭注云、謂可依倚之也、依倚樹上而生、故謂之樢矣、中山經云、龍山上多寓木、郭注云、寄生也、漢書東方朔傳、著樹爲寄生、盆下爲窶數、皆其異名也、詩頍弁正義引陸機疏云、寄生葉似當盧、子如覆盆子、赤黑甜美、陶隱居本草注云、生樹枝閒、寄根在皮節之內、葉圓青赤、厚澤易折、旁自生枝節、冬夏生、四月花、五月實赤、大如小豆、皆其形狀也、陶注又云、桑上者名桑上寄生、詩云施于松上、方家亦用生楊上楓上者、名醫別錄、占斯、陶注引李當之云、是樟樹上寄生、則寄生木上多有之、今俗謂寄生草是也、

犂如、桔梗也

神農本草、桔梗、一名利如、生山谷、利犂古字通、又名盧如、盧犂聲之轉也、御覽引吳普本草云、桔梗、一名符扈、一名白藥、一名利如、一名梗草、一名盧如、葉如薺苨、莖如筆管、紫赤、二月生、本草陶注云、葉名隱忍、

可煮食之、唐本草注云、葉有差互者、亦有三四對者、皆一莖直上、案說文云、桔、直木也、爾雅云、梗、直也、桔梗之名、或取義於直與、管子地員篇云、五位之土、羣藥安生、薑與桔梗、莊子徐无鬼篇云、藥也、其實堇也桔梗也、雞廱也、豕零也、是時爲帝者也、司馬彪注云桔梗治心腹血瘀瘕痺、齊策云、今求柴胡桔梗於沮澤、則累世不得一焉、及之睪黍梁父之陰、則卻車而載耳、高誘注云、桔梗、山生之草也、

白茮牡丹也

茮、與朮同、名醫別錄云、芍藥、一名白朮、御覽引吳普本草、亦以白朮爲芍藥一名、此云白茮牡丹也者、牡丹、木芍藥也、故得同名、蘇頌本草圖經引崔豹古今注云、芍藥有二種、有草芍藥、木芍藥、木者花大而色淺、俗呼爲牡丹、非也、據此則古方俗相傳、以木芍藥爲牡丹、故本草以白朮爲芍藥、而廣雅又以爲牡丹異名、蓋其通稱已久、不自崔豹時始矣、陶注本草云芍藥、今出白山蔣山茅山最好、白而長大、唐本草注云、牡丹、劍南所出者、根似芍藥、肉白皮丹、然則芍藥牡丹之共稱白朮、皆以白得名、蓋以其皮丹、則謂之

牡丹、以其肉白、則謂之白朮矣、神農本草云、牡丹、一名鹿韭、一名鼠姑、御覽引吳普本草云、牡丹葉如蓬相值、黃色、根如指、子黑、中有核、又引范子計然云、牡丹出漢中河北、赤色者亦善、蘇頌本草圖經云、山牡丹二月梗上生苗、三月開花、其花葉與人家所種者相似、但花瓣止五六葉爾、五月結子黑色、如雞頭子大、根黃白色、可五七寸長、如筆管大、

龍木、龍須也、

龍須、莞屬、中山經云、賈超之山、其中多龍脩、郭注云、龍須也、似莞而細、生山石穴中、莖倒垂、可以爲席、龍脩龍須、聲之轉也、須、一作鬚、神農本草云、石龍蒭、一名龍鬚、一名草續斷、一名龍珠、御覽引吳普本草云、龍蒭、一名龍鬚、一名龍木、一名草毒、一名龍華、一名懸莞、生梁州、龍須似莞、斯有懸莞之稱矣、名醫別錄云、石龍蒭九節多味者良、陶注云、莖青細相連、實赤、今出近道水石處、似東陽龍鬚以作席者、但多節爾、蜀本圖經云、莖如綖、叢生、俗名龍鬚草、今人以爲席者、所在有之、別一種名鼠莞、爾雅云、蔇、鼠莞、郭注云、

亦莞屬也、纖細似龍須、可以爲席、是也、崔豹古今注云、龍鬚草、一名縉雲草、水經河水注云、自洮嵹南北三百里中地、草徧是龍須、

桼莖澤桼也

桼與漆同、神農本草云、澤漆味苦、名醫別錄云、一名漆莖、大戟苗也、生太山川澤、陶注云、大戟苗生時、摘葉有白汁、故名澤漆、亦能嚙人肉、張仲景金匱玉函要畧方、欬而脈沈者、澤漆湯主之、

顛棘女木也

爾雅云、髦、顛蕀、郭注云、細葉有刺、蔓生、一名商棘、廣雅云、女木也、御覽引孫炎注云、一名白棘、神農本草云、天門冬、一名顛勒、勒棘古同聲、顛棘之作顛勒、若小雅斯干如矢斯棘、韓詩棘作朸矣、名醫別錄云、營實、一名牛勒、一名山棘、亦與此同也、陶注引博物志云、天門冬逆捋有逆刺、若葉滑者、名絺休、一名顛棘、可以浣縑素白如絨、金城人名爲浣草、擘其根溫湯中挼之、以浣衣勝灰、此非門冬、但相似爾、又引桐君

藥録云、葉有刺、蔓生、五月花白、十月實黑、根連數十枚、然則顛棘以刺得名、棘亦刺也、故陶注云、俗人呼苗爲棘刺、又云、有百部根相類、此則博物志云百部似門冬者也、蘇頌圖經云、春生藤蔓、大如釵股、高至丈餘、葉滑有逆刺、亦有澀而無刺者、夏生白花、亦有黄色者、秋結黑子、伏後無花、其根白或黄紫色、大如手指、

陵遊龍膽也

神農本草云、龍膽味苦澀、一名陵游、生齊朐山谷、陶注云、今出近道吴興爲勝、狀似牛膝、味甚苦、故以膽爲名、蘇頌圖經云、宿根黄白色、下抽根十餘本、大類牛膝、直上生、苗高尺餘、四月生葉而細、莖如小竹枝、七月開花如牽牛花、作鈴鐸形、青碧色、冬後結子、苗便枯、俗呼草龍膽、浙中又有山龍膽、味苦澀、抱朴子黄白篇云、俗人見方用龍膽虎掌、皆謂之血氣之物也

鹿腸元蓡也

蔘、與參同、神農本草云、元參味苦、一名重臺、生河閒川谷、陶注云、莖似人參而長大、根甚黑、外微香、道家時用、亦以合香、御覽引吳普本草云、元參、一名鬼藏、一名正馬、一名鹿腸、一名端、一名元臺、或生宛句山陽、二月生、葉如梅、有毛、四四相值、似芍藥、黑莖、莖方、高四五尺、華赤、生枝閒、四月實黑、又引范子計然云、元參出三輔、青色者善、又引建康記云、建康出元參、

葠地精人蔘也

各本俱作地精人葠也、御覽引廣雅作葠地精人蔘也、葢葠卽蔘字、後人病其重複而刪改之耳、案古人詁訓之體、不嫌重複、如崇高字或作嵩、而爾雅云嵩崇高也、篤厚字說文作竺、而爾雅云篤竺厚也、字林以髮爲古嗟字、而爾雅云髮嗟也、孫炎以遹爲古述字、而爾雅云遹述也、若斯之類、皆所以廣異體也、鹿腸、元參也、葠地精人蔘也、苦心沙蔘也、三蔘字正同一例、不得獨改此條、蔘字爲葠、今據御覽訂正、說文葠作蓡、云人蓡藥艸出上黨、神農本草云、人參味甘、一名人銜、一名鬼葢、生上黨山谷、御覽引范子計然

云、人參出上黨、狀類人者善、又引吳普本草云、人參、一名土精、一名神草、一名黃參、一名血參、一名人微、一名王精、或生邯鄲、三月生、葉小銳、核黑、莖有毛、根有頭足手面目如人、是人參以形得名、土精、猶地精也、色黃、故又名黃參、陶注本草云、上黨人參形長而黃、狀如防風、多潤實而甘、百濟者形細而堅白、高麗者形大而虛輭、竝不及上黨者、人參生一莖直上、四五相對生、花紫色、高麗人作讚曰、三椏五葉、背陽向陰、欲來求我、椵樹相尋、椵樹蔭廣、則多生陰地也、人參之名、始著於緯書、御覽引春秋運斗樞云、搖光星散爲人參、廢江淮山瀆之利、則搖光不明、人參不至、又引禮斗威儀云、乘木而王、有人參至、則西漢時已貴重之、潛夫論思賢篇云、治疾當眞人參、反得支羅服、當麥門冬、反得蒸穬麥、人參麥門冬、皆本草上品也、

苦心沙蔘也

神農本草云、沙參、一名知母、味苦、此苦心之所以名也、御覽引吳普本草云、沙參、一名苦心、一名識美、一名

名虎須、一名白參、一名志取、一名文希、生河內川谷、或般陽續山、三月生、如葵、葉青、實白如芥、根大白如蕪菁、又引范子計然云、沙參出雒陽、白者善、秦沙之言斯白也、詩小雅瓠葉箋云、斯、白也、今俗語斯白字作鮮、齊魯之間聲近斯、斯沙古音相近、實與根皆白、故謂之白參、又謂之沙參、周官內饔、鳥皫色而沙鳴、鄭注云、沙、嘶也、斯之爲沙、猶嘶之爲沙矣、

其蒿青蘘也

蘘與莎同音、青蘘、卽青莎也、蒿當讀爲藃、爾雅云藃侯莎是也、詳見上文地毛莎隋也下、惟其字未審何字之誤耳、

飛芝烏毒也

未詳

楚蘅杜蘅也

爾雅、杜、土鹵、郭注云、杜衡也、似葵而香、衡與蘅同、楚詞離騷云、畦留夷與揭車兮、雜杜衡與芳芷、王注云杜衡芳芷、皆香草也、西山經云、天帝之山有草焉、其狀如葵、其臭如蘼蕪、名曰杜衡、可以走馬、食之已癭、名醫別録云、杜衡香人衣體、陶注云、根葉都似細辛、惟氣小異爾、唐本注云、葉似槐、形如馬蹄、故俗云馬蹄香、史記司馬相如傳索隱引博物志云、杜衡一名土杏、其根一似細辛、葉似葵、案杜衡與土杏古同聲、杜衡之杜爲土、猶毛詩自土沮漆、齊詩作杜也、衡從行聲而通作杏、猶詩荇菜字從行聲、而爾雅說文作莕也、又神農本草別有杜若、一名杜衡、陶注謂根似高良薑、與此同名而異實、廣韻云、杜衡香草、大者曰杜若、司馬相如子虛賦亦以衡蘭芷若竝言、則杜若之外、別有名杜蘅者、所謂楚蘅是也、御覽引范子計然云、楚蘅出楚國、又引云、杜若出南郡漢中、大者善、明楚蘅不與杜若同物也、蘇頌本草圖經謂杜若即廣雅楚蘅、非是、

葃菇水芋烏芋也

茈菇，亦作藉姑，一名醫別錄云：烏芋，一名藉姑，一名水萍，二月生葉，如芋。陶注云：今藉姑生水田中，葉有椏，狀如澤瀉，不正似芋，其根黃，似芋子而小，煮之亦可噉。疑其有烏者，根極相似，細而美，葉華異，狀如莧草，呼爲梟茨，恐此也。唐本注云：此草一名槎牙，一名茨菰，生水中，似鉀箭鏃，澤瀉之類也。蘇頌圖經云：今梟茨也，苗似龍鬚而細，正青色，根黑如指大，爾雅謂之芍。宼宗奭衍義云：今人謂之葧臍。案梟茨，俗所謂蒲薺也，或謂之必薺，生下田中，無葉，以莖爲葉，全不似芋。別錄云：烏芋二月生葉如芋，則非梟茨也。芙菰生水中，葉本有椏，根黃如芋子而小，與陶注前說同狀。葢烏芋即此也。茈菇、茨菰，正一聲之轉矣。且草類名烏者，多非黑色，若垣衣色青而名烏韭，射干色黃而名烏蒲是也。又不得以梟茨根黑而輒當烏芋爾。御覽及齊民要術引廣雅，竝作藉姑水芋也，亦曰烏芋。案廣雅之文無言亦曰者，葢誤引。

龍沙，麻黃也

神農本草云：麻黃，一名龍沙，生晉地。蘇頌圖經云：麻黃苗春生，至夏五月則長及一尺已來，稍上有黃花，結實如百合瓣而小、又似皂莢子、味甜、微有麻黃氣外紅皮、裏仁子黑、根紫赤色、俗說有雌雄二種、雌者於三月四月內開花、六月內結子、雄者無花、不結子、御覽引吳普本草云、麻黃、一名卑相、一名卑鹽、或生河東、立秋采莖、即下文云麻黃莖狗骨也、酉陽雜俎續集云、麻黃莖端開花、花小而黃、蔟生、子如覆盆子、可食、至冬枯死如草、及春卻青、皆其形狀也、張仲景傷寒論云、太陽病無汗而喘者、麻黃湯主之

無心鼠耳也

御覽引廣志云、鼠耳葉如耳、縹色、名醫別錄云、鼠耳、一名無心、生田中下地、厚葉肥莖、酉陽雜俎云、蚍蜉酒草、一曰鼠耳象形也、亦曰无心草、

女腸女菀也

紫菀之白者名女菀、急就篇云、牡蒙甘草菀藜蘆、顏師古注云、菀謂紫菀女菀之屬也、神農本草云、女菀味辛溫、生漢中川谷、御覽引吳普本草云、女菀一名白菀、一名織女菀、雷公炮炙論云、紫菀有白如練色

者、號曰羊鬚草、陶注本草紫菀云、紫菀白者名白菀、唐本注云、白菀、即女菀也、

天豆雲實也

神農本草云、雲實味辛溫、生河閒川谷、御覽引范子計然云、雲實出三輔、又引吳普本草云、雲實、一名員實、一名天豆、葉如麻、兩兩相值、高四五尺、大莖空中、六月花、八月九月實、陶注本草云、雲實子細如葶藶子而小、其實亦類莨菪、唐本注云、雲實大如黍及大麻子等、黃黑似豆、故名天豆、叢生澤傍、高五六尺、葉如細槐、亦如苜蓿、枝閒微刺、俗謂苗爲草雲母、陶云似葶藶、非也、

𤬍蓱也

𤬍與薸同、蓱與萍同、各本蓱譌作荓、今訂正、爾雅云、苹、蓱、郭注云、水中浮蓱、江東謂之薸、詩召南采蘋釋文引韓詩云、沈者曰蘋、浮者曰薸、呂氏春秋季春紀云、萍始生、高誘注云、萍、水藻也、字又作蕈、淮南墬形訓云、容華生蕈、蕈生蘋藻、蘋藻生浮草、高誘注云、蕈流也、無根、水中草、案瓢之爲言漂也、說文云、漂、浮也、

瓢以瓢爲聲、秦策百人輿瓢、淮南說山訓作百人抗浮、則瓢浮古同聲、萍浮故謂之瓢矣、萍瓢一聲之轉、萍之爲瓢、猶洴之爲漂、莊子逍遙遊篇世世以洴澼絖爲事、李頤注云、漂絮於水上、是其例也、浮萍淺水所生、有青紫二種、或背紫面青、俗謂楊花落水經宿爲萍、其說始於陸佃埤雅及蘇軾再和曾仲錫荔枝詩、案楊花之飛、多在晴日、浮萍之生、恆於雨後、稽之物情、頗爲不合、且楊花飛於二月三月、而夏小正云、七月湟潦生苹、則時無楊花、苹亦自生、足以明其說之謬矣、

竺竹也

說文竺從竹聲、玉篇丁沃切、又音竹、則竺竹同聲字方言有重輕、故又謂竹爲竺也、爾雅所釋萑蓷菑蓄蓧蓨藨麃茦刺蒹薕之屬、諸聲並同、音讀相近、是其例也、廣韻云、竺姓出東莞、後漢擬陽侯竺晏本姓竹報怨有仇、以胄始名賢、不改其族、乃加二字以存夷齊、則郎借竺爲竹之證、竺本說文篤厚字、竺之爲竹猶篤之爲竹也、漢書地理志沛郡竹、莽曰篤亭、竹今所在有之、南方尤盛、說文云、竹冬生艸也、象形、下垂

者䈂箬也。又云：竹，物之多筋者也。初學記
引戴凱之竹譜云：竹之別類有六十一焉。

其表曰笢

竹外青皮也。說文：笢，竹膚也。徐鍇傳云：竹青也。笢之
轉聲爲篾。篾，衆經音義卷十引埤倉云：篾，析竹膚也。顧
命：敷重篾席。鄭注云：篾，析竹之次青者。今順天人呼
竹篾爲竹笢，聲如泯。又轉而爲篹，音彌。說文：篹，箈也。
箈，析竹笢也。衆經音義卷十引聲類云：篹，篾也。又云：
今蜀土及關中皆呼竹篾爲篹。又名箈。禮器云：如竹
箭之有筠也。正義云：筠是竹外青皮。顧命云：敷重筍
席。鄭云：筍，析竹青皮也。引禮記曰：如竹箭之有筠。筠
通作䈬。鄭衆注考工記梓人云：䈬讀爲竹中皮之䈬。
又名篣。士喪禮下篇注云：笠，竹篣蓋也。疏云：篣，竹之
青皮。集韻音敷，聲與膚相近，郎說文所云笢
竹膚也。又名竹茹。名醫別錄云：竹皮茹，微寒。

其裏曰笨

竹内白皮也。說文云：笨，竹裏也。徐鍇傳云：竹白也。戴
凱之竹譜云：竹之大體多空中，而時有實，十或一耳。

案：影宋本、皇甫本、畢本譌作苯，吳本以下又譌作本，今訂正。

[illegible][illegible]筍篩，桃支也。

筍篩與鉤端同，支與枝同。爾雅云：桃枝四寸有節。郭注云：今桃枝節間相去多四寸。廣韻云：篩，竹名，出南嶺。西山經云：嶓冢之山，其上多桃枝鉤端。郭注云：鉤端，桃枝屬。鉤端爲桃枝之屬，因而亦得稱桃枝矣。又中山經云：驕山，其木多桃枝鉤端。龍山，其草多桃枝鉤端。或以爲木，或以爲草者，以桃枝是竹，竹之爲物亦草亦木也。竹譜云：質簡射筒，箖箊桃枝，數竹之皮相似，桃枝是其中最細者，皮赤，編之滑勁，可以爲席。案周官司几筵加次席，鄭注云：次席，桃枝席，有次列成文。御覽引東觀漢紀云：馬棱爲會稽太守，詔詰會稽車牛不務堅強，車皆以桃枝細簟。是也。又可爲杖。御覽引魏武帝與楊彪書云：今賜足下銀角桃杖一枚。左思蜀都賦云：靈壽桃枝。劉逵注云：桃枝，竹屬也，出墊江縣，可以爲杖。是也。

箭篃䈕也。

爾雅云：篠，箭。說文云：箭，矢竹也。御覽引字統云：箭者竹之別，大身小葉曰竹，小身大葉曰箭，箭竹主為矢，因謂矢為箭。竹譜云：箭竹高者不過一丈，節閒三尺，堅勁中矢，江南諸山皆有之，會稽所生最精好，故爾雅云東南之美者有會稽之竹箭也。劉逵吳都賦注云：箭竹細小而勁實，可以為箭，通竿無節，江東諸郡皆有之。據此，則箭竹有二種，一種節閒三尺，一種通竿無節也。西山經云：英山其陽多箭䉋。郭注云：今漢中郡出䉋竹，厚裏而長節，根深，筍冬生地中，人掘取食之。中山經云：求山多䉋。郭注云：篠屬。竹譜引山經䉋作篃，云：篃亦箘徒，概節而短，江漢之閒謂之䉠笴。又云：篃生非一處，江南山谷所饒也，故是箭竹類，一尺數節，葉大如履，可以作蓬，亦中作矢，其筍冬生。廣志云：籦，時漢中太守王圖每冬獻筍，俗謂之䉠笴。據此，則䉋亦有二種，一種長節，一種概節而短也。初學記引廣志云：篃竹空為屋椽。此於二種中未知屬何種。⿱竹執各本譌作⿱竹埶，字書韻書無⿱竹埶字，集韻、類篇竝引廣雅箭䉋⿱竹執也，今據以訂正。

菌薰也，其葉謂之蕙。

上文云薰草蕙草也則薰卽是蕙此又以葉爲蕙者從離騷注也離騷云雜申椒與菌桂兮王逸注云菌薰也葉曰蕙根曰薰洪興祖補注云桂下別言蕙茝又云矯菌桂以紉蕙則菌桂自是一物本草有菌桂花白蘂黃正圓如竹菌一作箘其字從竹五臣以爲香木是矣案洪說是也申椒與菌桂對文菌桂之不分爲二猶申椒也左思蜀都賦云菌桂臨崖劉逵注云神農本草經曰菌桂出交阯員如竹爲衆藥通使一曰菌薰也葉曰蕙根曰薰劉氏引本草菌桂是也其以菌爲薰亦仍王逸之誤西山經云嶓冢之山有草焉其葉如蕙郭注云蕙香草蘭屬也或以蕙爲薰葉失之則薰葉爲蕙郭氏又已駁正也

蕖芋也其莖謂之䒗

芋之大根曰蕖蕖者巨也或謂之芋魁或謂之莒後漢書馬融傳云蘘荷芋渠李賢注云芋渠卽芋魁也渠與蕖同渠魁一聲之轉而皆訓爲大杜子春注周官鐘師引呂叔玉說云渠大也前釋詁云魁大也漢書翟方進傳云飯我豆食羹芋魁顏師古注云羹芋魁者以芋根爲羹也是芋之大根名渠又名魁也渠

莒古同聲故又名莒莒之爲言猶渠也說文云齊人謂芋爲莒藝文類聚引孝經援神契云仲冬昴星中收莒芋莒亦芋也莒或爲梠陶隱居注名醫別錄云種芋三年不採成梠芋蘇頌圖經云說文解字云莒陶云梠二音相近益南北之呼不同耳魏志王朗傳注引魏畧云隗禧每以採梠餘日誦習經書又通作旅博物志云家芋種之三年不收後旅生是也說文云芋大葉實根駭人故謂之芋也徐鍇傳云芋猶言吁也吁驚詞則芋之爲名卽是驚異其大小雅斯干毛傳云芋大也古聲義同矣蕺之爲言猶莖也莖亦可食齊民要術引廣志云蜀漢既繁芋民以爲資凡十四等有淡善芋魁大如瓶少子葉如繖蓋紺色紫莖長丈餘易熟長味芋之最善者也莖可作羹臛肥澀得歆乃下青芋素芋子皆不可食莖可爲菹是也管子輕重甲篇云春日傳耜次日獲麥次日薄芋古教民種芋者始此矣又史記貨殖傳汶山之下沃野下有踆鴟至死不飢集解引漢書音義云水鄉多鴟其山下有沃野灌溉一曰大芋左思蜀都賦云蹲鴟所伏劉逵注云蹲鴟大芋也其形類蹲鴟案貨殖傳云至死不飢則蹲鴟似可禦飢之物大芋之說近之

矣。然易林豫之旅云：「文山蹲鴟，肥腯多脂，芋雖大，不得有脂。」易林所云，又似指鳧言之，疑莫能明也。

蘻、菲，鳧葵也。

說文云：「蘻，鳧葵也。」魯頌泮水篇「薄采其茆」，傳云：「茆，鳧葵也。」正義引陸機疏云：「茆與荇菜相似，菜大如手，赤圓，有肥者箸手中滑不得停，莖大如匕柄，葉可以生食，又可鬻，滑美。江南人謂之蓴菜，或謂之水葵，諸陂澤水中皆有。」釋文云：「干寶云：『茆，今之鴟蹏草，堪爲葅，江東有之。』何承天云：『此菜出東海，堪爲葅醬也。』鄭小同云：『江南人名之蓴菜，生陂澤中。』草木疏同。又云：『或名水葵，一云今之浮菜，卽豬蓴也。』本草有鳧葵，陶宏景以入有名無用品，解者不同，未詳其正。沈以小同及草木疏所說爲得。」周官醢人「朝事之豆，其實茆菹」，鄭注云：「茆，鳧葵也。」西山經云：「陰山，其草多茆、蕃。」郭注與鄭同。又名屏風。楚詞招魂「紫莖屏風，文緣波些」，王逸注云：「屏風，水葵也，生於池中，其莖紫色，風起水動，波緣其葉上而生文也。」後漢書馬融傳「桂荏鳧葵」，李賢注云：「鳧葵，葉團似蓴，生水中，今俗名水葵。」案：此分鳧葵與蓴爲二，與鄭小同及草木疏異者，蓋唐代方言不稱梟葵爲蓴異於古也又或江南名之爲蓴他處則否蓴團古同聲梟葵葉團故江南名之爲蓴矣廣韻云蒓水葵也蒓與蓴同齊民要術云四月蓴生莖而未葉名雉尾蓴葉舒長足名曰絲蓴是也又案詩關雎稱荇泮水稱茆陸氏義疏分釋之則梟葵與荇實二物也唐本草謂梟葵即荇菜失之

菎蔏也

說文云蔏艸也玉篇云蔏香草也或作菎廣韻云菎香草也楚詞七諫云菎蕗雜於䕩蒸兮王逸注云菎蕗香直之草

荊葵荍也

爾雅云荍蚍衃郭注云今荊葵也似葵紫色謝氏云小草多華少葉葉又翹起陳風東門之枌篇視爾如荍箋云美如芘芣之華然正義引陸機疏云芘芣一名荊葵似蕪菁華紫緑色可食微苦古今注云荊葵一名戎葵一名芘芣華似木槿而光色奪目有紅有紫有青有白有赤莖葉不殊但花色異耳一曰蜀葵

羅願爾雅翼云、釋草云、蕭、戎葵、郭氏曰、今蜀葵也、又云、菺、芘芣、郭氏曰、今荊葵也、其所來各不同、古今注說戎葵蜀葵之狀可也、混荊葵芘芣之名于內者非也、

茆、蓂也

玉篇廣韻並云、茆、蓂莢實也、則蓂下似脫莢實二字、論衡是應篇云、夫蓂草之實也、猶豆之有莢也、說文云、莢、艸實也、玉篇廣韻又有蓂字、云、茆也、集韻云、蓂、艸名、蒠葵也、一曰蓂莢實也、蓂字俗書作蓂、與蓂字字形相近、疑有誤、但又以爲蒠葵、不知何據、竝以蒠葵名菲、菲茆字形相近而誤說與、

苞、藨也

說文云、苞、草也、南陽以爲麤履、漢書司馬相如傳、其高燥則生葴析苞荔、張氏彼注云、苞、藨也、與此同異未審、

水莔、藚茵也

廣韻云、䒽茵水草也、出埤倉、則䒽下有茵字、今補、水茵、疑當爲水茵、隸書因字多作囙、形與目字相似而譌也、曹憲音目、當亦囙字之譌、水芋、烏芋也、水茵、䒽茵也、文義正同矣、

屈居盧茹也

盧、與藘同、神農本草云、藘茹味辛寒、生代郡川谷、陶注云、今第一出高麗、色黃、初斷皆汁出、凝黑如漆、故云漆頭、次出近道、名草藘茹、色白、皆燒鐵爍頭令黑以當漆頭、非眞也、葉似大戟、花黃、二月便生、御覽引吳普本草云、閭茹、一名離樓、一名屈居、葉員黃、高四五尺、葉四四相當、四月華黃、五月實黑、根黃有汁亦同黃、黑頭者良、盧茹離樓一聲之轉也、又引范子計然云、閭茹出武都、黃色者善、又引建康記云、建康出草盧茹、

䕻蔓拔葀也

各本俱作醜拔蔓葀也、案玉篇云、䕻拔葀也、拔葀、瑞草、廣韻云、䕻瑞草也、拔葀瑞草也、皆以拔葀連文、葀

字亦無從禾作秸者，今並訂正。漢書揚雄傳云：「攢并閭與茇苦兮」，茇苦與菝菰同。菝菰，疊韻字也。茇，曹憲音緩，諸書無音菝爲緩者，未審菝爲何字之譌。

蕎子，菜也。

齊民要術引廣志云：「蕎子生可食。」又云：「作醬法：曝草蕎令極乾燥，大率蕎子三指一撮。」注云：「蕎令醬芬芳。」是蕎子氣香之菜矣。此當釋蕎子爲某菜，不應但釋爲菜也。菜上蓋有脫文。

山茝、蔚香，藁也。

管子地員篇云：「五沃之土，五臭疇生，蓮與蘪蕪、藁本、白芷。」荀子大略篇云：「蘭茝、藁本，漸於蜜醴，一佩易之。」淮南氾論訓云：「夫亂人者，芎藭之與藁本也，蛇牀之與麋蕪也，此皆相似。」神農本草云：「藁本，一名鬼卿，一名地新，生崇山山谷。」陶注云：「桐君藥錄說芎藭苗似藁本，論說花實皆不同，所生處又異。」唐本注云：「根上苗下似藁根，故名藁本。」則藁本以根得名，故中山經云：「青要之山有草焉，其本如藁本。」郭注云：「根似藁本也、又西山經云、臯塗之山有草焉、其狀如槀茇、郭注云、槀茇、香草、又注上林賦云、槀本、槀茇也、本茇聲之轉、皆訓爲根、下文云、茇、根也、

貫節貫衆也

爾雅云、萹苻止、濼貫衆、神農本草云、貫衆一名貫節、一名貫渠、一名百頭、一名虎卷、一名扁苻、生元山山谷、亦生寃句、名醫別錄云、此謂草鴟頭也、陶注云、葉如大蕨、其根形色毛芒全似老鴟頭、故呼爲草鴟頭、御覽引吳普本草云、貫衆、一名貫來、一名貫中、一名渠母、一名貫鍾、一名伯芹、一名藥藻、一名扁苻、一名黃鍾、葉青黃、兩兩相對、莖黑、毛聚生、冬夏不死、四月華白、七月實黑、聚相連卷旁生、

藚起實䒷㠯也

䒷㠯、與薏苡同、說文云、㠯、賈侍中說、意㠯實也、象形、䒷、薏苢也、藚、艸也、一曰薏苡、神農本草云、薏苡久服輕身益氣、一名解蠡、生眞定平澤、名醫別錄云、一名屋菼、一名起實、一名贛、贛與藚同、陶注云、近道處處

有、多生人家、交阯者子最大、彼土呼爲簳珠、馬援大取將還、人讒以爲珍珠也、實重累者良、案後漢書馬援傳云、初援在交阯、常餌薏苡、南方薏苡實大、援欲以爲種、軍還載之一車、是其事、簳贛聲之轉也、贛或爲𥻦、雷公炮炙論云、𥻦米顆大無味、時人呼爲粳𥻦薏苡仁顆小色青、味甘粘人齒、則後人專以大者爲贛也、蘇頌圖經云、春生苗莖高三四尺、葉如黍開紅白花、作穗子、五月六月結實、青白色、形如珠子而稍長、故呼意珠子、御覽引淮南萬畢術云、門冬赤黍薏苡爲丸、令婦人不妬、則西漢時即已入藥、又引禮含文嘉云、夏姒氏祖以薏苡生、論衡奇怪篇云、儒者稱禹母吞薏苡而生禹、故夏姓曰姒、卨母吞燕卵而生卨、故殷姓曰子、今燕之身不過五寸、薏苡之莖、不過數尺、二女吞其卵實、安能成七尺之形乎、

女青烏葛也

神農本草云、女青、一名雀瓢、生朱崖川谷、名醫別錄云、蛇銜根也、陶注云、若是蛇銜根、不應獨生朱崖、俗用是草葉別是一物、未詳孰是、唐本注云、此草即雀瓢也、葉似蘿摩、兩葉相對、子似瓢形大如棗許、故名

雀瓢、䔢似白薇、生平澤、莖葉並臭、其蛇銜䔢都非其類、又別錄云、葉嫩時似蘿摩、圓端大莖、實黑、莖葉汁黃白、亦與前說相似、若是蛇銜䔢、何得苗生益州、䔢在朱崖、相去萬里餘也、別錄云、雀瓢白汁、主蟲蛇毒、即女青苗汁也、

巴尗巴豆也

神農本草云、巴豆、一名巴菽、生巴郡川谷、菽與尗同尗、亦豆也、淮南說林訓云、魚食巴菽而死、鼠食之而肥、博物志云、鼠食巴豆三年、重三十斤、又云、神農經云、藥種有五物、二曰巴豆、藿汁解之、論衡言毒篇云草木之中、有巴豆野葛、食之湊懣、頗多殺人、益巴豆有大毒故也、左思蜀都賦云、其中則有巴菽巴戟、華陽國志云、江陽郡有巴菽、御覽引吳普本草云、巴豆葉如大豆、唐本草注云、巴豆樹高丈餘、葉似櫻桃、葉頭微赤、十二月葉漸凋、至四月落盡、五月葉漸生、七月花、八月結實、其子三枚共蔕、各有殼裹、是其狀也、

烏䀒蘞也

唐風葛生篇蘞蔓于野釋文蘞音廉陸機疏云蘞似栝樓葉盛而細其子正黑如燕薁不可食也幽州人謂之烏服其莖葉煮以哺牛除熱蘞曹憲音廉各本脫去蘞字音內廉字又譌入正文今據詩疏訂正蘞有三種一爲爾雅萰菟荄玉篇云萰白蘞也神農本草白蘞一名菟核陶注云作藤生根如芷是也一爲赤蘞蘇頌本草圖經云赤蘞與白蘞花實相類但表裏俱赤是也一爲烏蘞苺唐本草云烏蘞苺蔓生葉似白蘞是也此三者未知孰當廣雅之蘞

燕薁蘡舌也

郁蘡薁也蘡燕聲之轉豳風七月篇六月食鬱及薁傳云鬱薁蘡薁也正義云蘡薁者亦是鬱類而小別耳晉宮閣銘云華林園中有車下李三百一十四株薁李一株車下李郁鬱薁李郁薁二者相類而同時熟是正義以薁爲樹名也今案薁李樹不名蘡薁蘡薁自是蒲萄之屬蔓生結子者耳齊民要術引陸機詩義疏云櫻薁實大如龍眼黑色今車鞅藤實是又引疏云櫐似燕薁連蔓生御覽引毛詩題綱云藟一名

燕薁藤、郭璞上林賦注云、蒲陶似燕薁、可作酒、廣韻云、蘡、蘡薁藤也、是蘡薁有藤、蒲陶之屬、故謝靈運山居賦云、野有蔓草、獵涉蘡薁也、唐本草注云、蘡薁與葡萄相似、然蘡薁是千歲蘽、宋開寶本草注云、蘡薁與是山葡萄、亦堪作酒、毛公釋詩、正謂此草也、蘡薁之子滑澤、故人食之、中山經云、泰室之山有草焉、白華黑實澤如蘡薁、郭注云、言子滑澤也、

茈䓞茈草也

茈、與紫同、說文云、䓞、艸也、可以染留黃、其染綠者謂之綠䓞、染紫者謂之紫䓞、前釋器云、綠綟紫綟綟綠也、續漢書輿服志注引徐廣云、綟草名也、以染似綠、又云似紫、則染草之䓞、本有綠紫二色、䓞與盭通、漢書百官公卿表金璽盭綬、晉灼注云、盭草名、出琅邪平昌縣、似艾、可染綠、因以爲綬名、此綠䓞也、史記司馬相如傳攢戾莎、徐廣注云、草可染紫、此紫䓞也、䓞、通作茢、周官掌染草、鄭注云、染草、茅蒐橐蘆豕首紫茢之屬、疏云、紫茢、卽紫䓞也、爾雅云、藐、茈草、郭注云、可以染紫、一名茈䓞、見廣雅、西山經云、勞山多茈草、神

農本草云、紫草一名紫丹、一名紫芙、生碭山山谷。陶注引博物志云、平氏山陽紫草特好、魏國以染色殊黑、齊民要術引廣志云、隴西紫草、紫之上者、皆其出處也、御覽引吳普本草云、紫草節赤、二月花、唐本草注云、紫草苗似蘭香、莖赤節青、花紫白色而實白、皆其形狀也、

茷芡雞頭也

茷或作茷、方言云、茷芡雞頭也、北燕謂之茷、青徐淮泗之閒謂之芡、南楚江湘之閒謂之雞頭、或謂之鴈頭、或謂之烏頭、郭注云、今江東亦名茷耳、神農本草云、雞頭一名鴈喙、陶注云、此即今蔿子、形上花似雞冠、故名雞頭、陳士良云、有軟根名茷菜、蘇頌圖經云、盤花下結實、形類雞頭、故以名之、其莖菆之嫩者名蔿菆、人採以為菜茹、案茷曹憲音悅樂反、茷蔿聲近而轉也、茷從役聲、蔿從為聲、茷之轉為蔿、猶為之轉為役、表記鄭注云、役之言為也、周官遺人加籩之實蔆芡㮚脯、鄭注云、芡雞頭也、疏云、今人或謂之鴈頭、呂氏春秋恃君篇、夏日則食蔆芡、高注云、芡雞頭也、一名鴈頭、生水中、淮南說山訓、雞頭已瘻、高注云、雞

頭、水中芡、幽州謂之鴈頭、羅願爾雅翼云、案上下文貍頭、鵁鼠、雞頭、頭已瘻、虫散積血、斵木愈齲、此類之可推者、詳書本意、皆謂此禽蟲、平日所啄食、故能治此病、類可推尋、雞頭似不謂此也、雞頭、一名雞雝、莊子徐无鬼篇云、藥也、其實堇也、桔梗也、雞雝也、豕零也、是時爲帝者也、司馬彪注云、雞廱、卽雞頭也、一名芡、與藕子合、爲散服之延年、周官大司徒、其植物宜膏物、鄭注云、膏當爲櫜、蓮芡之實有櫜韜、疏云、皆有外皮櫜韜其實、今芡實有梂彙自裹、所謂櫜韜也、古今注云、芡葉似荷而大、葉上蹙皺如沸、實有芒刺、其中如米、可以度饑也、

周麻　升麻也

各本俱脫升麻二字、神農本草云、升麻、一名周麻、主解百毒、生益州山谷、御覽引廣雅云、周麻、升麻也、今據補、升麻、或謂之牧麻、漢書地理志、益州郡牧靡、李奇注云、靡音麻、卽升麻、殺毒藥所出也、水經若水注云、涂水出建寧郡之牧靡縣南山、縣山竝卽草以立名、山生牧靡、可以解毒、百卉方盛、鳥多誤食烏喙、口

中毒、必急飛往牧靡山、啄牧靡以解毒也、本草陶注云、升麻好者、細削皮青綠色、謂之雞骨升麻、蘇頌圖經云、春生苗、高三尺以來、葉似麻葉竝青肥、四月五月著花、似粟穗、白色、六月以後結實黑色、根紫如蒿根、多鬚、

土瓜芴也

爾雅云、菲、芴、郭注云、卽土瓜也、本此爲說也、邶風谷風篇、采葑采菲、無以下體、傳云、葑、須也、菲、芴也、下體根莖也、箋云、此二菜者、蔓菁與葍之類也、皆上下可食、然而其根有美時、有惡時、采之者不可以根惡時并棄其葉、正義云、釋草云、菲、芴也、郭璞曰、土瓜也、孫炎曰、葍類也、釋草又云、菲、葸菜、郭璞曰、菲草生下溼地、似蕪菁、華紫赤色、可食、陸機云、菲似葍、莖麤、葉厚而長、有毛、三月中蒸鬻爲茹、滑美、可作羹、幽州人謂之芴、爾雅謂之葸菜、今河內人謂之宿菜、爾雅菲芴與葸菜異釋、郭注似是別草、如陸機之言、又是一物、某氏注爾雅、二處引此詩、卽菲也、芴也、葸菜也、土瓜也、宿菜也、五者一物也、其狀似葍而非葍、故云葍類

也、案陸疏說非芴似葍、與鄭氏詩箋孫氏爾雅注合、又考之方言、得之目驗、爲可據也、但陸不云菲菜名土瓜、此云土瓜芴也、則未知卽爾雅之菲芴、抑別爲一物耳、神農本草稱王瓜一名土瓜、意土瓜必甚似王瓜、故王瓜得與同名、且下文王瓜與此係相次、當是連類而及也、御覽引崔寔四民月令云、二月盡三月可采土瓜根、則漢時多有用之者、然未知今何草、

藈菇⿰句瓜甊王瓜也

爾雅云、鉤藈姑、郭注云、⿰句瓜甊也、一名王瓜、實如瓝瓜、正赤、味苦、釋文引字林云、⿰句瓜甊、王瓜也、字林爾雅注、皆本此爲說也、本草陶注云、王瓜生籬院閒、亦有子、熟時赤如彈丸、禮記月令云、王瓜生、此之謂也、鄭元云拔葜、殊爲謬矣、案月令鄭注云、王瓜、萆挈也、萆挈、與拔葜同、正義云、王瓜萆挈、魯本草文、是萆挈一名王瓜、本草家卽有是說、草木多異物而同名者、此類是也、上文已云拔挈、狗脊也、則此王瓜當如郭璞所云、不謂拔挈矣、呂氏春秋孟夏紀、王菩生、高注云、菩或作瓜、瓠甊也、又注淮南時則訓云、王瓜、括樓也、瓠

瓠、與括樓同、如高注、則爾雅果蠃之實括樓、即王瓜也、案本草陶注謂栝樓狀如王瓜、唐本草注謂王瓜葉似栝樓、則括樓王瓜本相類、故高注以王瓜爲括樓、然神農本草、栝樓生洪農川谷、王瓜生魯地平澤田野、陶注謂括樓葉有叉、唐注謂王瓜葉無叉、則括樓王瓜究爲二物、又豳風東山正義引孫炎爾雅注云、括樓齊人謂之天瓜、而不云名王瓜、御覽引吳普本草云、栝樓一名澤姑、而不云名菝姑、則王瓜菝姑明不與栝樓同、故廣雅專釋菝姑瓠瓤爲王瓜、不混括樓之名於內也、急就篇說藥云、遠志續斷參土瓜、土瓜、卽王瓜也、神農本草云、王瓜一名土瓜、味苦寒、主消渴內痺、是入藥之土瓜、乃王瓜也、此與上文土瓜芴同名而異物、顏師古急就篇注、謂土瓜一名菲、一名芴、始于本草之文有未檢也、

王延藷藇署預也

今之山藥也、根大、故謂之藷藇、藷藇之言儲與也、淮南俶眞訓、儲與扈冶、高誘注云、褒大意也、署預猶藷藇耳、北山經云、景山、其上多藷藇與藷、與藷同、郭注云、根似羊蹄、可食、曙豫二音、今江東單呼爲藷、音儲、語

有輕重耳、廣韻、儲署魚切、似薯蕷而大、則後人又單呼其大者爲儲、蘇頌本草圖經云、江湖閩中出一種薯蕷、根如薑芋之類而皮紫、極有大者、彼土人單呼爲諸、音若殊、亦曰山諸也、神農本草云、薯蕷、一名山芋、生嵩高山谷、御覽引吳普本草云、署豫、一名諸署、秦楚名玉延、齊越名山芋、鄭越名土諸、一名脩脆、一名兒草、或生臨朐鍾山、始生赤莖細蔓、五月華白、七月實青黃、八月熟落、根中白皮黃、類芋、名醫別錄亦云、秦楚名玉延、延、各本譌作廷、今訂正、儲蕷、通作儲餘、御覽引范子計然云、儲餘本出三輔、白色者善、蘇頌本草圖經云、薯蕷葉青、有三尖角、似牽牛、更厚而光澤、夏開細白花、大如棗花、梁江淹薯蕷頌所謂花不可炫、葉不足憐者也、寇宗奭衍義云、薯蕷上一字犯宋英宗諱、下一字曰蕷、唐代宗名豫、故改下一字爲藥、今人遂呼爲山藥、此謂藥字改於唐、山字改於宋也、案韓愈送文暢師北遊詩云、山藥煮可掘、則唐時已呼山藥、別國異言、古今殊語、不必皆爲避諱也、

恆山蜀桼也

廣雅疏證

即常山也、葉曰恆山、苗曰蜀桼、其實一物也、桼與漆同、御覽引吳普本草云、蜀漆葉、一名恆山、如漆葉與藍菁相似、名醫別錄云、蜀漆常山苗也、蜀本草圖經乃謂常山葉名蜀漆、本草衍義又謂常山爲蜀漆根、皆誤矣、神農本草云、常山、一名互草、生益州川谷、蜀漆生江林山川谷、漢書地理志、武陵郡佷山、孟康云音恆、出藥草恆山、御覽引遊名山記云、橫陽諸山、草多恆山、又引范子計然云、蜀漆出蜀郡、又引建康記云、建康出蜀漆、皆其出處也、唐本草注云、常山葉似茗、狹長、莖圓、兩葉相當、三月生白花、青萼、五月結實青圓、三子爲房、生山谷閒、高者不過三四尺、皆其形狀也、金匱玉函要略方云、瘧多寒者、蜀漆散主之、

藟、藤也、

藟與櫐同、爾雅云、諸慮山櫐、郭注云、今江東呼櫐爲藤、似葛而麤大、又攝虎櫐、注云、今虎豆、纏蔓林樹而生、莢有毛刺、今江東呼爲欇欇、藟似葛、故古人以葛藟並稱、困上六、困于葛藟、釋文引毛詩草木疏云、藟一名巨荒、似蘡薁、亦連蔓而生、幽州人謂之推藟、周南樛木篇、葛藟纍之、釋文引草木疏云、藟葉似艾、白色

其于亦可食。文七年左傳云：葛藟猶能庇其本根，故君子以爲比。王逸注九歎云：藟，葛荒也。藟之與葛，其類同也。名醫別錄謂之千歲蘽，一名蘽蕪。陶注云：作藤生樹，如葡萄，葉如鬼桃，蔓延木上，汁白。案藟之言纍也，藤之言滕也，纏蔓林樹，故謂之藟，亦謂之藤。小雅南有嘉魚傳云：纍，蔓也。秦風小戎傳云：滕，約也。約亦纏也。中山經云：卑山其上多纍。郭注云：今虎豆、貍豆之屬。纍一名滕，是藟亦作纍，藤亦作滕，故其義同矣。玉篇云：今總呼草蔓延如藟者爲藤。

石髮，石衣也

爾雅云：薄，石衣。郭璞注云：水苔也，一名石髮，江東食之。或曰藫，葉似䪥而大，生水底，亦可食。案藫，釋文音徒南反。藫、苔一聲之轉也。郭璞江賦云：綠苔鬖髿乎研上。李善注引風土記云：石髮，水苔也，青綠色，皆生於石。又引通俗文云：髮亂曰鬖髿。葢以其似髮，故有石髮之名也。御覽引異物志云：石髮，海草，在海中石上叢生，長尺餘，大小如韭，葉似蓆莞而株莖無枝，以肉雜而蒸之，味極美。此與爾雅注似䪥而大生水底亦可食者、或是一物、又石髮之別種矣、梁元帝元覽賦云、水底石髮、倘亦是此也、水苔或謂之水衣、或謂之水垢、或謂之魚衣、說文云、菭水衣也、菭與苔同、淮南泰族訓、窮谷之汙、生以青苔、高誘注云、青苔、水垢也、周官醢人、箈菹、鄭衆注云、箈、水中魚衣也、箈與苔亦同、釋文云、沈云、箈、北人音丈之反、又爾雅釋文云菭或音丈之反、是菭與治古同音、故疾言之則爲菭、徐言之則爲陟釐、陟釐正切菭字、名醫別錄云、陟釐生江南池澤、唐本注云、此物乃水中苔、今取以爲紙、名苔紙、青黃色、體澀、小品方云、水中麤苔也、范東陽方云、水中石上生、如毛綠色者、藥對云、河中側梨、側黎陟釐聲相近也、王子年拾遺記云、張華撰博物志上晉武帝、武帝嫌繁、命削之、賜華側理紙萬張、子年云、陟釐紙也、此紙以水苔爲之、溪人語訛、謂之側理也、案御覽苔下引拾遺記與此畧同、其紙下所引、則又云、南人以海苔爲紙、其理縱橫衺側、因以爲名、與今本拾遺記合、縱橫衺側之說、未免穿鑿、不若語訛之說爲善矣、石髮生山中石上者、別名烏韭、神農本草云、烏韭生山谷石上、唐本注云、此物即石衣也、亦曰石苔、又曰石髮、生巖石陰不見日處、陳藏器云、青

翠茸茸似苔而非苔也、

采䆃采也

采字不應重出上采字蓋衍文也曹憲于上采字音似醉反爾雅釋草釋文亦引廣雅采䆃采也則隋唐閒已誤衍此字說文云䆃禾也引司馬相如封禪書云䆃一莖六穗又云采禾成秀也从禾爪聲俗作穗廣韻引字林亦云䆃禾一莖六穗也案史記司馬相如傳正作䆃徐廣云䆃瑞禾也漢書則作導鄭氏云導擇也顏氏家訓以封禪書導字不當訓禾云封禪書導一莖六穗於庖犧雙觡共抵之獸此導訓擇光武詔云非徒有豫養導擇之勞是也而說文云導是禾名引封禪書爲證無妨自當有禾名導非相如所用也禾一莖六穗於庖豈成文乎縱使相如天才鄙拙強爲此語則下句當云麟雙觡共抵之獸不得云犧也吾嘗笑許純儒不達文章之體如此之流不足憑信徐鍇說文繫傳又以顏氏爲非云導訓擇治乃從寸故漢有導官不從禾也相如云導一莖六穗於庖猶言此禾也則有一莖六穗在庖此犧也則有雙

艐共抵之獸，上句末有於庖字，乃云禾一莖六穗於庖，下句末有之獸字，所以云犧雙觡共抵之獸，猶言殺此雙觡共抵之獸，交互對之爾。引之案封禪書云，然後囿騶虞之珍羣，徼麋鹿之怪獸，導一莖六穗於庖，犧雙觡共抵之獸，獲周餘珍放龜於岐，招翠黃乘龍於沼，首一字文義皆下屬，如云此囿也則有騶虞之珍羣，與然後之文隔閡，云此獲也則有周餘珍放龜在岐，愈不辭矣。顏氏之說是也。導從禾而訓擇禾，於義甚允，導導同聲而通訓，於音尤協。封禪書云，導一莖六穗於庖，崔駰七依云，乃導元山之梁，不周之稻，其義一也。說文引導一莖六穗，而遺脫於庖二字，則知失檢原文，致有此錯。字林以下相承不改，又曲爲之說，固非許氏之意，以許氏爲不達文章之體，亦未之細審也。說文一莖六穗，乃說導之形狀，非謂穗一名導也。此云導，采也，似又誤會說文矣。

秆稭稾也

秆稭稾，一聲之轉也。秆稭稾稭，一聲之變轉也。說文云，稈，禾莖也。春秋傳曰，或投一秉稈。或從干作秆。說文所引乃昭二十七年左傳文今本作杆字杜預注云杆稾也孫子作戰篇云意杆一石魏武帝注與杜預同案杆之言幹也禾之幹也今北方人謂禾莖曰杆草以飼馬牛又以爲簾薄玉篇云稈稻稈也說文又云稭禾稾去其皮祭天以爲席漢書郊祀志席用苴稭應劭注與說文同字或作秸或作鞂禹貢云三百里納秸服釋文云秸本或作稭引馬融注云去其穎也是馬以有莖無穗者爲稭也禮器云莞簟之安而稾鞂之設鄭注云穗去實曰鞂是鄭又以有穗無實者爲稭也案禹貢納總納銍納秸相承則總爲有莖有穗銍爲有穗無莖秸爲有莖無穗禮器以稾鞂與莞簟對言則稾爲有莖無穗鞂爲有穗無實於文各有所便也稾鞂對文則異散文則通耳稭爲禾稈之稱因而麻稈亦謂之稭廣韻鞂麻稈也古諧切或作稭是也今江淮之間則又通呼秫莖爲秫稭豆莖爲豆稭麥莖爲麥稭聲正如皆矣衆經音義卷十七引倉頡篇云稾禾稈也周官封人云共其水稾呂氏春秋任地篇云子能使稾數節而莖堅乎今江淮閒以稻稈爲席薦謂之稾薦是稻稈亦稱稾也稾各本譌作稾今訂正

黍穰謂之䅀

說文云、黍、禾屬而黏者也、以大暑而種、故謂之黍、齊民要術引氾勝之書云、黍者、暑也、種者必以暑、是說文所本也、說文又云、梨、黍穰也、穰、黍梨已治者、梨卽䅀字、廣韻云、穰、禾莖也、則禾莖亦名爲穰、下文稻穰稷穰、皆假借名莖、惟䅀之名專在黍也、䅀通作茢、襄二十九年左傳云、使巫以桃茢先祓殯、杜預注云、茢黍穰、正義云、檀弓云、以巫祝桃茢執戈、鄭元云、茢、萑苕、謂萑穗也、杜云茢黍穰者、今世苕帚或用萑穗、或用黍穰、是二者皆得爲之也、鄭衆注周官喪祝作桃厲、厲與𥢶同、玉篇廣韻竝云䅀或作𥢶、御覽引風俗通義云、燒穰殺瓠、俗說家人燒黍穰則使田中瓠枯死也、

稻穰謂之稈

上文云、稈、稾也、秆與稈同、昭二十七年左傳、楚鄖將師令攻郤氏、且爇之、或取一編菅焉、或取一秉秆焉、案楚於職方屬荆州、其穀宜稻、所謂秆者、稻穰也、今江淮閒謂稻稈爲穰草、以炊飯、亦以飼馬牛、本草拾

遺云、稻穰
主黃病、

稷穰謂之䅳

稷莖之名䅳、猶麻莖之名𪎊、蒲莖之名騶也、玉篇云、𪎊、麻莖也、古文作𪎊、士喪禮記云、御以蒲菆、鄭注云、蒲菆、牡蒲莖也、古文菆作騶、𪎊騶䅳三字並以芻爲聲、義相近矣、通埶錄九穀考云、稷粱二穀見於經者、判然兩事、若詩鴇羽之不能蓺黍稷、不能蓺稻粱、周官食醫之豕宜稷犬宜粱、聘禮之黍稷兩簠、粱在北、稷兩簋粱在西、黍粱稻皆二行、稷四行、公食大夫禮之設黍稷六簋、授公飯粱、禮記內則之飯黍稷稻粱、玉藻之沐稷而靧粱、喪大記之君沐粱、大夫沐稷、士沐粱、皆是也、秦漢以後多溷二穀而一之、舉粱者輒遺稷、舉稷者又遺粱、粱者稟之米也、稟者禾之實也、周書言五方之穀、有稟無稷、呂氏春秋審時篇有禾無稷、則舉粱而遺稷者也、呂氏春秋十二紀禮記月令、淮南時則訓天文訓墬形訓主術訓、內經素問金匱眞言論、五常政大論、史記天官書、皆言稷而不言粱、又若高誘淮南脩務訓注、王逸楚詞大招注、亦有稷無粱、則舉稷而遺粱者也、舉粱者非不知有稷、直謂稷爲粱也、舉稷者非不知有粱、直謂粱爲稷也、至韋昭國語注、則竟云稷、粱也、顯與經相戾矣、惟後鄭注大宰九穀、易司農黍稷秫爲黍稷稷粱、葢知稷粱之不可以相兼、故竝舉之、吾於是服康成之識之卓也、粱、今人謂之小米、稷今人謂之高粱、高粱之穜先於諸穀、故月令孟春首種不入、注引舊說以首種爲稷、也、管子書日至七十日陰凍釋而蓺稷、日至七十日乃八九之末、俗謂九裏穜高粱是也、高粱實最麤大故謂之疏、疏猶麤也、論語云、疏食菜羹、王藻云、稷食菜羹、二經皆與菜羹竝舉、則疏稷一物、疏言其形、稷舉其名也、或卽謂之麤、左傳云、粱則無矣、麤則有之、麤對粱言之、正謂稷也、引之案此說析繆解紛、邪爲精卓、窮物之情、復經之舊、援古證今、其辨明矣、原說甚詳、今錄其略焉、廣雅之稷、葢亦誤指粱言之、下文藋粱木稷、方是古之稷耳、

麻黃莖狗骨也

詳見上文龍沙麻黃也下、

白芷其葉謂之葯

芷與茝古同聲、芷、卽茝也、說文云、茝、繭也、楚謂之離、晉謂之虈、齊謂之茝、內則云、婦或賜之茝蘭、釋文云、茝、本又作芷、楚詞離騷云、扈江離與辟芷兮、王逸注、云辟、幽也、芷幽而香、招魂云、菉蘋齊葉兮白芷生、白芷、以根白得名也、蘇頌本草圖經云、白芷根長尺餘、白色、粗細不等、枝榦去地五寸已上、春生葉相對婆娑紫色、濶三指許、是白芷根與葉殊色、故以白芷名其根、又別以葯名其葉也、若然則九歌云、辛夷楣兮葯房、芷葺兮荷屋、七諫云、捐葯芷與杜衡兮、九懷云、芷閭兮葯房、當並是根葉分舉矣、但芷葯雖根葉殊稱、究爲一草、故王逸九歌注云、葯、白芷也、西山經號山其草多葯、淮南脩務訓身若秋葯被風、郭璞高誘注並與王逸同、是白芷亦得通稱爲葯也、白芷葉又名蒚麻、名醫別錄云、白芷、一名白茝、一名虈、一名莞一名苻離、葉名蒚麻、蓋卽以爲爾雅之莞苻離其上蒚矣、

公蕡蘵茉蕭䔡荏蘇也

爾雅云蘇桂荏郭注云蘇荏類故名桂荏方言云蘇
荏也關之東西或謂之蘇或謂之荏周鄭之間謂之
公蕡沅湘之南或謂之蓍其小者謂之蘸葇郭注云
今江東人呼荏爲蓍長沙人呼野蘇爲蓍蘸葇葷葇
也亦蘇之種類因名云案蘸葇卽香葇也郭注云葷
葇葷亦香耳玉篇云葇香葇菜蘇類也集韻云葇菜
名似蘇名醫別錄作香薷陶注云家家有此惟葉生
食蘇頌圖經云似白蘇而葉更細一作香葇俗呼香
茸又有一種石上生者莖葉更細而辛香彌甚謂之
石香薷開寶本草云石香葇一名石蘇據此則香葇
卽蘇之別種莖葉小於蘇故方言云其小者謂之蘸
葇也香葇香茸聲之轉孟詵食療本草謂之香戎戎
與茸同聲顏師古匡謬正俗云戎卽葇也俗語變訛
謂之戎耳猶今之香葇謂之香戎也蘸曹憲音穰各
本脫去蘸字音內穰字又誤入正文集韻類篇蘸音
汝兩切引廣雅蘸葇蘇也今據以訂正諸書無言蘇
名葍者葍上當有葶字中山經云熊耳之山有草焉
其狀如蘇而赤華名曰葶葍可以毒魚葶葍似蘇而
以爲蘇猶蘸葇矣蓍荏屬也荏白蘇也名醫別錄陶
注云蘇葉下紫而氣甚香其無紫色不香似荏者名

野蘇此卽方言注所云長沙人呼野蘇爲蔷者也陶注又云荏狀如蘇高大白色不甚香其子研之雜米作糜甚肥美東人呼爲蕺此卽方言注所云江東人呼荏爲蔷者也蘇頌圖經云蘇有魚蘇山魚蘇皆是荏類魚蘇似茵蔯大葉而香吳人以煮魚者一名魚蘇生山石閒者名山魚蘇案魚蔷同聲以是荏類故亦得名魚耳鄭注內則薌無蓼云薌蘇荏之屬也枚乘七發云秋黃之蘇白露之茹張衡南都賦云蘇蔱紫薑拂徹羶腥蓋其氣辛香故用之也今人多種院落中有青紫二種子皆生莖節閒古單呼紫者爲蘇今則通稱耳齊民要術引氾勝之種植書云區種荏令相去三尺

秈稉也

說文云秔稻屬俗作稉衆經音義卷四引聲類云秔不黏稻也江南呼秔爲秈漢書東方朔傳云馳騖禾稼稻秔之地齊民要術引崔寔四民月令云三月可種稉稻御覽引廣志云稉有烏稉黑穬青幽白夏之名是稉之屬非一種也周官倉醫牛宜稌鄭衆注云稌稉也蓋專以稌之名屬稉然爾雅稌稻自是大名

稷特其不黏者耳、今江北呼秈稻聲如宣、秈凡數種、惟白秈至八月熟、最遲、亦最美、北方人呼之爲稷米、九穀考云、稷之爲言硋也、不黏者也、今案秈之爲言宣也、散也、不相黏箸之詞也、秈從禾山聲、山宣散三字、古聲義相近、說文云、山宣也、宣氣散生萬物、是其例矣、說文又云、穫、稻紫莖不黏者、穱、稻不黏者、亦秈之類也、

秫稉也

爾雅云、粢、稷、衆、秫、說文云、秫、稷之黏者、稉、沛國謂稻曰稉、爾雅釋文引字林云、糯、黏稻也、糯與稉同、是秫爲黏稷、稉爲黏稻、二者本不同物、故經傳言秫、無一是黏稻者、但以稉秫俱黏、故後世稱稉者亦得假借稱秫、唐本草注引氾勝之種植書云、三月種秔稻、四月種秫稻、晉書陶潛傳云、五十畝種秫、五十畝種秔、崔豹古今注云、稻之黏者爲秫、世說任誕篇云、今年田得七百斛秫米、不了麴櫱事、名醫別錄云、秫米味甘微寒、止寒熱、利大腸、療漆瘡、唐本注云、此米功用是稻秫也、今大都呼稻秫爲糯矣、爾雅釋文云、江東

人皆呼稻米爲秫米、嚼稻米以治漆瘡亦驗、皆是也、名醫別錄又別有稻米、匡謬正俗云、今稉米也、許氏說文解字曰、稻、稌也、沛國謂稻爲稉、又急就篇稻黍秫稷稟麻秔、左太沖蜀都賦曰稉稻漠漠、益知稻即稉、共稷竝出矣、然後以稻是有苾之穀、故於後或通呼稉、稉總謂之稻、孔子曰、食夫稻、周官有稻人之職、漢置稻田使者、此竝非指屬稻稉之一色、所以後人混稉、不知稻本是稉耳、九穀考云、七月之詩、十月穫稻、爲此春酒、以介眉壽、月令仲冬、乃命大酋秫稻必齊、內則雜記竝有稻醴、左傳進稻醴梁糗、內經黃帝問爲五穀湯液及醪醴、岐伯對曰、必以稻米、炊之稻薪、皆言釀稻爲酒醴、是以稻爲黏者之名、黏者以釀也、內則糝酏用稻米、饎人職之餌餈、注亦以爲用稻米、皆取其黏耳、而食醫之職牛宜稌、鄭司農說、稌、稷也、又引爾雅云、稌稻、是又以稷釋稻、稷其不黏者也、孔子曰、食夫稻、亦不必專指黏者言、職方氏揚荆諸州、亦但云其穀宜稻、吾是以知稌、稻之爲大名也、引之棻詩以黍稷稻粱竝舉、明皆大名也、稻之不黏者名秔、後遂專呼黏者爲稻、猶黍之不黏者名稌、後遂專呼黏者爲黍耳、

𪏺䵒䄱稷穄也

𪏺，舊本作𪐀，此曹憲避隋文帝諱而缺其末畫也。𪏺與穈同，䵒與穈同。衆經音義卷十一引倉頡篇云：穄，大黍也。又云：似黍而不黏，關西謂之穈。說文云：穈，穄也。䄱稷，穀名。玉篇云：穈，穈也。呂氏春秋本味篇云：飯之美者，陽山之穄。高誘注云：穄，關西謂之穈，冀州謂之穈。穆天子傳云：赤烏之人獻穄麥百載。郭璞注云：穄似黍而不黏。後漢書烏桓傳云：其土地宜穄。陳藏器本草拾遺云：穈穄一物，性冷，塞北最多，如黍黑色。案隋書禮儀志云：北齊藉於帝城東南千畝內，種赤黍、黑穄，則穄自有黑者。然此特其中一種耳。齊民要術引廣志云：穄有赤、白、黑、青、黃，凡五種也。九穀考云：說文以禾況黍，謂黍爲禾屬而黏者，非謂禾爲黍屬而不黏者也。是故禾屬而黏者黍，則禾屬而不黏者穈。對文異，散文則通稱黍，謂之禾屬，要之皆非禾也。古今注言禾之黏者爲黍，亦謂之穄，亦曰黃米，則是以黍爲禾之黏者，其不粘者卽謂之禾也。失之遠矣。穈之稱黍，其證有五。爾雅：秬，黑黍；內則：飯黍稷稻粱、白黍、黃粱。鄭氏注：黍，黃黍也。韓非子、吳起欲攻秦小亭，置一石赤黍、東門外、經傳中見黑黍、白黍、黃黍、赤黍、不見黑穈、白穈、黃穈、赤穈、則知散文通稱黍也、此一證也、嘗索取農人所藏黍種、有赤白青黑之別、而獨無黃黍、惟穈則類多黃者、且色愈黃則愈不黏、然則內則注所云黃黍者、穈也、穄也、而內則則直謂之黍、此二證也、古以黏黍釀酒、及爲餌餈酏粥之屬、其爲飯則用不黏者、不黏者穈也、故特牲饋食禮有摶黍之儀、以其不相黏箸、故摶之也、所用是穈、而經文則稱爲黍、此三證也、周官土訓掌道地圖、以詔地事、注云、說九州所宜、若云荊揚地宜稻、幽幷地宜麻、注釋文云、麻、一本作穈、余案此字必穈字之譌、蓋鄭注所謂若云者、實据職方氏、職方荊揚但云宜稻、與此注合、而幽州宜三種、幷州宜五種、注皆有黍無麻、是麻當爲穈、穈即謂黍也、此四證也、夏小正、伏生尙書大傳、淮南子、劉向說苑、皆云大火中種黍菽、而呂氏春秋則云、日至樹麻與菽、麻生於二三月、夏至後則刈麻矣、今云日至樹麻、其爲樹穈之譌無疑、夏小正諸書竝云黍菽、呂氏言穈菽、是穈黍互通之確據也、此五證也、然則穈爲黍之一種、顯然甚明、而唐蘇恭乃云本草載稷不載穄、稷即穄也、今楚人謂之稷、關中謂之者。糜、呼其米爲黃米、與黍爲秈秫、則是以黏者爲黍、不黏者爲稷也。不知黍中之有穄、猶稷中之有秫、稻中之有秔、一穀自兼二種、安可以黍之不黏者爲稷乎。今太原以東呼黏者爲黍子、不黏者爲糜子、武邑人亦呼之曰黍子、糜子、而呼黍之米曰黃米、糜之米曰穄米、穄音與稷相近、此後人之所以誤指穄爲稷也。說文糜穄互釋、稷齋互釋、其爲二物甚明、以穄爲稷、豈不謬哉。引之案、今北人呼糜爲糜黍、亦稱穄子、穄稷之音相似而不同、雖今江淮之閒亦呼爲穄米、無作稷稱者、蘇恭所言楚人謂之稷、恐楚人自是呼穄、蘇氏誤聽以爲稷耳。稷種於孟春、故月令謂之首種、穄與黍五月始種、故齊民要術云、夏種黍穄、穄之不得爲稷明矣。至李時珍以穄爲稷、以糜爲黍穄之一物而二之、此則蘇恭未有之誤、不足深辨者也。

䵄、麻也。

各本脫去麻也二字、遂與下䵊也混爲一條。集韻類篇引廣雅䵄䵊也、則宋時廣雅本已譌。案諸書無訓䵄爲䵊者、御覽藝文類聚並引廣雅、䵄、麻也、今據以補正。爾雅、蕡、枲實、齊民要術引孫炎注云、蕡、麻子也。

釋文云廣本或作蕡說文則作萉云萉枲實也或從
麻賁作䕸周官籩人朝事之籩其實䵅蕡鄭衆注云
蕡麥曰䵅麻曰蕡少牢下篇䵅蕡坐設於豆西鄭注
云蕡熬枲實也案䕸者實之貌也周南桃夭篇有蕡
其實傳云蕡實貌也是其義矣麻子名䕸因名有子
之麻爲䕸淮南說林訓云廣不類布而可以爲布高
誘注云廣麻之有實者是也麻有䕸者卽稱爲䕸猶
麻盛子者卽稱爲莩爾雅云莩麻母齊民要術引孫
炎注云莩苴麻盛子者說文莩作芓是也麻子名䕸
因名有子之麻爲䕸猶麻子名苴因名有子之麻爲
苴豳風七月篇九月叔苴傳云苴麻子也喪服之經
傳云苴麻之有蕡者是也䕸蘊聲相近故䕸又謂之
蘊齊民要術引崔寔四民月令云苴麻之一有蘊者
麻是也一名蕡御覽引吳普本草云麻子一名麻蘊
一名麻蕡是䕸卽蘊也麻子謂之蘊亦謂之䕸因而
麻蒸謂之蘊亦謂之䕸因而碎麻謂之蘊亦謂之䕸
漢書蒯通傳卽束縕請火於亡肉家謂束麻蒸收火
也說文云䕸然麻蒸也管子弟子職篇昏將舉火執
燭隅坐錯總之法橫於坐所蒸間容蒸然者處下總
與燋同是古人取火多用麻蒸周官司烜氏凡邦之

大事、共墳燭庭燎、故書墳爲蕡、鄭衆注云、蕡燭、麻燭也、淮南說林訓云、黂燭捔、膏燭澤、亦謂麻蒸爲燭耳、是麻蒸謂之蘊、亦謂之黂也、論語子罕篇、衣敝緼袍、孔傳云、緼、枲著也、皇侃義疏云、以碎麻著裏也、碎麻曰緼、列子楊朱篇、宋國有田夫常衣緼黂、張湛注云、黂、亂麻也、亂麻猶碎麻耳、是碎麻謂之蘊、亦謂之黂也、神農本草麻子外別出麻蕡云、一名麻勃、名醫別錄云、此麻花上勃勃者、則又以蕡爲花、與傳注異、御覽引吳普本草以麻子爲麻蕡、以麻勃爲麻花、斯得其實也、

⿸麻朱也

各本⿸麻朱下有誅字之音、案說文玉篇廣韻竝無⿸麻朱字、正文及音、皆不知何字之譌、其字之上下、亦不知脫去何字、

大豆尗也

尗、本豆之大名也、說文、尗、豆也、象尗豆生形、字又作菽、藝文類聚引楊泉物理論云、菽者衆豆之摠名、管

子地員篇云、五𦼮之狀、婁婁然不忍冰旱、則其種大菽
細菽、呂氏春秋審時篇云、大菽則圓、小菽則摶以芳、
是大小豆皆名菽也、但小豆別名爲荅、而大豆仍名
爲菽、故小菽之稱專在大豆矣、陶宏景注名醫別錄稷
米引董仲舒云、菽是大豆、有兩種、小雅采菽箋云、菽
大豆也、采其葉以爲藿、又小宛云、中原有菽、庶民采
之、正義云、菽者大豆也、魯頌閟宮稙穉菽麥、檀弓啜
菽飲水、釋文菽云、菽大豆也、春秋定公元年隕霜殺
菽、漢書五行志載之、劉向以爲菽草之彊者、顔師古
注云、菽大豆也、大豆春夏皆可種、齊民要術引氾勝
之種植書云、大豆保歲易爲宜、古之所以備凶年也、
三月榆莢時有雨、高田可種大豆、又云、夏至後二十
日尚可種、戴甲而生、不用深耕是也、鄭衆注大宰九
穀、大豆與居一焉、葢自古重之矣、大豆又名荏菽、聲
轉而爲戎菽、大雅生民云、蓺之荏菽、傳用爾雅云、荏
菽、戎菽也、箋云、戎菽、大豆也、正義云、釋草云、戎菽謂
之荏菽、孫炎曰、大豆也、此箋亦以爲大豆、樊光舍人
李巡郭璞皆云、今以爲胡豆、璞又云、春秋齊侯來獻
戎捷、穀梁傳曰、戎菽也、管子亦云、北伐山戎、出冬葱
及戎菽、布之天下、今之胡豆是也、案爾雅戎菽皆爲

大豆注穀梁者亦以爲大豆也郭璞等以戎菽爲胡豆后稷種穀不應捨中國之種而種戎國之豆卽如郭言齊桓之伐山戎始布其豆種則后稷之所種者何時絕其種乎而齊桓復布之禮有戎車不可謂之胡車明戎菽正大豆是也九穀考云爾雅釋詁壬戎皆訓爲大王與荏字可通荏菽戎菽大豆之稱也管子書戎菽或別是一種非后稷之所樹者

小豆荅也

說文云荅小尗也陶宏景注別錄稷米引董仲舒云小豆一名荅有三四種鄭衆注周官掌客云秅讀爲秅秭麻荅之秅九章算術粟米章云菽荅麻麥各四十五李籍音義云菽大豆也荅小豆也漢婁壽碑麁絺大布之衣糲糌疏菜之食糲糌與糲荅同小豆古投壺之禮用之投壺云壺中實小豆爲其矢之躍而出也鄭注云實以小豆取其滑且堅鄭衆注大宰九穀並列大小豆則小豆之重等於大豆也小豆種於四五月齊民要術云小豆夏至後十日種者爲上時引氾勝之種植書云小豆不保歲難得椹黑時注

雨種、畮一升、又引崔寔四民月令云、四月
時雨降、可種大小豆、美田欲稀、薄田欲稠、

豍豆豌豆䝁豆也

齊民要術引崔寔四民月令云、正月可種春麥豍豆
盡二月止、案今北方八種豌豆在正月中、與四民月
令相符、故北方農人爲之語云、豌豆大麥不出九也
南方人種之則於八九月、此土地異宜、故遲速不齊
也、豌豆枝莖柔弱、布地而生、葉間有鬚連卷、然葉形
頗圓、兩兩相值、初生時肥嫩可食、南方人多摘以爲
蔬、味極美、三四月放小花、四瓣向内者二、向外者二、
亦皆相對、花色淡紫可愛、四五月作莢長寸餘、莢中
子皆圓如珠子、煮食之香美、亦可以爲醬、大抵與麥
皆熟耳、齊民要術云、豍豆大豆類也、豌豆小豆類也、
則是分豍豆豌豆爲二、
與廣雅異、所未詳也、

胡豆䜢䝄也

御覽引神農本草說生大豆云、張騫使外國得胡豆、
或曰戎菽、大雅生民正義引舍人樊光李巡三家爾

雅注、皆謂戎菽今以爲胡豆、郭璞爾雅注、孟康漢書天文志注、徐邈穀梁莊三十一年傳注、亦同、依徐邈穀梁傳注、則胡豆之來、在齊桓之世、依本草則在漢武之時、說之當否、皆未可定、要自舍人爾雅注、始見胡豆之名也、本草所說張騫得胡豆、在生大豆條下、則是卽以胡豆爲大豆、案齊民要術引廣志云、大豆有黃落豆、有御豆、又云胡豆有靑有黃者、則大豆胡豆爲二物、故舍人樊光等以爾雅戎菽爲胡豆、而孫炎則改從詩箋釋以大豆、御覽又引郭璞注、不從孫炎大豆、而訂爲胡豆之說、明胡豆非大豆也、名醫別錄序例云、凡藥如胡豆者、卽今靑斑豆也、以二大麻子準之、孫思邈千金備急方云、靑小豆、一名胡豆、陳藏器本草拾遺云、胡豆苗似豆、生野田閒、米中往往有之、則胡豆正是小豆之屬、故廣雅大豆胡豆不同釋也、

大麥麰也

此與下小麥麳也、俱釋周頌來牟之義、周頌思文云貽我來牟、傳云、牟麥也、箋云、武王渡孟津後五日、火

流爲烏、五至、以穀俱來、此謂貽我來牟、又臣工於皇來牟、箋云、於美乎赤烏以牟麥俱來、是不以來爲麥也、漢書劉向傳引詩作釐麰而釋之云釐麰、麥也、始自天降、則來牟俱是麥、於文義爲允也、說文云、來、周所受瑞麥來麰、一麥二鏠、象芒刺之形、天所來也、故爲行來之來、引詩曰詒我來麰、又云、齊人謂麥爲秾、秾與來通、又云、麰、來麰、麥也、則亦以來麰爲麥、與劉向同、但不言大小耳、李善注典引引韓詩薛君章句云、麰、大麥也、麰與麰同、孟子告子篇、今夫麰麥、播種而耰之、其地同、樹之時又同、浡然而生、至於日至之時皆熟矣、趙岐注云、麰麥、大麥、引詩云貽我來麰、來麰對文、麰爲大、則來爲小矣、古謂大爲牟、御覽引淮南子注云、牟、大也、大麥故稱牟也、玉篇云、麰、春麥也、麷、大麥也、麷與穬通、案齊民要術引崔寔四民月令云、凡種大小麥得白露節可種薄田、秋分種中田、後十日種美田、唯穬早晚無常、正月可種春麥盡二月止、是穬麥春麥皆與大麥異物、然蕭炳四聲本草云穬麥、大麥之類、山東河北人正月種之、名春穬、形狀與大麥相似、云春穬正月種、則卽崔寔所謂正月種春麥者矣、形與大麥相似、故玉篇以爲麰也、今北方人種春麥者多是小麥別有一種大麥二月種之三月即熟濟南人謂之三月黃亦春穬之類也御覽引吳普本草云大麥一名穬麥盖二麥相類故亦得通名陳藏器本草拾遺乃云大麥是麥米穬麥是麥殼案四民月令大小麥外別言種穬藝文類聚引魏黃觀奏亦云小麥略盡惟穬麥大麥頗得半收則大麥穬麥自是二種陳說非也蘇恭本草注則又以大麥爲青稞麥案齊民要術云青稞麥與大麥同時熟其爲二物甚明蘇說亦非也大麥之熟先於小麥呂氏春秋任地篇云孟夏之昔殺三葉而穫大麥高誘注云是月之季大麥熟而可穫大麥旋麥也案孟夏之季始穫大麥則小麥猶未熟月令孟夏之月農乃登麥當是大麥矣今大麥小麥各有有芒無芒二種無芒者良大麥可煮食小麥則作餅用之鄭注月令云麥者接絕續乏之穀尤重之故周官大宰九穀鄭衆注以大小麥並言盖貽我來牟有不可偏廢者耳

小麥麰也

說詳上文大麥麰也下

斜私茅穗也

茅穗、茅秀也、斜與荼同、鄭風出其東門篇有女如荼、傳云、荼、英荼也、言皆喪服也、箋云、荼、茅秀、物之輕者飛行無常、正義云、言荼英荼者、六月云、白旆英英、英是白貌、茅之秀者、其穗色白、言女皆喪服、色如荼然、吳語、白常白旗素甲白羽之矰、望之如荼、韋昭云、荼、茅秀、亦以白色爲如荼、與此傳意同、案考工記鮑人之事、望而眡之、欲其荼白也、鄭注云、當如茅秀之色、漢書禮樂志顏如荼、應劭注云、荼、野菅、白華也、言此奇麗白如荼也、野菅、即茅屬、說文云、菅、茅也、是茅穗名荼、義取白色也、蘇頌本草圖經云、茅春生苗布地如釘、夏生白花、茸茸然、即所謂荼矣、古者用荼以爲席箸、夏小正云、四月取荼、傳云、荼也者、以爲君薦蔣也、士喪禮記云、茵箸用荼、鄭注云、荼、茅秀也、周官掌荼、掌以時聚荼以共喪事、鄭注云、其喪事者、以箸物也、引士喪禮記茵箸用荼、皆是也、說文云、私、茅秀也、從艸私聲、案說文云、私、禾也、北道名禾主人曰私主人、私與私一同聲、當亦是禾秀之稱、後乃通名禾爲私耳、私穗正一聲之轉也、茅穗名私、禾穗亦名私、猶茅穗名⿱艹斜、禾穗亦名⿱艹斜、廣韻云、⿰禾荼、穗也、集韻云、禾穗曰⿰禾荼、或從斜作⿱艹斜、王篇廣韻竝云、⿱艹斜穗也、不言茅穗、則爲禾穗可知、故禾穗之亦名⿱艹⿰耒厶、可以⿱艹斜定之也、⿱艹斜⿱艹⿰耒厶亦一聲之轉、

蒲穗謂之蒪

廣韻云、蒪、蒲秀也、秀亦穗也、爾雅云、莞、苻離、其上蒚、郭注云、今西方呼蒲爲莞蒲、蒚謂其頭臺首也、臺首卽其作穗處矣、玉篇云、蒚謂今蒲頭有臺、臺上有重臺、中出黃、卽蒲黃也、神農本草有蒲黃、陶注云、此卽蒲釐花上黃粉也、蘇頌圖經云、蒲、今處處有之、春初生嫩葉、未出水時紅白色茸茸然、至夏抽梗於叢葉中、花抱梗端、如武士棒杵、故俚俗謂蒲槌、亦謂之蒲釐花、黃卽花中蘂屑也、細若金粉、當其欲開時、有便取之、市廛閒亦採、以蜜搜作果食貨賣、甚益小兒、案今蒲草初作穗時、有黃籜裹之、穗上有重臺、長大則籜拆裂、隨風落去、穗上重臺亦漸枯、其穗皆紫茸、四周密密相次、長五六寸、形正圓、高郵人謂之蒲棒頭、以其形似之也、謝靈運於南山往北山經湖中瞻眺詩云、新蒲含紫茸、李善注云、謂蒲華也、謝朓詠蒲詩

云、萅蕊雜椒塗、亦是此耳、蒲穗形圓、故謂之蕈、蕈之爲言團團然叢聚也、說文云、蕈、蒲叢也、蒲草叢生於水、則謂之蕈、蒲穗叢生莖末、亦謂之蕈、訓雖各異、義實相近也、

箘簬篔籢笴簫衞箭也

說文云、簬、古文作簵、禹貢云、惟箘簵楛、三邦底貢、鄭注云、箘簵、聆風也、又注考工記妢胡之笴云、妢胡、胡子之國、在楚旁、笴、矢榦也、引禹貢荆州貢箘簵楛、是箘簵楛皆可爲箭、故趙策云、襄子無矢、發楛而試之、其堅則箘簬之勁不能過也、箘簵一名聆風、故馬融長笛賦云、特箭稾而莖立兮、獨聆風於極危、言箭稾而及聆風、明其可以爲箭也、箘簬或作箟簬、楚辭七諫哀時命並云、箟簬雜於廢蒸兮、又作宛路、呂氏春秋直諫篇云、荆文王得茹黃之狗、宛路之矰、說苑正諫篇宛路作箘簬、茹黃與箘簬對言、茹黃是一狗之名、則箘簬亦似是一竹之名、戴凱之竹譜從禹貢傳以箘簵爲二竹、而亦不能分何者爲箘何者爲簵、但云是會稽箭類、皮特黑澀而已、然淮南本經訓云、松柏箘露、宛而夏槁、高注云、箘露、竹箟也、箘露、與箘簵

同、松柏、箘簬、對文則箘之與簬、猶松之與柏、一種之中、少有不同也、又中山經云、暴山其木多竹箭䉋箘、郭注云、箘亦篠類、中箭、單言箘則别有簬可知也、箘之言圓也、說文云、圜謂之囷、方謂之京、是囷圓聲近義同、箭竹小而圓、故謂之箘也、竹圓謂之箘、故桂之圓如竹者、亦謂之箘、名醫别録云、菌桂正圓如竹、是也、竹圓謂之箘、故簙箸形圓亦謂之箘、方言云、簙或謂之箘、或謂之箭裏、或謂之死專、或謂之匴璇、或謂之棊、案死專、匴璇、皆圓之貌、死專猶宛轉也、簙棊謂之箭、亦謂之箘、竹謂之箭、亦謂之箘、簙箭謂之箘、亦謂之宛轉、箭竹謂之箘簬、亦謂之宛簬、其義一也、箴笴、郎箸竹、詳見上文、箭箸䈉也、下䉋、古篠字、馬融長笛賦云、林箾蔓荆、李善注云、䉋與篠通、爾雅云、篠箭、說文篠作筱、筱云箭屬小竹也、筱可爲矢、引夏書瑤琨筱簜、今本筱作篠、篠之爲言猶小也、竹譜云、篠細竹也、出蜀志、薄肌而勁、中三續射博箭、衞音衛、見三倉、字通作衛、淮南原道訓云、射者扞烏號之弓、彎棊衛之箭、兵略訓云、括淇衛箘簬、淇與棊同、淇衛箘簬、對文皆箭竹之名也、方言云、簙或謂之箭裏、或謂之棊、竹譜云、衛竹中博箭、是衛與棊一物也、棊棊古同聲以衛爲傅箭謂之棊、以衛爲射箭則亦謂之棊耳、一棊者、箭莖之名、說文云、萁、豆莖也、孫子作戰篇萁秆一石、魏武帝注云、萁、豆稭也、稭猶莖也、豆莖謂之萁、箭莖謂之棊、棊聲義並同矣、乃高誘注原道訓云、棊、美箭所所出地名也、衛、利也、注兵略訓云、淇衛箘簬、箭之所出也、竹譜引淮南子而釋之云、淇園、衛地、毛詩所謂瞻彼淇奥、綠竹猗猗是也、案淇特衛之水名、先言淇而後言衛、則不詞矣、晉有澤曰董蒲之所出也、然不得曰董晉之蒲、楚有數曰雲、竹箭之所生也、然不得曰雲楚之竹箭、且淇水之地、去楚都非甚遠、當禹作貢時、何反不貢、而貢者乃遠在荆州乎、箭、矢竹也、亦詳上文箭鏑執也下、

蕉奚毒附子也一歲爲萴子二歲爲烏喙三歲爲附子四歲爲烏頭五歲爲天雄

蕉、玉篇作穛、奚毒、一作鷄毒、淮南主術訓云、天下之物、莫凶於鷄毒、然而良醫橐而藏之、有所用也、附子可以殺人、漢書外戚傳云、即擣附子齎入長定宮是也、又可以爲糞田之用、齊民要術引氾勝之種植書

云、取骨汁以漬附子是也、前子以下五等之名、說者
不一、皆與此殊、吳普本草云、烏頭、正月始生、葉厚、莖
方、中空、葉四四相當、與蒿相似、十月採、形如烏頭、有
兩岐相合、如烏之喙者、名曰烏喙、又云、側子、八月採、
是附子角之大者、側與前同、名醫別錄云、烏頭長三
寸已上爲天雄、此皆以形狀爲別者也、御覽引博物
志云、物有同類而異用者、烏頭、天雄、附子、一物、春夏
秋冬採之各異、名醫別錄云、冬月採爲附子、春採爲
烏頭、此皆以時候爲別者也、蘇頌圖經云、烏頭、烏喙、
天雄、附子、側子五品、都是一種、冬至種之、次年八月
後方成、廣雅云、一歲爲前子、二歲爲烏喙、三歲爲附
子、四歲爲烏頭、五歲爲天雄、今一歲種之、便有此五
物、豈今人種蒔之法、用力倍至、故爾蘩盛也、雖然、藥
力當緩於歲久者耳、今案前子、烏喙、諸名、對文則異、
散文則亦有通者、廣雅言奚毒附子也、三歲爲附子、
四歲爲烏頭、而高誘注淮南主術訓云、雞毒、烏頭也、
神農本草亦云、烏頭一名奚毒、是附子即烏頭也、廣
雅言一歲爲前子、二歲爲烏喙、而說文云、前、烏喙也、
是前子即烏喙也、鹽鐵論誅秦篇云、如食前之充腸
也、欲其安存、何可得也、燕策云、人之饑所以不食烏

喙者，以爲雖偷充腹而與餓死同患也。後漢書霍諝傳云、猶療飢於附子、食煎、猶言食烏喙也、饑食烏喙、猶言療飢於附子也、此煎子烏喙附子三者通稱之證也、神農本草云、烏頭一名烏喙、一名即子、即子與煎子同、御覽引神農本草、即正作煎、謝靈運山居賦云、三建異形而同出、自注云、三建、附子天雄烏頭也、不言煎子與烏喙者、蓋以其即是烏頭矣、此煎子烏喙烏頭三者通稱之證也、又墨子雜守篇云、令邊縣豫種畜烏喙、陸羽茶經引凡將篇云、烏喙桔梗、晉語置堇於肉、大雅緜篇正義引賈逵注云、堇、烏頭也、爾雅云、芨、堇草、郭璞注云、即烏頭也、江東呼爲堇、御覽引崔實四民月令云、三月可採烏頭、凡言烏喙烏頭者、似亦通稱、不以歲分矣、其有對文異者、淮南繆稱訓云、天雄烏喙、藥之凶毒者也、良醫以活人、則天雄與烏喙異也、急就篇云、烏喙附子椒芫華、則烏喙與附子異也、博物志引神農經云、藥種有五物、四曰大雄烏頭、大豆解之、則天雄與烏頭異也、或以辨異、或以統同、義得兩通耳、

蘛葩菁蘂花華也

後漢書張衡傳云、百卉含蘤、李賢注引張氏字詁云、蘤、古花字也、含蘤、卽含華、南都賦云、芙蓉含華是也、蘤之言芛也、玉篇云、蘤、華榮也、爲詭切、爾雅云、芛、皇華、榮、郭注云、今呼草木華初生者爲芛、音豬猶、釋文羊捶反、芛與蘤聲義正相近矣、蘤字從艸從白爲聲、古音爲如化、故花字從化聲而古作蘤、堯典平秩南訛、史記五帝紀作南爲、漢書王莽傳作南僞、是其例也、從白與皅同義、說文云、皅、草華白也、從白巴聲、葩、華也、從艸皅聲、徐鍇傳云、今謂草華房爲葩也、高唐賦云、葩葉覆蓋、字通作芭、夏小正三月拂桐芭傳云、言桐芭始生貌拂拂然也、月令云、季春之月桐始華是也、葩之言鋪也、干寶注說卦傳云、鋪爲花貌謂之藪、衆經音義卷七引聲類云、葩、盛貌也、高唐賦又云、江離載菁、李善注引廣雅云、菁、華也、菁之言菁菁然盛也、衞風淇奧篇綠竹青青、傳云、青青、茂盛貌、釋文云、青、本或作菁、唐風杕杜篇其葉菁菁、傳云、菁菁、葉盛也、葉盛謂之菁、華盛謂之菁、其義一也、菁又爲韭蕎三種種華之稱、詳見下文、離騷云、貫薜荔之落蘂、王注云、蘂、實貌也、貫累香草之實、呂延濟注云、蘂、花心也、案上文言餐秋菊之落英、此言貫薜荔之落蘤英蘤益俱是華、櫕累香草之華、文義亦通耳、蘤之言甤也、說文云、蕤、草木華垂皃、甤、草木實甤甤也、劉逵蜀都賦注云、蘤者、或謂之華、或謂之實、一曰花鬚頭點也、廣韻云、花外曰萼、花內曰蘤、實謂之甤、亦謂之蘤華謂之甤、亦謂之蘤、皆垂之貌也、說文云、蘤、垂也、蘤與蘤聲義正同、故南都賦、敷華蘤之蕤蕤、李善注云、蕤蕤、下垂貌矣、玉篇云、花今爲華、荂字、顧炎武唐韻正云、考花字自南北朝以上、不見於書、隋書禮儀志、梁武帝引孔氏尚書山龍華蟲傳曰、華者、花也、今傳無此語、而朱子固已疑此傳爲非漢人之作矣、晉以下書中閒用花字、或是後人改易、惟後魏書李諧傳載其述身賦曰、樹先春而動色、艸迎歲而發花、又曰、肆雕章之腴旨、咀文苑之英華、花字與華竝用、而五經楚辭諸子先秦兩漢之書皆古本相傳、凡華字未有改爲花者、又考太武帝始光二年三月初造新字千餘、頒之遠近、以爲楷式、如花字之比、得非造於魏晉以下之新字乎、引之案、廣雅釋花爲華、字詁又云、蘤古花字、則魏時已行此字、不始於後魏矣、又藝文類聚載晉棗據遊覽詩云、矯足登雲閣、相伴步九華、徙倚憑高山、仰攀桂樹柯、延首觀神州、迴精騁曲阿、芳林挺修榦、一歲再三花、則華花並用、西晉初人已然、又不始於後魏、李諧之述身賦也、華字古音在虞部、西漢以後、亦有轉入戈部者、司馬相如上林賦以華沙爲韻、東方朔讖于詩以華和多爲韻、皆是其證、故後出之花字、以化爲聲、化字古音正在戈部也、又戈部字古無四聲之別、故平聲之花、而諧去聲之化、字雖俗體、古意猶存、始非齊梁以後之所能爲矣、爾雅云、華荂也、華荂榮也、

棓杜葰茇荄株柤也

棓茇聲之轉、柤之名茇又名棓、猶杖之名柭又名棓也、說文云、杖、棓也、高誘注淮南詮言訓云、棓、大杖也、是其例矣、名醫別錄有百部根、陶注云、根數十相連、然則此草根多、因名百部與、部與棓古字通、若淮南詮言訓羿死於桃棓、說山訓作桃部矣、方言云、杜、根也、東齊曰杜、或曰茇、郭注引詩曰徹彼桑杜、案毛詩豳風鴟鴞篇桑杜作桑土、云、桑土、桑根也、韓詩作杜、義與毛同、名醫別錄云、茅根、一名兼杜、亦是也、爾雅云、菂茇、郭注云、今江東呼藕紹緒如指空中可啖者爲茇茇、卽此類、茇與荄通、玉篇云、江東呼藕根爲荄、

是蘱根名茇，又名藢也。說文云：「菿，茇也。」茅根也。玉篇云：「藢，黃茅根，取汁治消渴。」藢亦與藢通。是茅根名茇，又名藢也。廣韻云：「藁，葦根可食者曰茇。」是葦根又名藢也。說文云：「茇，艸根也。春艸根枯，引之而發土爲撥，故謂之茇。」桀茇之言本也。本、茇聲義相近，故稾本謂之稾茇。中山經云：「青要之山，有草焉，其本如稾本。」西山經云：「皐塗之山，有草焉，其狀如稾茇。」郭璞注上林賦云：「稾本，稾茇也。」草本之爲茇，猶燭本之爲跋。曲禮「燭不見跋」，鄭注云：「跋，本也。」淮南墬形訓云：「凡根茇草者，生於庶草。」字亦作拔。玉篇云：「拔蔌，狗脊根也。」爾雅云：「荄，根。」郭注云：「俗呼韭根爲荄。」韓詩外傳云：「草木根荄淺。」根荄之言根基也。古聲荄與基同。易「箕子之明夷」，劉向云：「今易箕子作荄滋。」淮南時則訓「爨萁燧火」，高誘注云：「萁讀該備之該。」是其例也。說文云：「株，木根也。」秦策云：「削株掘根。」

䔰蔕也

說文䔰、蔕二字相接，云：「䔰，藍蓼秀也。」「蔕，瓜當也。」疑說文䔰字本有「一曰蔕也」之訓，故蔕字即次䔰字之下。

而廣雅又本於說文也、李善注西京賦引聲類云、帶果鼻也、玉篇云、帶草木綴實也、字通作疐、又作柢、爾雅云、棗李曰疐之、初學記引孫炎注云、疐之、去柢也、曲禮、士疐之、鄭注云、去疐而已、又訓爲花本、劉逵注吳都賦云、帶、花本也、

萌芽甾夢孼也

甾之言才生也、說文云、才、艸木之初也、亦哉也、爾雅云、哉始也、今俗語謂始曰才者、甾之本義與草之才生謂之甾、猶田之才耕謂之甾、說文云、甾才耕田也、爾雅云、田一歲曰甾、亦其義也、或作菑、論衡初稟篇云、草木出土爲菑蘖、東京賦云、尋木起於蘖栽、蘖與蘖通、夢、猶萌也、說文云、夢、灌渝、讀若萌、夢、灌渝、卽爾雅之其萌蘿蕍也、郭璞讀其萌蘿爲句、云、今江東呼蘆筍爲蘿、然則萑葦之類、其初生者皆名蘿、以蕍字屬下芛葟華榮讀、云、蕍、猶敷蕍、亦華之貌、所未聞、案郭氏以蕍爲華而云未聞則亦無實據、或當依說文讀其萌蘿蕍、蘿蕍之言權輿也、爾雅云、權輿、始也、始生故以爲名、大戴禮誥志篇云、孟春百草權輿、是草

之始生名權輿也、單言之則亦曰權、故江東呼蘆筍爲藿也、若爾雅紅龍古、毛詩單謂之龍、須葑蓯、毛詩單謂之葑矣、

蘇莱芥莽蘆毛草也

方言云、蘇芥草也、江淮南楚之間曰蘇、自關而西或曰芥、或曰莱、南楚江湘之間謂之莽、郭注云、蘇猶蘆語轉也、列子周穆王篇云、其宮榭若累塊積蘇焉、素問移精變氣論云、十日不已、治以草蘇草䓞之枝、因而取草亦謂之蘇、莊子天運篇蘇者取而爨之、李頤注云、蘇草也、取草者得以炊也、莱草多之貌、說文云、莱耕多艸也、草多謂之莱、故耕多草亦謂之莱也、莱各本譌作茉、案曹憲音力內反、正莱字之音、非茉字之音、玉篇莱音來潰切、廣韻音盧對切、並與力內同、今據方言說文及曹憲音訂正、說文云、丰艸蔡也、象艸生之散亂、讀若介、介丰與芥同、哀元年左傳云、以民爲土芥、字通作介、孟子萬章篇一介不以與人、趙注云、一介草不以與人、芥芥各本譌作芬、蓋隸書介字多作仌、分字多作介、二形相亂而誤也、今訂正、說文云

茻、衆艸也、從四中、莽、南昌謂犬善逐菟於艸中爲莽、從犬從茻、茻亦聲、經典通用莽爲茻、同人伏戎于莽、集解載虞翻注云、震爲草莽、昭元年左傳云、是委君貺于草莽也、莽之言莽莽也、杜預注哀元年左傳云、草之生於野莽莽然、故曰草莽、如淳注漢書景帝紀云、草深曰莽也、草多謂之莽、因而木多亦謂之莽、易同人鄭注云、莽、叢木也、淮南時則訓、山雲草莽、高誘注云、山中氣出雲似草木、則莽又爲草木衆盛之通稱、故楚詞九章云、草木莽莽也、莽之轉聲爲毛、隱三年左傳云、澗谿沼沚之毛、杜注云、毛、草也、召南采蘩傳云、沼沚谿澗之草、是也、草謂之毛、因而菜亦謂之毛、楚詞大招吳酸蒿蔞、王逸注云、蒿、蔞、菜也、御覽引作毛、毛是也、菜茹謂之毛、因而五穀亦謂之毛、宣十二年公羊傳云、錫之不毛之地、何注云、墝埆不生五穀曰不毛、是也、穀謂之毛、因而桑麻亦謂之毛、周官載師凡宅不毛者有里布、鄭衆注云、宅不毛者、謂不樹桑麻也、桑麻俱是毛、則毛之名可因草而通之於木、昭七年左傳云、食土之毛、毛蓋兼草木而言之者、范邵注穀梁定元年傳亦云、凡地之所生者謂之毛也、蕫、草之轉聲也、字或作萓、管子地圓篇、萓草林木蒲葦之所茂、靈樞經癰疽篇、草蘆不成、五穀不殖、草謂之蘆、因而枯草亦謂之蘆、廣韻、蘆、草外也、衆經音義云、蘆、枯草也、今陝以西言草蔡、江南山東言草蘆、楚詞九章、草苴比而不芳、王逸注云、生曰草、枯曰苴、大雅召旻篇、如彼棲苴、傳云、苴、水中浮草也、

草藂生爲薄

前釋詁云、叢、薄、聚也、藂、與叢同、藂生、聚生也、淮南原道訓云、隱於榛薄之中、高誘注云、藂木曰榛、深草曰薄、又爲草木交錯之稱、楚詞九章云、露申辛夷、死林薄兮、王逸注云、叢木曰林、草木交錯曰薄、

蓍耆也

曲禮正義引劉向云、蓍之言耆、龜之言久、龜千歲而靈、蓍百年而神、以其長久、故能辨吉凶也、御覽引洪範五行傳云、龜之言久也、千歲而靈、此禽獸而知吉凶者也、蓍之爲言耆、百年一本生百莖、此草木之壽知吉凶者也、聖人以問鬼神焉、白虎通義云、乾艸枯骨、衆多非一、獨以蓍龜何、此天地之閒壽考之物、故

問之也、龜之爲言久也、著之爲言耆也、久長意也、論衡卜筮篇云、子路問孔子曰、豬肩羊膊可以得兆、雚葦藁芼可以得數、何必以著龜、孔子曰、不然、葢取其名也、夫著之爲言耆也、龜之爲言舊也、明狐疑之事、當問者舊也、

益母充蔚也

爾雅云、萑、蓷、郭注云、今茺蔚也、葉似荏、方莖白華、華生節間、廣雅又名益母、毛詩萑作蓷、王風中谷有蓷篇、中谷有蓷、暵其乾矣、中谷有蓷、暵其脩矣、中谷有蓷、暵其濕矣、傳云、蓷、鵻也、暵、菸貌、陸草生於谷中、傷於水、脩、且乾也、鵻遇水則濕、箋云、鵻之傷於水、始則濕、中而脩、久而乾、案說文云、暵、乾貌也、引說卦傳燥萬物者莫暵乎火、則暵卽是乾、乾之與濕、正相反也、既云暵其乾矣、而又云暵其濕矣、於義固不可通、草傷于水、先濕後乾、而詩乃先乾後濕、於文亦復不順、且神農本草云、茺蔚一名益母、生海濱池澤、則此草性亦不畏濕也、此由誤解濕爲水濕、故致多所抵捂、說文云、灘、水濡而乾也、引詩灘其乾矣、葢亦承毛公

之誤而爲說耳、今案濕當讀爲暵、暵亦且乾也、前釋詁云、暵、曝也、衆經音義引通俗文云、欲燥曰暵、玉篇邱立切、云、欲乾也、暵與濕聲近、故通、暵其乾矣、暵其脩矣、暵其濕矣、三章同義、草乾謂之脩、亦謂之濕、猶肉乾謂之脩、亦謂之䐑、釋名、䐑、搏也、乾燥相搏著也、又云、脩、脩縮也、乾燥而縮也、玉篇䐑、邱及切、朐䐑也、是其例矣、蓷者、充蔚之合聲、充蔚者臭穢之轉聲、韓詩云、蓷、茺蔚也、陸機詩疏云、舊說及魏博士濟陽周元明皆云菴蕳是也、韓詩及三倉說悉云益母、故曾子見益母而感、案本草云、益母茺蔚也、故劉歆云、蓷、臭穢、臭穢即茺蔚也、李巡爾雅注亦同劉歆、案今益母草氣惡近臭、故有臭穢之稱、曹植籍田說云、藜蓬臭蔚、棄之乎遠疆、臭蔚猶臭穢也、古音蔚如鬱、前釋器云、鬱、臭也、故茺蔚之草、一名鬱臭、陳藏器本草拾遺云、茺蔚田野閒人呼爲鬱臭草、是也、此草高者三尺以來、其莖四方而葉三岐、五月作花、辦銳而小、叢生莖節閒、郭璞爾雅注言華白、今則亦有紅者、江淮之閒通謂之益母草、

菅、茅也

爾雅、白華、野菅。郭注云、菅、茅屬。又蒹、牡茅。注云、白茅屬。小雅白華篇、白華菅兮、白茅束兮。傳云、白華、野菅也。已漚爲菅。箋云、人刈白華於野、已漚名之爲菅。菅柔忍中用矣、而更取白茅收束之。茅比於白華爲脆。是菅與茅不同物也。但菅茅同類、亦可通名。故說文以菅茅互釋、而王逸注楚詞招魂亦云、菅、茅也。菅可爲索。陳風東門之池篇、東門之池、可以漚菅。陸機疏云、菅似茅而滑澤、無毛、根下五寸中有白粉者、柔韌宜爲索、漚乃尤善矣。又可爲筲。士喪禮下篇云、菅筲三、其實皆瀹。又可爲席。南山經云、白菅爲席。又案東門之池釋文云、茅、已漚者爲菅。正義云、白華箋云、人刈白華於野、已漚之、名之爲菅。然則菅者已漚之名、未漚則但名爲茅也。釋文正義之說、非箋意也。白華箋所云已漚名之爲菅、與傳同意。傳云、白華、野菅也、已漚爲菅。菅對野菅言之、非對茅言之也。彼正義云、漚之柔韌、異其名謂之爲菅、因謂在野未漚者爲野菅、斯得之矣。

秶黍稻其采謂之禾

說文云、采、禾成秀也、從禾爪聲、俗作穗、從惠聲、禾、嘉穀也、二月始生、八月而孰、得時之中和、故謂之禾、禾、木也、木王而生、金王而死、從木從𠂹省、𠂹象其穗、管子小問篇、苗始其少也、眴眴乎何其孺子也、至其壯也、莊莊乎何其士也、至其成也、由由乎兹免、何其君子也、天下得之則安、不得則危、故命之曰禾、淮南繆稱訓、夫子見禾之三變也、高誘注云、三變、始於稾、生於苗、成於穗也、則禾乃苗穗之總名、穗特禾之秀也、徧考經傳、言禾者皆穀名、無以禾爲穗者、此禾字疑當作秀、脫去乃字而爲禾耳、秀爲穗之通稱、而云寀黍稻其穗謂之秀、猶菁爲華之通稱、而下文云韭蘁蕎其華謂之菁也、然太平御覽藝文類聚引廣雅竝作禾、則其誤久矣、爾雅云、寀、稷、左傳桓二年正義引舍人注云、寀、一名稷、稷、粟也、齊民要術引孫炎注同、廣雅之寀、蓋亦指粟言、粟之米卽粱也、以寀爲粟、是以稷爲粱矣、上文稷穰謂之𥠖、下已辨其誤、

豆角謂之莢、其葉謂之藿

說文云、莢、艸實也、呂氏春秋審時篇云、得時之菽、其莢二七以爲族、齊民要術引氾勝之種植書云、獲豆

之法、莢黑而莖蒼、輒穫無疑、莢之言夾也、兩旁相夾豆在其中也、豆莢長而耑鋭、如角然、故又名豆角、豆角、今通語耳、藿、説文作蘿、云、尗之少也、藿爲豆葉而云尗之少者、尗之少時葉嫩可食、或以物言、或以時言、其實一也、小雅白駒篇、食我場苗、食我場藿、傳云、藿猶苗也、是尗之少名藿也、公食大夫禮記、鉶芼牛藿、羊苦、豕薇、鄭注云、藿、豆葉也、易林漸之乾云、旦種菽豆、暮成藿葉、是豆之葉名藿也、或卽謂之菽、小雅小宛篇、中原有菽、庶民采之、傳云、菽、藿也、正義云、經言采之、明采取其葉、故言藿也、采菽篇、采菽采菽、筐之筥之、傳云、菽所以芼大牢而待君子也、羊則苦、豕則薇、箋云、菽大豆也、采之者、采其葉以爲藿、三牲牛羊豕芼以藿、王饗賓客有牛俎、乃用鉶羹、故使采之、又豳風七月篇、七月亨葵及菽、釋文云、菽、藿也、皆是也、藿可芼羹、亦可用以爲羹、韓非子五蠹篇云、堯之王天下也、糲粢之飯、藜藿之羹、韓策云、民之所食、大抵豆飯藿羹、

英菂蒻也

蒻玉篇廣韻作蒻云英蒻也集韻云蒻草名蒻也又云蒻蒻豆也偏考諸書無以蒻爲豆者恐因上文說豆角豆葉而誤耳草之名蒻者四一爲蒲本說文云蒻蒲子可以爲苹席蒲蒻之類也急就篇云蒲蒻藺席帳帷幢顧命敷重蔑席馬融注云蔑纖蒻也大雅韓奕維筍及蒲傳云蒲蒲蒻也陸機疏云蒲始生取其心中入地蒻大如匕柄正白生噉之甘脆鬻而以苦酒浸之如食筍法鄭注醢人深蒲云鄭司農云深蒲蒲蒻入水深故曰深蒲元謂深蒲蒲始生水中子又注司几筵云繅席削蒲蒻展之編以五采又注輪人云今人謂蒲本在水中者爲弱是也一爲荷本爾雅荷芙蕖其本蔤郭璞注云莖下白蒻在泥中者是也一爲蒻頭左思蜀都賦云其圃則有蒟蒻茱萸劉逵注云蒻草也其根名蒻頭大者如斗其肌正白可以灰汁煮則凝成可以苦酒淹食之蜀人珍貴華陽國志云園有芳蒻古今注云揚州人謂蒻爲班杖不知食之開寶本草云蒻頭葉似由跋半夏根大如捥一名蒟蒻又有班杖苗相似根如蒻頭是也一爲芸蒻齊民要術引倉頡解詁云芸蒿葉似邪蒿可食春秋有白蒻可食之是也此四者未知孰當廣雅之

蒻、下文卽云、菌藺、芙蓉也、以類取之、或當是荷莖下白蒻耳、

菌藺芙蓉也

菌、各本譌作莔、莔卽藺字、不得重出、蓋菌字隸或作莔、與莔相似而誤也、今訂正、說文云、菌藺、芙蓉華、未發爲菌藺、已發爲芙蓉、御覽引毛詩義疏云、芙蕖華未發爲菌莔、已發爲扶蕖、是菌藺與芙蓉有別、故易林訟之困云、菡萏未華、楚詞招魂云、芙蓉始發、明未發爲菌藺、已發爲芙蓉也、劉歆甘泉宮賦云、芙蓉菌萏、菱荇蘋蘩、劉楨公讌詩云、芙蓉散其華、菡萏溢金塘、曹植芙蓉賦云、芙蓉蹇產、菌莔星屬、皆以菌莔芙蓉爲二、意與說文同、菌藺之言已嘾也、說文云、已嘾也、艸木之華未發圅然、象形、讀若含、嘾含深也、芙蓉之言敷蕍也、郭璞爾雅注云、敷蕍、花之貌、說文云、蕍華葉布、讀若傳、聲義與芙同矣、又云、甬、艸木華甬甬然也、聲義與蓉同矣、但菌藺芙蓉、散文亦通、爾雅云、荷芙蕖、其華菡萏、陳風澤陂篇有蒲菡萏傳云、菡萏荷華也、則卽以菌萏爲芙蓉也、離騷云、集芙蓉以爲裳、王注云、芙蓉、蓮華也、陳風正義引郭璞爾雅音義

云、今江東人呼荷華爲芙蓉、一作夫容、漢書司馬相如傳云、外發夫容蔆華、

韭䪥蕎其華謂之菁

爾雅云、䪥、鴻薈、郭注云、即䪥菜也、說文云、韭、菜名、一種而久者、故謂之韭、象形、在一之上、一、地也、䪥、菜也、葉似韭、从韭𡿺聲、菁、韭華也、衆經音義引三倉云、韭之英曰菁、周官醢人朝事之豆、其實菁菹、鄭衆注云、菁菹、韭菹、齊民要術引崔寔四民月令云、七月藏韭菁、案韭菜華白、今人多以鹽水浸之、可案酒、䪥、今之小蒜、北方人謂之窄蒜、有赤白二種、葉極似韭、華亦白色、蕎蕎蓋亦韭䪥之屬、陳藏器本草拾遺云、蔘蕎生高原、如小蒜而長、其是與、

蘬葵也

蘬葵古同聲、方言有重輕耳、葵性向日、成十七年左傳云、鮑莊子之知不如葵、葵猶能衞其足、杜注云、葵傾葉向日、以蔽其根、淮南說林訓云、聖人之于道、猶葵之與日也、雖不能與終始哉、其鄉之誠也、葵可亯

食、豳風七月篇云、七月亨葵及菽、古者或以爲滑、士虞禮記云、鉶芼用苦若薇、有滑夏用葵、冬用荁、鄭注云、夏秋用生葵、冬春用乾荁、又以爲菹、周官醢人朝事之豆、其實葵菹、

藋粱木稷也

今之高粱、古之稷也、秦漢以來、誤以粱爲稷、而高粱遂別名木稷矣、又謂之蜀黍、博物志云、地三年種蜀黍、其後七年多蛇、王楨農書云、蜀黍一名高粱、一名蜀秫、一名蘆穄、一名蘆粟、一名木稷、一名荻粱、以種來自蜀、形類黍稷、故有諸名、九穀考辨之云、蜀人云彼上最宜稻、高粱惟高岡種之、專用以造酒、謂其味濇、民俗不食、夫苟爲彼地之種、其民安得不食、今乃苦其味濇而不以作飯、而直隸山東山西河南陝西爲種之來自彼地者反爲賤者之常食、此事之必不然者也、且種來自蜀之說、考之傳記、未有確證、如其爲臆說不足憑矣、余案方言云、蜀、一也、南楚謂之獨蜀有獨義、故爾雅釋山云、獨者蜀、物之獨者或且大故因之有大義、釋獸云、雞大者蜀、此蜀黍蜀葵爲獨大者之明證也、引之案高粱莖長丈許、實大如椒、故

謂之蜀黍、又謂之木稷、言其高大如木矣、高粱不黏
者、爾雅所謂粢稷也、其黏者、爾雅所謂衆秫也、故俗
又謂之秫秫、以黏者釀酒、不黏者作飯、亦以
飼馬牛、稷粱之辨、已詳上文稷穰謂之𥝌下、

蒚藸蔥也

齊民要術引廣志云、蔥有冬春二種、有胡蔥木蔥山
蔥、又引崔寔四民月令云、二月別小蔥、六月別大蔥、
夏蔥曰小、冬蔥曰大、此蒚藸蔥未知何種
也、蒚、玉篇廣韻作薵、藸、廣韻集韻作䅹、

蓊臺也

郭璞注爾雅莞苻蘺其上蒚云、蒚謂其頭臺首也、又
注鉤芺云、莖頭有臺、又注芺薊其實荂云、芺與薊莖
頭皆有蓊臺、臺與薹同、今世通謂草心抽莖作華者
爲薹矣、蓊之言鬱蓊而起也、凡上起謂之鬱、亦謂之
蓊、西都賦云、神明鬱其特起、說文云、滃、雲氣起也、廣
韻云、塕埲塵起也、風賦云、塕然起於窮巷之閒、聲義
竝同
耳、

莞藺也

爾雅云、莞苻蘺、小雅斯干正義引某氏注云、本草云白蒲、一名苻蘺、楚謂之莞蒲、藝文類聚引舊注云、今水中莞蒲可作席也、郭璞注云、今西方人呼蒲爲莞蒲、江東謂之苻蘺、說文云、睆夫蘺也、莞艸也、可以作席、藺莞屬也、玉篇云、莞似藺而圓、可爲席、藺似莞而細、可爲席、鹽鐵論散不足篇云、大夫士蒲平單莞、庶人單藺蘧篨、是莞與藺異也、但三者形狀相似、爲用又同、故亦得通名耳、御覽引范子計然云、六尺藺席出河東、急就篇云、蒲蒻藺席帳帷幢、是藺席人所常用、而古經傳多言莞席、少言藺席、豈非莞之名足以兼藺與、小雅斯干篇、下莞上簟、箋云、莞小蒲之席也、釋文云、莞草叢生水中、莖圓、江南以爲席、形似小蒲而實非也、莞草性堅、故周官司几筵諸侯祭祀席、蒲筵繢純、加莞席紛純、鄭注云、不莞席加繅者、繅柔濡不如莞清堅、又於鬼神宜也、莞又名葱蒲、下文云、葱蒲、莞也、穆天子傳云、珠澤之藪、爰有萑葦莞蒲、郭璞注云、莞葱蒲、或曰莞蒲、齊名耳、關西云莞、漢書東方朔傳云、莞蒲爲席、顏師古注云、莞夫離也、今謂之葱

蒲、衆經音義云、莞草外似葱、
内似蒲而圓、今亦名莞子、

菰、蔣也、其米謂之彫胡

菰、與苽同、説文云、苽、雕苽、一名蔣、苽胡古聲相近、雕苽、卽彫胡也、周官膳夫、食用六穀、鄭衆注云、六穀、稌黍稷粱麥苽、苽、雕胡也、食醫凡會膳食之宜、牛宜稌羊宜黍、豕宜稷、犬宜粱、鴈宜麥、魚宜苽、鄭衆注云、苽、雕胡也、內則蝸醢而苽食雉羹、鄭注亦云、苽、彫胡也、楚詞大招五穀六仞、設菰粱只、王逸注云、菰粱蔣實謂雕葫也、則菰卽蔣草之米、後又以菰爲大名耳、高誘注淮南原道訓云、菰者蔣實也、其米曰雕胡、注天文訓封㸌云、苽蔣草也、故西京雜記云、菰之有米者、長安人謂之雕胡、張氏注上林賦蔣芧青薠云、蔣菰也、注子虛賦東蘠彫胡云、彫胡菰米也、皆以菰蔣爲大名、彫胡爲米名也、菰草可飼畜、開寶本草引別本注云、菰蔣草也、江南人呼爲茭草、秣馬甚肥、今江淮閒亦以飼牛、是也、又可作席、齊民要術引廣志云菰可食、以爲席溫於蒲、生南方、是也、菰之可食者、小曰菰菜、蘇頌本草圖經所云茭白是也、大曰菰首、爾雅所云出隧蘧蔬、西京雜記所云綠節是也、二者皆可爲蔬、而惟菰米可以作飯、故鄭司農以爲六穀之一、後鄭注大宰九穀、亦云有粱苽也、宋玉諷賦云、爲臣炊雕胡之飯、淮南詮言訓云、菰飯犓牛弗能甘也、葢古者以爲美饌焉、本草衍義云、菰花如葦、結青子細若青麻黃、長幾寸、是其狀也、各本俱脱彫字、今據齊民要術藝文類聚及御覽引廣雅補、

葒龍薣馬蓼也

葒、與紅同、爾雅云、紅、龍古、其大者蘬、郭注云、俗呼紅草爲龍鼓、語轉耳、鄭風山有扶蘇篇、隰有游龍、傳云龍、紅草也、箋云、游、猶放縱也、紅草放縱枝葉於隰中、陸機疏云、一名馬蓼、葉大而赤白色、生水澤中、高丈餘、玉篇云、龍、馬蓼也、薆與蓼同、又謂之鴞蘢、鴞與葒同、蘢與薣同、名醫別錄云、葒草、一名鴻薣、如馬蓼而大、生水傍、陶注云、今生下濕地、極似馬蓼、甚長大、據別錄則馬蓼別爲一種、非葒草也、然陶注本草馬蓼云馬蓼生下濕地、莖班葉大、有黑點、亦有兩三種、其最大者名龍鼓、卽是葒草、然則葒草卽馬蓼之大者、

馬蓼其總名也且陶注之所謂最大名龍薣者正爾雅所謂其大者蘬則陶注之所謂馬蓼者即爾雅所謂紅龍古矣唐本草注云葒草有毛花紅白蘇頌圖經云即水葒也名醫別錄又有天蓼一名石龍生水中本草拾遺以爲即水葒一名遊龍也案別錄葒草無毒天蓼有毒拾遺合之非也蜀本草圖經云木蓼一名天蓼蓋別是一物耳

蕒藘也

此苦菜之一種也藘或作蘪或作苣說文云蘪菜也似蘇者玉篇云蘪今之苦蘪江東呼爲苦蕒蕒苦蕒菜也廣韻云蕒吳人呼苦蘪顏氏家訓云苦菜葉似苦苣而細是苦苣即苦菜之屬也蘪苣聲之轉故蘪又謂之苣小雅采芑傳云芑菜也齊民要術引詩義疏云蘪似苦菜莖青摘去葉白汁出甘脃可食亦可爲茹青州謂之芑西河鴈門蘪尤美時人戀戀不能出塞又云蘪收根畦種常令足水性易繁茂而甛脃勝野生者白蘪尤宜糞歲常可收嘉祐本草云苦苣即野苣也野生者又名褊苣今人家常食爲白苣江

外嶺南吳人無白苣嘗植野苣以供廚饌又云苦蕒蘵蛾出時切不可折取令蛾子青爛野苦蕒五六回拗後味甘滑于家苦蕒據此則苦蘧與苦蕒不同而玉篇廣韻則皆以苦蘧苦蕒爲一物葢苦蘧亦苦蕒之一種故或即謂之苦蕒又或否耳今北方處處原野生之家中種者莖葉潤大北方人皆謂之蘧蕒菜此苦蘧即苦蕒之明證也曹憲音義云張揖云蕒蕒也案白蕒與苦蕒大異恐非引之案本草拾遺云白苣如萵苣葉有白毛自別是一種但廣雅之蕒蕒謂苦蘧非謂白蘧也嘉祐本草謂吳人無白苣廣韻謂吳人呼苦蘧爲蕒然則名苦蕒者惟苦蘧耳苦蘧亦可單名爲蘧故云蕒蘧也曹氏執白蕒以疑廣雅失之矣

蘩母蒡葧也

蘩母壘䪼也蒡葧雙聲也古敏每之聲皆如母說文蘇從每聲經傳作蘩從敏聲則蘩之與母聲亦相近也蘩之爲言皤也爾雅云蘩皤蒿說文作蘇云白蒿也又云皤老人白也白謂之皤又謂之蘩蘩皤聲正

相近蟠之爲繁猶蟠之爲蹯也賁六四賁如皤如釋文皤白波反荀作波鄭陸作蹯音煩是其例也皤繁蒡聲亦相近皤之爲繁又爲蒡猶披之爲藩又爲防也士喪禮下篇設披今文披皆爲藩周官喪祝掌大喪勸防之事杜子春云防當爲披是其例也蒡之聲轉而爲葧因竝稱蒡葧蒡之與葧猶仿之與佛滂之與沛耳召南采蘩篇于以采蘩于沼于沚于以用之公矦之事傳云公矦夫人執蘩菜以助祭箋云執蘩菜者以豆薦蘩菹隱三年左傳所謂蘋蘩薀藻之菜可薦於鬼神可羞於王公者也彼正義引陸機疏云凡艾白色者爲皤蒿今白蒿也春始生及秋香美可生食又可蒸一名遊胡北海人謂之旁勃故大戴禮夏小正傳曰蘩遊胡遊胡旁勃也遊胡卽爾雅繁由胡也今本夏小正傳亦作由云二月榮堇采蘩堇菜也蘩由胡由胡者蘩母也蘩母者旁勃也皆豆實也故記之蘩爲豆實故詩箋云以豆薦蘩菹也又可以生蠶豳風七月篇采蘩祁祁傳云蘩所以生蠶正義云今人猶用之是也旁勃一作彭敎御覽引神仙服食經云十一月采彭敎彭敎白蒿也夏小正言二月采蘩詩人言之亦于春日此乃云十一月采豈亦如

茵蔯蒿經冬不死與蘇頌本草圖經謂階州以白蒿爲茵蔯蒿苗葉亦相似服食經所言蒰即此矣蒡勃之聲又轉而爲蓬本草别本注云白蒿葉似艾葉上有白毛錯澀俗呼爲蓬蒿是也

菈遫蘆菔也

菔各本譌作蔽今訂正爾雅云葖蘆萉郭璞注云萉宜爲菔蘆菔蕪菁屬紫華大根俗呼雹葖案萉菔字形相似郭氏此說似得之矣及以爾雅異物同名之例求之而後知其不然也爾雅所釋或蟲與鳥同名密肌繫英翰天雞是也或木與蟲同名諸慮山櫐諸慮奚相是也或草與蟲同名莪蘿之與蛾羅蚍衃之與蚍蜉果蠃之與果蠃蘆萉之與蠦蜰是也凡此者或同聲同字或字小異而聲不異蓋即一物之名而他物互相假借者往往有故觀於蠦蜰而知蘆萉之必不誤也萉與菔特一聲之轉耳自郭氏誤以萉宜爲菔而後世遂直讀爲菔無作肥音者蓋古義之失久矣方言云蕪菁紫華者謂之蘆菔東魯謂之菈遫郭注云今江東名爲溫菘實如小豆蘆菔音羅匐說文亦云蘆菔似蕪菁實如小尗者後漢書劉盆子

傳掘庭中蘆菔根食之是也名醫別錄云蘆菔味苦溫陶注云蘆菔是今溫菘其根可食葉不中噉蘇頌圖經云此有大小二種大者肉堅宜蒸食小者白而肥宜生啖吳人呼楚菘廣南人呼秦菘蘆菔一作羅服潛夫論思賢篇云治疾當得眞人參反得支羅服言其性相反也今俗語通呼羅匐聲轉而爲萊菔唐本草云萊菔根味辛甘溫擣汁主消渴其嫩葉爲生菜食之大葉熟噉消食和中是也

蘴蕘蕪菁**也**

蘴與葑同爾雅云須葑蓯齊民要術引舊注云江東呼爲蕪菁或爲菘菘須音相近方言云蘴蕘蕪菁也陳楚之郊謂之蘴魯齊之郊謂之蕘關之東西謂之蕪菁趙魏之郊謂之大芥其小者謂之辛芥或謂之幽芥郭璞注云蘴舊音蜂今江東音嵩字作菘也案菘者須之轉聲蕪菁者蘴之轉聲也蕪之聲又轉而爲蔓邶風谷風篇采葑采非無以下體傳云葑須也非芴也下體根莖也箋云此二菜者蔓菁與葍之類也皆上下可食然而其根有美時有惡時采之者不可以根惡時并棄其葉釋文云葑字書作蘴草木疏云

蔓菁也、郭璞云、今菘菜也、案江南有菘、江北有蔓菁、相似而異、引之案古草木之名同類者皆得通稱、呂氏春秋本味篇、菜之美者具區之菁、高誘注云、具區澤名、在吳越之間、菁、菜名、是則江南之高菘亦得稱菁、郭氏所說不誤也、陸機詩疏云、葑蕪菁也、幽州人謂之芥、則呼芥者不獨趙魏之郊也、鄭注坊記云、葑蔓菁也、陳宋之間謂之葑、則呼蘴者不獨陳楚之郊也、蘴又爲蕪菁之苗、齊民要術引字林云、蘴蕪菁苗、此猶葯卽白芷、而云白芷葉謂之葯、菰卽彫胡、而云菰米謂之彫胡也、或爲大名、或爲專稱、蓋古今方俗語有異耳、陶宏景注名醫別錄云、蕪菁細於溫菘而葉似菘好食、唐本注云、北人又名蔓菁、本草拾遺云、今并汾河朔閒燒食其根、呼爲蕪根、猶是蕪菁之號、蕪菁南北之通稱也、蕪菁可以爲葅、周官醢人朝事之豆、其實菁葅、後鄭注云、菁蔓菁也、徐邈蔓音蠻、聲轉而爲莫、鄭注公食大夫禮菁葅云、菁莫菁葅也、又轉而爲門、又轉而爲芴、北戶錄云、蕪菁凡將篇謂爲門菁、證俗音曰冥菁、小學篇曰芴菁、急就篇老菁蘘荷冬日藏、顏師古注云、菁蔓菁也、一曰冥菁、又曰芴菁、是也、老菁冬日所藏、故南都賦云、秋韭冬菁、齊民要術引四民月令亦云蕪菁十月可收矣要術又引廣志云蕪菁有紫花者白花者案今蔓菁菜乃是黃花惟蘿蔔花有紫白二種然則廣志之蕪菁即指蘿蔔言之方言云蕪菁紫華者謂之蘆菔則蘆菔之白華者即蕪菁矣名醫別錄以蕪菁與蘆菔同條意亦同也乃齊民要術注湥疑方言之說以爲蘆菔非蕪菁蘇恭本草注亦謂蕪菁蘆菔全別與別錄相違其意皆專以今之蔓菁菜爲蕪菁不知蘆菔之白華者古亦名蕪菁方言別錄皆不誤也菁曹憲音精各本脫去菁字音內精字又誤入正文今訂正

匏瓠也

說文云匏瓠也從夸包聲取其可包藏物也邶風匏有苦葉篇傳云匏謂之瓠瓠葉苦不可食也陸機疏云匏葉少時可爲羹又可淹煮極美故詩曰幡幡瓠葉采之亨之今河南及揚州人恆食之八月中堅強不可食故云苦葉據此則瓠葉先甘而後苦也今案瓠自有甘苦二種瓠甘者葉亦甘瓠苦者葉亦苦甘者可食苦者不可食邶風云匏有苦葉魯語云苦匏不材於人共濟而已韋注云材讀若裁也不裁於人

言不可食也其濟而已佩匏可以渡水也神農本草云苦瓠味苦寒主大水面目四肢浮腫下水令人吐陶注云瓠苦者如瞻不可食此皆瓠之苦者也小雅南有嘉魚篇南有樛木甘瓠纍之瓠葉篇幡幡瓠葉采之亨之傳云幡幡瓠葉貌庶人之菜也箋云亨孰也孰瓠葉者以爲飲酒之葅也新序刺奢篇云日晏進糲飧之食瓜瓠之羹此皆瓠之甘者也聞北方農人云瓠之甘者年或變爲苦辨之者于弱蔓初生時時嚼其莖葉以驗之苦即拔去然則瓠之苦者少時已然陸氏之說失之矣匏可爲酒器大雅公劉篇酌之用匏箋云酌酒以匏爲爵言忠敬也郊特牲說郊云器用陶匏以象天地之性也說婚禮云器用陶匏尚禮然也三王作牢用陶匏注云言大古無共牢之禮三王之世作之而用大古之器重夫婦之始也又可爲樂器周官大師播之以八音金石土革絲木匏竹郊特牲云歌者在上匏竹在下鄭注竝云匏笙也大師疏謂笙插竹於匏是也樂記云弦匏笙簧則匏與笙又似二物矣瓠通作壺豳風七月篇八月斷壺傳云壺瓠也又作華郊特牲云天子樹瓜華不斂藏之種也注云華果蓏也案華當讀爲瓠瓠華古

同聲、華之爲瓠、猶華之爲荂、荂瓠皆以夸爲聲、爾雅華、荂、榮也、說文、𠌶或作荂、是其例也、匏之轉聲爲瓢、瓠之疊韻爲瓠𤬪、周官鬯人、祭門用瓢齎、杜子春云、瓢、瓠蠡也、後鄭云、取甘瓠割去柢、以齊爲尊、蜀本草引切韻云、瓢、匏也、玉篇云、瓢、瓠瓜也、廣韻云、瓠𤬪瓢也、然則匏也、瓢也、瓠也、瓠𤬪也、實一物也、瓠𤬪或作壺盧、或作瓠甊、古今注則謂壺盧爲瓠之無柄者、有柄者爲懸匏、陶宏景本草注則謂瓠甊亦是瓠類、小者名瓢、集韻則謂匏而圓者爲瓠甗、今江淮之間則謂細胥者爲瓠𤬪、長柄短柄者、皆爲甊、京師人則通謂之瓠𤬪、而以瓠𤬪之己剖者爲瓢、此皆後世方言之鍇出不齊者、古人則通謂之匏瓠耳、故魯語言苦匏不材於人、共濟而已、而莊子消搖遊篇亦言五石之瓠、慮以爲大樽而浮乎江湖、明匏之與瓠皆屬大名、更無別異、乃唐本草專以形似越瓜、夏中便熟者爲瓠、廣韻別出瓟字云、似瓠可爲飲器、已未免强爲分別、至陸佃則直以詩傳曰匏謂之瓠爲誤、而云長而瘦上曰瓠、短頸大腹曰匏、眞不通之論矣、

冬瓜、菰也

蘇恭本草注引廣雅、冬瓜、一名地芝、案齊民要術引廣志云、冬瓜蔬垣、神仙本草謂之地芝也、則此乃廣志說、蘇氏誤耳、要術種冬瓜法云、正月晦日種、八月斷其梢、減其實、十月霜足收之、削去皮子、於芥子醬中或美豆醬中藏之佳、又云、冬瓜十月區種、如區種瓜法、種於十月、收於十月、此冬瓜之所以名也、冬瓜色白、故謂之白冬瓜、又謂之白瓜、名醫別錄云、白冬瓜味甘微寒、開寶本草注云、此物經霜後、皮上白如粉塗、故云白冬瓜、別錄又云、白瓜子、冬瓜仁也、

水芝瓜也其子謂之瓣

神農本草云、瓜、一名水芝、蓋以其瓤中多水、故得此名也、又謂之土芝、稽含瓜賦序云、甘瓜普植、用薦神祇、其名孔瞻、其味亦奇、是謂土芝、是也、瓜子今有紅黑白三種、神農本草云、瓜子味甘平、主令人悅澤好顏色、又謂之瓣、說文云、瓣、瓜中實也、御覽引吳普本草云、瓜子、一名瓣、七月七日採、可作面脂、又謂之瓤、爾雅釋草釋文引三倉云、瓤、瓜中子也、

龍蹏虎掌羊骹兔頭桂支䆐筩䉛瓠貍頭白瓝無餘縑瓜屬也

要術御覽竝引廣志云瓜之所出以遼東廬江燉煌之種爲美有縑瓜貍頭瓜䆐筩瓜龍蹏瓜陽城有桂枝瓜長二尺餘張載瓜賦云羊骹虎掌桂枝䆐筩累錔瓝子溫屯蘆江溫屯與瓝瓠同蘆江即廬江也白瓝瓝子之白者其黃者謂之黃瓝玉篇云瓝白瓝瓜也廣韻云黃瓝瓜名字亦作扁陸機瓜賦云括樓定陶黃扁白摶元骭素腕貍首虎蹯貍首即貍頭也虎蹯即虎掌也廣韻引廣雅桂支作桂髓云桂髓䆐筩下又有小青大班四字而無䉛瓠以下諸名案初學記齊民要術引廣雅竝無小青大班四字其桂支初學記作桂枝枝支通用字是髓字及小青大班四字皆原文所無也陸機瓜賦云金叉䆐筩小青大班東陵出於秦谷桂髓起於巫山則桂髓小青大班皆瓜賦文廣韻誤記耳

狗毒鉅勝藤宏胡麻也

神農本草云胡麻一名巨勝巨與鉅同御覽引吳普本草云胡麻一名方莖一名狗蝨方莖以莖形得名狗蝨以實形得名也本草序例云凡丸藥有云如細麻者即胡麻也不必扁也但令較略大小相稱爾此以胡麻子形扁故也今狗蝨形正扁胡麻子極與相似因以名矣御覽又引孝經援神契云巨勝延年宋均注云世以巨勝爲狗杞子案諸書無言枸杞子名巨勝者狗杞當爲狗蝨後人改之也列仙傳關令尹喜與老子俱遊流沙服苣勝實苣與鉅通鉅勝胡麻本是一物而本草諸家說者各各不同陶宏景則謂淳黑者名巨勝又謂莖方名巨勝莖圓名胡麻雷斆則謂七稜者爲巨勝蘇恭則謂八稜者爲巨勝四稜小者爲胡麻蘇頌則據仙方服食胡麻巨勝二法功用小別以爲一物而種之有有異如天雄附子之類又據葛稚川說以爲胡麻中有一葉兩莢者爲巨勝蓋皆以巨勝胡麻爲二矣今案神農本草經明云胡麻一名巨勝則二者均屬大名更無別異諸說與古相違不足據也齊民要術引四民月令云二月三月四月五月時雨降可種胡麻又云今世有白胡麻八稜胡麻白者油多案今人通謂之脂麻脂亦油也有黑白紅

三種、高者四五尺以來、其莖皆方、紅白二種皆四棱黑者獨六棱、夏秋閒作黃華、九月收實、白者子多、作油甚香美、黑者不及、而入藥則良、各本俱脫藤字、今據齊民要術初學記太平御覽開寶本草注諸書引廣雅補、

芥葅水蘇也

神農本草云、水蘇味辛微溫、主下氣辟口臭去毒辟惡氣、久服通神明輕身耐老、一名芥葅、生九眞池澤名醫別錄云、一名雞蘇、一名勞葅、一名芥苴、案苴與葅古同聲、芥苴、卽芥葅耳、又名萊薺、齊民要術引陸機詩義疏云、譙沛人謂雞蘇爲萊、是也、唐本艸注云、此蘇生下濕水側、苗似旋復、兩葉相當、大香馥、青齊河閒人名爲水蘇、江左名爲薺薴、吳會之閒謂之雞蘇、本草拾遺云、水蘇葉有雁齒香而氣辛、蜀本注云、花生節閒、紫白色、芥各本譌作芬、今訂正、

當道馬舄也

爾雅云芣苢馬舃馬舃車前郭注云今車前草大葉長穗好生道邊江東呼爲蝦蟆衣廣韻云芣苢好生道間故曰當道周南芣苢篇序云芣苢后妃之美也和平則婦人樂有子矣傳云芣苢馬舃馬舃車前也宜懷妊焉陸機疏云馬舃一名車前一名當道喜在牛跡中生故曰車前當道也今藥中車前子是也幽州人謂之牛舌草可鬻作茹大滑其子治婦人難產韓詩云直曰車前瞿曰芣苢是此草又有二種然本草諸家莫有言及者神農本草云車前子一名當道味甘平久服輕身耐老生眞定平澤名醫別錄云養肺強陰益精令人有子一名牛遺一名勝舃案別錄所說正合毛詩樂有子之義陸疏言其子治婦人難產特要其終言之耳非毛公本旨也勝舃卽陵舃莊子至樂篇生於陵屯則爲陵舃司馬彪注云生於陵屯化作車前改名陵舃是也陵與勝古聲相近故勝舃一名陵舃勝杕皆以失爲聲勝之爲陵猶杕之爲陵也高誘注淮南時則訓云杕讀南陽人言山陵同是其例矣蘇頌本草圖經云車前春初生苗葉布地如匙面累年者長及尺餘如鼠尾花甚細青色微赤結實如葶藶子赤黑色

朝菌朝生也

莊子消搖遊篇、朝菌不知晦朔、司馬彪云、大芝也、天陰生糞上、見日則死、一名日及、故不知月之終始、崔譔云、糞上芝、朝生暮死、晦者不及朔、朔者不及晦、梁簡文云、欻生之芝也、朝菌朝生暮死、故以朝生爲名矣、又支遁云、朝菌、一名舜英、朝生暮落、潘尼云、木槿也、案高誘注秦策云、朝生、木菫也、朝榮夕落、又注呂氏春秋仲夏紀云、木菫朝榮夕落、雒家謂之朝生、鄭風有女同車正義引樊光爾雅注、陸機毛詩疏、並云木菫華朝生暮落、是木菫亦名朝生也、但木菫樹名、無由稱菌、莊子言朝菌不知晦朔、蟪蛄不知春秋、皆謂之速者、木菫之華、朝榮夕落、而枝葉猶存、非其取義也、列子湯問篇云、朽壤之上、有菌芝者、生於朝死於晦、是朝菌爲芝之明證、名醫別錄云、鬼蓋一名地蓋、生垣牆下、叢生赤、旦生暮死、陶注云、一名朝生、疑是今鬼纖也、陳藏器云、鬼蓋名爲鬼屋、如菌、生陰濕處、蓋黑莖赤、杜正倫云、鬼纖夏日得雨、聚生糞堆、見日消黑、此與司馬彪崔譔之說、正相合矣、說苑善說篇、夫以秦楚之強而報讐於弱薛、譬之猶摩蕭斧而伐朝菌也、必不留行矣、蓋以菌芝肥耎易斷、故云然也、抱朴子論僊篇、蜉蝣校巨鼇、日芨料大椿、豈所能及哉、日芨與日及同、司馬彪所謂大芝見日則死、一名日及者也、

徐長卿鬼督郵也

神農本草云、徐長卿味辛溫、主鬼物百精蠱毒疫疾邪惡氣溫瘧、久服強悍輕身、一名鬼督郵、生大山山谷、又云、石下長卿味鹹平、主鬼疰精物邪惡氣、殺百精蠱毒老魅狂易亾走啼哭悲傷恍惚、一名徐長卿、生隴西池澤、則徐長卿有二種也、御覽引吳普本草云、徐長卿一名石下長卿、或生隴西、蓋同類者得通名也、陶宏景注本草云、鬼督郵之名甚多、今俗用徐長卿者、其根正如細辛、小短扁扁爾、氣亦相似、今狗脊散用鬼督郵、當取其強悍宜腰腳、所以知是徐長卿而非鬼箭赤箭、唐本注云、此藥葉似柳、兩葉相當、有光澤、所在川澤有之、根如細辛、微麤而有臊氣、蜀本圖經云、苗似小麥、子似蘿藦子而小、皆其形狀也、神農本草別有赤箭、一名鬼督郵、唐本草又有鬼督郵、一名獨搖草、其主殺鬼精物皆與此同、鬼督郵之督

名豈以此與下文鬼箭神農本草亦謂殺鬼毒命名之義與此畧同矣抱朴子雜應篇云辟疫用徐長卿散黃白篇云俗人見方用徐長卿則謂人之姓名也蓋此藥爲方家所必用云

丁父附支蓪草也

各本俱脫丁父二字御覽引廣雅云丁父附支蓪草也今據補神農本草云通草一名附支生石城山谷御覽引吳普本草云通草一名丁翁葉青蔓還樹生汁白案附支者附樹枝而生也丁翁猶言丁父也丁翁之爲丁父猶丁公寄之爲丁公名醫別錄云丁公寄一名丁父陳藏器云卽丁公藤是其例也通草以莖得名陶注本草云今出近道繞樹藤生汁白莖有細孔兩頭皆通含一頭吹之則氣出彼頭者良或云卽葍藤莖唐本注云此物大者徑三寸每節有二三枝枝頭有五葉其子長三四寸核黑穰白食之甘美南人謂爲燕覆或名烏覆今言葍藤葍覆聲相近爾食性本草云燕覆莖名木通案陶宏景所説汁白莖有細孔者與吳普本草合兩頭皆通正通草所以命名之義也乃後世本草諸家無能證明其説者而但

取或說之、蕾藤爲據、蓋其失傳久矣、御覽引范子計然云、通草出三輔、又引建康記云、建康出通草、皆此草所出之處也、今世所謂通草、則與此異、本草拾遺云、通脫木生山側、葉似草麻、心中有瓤、輕白可愛、女工取以飾物、爾雅云、離南、活脫也、今俗亦名通草、是也、爾雅又謂之倚商、中山經謂之寇脫、然非古之所謂通草也、

鬼箭、神箭也

神農本草云、衞矛味苦寒、主女子崩中下血腹滿汗出、除邪、殺鬼毒蠱疰、一名鬼箭、生霍山山谷、御覽引吳普本草云、鬼箭葉如桃如羽、或生野田、陶宏景云、山野處處有、其莖有三羽、狀如箭羽、俗皆呼爲鬼箭、然則鬼箭以形得名也、箭羽名衞、故鬼箭又名衞矛、釋名云、矢旁曰羽、如鳥羽也、齊人曰衞、所以導衞矢也、士喪禮記、翭矢一乘、骨鏃短衞、鄭注云、凡爲矢、五分笴長而羽其一、疏云、謂之衞者、以其無羽則不平正、羽所以防衞其矢、不使不調、故名羽爲衞、考工記矢人設羽、夾而搖之、以眂其豐殺之節也、鄭注云、今

人以指夾矢㑭衛是也、案羽衛聲之轉、衛之言聽也、前釋器云、聽、羽也、羽謂之聽、箭羽謂之衛、聲義同矣、蘇頌本草圖經云、鬼箭三月以後生莖、苗長四五尺許、其榦有三羽、狀如箭翎、葉亦似山茶、青色、本草衍義云、衛矛葉絕少、其莖黃褐色、若檗皮、三面如鋒刃、人家多燔之遣祟、案此以衛矛殺鬼毒故也、鬼箭神箭之名、或又取此與抱朴子黃白篇云、俗人見方用大戟鬼箭天鉤、則謂之鐵器也、

䂕盆陸英苺也

䂕、各本譌作缺、今訂正、爾雅云、茥、䂕葐、郭璞注云、覆盆也、實似苺而小、亦可食、御覽引孫炎注云、青州曰茥、案茥䂕古聲相近、士冠禮、緇布冠缺項、鄭注云、缺讀如有頍者弁之頍、釋文、頍、依注音去蘂反、又音跬、是其例也、御覽又引吳普本草云、缺盆、一名決盆、缺決古同聲、說文云、苺、馬苺也、御覽引甄權本草云、覆盆子、一名馬瘻、一名陸荊、馬瘻、猶馬苺也、陸荊、猶陸英也、又謂之蓬蘽、神農本草云、蓬蘽味酸平、主安五藏、益精氣、久服輕身不老、一名覆盆、出荊山平澤、名醫別錄云、一名陵蘽、一名陰蘽、生宛句、又云、覆盆子

味甘平無毒、主益氣輕身、令髮不白、五月採、據此則覆盆有味酸味甘二種、然二者究爲一物、故蓬虆覆盆子、皆主輕身益氣、又別錄於蓬虆不言某月採、於覆盆子不言出某處、明是一物而味有異、故互文以見之爾、本草經之蓬虆一名覆盆、則別錄之覆盆子亦卽蓬虆、或舉酸者言之、或舉甘者言之、其實一物也、李當之云、蓬虆是人所食莓、又云覆盆子是莓子、乃似覆盆之形、而以浸汁爲味、其核微細、案人所食莓、卽莓子耳、蜀本草引切韻云、莓子、覆盆也、郭注爾雅云、蒛葐、覆盆也、此云、蒛盆、莓也、李云、蓬虆是莓、然則莓也、莓子也、蒛盆也、覆盆也、蓬虆也、名異而實同也、陶宏景集名醫之說、而時或不得其解、乃云、蓬虆是根、覆盆是實、其說與本草經蓬虆一名覆盆者、顯然不合、蜀本草開寶本草、則又小變其說、以蓬虆爲覆盆之藤蔓、至食性本草本草拾遺本草衍義諸家、乃竟以蓬虆覆盆爲二草、說之愈詳、而失之愈遠矣、惟蘇恭本草注云、生沃地則子大而味甘、瘠地則子小而味酸、斯言近之、

海蘿、海藻也、

上文云、石髮、石衣也、此亦其類也、爾雅云、薚、海藻、郭注云、藥草也、一名海羅、如亂髮、生海中、見本草、案孫炎注爾雅薚石衣云、薚古薚字、則薚海藻之薚、正與藫石衣之藫同字、蓋同類者得通稱也、神農本草云、海藻味苦寒、一名落首、生東海池澤、陶注云、生海島上、黑色、如亂髮而大少許、葉大都似藻葉、本草拾遺云、馬尾藻生淺水、如短馬尾細黑色、用之當浸去鹹、水、大葉藻生深海中及新羅國、如水藻而大、海人取大葉藻、正在深海底、以繩繫腰没水下、刈得旋繫繩上、五月已後、當有大魚傷人、不可取也、蘇頌圖經云、又有一種海帶、似海藻而粗且長、登州人取乾之、柔韌可以繫束物、是海藻有三種也、又謂之海苔、吳都賦云、海苔之類、劉逵注云、海苔生海水中、正青、狀如亂髮、乾之赤、鹽藏有汁、名曰濡苔、臨海出之、初學記引沈懷遠南越志云、海藻、一名海苔、或曰海羅、生研石上、案苔之轉聲爲薚、故爾雅云薚海藻也、

地葵、地膚也

神農本草云、地膚子味苦寒、一名地葵、生荆州平澤御覽引本草經云、地膚、一名地華、一名地脉、一名地

葵、一名醫別錄云、一名地麥、陶注云、今田野間亦多、皆取莖苗爲掃箒、子微細、唐本注云、地膚子、田野人名爲地麥草、葉細莖赤、多出熟田中、苗極弱、不能勝舉、今云堪爲掃箒、恐又未識之、北人亦名涎衣草、蜀本圖經云、葉細莖赤、初生薄地、花黃白、子青白色、日華子本草云、又名落帚、子色青、似一眠起蠶沙矣、蘇頌圖經云、初生薄地五六寸、根形如蒿、莖赤葉青、大似荆芥、三月開黃白花、或云其苗即獨掃、一名鴨舌草、密州所生者、其說益明、云根作叢生、每窠有二三十莖、莖有赤有黃、七月開黃花、其實地膚也、至八月而黠幹成可採、正與此地獨掃相類、蘇云苗弱不能勝舉、恐西北所出者短弱爾、案爾雅葥王蔧、郭注云王帚也、似藜、其樹可以爲掃蔧、江東呼之曰落帚、郭注云樹則落帚必甚高大、地膚或是其小者耳、

狼毒也

狼毒、上並脫續毒二字、神農本草云、狼毒味辛平、一名續毒、生秦亭山谷、名醫別錄云、狼毒有大毒、生奉高、二月八月採根陰乾、陳而沈水者良、陶注云、與防葵同根類、但置水中沈者、便是狼毒、浮者則是防葵

唐本注以陶注爲非、云此物與防葵都不同類也、案博物志云、房葵似狼毒、則二物本相類、故陶注云然、博物志又引神農經云、藥種有五物、一曰狼毒、占斯解之、物類之性各相制也、蜀本草圖經云、葉似元參、浮虛者爲劣、閉實、本草注云、葉似商陸及大黃、莖葉上有毛、根皮黃肉白、以實重者爲良、蘇頌圖經云、四月開花、八月結實、抱朴子雜應篇云、耳既聾者、以狼毒冶葛合內耳中、則愈也、

慹苹蔄蕩也

玉篇廣韻並云、慹、蔄蕩藥也、則蔄蕩一名慹、一名苹也、衆經音義引張氏埤倉云、蔄蕩毒草也、蔄各本譌作蘭、今訂正、蔄蕩或作莨菪、或作狼蕩、神農本草云、莨菪子味苦寒、一名橫唐、生海濱川谷、別錄云、莨菪子有毒、一名行唐、生雍州、陶注云、今處處有、子形頗似五味核而極小、今方家多作狼蕩、蜀本圖經云、葉似王不留行、菘藍等、莖葉有細毛、花白、子殼作罌子形、實扁細若粟米許、青黃色、蘇頌圖經云、苗莖高二三尺、四月開花、紫色、五月結實、皆其形狀也、史記倉公傳云、菑川王美人懷子而不乳、臣意飲以莨菪藥

一撮、以酒飲之、旋乳、是蘭蒚治婦人不產也、然本草別錄及後世醫家、曾無言及者、葢古方之失傳者多矣、

茛鉤吻也

神農本草云、鉤吻味辛溫、一名野葛、生傳高山谷、吳普本草云、秦鉤吻、一名毒根、有毒殺人、生南越山或益州、葉如葛、赤莖大如箭、根黃、正月採、案鉤吻莖葉根苗皆毒、不得專以毒根爲名、葢根茛古同聲假借字耳、陶宏景注鉤吻云、或云鉤吻是毛茛、蘇氏非之以爲毛茛是有毛石龍芮、無干鉤吻也、案草木多異物而同名者、石龍芮有毛者名毛茛、鉤吻有毛者亦名毛茛、兩不相妨也、葛洪方云、鉤吻與食芹相似、而生處無他草、其莖有毛、誤食之殺人、雷公炮炙方云、鉤吻葉似黃精而頭尖處有兩毛、若鉤、是鉤吻本有毛也、且茛者毒草之稱、吳普本草云、附子、一名茛、陳藏器本草引葛洪方云、菜中有水茛、葉圓而光、有毒、生水旁、則毒草多名茛者、陳藏器又云、毛茛似石龍芮而有毒、則毛茛之爲茛、卽以毒得名、鉤吻之名毛

莨亦猶是矣陶氏所存或說始非無據也名醫別錄云鉤吻折之青烟出者名固活唐本注以爲鉤吻之經年者折之有塵起然則固活亦即鉤吻鉤吻固活聲之轉耳御覽引桓譚新論云鉤吻不與人相宜故食則死非爲殺人生也論衡言毒篇云草木之中有巴豆野葛食之湊懣頗多殺人蓋毒藥之烈者莫此爲甚矣鉤吻有蔓生直生二種炮炙方所云鉤吻葉似黃精陶注鉤吻所云葉似黃精而莖紫當心抽花黃色初生既極類黃精故以爲殺生之對此其直生者也稽含南方草木狀云冶葛蔓生葉如羅勒光而厚一名胡蔓草眞毒者多雜以生蔬進之悟者速以藥解不爾半日輒死山羊食其苗即肥而大此其蔓生者也唐本草專以蔓生者爲鉤吻開寶本草專以直生者爲鉤吻皆一偏之說未足據也

昔邪烏韭也在屋曰昔邪在牆曰垣衣

皆苔屬也西山經云小華之山其草有萆荔狀如烏韭郭注云烏韭在屋者曰昔邪在牆者曰垣衣本此以釋之也酉陽雜俎引梁簡文帝詠薔薇詩云依簷映昔邪亦本廣雅以在屋者爲昔邪也又名屋遊名

醫別錄云、屋遊生屋上陰處、陶注云、此瓦屋上青苔衣也、西陽雜俎云、廣志謂之蘭香、生於久屋之瓦、名醫別錄云、垣衣、一名昔邪、一名烏韭、一名垣嬴、一名天韭、一名鼠韭、生古垣牆陰、或屋上、則昔邪垣衣、又可通稱也、然垣牆同義、垣衣之名、本以在牆耳、又生石上者亦名烏韭、已見上文石髮石衣也下、

馬䪥荔也

月令、仲冬之月荔挺出、鄭注云、荔挺、馬䪥也、則荔草又名荔挺也、顏氏家訓云、說文云、荔似蒲而小、根可爲刷、廣雅云、馬䪥、荔也、通俗文亦云馬蘭、易統通卦驗元圖云、荔挺不出、則國多火災、蔡邕月令章句云、荔似挺、高誘注呂氏春秋云、荔草挺出也、然則月令注荔挺爲草名、誤矣、案如高氏所說、則是荔草挺然而出也、檢月令篇中、凡言萍始生、王瓜生、半夏生、芸始生、草名二字者、則但言生、一字者、則言始生以足其文、未有狀其生之貌者、倘經意專以荔之一字爲草名、則但言荔始出可矣、何煩又言挺也、且據顏氏引易通卦驗荔挺不出、則以荔挺二字爲草名者、自西漢時已然、又逸周書時訓篇、荔挺不生、卿士專權、

亦與通卦驗同鄭氏注殆相承舊說非臆斷也莛挺古同聲而通用說文云莛莖也荔草抽莖作華因謂之荔莛矣神農本草謂之蠡實名醫別錄謂之荔實御覽引吳普本草謂之劇荔華而月令則謂之荔莛或以實名或以華名或以莖名義有專屬而名則通稱也故荔莛始出猶未有莛也而名爲荔莛則曰荔莛出猶王瓜始生猶未有瓜也而名爲王瓜則曰王瓜生耳月令自言荔莛他書自言荔兩不相妨也顏氏又云馬薤河北平澤率生之江東頗有此物人或種於階庭呼爲旱蒲蓋荔草似蒲而生旱地故以爲名說文所云荔似蒲而小子虛賦所云高燥則生蔵析苞荔者也齊民要術引廣州記云東風草香氣似馬蘭則荔亦香草之屬故月令芸始生荔挺出皇侃疏云以其俱香草故應陽氣而出也蘇頌本草圖經云蠡實馬蘭子也北人音訛呼爲馬楝子葉似䪥而長厚三月開紫碧花五月結實作角子如麻大而赤色有稜根細長通黃色人取以爲刷案蠡蘭荔一聲之轉故張氏注子虛賦謂之馬荔馬荔猶言馬蘭也荔葉似䪥而大則馬䪥之所以名矣

水衣菭也

詳見上文石髮石衣也下

麥菜藻也

鄭注昏義云蘋藻爲羹菜隱三年左傳正義引陸機詩疏云藻可蒸爲茹是藻爲水菜也然諸書無言藻名麥菜者麥字未審何字之譌

蘘荷蒪苴也

說文云蘘荷一名葍蒩葍蒩與蒪苴同亦名苴蒪楚詞大招云醢豚苦狗膾苴蒪只王注云苴蒪蘘荷也雜用膾炙切蘘荷以爲香備衆味也或作蒪蒩九歎云耘藜藿與蘘荷王注云蘘荷蒪葅也或作蓾苴或作覆葅古今注云蘘荷似蓾苴而白蓾苴色紫花生根中花未散時可食久置則消爛不爲實矣名醫別錄云白蘘荷微溫主中蠱及瘧陶注云今人乃呼赤者爲蘘荷白者爲覆葅葉同一種爾於人食之赤者

爲勝，藥用白者。古今注以紫爲蓴苴，白爲蘘荷；別錄注以赤爲蘘荷，白爲蓴苴，二說不同。廣韻則云蓴苴大蘘荷名，是又以大小分也。其實蘘荷、蓴苴皆大名，後世說者多歧耳。或作獮且，或作巴且。史記司馬相如傳「諸蔗獮且」，漢書作巴且。張氏注云：「蓴苴，蘘荷也。」文穎云：「巴且一名巴蕉。」顔師古云：「文說巴且是也。且音子余反。蓴音普各反。蓴苴自蘘荷耳，非巴且也。」案巴、蓴古同聲，蓴苴正可通作巴且。張云蓴苴蘘荷也，益一本有作蓴苴者，故史記索隱引郭璞子虛賦注云「巴且，蘘荷屬」，則亦以巴且爲蓴苴也。顔師古言蓴苴非巴且，始不通假借之例耳。蘘荷之草性宜陰。注云「菜似薑，宜陰翳地種之」，常依陰而生。齊民要術云：「蘘荷二月種之，宜在樹陰下。」閒居賦所謂「蘘荷依陰」者也。蘘荷菜似薑，故古人多與薑並言。漢書司馬相如傳云「茈薑蘘荷」。齊民要術引崔寔四民月令云：「九月藏茈薑、蘘荷，其歲若溫，皆待十月。」是則蘘荷又可爲禦冬之菜，故急就篇云「老菁蘘荷冬日藏」，而蘇頌本草圖經亦引荆楚歲時記云「仲冬以鹽藏蘘荷」也。或單謂之荷。七諫云「列樹芋荷」，謂芋渠與蘘荷也。後漢書馬融傳云「蘘荷芋渠」是也。又謂之嘉草。周官庶氏掌除毒蠱，以嘉草攻之。御覽引干寶搜神記云：今世攻蠱多用蘘荷根，往往有驗。蘘荷或謂嘉草。蓋此即干氏周官注說，又於此言之耳。蘇頌本草圖經引荆楚歲時記，亦與搜神記同。

蔍，鹿藿也

說文云：蔍，鹿藿也。徐鍇傳云：爾雅，鹿藿，鹿豆也，一名蔨。爾雅，蔍，藨。注云：即莓也。字與鹿豆相近，疑說文注誤以蔍藨爲鹿藿字也。案如鍇之說，則是許氏誤讀藨爲鹿也。草之名鹿者，若鹿蓐爲王芻，鹿腸爲元參之類多矣，但言蔍鹿，何以知爲鹿藿？即令許氏善於附會，亦不至謬妄如此。且說文所用爾雅與今不合者，如蘬薺實、夢灌渝之屬，皆句讀之異耳，未有誤讀本文之字，而又率意增之者也。以理度之，蔍爲鹿藿，必非爾雅蔍藨之誤，乃鹿藿自有此名耳。說文之訓，或敘述經文，或原本師說，或雜採方俗之所傳，其所取者博矣，何必爾雅所有者而後見之於書哉？徐氏之說，淺於窺測矣。郭璞爾雅注云：鹿藿，今鹿豆也，葉似大豆，根黃而香，蔓延生。神農本草云：鹿藿味苦平，生汶山山谷。唐本注云：此草所在有之，苗似豌豆，有

蔓而長大、人取以爲菜、亦微有豆氣、名爲鹿豆也、梁簡文帝勸醫論云、胡麻鹿藿、纔救頭痛之痾、盍醫方所常用者矣、

鳶尾烏萐射干也

神農本草云、鳶尾生九疑山谷、射干、一名烏扇、一名烏蒲、生南陽川谷、名醫別錄云、鳶尾、一名烏園、射干、一名烏翣、一名烏吹、一名草薑、是鳶尾與射干異也、陶注云、方家云、鳶尾是射干苗、射干苗無鳶尾之名、主療亦異、當別一種物、方亦有用鳶頭者、卽應是其根、又云、射干卽是烏翣根、庭臺多種之、黃色、方多作夜干字、今射亦作夜音、人言其葉是鳶尾、而復又有鳶頭、此蓋相似爾、恐非、烏翣者、卽其葉名矣、唐本注云、鳶尾葉似射干而闊短、不抽長莖、花紫碧色、根似高良薑、皮黃肉白、射干花紅、抽莖長、根黃有白、是鳶尾射干一種而小異、故鳶尾亦得謂之射干、廣韻引郭璞云、鳶尾草一名射干是也、蘇頌圖經云、葉似蠻薑而狹長、橫張疏如翅羽狀、故一名烏翣、謂其葉耳、案翣與萐通、翣扇一聲之轉、高誘注淮南說林訓云、

扇、楚人謂之翣、字亦作箑、方言云、扇、自關而東謂之箑、箑萐皆從疌聲、射干之葉橫張如扇、故謂之烏扇、又謂之烏萐也、說文云、萐莆、瑞草也、堯時生於庖廚、扇暑而涼、瑞草扇暑而涼、謂之萐莆、烏扇之草謂之烏萐、又謂之烏蒲、其義一也、高唐賦、青荃射干、李善引郭璞上林賦注云、射干、今江東呼爲烏萐、烏、各本譌作烏萐、曹憲音所夾反、各本譌作蓮、今並訂正、荀子勸學篇云、西方有木焉、名曰射干、莖長四寸、生於高山之上、而臨百仞之淵、楊倞注云、本草藥名有射干、在草部中、又生南陽川谷、此云西方有木、未詳、或曰、長四寸、卽是草、云木、誤也、蓋生南陽、亦生西方也、案唐本草云、射干抽莖長、蜀本圖經云、高二三尺、而此乃云莖長四寸、豈古之射干甚小、後世所說者、非其實與、抑或荀子所言、別爲一物、偶然同名也、射干之草、應陽氣而生、上林賦云、槀本射干、郭璞注云、射干十一月生、香草也、易通卦驗云、冬至蘭射干生、後漢書陳寵傳云、冬至之節、陽氣始萌、故十一月有蘭射干芸荔之應、皆是也、陶宏景云、別有射干相似而花白、似射人之執竿者、故阮公詩云、射干臨層城、蘇頌云、今觀射干之形、其莖梗疎長、正如長竿狀、得名由此耳、案子虛賦云、騰遠射干、張氏彼注云、射干似狐、能緣木、射干之獸、不得謂之狀如竿、則射干之草、亦不如陶氏蘇氏所說也、葢草木之名、多取雙聲疊韻、射干、疊韻字也、射字古音在虞部、干字之聲、亦有轉入此部者、禹貢惟箘簵楛、史記五帝紀別本楛作杆、徐廣云、杆、音楛、是也、

木實酸木狐桃也

狐桃之名、未聞所出、開寶本草有獼猴桃、味酸甘寒無毒、一名藤梨、一名木子、一名獼猴梨、生山谷、藤生著樹、葉圓有毛、其形似雞卵大、其皮褐色、經霜始甘美可食、衍義云、十月爛熟、色淡綠、生則極酸、子繁細其色如芥子、枝條柔弱、高二三丈、多附木而生、淺山傍道、則有存者、深山則多爲猴所食、木子之名、正與木實相合、味酸之說、又與酸木相當、其是與、

烏蘞蔏也

烏蘞、影宋本譌作烏蘞、皇甫以下諸本蘞字又譌作蘞、今據曹憲音及御覽引廣雅作烏蘞、訂正、爾雅云、

葍、䔰郭注云、大葉白華、根如指、正白可啖、又葍、藑茅、注云、葍華有赤者爲藑、藑葍一種耳、亦猶蔆苕華黃白異名、說文云、藑茅、葍也、一名舜、又云、舜艸也、楚謂之葍、秦謂之藑、蔓地連華、象形、小雅我行其野篇、言采其葍、傳云、葍、惡菜也、齊民要術引義疏云、河東關內謂之葍、幽兗謂之燕葍、一名爵弁、一名藑、根正白、著熱灰中溫噉之、饑荒可蒸以禦饑、漢祭甘泉或用之、其華有兩種、一種莖葉細而香、一種莖赤有臭氣、據此則葍藑茅、即爾雅莌雀弁也、釋文、莌悅轉反、又古本反、又云、藑、詳兗反、藑莌聲近而通耳、廣韻云、葍[艹雋]菜名、[艹雋]、徂兗切、聲亦相近也、管子地員篇云、山之側、其草葍與蔞、則山旁亦有生者、集韻云、葍、或作蘆、玉篇云、葍子可食、是也、別有蔓生樹上者、亦名葍、齊民要術引風土記云、葍、蔓生被樹而升、紫黃色、子大如牛角、形如蟦、二三同、葉長七八寸、甘如蜜、其大者名抹、

白苙苀蕡也

玉篇、苙、閭及切、又音及、白苙、即白及也、玉篇廣韻、苙云、苀、白苙也、是白苙或名苀、或名蕡也、神農本草云、

白及味苦平一名甘根一名連及草生北山川谷御覽引吳普本草云白及一名白根莖葉如生薑藜蘆也十月華直上紫赤根白連生宛句又謂之白給給與及同聲名醫別錄云白給生山谷如藜蘆根白相連陶宏景本草注云近道處處有之葉似杜若根形似菱米節閒有毛可以作糊蜀本圖經云葉似初生栟櫚及藜蘆莖端生一臺四月開生紫花七月實熟黃黑色冬凋根似菱三角白色角頭生芽案白芨以根白得名也根有三角故一名𦬘一名薋秦風小戎篇厹矛鋈錞傳云厹三隅矛也聲義正與仇同爾雅茨蒺藜郭注云子有三角刺人離騷茨作薋亦與此同義也御覽引晉宮閣名云華林園白及三株倚以其莖葉可玩而植之與

馬帚屈馬第也

爾雅云荓馬帚郭注云似蓍可以爲埽彗邢疏云荓草似蓍者今俗謂蓍荓可以爲埽彗故一名馬帚夏小正七月荓秀傳云荓也者馬帚也屈與馬第之名未詳所出神農本草有屈草味苦主胷脅下痛邪氣

腸開寒熱陰痺久服輕身益氣耐老生漢中川澤陶注云方藥不復用俗無識者豈卽是馬帚與說文云萬艸也玉篇廣韻竝作菊菊與第聲相近形又相似也

蒠蒲莞也

詳見上文莞藺也下

矜禽也

未詳

釋木

楚荆也

說文云楚叢木一名荆也从林疋聲案楚之言楚楚然衆也小雅楚茨篇楚楚者茨言抽其棘傳云楚楚茨棘貌其義同也楚莖堅彊故謂之荆荆彊古聲相近禹貢正義引李巡爾雅注云荆彊也

牡荊曼荊也

牡荊曼荊一種而小異、稱名可以互通也、牡各本譌作牡、今訂正、漢書郊祀志云、以牡荊書幡、日月北斗登龍、以象太一三星、李奇注云、牡荊作幡柄也、如淳云、牡荊、荊之無子者、皆絜齊之道、晉灼云、牡荊節閒不相當也、月暈刻之以畏病者、案名醫別錄云、牡荊實味苦溫無毒、生河閒南陽宛句山谷、或平壽都鄉高岸上及田野中、八月九月採實陰乾、是牡荊有子、不如如淳所說也、陶宏景別錄注亦以牡荊不應有子爲疑、不知草木之名牡者、不必皆以無子爲義、御覽引吳普本草云、牡丹子黑中有核、是其證也、御覽引淮南萬畢術云、南山牡荊、指病自愈、節不相當有月暈時剋之、此晉灼注所本也、但淮南云牡荊節不相當、而陶注別錄引仙方說則云、枝枝相對者爲牡荊、二說各異、未知孰是耳、神農本草云、蔓荊實味苦微寒、小荊實亦等、蔓與曼同、陶注云、小荊即應是牡荊、牡荊子大於蔓荊子、而反呼爲小荊、恐或以樹形爲言、陶之此說亦未敢決、而以牡荊子大於蔓荊、則得之目驗、非虛言也、唐本注乃謂子小而作樹者爲以牡荊以合小荊爲牡荊之說子大而蔓生者爲蔓荊以合蔓荊之名其後本草諸家皆承用之案藝文類聚引廣志云赤莖大實者名曰牡荊陶注牡荊亦云蔓荊子蛛細正如小麻子色青黃牡荊子如烏豆大正圓黑又陶氏登眞隱訣云天監三年上將合神仙飯奉勑論牡荊曰荊花白多子子麤大歷歷疏生不過三兩此皆牡荊子大於蔓荊之明證唐注以牡荊子小蔓荊子大者舛矣且蔓荊倘是蔓生則本草當入草部今乃列之木部上品明非蔓生之物本草木部有蜀椒又有蔓椒豈得謂蔓椒蔓生哉唐注以蔓生者爲蔓荊尤爲乖謬也牡荊蔓荊皆樹生類甚相近故牡荊亦得爲蔓荊也牡荊實苦而華獨甛登眞隱訣云蜂多採牡荊牡荊汁冷而甛又云餘荊被燒則煙火氣若牡荊體慢汁實煙火不入其裏蓋其性之堅固有如此者又可爲履藝文類聚引廣州記云白荊堪爲履是也

穀楮也

說文云穀楮也從木𣪊聲今江淮之閒謂之𣪊樹音苦角反小雅鶴鳴篇其下維穀傳云穀惡木也陸機

疏云：幽州人謂之穀桑，荆揚人謂之穀，中州人謂之楮。殷中宗時桑穀共生是也。今江南人績其皮以爲布，又擣以爲紙，謂之穀皮紙，絜白光煇，其裏甚好。其葉初生可以爲茹。韓非子喻老篇云：宋人有爲其君以象爲楮葉者，三年而成，豐殺莖柯，豪芒繁澤，亂之楮葉之中而不可別也。則穀之稱楮，其來久矣。管子地員篇云：五位之土，其林其漉，其柞其穀。西山經云：鳥危之山，其陰多檀楮。薔此樹雖處處田野有之，而其疇生之地又各有宜焉。穀構古同聲，故穀一名構。陶宏景別錄注云：穀即今構樹也。埤雅引物類相感志云：其膠可以團丹砂。語曰：構膠爲金石之漆是也。今人亦取其漿以書竹帛，歲久不落，如膠漆焉。齊民要術云：今世人名之曰角楮。薔角穀聲相近，因訛耳。蘇頌本草圖經云：楮有二種，一種皮有斑花文，謂之斑穀，今人用爲冠者；一種皮無花，枝葉大相類，但取其葉似蒲萄葉作瓣而有子者爲佳。其實初夏生，如彈丸，青緑色，至六七月漸深紅色，乃成熟也。楮即是穀，而酉陽雜俎乃謂葉有瓣曰楮，無曰構；日華子本草又謂皮斑者是楮，皮白者是穀，皆強爲區別耳。

栝栢也

栝、與檜同、爾雅云、檜、柏葉松身、是栝即栢之別種、故以栝爲栢也、對文則栝與栢異、禹貢云、杶幹栝柏、馬融注云、栝、白栝也、栝可以爲舟楫、衛風竹竿篇檜楫松舟是也、又可爲屋材、齊書王儉傳云、栝栢豫章雖小、已有棟梁氣是也、爾雅翼云、檜、今人謂之圓柏、

遒梓松也

未詳、

梬棗㯕也

各本梬譌作梈、又脱也字、玉篇云、㯕、梬棗也、今據以訂正、說文云、梬棗也、似柹、漢書司馬相如傳云、梬棗楊梅、又云、樝梨梬㮕、張氏注云、梬、梬棗也、顏師古云、今之㮕棗也、御覽引古今注云、㮕棗葉如柹、實亦如柹而小、味甘美、又引廣志云、㮕棗味如柹、晉陽㮕肌細而厚、以供御、是也、㮕又作軟、賀氏內則疏云、楝軟

棗也、蘇頌本草圖經云、小柿謂之輭棗、俗呼牛奶柿
一名樗棗、士喪禮云、決用正王棘、若樗棘、鄭注云、王
棘與樗棘、善理堅刃者、皆可以爲決、世俗謂王棘矺
鼠、釋文云、矺、劉音託、周官繕人注引士喪禮樗棘、釋
文云、樗一音徒洛反、然則矺樗
聲近、矺鼠或卽樗棘之别名耳、

栟櫚椶也

栟櫚、與并閭同、西山經云、石脃之山、其木多椶、郭注
云、椶樹高三丈許、無枝條、葉大而員、枝生梢頭、實皮
相裹上行、一皮者爲一節、可以爲繩、一名栟櫚、藝文
類聚引廣志云、椶、一名并閭、葉似車輪、乃在顛下、有
皮纏之、附地起、二旬一採、轉復上生、蘇頌本草圖經
云、六七月生黄白花、八九月結實、作房如魚子、黑色、
皆其狀也、枚乘七發云、梧桐并閭、極望成林、漢書司
馬傳云、仁頻并閭、南都賦李善注引張氏注云、并閭
椶也、皮可以爲索、說文云、椶、栟櫚也、可作萆、萆、雨衣
也、今人園林中、多剝取椶皮以覆屋、雨水漸漬、不爲
損壞、故可以作萆矣、椶之言總也、皮如絲縷、總總然
聚生也、說文云、總、聚束也、又云、布之八十縷爲稯、召

南羔羊篇素絲五總、史記孝景紀云、令徒隸衣七緵布、西京雜記云、五絲爲䋑、倍䋑爲升、倍升爲緎、倍緎爲紀、倍紀爲緵、聲義並相近也、栟櫚之聲、合之則爲蒲、玉篇廣韻並云、椶櫚一名蒲葵、是也、今人多取栟櫚葉作扇、晉書謝安傳、蒲葵扇五萬、卽是此矣、

楛櫨石櫨**柰也**

楛、與若同、若石聲相近、故若櫨又謂之石櫨、各本脫石櫨二字、藝文類聚太平御覽及李善南都賦注、並引廣雅云、若櫨石櫨也、今據補、玉篇云、楛櫨、柰屬也、初學記引埤倉云、石櫨、柰屬也、則楛櫨石櫨之爲柰以同類而通稱也、南都賦云、梬棗若櫨、蔡邕翠鳥詩云、庭陬有若櫨、綠葉含丹榮、藝文類聚引陸機與弟雲書云、張騫爲漢使外國十八年、得塗林安石櫨也、御覽引廣志云、安石櫨有甜酢二種、酉陽雜俎云、石櫨、一名丹若、甜者謂之天漿、

株格也

說文云、梏木也、讀若皓、又云、稽讀若皓、賈侍中說木
名也、爾雅云狄臧槔、舍人本槔作臯、樊木作梏同音
羔郭璞云
未詳也、

含桃櫻桃也

月令、仲夏之月、天子乃以雛嘗黍、羞以含桃、先薦寢
廟、鄭注云、含桃、今之櫻桃也、正義云、月令無薦果之
文、此獨羞含桃者、以此果先成、異於餘物、故特記之、
其實諸果於時薦也、史記叔孫通傳云、孝惠帝曾出
游離宮、叔孫生曰、古者有春嘗果、方今櫻桃孰可獻、
願陛下出、因取櫻桃獻宗廟、上迺許之、諸果獻由此
興、則此禮至漢猶行、但漢春獻櫻桃、正當始孰之時、
而月令仲夏始薦者、本因嘗黍而薦含桃、非特獻、故
不嫌遲也、月令釋文云、含、本又作圅、圅與櫻、皆小之
貌、圅若爾雅云羸小者蜬、櫻若小兒之稱嬰兒也、櫻
或作鸎、高誘注呂氏春秋仲夏紀云、含桃、鸎桃也、蓋
櫻鸎同聲、古字通用耳、而高誘乃謂鸎鳥所含、故言
含桃、失之於鑿矣、諸說含桃者、皆卽是櫻桃、而西京
雜記說上林苑桃十種、有含桃、又有櫻桃、則是分爲

二物、所未審也、一名荊桃、爾雅、楔、荊桃、郭注云、今櫻桃也、又名朱櫻、蜀都賦云、朱櫻春熟、御覽引吳普本草云、櫻桃味甘、主調中益脾氣、令人好顏色、美志氣、一名朱桃、一名麥英也、又引廣志云、櫻桃大者如彈丸、有長八分者、白色多肌者、凡三種、

山李爵某爵李鬱也

爵某、與雀梅同、論語子罕篇正義引召南何彼襛矣篇義疏云、唐棣、薁李也、一名雀梅、亦曰車下李、所在山皆有、其華或白或赤、六月中熟、大如李子、可食、齊民要術引豳風七月篇義疏云、鬱樹高五六尺、實大如李、正赤色、食之甜、廣雅曰、一名雀李、又名車下李、又名郁李、亦名棣、亦名薁李、神農本草云、郁李、一名爵李、御覽引吳普本草云、郁李、一名車下李、一名棣、然則棣也、唐棣也、薁李也、郁李也、車下李也、雀李也、雀梅也、鬱也、一物也、薁李所在山皆有、則又山李之所以名也、爵某之爵、曹憲音雀、各本脫去爵字、音內雀字誤入正文、雀字又譌作崔、爵下某字又譌作其、今竝改正、也上李鬱二字、各本皆脫、今據詩義疏引

廣雅補、爾雅云、時、英梅、郭注云、雀梅也、名醫別錄云、雀梅味酸寒有毒、主蝕惡瘡、一名千雀、生海水石谷間、陶注云、葉與實俱如麥李、案陶氏所說、葢卽奥李、但名醫云有毒主蝕惡瘡、恐別一物、非人所食之雀梅也、鬱者棣之類、豳風七月傳云、鬱棣屬也、故古人多以二物竝言、史記司馬相如傳云、隱夫鬱棣、漢書作薁棣、御覽引曹毗魏都賦云、若榴郁棣、皆是也、薁、郁古同聲、鬱薁聲之轉也、薁李車下李爲一物、而豳風正義引晉宮閣銘云、華林園中有車下李三百一十四株、薁李一株、則是一種之中、又復有異、但稱名可以互通耳、

朹榝欓越椒茱萸也

陸羽茶經引凡將篇云、菖蒲芒消、莞椒茱萸、則茱萸可以入藥也、急就篇云、芸蒜薺芥茱萸香、則又可以供食也、藝文類聚引洞林云、子如小鈴含元珠、案文言之是茱萸、則其形狀也、諸書無以朹爲茱萸者、朹當讀爲樛、樛、蔓椒也、神農本草云、蔓椒、一名家椒、生雲中川谷、名醫別錄云、一名豬椒、一名彘椒、一名狗

椒、陶注云、一名豨椒、山野處處有、俗呼爲樛、似椒薰小不香爾、薰與欓同、云似椒欓、則卽茱萸之屬也、樛證類本草音居虯切、梂廣韻音居六切、古音正同耳樧亦茱萸之屬也、楚詞離騷云、椒專佞以慢慆兮、樧又欲充夫佩幃、王注云、樧、茱萸也、似椒而非也、樧子皆房生、爾雅云、椒樧醜莍、唐風椒聊篇正義引李巡注云、樧、茱萸也、椒茱萸皆有房、故曰捄、捄、實也、郭璞注云、莍、萸子聚生成房貌、今江東亦呼莍、樧似茱萸而小、赤色、說文云、樧似茱萸、出淮南、又云、莍、椒樧實裹如裘者、然則樧與茱萸一種小異、稱名之例可以互通耳、樧一名藙、說文作藾、云煎茱萸也、漢律會稽獻藾一斗、內則云、三牲用藙、鄭注亦云、藙、煎茱萸也、漢律會稽獻焉、爾雅謂之樧、賀氏疏云、煎茱萸今蜀郡作之、九月九日取茱萸折其枝、連其實廣長四五寸、一升實可和十升膏、名之藙也、案鄭云、爾雅謂之樧、則未煎時已名爲藙、神農本草云、吳茱萸一名藙、是也、樧又作蔱、南都賦云、蘇蔱紫薑、拂徹羶腥、字形與藙相近、而陶氏本草注乃謂俗中呼蔱子者爲不識藙字、宜唐本注以爲誤也、玉篇云、欓茱萸類也、御覽引風土記云、三香椒欓薑也、又引宋春秋云、義熙八年、太社欓樹生於壇側、陳藏器本草拾遺云、欓子味辛辣如椒、木高大莖有刺、蘇頌圖經云、欓子出閩中江東、其木似樗、莖有刺、子辛辣如椒、南人淹藏以作果品、或以寄遠、蓋其氣馨香中食、故人多重之也、越椒之名、未見所出、春秋時、楚有鬭越椒、字伯棼、又字子越、棼與芬通、越者、言其香之散越也、荀子禮論云、椒蘭芬苾、高唐賦云、越香掩掩、上林賦云、衆香發越、茱萸之名越椒、或卽此義與、椒亦芬香之名也、陳風東門之枌篇傳云、椒、芬香也、周頌載芟篇云、有椒其馨、

椺株也

廣韻云、椺、木本也、說文云、株、木根也、是椺卽株也、爾雅云、柢、本也、柢椺聲之轉耳、

梡支也

梡、曹憲音緩、各本譌作梘、今訂正、集韻類篇、梡、胡昆切、引此云、梡、枝也、徧考諸書、無以梡爲枝者、支字未審何字之誤、

枚桀條也

說文云、枚、榦也、可爲杖、條、小枝也、周南汝墳篇傳云、枝曰條、榦曰枚、是枚與條異也、散文則枝亦稱枚、玉篇廣韻竝云、枚、枝也、

梢校棷柴也

說文云、柴、小木散材也、月令鄭注云、小者合束謂之柴、案柴之爲言仳仳然小也、爾雅云、仳仳、小也、淮南兵略訓、曳梢肆柴、高注云、梢、小柴也、案稍之爲言稍稍然小也、前釋訓云、稍稍、小也、諸書無以校爲柴者、上梢字曹憲音稍交反、疑因此誤衍交字、後又加木旁也、集韻引廣雅校、棷、柴也、則宋時本已然、說文云、棷、木薪也、薪亦柴也、凡薪蒸之屬多名棷、說文云、菆、麻蒸也、廣韻云、箃、竹柴別名、聲義竝同矣、

穛薪也

穛、各本作蕉、字頗不成體、蓋穛字書作穛、後誤而爲蕉耳、爾雅釋木釋文云、樵字又作穛、墨子備城門篇

云、爲薪蕉挈、今訂正。說文云、樵、散木也。月令鄭注云、大者可析謂之薪。列子周穆王篇、鄭人有薪於野者、遇駭鹿、御而擊之、斃之、藏諸隍中、覆之以蕉。蕉與樵同。薪謂之樵、因而取薪亦謂之樵。史記淮陰侯傳集解引漢書音義云、樵、取薪也。小雅白華篇、樵彼桑薪。

笳枳叉股枝也

各本枝字譌在股上、今訂正。笳當讀爲柯。玉篇云、柯、枝也。廣韻云、柯、枝柯也。柯本莖名、因而枝亦通稱柯。股、聲之轉也。枳與枝同聲。爾雅云、中有枳首蛇焉、孫炎音支。云、蛇有枝首。郭璞巨宜反、云、岐頭蛇也。岐與枝聲亦相近、岐生莖旁、故謂之枝、又謂之枳矣。說文云、枝、木別生條也。是其義也。叉與杈同。說文云、杈、枝也。杈之言鍇也。說文云、叉、手指相鍇也。手指相鍇謂之叉、樹枝相鍇謂之杈、其義一也。今俗語猶謂樹枝鍇出者曰杈頭、楚嫁反。

柯莖也

柯、榦也、古聲柯與榦同、故鄭注考工記云、笴、矢榦也、廣韻、笴、古我切、又公旱切、箭莖也、箭莖謂之榦、亦謂之笴、樹莖謂之榦、亦謂之柯、聲義並同也、樹莖名柯因而草莖亦以爲名、爾雅云、荷、芙蕖其莖茄、茄、猶柯耳、

本榦也

榦、亦莖也、前釋詁云、莖榦、本也、本、各本譌作夲、葢本字俗作夲故譌耳、今訂正、

隸柎也

詳見釋詁栿枘隸柎也下、

櫄棯櫙棙也

集韻云、棙、乃計切、木立死也、棙之言𡿨也、前釋詁云、𡿨、死也、亦言尼也、爾雅云、尼、止也、言其止息不復生也、玉篇廣韻竝云、棯、柰也、齊民要術種柰林檎篇注引廣雅云、櫄、棯、櫙、柰也、則是以棙爲果名也、案上已

云、梂櫑石櫑柰也、此不應重出、又自桗株也至木蘱生、曰榛、皆統言木之形狀、不得雜以果名、且上句隸栫也、是伐木之餘、下句蕵蘀落也、是木葉之隕、則此句當爲从木也、以柰字俗亦有作榇者、故譌以榇爲此果耳、櫙與櫙同、玉篇云、櫙木瘤也、則櫙爲瘣木、爾雅、瘣木、苻婁、樊光注云、苻婁、尪傴内病、磈磊無枝也、郭璞注云、謂木病尪傴癭腫無枝條也、木病腫謂之櫙、因而从木、亦謂之櫙、櫙之言殄也、鄭注周官稻人云、殄、病也、絕也、掩之言奄也、白虎通義云、薆奄然亡也、櫶之言邱也、賈逵説九邱云、九州亡國之戒也、孟康注漢書楚元王傳云、西方謂亡女壻爲邱壻、皆从之義也、掩櫶各本譌作掩攄、惟影宋本皇甫本不譌、

蕵蘀落也

蕵之言剝也、馬融注剝卦云、剝、落也、鄭注云、陰氣侵陽、上至於五、萬物零落、故謂之剝也、説文云、彔、木葉陊也、讀若薄、亦聲近而義同、豳風七月傳云、蘀、落也、説文云、艸木皮葉落陊地爲蘀、又云、凡艸曰零、木曰落、

木蘩生曰榛

說文云、榛、菆也、菆與蘩同、淮南原道訓云隱於榛薄之中、高誘注云、蘩木曰榛、深草曰薄、字亦作蓁、莊子徐无鬼篇云、逃於深蓁、蓁之爲言蓁蓁然也、王逸注楚詞招魂云、蓁蓁積聚之貌、

樝楟梨也

樝之言酢也、說文云、樝、果似梨而酢、亦作樝、內則樝梨薑桂、鄭注云、樝、梨之不臧者、正義云、樝、梨屬、其味不善、故云不臧也、亦作柤、莊子天運篇云、柤梨橘柚其味相反而皆可於口、齊民要術引風土記云、柤、梨屬、肉堅而香、陳藏器本草拾遺云、樝子小於榅桲而相似、王氏農書云、樝似小梨、西山唐鄧閒多種之、味劣於梨與木瓜、而入蜜煮湯、則香美過之、漢書司馬相如傳云、亭柰厚朴、張氏注云、亭、山梨也、史記亭作楟、索隱引司馬彪注云、上黨謂之楟、初學記引序志云、上黨楟梨小而甘、是也、左思蜀都賦云、橙柿梬楟則亦生蜀中、楟、一名檖、秦風晨風篇、隰有樹檖、傳釋以爾雅云、檖、赤羅也、陸機疏云、一名山梨、實如梨、但

小耳、一名鹿棃、一名鼠棃、極有肥美者、亦如棃之美者、

亲桌也

說文云、亲實如小桌、從木辛聲、亲之言辛、物小之稱也、若方言蕪菁小者謂之辛芥矣、字通作榛、左思招隱詩注引高誘淮南注云、小桌小棘日榛、御覽引陸機詩義疏云、榛桌屬、有兩種、其一種大小皮葉皆如桌、其子小、形如杼子、味亦如桌、所謂樹之榛桌者也其一種枝莖如木蓼、生高丈餘、作胡桃味、遼代上黨皆饒、古者以榛爲女摯、莊二十四年左傳云女摯不過榛桌棗脩、以告虔也、又以爲籩實、周官籩人饋食之籩、其實榛實、又以爲庶羞、內則棋棗桌榛、鄭注云、皆人君燕食所加庶羞也、字又作樼、楊雄蜀都賦云、杜樼桌榛、

橡柔也

橡柔聲之轉也、柔與杼同、各本譌作柔、惟影宋本皇甫本不譌、爾雅云、栩杼、郭注云柞樹也、唐風鴇羽篇

集于苞栩、陸機疏云、今、柞櫟也、徐州人謂櫟爲杼、或謂之爲栩、其子、爲皁斗、其殼爲汁、可以染皁、今京洛及河內多言杼汁、謂櫟爲杼、五方通語也、杼、一作芧、莊子齊物論、狙公賦芧、司馬彪注云、芧、橡子也、橡、一作樣、一作象、說文云、樣、栩實也、又云、草斗、櫟實也、一曰象斗、鄭注周官掌染草云、藍蒨象斗之屬、橡子可染、又可食、大戴禮曾子制言篇云、聚橡栗藜藿而食之、呂氏春秋恃君篇、冬日則食橡栗、高誘注云、橡、皁斗也、其狀似栗、案今江淮之閒通言橡栗、其實如小栗而微長、近蔕處有梂、彙自裹、爾雅所謂櫟其實梂也、田野人多磨粉食之、凶年可以救饑、韓非子外儲說篇云、秦大饑、應侯請曰、五苑之草著蔬菜橡果棗栗、足以活民、請發之、是也、其材中車車轂、淮南時則訓十二月、其樹櫟、高注云、櫟可以爲車轂、木不出火、唯櫟爲然、亦應除氣也、杼之聲轉而爲采、高誘注淮南本經訓云、杼、采實也、史記李斯傳采椽不斲、徐廣注云、采、一名櫟、漢書司馬相如傳、沙棠櫟櫧、應劭注云、櫟、采木也、

柚棒也

禹貢揚州厥包橘柚錫貢傳云小曰橘大曰柚字亦作櫾中山經云荆山多橘櫾郭注云櫾似橘而大皮厚味酸御覽引風土記云柚大橘赤黄而酢也漢書司馬相如傳黄甘橙榛張氏注云榛小橘也出武陵是柚大而榛小不得以柚爲榛也疑柚榛下脫去橘字大橘曰柚小橘曰榛故云柚榛橘也猶上文樝梬二種皆訓爲梨耳柚爾雅謂之條條與柚古音相近也說文云柚似橙而酢莊子天運篇云柤梨橘柚其味不同而皆可於口以梨橘子味甘柤柚味酸也列子湯問篇云吳楚之國有大木焉其名爲櫾碧樹而冬生實丹而味酸食其皮汁已憤厥之疾齊州珍之渡淮而北而化爲枳焉案考工記云橘踰淮而北爲枳與此同蓋橘之與柚散文則通矣郭璞注上林賦云榛亦橘之類也呂氏春秋本味篇云果之美者雲夢之柚張協七命云漢皋之榛則二物多生江漢之閒也雷數炮炙論云凡使橘皮勿用柚皮皺子皮皺與榛同榛各本譌作榛今訂正

雨師樫樻也

爾雅云、檉、河柳、大雅皇矣篇、其檉其椐、正義引某氏爾雅注云、河柳、謂河傍赤莖小楊也、陸機詩疏云、河柳皮正赤如絳、一名雨師、枝葉似松、是雨師卽檉也、雨、各本譌作而、又脫師字、今訂正、檉音勑貞反、檉之言赬也、周南汝墳篇傳云、赬、赤也、河柳莖赤、因名爲檉、故江淹檉頌云、碧葉菴藹、赬柯翕艴也、一名朱楊、漢書司馬相如傳云、檗離朱楊、史記索隱引郭璞注云、朱楊赤莖柳、生水邊、爾雅云檉河柳是也、又名檉柳、漢書西域傳云、鄯善國多檉柳、顏師古注云、檉柳、河柳也、今謂之赤檉、開寶本草云、赤檉木中脂一名檉乳、生河西沙地、皮赤色、葉細、本草衍義云、赤檉木又謂之三春柳、以其一年三秀也、花內紅色、成細穗、人取滑枝爲鞭、案今人庭院中多植之、葉形似柏而長絲下垂則如柳、北方人謂之三川柳、三川卽三春之轉也、或謂之娑娑柳、聲如酸酸、

杆柘也

杆、與幹同、禹貢、荆州厥貢杶幹栝柏、考工記疏引鄭注云、幹、柘幹也、又注考工記荆之幹云、幹、柘也、可以

爲弓弩之幹、又弓人、凡取幹之道七、柘爲上、此柘之所以名幹也、高誘注淮南原道訓云、烏號柘桑、其材堅勁、伐其枝以爲弓、齊民要術云、柘十五年任爲弓材、亦堪作履、二十年好作犢車材、柘葉飼蠶、絲可作琴瑟等弦、清鳴響徹、勝於凡絲遠矣、案月令季春命野虞毋伐桑柘、鄭注云、愛養蠶食也、今柘桑上多野蠶食葉、絲之堅韌、遠過家蠶、俗所謂雙絲繭也、柘又可爲矢榦、投壺云、矢以柘若棘、毋去其皮、鄭注云、取其堅且重也、又可以染、御覽引四民月令云、柘染色黄赤、人君所服、鄭注月令云、鞠衣、黄桑之服、或是此與、

杜仲曼榆也

神農本草云、杜仲味辛平、一名思仙、生上虞山谷、御覽引吳普本草云、一名思仲、一名木綿、陶注本草云出建平宜都者、狀如厚朴、折之多白絲爲佳、古今注亦云、杜仲皮中有絲、折之則見也、蜀本草圖經云、生淡山大谷、樹高數丈、葉似辛夷、蘇頌圖經云、江南人謂之檰、初生葉嫩時可食、謂之檰芽、木可作履、益脚、

廣雅疏證　卷第十上　六

案綿與曼古同聲故杜仲謂之櫋或謂之木綿或謂之曼榆也

重皮厚朴也

說文云重厚也朴木皮也重皮厚朴其義一也急就篇云芎藭厚朴桂栝樓顏師古注云凡木皮皆謂之朴此樹皮厚故以厚朴爲名御覽引吳普本草云厚朴一名厚皮生交阯又引范子計然云厚朴出宏農名醫別錄云一名赤朴其樹名榛其子名逐折陶注云今出建平宜都者極厚肉紫色爲好殼薄而白者不如蘇頌圖經云木高三四丈徑一二尺春生葉如柳葉四季不凋紅花而青實皮極鱗皺而厚紫色多潤者佳李時珍云五六月開細花結實如冬青子生青熟赤有核七八月采之味甘美案厚朴子甘美可食則亦果之一種故史記司馬相如傳云枇杷橪柿楟榛厚朴也

木欄桂欄也

欄與蘭同離騷云朝搴阰之木蘭兮夕攬洲之宿莽王逸注云木蘭去皮不死宿莽遇冬不枯以喻讒人

雖欲困己、己受天性、終不可變易也、案下文云、朝飲木蘭之墜露兮、夕餐秋菊之落英、文義正與此同、皆言其志絜而行芳耳、木欄芳木也、漢書司馬相如傳云、桂椒木蘭、顔師古注云、木蘭皮似桂而香、可作面膏藥、史記集解引郭璞注云、木蘭樹皮辛香可食、劉逵注蜀都賦云、木蘭大樹也、葉似長生、冬夏榮常以冬華、其實如小柿甘美、南人以爲梅、其皮可食、成公綏木蘭賦云、諒抗節而矯時、獨滋茂而不雕、盍木蘭非獨皮形似桂、其性之冬榮亦復不殊、是以有桂蘭之名也、木蘭可以調食、史記滑稽傳云、齊以薑棗薦以木蘭、桓驎七說云、河黿之羹、齊以蘭梅、張衡七辯云、芳以薑椒、拂以桂蘭、皆是也、神農本草云、木蘭一名林蘭、林蘭猶言木蘭也、名醫別錄云、一名杜蘭、似桂而香、杜當爲桂字之誤也、陶注云、零陵諸處皆有狀如楠樹、皮甚薄而味辛香、今益州有皮厚狀如厚朴而氣味爲勝、蜀本圖經云、樹高數仞、葉似菌桂、葉有三道縱文、皮如板桂、有縱橫文、皆其狀矣

益智龍眼也

神農本草云、龍眼、一名益智、生南海山谷、齊民要術引吳普本草云、龍眼、一名益智、一名比目、益與智古音同在支部、蓋疊韻字也、而開寶本草乃以爲味甘歸脾而能益智、其說鑿矣、御覽引東觀漢記云、單于來朝、賜橙橘龍眼荔枝、又引謝承後漢書云、交阯七郡獻龍眼、蓋龍眼之見珍自漢已然、御覽又引廣志云、龍眼樹葉似荔枝、蔓延緣木生、子大如酸棗、色黑純甜無酸、蘇恭本草注云、龍眼樹似荔枝、葉若林檎花白色、子如檳榔、有鱗甲、大如雀卵、味甘酸、皆其形狀也、龍眼又名龍目、左思蜀都賦云、旁挺龍目、側生荔枝、布緑葉之萋萋、結朱實之離離、是也、今人則謂之圓眼、李賢注和帝紀引廣州記云、龍眼子似荔枝而圓、此圓眼之所以名也、別有益智、與此同名而異物、藝文類聚引廣志云、益智葉似蘘荷、長丈餘、子大如棗、中瓣黑、皮白核小者名曰益智也、

山榆、母估也

母估、與無姑同、爾雅云、無姑、其實夷、郭注云、無姑、姑榆也、生山中、葉圓而厚、剝取皮合漬之、其味辛香、所

謂蕪荑毋、又作无頤九二、枯楊生荑、鄭讀枯爲姑、云无姑、山楡、荑、謂山楡之實也、枯、又作榑、秋官壺涿氏掌除水蟲、欲殺其神、則以牡榑午貫象齒而沈之、杜子春云、榑讀爲枯、枯楡、木名、案神農本草云、蕪荑、一名無姑、主去三蟲、陶注云、狀如楡莢、氣臭如犼、以作醬食之、性殺蟲、置物中亦辟蛀、陳藏器云、此山楡仁也、作醬食之、氣膻者良、蘇頌圖經云、大類楡類而差小、然則無姑自有二種、一種莢氣辛香、郭注爾雅所言者是也、一種莢臭、本草所言者是也、而莢臭者獨有殺蟲之用、壺涿氏除水蟲以枯楡、或是而其臭者與

柘楡梗楡也

爾雅云、藲、荎、郭注云、詩曰山有蓲、今之刺楡、疏引陸機詩疏云、其針刺如柘、其葉如楡、瀹爲茹、美滑、針刺如柘、故有柘楡之稱矣、荎之爲言挃也、前釋詁云、挃、刺也、梗亦刺之義也、方言云、凡草木刺人者、自關而東或謂之梗、郭注云、梗、今之梗楡也、說文云、梗、山枌楡有朿、莢可爲蕪荑、案陳藏器本草拾遺云、刺楡秋實、即說文所云莢可爲蕪荑者也、急就篇云、蕪荑鹽豉醯酢醬、顔師古依郭璞爾雅注、以爲蕪荑、無姑

之實也、但刺榆亦可以爲蕪荑、急就篇所云、不必專指山榆也、刺榆又中車材、齊民要術云、刺榆木甚牢肕、可以爲犢車材、凡種刺榆、挾榆、兩種者利爲多、

梔子𣐈桃也

說文云、梔、黃木可染者也、梔、與梔同、字一作巵、漢書貨殖傳云、千畝巵茜、孟康注云、茜草巵子可用染也、述異記云、洛陽有巵茜園、漢官儀云、染園出巵茜、供染御服、是其處也、又名鮮支、史記司馬相如傳云、鮮支黃礫、索隱引司馬彪云、鮮支、卽今支子也、支與梔亦同、又名林蘭、謝靈運山居賦、林蘭近雪而揚猗、自注云、林蘭、支子也、神農本草云、梔子、一名木丹、生南陽川谷、名醫別錄云、一名越桃、九月採實、陶注云、處處有、亦兩三種小異、以七棱者爲良、經霜乃取之、今皆入染用、於藥甚稀、御覽引吳普本草云、支子葉兩頭尖如樗蒲、剝其子如蠒而黃赤、酉陽雜俎云、諸花少六出者、唯梔子花六出、陶貞白言梔子剪花六出、刻房七道、其花香甚、相傳卽西域薝蔔花也、

宛童寄生樢也

詳見釋草寄屑寄生也下

秀龍巢也

未詳、

下支謂之椑㯋

支、與枝同、玉篇云、椑㯋、木下枝也、凡木枝多向上故於其向下者別爲之名也、亦單謂之椑、廣韻云、椑、木枝下也、椑之言卑也、以其卑下也、

廣雅疏證卷第十上

廣雅疏證卷第十下

釋蟲

⿰虫奇蛣蟬也

⿰虫奇蛣、聲之轉也、方言云、蟬、楚謂之蜩、秦晉之間謂之蟬、海岱之間謂之⿰虫奇、郭璞注云、齊人呼爲巨⿰虫奇、⿰虫奇、曹憲音去結反、玉篇、䖸、古頡切、廣韻苦結切、並云、䖸蚼似蟬而小、苦結之音與去結同、疑䖸卽蛣也、

闇蜩⿰虫應也

闇、與瘖同、⿰虫應之爲言猶瘖也、方言云、⿰虫應謂之寒蜩、寒蜩、瘖蜩也、郭璞注云、按爾雅以蜺爲寒蜩、月令亦曰、寒蜩鳴、知寒蜩非瘖者也、寒蜩、蠁也、似小蟬而色青、據此則寒蜩非瘖蜩矣、而後漢書杜密傳、劉勝知善不薦、聞惡無言、隱情惜己、自同寒蟬、李賢注云、寒蟬、謂寂默也、引楚詞九辨曰、悲哉秋之爲氣也、蟬寂寞

而無聲、則寒蜩瘖蜩、又似無別、瘖蜩、一名瘂蟬、本草蚱蟬、陶注云、蚱蟬卽是瘂蟬、瘂蟬、雌蟬也、不能鳴者、

蟧、蝒、馬蜩也

蜩之大者也、爾雅、蝒、馬蜩、郭璞注云、蜩中最大者爲馬蟬、方言、蟬、楚謂之蜩、其大者謂之蟧、或謂之蝒馬、郭璞注云、按爾雅、蝒者馬蜩、非別名蝒馬也、此方言誤耳、馬蜩、一名馬蟧、廣韻云、馬蟧、大蟬也、蘇頌本草圖經云、今夏中所鳴者、比衆蟬最大、蝒、各本譌作蝈、今訂正、

蛥蚗、蛰也

方言云、蛥蚗、楚謂之蟪蛄、或謂之蛉蛄、秦謂之蛥蚗、自關而東謂之虭蟧、或謂之蝭蟧、又云、蟬其小者謂之麥蛰、有文者謂之蜻蜻、郭璞注云、爾雅云、卽蛰也、是蛥蚗爲蛁蟟、不與蛰同也、廣雅之訓、多本方言、則蛥蚗當入下條蛁蟟也內、無由得訓爲蛰、疑蛰上本有二字而今脫去、蛥蚗二字、則又從下文竄入此條耳、蛥蚗、一名蛚蚗、說文云、蛚蚗、蛁蟟也、夏小正、四月鳴札、傳云、札者、寧縣也、鳴而後知之、故先鳴而後札、

札、與蛰同、衞風碩人篇、螓首蛾眉、傳云、螓首顙廣而方、箋云、螓、謂蜻蜻也、正義云、此蟲額廣而且方、引舍人爾雅蛰蜻蜻注云、小蟬色青青者、又引某氏云、鳴蛰蛰者、

蟪蛄蛉蛄蟧蟧蛁蟟也

方言蟧作蜓、蛁蟟作蛁蟧、四者皆蟧蚗別名也、莊子逍遙遊篇、蟪蛄不知春秋、司馬彪注云、蟪蛄、寒蟬也、一名蝭蠑、春生夏死、夏生秋死、崔譔注云、蛁蟟也、或曰山蟬、秋鳴者不及春、春鳴者不及秋、夏小正、七月寒蟬鳴、傳云、寒蟬也者、蝭蠑也、蝭蠑、與蟧蟧同、蛁蟟之轉聲也、今揚州人謂此蟬爲都蟟、亦蛁蟟之轉聲也、郭注方言云、江東人呼鳴蟧、又蛁蟟之變轉矣、太元飾次八、蛁鳴喁喁、范望注云、蛁、蟬也、恒託於木、本草、蚱蟬、陶注云、七月鳴者名蛁蟟、色青、

蛾蛘元蚼蚼**蟓蠁蜉螘也**

螘、與蛾同、俗作蟻、爾雅、蚍蜉、大螘、小者、螘、郭璞注云、齊人呼螘爲蛘、方言、蚍蜉、齊魯之閒謂之蚼蟓、西南

梁益之閒謂之元蚼燕謂之蛾蛘郭璞注云蚍蜉亦呼蟞蜉案蚍與蟞一聲之轉蟞蜉亦一聲之轉也蚼與駒通夏小正十有二月元駒賁傳云元駒也者螘也賁者何也走于地中也法言先知篇吾見元駒之步雉之晨雊也化其可以已矣哉蠓一作蛘廣韻云蚼蛘蚍蜉也各本蠓上脫蚼字今據方言補

蛘蛾也

爾雅云蛓羅說文云蛓蠶化飛蟲也蛓與蛾同御覽引廣志云凡草木蟲以蛹化爲蛾甚衆古今注云飛蛾善拂鐙一名火花一名慕光

地膽虵要青蠚青蠵也

下文云蟠蝥旻青也此亦其類也本草地膽一名蚖青陶注云狀如大馬蟻有翼僞者即斑貓所化狀如大豆又注別錄葛上亭長云二月三月在芫花上即呼芫青四月五月在王不留行上即呼王不留行蟲六月七月在葛花上即呼爲葛上亭長八月在豆花上即呼斑貓九月十月欲還地蟄即呼爲地膽斑貓

郎盤蝥也、御覽引本草亦云、春食芫華、故云元青、秋食葛華、故云葛上亭長、然則此蟲常食草花、故有盤蝥青蟊之稱、蝥蟊蟊古字通用、爾雅云、食苗根、蟊、義可互通矣、御覽引吳普本草云、地膽、一名青蛙、蛙蠵聲近而字通、御覽又引吳普本草云、斑貓、一名晏青、晏與晏同、本草斑貓、陶注云、豆花時取之、甲上黃黑斑色如巴豆大者是也、以有黃黑斑、故曰盤蝥、盤蝥猶斑也、說文蝥作蟊、云、盤蟊毒蟲也、

杜伯蠚蠆蠆蚔蠚**蠍也**

御覽引詩義疏云、蠆、一名杜伯、幽州謂之蠍、說文蠆作蠆、云、毒蟲也、象形、小雅都人士釋文引通俗文云、長尾爲蠆、短尾爲蠍、案蠚蠆蠍皆毒螫傷人之名、蠚之言慘也、蠆之言蛆也、蠍之言瘌也、釋詁云、毒、慘、蛆、瘌、痛也、是其義矣、蠍一作蠆、莊子天運篇其知憯於蠆、蠆之尾、郭向、蠆音賴、即蠍字也、釋文以爲上當作蠆、下當作蠍、失之、說文蠚、蠆也、蚔蠚也、蠚亦毒螫傷人之名、史記律書、北至於奎、奎者主毒螫殺萬物也、徐廣云、奎、一作蠚、是其證、釋魚云、虺、蝰也、虺毒謂之蝰、猶蠍毒謂之蠚也、孟子公孫丑篇有蚔鼃、爲齊士

師、蚳䗪、即蚳䗪、猶春秋時鄭大夫名公孫蠆也、蠆與䗪同聲假借耳、蚳字當從氏聲、音巨支反、釋文虫旁作氏、音遲、失之、各本脫蠿蚳䗪三字、御覽引廣雅、杜伯、蠿、蠆、蠍也、則宋時本已然、案衆經音義卷五卷七卷十五卷二十、竝引廣雅、蠆、蠿、蚳、䗪、蠍也、集韻引廣雅、蠿蠆也、今補、

景天螢火燐也

螢、一作熒、燐、一作粦、豳風東山篇、熠燿宵行、傳云、熠燿、燐也、燐、螢火也、正義云、釋蟲云、螢火、即炤、舍人云、夜飛有人蟲也、本草、螢火、一名夜光、一名熠燿、案諸文皆不言螢火爲燐、淮南子云、久血爲燐、許愼云、謂兵死之血爲鬼火、然則燐者鬼火之名、非螢火也、陳思王螢火論曰、詩云、熠燿宵行、章句以爲鬼火、或謂之燐、未爲得也、天陰沈數雨、在於秋日、螢火夜飛之時也、故云宵行、然則毛以螢火爲燐、非也、今案正義所云、未爲通論、燐之爲言粼粼然也、說文云、粦、鬼火也、閵火皃、讀若粦粦、與燐同、楊雄劇秦美新、炳炳麟麟、李善注云、麟麟、光明也、麟與燐古字同用、是燐者火光明也、鬼火有光謂之燐、則螢火有光、亦得謂之

粦矣、說文云、粦、鐙燭之光、而爾雅云、熒火、即炤、鐙燭有光謂之熒、熒火有光亦謂之熒、猶鬼火有光謂之粦、熒火有光亦謂之粦也、若謂熒火與鬼火不得同名爲粦、則熒火與鐙燭之光、亦不得同名熒乎、且熒火爲粦、必非無據、或本古訓、或用方言、皆未可知、區區本草之文、淮南氾論訓之注、未足以定前人之得失也、若陳王作論乃駁熠燿之爲鬼火、而非難螢火之名粦、辨韓詩章句之疏、而非救毛公詁訓之失、抑又不足以爲據矣、蓺文類聚引吳普本草云、螢火一名景天、景天亦以其光名之也、說文云、景、光也、月令云、季夏之月、腐草爲螢、本草、熒火、陶注云、腐草及爛竹根所化、

蛭蛒、卷蠾、地蠶、蠹、蟦、蠀螬也

蠀、與蠐同、爾雅、蟦、蠐螬、郭璞注云、在糞土中、蝤蠐、蝎、注云、在木中、今雖通名爲蝎、所在異、蝎、蛣蝠、注云、木中蠹蟲、蝎、桑蠹、注云、即蛣蝠、方言云、蠀螬謂之蟦、自關而東謂之蝤蠀、或謂之卷蠾、或謂之蝖毂、梁益之間謂之蛒、或謂之蝎、或謂之蛭蛒、秦晉之間謂之蠹、郭璞注云、亦呼當齊、或呼地蠶、或呼蟦蝖、是土中之

蟦、木中之蠹、同類而通名、故衛風碩人篇、領如蝤蠐、正義引爾雅釋之、以爲蟦也、蠐螬也、蝤蠐也、蛣蝠也、桑蠹也、一蟲而六名也、本草云、蠐螬、一名蟦蠐、蠐螬、雙聲字、蟦蠐、疊韻字也、單言之則或爲蟦、或爲蠐、爾雅、蟦、蠐螬、孟子滕文公篇、井上有李、螬食實者過半、矣、是也、名醫別錄云、一名䐗齊、一名教齊、䐗齊、與蟦蠐通、聲轉而爲教耳、莊子至樂篇、烏足之根爲蠐螬、司馬彪本作螬蠐、云、蝎也、螬蠐即蝤蠐、蝤蠐聲相近、也、論衡無形篇云、蠐螬化而爲復育、復育轉而爲蟬、御覽引博物志云、蠐螬以背行、駛於用足、皆其情狀也、各本脫也字、今補、

⿰虫長⿰虫麗𧊅蚭蚨虷蚰蜒也

爾雅、螾衘、入耳、郭璞注云、蚰蜒也、邢昺疏云、此蟲象蜈蚣、黃色而細長、呼爲吐古、喜入耳者也、陳藏器本草拾遺云、蚰蜒色正黃、大者如釵股、其足無數、此蟲好脂油香、能入耳及諸竅中、以驢乳灌之、化爲水、是其性也、方言云、蚰蜒、自關而東謂之螾衘、或謂之入耳、或謂之帳⿰虫麗、趙魏之間或謂之蚨虷、北燕謂之𧊅

蚳、郭璞注云、江東又呼蛩、淮南泰族訓昌羊去蚤蝨而人弗席者、爲其來蛉窮也、御覽引高誘注云、蛉窮、幽冀謂之蜻蛉、入耳之蟲也、案蜻蛉與蚰蜒聲相近、蚰蜒與螾衙聲之轉、謂之蚰蜒者、言其行蜿蜒然也、鄭注考工梓人云、郤行、螾行之屬、釋文云、此蟲能兩頭行、是郤行也、

蛛蝥冈工蠾蝓蝳蜍也

蛛一作鼄、蝥一作蟊、蝓一作蝓、爾雅、次蟗、鼅鼄、鼅鼄鼄蝥、郭璞注云、今江東呼𧔻蝥、說文𧔻作蠿、云蠿蟊作网蛛蟊也、蛛與𧔻聲之轉耳、方言、鼅鼄、鼄蝥也、自關而西秦晉之閒謂之鼄蝥、自關而東趙魏之郊謂之鼅鼄、或謂之蠾蝓、蠾蝓者侏儒語之轉也、北燕朝鮮洌水之閒謂之蝳蜍、郭璞注云、齊人又呼社公、亦言网工、网與冈同、各本冈譌作冈、今訂正、网工以作网得名也、賈子禮篇云、蛛蝥作网、太元務次五、蜘蛛之務、不如蠶之綸、測曰、蜘蛛之務、無益人也、玉篇云、蝳蜍肥大貌、蝳蜍、蠾蝓、聲亦相近耳、

蛺蜨蝥蚨也

蜨，與蝶同。說文：蛺，蛺蜨也。莊子至樂篇：烏足之根爲蠐螬，其葉爲胡蝶。胡蝶，胥也。司馬彪注云：胡蝶，蛺蝶也。古今注云：蛺蝶，一名野蛾，一名風蝶，江東呼爲撻末，色白背青者是也。其大如蝙蝠者，或黑色，或青斑，名爲鳳子，一名鳳車，一名鬼車，生江南柑橘圖中。

蛬、趗織、蚟孫，蜻蛚也

蛬，一作蛩；趗，一作促；蚟，一作王。爾雅云：蟋蟀，蛬。唐風蟋蟀篇：蟋蟀在堂。正義引李巡爾雅注云：蛬，一名蟋蟀。蟋蟀，蜻蛚也。月令季夏之月蟋蟀居壁，正義引孫炎爾雅注云：蟋蟀，蜻蛚也。梁國謂蛬。方言：蜻蛚，楚謂之蟋蟀，或謂之蛬。南楚之閒謂之蚟孫。古今注云：蟋蟀，一名吟蛩，一名蛩。蛩與蛬同。今人謂之屈屈，則蛬之轉聲也。陸機詩義疏云：蟋蟀似蝗而小，正黑，有光澤如漆，有角翅。一名蛬，一名蜻蛚。楚人謂之王孫，幽州謂之趨織。里語曰：趨織鳴，嬾婦驚，是也。古詩云：促織鳴東壁。李善注引春秋考異郵：立秋趣織鳴。宋均注云：趣織，蟋蟀也。立秋女功急，故趣之。御覽引春秋說題辭云：趣織之爲言趣織也。織與事遽，故

趣織鳴、女作兼也、鹽鐵論論菑篇、涼風至、蜻蛚鳴、一作精劌、考工記梓人、以注鳴者、鄭注云、注鳴、精劌屬、

炙鼠津姑螻蜮蟓蛤蛞螻螻姑也

姑、一作蛄、爾雅、蝚、蛖螻、郭璞注云、蛖螻、螻蛄類、螜、天螻、注云、螻蛄也、引夏小正曰、螜則鳴、埤雅引孫炎爾雅正義云、螜是雄者、喜鳴善飛、雌者腹大羽小、不能飛翔、食風與土也、炙鼠、蘇頌本草圖經引作碩鼠炙碩聲相近也、各本炙譌作炙、今訂正、字一作不、一作鼫、廣韻螻蛄、一名仙蛄、一名石鼠、晉九四、晉如鼫鼠、正義云、鼫鼠有五能、而不成伎之蟲也、引蔡邕勸學篇云、鼫鼠五能、不成一伎、又引王注云、能飛不能過屋、能緣不能窮木、能游不能度谷、能穴不能掩身、能走不能先人、本草經云、螻蛄、一名鼫鼠、謂此也、蓺文類聚引魏風碩鼠篇義疏云、碩鼠、樊光謂即爾雅鼫鼠也、許愼云、鼫鼠、五伎鼠也、今之河東有碩鼠大能人立、交前兩腳於頭上、跳舞善鳴、食人禾稼、逐則走入樹空中、亦有五伎、或謂雀鼠、其形大、故敘云、大鼠也、魏、今河東河北縣也、詩言其方物、宜謂此鼠、本草又謂螻蛄爲石鼠、亦五伎、古今方土名蟲鳥物異名

同故記也。然則螻蛄亦名碩鼠，同有五伎。詩言無食我黍，乃專譏田鼠之貪。易言晉如鼫鼠，或可以螻蛄爲說耳。螻蛄疊韻字，聲轉而爲螻蟈，倒言之則爲蛄螻矣。方言云：螻螲謂之螻蛄，或謂之蟓蛉，南楚謂之杜狗，或謂之蛞螻。今人謂此蟲爲土狗，即杜狗也。順天人謂之拉拉古，即螻蛄之轉聲也。其單言之則或爲螻。呂氏春秋應同篇：黃帝之時，天先見大螾大螻。高誘注云：螻，螻蛄也。愼小篇：巨防容螻。注云：隄有孔穴，容螻蟻也。螻蛄也，或又謂之蟼蛄。埤雅引廣志小學篇云：螻蛄，會稽謂之蟼蛄。孟子滕文公篇：蠅蚋姑嘬之。釋文云：蚋，諸本或作蜹。一說云：蟼姑即螻蛄也。蟼與螻聲正相近矣。螻蛄短翅四足，穴土而居，至夜則鳴，聲如蚯蚓。

蛆蟝、馬蠋，馬蚿也

即下文馬蚿蠽蛆也。蚿與蠋聲之轉，蠽蛆與蛆蟝聲之遞轉也。爾雅云：蛝，馬蚿。蛝與蚿亦聲之轉。方言：馬蚿，北燕謂之蛆蟝，其大者謂之馬蚰。郭璞注云：今關西云馬蚰。蚰與蠋同，字通作軸。御覽引吳普本草云：

馬蚿、一名馬軸、又謂之馬陸、本草云、馬陸、一名百足、馬陸、猶言馬蠲也、草名蓫薚、一名商陸、蟲名馬蠲、一名馬陸、皆聲近而轉耳、蛆蝶之轉聲爲蠽蛆、又轉而爲秦渠、高誘注呂氏春秋季夏紀云、馬蚿、幽州謂之秦渠、是也、又轉而爲商蚷、莊子秋水篇使商蚷馳河、必不勝任矣、司馬彪注云、商蚷、蟲名、北燕謂之馬蚿、是也、蚿之轉聲爲蝦、又轉而爲蠲、爲蚼、說文云、蠲馬蠲也、引明堂月令云、腐艸爲蠲、郭璞注爾雅馬蠖云、馬蠲蚼也、俗呼馬蠲、是也、又轉而爲蠸、爲蚈、呂氏春秋季夏紀腐草化爲蚈、高誘注云、蚈、馬蚿也、蚈讀蹊徑之蹊、御覽引許愼淮南時則訓注云、蚈得陰而从、極陰中反陽、故化爲蚈、蚈、馬蠸也、是也、莊子秋水篇夔憐蚿、蚿憐蛇、夔謂蚿曰、吾以一足跉踔而行、今子之使萬足、獨柰何、蚿謂蛇曰、吾以衆足行、而不及子之無足、何也、司馬彪注云、蚿、馬蚿蟲也、夔一足、蚿多足、蛇無足、故淮南氾論訓云、蚈足衆而走不若蛇、物固有衆不若少者也、李當之本草云、此蟲長五六寸、狀如大蛩、夏月登樹鳴、冬則蟄、今人呼爲飛蚿蟲、故宋書王素傳云、山中有蚿蟲、聲淸長、聽之使人不厭、也、蘇恭本草注云、襄陽人名爲馬蚿、亦呼馬軸、亦名

刀環蟲、以其死側臥狀如刀環也、寇宗奭云、即今百節蟲、

蠓蝓蜂也 蓬

說文、𧖅飛蟲螫人者、𧖅與蜂同、爾雅土𧖅、郭璞注云、今江東呼大𧖅在地中作房者爲土𧖅、啖其子、即馬𧖅也、今荆巴閒呼爲蟺、木𧖅注云、似土𧖅而小、在樹上作房、江東亦呼爲木𧖅、人食其子、方言、𧖅燕趙之閒謂之蠓蝓、檀弓、范則冠而蟬有緌、内則、爵鷃蜩范、鄭注並云、范蜂也、埶文類聚引廣雅范蜂也、集韻引作蓬、今本脫蓬字、

蟨螠也

即下文蠮螉也、螠或作𧕴、玉篇、螠、小蜂也、𧕴、小蜂也、蟨、蟨螉也、蠮同上、各本蟨譌作蟨、今訂正、方言、𧖅其小者謂之蠮螉、或謂之蚴蛻、蚴蛻也、蠮螉也、螠也、一聲之轉也、爾雅果臝蒲盧螟蛉桑蟲、郭璞注云、果臝即細腰蜂也、俗呼爲蠮螉、說文、蠣臝蒲盧細要土𧖅也、天地之生、細要純雄無子、引小雅小宛篇螟蛉有

子、蠮螉負之、小宛箋云、蒲盧取桑蟲之子、負持而去煦嫗養之以成其子、御覽引義疏云、蜾蠃、土蜂、一名蒲盧、似蜂而小腰、取桑蟲負之於木空中、筆筒中、七日而化其子、里語曰、祝云象我象我也、法言學行篇亦云、螟蛉之子殪而逢蜾蠃、祝之曰類我類我、久則肖之矣、又列子天瑞篇純雄其名稺蜂、張湛注云、稺小也、此無雌而自化、莊子天運篇細要者化、司馬彪注云、蜂之屬也、取桑蟲祝使似己也、庚桑楚篇奔蜂不能化藿蠋、司馬彪云、奔蜂、小蜂也、一云土蜂、是舊說皆言此蜂取他蟲爲子也、而本草蠮螉陶注云、今一種黑色腰甚細、銜泥於人壁及器物邊作房、如并竹管、其生子如粟米大、置中、乃捕取草上青蜘蛛十餘枚滿中、仍塞口、以擬其子大爲糧也、其一種入蘆竹管中者、亦取草上青蟲、一名蜾蠃、詩人云、螟蛉有子、蜾蠃負之、言細腰物無雌、皆取青蟲教祝、便變成己子、斯爲謬矣、蘇頌圖經云、物類變化、固不可度、蚱蟬生於轉丸、衣魚生於瓜子、龜生於蛇、蛤生於雀、白鵙之相視、負螽之相應、其類非一、若桑蟲蜘蛛之變爲蜂、不爲異矣、如陶所說、卵如粟者、未必非祝蟲而成之也、蠮螉銜土作房、故又有土蜂之名、與爾雅土蠭地中作房者，同名而異實。陶氏云，雖名土蜂，不就土中爲窟，謂摙土作房爾。

尺蠖、⿰虫資⿰虫就也

爾雅：蠖，尺蠖。釋文引字林云，蝍⿰虫就，蚇蠖也。蝍與⿰虫資同，蚇與尺同。方言：⿰虫資⿰虫就謂之蚇蠖。郭璞注云，又呼步屈。衆經音義卷十八云，尺蠖，一名尋桑。引纂文云，吳人以步屈名桑闔，是其異名也。說文：尺蠖，屈申蟲也。繫辭傳云，尺蠖之屈，以求信也。考工記弓人麋筋斥蠖灂，鄭注云，斥蠖，屈蟲也。斥與尺同。尺蠖之行，屈而後申，故謂之步屈，又謂之⿰虫資⿰虫就。⿰虫資⿰虫就者，趚趄之轉聲。說文云，趚趄，行不進也。廣韻⿰虫就作⿰虫宿，音縮，云蝍⿰虫宿，尺蠖也。則蝍⿰虫宿之名，正以退縮爲義矣。御覽引舍人爾雅注云，螟蛉，桑小青蟲也，似步屈。是尺蠖與桑蟲同類，故有尋桑、桑闔之名。晏子春秋外篇云，尺蠖食黄則黄，食蒼則蒼，謂其食樹葉也。埤雅云，蚇蠖似蠶，食葉，老亦吐絲作室，化而爲蝶。各本蠖字誤在⿰虫資字下，今訂正。

蚴蛻、土蜂，蠮螉也

詳見上文蟋蟀也下、

芈芈、齕肬、螗蜋也

爾雅、不過、蟷蠰、其子、蜱蛸、郭璞注云、蟷蠰、螗蜋别名、蜱蛸、一名䗚蟭、蟷蠰卵也、莫貈、螳蜋、蛑、注云、螳蜋、有斧蟲、江東呼爲石蜋、方言、螳螂謂之髦、或謂之虰、或謂之蚌、蚌、注云、又名齕肬、集韻、蚌、母婢切、蚌蚌、螗蜋也、蚌與芈同、各本芈譌作芊、今訂正、説文、堂蜋、一名斫父、月令、仲夏之月、螳蜋生、鄭注云、螳蜋、螵蛸母也、蓺文類聚引鄭志荅王瓚問云、今沛魯以南謂之蟷蠰、三河之域謂之螳蜋、燕趙之際謂之食肬、齊濟以東謂之馬敫、然名其子、則同云螵蛸、是以注云、螳蜋、螵蛸母也、高誘注呂氏春秋仲夏紀云、螳蜋、一曰天馬、一曰齕疣、兖州謂之拒斧、疣、與肬同、肬從尤聲、古音當爲羽其反、食肬齕肬皆疊韻字也、各本肬譌作呟、今訂正、諸書寫此字或作肬者、肬之譌、或作肔者、疣之譌也、本草云、桑螵蛸、一名蝕肬、蝕與食同、食肬、螳蜋别名、非螵蛸也、本草誤耳、螳蜋、今謂之刀蜋、聲之轉也、其性勢悍、喜搏擊、莊子人閒世篇、女不知夫螳蜋乎、怒其臂以當車轍、不知其不勝任也、山木篇覩一蟬、方得美蔭、螳蜋執翳而搏之、是也、御覽引范子計然云、螵蛸出三輔、又引吳普本草云、桑螵蛸、一名冒焦、冒焦蟷蠰、皆螵蛸之轉聲也、蜀本草圖經云、螵蛸多在小桑樹上、叢荆棘閒、並螳蜋卵也、三月四月中、一枝出小螳蜋數百枚、

蟷蠰烏洟冒焦螵蛸也

詳見上條、

蟅蟒蚮也

即下文螽蝗也、說文螽作𧖅、云螽、蝗也、爾雅、阜螽、蠜、召南草蟲篇、趯趯阜螽、正義引李巡爾雅注云、阜螽、蝗子也、義疏云、今人謂蝗子爲螽子、兗州人謂之螣、許慎云、蝗、螽也、蔡邕云、螽、蝗也、明一物、方言、蟒、宋魏之閒謂之蚮、南楚之外謂之蟅蟒、或謂之蟒、或謂之螣、郭璞注云、即蝗也、亦呼虴蜢、案虴蜢、猶言蟅蟒也、蚮、猶言螣也、方俗語有重輕耳、蚮、一作蟘、爾雅、食葉蟘、小雅大田篇、去其螟螣、正義引舍人爾雅注以螣

爲蝗也、月令、百螣時起、鄭注云、螣、蝗屬、言百者、明衆類並爲害、高誘注呂氏春秋仲夏紀云、百螣、動股之屬、兖州人謂蝗爲螣、又注淮南時則訓云、百螣、動股、蝗屬也、是鄭以螣爲蝗名、高以百螣爲蝗名也、案百蛨聲相近、蝗謂之螣、又謂之蚝蛨、因又謂之百螣與、春秋桓公五年、螽、杜預注云、螽、蚣蝑之屬、爲災、故書、蓺文類聚引洪範五行傳云、介蟲、有甲能蜚揚之類、陽氣所生、於春秋爲螽、今謂之蝗、又引春秋佐助期云、螽之爲蟲、赤頭甲身而翼、飛行、陰中陽也、螽之爲言衆暴衆也、案螽之言衆多也、醜類衆多、斯謂之螽矣、顏師古注文帝紀云、蝗、卽螽也、食苗爲災、今俗呼爲簸蟷、簸蟷、卽阜螽之轉聲也、嚴粲詩緝云、周南螽斯羽詵詵兮、螽斯、蝗也、卽阜螽也、斯、語助也、猶鸒斯鹿斯也、非七月所謂斯螽也、螽蝗生子最多、信宿卽羣飛、因飛而見其多、故以羽言之、喻子孫之衆多也、今考爾雅云、阜螽、蠜、李氏陸機許氏蔡邕之說、阜螽、卽蝗也、蠜也、螣也、同是一物、爾雅又云、蜇螽、蜙蝑、此別是一物、蝗之類也、螽斯卽阜螽、非蜇螽也、毛氏誤以此螽斯爲蜙蝑、孔氏因之、遂以螽斯斯螽爲一物、今案嚴氏以斯爲語詞、螽爲阜螽、是也、其仍謂之螽斯則非也、螽斯羽猶言麟之趾耳、斯之二字、用以足句、非謂螽爲螽斯、麟爲麟之也、詩言如鳥斯翼矣、又言有兔斯首矣、豈得謂之鳥斯兔斯哉、

蚣蝑舂黍也

聲之轉也、蚣與蜙同、爾雅、蜤螽、蜙蝑、郭璞注云、蜙蝑也、俗呼蝽蟒、方言、舂黍謂之蚣蝑、注云、又名蚣蜙、江東呼虴蛨、豳風七月篇、五月斯螽動股、傳云、斯螽、蚣蝑也、周南螽斯篇正義引義疏云、幽州人謂之舂箕、舂箕卽舂黍、蝗類也、長而青、長角長股、股鳴者也、或謂似蝗而小、班黑其股似瑇瑁文、五月中以兩股相切作聲、聞數十步、考工記梓人以股鳴者、鄭注云、蚣蝑動股屬、今揚州人謂色青者爲青抹札、班黑者爲土抹札、土抹札、蓋卽爾雅之土螽蠰谿也、郭璞注螽云、似蝗而小、正與詩義疏相合矣、蠶、各本譌作蚕、今訂正、

蝍蛆吳公也

吳公、一作蜈蚣、爾雅、蒺蔾、蝍蛆、王篇、蝍蛆、能食蛇、亦名蜈蚣、莊子齊物論篇、蝍蛆甘帶、司馬彪注云、帶、小蛇也、蝍蛆好食其眼、釋文引廣雅、蝍蛆、蜈公也、淮南說林訓云、騰蛇游霧而殆於蝍蛆、御覽引春秋考異郵云、土勝水、故蝍蛆搏蛇、宋均注云、蝍蛆生於土、蛇藏物、屬於坎、坎水也、爲隱伏、本草蜈蚣陶注云、一名蝍蛆、其性能制蛇、見大蛇、便緣而噉其腦、是也、其郭璞注爾雅蝍蛆云、似蝗而大腹長角、能食蛇腦、與廣雅說異、案蔡邕短人賦云、蟄地蝗兮蘆蝍蛆、視短人兮形若斯、蝗與蝍蛆並稱、明爲二物相類、且似蝗大腹、體甚局促、故以況短人之狀、若蜈蚣似蚰蜒而長大、不得謂之爲短、是蔡邕賦蝍蛆、正與郭注相合、但蜈蚣同名蝍蛆、食蛇之技相等、則未知爾雅所云、當爲確指何物也、開元占經蟲蛇占引京房云、見山蝍蛆入于邑、此則生於山者、爾雅翼云、蜈蚣生溪山枯木中者、遇天將雨、羣就最高處作拏空欲奮之狀

馬蝬蠽蛆也

詳見上文馬蛵也下。蛾、各本譌作蜷，今訂正。

蜻蛉、蝍蛉，倉螘也。

爾雅：「虰蛵，負勞。」郭璞注云：「或曰即蜻蛉也，江東呼狐棃。」方言：「蜻蛉謂之蝍蛉。」注云：「六足四翼蟲也，淮南人呼蝀蚞。」說文：「蛉，蜻蛉也，一名桑根。」淮南齊俗訓：「水蠆爲蟌。」高誘注云：「蟌，青蛉也。」又注呂氏春秋精諭篇云：「蜻蜓，小蟲，細腰四翅，一名白宿。」列子天瑞篇「厥昭生乎濕」，釋文引曾子云：「狐𥠖，一名厥昭。」恒翔繞其水，不能離去。又引師說云：「狐𥠖，蜻蛉蟲也。」古今注云：「蜻蛉，一名青亭，色青而大者是也；小而黃者曰胡棃，一曰胡離；小而赤者曰赤卒，一名絳騶，一名赤衣使者，一名赤弁丈人，好集水上。」案：此蟲色青者爲蜻蛉，蜻蛉之言蒼筤也。說卦傳「震爲蒼筤竹」，九家易云：「蒼筤，青也。」故又謂之倉螘，又謂之蟌。倉，猶蒼也；蟌，猶蔥也。爾雅云：「青謂之蔥。」由蜻蛉轉之則爲螅蛉，爲蜻蜓，又轉之則爲桑根。桑根，猶言蒼筤耳。楚策云：「蜻蛉六足四翼，飛翔乎天地之閒，俛啄蚉蝱而食之，仰承甘露而飲之。」此其情狀也。御覽引尸子云：「荆莊王命養由基

射蜻蛉、拂左翼、蜻蛉身輕翼薄、故中之爲難矣、今人通呼蜻蜓、順天人謂之流離、或謂之馬郎、

蛷螋蛷也

蛷、一作蠡、說文、蠡、多足蟲也、衆經音義卷九引通俗文云、務求謂之蚑蛷、關西呼盍螋爲蚑蛷、務求與蛷蛷同、周官赤犮氏、凡隙屋除其貍蟲、鄭注云、貍蟲䗪肌求之屬、釋文求、本或作蛷、疑卽蚑蛷也、蚑與肌、聲之轉耳、博物志云、蠷螋蟲溺人影、隨所著處生瘡、本草拾遺云、蠷螋蟲能溺人影、令發瘡如熱沸而大、繞腰、蟲如小蜈蚣、色青黑、長足、蠷螋蛷螋、亦聲之轉耳、今揚州人謂之蓑衣蟲、順天人謂之錢龍、長可盈寸、行於壁上、往來甚捷、

𧓉䗶蝱也

說文、蝱、齧人飛蟲也、玉篇、𧓉、小蝱也、䗶、似蝱而小、青班色、齧人、淮南說林訓、兔齧爲𪓕、高誘注云、兔所齧草、靈在其心中、化爲𪓕、一說、兔齧蟲名、𪓕與䗶同、一名爲蝒、玉篇云、蝒、班身小蝱也、其有小蝱齧牛馬者、

別名蠻、楚語云、譬之如牛馬、處暑之既至、蠻蝱之既多而不能掉其尾、韋昭注云、大曰蝱、小曰蠻、本草、木宜蝱、一名魂常、陶注云、此蝱不噉血、狀似宜蝱而小、蘇恭注云、小蝱名鹿蝱、大如蠅、齧牛亦猛、

蜚蠦蜰也

即下文飛蠊飛蠊也、爾雅、蜚蠦蜰、說文、蠹、臭蟲、負蠜也、漢書五行志云、莊公二十九年有蜚、劉歆以爲負蠜也、性不食穀、食穀爲災、介蟲之孽、劉向以爲蜚色青、近青眚也、非中國所有、南越盛暑、男女同川澤、淫風所生、爲蟲臭惡、本草謂之蜚蠊、陶注云、形似䗪蟲而輕小能飛、本在草中、八月九月知寒、多入人家屋裏逃爾、有兩三種、以作廉薑氣者爲真、南人亦噉之、蘇恭注云、此蟲味辛辣而臭、漢中人食之、言下氣、名曰石薑、一名盧蜰、一名負盤、別錄云、形似蠶蛾、腹下赤、此即南人謂之滑蟲者也、別錄又有行夜蟲、一名負盤、陶注云、今小兒呼氣盤、或曰屁盤蟲者也、陳藏器云、竈盤蟲、一名負盤、蜚蠊又名負盤、雖則相似、非一物、戎人食之、味極辛辣、竈盤蟲有短翅、飛不能遠、好夜中行、觸之氣出也、

朝蜏孳母也

蜏、一作秀、莊子逍遙遊篇、朝菌不知晦朔、淮南道應訓引作朝秀、高誘注云、朝秀、朝生暮死之蟲也、生水上、似蠶蛾、一名孳母、海南謂之蟲邪、案菌者、蜏之轉聲、莊子、朝菌不知晦朔、蟪蛄不知春秋、皆謂蟲也、上文云、之二蟲者、又何知、謂蜩與學鳩、此云不知晦朔、亦必謂朝菌之蟲、蟲者、微有知之物、故以知不知言之、若草木無知之物、何須言不知也、訓爲芝菌者失之矣、藝文類聚引廣志云、蜉蝣在水中、翕然生覆水上、尋死隨流、與高注相合、其卽朝秀與

孑孒蜎也

爾雅、蜎、蠉、郭璞注云、井中小蛣蟩赤蟲、廣雅云、一名孑孒、釋文、孑、紀列反、孒、九月反、各本孒譌作孓、今訂正、說文、肙、小蟲也、肙與蜎同、莊子秋水篇、還虷蟹與科斗、釋文云、虷、井中赤蟲也、一名蜎、淮南說林訓、孑孒爲蟁、高誘注云、孑孒、結蟨、水上到跂蟲、衆經音義卷三引通俗文云、蜎化爲蚊、案到跂蟲、今止水中多

生之、其形首大而尾銳、行則掉尾至首、左右回環、止則尾浮水面、首反在下、故謂之到跂蟲、爾雅翼云、俗名釘到蟲、即到跂之義、釘到之言顛到也、今揚州人謂之翻跟頭蟲、將爲蚊、則尾端生四足、蛻于水面而蚊出焉、考工記廬人、刺兵欲無蜎、鄭注云、蜎掉也、謂若井中蟲蜎之蜎、蜎蟲屈曲搖掉而行、故舉以相況與蜎之言宛曲也、蠉之言回旋也、蛣蟩之言詰屈也、皆象其狀、孑孓猶蛣蟩耳、

螽蝗也

詳見上文蟅蟒螣也下、各本俱脫也字、今補、

蚯蚓、蜿蟺、引無也蜪

爾雅、螼蚓、蜸蚕、郭璞注云、即蛩蟺也、江東呼寒蚓、螼蚓、蚯蚓、聲之轉也、又轉而爲曲蟺、古今注云、蚯蚓、一名蜿蟺、一名曲蟺、善長吟於地中、江東謂之歌女、或謂之鳴砌、一作蛐蟮、郭璞注方言蟥塲謂之坥云、蟥蛐蟮也、又轉而爲蠢蝡、爲朐䏰、高誘注淮南時則訓云、邱螾、蠢蝡也、後漢書吳漢傳注、朐䏰縣屬巴郡、十

三州志、朐音蠢、肕音閏、其地下溼、多朐肕蟲、因以名焉、今揚州人謂之寒蝡、卽寒蚓也、廣韻云、蝡螼、蚯蚓也、吳楚呼爲寒螼、大戴禮易本命篇、食土者無心而不息、盧辯注云、蚯蚓之屬、不氣息也、孟子滕文公篇、夫蚓、上食槁壤、下飲黃泉、是其食土也、月令孟夏之月、邱蚓出、仲冬之月、邱蚓結、蔡邕章句云、結、猶屈也、邱蚓屈首下嚮、陽氣氣動則宛而上首、故其結而屈也、邱蚓之形屈曲、故謂之蜿蟺、又謂之蚼蜿、蟺之言宛轉也、蚼之言曲也、各本俱脫蚼字、集韻引廣雅、蚼蜿蟺也、蜿蟺下無引無二字、諸書亦無言蚯蚓名引無者、疑蜿蟺下有衜字、曹憲音引典、集韻所引廣雅本正文已脫衜字、其後音內引典二字遂誤入正文、典字又譌爲無也、考工記梓人郤行仄行、鄭注云、郤行、螾衍之屬、劉昌宗云、螾衍、或作衍蚓、今曲蟮也、是曲蟮一名衍蚓、衍與衜同、典無字形相亂、若大戴禮千乘篇典命、今本譌作無命也、

負蠜、蟅也

蠜、一作蟠、爾雅、蟠、鼠負、郭璞注云、瓮器底蟲、蛜威、委黍、注云、舊說鼠婦別名、說文蛜威、委黍、委黍、鼠婦也、

又云、蟠、鼠婦也、御覽引說文作蟠蟅、鼠婦也、豳風東山篇伊威在室、義疏云、伊威、一名委黍、一名鼠婦、在壁根下甕底土中生、似白魚者也、本草云、鼠婦、一名負蟠、一名蛜蝛、又云、䗪蟲、一名地鼈、名醫別錄云、一名土鼈、陶注云、形扁扁如鼈、故名土鼈、而有甲不能飛、小有臭氣、蘇恭注云、此物好生鼠壤土中及屋壁下、狀似鼠婦而大者寸餘、形小似鼈、無甲但有鱗也、然則䗪蟲與鼠婦一種而小異、故鼠婦謂之負蠜、亦謂之蟅、說文、蟠、蟅、鼠婦也、玉篇、蟅、鼠婦、負蠜也、皆通釋之也、負與婦、黍與鼠、古字通用、非有意義、而本草陶注乃謂鼠在坎中、背負此蟲、因以作婦字、爲乖理、案阜螽名蠜、䗪蟲名負蠜、豈得謂之背負阜螽邪、陶之所說、未爲通曉也、䗪蟲粉白色、背有橫文、腹下多足、多生大水坑底、或牆根濕處、故又謂之貍蟲、周官赤犮氏、凡隙屋、除其貍蟲、鄭注云、貍蟲、䗪肌求之屬、

飛蟅、飛蠊也

詳見上文䗪蟦蜰也下、

虎王蝟也

爾雅、彙、毛刺、郭璞注云、今蝟狀似鼠、說文、彙、蟲似豪豬或從虫作蝟、廣韻引說文作彙、蟲也、似豪豬而小、御覽引孝經援神契云、蝟多刺、故不使超踰抑揚、淮南說山訓云、膏之殺鼈、鵲矢中蝟、高誘注云、中、亦殺也、史記龜策傳、蝟辱於鵲、集解引郭璞曰、蝟能制虎、見毛仰地、所引蓋郭氏爾雅贊也、易林豫之比云、虎飢欲食、爲蝟所伏、本草蝟皮、陶注云、田野中時有此獸、人犯近、便藏頭足、毛刺人、不可得捉、能跳入虎耳中、而見鵲便自仰受啄、物有相制、不可思議、爾然則蝟能制虎、故有虎王之名、說苑辨物篇則云、鵲食蝟、蝟食鵕鸃、鵕鸃食豹、豹食駮、駮食虎、是蝟又制鵕鸃、不獨制虎也、謂之彙者、言其毛刺外向有棣彙也、孫炎注爾雅樸其實棣云、有棣彙自裹、義通於此矣、彙在爾雅釋獸、此入釋蟲者、以其微小則謂之蟲、說文云、物之微細、或行或飛、或毛或蠃、或介或鱗、以虫爲象、故彙字或從虫作蝟、而以爲蟲似豪豬也、本草蝟皮列在蟲魚中品、義亦與此同、

沙蝨蝬蜁也

御覽引廣志云、沙蝨色赤、大不過蟣、在水中、入人皮中、殺人、又引淮南萬畢云、沙蝨、一名蓬活、一名地脾、蓬活卽蝬蜁之轉聲也、蝬蜁之言傻旋也、方言、膍、短也、郭璞注云、傻旋、庳小貌也、抱朴子登涉篇云、沙蝨新雨後及暑暮前、跋沙必著人、其大如毛髮之端、初著人、便入其皮裏、其所在如芒刺之狀、小犯大痛、可以針挑取之、正赤如丹、著爪上行動、若不挑之、蟲鑽至骨、便周行走入身、其與射工相似、皆殺人、是其情狀也、本草又有石蠶、一名沙蝨、李當之云、草根類蟲、形如老蠶、生附石、陶云、是生氣物、猶如海中蠣蛤輩附石生、亦皆活物也、

天社蜣蜋也

爾雅、蛣蜣、蜣蜋、郭璞注云、黑甲蟲、噉糞土者、說文蝍字注云、渠蝍、一曰天社、集韻類篇引說文作渠蝍蜋、御覽引作蝍蜋、無渠字、案說文、蟟、螶蟟也、一曰蜉蝣、朝生莫死者、是爾雅之蜉蝣渠略、說文作螶蟟不作

渠蜋也、蜋上不當有渠字、又玉篇、蜣、邱良切、蜣蜋、𧍷糞蟲也、蜋、與蜣同、又其虐切、廣韻、蜋、其虐切、天社蟲也、又邱良切、是蜣字或作蜋也、此文天社蜣蜋也、及玉篇廣韻之訓、俱本說文、則說文蜋下當有蜋字、御覽所引者是也、社、各本譌作杜、今訂正、古今注云、蜣蜋能以土苞糞、推轉成丸、圓正無斜角、一名弄丸、一名轉丸、爾雅翼云、蜣蜋似有雌雄、以足撥取糞、頁之成丸、相與遷之、其一前行、以後兩足曳之、其一自後而推致焉、乃掘地爲坎、納丸其中、覆之而去、不數日而丸中若有動者、又一二日、則有蜣蜋自其中出而飛去、葢是孚乳其中、以此覆裹之、藉之以生、然或言蜣蜋能化爲蟬、所爲轉丸、藉以變化也、蛣蜣謂之蜣蜋、故似蛣蜣者謂之渠略、渠略蜣蜋、語之轉也、郭璞注爾雅蜉蝣渠略云、似蛣蜣

白魚蛃魚也

爾雅、蟫、白魚、郭璞注云、衣書中蟲、一名蛃魚、本草云衣魚、一名白魚、蘇頌圖經云、今人謂之壁魚、白魚能齧書及衣、故又名蠹魚、玉篇、蠹、白魚也、周禮翦氏、掌除蠹物、鄭注云、蠹物、穿人器物者、蠹魚亦是也、穆天

子傳、蠹書於羽陵、郭璞注云、暴書蠹蟲、因曰蠹書也、鄭風溱洧篇義疏云、蘭、香草、藏衣著書中、辟白魚、爾雅翼云、衣書中蟲、始則黃色、既老而身有粉、視之如銀、故名曰白魚、白與蛃聲之轉、蛃之爲言猶白也、淮南原道訓馮夷大丙之御、高誘注云、丙、或作白、是其例也、蟫之爲言蟫蟫然也、後漢書馬融傳、蝡蝡蟫蟫、李賢注云、動貌

土蛹，蠁蟲也

爾雅、國貉、蟲蠁、郭璞注云、今呼蛹蟲爲蠁、引廣雅土蛹蠁蟲也、說文、蠁、知聲蟲也、司馬相如作蚼、又云、禹、蟲也、象形、玉篇云、蠁、禹蟲也、案、蠁之言響也、知聲之名也、禹之言聥也、亦知聲之名也、說文云、聥、張耳有所聞也、是其義矣、鹽鐵論散不足篇說富者所食云、豐奕耳菜、毛果蟲貉、蓋即爾雅所釋者、埤雅云、蠁善令人不迷、引類從云、帶蠁、隓迷、繞祠解惑也、

樗鳩，樗鷄也

爾雅螒天雞郭璞注云小蟲黑身赤頭一名莎雞又曰樗雞幽風七月篇六月莎雞振羽傳云莎雞羽成而振訊之正義引李巡爾雅注云一名酸雞陸機義疏云莎雞如蝗而班色毛翅數重其翅正赤或謂之天雞六月中飛而振羽索索作聲幽州人謂之蒲錯御覽引廣志云莎雞似蠶蛾而五色亦曰犨雞名醫別錄云樗雞生河內川谷樗樹上陶注云形似寒螿而小蘇頌圖經引爾雅郭注而釋之云今所謂莎雞者生樗木上六月便出飛而振羽索索作聲人或畜之樊中但頭方腹大翅羽外青內紅而身不黑頭亦不赤此殊不類蓋別一種而同名也今在樗木上者人呼紅娘子頭翅皆赤乃如郭說然不名樗雞疑即是此蓋古今之稱不同耳

據此則樗雞有二種也

⿱般黽⿱敄黽晏青也

詳見上文青蠵也下

蝮蛸蛻也

蛻之言脱也說文蛻蛇蟬所解皮也秦謂蟬蛻曰蛩衆經音義卷十三引字林云蝮蛸蟬皮也論衡無形篇云蠐螬化爲復育復育轉而爲蟬蟬生兩翼不類蠐螬奇怪篇云夫蟬之生復育也闓背而出論死篇云蟬之未蛻也爲復育已蛻也去復育之體更爲蟬之形復育與蝮蛸同蟬之未蛻則未蛻者爲蝮蛸及其已蛻則所蛻者爲蝮蛸故以蝮蛸爲蛻也今樹下蟬皮皆背裂者知其闓背而出如蛹之爲蛾矣蘇頌本草圖經云蟬所蛻殼又名枯蟬本生於土中云是蜣蜋所轉丸久而化成此蟲至夏便登木而蛻今蜀中有一種蟬其蛻殼頭上有一角如花冠謂之蟬花

蟱蝺魚伯青蚨也

說文青蚨水蟲可還錢御覽引淮南萬畢術青蚨還錢青蚨一名魚伯以其子母各等置甕中埋東行陰垣下三日復開之即相從以母血塗八十一錢亦以子血塗八十一錢以其錢更互市置子用母置母用子錢皆自還也陳藏器本草拾遺引搜神記云南方有蟲名蠍蜩如蟬而大辛美可食其子如蠶種取其

子歸、則母飛來、雖潛取、必知處、殺其母塗錢、子塗貫、用錢則自還、初學記引云、其子箸草葉如蠶種、淮南術以之還錢、名曰青蚨、蚨與蚨同、南海藥譜引異物志云、青蚨生南海諸山、雄雌常處不相捨、抱朴子對俗篇云、魚伯識水旱之氣、蜉蝣曉潛泉之地、

蚲䗃蝔蝽蛘也

楚語云、譬之如牛馬處暑之既至、䗃黽之既多、而不能掉其尾、韋昭注云、大曰黽、小曰䗃、上文䗃黽黽蟲也、已舉小黽之名、則此䗃非復黽蟲矣、爾雅、蛄䗐、強蛘、郭璞注云、今米穀中蠹小黑蟲是也、建平人呼為蛘子、音芉姓、釋文云、蛘、郭音芉、亾婢反、本或作芉、說文作羊、字林作蛘、弋丈反、或是此與、

釋魚

鯸鮔魺也

鮔、一作鮐、北山經、敦薨之水、其中多赤鮭、郭璞注云、今名鯸鮐為鮭魚、音圭、吳都賦、王鮪鯸鮐、劉逵注云、

鯸鮐魚狀如科斗，大者尺餘，腹下白，背上青黑，有黃文，性有毒，雖小獺及大魚不敢餤之，蒸煮餤之肥美，豫章人珍之。論衡言毒篇云：毒螫渥者，在魚則爲鮭與鮗鮁，故人食鮭肝而死。本草拾遺云：鯢魚肝及子有大毒，一名鶘夷魚，以物觸之，即嗔腹如氣毬，亦名嗔魚，腹白，背有赤道如印，魚目得合，與諸魚不同。鯢即鮭之俗體，鶘夷即鯸鮐之轉聲，今人謂之河豚者是也。河豚善怒，故謂之鮭，又謂之鰗。鮭之言恚，鰗之言訶。釋詁云：恚、訶，怒也。鰗，曹憲音河，各本脫去鰗字，音內河字遂誤入正文，句末又脫也字，與下文䱇魧鱸魠也混爲一條。案：諸書無以鯸鮐爲魠者，魠爲黃頰魚，非鯸鮐也。玉篇：鰗，戶多切，魚名，正與河字同音。又云：鯸鮐，鰗也，食其肝殺人，是鯸鮐名鰗，不名魠，鰗字從魚，不從水也。集韻鮐字引博雅鯸鮐魠也，䱇字引博雅䱇魧魠也，鰗字引廣雅鰗魠也，則宋時廣雅本已脫也字，惟鰗字尚有不誤者耳。今據玉篇訂正。

䱇魧鱸魠也

說文：魠，哆口魚也。史記司馬相如傳：鯛鱅鰬魠。徐廣注與說文同。漢書注載郭璞注云：魠，鰄也，一名黃頰。

東山經番條之山減水出焉其中多鱤魚注亦云一名黃頰又謂之䱋小雅魚麗篇鱨鯊傳云鱨揚也義疏云今黃頰魚也似燕頭魚身形厚而長大頰骨正黃魚之大而有力解飛者徐州人謂之揚黃頰通語也今江東呼黃鱨魚亦名黃頰魚尾微黃大者長尺七八寸許李時珍云鱤生江湖中體似鯮而腹平頭似鯇而口大頰似鮎而色黃鱗似鱒而稍細大者三四十斤啖魚甚毒池中有此不能畜魚案頰黃故一名黃頰口大故謂之哆口魚韓詩外傳引傳曰魚之侈口垂腴者魚畏之侈與哆同蓋哆口者恒能食魚魠亦是也

鮷鯷鮎也

鮷一作鮧爾雅鰋鮎孫炎云鰋一名鮎郭璞以爲二魚注鮎云別名鯷江東通呼鮎爲鮧釋文引字林云鯷青州人呼鮎也蜀都賦鮷鱧魦鱨李善注云鮷似鮧名醫別錄陶注云鮧即鯷也今人皆呼慈音即是鮎魚作臛食之是鮷鯷皆鮎之別名也若以形體言之則鮎之大者乃名爲鮷說文鮷大鮎也廣韻鮷大

鱧也、大鮎謂之鮷、大鱧亦謂之鱯、爲類雖殊、其命名之義則一也。爾雅、魾、大鱯、小者、鮡、衆經音義卷十一引孫炎注云、鱯似鮎而大、色白。釋文、鱯、下化反、又音獲。鱯、即鮷也。御覽引廣志云、鱯魚似鮎、大口。大口、故名爲鱯。周頌絲衣篇釋文引何承天云、魚之大口者名吳、胡化反。案其字當作鱯、音義皆協。承天不達字體、乃臆撰吳字、從口下大、斯爲妄矣。今揚州人謂大鮎爲鱯子、聲如獲、古方言之存者也。爾雅翼云、鮧魚偃額、兩目上陳、頭大尾小、身滑無鱗、謂之鮎魚、言其黏滑也。案鯷亦黏滑之稱、鯷之言緹、釋詁云、緹、黏也。廣韻鯷緹並音是義切、云、緹、黏貌。楚辭九思云、鱣鮎兮延延。延延、鱣與鱓同、鱓鮎皆魚之無鱗者。延延、長貌也。

鱺鰑鮦也

鱺、一作鱧、一作鱶。爾雅、鱧、鯇。舍人云、鱧、一名鯇。郭璞以爲二魚、云、鱧、鮦也、邢昺疏云、今𩹉魚也。鮦與𩹉音義同。又鰹、大鮦、小者鮵。注云、今青州呼小鱺爲鮵。說文云、鱶、鮦也。小雅魚麗篇、魚麗于罶、魴鱧。傳云、鱧、鮦也。陸氏義疏云、似鯉、頰狹而厚。本草、蠡魚、一名鮦魚、蠡與鱶同。陶注云、舊言是公蠣蛇所變、然亦有相生者、至難死、猶有蛇性、埤雅云、鱧、今元鱧是也、諸魚中惟此魚膽甘可食、有舌、鱗細有花文、一名文魚、與蛇通氣、其首戴星、夜則北向、案今人謂之烏魚、首有班文、鱗細而黑、故名鱺魚、鱺之言驪也、說文云、驪、馬深黑色、韓詩外傳、南假子過程本、本爲之烹鱺魚、南假子曰、聞君子不食鱺魚、豈以其有蛇性而惡之與、玉篇廣韻並云、鰑、赤鱺也、鰑之言陽、赤色箸明之貌、幽風七月篇、我朱孔陽、傳云、陽、明也、釋器云、赤銅謂之錫、聲義亦同、

鰿鮒也

井九二、井谷射鮒、劉逵吳都賦注引鄭注云、所生無大魚、但多鮒魚耳、言微小也、楚辭大招煎鰿臛雀、王逸注云、鰿、鮒也、鰿之言茦也、方言云、茦、小也、爾雅云、貝大者魧、小者鰿、又云、蜠大而險、蟦小而橢、蟦鰿同義、小貝謂之鰿、猶小魚謂之鰿也、今鰿魚形似小鯉、色黑而體促、腹大而脊高、所在有之、說文作鰤字、

鰱鱮也

齊風敝笱篇、其魚魴鱮、箋云、鱮似魴而弱鱗、義疏云、鱮似魴而頭大、魚之不美者、故里語曰、網魚得鱮、不如啗茹、其頭尤大而肥者、徐州人謂之鰱、或謂之鱅、幽州人謂之鴞鷂、或謂之胡鱅、鱅、一作鰫、漢書司馬相如傳、鰅鰫鰬魠、郭璞注云、鰫似鰱而黑、江賦云、鯪鰩鯩鰱、埤雅云、鱮魚色白、北土皆呼白鱮、故西征賦曰、華魴躍鱗、素鱮揚鬐也、今人通呼鰱子、

鮮鯤也

玉篇、鯤、大魚也、廣韻、鮮、鯤魚子也、宋玉對楚王問云、鯤魚朝發崑崙之墟、暴鬐於碣石、暮宿於孟諸、本草拾遺云、鮮魚生南海、有肉翅、尾長二尺、刺在尾中、逢物以尾撥之、食其肉而去其刺、

鮊鱎也

鮊之言白也、玉篇、鱎、白魚也、郭璞爾雅注云、鰋、今鰋額白魚、周頌思文篇正義引太誓云、太子發升舟、中流、白魚入於王舟、鮊、一作鮁、石鼓文、又鱄又鮊、鄭樵云、卽鮊字、鱎、一作橋、說苑政理篇、夫投綸錯餌、迎而

吸之者、陽橋也、其爲魚薄而不美、鱎之言皜也、趙岐孟子滕文公篇注云、皜皜、甚白也、今白魚生江湖中、鱗細而白、首尾俱昂、大者長六七尺、一名鱎、說文、鱎、白魚也、古今注云、白魚赤尾者曰魟、一曰魧、或云雌者曰白魚、雄者曰魟、

鮜䱸也大䱸謂之鰒

小雅魚麗傳、鱧、鮦也、正義云、本或作鱯䱸、說文云、䱸、鱧也、鱧、鱯也、廣韻云、䱸、魚似鮎也、據此則䱸卽爾雅之鱯、衆經音義卷十一引孫炎注所云、似鮎而大者也、大䱸謂之鰒、亦卽爾雅之鮅大鱯矣、漢書司馬相如傳、鰅鰫鰒魠、郭璞注云、鰒似鱓、史記集解引漢書音義云、鰒似䱸而大、據此則䱸爲鱓魚、鰒爲鰻鱺魚、鰒似䱸而大、故云、大䱸謂之鰒、名醫別錄陶注所云鰻鱺魚形似鱓者也、未知孰是、

鱄䱐鮹也

說文、鮹、魚也、出樂浪番國、一曰鮹出九江、有兩乳、一曰溥浮、溥浮、與鱄䱐同、玉篇、鱄䱐魚、一名江豚、欲風

則踴、鱄、一作鯆、晉書夏統傳初作鯔鰫躍、後作鯆鮮引、何超音義引埤倉云、鯆鮮、鰫魚也、一名江豚、多膏少肉、鱄鮮之轉語爲鮮魳、說文、魳魚也、出樂浪番國、御覽引魏武四時食制云、鮮魳魚黑色、大如百斤豬、黃肥不可食、數枚相隨、一浮一沈、一名敷、常見首出淮及五湖、郭璞江賦云、魚則江豚海豨、李善注引南越志云、江豚似豬、本草拾遺云、江豘狀如豘、鼻中爲聲、出沒水上、舟人候之、知大風雨、案即今之江豬是也、海豬似江豬而大、一名奔鮮、江賦注引臨海水土記云、海豨豕頭、身長九尺、本草拾遺云、海豘生大海水中、候風潮出沒、形如豘、鼻中爲聲、腦上有孔、噴水直上、百數爲羣、酉陽雜俎云、奔鮮、一名瀱、大如船、長二三丈、色如鮎、有兩乳在腹下、頂上有孔通頭、氣出嚇嚇作聲、必大風、行者以爲候、案說文鰫有兩乳、此奔鮮有兩乳在腹下、則即鰫魚也、奔鮮鱄鮮語之轉耳、郭璞注爾雅鱀是鱁云、尾如鰫魚、鼻在額上、能作聲、少肉多膏、情狀與江豚相近、蓋亦鰫之類也、鰫各本譌作鮪、惟影宋本不譌、

石首鯼也

郭璞江賦、鰒鮆順時而往還、李善注云、常以三月八月出、故曰順時、引字林云、鰒魚出南海、頭中有石、一名石首、尚書大傳、北海魚石、鄭注云、魚石、頭中石也、晉語、黿鼉魚鱉莫不能化、韋昭注云、化謂虵成鱉黿石首成鴖之類也、舊音云、鴖音鴨、初學記引吳地志云、石首魚至秋化爲冠鳧、冠鳧頭中猶有石也、又引臨海異物志云、石首小者名踏水、其次名春來、石首異種也、又有石頭長七八寸、與石首同、又引南越志云、鯃魚似石首、或曰雄石首也、劉恂嶺表錄異云、石頭魚狀如鱅魚、隨其大小、腦中有二石子如蕎麥、瑩白如玉、案今石首供食者有二種、小者名黃花魚、長尺許、大者名同羅魚、長二三尺、皆生海中、弱骨細鱗、首函二石、鱗黃如金、石白如玉也、開寶本草云、石首魚初出水能鳴、夜視有光、

魶鯢也

爾雅、鯢大者謂之鰕、郭璞注云、今鯢魚似鮎、四脚、前似獼猴、後似狗、聲如小兒啼、大者長八九尺、史記司馬相如傳、禺禺鱸魶、徐廣注云、魶、一作鰨、裴駰引漢書音義云、魶、鯷魚也、案漢書正作鰨、郭璞注云、鰨鯢

魚也、似鮎、有四足、聲如嬰兒、本廣雅爲訓也、水經伊水注引廣志云、鯢魚聲如小兒嗁、有四足、形如鯪鯉、可以治牛、出伊水也、注又云、司馬遷謂之人魚、故其箸史記曰、始皇帝之葬也、以人魚膏爲燭、徐廣曰、人魚似鮎而四足、卽鯢魚也、案所引史記、秦始皇本紀文也、然人魚之名、不始于此、北山經、決決之水多人魚、其狀如鯑魚、四足、其音如嬰兒、食之無癡疾、郭璞注云、鯑見中山經、或曰、人魚卽鯢也、似鮎而四足、聲如小兒嗁、今亦呼鮎爲鯑、是鯢魚古謂之人魚也、本草拾遺云、鯢魚在山溪中、似鮎、有四腳、長尾、能上樹、天旱則含水上山、葉覆身、鳥來飲水、因而取之、伊洛閒亦有、聲如小兒嗁、故曰鯢魚、一名鰨魚、一名人魚、膏然燭不滅、秦始皇冢中用之、皆其情狀也、嶺表錄異云、盤龍山霶水溪中有魚、修尾四足、爾雅曰、鯢似鮎、四足、聲如小兒、今商州山溪內亦有此魚、謂之魶魚、則鯢之名魶、後世方言且然矣、逸周書王會篇云、穢人前兒、前兒若彌猴立行、聲似小兒、此亦鯢之類也、又云、於越納、納魶同聲、或卽是與、玉篇云、魶、鯨也、案宣十二年左傳云、古者明王伐不敬、取其鯨鯢而封之、以爲大戮、杜預注云、鯨鯢、大魚、以喻不義之人吞舍小國、正義引裴淵廣州記云、鯨鯢長百尺、雄曰鯨、雌曰鯢、又引周處風土記云、鯨鯢、海中大魚也、俗說出入穴卽爲潮水、劉逵吳都賦注云、鯨猶言鳳鯢猶言皇也、是則雌鯨之爲鯢、猶雌虹之爲蜺、其實一物耳、依玉篇之訓、則鮞又爲海中鯨鯢也、義亦通、

竹頭䲝也

遼釋行均龍龕手鑑云、䲝、魚名也、長頭、案嶺表錄異云、竹魚產江溪間、形如鱧魚、大而少骨、青黑色、鱗下間以朱點、鬣可翫、或烹以爲羹臛、肥而美、范成大桂海虞衡志云、竹魚出灕水、狀似青魚、味如鱖魚、南中以爲珍、或是此與、

鰏鯛也

集韻、鰏或作鱳、云、鰏鰒、魚名、皮有文、說文、鱳、魚也、出樂浪番國、又云、鯛、魚也、皮有文、出樂浪東暆、神爵四年、初捕取輸考工、周成王時、揚州獻鯛、今逸周書王會篇鯛作禺、漢書司馬相如傳、鰅鰫鰬魠、郭璞注云

鰅魚有文采。又注禺禺鮏鰯云：禺禺魚皮有毛，黃地黑文。亦鰅之類也。又案漢書百官公卿表，小府掌山海池澤之稅，以給共養。屬官有考工室。武帝太初元年，更名考工室爲考工。續漢書百官志：考工令一人，主作兵器弓弩刀鎧之屬。然則鰅魚之輸考工，蓋用其皮飾兵器也。又謂之班魚。魏志東夷傳云：濊自單單大山領以西屬樂浪。其海出班魚皮。御覽引魚豢魏畧云：濊國出班魚皮，漢時恒獻之。又引廣志云：班文魚出濊，獻其皮。正與說文相合矣。各本鰅下脫也字，與下鯙𩵊也混爲一條。案䱀𩵊小魚，皮無文采，不可以飾器。又所在皆有，非必樂浪番國。知非鰅魚也。今訂正。

鯙𩵊也

廣韻：𩵊，䱀𩵊，魚名。集韻：䱀，魚名，善醒酒。孟詵食療本草云：黃賴魚，一名䱀𩵊。醒酒。亦無鱗，不益人也。李時珍云：身尾俱似小鮎，無鱗，腹下黃，背上青黃，腮下有二横骨，兩鬚，有胃，羣游作聲，性最難死。案此魚今所在有之，長不盈尺。揚州人謂之䱀斯魚，順天人謂之枷魚

黑鯉謂之鯶

爾雅、鯉、鱣、舍人注云、鯉、一名鱣、郭璞以爲二魚、云鯉、今赤鯉魚、玉篇云、鯶、今赤鯶也、北戶錄引陳思王云、五尺之鯉、一寸之鯶、但大小殊而鱗之數等、酉陽雜俎云、鯉脊中鱗一道、每鱗有小黑點、大小皆三十六鱗、齊民要術引養魚經云、鯉不相食、又易長也、古今注云、兗州人呼赤鯉爲赤驥、青鯉爲青馬、黑鯉爲元駒、白鯉爲白騏、黃鯉爲黃雉、是鯉有黑色者也、

鱃鮂鱮鰌也

鱃與鰌同、郭璞注東山經云、今蝦鰌字亦或作鱃、又注爾雅鰼鰌云、今泥鰌、邢昺疏云、穴於泥中、因以名之、釋文引字林云、鰌似鱓短小也、玉篇云、鱮、小鰌也、鱮與鮂聲之轉、鮂之言幼也、小也、說文、鮂讀若幽、若方言蕪菁小者謂之幽芥矣、鰌亦短小之稱也、考工記盧人酋矛常有四尺、鄭注訓酋爲短、云、酋之言遒也、聲義正相合也、莊子庚桑楚篇、尋常之溝、巨魚無所旋其體、而鯢鰌爲之制、釋文云、謂小魚得曲折也、

又謂之委蛇、達生篇、以鳥養養鳥者、宜食之以委蛇、司馬彪注云、委蛇、泥鰌也、今泥鰌銳首無鱗、身青黑色、以涎自染、滑不可握、亦善作聲、其情狀也、各本鰌也二字誤入曹憲音內、鰌字又譌爲䲡、集韻鱃鰍二字、並引博雅鱃鰍鰌也、則所見已是誤本、今訂正、

鯪鯉也

楚詞天問、鯪魚何所、王逸注云、鯪魚、鯉也、一云、鯪魚、鯪鯉也、有四足、出南方、鯪、一作陵、吳都賦、陵鯉若獸、劉逵注云、陵鯉有四足、狀如獺、鱗甲似鯉、居土穴中、性好食蟻、名醫別錄陶注云、鯪鯉能陸能水、出岸開鱗甲、伏如死、令蟻入中、忽閉而入水、開甲、皆浮出、於是食之、故主蟻瘻、是其情狀也、今人謂其甲爲穿山甲、以其穿穴山陵也、在陵、故謂之鯪矣、

蛤解蠦𧓎蚵蠪蜥蜴也

爾雅、蠑螈、蜥蜴、蜥蜴、蝘蜓、蝘蜓、守宮也、方言、守宮、秦晉西夏謂之守宮、或謂之蠦𧓎、或謂之刺易、其在澤

中者謂之易蜴、南楚謂之蛇醫、或謂之蠑螈、東齊海
岱謂之螔蝾、北燕謂之祝蜓、郭璞注云、刺易、南陽人
又呼蝘蜓、螔蝾、似蜥易而大、有鱗、今所在通言蛇醫
耳、說文、易、蜥易、蝘蜓、守宮也、象形、又云、在壁曰蝘蜓、
在草曰蜥易、又云、榮蚖、蛇醫、以注鳴者、小雅正月篇
胡爲虺蜴、傳云、蜴、螈也、箋云、虺蜴之性、見人則走、義
疏云、蜴、一名榮原、水蜴也、或謂之螔蝾、或謂之蛇醫、
如蜥蜴、青綠色、大如指、形狀可惡也、漢書東方朔傳
射守宮覆云、臣以爲龍又無角、謂之爲蛇又有足、跂
跂脈脈善緣壁、是非守宮即蜥蜴、顏師古注云、跂跂、
行貌也、脈脈、視貌也、爾雅曰、蠑螈蜥蜴、蜥蜴蝘蜓、蝘蜓守
宮、是則一類耳、古今注云、蝘蜓、一名龍子、一曰守宮、
善上樹捕蟬食之、其長細五色者名爲蜥蜴、短大者
名蠑螈、一曰蛇醫、大者長三尺、其色元紺、善齧人、一
名元螈、一曰綠螈、皆其一種而小異者也、蛤蚧以聲
得名、方言、桂林之中、守宮大者而能鳴謂之蛤解、郭
璞注云、似蛇醫而短、身有鱗采、江東人呼爲蛤蚧、南
海藥譜引廣州記云、蛤蚧生廣南水中、有雌雄、狀若
小鼠、夜即居於榕樹上、投一獲二、唐劉恂嶺表錄異
云、蛤蚧首如蝦蟇、背有細鱗如蠶子、土黃色、身短尾

長、多巢於樹中、端州古牆內、有巢於廳署城樓間者旦暮則鳴自呼、蛤蚧是也、各本解上脫蛤字、今據方言補、

虺蝰也

爾雅、蝮、虺、博三寸、首大如擘、說文虺作虫、云、虫、一名蝮、博三寸、首大如擘指、象其臥形、小雅斯干篇、爲虺爲蛇、正義引舍人爾雅注云、蝮、一名虺、江淮以南曰蝮、江淮以北曰虺、又引孫炎注云江淮以南謂虺爲蝮、廣三寸、頭如拇指、有牙最毒、吳語、爲虺弗摧、爲蛇將若何、韋昭注云、虺小蛇大也、蝰者、毒螫傷人之名、說見釋蟲蠆蠍也下、字一作蛙、名醫別錄陶注云、蝮蛇黃黑色、黃頷尖口、毒最烈、虺形短而扁、毒不異於蚖、中人不即療、多死、蛇類甚衆、惟此二種及青蛙爲猛、然則虺蝮青蝰、祇是一類、故云虺、蝰也、藝文類聚引廣志云、蝮蛇與土色相亂、長三四尺、其中人、以牙櫟之、截斷皮出血、則身盡痛、九竅血出而死、故漢書田儋傳云、蝮螫手則斬手、螫足則斬足、何者、爲害于身也、論衡言毒篇云、蝮有利牙、龍有逆鱗、又云、陽物

懸蠆、故蜂蠆以尾刺、陰物柔伸、故螝虵以口齧、又云、螝虵多文文起於陽、皆道其情狀也、今江淮之閒謂之土骨虵、其大虵有毒與虺同者、亦名螝虺、楚辭招魂、螝虵蓁蓁、王逸注云螝、大虵也、南山經、猨翼之山多螝虫、郭璞注云、螝虫色如綬文、鼻上有鍼、大者百餘斤、一名反鼻虫、古虺字、此則殊方異產、非爾雅廣雅所謂

虺矣、

有鱗曰蛟龍有翼曰應龍有角曰虬龍無角曰螭龍龍能高能下能小能巨能幽能明能短能長淵淺是藏敷和其光、

楚辭天問、河海應龍、王逸注云、有鱗曰蛟龍、有翼曰應龍、案蛟爲龍屬、不得卽謂之龍、古書言蛟龍、皆爲二物、無稱蛟爲蛟龍者、且龍皆有鱗、而云有鱗曰蛟龍、非確訓也、淮南覽冥訓服應龍、高誘注云、駕應德之龍、一說、應龍、有翼之龍也、班固苔賓戲云、應龍潛於潢汙、魚黿媟之、不覩其能奮靈德、合風雲、超忽荒

而踞昊蒼也、故夫泥蟠而天飛者、應龍之神也、項岱注云、天有九龍、應龍有翼、說文、虯、龍子有角者、螭、若龍而黃、北方謂之地螻、或曰、無角曰螭、虯、與虬同、螭、與彲同、漢書司馬相如傳、蛟龍赤螭、文穎注云、龍子爲螭、張注云、赤螭、雌龍也、又六玉虯、張注云、龍子有角曰虯、然則有角者雄、無角者雌也、離騷駟玉虯以乘鷖兮、天問焉有虯龍、負熊以遊、王逸注並云、有角曰龍、無角曰虯、高誘注淮南覽冥訓亦如王注、皆與說文廣雅異說、未知孰是、衆經音義卷一引熊氏瑞應圖云、虯龍身黑、無鱗甲、呂氏春秋舉難篇、龍食乎清而游乎清、螭食乎清而游乎濁、高誘注云、螭、龍之別也、故楚辭九歌云、駕兩龍兮驂螭也、說文、龍、鱗蟲之長、能幽能明、能細能巨、能短能長、春分而登天、秋分而潛淵、管子水地篇云、龍生於水、被五色而游、故神、欲小則化如蠶蠋、欲大則藏於天下、欲上則凌於雲氣、欲下則入於深淵、說苑辨物篇云、神龍能爲高、能爲下、能爲大、能爲小、能爲幽、能爲明、能爲短、能爲長、昭乎其高也、淵乎其下也、薄乎天光、高乎其箸也、一有一亾、忽微哉、斐然成章、虛無則精以和、動作則靈以化、

爪黿也

未詳、

鼃蟈長股也

說文、鼃、蝦蟇也、鄭注、考工記梓人云、脰鳴、鼃黽屬、一作蛙、周官蟈氏、掌去蛙黽、鄭注云、齊魯之閒謂鼃爲蟈、黽耿黽、蟈與耿黽尤怒鳴、爲聒人耳、去之、又敘官蟈氏注、鄭司農云、蟈、當爲蜮、蜮、蝦蟇也、月令曰、螻蟈鳴、故曰、掌去蛙黽、蛙黽、蝦蟇屬、書或爲掌去蝦蟇、元謂蟈、今御所食蛙也、字從虫、國聲、蜮乃短狐與、案蟈蜮同字、說文、蜮、短狐也、或從國作蟈、然則短狐之蜮可作蟈、蝦蟇之蟈、亦可作蜮、不當字別爲義也、夏小正、四月鳴蜮、傳云蜮也者、或曰屈造之屬也、二月有鳴倉庚、傳云、倉庚者、商庚也、商庚也者、長股也、莊氏寶琛云、倉庚不名長股、長股也三字、當在鳴蜮傳蜮也者下、蜮與蟈同、廣雅、蟈、長股也、本此、案莊說是也、名醫別錄云、鼃、一名長股、生水中、陶注云、大而青脊者、俗名土鳴、其鳴甚壯、又一種黑色、南人名爲蛤子、倉之至美、又一種小形善鳴喚、名鼁子、此則是也、急就篇、水蟲科斗䵷蝦蟇、顏師古注云、䵷、一名螻蟈、色青小形而長股、蝦蟇、一名蟼、大腹而短腳、是鼁蟈股長、故謂之長股也、蝦蟆、亦或謂之蟆、爾雅、蟼、蟆、郭璞注云、蛙類、蟆者、鼃之轉聲、蟼蟆者、耿黽之轉聲也、鼃與蛙同聲、故蝦蟆之轉聲爲胡蜢、爾雅、在水者黽、郭注云、耿黽也、似青蛙、大腹、一名土鴨、說文、黽、蛙黽也、從它象形、黽頭與它頭同、卽胡蜢也、其在陸地者爲詹諸、爾雅、鼁䵶、蟾諸、郭注云、似蝦蟆、居陸地、淮南謂之去父、父與蚁同、說文、先䵶、詹諸也、其鳴詹諸、其皮鼁鼁、其行先先、又云、䵶鼁、詹諸也、又云、蚼䵶、詹諸、以脰鳴者、名醫别錄、蝦蟇、一名蟾蜍、一名䵶、一名去甫、一名苦蠪、甫、亦與蚁同、陶注云、此是腹大皮上多痱磊者、衆經音義卷十云、山東謂之去蚁、江南俗呼蟾蠩、

去蚁苦蠪胡蜢鼁蝦蟆也

詳見上條、各本脫去字、今補、

蛹蟹蛫也其雄曰鯢鱧其雌曰博帶

鄭注考工記梓人云、仄行、蟹屬、大戴禮記勸學篇云、蟹二螯八足、非蛇䱉之穴、而無所寄託者、用心躁也、王篇、蛹、蛹蛸、蟹也、廣韻、蛹、小蟹也、北戶錄引廣志云、蛹、小蟹、大如貨錢、酉陽雜俎云、千人捏、形似蟹、大如錢、殼甚固、壯夫極力捏之不死、俗言千人捏不死、因名焉、葢卽蛹也、說文、蛫、蟹也、集韻、蛫、蟹六足者、蘇頌本草圖經云、蟹六足者名蛫、四足者名北、皆有大毒不可食、今人辨蟹、以長臍者爲雄、團臍者爲雌、

蜌食蒲盧也

爾雅、蜌、螷、郭璞注云、今江東呼蚌長而狹者爲螷、釋文引字林云、蜌、小蛤也、說文、蜌作陛、云、螷陛也、脩爲螷、圜爲蠇、玉篇云、蜌、蚌長者也、蜌螷聲之轉耳、周官鼈人、祭祀共螷蠃蚳、以授醢人、鄭司農云、螷、蛤也、杜子春云、螷、蜯也、名醫別錄、馬刀、一名馬蛤、李當之云、生江漢中、長六七寸、漢閒人名爲單姥、亦食其肉、肉似蜯、蜀本圖經云、生江湖中、細長小蚌也、長三四寸、濶五六分、其卽所謂蚌長而狹者與、食之言合也、兩

殼相合也、說文、盒屬有三、皆生於海、盒厲千歲雀所化、秦人謂之牡厲、海蛤者、百歲燕所化者、魁盒、一名復累、老服翼所化、本草陶注云、牡蠣是百歲鵰所化、魁蛤是老蝙蝠化爲者、與說文或同或異、夏小正九月雀入于海爲蛤、是其證也、魁盒、爾雅謂之魁陸、郭璞注云、本草云、魁狀如海盒、圓而厚、外有理縱橫、即今之蚶也、本草又云、海蛤、一名魁蛤、牡蠣、一名蠣蛤、又有蛤梨、亦蛤之類、淮南道應訓、若土方倦龜殼而食蛤梨、高誘注云、蛤梨、海蚌也、中山經、青要之山南望墠渚、是多僕纍蒲盧、郭璞注云、僕纍、蝸牛也、爾雅曰、蒲盧者、螟蛉也、所引爾雅當云、果臝蒲盧、螟蛉桑蟲、文有脫誤耳、案蒲盧、蜃也、僕纍蒲盧、水中臝蚌、故墠渚生之、若果臝蒲盧、爲細腰土蜂、非水濵所宜產也、夏小正、十月元雉入于淮爲蜃、傳云、蜃者蒲盧也、月令鄭注云、大蛤曰蜃、是蒲盧亦盒屬、故云蜌盒蒲盧也、蒲盧之轉聲爲蒲嬴、吳語、其民必移就蒲嬴於東海之濵、蒲嬴、即蒲盧也、韋昭注云、嬴、蚌蛤之屬是也、其云蒲、淡淡蒲也、則非、淡蒲與嬴、於文既爲不類、且淡蒲所在皆有、不必海濵、若蚌蛤之屬、則海濵爲多、故說文云、蛤有三、皆生於海也、

蠡蠃蝸牛螔蝓也

爾雅蚹蠃螔蝓郭璞注云即蝸牛也說文蝸蠃也蠃虒蝓也玉篇蠃蜯屬廣韻蝸牛小螺也螺與蠃同周官鼈人共蠯蠃蚳以授醢人鄭注云蠃螔蝓也士冠禮葵菹蠃醢鄭注云今文蠃爲蝸內則蝸醢以下二十六物鄭以爲皆人君燕所食也尚書大傳鉅定蠃鄭注云蠃蝸牛也莊子則陽篇有所謂蝸者君知之乎有國於蝸之左角者曰觸氏有國於蝸之右角者曰蠻氏釋文引李頤注云蝸蟲有兩角俗謂之蝸牛又引三倉云小牛螺也一云俗名黃犢裴松之注魏志胡昭傳云案魏畧云焦先及楊沛並作瓜牛廬止其中瓜當作蝸蝸牛螺蟲之有角者也俗或呼爲黃犢先等作圜舍形如蝸牛殼故謂之蝸牛廬古今注云蝸牛陵螺也形如螔蝓殼如小螺熱則自縣於葉下本草云蛞蝓一名陵蠡別錄云一名土蝸一名附蝸生太山池澤及陰地沙石垣下陶注云蛞蝓無殼又注別錄蝸牛云俗呼爲瓜牛生山中及人家頭形如蛞蝓但背負殼爾蜀本圖經云蛞蝓即蝸牛也形似小螺白色生池澤草樹閒頭有四角行則出驚之

則縮首尾俱能藏入殼中、案蝸牛有殼者、四角而小、色近白、無殼者、兩角而大、色近黑、其實則一類耳、謂之蝸牛者、有角之稱、日華子本草謂之負殼蜒蚰、蜒蚰、卽蝘蝓之轉聲矣、淮南俶眞訓、椊本已青翳、蠃蠡瘉蝸睆、此皆治目之藥也、高誘注云、蠃蠡、薄蠃也、蝸睆、目疾也、御覽引作蠃蠬愈燭睆、又引注云、蠃、附蠃、蠬、細長蠃也、燭睆、目中疾、與高注不同、蓋許愼注也、然蠃蠡止是一種螺名、不分爲二、名醫別錄云、蝸籬味甘無毒、主燭館、明目、生江夏、蝸籬、卽蠃蠡也、燭館卽燭睆也、高誘以蠃蠡爲薄蠃、薄蠃卽附蠃之轉聲、又轉而爲僕纍、中山經、青要之山、南望墠渚、是多僕纍蒲盧、郭璞注云、僕纍、蝸牛也、或謂之蠃母、西山經、邱時之水、其中多蠃母、郭注云、卽蟆螺也、今順天人謂之水牛、揚州人謂之旱蠃

鰶鯈也

爾雅、鮂、黑鰦、郭璞注云、卽白鯈魚、江東呼爲鮂、又注北山經云、小魚曰鯈、廣韻、鮂、鮋、小魚也、周頌潛篇、鰷鰋鯉、箋云、鰷、白鰷也、鰷與鯈同、莊子秋水篇、鯈魚出游從容、是魚樂也、李頤注云、白魚也、鯈、一作鮍、至

樂篇，以鳥養養鳥者，食之之鰌鰷，荀子榮辱篇，鯈䱁者，浮陽之魚也，胠於沙而思水，則無逮矣，淮南覽冥訓，不得其道，若觀鯈魚，高誘注云，鯈魚，小魚也，在水中可觀見，見而不可得，道亦如之，埤雅云，鰷魚形狹而長，江淮之閒謂之鮝魚，今鮝魚長僅數寸，鱗細而整，性好羣游，往來倏忽，故莊子歎出游之樂矣，各本鯈譌作儵，今據曹憲音條訂正，廣韻，鮃、鯈，鮪別名，龍龕手鑑，鮃、鰍，鮪別名，是鮃又爲鮪魚也，未詳所出，

射工短狐蜮也

說文，蜮，短狐也，似鼈，三足，以氣射害人，小雅何人斯篇，爲鬼爲蜮，則不可得，傳云，蜮，短狐也，箋云，使女爲鬼爲蜮也，則女誠不可得見也，御覽引韓詩傳云，短狐，水神也，毛詩義疏云，短狐，一名射景，江淮水中皆有之，人在岸上，景見水中，投人景則殺之，故曰射景，南人將入水，先以瓦石投水中，令水濁，然後入，或曰，含沙射人皮肌，其創如疥，疏引或曰者，服虔左傳注也，春秋莊十八年，秋，有蜮，左氏傳云，爲災也，周禮敘官蟈氏疏引服虔注云，短狐生南方，盛暑所生，其狀如鼈，古無今有，含沙射入人皮肉中，其創如疥，徧身

中䕶䕶蜮蜮，故曰災。穀梁傳云：「一有一亡曰有。」蜮，射人者也。蜮能射人，故謂之射景，又謂之射工矣。左氏、穀梁釋文並云：「蜮，本草謂之射工。」今本草别錄無射工條，豈有脱落耶？左傳正義引洪範五行傳云：「蜮如鼈，三足，生於南越。南越婦人多淫，故其地多蜮，淫女惑亂之氣所生也。」漢書五行志云：「劉向以爲蜮生南越，越亂氣所生，故聖人名之曰蜮。蜮猶惑也，在水旁能射人，射人有處，甚者至死，南方謂之短弧，近射妖死亡之象也。劉歆以爲蜮盛暑所生，非自越來也。」顏師古注云：「即射工也，亦呼水弩。」案：短弧之弧，諸書多從犬作狐，惟漢書五行志及杜預左傳注從弓作弧。玉篇云：「蜮似鼈，含沙射人，爲害如狐也。」則似當從犬作狐矣。然以射工、水弩之名取之，則從弓作弧，于義爲長耳。楚辭大招：「鰅鱅短狐，王虺騫只。魂乎歸來，蜮傷躬只。」王逸注云：「鰅鱅，短狐類也。短狐，鬼蜮也。鰅鱅、鬼蜮射傷害人。蜮，短狐也。詩曰：爲鬼爲蜮。言魂乎無敢南行，水中多蜮鬼，必傷害於爾躬也。」鬼蜮皆訓爲短狐，與毛詩異，始取諸三家與？博物志云：「江南山谿水中射工蟲，甲類也，長一二寸，口中有弩形，氣射人景，隨所著處發創，不治則殺人。」抱朴子登涉篇云：「短狐一名蜮、一名射工、一名射景、其實水蟲也、狀如鳴蜩、大似三合盃、有翼能飛、無目而利耳、口中有横物、如聞人聲、緣口中物如角弩、以氣爲矢、則因水而射人、說家說短狐之狀、或云狀如鼈、或云狀如鳴蜩、或云、以氣射人、或云含沙射人、未知孰是也、又謂之狐蜮、周禮壺涿氏掌除水蟲、鄭注云、水蟲、狐蜮之屬、

附引廣雅一條

鮇鰲也

見爾雅釋文、爾雅、魴、鮇、鰲、鯠、郭璞注云、江東呼魴魚爲鯿、鰲鯠未詳、是郭以鰲鯠非魴鮇也、釋文引埤倉云、鰲鯠、鮇也、與廣雅同、是張以鰲鯠即鮇也、蓋爾雅舊注有謂鮇一名鰲、一名鯠者、而張用其說、亦如𪇆周燕燕鳦、舍人孫炎以爲𪇆周一名燕燕、一名鳦、爾案鰲鯠聲之轉、爾雅以鯠釋鰲、非以鰲鯠釋鮇也、廣韻龍龕手鑑並云、鰻鯠魚名、或是此與鰻鯠者、鰻鱺之轉聲也、詳見鮎鰈也下、

釋鳥

元鳥朱鳥燕也

爾雅、燕燕、鳦、御覽引舊注云、齊曰燕、梁曰鳦、說文、乙、燕燕、元鳥也、齊魯謂之乙、取其鳴自呼、象形也、或從鳥作鳦、又云、明堂月令、元鳥至之日、祠于高禖以請子、故乳字從乙、請子必巳乙至之日者、乙春分來、秋分去、開生之候、元鳥、帝少昊司分之官也、又云、燕、元鳥也、籋口布翄枝尾象形、案邶風燕燕篇、燕燕于飛、差池其羽、箋云、差池其羽、謂張舒其尾翼、此足與叔重之解相發明也、夏小正、二月、來降燕乃睇、室、傳云、燕、乙也、降者、下也、言來者、何也、莫能見其始出也、故曰來降、言乃睇、何也、睇者眄也、眄者、視可爲室者也、百鳥皆曰巢、室、穴也、謂之室何也、操泥而就家、入人內也、九月、陟元鳥蟄、傳云、陟、升也、元鳥者燕也、先言陟而後言蟄、何也、陟而後蟄也、蓋不知其所從出入而神異之、則言陟降以歸之天、故商頌元鳥篇云、天命元鳥、降而生商也、鄭注月令元鳥至云、燕以施生時來、巢人堂宇而孚乳、嫁娶之象也、媒氏之官以爲候、又注元鳥歸云、歸、謂去蟄也、凡鳥隨陰陽者、不以中國爲居、以今驗之、蟄燕多藏深山大空木中、無毛羽、或在坻岸中、故蓺文類聚引晉中興書云、百姓饑饉、掘蟄燕食之、燕之所居、不在異域也、昭十七年左傳、元鳥者、司分者也、杜預注云、以春分來、秋分去、故法言問明篇云、朱鳥翾翾、歸其肆矣、又云、時來則來、時往則往、能來能往者、朱鳥之謂與、李軌注云、朱鳥燕別名也、宋咸以爲燕黑鳥、非朱鳥、朱鳥謂鴈也、鴈以時來時往、案燕頷下色赤、故謂之朱鳥、且說文云、翾、小飛也、韓詩外傳云、翾翾十步之雀、是翾翾爲小鳥翻飛之皃、惟燕雀之屬爲然、故晉夏侯湛元鳥賦云、擢翾翾之麗容、揮連翩之元翼也、若雁色褊體蒼黑、不得言朱鳥、又翰飛戾天、不得言翾翾矣、咸說非也、本草陶注云、燕有二種、紫胸輕小者是越燕、胸斑黑聲大者是壺燕、今揚州人謂小者爲草燕、大者爲盧燕、莊子山木篇謂之鷾鴯也、

鷤鳺鷶鵤子鳺也

鳺與巂同、或作規、爾雅、巂周、郭璞注云、子巂鳥、出蜀中、說文、巂周燕也、從隹、屮象其冠也、今子巂毛色慘黑、頭有小冠、一如叔重之說矣、玉篇、𪈼、鷤𪈼也、或作巂、又云、鷤鳺、又名杜鵑、廣韻、鶗鳺鳥春三月鳴也、又

云、鶗鴂、即杜鵑也、離騷、恐鶗鴂之先鳴兮、使夫百草爲之不芳、王逸注云、鶗鴂一名買鶬、常以春分鳴、漢書揚雄傳鶗鴂作鷤搗、枚乘梁王菟園賦作蝭蛙、張衡思元賦作鶗鴂、李善注思元賦云、服虔曰、鶗鴂、一名鵙、伯勞也、順陰氣而生、賊害之鳥也、王逸以爲鳥、繆也、案服意葢謂春分之時、衆芳始盛、不得云百草不芳、因以爲五月始鳴之鵙、五月陰氣生而鵙鳴、百草爲之不芳、是服之意也、今案離騷言此者、以爲小人得志、則君子沈淪、野鳥羣鳴、則芳草衰謝、此乃假設爲文、不必實有其事、亦如九章云鳥獸鳴以號羣兮、草苴比而不芳耳、豈謂鳥獸羣號之時、實有不芳之草哉、若然、則子鴂爭鳴而衆芳歇絕、可無以春鳥爲疑矣、況鷤搗杜鵑一聲之轉、方俗所傳、尤爲可據也、而顔師古漢書注乃牽就其說云、鷤搗常以立夏鳴、鳴則衆芳皆歇、思元賦舊注則云、鶗鴂以秋分鳴、廣韻又云、鶗鴂春分鳴則衆芳生、秋分鳴則衆芳歇、此皆于王服兩家不能決定、故爲游移兩可之說、而不知鷤搗春月即鳴、不得遲至立夏、物候皆言其始、又不得兼言秋分也、鶗鴂、顔師古漢書注作買鶬、子鴂、劉逵蜀都賦注引蜀記作子規、御覽引蜀王本紀作子鴂華陽國志作子鵑案蕭該漢書音義云蘇林鶗鴂音殄絹是鴂鵑同聲也子鴂之轉聲則爲姊歸高唐賦姊歸思婦其鳴喈喈李善注引郭璞釋爾雅嶲周云或曰卽子規一名姊歸今爾雅注無之葢音義之文也御覽引臨海異物志云鶗鴂一名杜鵑春三月鳴晝夜不止至當陸子孰鳴乃得止耳本草拾遺云杜鵑鳥小似鷂鳴呼不已出血聲始止皆其情狀也又玉篇云嶲卽布穀也鶗布穀也鴶布穀也後漢書張衡傳注引廣雅鶗鴂布穀也則與下文布穀混爲一條矣案龍龕手鑑云子嶲鳥大如布穀不得卽以爲布穀也今不從

擊穀鴶鵴布穀也

爾雅鳲鳩鴶鵴郭璞注云今之布穀也江東呼爲穫穀說文秸鵴尸鳩也鴶鵴秸鵴字異而義同一作結誥方言布穀自關而東梁楚之間謂之結誥周魏之之閒謂之擊穀自關而西謂之布穀擊穀鴶鵴聲之轉耳鴶鵴又作秸鞠召南鵲巢篇維鵲有巢維鳩居之傳云鳩鳲鳩秸鞠也鳲鳩不自爲巢居鵲之成巢

義疏云、今梁宋之閒謂布穀爲鵠鵴、一名擊穀、一名桑鳩、又曹風鳲鳩篇鳲鳩在桑、其子七兮、傳云、鳲鳩拮鞠也、鳲鳩之養其子、朝從上下、莫從下上、平均如一、故昭十七年左傳鳲鳩氏司空也、正義引樊光爾雅注云、鳲鳩心平均、故爲司空也、鳲鳩與鷹轉相變化、夏小正正月鷹則爲鳩、五月鳩爲鷹、傳云、鷹則爲鳩、善變而之仁也、鳩爲鷹、變而之不仁也、月令鷹化爲鳩、鄭注云、鳩搏穀也、正義云、布搏聲相近、高誘注淮南時則訓云、鷹化爲鳩、喙正直、不鷙搏也、鳩謂布穀也、故列子天瑞篇云、鷂之爲鸇、鸇之爲布穀、布穀久復爲鷂也、古者或以布穀之飾杖首、續漢書禮儀志云、仲秋之月、年始七十者、授之以玉杖、端以鳩鳥爲飾、鳩者、不噎之鳥也、欲老人不噎、又謂之雄鳩、淮南天文訓孟夏之月以孰穀禾、雄鳩長鳴、爲帝候歲、高誘注云、雄鳩布穀也、此則後漢書襄楷傳所謂布穀鳴於孟夏者矣、本草拾遺云、布穀江東呼爲郭公、北人云撥穀、似鷂長尾、六書故云、其聲若曰布穀、故謂之布穀、又謂勃姑、又謂步姑、郭公者、擊穀之轉聲、撥穀勃姑步姑者、布穀之轉聲也、今揚州人呼之爲卜姑、德州人呼之爲保姑、身灰色、翅末尾末並雜黑毛、

以三四月閒鳴也、各本鶇譌作鶇、今訂正、

鷻鶚鷙鷲鵰也

說文、鷻鳥黑色多子、師曠曰、南方有鳥名曰羌鷻、黃頭赤目、五色皆備、一曰雕、又云、雕、鷻也、籒文從鳥作鵰、鷻與鷻同、又云、鷻、鵰也、引詩曰匪鷻匪鳶、又云、鳶鷙鳥也、從鳥屰聲、音與專切、徐鉉云、屰非聲、疑從隹省、今俗別作鳶、非是、戴侗六書故云、鳶非與專之聲、此即鶚字、孫音誤也、說文無鳶字、今案戴說是也、引之聞于父曰、說文咢𧊒鳶三字以屰爲聲、則鳶字當與咢𧊒二字同音五各反、祇緣小雅四月篇匪鶉匪鳶、說文引作匪鷻匪鳶、後人遂以鳶爲鳶而不知諧聲之不可通也、玉篇鳶次鳶下、云同上、則已誤讀爲鳶、而廣韻與專切內有鳶無鳶、集韻逆各切內、鶚鳶並見、則韻書尚有不誤者、其鳶字說文未載、以諧聲之例求之、則當從鳥戈聲、而書作鳶、鳶字古音在元部、古從戈聲之字、多有讀入此部者、故說文閔從戈聲而讀若縣、戾從戈聲而讀若環、鳶之從戈聲而音與專切、亦猶是也、此聲之相合者也、鳶字上半與武

字上半同體故隸書減之則鴟爲蔦增之則又鴟爲
鳶急就篇蔦鷂鴟梟驚相視皇象碑本蔦作鳶昭十
五年左傳以鼓子鳶鞮歸釋文云鳶本又作蔦漢書
五行志泰山山桑谷有鳶焚其巢地理志交阯郡朱
鳶縣梅福傳鳶鵲遭害張公神碑鳶鴞勸兮乳併佪
皆鳶之鴟也此文之可考者也後人以蔦爲鳶失之
遠矣小雅四月傳云鶉雕也雕貪殘之鳥也釋文云
鶉或作鷻案鷻從敦聲敦與雕古聲相近故雕謂之
鷻大雅行葦篇敦弓既堅周頌有客篇敦琢其旅正
義並云敦雕古今字是其例也御覽引倉頡解詁云
鵰金喙鳥也能擊殺獐鹿爾雅鵙鳩王鵙郭璞注云
鵰類今江東呼之爲鶚好在江渚山邊食魚引周南
關雎傳云鳥摯而有別毛詩義疏云鵙鳩大小如鴟
深目目上骨露幽州謂之鷲魯語有隼集於陳侯之
庭而死韋昭注云隼鷙鳥今之鶚也西山經云欽䲹
化爲大鶚其狀如鵰而黑文郭璞注云鶚鵰屬也漢
書鄒陽傳鷙鳥絫百不如一鶚孟康注云鶚大鵰也
史記李廣傳索隱引服虔漢書注云雕鶚也廣韻鷲
鶚別名引李槩音譜云鷲似雕而班白大戴禮曾子
疾病篇鷹鶽以山爲卑而曾巢其上說苑說叢篇引

作鷹鷲、又雜言篇云、飛鳥成刻、鷹鷲不擊、字或作就、中山經、騩山其鳥多就、郭璞注云、就、鵰也、見廣雅、漢書匈奴傳、匈奴有斗入漢地、生奇材木箭竿就羽、顏師古注云、就、大鵰、黃頭赤目、其羽可爲箭、玉篇、雕、鷲也、能食草、穆天子傳、春山有白鶽青鵰、執犬羊、食豕鹿、郭璞注云、今之鵰亦能食獐鹿、又注南山經云、雕似鷹而大尾長翅、又謂之沸波、淮南說林訓、鳥有沸波者、何伯爲之不潮、畏其誠也、高誘注云、鳥、大鵰也、翱翔水上、扇魚令出、沸波攫而食之、故河伯深藏于淵、畏其精誠、爲不見也、埤雅云、鵰能食草、似鷹而大、黑色、俗呼皁鵰、爾雅翼云、鵰土黃色、健飛擊沙漠中、空中盤旋、無細不覩也、

肥鵂鴟鵂怪鴟也

爾雅、怪鴟、郭璞注云、即鴟鵂也、見廣雅、今江東通呼此屬爲怪鳥、衆經音義卷十七引舍人注云、謂鵂鶹也、南陽名鉤鵅、其鳥晝伏夜行、鳴爲怪也、又鵅、鵋䳢、郭注云、今江東呼鵂鶹爲鵋䳢、亦謂之鉤鵅、又萑、老鵵、郭注云、木兔也、似鴟鵂而小、兔頭、有角毛腳、夜飛好食雞、說文、雖、䧿也、籀文從鳥作鴟、又云、舊、鴟舊、舊

雷也。從萑臼聲。或從鳥休聲作鵂。又云：雟，鴟舊頭上角觜也。又云：萑，鴟屬也。從隹從丫，有毛角，所鳴其民有旤。又云：鷴，鴟也。廣韻云：鵋䳢，鵂鶹鳥，今之角鴟也。大雅瞻卬篇「爲梟爲鴟」，箋云：梟鴟，惡聲之鳥。莊子秋水篇「鴟夜撮蚤，察豪末，晝出瞋目而不見邱山」，司馬彪蚤作螽，云：鴟，鵂鶹也，夜取螽食。崔譔作爪，云：鵂鶹夜聚人爪於巢中也。案高誘注淮南主術訓云：鴟，鴟鵂也，謂之老菟，夜鳴人屋上也。夜則目明，合聚人爪以著其巢中。此崔譔所本也。莊子釋文引許慎淮南注云：鴟夜聚食蚤蝨不失也。與高誘異說。蚤爪二體古雖通用，揆之事理，則許注爲雅馴耳。鴟鵂晝無所見，異於衆鳥，故淮南氾論訓云：鴟目大而眎不若鼠，物固有大不若小者也。鴟鵂之鵂，古作舊。舊與久聲相近，故又謂之鴟久。海外南經「湯山有鴟久」，郭璞注云：鴟久，鵂鶹之屬。又大荒南經「蒼梧之野有鴟久」，郭注云：即鵂鶹也。衆經音義云：鵂鶹，關西呼訓侯，山東謂之訓狐。案訓侯之轉聲爲訓狐，其合聲則爲鵂矣。本草拾遺云：鉤鵅，入城城空，入室室空，怪鳥也。似鴟有角，夜飛晝伏。北土有訓狐，二物相似。訓狐聲呼其名，兩目如貓兒，大於鉤鵅。又有鵂鶹，亦是其類，微小而黃案怪鴟頭似貓而夜飛今揚州人謂之夜貓所鳴有骫一如谷人之說故周禮庭氏掌射國中之夭鳥若不見其鳥獸則以救日之弓與救月之矢射之鄭注云不見鳥獸謂夜來鳴呼爲怪者即此屬矣又謂之老鵵者鵵與兔通兔頭有角因以名云酉陽雜俎云北海有木兔似鵵鷗也

鴟鷗鶜䳢鵂也

鶜與茅同爾雅狂茅鴟郭璞注云今鵂鴟也似鷹而白案鵂者白色之名爾雅說馬云面顙皆白惟駹駹與鵂聲義正同茅鵂則聲之轉耳太元聚次八鴟鵂在林吷彼衆禽范望注云吷怒也鴟鵂賊鳥所在衆禽所避也襄二十八年左傳使工爲之誦茅鴟杜預注云茅鴟逸詩刺不敬蓋以鳥名篇若雄雉鳲鳩之等矣又以爲鴟鷗者御覽引孫炎爾雅注云茅鴟大目鴟鷗也如孫注則亦怪鴟之屬但目大爲異耳鷗曹憲音盧休反各本脫去鴟鷗二字音內盧休二字遂誤入正文句末又脫也字御覽引廣雅盧休茅鴟鵂也則宋時首二字已脫誤惟也字未脫耳案衆經音義卷一卷十七卷十九卷二十三卷二十四並引

廣雅鵂鶹鵂鴟也，爾雅釋文引廣雅茅鴟鵂也，今據以訂正。

鷳鴠老鵵也

詳見上文怪鴟也下。

背竈皁帔雚雀也

雚與鸛同，說文雚，小爵也，引豳風東山篇雚鳴于垤，案小當爲水，形相近而誤也，東山傳云，垤，螘冢也，將陰雨，則穴處先知之矣，鸛好水，長鳴而喜也，箋云，鸛水鳥也，將陰雨則鳴，李善張華情詩注引韓詩亦云，鸛水鳥也，巢處知風，穴處知雨，天將雨而蟻出壅土，鸛鳥見之，長鳴而喜，諸家皆以鸛爲水鳥，足正今本說文之誤矣，毛詩義疏云，鸛，鸛雀也，似鴻而大，長頸赤喙，白身黑尾翅，樹上作巢，大如車輪，卵如三升杯，望見人，案其子令伏，徑舍去，一名負釜，一名黑尻，一名背竈，一名皁裙，又泥其巢一旁爲池，含水滿之，取魚置池中，稍稍以食其雛，若殺其子，則一村致旱災，案竈與竈同，背竈猶言負釜也，皁裙猶言黑尻也，黑

尾在下似裙，因以爲名。裙與帬同。釋器云：帔，帬也。故
又謂之帔矣。博物志云：鸛伏卵時，取礜石周繞卵，
以時助燥氣，故方術家以鸛巢中礜石爲眞。名醫別
錄陶注云：鸛有兩種，似鵠而巢樹者爲白鸛，黑色曲
頸者爲烏鸛。酉陽雜俎云：江淮謂羣鸛旋飛爲鸛井，
必有風雨，皆其情狀也。鸛或通作觀。莊子寓言篇：彼
視三釜三千鍾，如觀雀蚊虻相過乎前。釋文作鸛，云：
本或作觀。司馬彪注云：鸛雀飛疾，與蚊虻相過，忽然不
覺也。又作冠。御覽引華嶠後漢書云：有鸛雀銜三鱣
魚，飛集講堂前。今後漢書楊震傳作冠，是也。昭二十
一年左傳：鄭翩願爲鸛，其御願爲鵞。杜預注云：
鸛、鵞，皆陳名。蓋陳形似之，若朱鳥、青龍之等矣。

䳱鳴鶩鳬鶩鳧也

䳱與鶩，聲之轉也。鴄通作匹。曲禮：庶人之摯匹。鄭注
云：說者以匹爲鶩。此鄭訓匹爲鶩，非讀匹爲鶩也。陸
德明未達鄭意，乃云：匹依注作鶩，音木。宜羣經音辨
以陸爲誤也。鴄，曹憲音匹。各本鴄譌作鳴，音内匹字
又譌作迮。集韻二十陌：鴄，側格切，引博雅：䳱鴄，鳧也。
則宋時廣雅本已有與今本同誤者。案說文、玉篇、廣

韻俱無鴄字、玉篇鴄音匹、鴨也、鴨與鳧同、羣經音辨引廣雅鴇鴄鳧也、云古字鴄省作匹、集韻五質鴄僻吉切、引廣雅鴄鳧也、十三末又引博雅鴇鴄鳧也、埤雅引廣雅鴇鴄鳧也、鴇下旁注末字、鴄下旁注匹字、皆本曹憲之音、今據以訂正、集韻鸗、小鳧也、亦謂之羅鸗、史記楚世家小臣之好射鶀鴈羅鸗、集解引呂靜韻集云、鸗野鳥也、索隱引劉伯莊云、鸗小鳥也、皆未明訓爲鳧、始于廣雅之文失檢耳、爾雅鳧鴈醜、其足蹼、其踵企、郭璞注云、腳指間有幕蹼屬相著、飛即伸其腳跟企直也、又舒鳧鶩、郭注云、鴨也、本草拾遺引尸子云、野鴨爲鳧、家鴨爲鶩、與爾雅之訓相發明也、說文鳧、舒鳧、鶩也、從鳥從几、几亦聲、几、鳥之短羽飛几几、象形、大雅鳧鷖篇傳云、鳧、水鳥也、義疏云、鳧大小如鴨、青色、卑腳短喙、水鳥之謹愿者也、周禮大宗伯庶人執鶩、鄭注云、鶩取其不飛遷、說苑脩文篇亦說其義云、鶩者鶩鶩也、鶩鶩無他心、故庶人以鶩爲摯、周禮言鶩、曲禮言匹、明爲一物、故鄭注曲禮云、說者以匹爲鶩也、

鴄鵝倉鴄鴈也

鴈、與鴈同、或作雁、爾雅、舒鴈、鵝、郭璞注云、今江東呼鳴、引聘禮記云、出如舒鴈、李巡注云、野曰鴈、家曰鵝、案鴈之與鵝、對文則異、散文則通、莊子山木篇云、命豎子殺鴈而烹之、是家畜者亦稱鴈也、說文、鴈、鵝也、鴚、鴚鵝也、宋祁漢書揚雄傳校本引字林云、鴚鵝、鳥似鴈、方言、鴈自關而東謂之鴚鵝、南楚之外謂之鵝或謂之倉鴚、鴚或作駕、楚辭七諫云、畜鳧駕鵝、是也、春秋時、魯大夫有榮駕鵝、亦以爲名、鳴鵝以象其聲、倉鳴則兼指其色、齊民要術引晉沈充鵝賦序云、太康中得大蒼鵝、體色豐麗、本草拾遺云、蒼鵝食蟲、白鵝不食蟲、主射工、當以蒼者良、蒼與倉通、其有在野而飛者、爾雅所謂鵱鷜、鵝也、亦謂之駕鵝、蓺文類聚引廣志云、駕鵝、野鵝也、本草陶注云、野鵝大於鴈、猶似家蒼鵝、謂之駕鵝、中山經、青要之山、北望河曲、是多駕鳥、郭璞注云、駕宜爲駕、駕鵝也、史記司馬相如傳云、弋白鵠、連駕鵝、皆謂野鵝也、

雛

鶾也

鶾與鷂相似、故此及下文分別釋之、爾雅、鷂、鶾、其雄鵲、牝庳、郭璞注云、鶾鷂屬、又鷂鵃母、郭注云、鷂也、青

州呼鴇母、又鶉子、鳼、鴽子、鶉、郭注云、別鵪鶉雛之名、說文鶉作雜、鴽作雓、云、雛、或作隼、從隹一、一曰雜字、雜、鶬屬也、鶬、雜屬也、一曰牟毋、一曰鴽、籀文從鳥作鶬、雓、牟毋也、或從鳥作鴽、是雛爲鶉、鴽爲鶬也、公食大夫禮、上大夫庶羞二十、加於下大夫、以雉兔鶉鴽、鄭注云、鴽、母無也、內則鶉羹雞羹鴽釀之蓼、鄭注云、鴽在羹下、烝之不羹也、是鶉與鴽不同物也、鄘風鶉之奔奔篇、韓詩云、奔奔彊彊、乘匹之貌、表記引詩作賁賁、鄭注云、賁賁、爭鬬惡貌也、鶉性健鬬、故鄭云然、夏小正三月田鼠化爲鴽、八月鴽爲鼠、傳云、鴽、鵪也、鵪與鵪同、或作鷃、高誘注呂氏春秋季春紀云、鴽、鶉也、青州謂之鴾鴾、周雒謂之鴽、幽州謂之鵪、淮南時則訓注與此畧同、而今本淮南注鵪皆作鶉、淺學人改之也、楚辭九思云、鶉鵪兮甄甄、注云、甄甄、小鳥飛貌、則鶉鵪二鳥、情狀相似、故對文則鶉與鵪異、散文則通、夏小正言田鼠爲鴽、列子天瑞篇則云、田鼠爲鶉、淮南齊俗訓、蝦蟇爲鶉、高誘注云、鶉、鵪也、皆是也、雛、曹憲音佳、各本脫去雛字、音內佳字遂誤入正文、衆經音義卷十五引廣雅、雛、鶉也、云、雛音佳、今據以訂正、

鷚鶅也

詳見上條

鶻鵃鳩也

鳩之總名曰鶻鵃其大而有班者謂之鵻鳩小而無班者謂之鶌鳩故此及下文分別釋之方言鳩自關而東周鄭之郊韓魏之都謂之鶻鵃是鶻鵃爲鳩之總名也方言又云其鴓鳩謂之𪇰鶂自關而西秦漢之閒謂之鵴鳩其大者謂之鴓鳩其小者謂之𪁑鳩或謂之鵶鳩或謂之鶻鳩梁宋之閒謂之鶻郭璞注云鴓音班𪁑鳩今荆鳩也是鴓鳩卽班鳩字或作鷃鳩之大者也𪁑鳩𪇰鶂鵴鳩鵶鳩鳩則鳩之小者也鳩之大者也爾雅所謂鵖鳩鶻鵃也舍人注云鶻鳩一名鶻鵃今之班鳩樊光引昭十七年春秋傳云鶻鳩氏司事春來冬去孫炎云鶻鵃一名鳴鳩引月令云鳴鳩拂其羽衞風氓篇傳云鳩鶻鳩也小雅小宛傳云鳴鳩鶻雕也雕與鵰通義疏云班鳩也桂陽人謂之班隹似鵶鳩而大項有繡文班然

故曰班鳩。高誘注呂氏春秋季春紀云：鳴鳩，班鳩也。是月拂擊其羽，直刺上飛數十丈，乃復者是也。夏小正云：三月鳴鳩。東京賦云：鶻鵃春鳴。是班鳩繡項而能鳴，故晉傳咸班鳩賦云：體郁郁以敷文，音邕邕而有序也。凡此皆謂鳩之大者也。鳩之小者，爾雅所謂鵻其鳺鴀也。李巡注云：鳺鴀一名鵻。今楚鳩也。樊光引春秋傳云：祝鳩氏司徒。祝鳩即鵻，其鳺鴀，孝，故爲司徒。郭璞云：今鵓鳩也。鵓之言猶鵓鴀也。說文云：鵻，祝鳩也。衆經音義卷十六引通俗文云：佳其謂之鵓鳩。小雅四牡篇：翩翩者鵻。傳云：鵻，夫不也。箋云：夫不，鳥之慤謹者，人皆愛之。南有嘉魚篇傳云：鵻，壹宿之鳥也。箋云：壹宿者，壹意於其所宿之木也。義疏云：鵻，今小鳩也。一名鵓鳩，幽州人或謂之鶻鵃，梁宋之閒謂之佳，揚州人亦然。又云：鵓鳩灰色，無繡項，陰則屛逐其匹，晴則呼之。語曰：天將雨，鳩逐婦，是也。鵓鳩小於班鳩，故謂之鵖鳩，亦若小矛謂之殳矣。舍人謂之楚鳩。郭璞謂之荆鳩。荆，猶楚也。水經濟水注引廣志云：楚鳩一名嗥嘲。高唐賦云：正冥楚鳩。又謂之學鳩。莊子逍遙遊篇：蜩與學鳩。司馬彪云：學鳩，小鳩也。凡此皆謂鳩之小者也。諸書以鶻鳩爲班鳩，乃是鳩之大者、而方言云、其小者或謂之鶻鳩、爾雅釋文引字林亦云、鶻鵃、小種鳩也、與廣雅異、左傳正義引郭璞爾雅音義云、鶻鵃、今江東亦呼爲鶻鵃、似山鵲而小、短尾、青黑色、多聲、卽是此也、舊說及廣雅皆云班鳩、非也、亦與廣雅異、未知孰是、

鶻鵃⿰盌鳥鳩也

⿰役鳥鳩⿰癸鳥鳩⿰礪鳥鵯⿰孚鳥鳩⿰豸鳥鳩也

並詳見上條、⿰孚鳥、各本作⿰浮鳥、此因曹憲音內浮字而誤、集韻類篇⿰孚鳥或作⿰浮鳥、又因誤本廣雅而誤、考說文玉篇廣韻皆無⿰浮鳥字、今訂正、

⿰示鳥鶣鷊子籠脫鷂也

說文、鷂、鷙鳥也、急就篇云、鷹鷂鴇鴰翳雕尾、鷂之言搖、急疾之名、方言云、搖、疾也、或名爲鷣、鷣鷂、聲之轉也、爾雅、鷣、負雀、郭璞注云、鷣、鷂也、江南呼之爲鷣、善捉雀、因名云、其屬則有⿰示鳥鶣鷊子籠脫、鷂鷂、隼也、爾

雅、鷹隼醜、其飛也翬、舍人注云、謂隼鷂之屬也、翬翬、其飛疾羽聲也、九家易說解射隼云、隼、鷙鳥也、今捕食雀者、毛詩義疏云、隼、鷂屬也、齊人謂之擊征、或謂之題肩、或謂之雀鷹、春化爲布穀者是也、此屬數種皆爲隼、題肩與鷂鷂同、大射儀鄭注云、正、鳥名、齊魯之閒名題肩爲正、鳥之捷黠者也、月令季冬之月、征鳥厲疾、鄭注云、征鳥、題肩也、齊人謂之擊征、或名曰鷹、仲春化爲鳩、是則題肩布穀、轉相變化、故列子天瑞篇云、鷂之爲鸇、鸇之爲布穀、布穀久復爲鷂也、周頌小毖篇箋云、鷦之所爲鳥、題肩也、則又爲桃蟲所化矣、御覽引春秋考異郵云、陰陽貪故題肩擊、題肩有爪芒、陽中陰、故擊殺也、又引廣志云、鷂子大如壺燕、色似鷂、食雀、籠脫擊鳩鵲、是題肩之外、又有此二種也、

戴鳻戴紝鶝鶔澤虞䳋鶝尸鳩戴勝也

紝與鵀通、集韻引廣雅作鵀、爾雅、鵖鴔、戴鵀、郭璞注云、鵀即頭上勝、今亦呼爲戴勝、鵖鴔猶鶝鶔、語聲轉耳、方言、鳲鳩、燕之東北朝鮮洌水之閒謂之鶝鶔、自關而東謂之戴鵀、東齊海岱之閒謂之戴南、南猶鵀

也、或謂之鶭鸅、或謂之戴鳻、或謂之戴勝、東齊吳揚之閒謂之鵀、自關而西謂之服鶝、或謂之鵧鶝、燕之東北朝鮮洌水之閒謂之鶝鵖、鵖與鴀同、鸅與澤同、鳲與尸同、高誘注淮南時則訓云、戴任、戴勝鳥也、詩曰、尸鳩在桑是也、月令正義引孫炎爾雅注云、鳲鳩、自關而東謂之戴鵀、並與方言相合、毛詩義疏辨之云、鳲鳩、一名擊穀、案戴勝自生穴中、不巢生、而方言云戴勝、非也、郭璞方言注亦云、按爾雅鳲鳩即布穀、非戴勝也、又云、按爾雅說戴鵀、下鶭鸅自別一鳥名、方言似依此義、又失也、然則爾雅之鳲鳩鶝鵖、鶭澤虞、方言皆誤以爲戴勝矣、此云、澤虞、尸鳩、戴勝也、亦沿方言之誤、方言之服鶝、猶鵧鶝也、轉之則爲鶝鴔、其變轉則爲鵖鶝、廣韻鵖鶝二字注並云、鶝鵖鳥也、即鵖鶝也、廣雅此條、悉本方言、疑方言謂之鵖下亦有鶝字、寫者脫落耳、月令季春之月、戴勝降于桑、鄭注云、戴勝、織紝之鳥、是時恒在桑、言降者、若時始自天來、重之也、御覽引春秋考異郵云、戴紝出蠶期起、戴與戴同、方言注說戴勝云、勝所以纏紝、是解紝爲機縷之紝、勝爲持經之勝、說文云、紝、機縷也、勝、機持經者也、亦猶鄭云織紝之鳥也、其爾雅注則云、鵀即頭上勝、是又解爲華勝之勝、廣韻亦云、鵀、戴勝鳥也、頭上毛似勝也、案此鳥又名戴鵀、莫詳所以、則戴紝之義、亦安可謠知、古今聲音遞轉、假借滋多、未必如諸家所說也、呂氏春秋季春紀注云、戴勝剖生於桑、是月其子彊飛、從桑空中來下、此則戴勝生於桑空、故毛詩義疏云、戴勝自生穴中矣、魏志管寧傳云、戴鵀陽鳥也、爾雅翼云、似山鵲而尾短、青色、毛冠俱有文、

鷦䳟鸋鴂果鸁桑飛女鴱工雀也

爾雅、鴟鴞、鸋鴂、又云、桃蟲、鷦、其雌、鴱、郭璞注云、鷦鷯桃雀也、俗呼爲巧婦、方言、桑飛自關而東謂之工爵、或謂之過鸁、或謂之女匠、自關而東謂之鸋鴂、自關而西謂之桑飛、或謂之懱爵、爵與雀同、過與果同、匠與鴱同、郭注云、卽鷦鷯也、又名鷦鷯、今亦名爲巧婦、江東呼布母、懱爵言懱截也、說文、鷦䳟、桃蟲也、玉篇、女鴱、巧婦也、又名鴱雀、鷦䳟者、鷦鷯之轉聲、鷦䳟、鷦鷯、皆小貌也、小謂之𪂔、一曰小謂之眇、䖣中小蟲謂之蟭螟、剖葦小鳥謂之鳭鷯、聲義並同矣、果鸁、亦小貌、小蜂謂之果鸁、小鳥謂之果鸁、其義一也、以其巧

於作巢，故又有女鴎、工雀之名。李善檄吳將校部曲注引韓詩云：「鴟鴞鴟鴞，既取我子，無毀我室。鴟鴞，鸋鴂，鳥名也。鴟鴞所以愛養其子者，適以病之。愛憐養其子者，謂堅固其窠巢；病之者，謂不知託於大樹茂枝，反敷之葦蔄，風至蔄折，巢覆，有子則死，有卵則破，是其病之也。」荀子勸學篇：「南方有鳥，名曰蒙鳩，以羽爲巢，編之以髮，繫之葦苕，風至苕折，卵破子死。巢非不完也，所繫者然也。」楊倞注云：「蒙鳩，鷦鷯也。苕，葦之秀也。今巧婦鳥之巢至精密，多繫於葦竹之上是也。」引說苑：「鷦鷯巢於葦之苕，著之以髮，可謂完堅矣。大風至則苕折卵破者何也？所託者然也。」易林噬嗑之渙亦云：「桃雀竊脂，巢於小枝，搖動不安，爲風所吹。」是鷦鷯、桃蟲，即荀子之蒙鳩，或謂之蒙鳩，或謂之鷦鷯，或謂之懱雀。鷯、懱、蒙一聲之轉，皆小貌也。故方言懱爵注云：「言懱截也。」謂懱截然小也。木細枝謂之蔑，小蟲謂之蠛蠓，小鳥謂之懱雀，又謂之蒙鳩，其義一也。或以爲鷦鷯非蒙鳩者，失之。莊子逍遙遊篇：「鷦鷯巢於深林，不過一枝。」呂氏春秋求人篇鷦鷯作啁噍，皆鷦鷯之變轉也。毛詩義疏云：「鴟鴞似黃雀而小，其喙尖如錐，取茅莠爲巢，以麻紩之，如刺襪然，縣著樹枝，或一房、或二房、幽州人謂之鸋鴂、或曰巧婦、或曰女匠、或曰巧女、又周頌肇允彼桃蟲、拚飛維鳥、傳云、桃蟲、鷦也、鳥之始小終大者、箋云、鷦之所爲鳥、題肩也、或曰鴞、皆惡聲之鳥、義疏云、今鷦鷯是也、微小於黃雀、其雛化而爲鵰、故俗語鷦鷯生鵰、焦貢易林亦謂桃蟲生鵰、或云、布穀生子、鷦鷯養之、案鷦鷯之鳥、今揚人謂之柳串、毛色青黃、目閒有白色如銀、數編麻爲巢于竹樹枝閒、條理緻密、莫能尋其端緒、時則雌雄交鳴、聲小而清徹、始小終大之說、則未之驗也、郭璞注爾雅鴟鴞鸋鴂云、鴟屬、又注方言鸋鴂云、按爾雅鸋鴂鴟鴞、鴟屬、非此小雀明矣、郭意以爾雅鴟鴞與狂茅鴟怪鴟梟鴟連類而及、故斷以爲鴟屬、案賈誼弔屈原文云、鸞鳳伏竄兮、鴟梟翺翔、蔡邕弔屈原文云、鸋鴂軒翥、鸞鳳挫翮、似以鸋鴂爲鴟梟之屬矣、而昔人說詩、則皆以爲鷦鷯、未知孰是、鸁各本譌作鸁、今訂正、集韻引廣雅果作鸁、

城旦倒縣鶡鴠定甲獨舂鶡鴠也

方言、鶡鴠、周魏齊宋楚之閒謂之定甲、或謂之獨舂、自關而東謂之城旦、或謂之倒縣、或謂之鶡鴠、自關

而西秦隴之內謂之鶡鳴郭璞注云鳥似雞五色冬無毛赤倮晝夜鳴獨春好自低仰也城旦言其辛苦有似於罪謫者倒縣好自縣於樹也月令仲冬之月鶡旦不鳴鄭注云鶡旦夜鳴求旦之鳥也呂氏春秋仲冬紀注云鶡鳴山鳥陽物也是月陰盛故不鳴也鹽鐵論利議篇云鶡鳴夜鳴無益於明亦謂其求旦也鶡或作渴說文鳴渴鳴也或作盍坊記引詩云相彼盍旦尚猶患之鄭注云盍旦夜鳴求旦之鳥也求不可得也人猶惡其欲反晝夜而亂晦明鶡或作鳱七發云朝則鸝黃鳱鳴鳴焉或作侃御覽引廣志云侃旦冬毛希夏毛盛後世則謂之寒號蟲嘉祐本草云寒號蟲四足有肉翅不能遠飛

䳓鳥精列鶺鴒雃也

說文雃石鳥一名雝渠一曰精列石與䳓同雝渠與鶺鴒同精列者鶺鴒之轉聲也爾雅鶺鴒雝渠郭璞注云雀屬也或作脊令小雅常棣篇脊令在原傳云脊令雝渠也飛則鳴行則搖不能自舍耳箋云雝渠水鳥而今在原矣其常處則飛則鳴求其類天性也小宛篇題彼脊令載飛載鳴傳云脊令不能自舍君

子有取節爾箋云則飛則鳴翼也口也不有止息義疏云大如鷃雀長脚長尾尖喙背上青灰色腹下白頸下黑如連錢故杜陽人謂之連錢廣韻鸎鴒又名錢母大於燕頸下有錢文埤雅引物類相感志云俗呼雪姑其色蒼白似雪鳴則天當大雪是其情狀也脊令不能自舍故漢書東方朔傳云日夜孳孳敏行而不敢怠辟若鸎鴒飛且鳴矣顏師古注云鸎鴒雍渠小青雀飛則鳴行則搖言其勤苦也

慈烏烏也

爾雅鸒烏醜其飛也翔說文烏孝烏也象形藝文類聚引春秋元命包云火流爲烏烏孝烏也初學記引春秋運斗樞云飛翔羽翮爲陽陽氣仁故烏哺公也後漢書趙典傳云烏烏反哺報德小爾雅云純黑而反哺者謂之慈烏易林隨之大壯云慈烏鳴鳩執一無尤棨善于父母謂之孝亦謂之慈故孝烏謂之慈烏內則云昧爽而朝慈以旨甘齊語云不慈孝於父母莊子漁父篇云事親則慈孝是慈卽孝也孟子離婁篇孝子慈孫猶祭統言孝子孝孫也

雚子雚鷇雛也

方言雞雛徐魯之間謂之雚子雚之言揫也釋詁云揫小也雚或作秋高誘注淮南原道訓云屈讀秋雞無尾屈之屈雞雛無尾故以爲屈說文云屈無尾也今高郵人猶謂雞雛爲雚雞聲正如秋矣玉篇雚雀子也廣韻雚雞雛也是雀子雞雛俱謂之雚也雀子雞雛謂之雚猶羊羔謂之揫耳爾雅生哺鷇郭璞注云鳥子須母食之鷇與鷇同又生噣雛郭注云能自食釋文云鳥子須哺而食者燕雀之屬也史記云趙武靈王探雀鷇而食之是也鳥子生而能自啄者禮記云雛尾不盈握弗食是也說文鷇鳥子生哺者雛雞子也案鷇與雛對文則異散文則通方言云爵子及雞雛謂之鷇郭注云關西曰鷇是雛子生噣亦謂之鷇也易林訟之睽云秋冬探巢不得鵲雛是鳥子生哺亦謂之雛也鷇之言㝅也說文云㝅乳也從子㱿聲司馬彪注莊子齊物論篇云鷇鳥子欲出者則在卵已謂之鷇魯語云鳥翼鷇卵管子五行篇云不癘雛鷇皆連類而舉矣鷇影宋本譌作鷇各本又譌作鶴案集韻類篇鷇或作鷇今訂正

鳱鵠，䧘也

爾雅、鷂鶽醜、其飛也翪、郭璞注云、竦翅上下、說文、䧘、䧘也、象形、篆文從隹䍃聲作䧘、䧘、並與鷂同、鄭注大射儀云、鵠、鳥名、射之難中、中之爲儁、是以所射於侯取名也、引淮南子曰、鳱鵠知來、鳱與雁同、今淮南氾論訓作乾、云、乾鵠知來而不知往、高誘注云、乾鵠、鵲也、人將有來事憂喜之徵則鳴、此知來也、知歲多風、卑巢於木枝、人皆探其卵、故曰不知往也、又謂之乾鵲、西京雜記陸賈曰、乾鵲噪而行人至、今人則通呼喜鵲、名醫別錄陶注云、一名飛駮鳥也、說文又云、雗鷽、山鵲、知來事鳥也、雗鷽與鳱鵠聲相近、廣韻亦云、鳱鵠、鳥名、似鵲、據此則鳱鵠爲山鵲、與鵲相似、非即是鵲、爾雅、鷽、山鵲、郭注云、似鵲而有文彩、長尾、觜腳赤是也、但一種而小異、稱名可以互通耳、

野鷄，鴙也

鴙、與雉同、史記封禪書、文公獲若石于陳倉北阪城、城祠之、其神從東南來、集于祠城、則若雄雞、其聲殷云、

野雞夜雊、集解引如淳云、野雞、雉也、呂后名雉、故曰野雞、漢書郊祀志雄雞作雄雉、雊作鳴、顏師古注云、野雞、亦雉也、避呂后諱、故曰野雞、上言雄雉、下言野雞、史駁文也、案史記殷本紀、有飛雉登鼎耳而呴、屈原傳、雞雉翔舞、淮南王安傳、守下雉之城、皆不爲呂后諱、不應于封禪書獨諱之也、漢書五行志、有飛雉集于庭、又云、天水冀南山大石鳴、壄雞皆鳴、一篇之中、既言雉、又言野雞、與郊祀志同、不應駁文如是之多也、今案易林睽之大壯云、鷹飛雉遽、兔伏不起、狐張狼鳴、野雞驚駭、則野雞之非雉明甚、又案急就篇說飛鳥云、鳳爵鴻鵠鴈鶩雉、其說六畜則云、豭豮狡大野雞雛、則野雞爲常畜之雞矣、謂之野雞者、野鄙所畜之雞、野雞夜鳴者、猶淮南泰族訓云、雄雞夜鳴耳、郊祀志之雄雉野雞、五行志之野雞飛雉、皆判然兩物、謂野雞避呂后諱者、不得其解而爲之辭也、此云、野雞鴙也、亦誤矣、顏師古急就篇注又云、野雞生在山野、鷂雞鶡雞天雞山雞之類、如此、則非復常畜者矣、何以急就篇數六畜而及之哉、其史記雊字、集解正義索隱俱無音注、當亦是鳴字、後人改之耳、

伏翼飛鼠仙鼠蚨蠌也

伏與服同、蚨與蟙同、爾雅蝙蝠服翼、郭璞注云、齊人呼爲蟙蠌、或謂之仙鼠、方言、蝙蝠、自關而東謂之服翼、或謂之飛鼠、或謂之老鼠、或謂之僊鼠、自關而西秦隴之閒謂之蝙蝠、北燕謂之蟙蠌、李當之本草云、伏翼、卽天鼠也、新序雜事篇云、黃鵠白鶴、一舉千里、使之與燕服翼試之堂廡之下、廬室之閒、其便未必能過燕服翼也、曹植蝙蝠賦云、二足爲毛、飛而含齒、巢不哺鷇、空不乳子、不容毛羣、斥逐羽族、下不蹈陸、上不馮木、是其情狀也、今蝙蝠似鼠、黑色、翅與足連、棲于屋隙、黃昏出飛、故鮑照飛蛾賦云、仙鼠伺闇、飛蛾候

明矣、

鶹𪀔飛鸓也

鸓、或作蠝、漢書司馬相如傳、蜼玃飛蠝、張注云、飛蠝、飛鼠也、其狀如兔而鼠首、以其頿飛、郭璞云、蠝、鼯鼠也、毛紫赤色、飛且生、一名飛生、又注爾雅鼯鼠夷由云、狀如小狐、似蝙蝠肉翅、翅尾項脅毛紫赤色、背上

蒼艾色、腹下黃、喙頷雜白、腳短爪長、尾三尺許、飛且乳、亦謂之飛生、聲如人呼、食火煙、能從高赴下、不能從下上高、又爲贊云、鼯之爲鼠、食煙棲林、載飛載乳、乍獸乍禽、皮藉孕婦、人爲大任、是郭以飛鸓爲鼯鼠、與張異也、案說文、鸓鼠形、飛走且乳之鳥也、本草鸓作鸓、云鸓鼠主墮胎、令產易、陶注云、鸓是鼯鼠、一名飛生、狀如蝙蝠、大如鴟鳶、毛紫色、闇夜行飛、生人取其皮毛以與產婦持之、令兒易生、並與郭說相合、則飛鸓爲鼯鼠矣、飛鸓夜出飛鳴、故馬融長笛賦云、猨蜼晝鳴、鼯鼠夜叫也、劉逵吳都賦注云、鼯大如猨、東吳諸郡皆有之、

鸊鷉鶻鷉也

爾雅、鷉、須鸁、郭璞注云、鷉、鸊鷉、似鳧而小、膏中瑩刀、方言、野鳧、其小而好沒水中者、南楚之外謂之鸊鷉、大者謂之鶻蹏、蹏與鷉通、廣韻、鸊鷉、鳥名、似鳧而小、足近尾、本草拾遺云、鸊鷉、水鳥也、如鳩鴨、腳連尾、不能陸行、常在水中、人至即沈、或擊之便起、是其情狀也、鷉或作鷈、南都賦云、鴺鷉鸊鷈、或作鵜、蔡邕短人

賦云、雄荆雞兮鶩鸊鶙、各本鶻鵃作鶻鵃、或譌作鶻、今訂正、

鴆鳥其雄謂之運日其雌謂之陰諧

此用淮南注也、淮南繆稱訓、暉日知晏、陰諧知雨、高誘注云、暉日、鴆鳥也、晏、無雲也、天將晏靜、暉日先鳴也、陰諧、暉日雌也、天將陰雨則鳴、暉與運同、中山經、女几之山、其鳥多鴆、郭璞注云、鴆大如鵰、紫綠色、長頸赤喙、食蝮蛇頭、雄名運日、雌名陰諧也、廣韻引廣志云、鴆鳥大如鴞、紫綠色、有毒、頭長七八寸、食蛇蝮、雄名運日、雌名陰諧、皆用淮南注也、案繆稱訓云、鵲巢知風之所起、獺穴知水之高下、暉日知晏、陰諧知雨、四句各舉一物、四物各爲一類、鵲與獺非牝牡、暉日與陰諧非雌雄也、徧考諸書、言鴆鳥別名者多矣、說文云、鴆、毒鳥也、一名運日、史記魯世家集解引服虔左傳注云、鴆鳥、一日運日鳥、王逸離騷注云、鴆、運日也、羽有毒、可殺人、御覽引吳普本草云、運日、一名羽鴆、運或作䲹、名醫別錄云、鴆鳥毛有大毒、一名䲹日、生南海、陶注云、䲹日鳥、大如黑傖雞、作聲似云同力、故江東人呼爲同力鳥、運又作雲、劉逵吳都賦注

云、鴆鳥、一名雲日、凡此皆言運日而不及陰諧、亦可知鴆鳥無陰諧之號、而繆稱訓注非確詁矣、今案御覽引淮南子逸文曰、蝔知將雨、又引高誘曰、蝔蟲也、大如筆管長三寸餘、廣韻蝔音皆、又音諧、引淮南子曰、蝔知雨至、蝔蟲大如筆管、長三寸、世謂之猥狗、知天雨則於草木下藏其身、集韻蝔音皆、蟲名、猥狗也、知雨則翳葉、又音諧、蟲名、將雨輒出、淮南呼爲雨母、然則蝔與諧同音、陰諧卽是蝔、舉其本名、則謂之蝔、能知陰雨、則又謂之陰諧、陰諧之義、猶雨母耳、下文云、人智不如鳥獸、鳥謂鵲與運日、獸謂獺與陰諧、考工記云、天下之大獸五、脂者膏者、臝者、羽者、鱗者、則獸爲鳥獸昆蟲之通稱、又云、小蟲之屬以爲雕琢、此互文耳、大獸猶言大蟲、小蟲猶言小獸也、故曲禮朱鳥元武青龍白虎、鄭注謂之四獸、

鳳皇雞頭燕頷蛇頸鴻身魚尾骿翼五色以文首文曰德翼文曰順背文曰義腹文曰信膺文曰仁雄鳴曰卽卽雌鳴曰足足昏鳴曰固常晨鳴曰發明晝鳴曰保長

舉鳴曰上翔集鳴曰歸昌

爾雅、鶠、鳳、其雌、皇、說文云、鳳麐前鹿後、蛇頸魚尾、龍文龜背、燕頷雞喙、五色備舉、韓詩外傳云、鳳象鴻前而麟後、蛇頸而魚尾、龍文而龜身、燕頷而雞喙、史記司馬相如傳正義引京房易傳云、鳳皇鴈前麟後、雞喙燕頷、蛇頸龜背、魚尾駢翼、駢與骿同、說苑辨物篇云、鳳鴻前麟後、蛇頸魚尾、龍文龜身燕喙雞噣、駢翼而中注、藝文類聚引樂汁圖云、鳳皇雞頭燕喙蛇頸龍形、麟翼魚尾、五采、諸說並與廣雅小異、郭璞南山經注引廣雅鴻身作龜背、案身與文爲合韻、今本是也、南山經云、丹穴之山有鳥焉、其狀如鶴、五采而文、名曰鳳皇、首文曰德、翼文曰順、背文曰義、膺文曰仁、腹文曰信、是廣雅所本也、今本南山經作翼文曰義、背文曰禮、案順仁信三字爲韻、如今本則失其韻矣、考海內經作翼文曰順、背文曰義、書序正義大雅卷阿正義、莊二十二年左傳正義、周禮樂師疏、史記司馬相如傳正義、藝文類聚、太平御覽引南山經並作翼文曰順、背文曰義、惟埤雅云、翼文曰禮、背文曰義、乃知宋時山海經本始改順爲禮、今又改爲翼文曰義、背文曰禮矣、其逸周書王會篇云、鳳鳥者、戴仁抱義、掖信、韓詩外傳云、鳳戴德負仁、抱忠挾義、說苑辨物篇云、鳳首戴德、項揭義、背負仁、心信智、書序正義引陰陽書云、鳳皇首戴德、背負仁、頸荷義、膺抱信、足履政、尾繫武、初學記引帝王世紀云、鳳首文曰順德、背文曰信義、膺文曰仁智、與廣雅或同或異、皆以意說、無正文也、各本口德上脫首文二字、今補、郎或作節、節御覽引韓詩外傳云、鳳鳴雄曰節節、雌曰足足、昏鳴曰固常、晨鳴口發明、晝鳴曰保章、舉鳴曰上翔、集鳴曰歸昌、說苑辨物篇保章作保長、毛詩義疏則云、朝鳴曰發明、晝鳴曰上翔、夕鳴曰滿昌、昏鳴曰固常、夜鳴曰保長、初學記引論語摘衰聖則云、行鳴曰歸嬉、止鳴曰提扶、夜鳴曰善哉、晨鳴曰賀世、飛鳴曰郎都、此則一鳥之鳴耳、既以節足爲異、又復數更其響、乃至應候而殊聲、成文以協韻、語由增飾、事涉虛誣、識者所不取也、

翳鳥鸞鳥鷫鷞鸑鷟⿰石鳥⿰甬鳥鵕鸃廣昌鶡明鳳皇屬也

海內經、虵山有五彩之鳥、飛蔽一鄉、名曰翳鳥、郭璞注云、鳳屬也、引離騷云、駟玉虯而乘翳、今離騷翳作

鸞、王逸注云、鳳皇別名也、說文、鸞、赤神靈之精也、赤色五采、雞形、鳴中五音、頌聲作則至、周成王時、氐羌獻鸞鳥、氐羌獻鸞鳥、逸周書王會篇文、孔晁注云、鸞大於鳳、亦歸於仁義者也、西山經云、女牀之山有鳥焉、其狀如翟而五彩文、名曰鸞鳥、埶文類聚引決疑注云、象鳳多青色者鸞也、說文、五方神鳥、東方發明、南方焦明、西方鷫鷞、北方幽昌、中央鳳皇、焦與鷦同、鷞或作鸘、續漢書五行志注引樂叶圖徵云、似鳳有四、一曰鷫鸘、鳩喙圓目、身義戴信嬰禮膺仁負智、二曰發明、烏喙大頸大翼大脛、身仁戴信嬰智膺義負禮、三曰焦明、長喙疏翼圓尾、身禮戴信嬰仁膺智負義、四曰幽昌、銳目小頭大身細足、脛若鱗葉、身智戴信嬰義膺禮負仁、李善注江淹雜體詩引宋均樂緯注云、鷦明身禮質赤色、然則鷦明爲南方神鳥、以此推之、則鷫鷞身義白色、屬西方、發明身仁青色、屬東方、幽昌身智黑色、屬北方、鳳皇備五德而兼五色、屬中央、是爲五方神鳥也、隋書經籍志、樂緯三卷、宋均注、梁有樂五鳥圖一卷、亡、五鳥蓋即五方神鳥矣、然古書言鳳鳥者、不聞各以方色、樂緯所云、乃後人附會之詞、不足據也、楚辭大招、鴻鵠代遊、曼鷫鷞只、王逸注云、鵷鶵、俊鳥也、高誘注淮南原道訓云、鵷鶵、鳳皇之別名也、楚辭九歎、從元鶴與鶵明、王注云、鶵明俊鳥也、上林賦云、捷鵔鸃、掩焦明、說文、鸑鷟、鳳屬、神鳥也、周語、周之興也、鸑鷟鳴於岐山、賈虞唐三君注云、鸑鷟、鳳之別名、後漢書賈逵傳云、昔武王終父之業、鸑鷟在岐、與周語注相發明也、藝文類聚引決疑注云、似鳳多紫色者爲鸑鷟、御覽引倉頡解詁云、鵔鸃、神鳥、飛竟天、漢以爲侍中冠、又引雜字解詁云、鵔鸃似鳳皇、九歎、撫朱爵與鵔鸃、王注云、鵔鸃、神俊之鳥也、子虛賦、射鵔鸃、郭璞注云、似鳳有光彩、碣甯廣昌、皆未詳也、

鶆鸔鶵離延居鵛雀怪鳥屬也

玉篇、鶆鸔、東邊鳥名、又云、鶵離鳥自爲牝牡、又云、鶵鶵也、郭璞南山經注引廣雅離作鶵、鶵鶵下有鶵明二字、案上文已云、鶵明、鳳皇屬、不應又以爲怪鳥、或郭氏誤記耳、延居、南山經注作爰居、案爾雅、爰居雜縣、李巡注云、海鳥也、樊光云、似鳳皇、郭璞云、國語曰、海鳥爰居、漢元帝時、琅邪有大鳥如馬駒、時人謂

廣雅疏證　卷第十　釋鳥

之爰居。司馬彪注莊子至樂篇云：爰居舉頭高八尺，
是也。鶢，南山經注作鵈，案鵈字隸或作鶢，鶢字隸或
作鶢，形相
近而亂耳。

鳩禽也

未
詳。

車搹鳩杔也

鈔本御覽引廣雅作車搹鳩禮也，刻本作車搹雝禮
也。案：礼與札字形相似，蓋此字本作札，今本廣雅譌
而為杔，鈔本御覽譌而為礼，刻本又改為禮耳。釋詁
札，甲也。札譌作禮，莊子人閒世篇名也者相札也，崔
頤云：札或作禮，並與此同。淮南說林訓月照天下而
蝕於詹諸，騰蛇游霧而始於蝍蛆，烏力勝日而服於
雝禮，下諸霧蛆四字為韻，獨日禮之聲不諧，竊謂禮
字亦當為札。成十六年左傳七札之札，徐邈音側乙
反，則其聲正與日字相諧，蓋亦是初作札，譌作礼，因
又改作禮耳。鳩雝二字往往相亂。說文云：雝，祝鳩也，

昭十七年左傳注則云祝鳩鷦鳩也然則廣雅之鷦札即淮南之雛札矣高誘淮南注云爾雅謂之裨笠秦人謂之祝祝蠶時晨鳴人舍者鴻鳥皆畏之今爾雅裨作鵧云鵧鳩鵧鷎郭璞注云小黑鳥鳴自呼江東呼爲烏鴟

鷩鳥鴞也

鷩與繁通楚辭天問何繁鳥萃棘負子肆情王逸注云言解居父聘吳過陳之墓門見婦人負其子欲與之淫泆肆其情欲婦人則引詩刺之曰墓門有棘有鴞萃止故曰繁鳥萃棘也是繁鳥即鴞也繁與鷩俱從敏聲而音爲煩曹憲乃云鷩字人多作煩音失之是直不知鷩鳥之爲繁鳥也鷩或作蕃北山經涿光之山其鳥多蕃郭璞注云或云即鴞也音煩又其一證矣陳風墓門傳云鴞惡聲之鳥也義疏云鴞大如班鳩綠色惡聲之鳥也入人家則凶賈誼所賦服鳥是也其肉甚美可爲羹臛又可爲炙漢供御各隨其時惟鴞冬夏尚施之以其美故也莊子齊物論篇見彈而求鴞炙司馬彪注云小鳩可炙又天地篇云鳩

鴞之在於籠、郭璞西山經注亦云、鴞似鳩而青色、則鴞鴞爲鳩類矣、又一種似雞者、亦名爲鴞、史記賈生傳、楚人命鴞爲服、索隱引鄧展云、似鵲而大、又引晉灼云、巴蜀異物志云、有鳥小雞、體有文色、土俗因形、名之曰服、不能遠飛、行不出域、又引荆州記云、巫縣有鳥如雌雞、其名爲鴞、楚人謂之服、是也、

伯趙鶪也

爾雅、鶪鶪醜、其飛也稷、郭璞注云、竦翅上下、又鶪、伯勞也、樊光注引昭十七年左傳伯趙氏司至、又釋之云、伯趙、鶪也、以夏至來、冬至去、郭璞云、似鶷鶡而大、左傳曰伯趙是、月令、仲夏之月、鶪始鳴、左傳正義引蔡邕章句云、鶪、伯勞也、一曰伯趙、應時而鳴、爲陰候也、呂氏春秋仲夏紀注云、是月陰作於下、陽發於上、伯勞夏至後應陰而殺蛇、磔之於棘而鳴於上、傳曰、伯趙氏、司至者也、是伯趙卽鶪也、謂之鶪者、以聲得名、豳風七月正義引陳思王惡鳥論云、伯勞以五月鳴、其聲鶪鶪、故以其音名云、鶪、或作鵙、夏小正、五月鴂則鳴、傳云、鴂者、百鷯也、鳴者、相命也、鵙鳴始于五月、而豳風七月篇言七月鳴鶪者、鄭箋云、伯勞鳴、將

寒之候也、五月則鳴、幽地晚寒、鳥物之候、從其氣焉、正義云、王肅云、蟬及鶪皆以五月始鳴、今云七月、其義不通也、古五字如七、肅之此說、理亦可通、但不知經文實誤否耳、今按是詩紀月之例、或次第相因七月流火八月萑葦四月秀葽五月鳴蜩之類是也、或相距一月、七月流火九月授衣八月其穫十月隕籜之類是也、其有相距不止一月者、則於第三句始得轉韻爲之、如七月流火與八月萑葦、韻也、而下句蠶月條桑、則與取彼斧斨爲韻、四月秀葽與五月鳴蜩韻也、而下句八月其穫、則與十月隕籜爲韻、蓋八月之去蠶月、五月之去八月、中間甚遠、則必轉韻以別之、此七月一篇之例也、若作五月鳴鶪、則與八月載績相距兩月、文甫二句、而義已參差韻復無別、於例爲不倫矣、肅說非是、

附引廣雅一條

白鷢鷹也

見初學記太平御覽、爾雅、鷹、鶆鳩、又云、鷹隼醜其飛也翬、又云、鷢、白鷢、郭璞注云白鷢似鷹、尾上白、廣韻

云、白鷢、一名鸉、似鷹、尾上白、善捕鼠也、御覽引古今注云、白鷢似鷹而尾上白、亦號爲印尾鷹、案鷢與臀通、釋親云、臎、臀也、臎或作翠、臀或作橛、內則注云、翠、尾肉也、素問骨空論注云、尾窮謂之橛、然則鷢爲尾後之稱、故尾上白謂之白鷢也、又說文云、白鷢、王鴡也、周南關雎篇義疏云、雎鳩、揚雄許愼皆曰白鷢、似鷹、尾上白、案爾雅雎鳩自名王雎、鷢自名白鷢、明非一鳥也、

釋獸

於䖘李耳虎也

說文、虎、山獸之君、從虍、虎足象人足、象形、方言、虎、陳魏宋楚之閒或謂之李父、江淮南楚之閒謂之李耳、或謂之於䖘、自關東西或謂之伯都、郭璞注云、於音烏、今江南山邊呼虎爲䖘、音狗竇、䖘或作菟、宣四年左傳云、楚人謂虎於菟、釋文、菟、音徒、案於䖘、虎文貌、說文、⿰牛余、黃牛虎文、讀若涂、䖘⿰牛余聲義並同、虎有文謂之於䖘、故牛有虎文謂之⿰牛余、春秋傳楚鬭穀於菟字子文、是其證也、說文又云、虍、虎文也、於䖘與虍、聲近

而義同、單言之則爲虎、重言之則爲於艬、於艬李耳、皆疊韻字、李耳李父、語之變轉、而御覽引風俗通義云、俗說虎本南郡中廬李氏公所化爲、呼李耳因喜、呼班便怒、方言注又云、虎食物値耳卽止、以觸其諱故、皆失之鑿矣、易林隨之否云、鹿求其子、虎廬之里、唐伯李耳、貪不我許、豈更有唐氏公所化哉、

貔貍貓也

貍之搏鼠者曰貓、郊特牲云、迎貓爲其食田鼠也、御覽引尸子云、使牛捕鼠、不如貓狌之捷、莊子秋水篇云、騏驥驊騮、一日而馳千里、捕鼠不如貍狌、是貓亦稱貍也、諸書無言貓名貔者、據方言貔豾皆貍之別名、則貔字當在下條內、寫者誤耳、

豾貍也

爾雅、貍狐貒貈醜、其足蹯、其跡内、郭璞注云、皆有掌蹯、内、指頭處也、又貍子、隸、郭注云、今或呼豾貍、釋文引字林云、豾、貍也、豾、或作貊、方言、貔、陳楚江淮之閒謂之猍、北燕朝鮮之閒謂之貊、關西謂之貍、大射儀

鄭注云、貍之言不來也、不與豾、來與貍、古並同聲、說文、貍、伏獸似貙也、周官射人以貍步張三侯、鄭注云、貍、善搏者也、行則止而擬度焉、其發必獲、是以量侯道法之也、今貍有二種、或似豹文、或似虎文、其皮可以爲裘、故禹貢梁州厥貢熊羆狐貍織皮也、

貒貛也

爾雅、貍狐貒貈醜、說文引作狐貍貛貉醜、又貒子、貗郭璞注云、貒豚、一名貛、釋文引字林云、貒、獸似豕而肥、方言、貛、關西謂之貒、說文、貛、野豕也、淮南脩務訓貛貉爲曲穴、御覽引作貒、貒知曲穴、楚辭九思、貒貉兮蟫蟫、注云、蟫蟫、相隨之貌也、貛、通作狟、周官草人、鹹潟用狟、鄭注云、狟、貒也、淮南齊俗訓、狟貉得埵防、弗去而緣高、誘注云、狟、狟豚也、本草衍義云、貒肥矮、毛微灰色、頭連脊毛一道黑、觜尖黑、尾短闊、蒸食之極美、案今貛有二種、或如豬、或如狗、皆穴于地中、夜出食人雞鴨、

猱狙獼猴也

齊策云猿獮猴錯木據水則不若魚鼈楚辭招隱士云獮猴兮熊羆慕類兮以悲獮獮並與獼同聲轉而爲母說文爲母猴也其爲禽好爪爪母猴象也下腹爲母猴形呂氏春秋察傳篇玃似母猴母猴似人是也又轉而爲沐漢書項籍傳人謂楚人沐猴而冠張晏注云沐猴獮猴也爾雅猱蝯善援初學記引孫炎注云猱母猴也郭璞注云善攀援又注蒙頌猱狀云猱亦獼猴之類小雅角弓篇毋敎猱升木傳云猱猨屬箋云猱之性善登木義疏云猱獮猴也猱或作夒說文猴夒也夒母猴似人從頁巳止夊其手足又作獿樂記鄭注云獿獮猴也郭璞南山經注引尸子云左執太行之獶聲轉而爲戎顏師古匡謬正俗云或問曰今之戎獸皮可爲褥者古號何獸荅曰李登聲類夒音人周反字或作猱左思吳都賦劉逵注云猱似猴而長尾驗其形狀戎卽猱也此字旣有柔音俗語變轉謂之戎耳猶今之香葇謂之香戎也說文狚玃屬玃大母猴也莊子齊物論篇云狙公賦芧

𧳜貁也

爾雅釋文引字林云、猏謂之貗、衆經音義卷二十一引倉頡篇云、猏似貓、搏鼠、出河西、後漢書班固傳注、文選西都賦注、並引倉頡篇云、猏似貍、據此則猏乃貍屬、非猨狖之狖也、猨狖之狖自似獼猴、不似貍、故廣雅、貗、猏也、㚖、㹧也、二條相連、㹧與猏皆貍屬也、其似獼猴之狖、則于下文始釋之、訓則此爲貗、彼爲雌、字則此從豸、彼從犬、所以爲別也、郭璞爾雅注云、今江東呼貉爲㹧貗、蓋貍狐貒貉類相近而名相假、亦若貍與白狐同名爲貔也、此足以證貗猏之非猴類矣、李賢李善引倉頡篇以釋猨狖之狖、失之

㚖㹧也

玉篇廣韻並云、㚖、獸似貍、爾雅疏引字林云、㹧、貍類、是㚖卽㹧也、廣韻又云、㹧、貉屬、則此獸亦近于貉、故郭璞爾雅注云、今江東呼貉爲㹧貗、同類而通稱耳、說文云、㚖、獸名、似狌狌、狌狌二字疑有誤、

豨䝁豭彘豕也

爾雅、豕子、豬、郭璞注云、今亦曰彘、江東呼豨、皆通名、方言、豬、北燕朝鮮之閒謂之豭、關東西或謂之彘、或

謂之豕、南楚謂之豨、說文、豕、彘也、竭其尾、故謂之豕、象毛足而後有尾、讀與豨同、然則豨豕古同聲、故史記天官書、奎曰封豕、漢書天文志作封豨、李頤注莊子知北遊云、豨、大豕也、鄧展注漢書高祖紀云、東海人名豬曰豨、墨子耕柱篇云、狗豨猶有鬭、說文又云、豝、豕屬也、豭、牡豕也、隱十一年左傳、鄭伯使卒出豭、正義云、豭、謂豕之牡者、爾雅釋獸、豕牝曰豝、豝者是牝、知豭者是牡、祭祀例不用牝、且宋人謂宋朝爲艾豭、明以雄豬喻也、案爾雅、鹿牡麚、牝麀、釋文、麚音加、牡鹿之名麚、猶牡豕之名豭也、豭爲牡豕、又爲豕之通稱、猶豬爲豕子、又爲豕之通稱矣、

說文又云、彘、豕也、後蹏廢謂之彘、

豯貕豘也

豘、與豚同、方言、豬、其子謂之豚、或謂之豯、說文、豘、小豕也、篆文從肉豕作豚、豯、生三月豚腹豯豯皃也、從豕奚聲、徐鍇傳云、豯豯、腹大也、玉篇、貕、小豚也、蓂丁切、貕之言冥也、爾雅釋言云、冥、幼也、

狖蜼也

爾雅、雌、卬鼻而長尾、郭璞注云、雌似獼猴而大、黄黑色、尾長數尺、似獺、尾末有歧、鼻露向上、雨卽自縣於樹、以尾塞鼻、或以兩指、江東亦取養之、爲物捷健、釋文、蜼、音誄、字林余繡反、或餘季餘水二反、余繡之音正與狖同、淮南覽冥訓、蝯狖顛蹶而失木枝、高誘注云、狖、蝯屬也、長尾而卬鼻、狖讀中山人相遺物之遺、又與餘季之音相合、是狖蜼聲義皆同也、蜼又音誄、故通作猵、御覽引異物志云、猵之屬捷勇於猨、鼻微倒向上、尾端分爲兩條、天雨便以插鼻孔中、水不入、性怯畏人、見則顛倒投擲、或墮地奔走、無所迴避、觸樹動石、或至破頭折脛、故俗人罵人云、癡如猵、古者或刻尊彝以象之、周官司尊彝云、祼用虎彝蜼彝、性善嘯、如猨、故九歌云、猨啾啾兮狖夜鳴也、

豰貑豭也

諸書無訓豰爲豭者、說文、豰、小豚也、則當入上文豯也條內、又案貑通作艾、定十四年左傳、旣定爾婁豬、盍歸吾艾豭、杜預注云、艾、老也、釋文引字林艾作貑、三毛聚居者、據此則豭爲牡豕之名、貑乃豕之情狀、

不得訓豰爲豭也、疑㝅字從上文豚也條內竄入此條、豰豭下則又有豕牡二字、與下條豕牝相對、寫者脫去矣、集韻云、㝅豰、豭也、則所用已是誤本、

䝬豵豕牝也

玉篇、䝬、老母豕也、豵、小母豬也、初學記引纂文云、齊徐以小豬爲豵、

橧圈也

爾雅、豕所寢、橧、舍人注云、豕所寢草爲橧、某氏云、臨淮人謂野豬所寢爲橧、郭璞云、橧、其所臥蓐、橧之言增累而高也、禮運、夏則居橧巢、鄭注云、暑則聚薪柴居其上、人居薪上謂之橧、猶豕居草上謂之橧也、橧本圈中臥蓐之名、因而圈亦謂之橧、方言、豬、吳揚之閒謂其檻及蓐曰橧、檻、即圈也、說文、圈、養畜之閑也玉篇、圈、牢也、今人通呼豕牢爲圈、聲如卷、

麇麞也

說文、麇、麞也、籀文作麕、麕麞屬也、召南野有死麕、義疏云、麕、麞也、青州人謂之麕、麞或作獐、考工記畫繢之事、山以章、鄭注云、章讀爲獐、齊人謂麞爲獐、呂氏春秋博志篇云、使獐疾走、馬弗及也、而得之者、其時顧也、御覽引伏侯古今注云、麞有牙而不能噬、鹿有角而不能獨、麇、各本譌作麇、今訂正、

麛䴠也

爾雅、鹿其子麛、周官迹人禁麛卵者、鄭注云、麛麋鹿子、是麛爲鹿子之名、麋子亦得借稱也、麛或作麑、魯語、獸長麑䴠、韋昭注云、鹿子曰麑、論語鄉黨篇、素衣麑裘、皇侃疏云、麑、鹿子、鹿子近白、與素微相稱、麑之言兒也、弱小之稱也、䴠之言便也、亦弱小之稱、說文、䴠、鹿麛也、讀若便弱之便、䴠與䴠同、玉篇音奴亂切、凡字之從而聲耎聲需聲者、聲皆相近、小栗謂之栭、小魚謂之鮞、小雞謂之雞、小兔謂之䨲、小鹿謂之䴠、其義一也、吳都賦云、翳薈無䴠鷚、

逸娩䨲兔子也

廣韻、逸逸䝉也、爾雅、兔子、嬎、說文嬎作娩、娩、曹憲音匹萬、娩者、新生弱小之稱、內則、兔薨、鄭注云、兔新生者、釋文、兔音問、大戴禮公冠篇、推遠稚兔之幼志、盧辯注云、兔、猶弱也、聲義與娩相近、郭璞注爾雅兔子嬎云、俗呼曰䝉、集韻云、江東呼兔子爲䝉、論衡奇怪篇、兔吮豪而懷子、及其子生、從口而出也、

猵狼也

廣韻、猵、獸名、似狼、說文、狼似犬、銳頭白頰、高前廣後、毛詩義疏云、其鳴能小能大、善爲小兒啼聲以誘人、去數十步止、其勇捷者、人不能制、雖善用兵者、不能克之、其膏可以煎和、其皮可以爲裘、

獱獺也

說文、猵、獺屬也、或從賓作獱、又云、獺如小狗、水居食魚、李善羽獵賦注引郭璞三倉解詁云、獱似狐、青色、居水中食魚、孟子離婁篇、爲淵敺魚者獺也、趙岐注云、獺、獱也、呂氏春秋孟春紀、獺祭魚、高誘注云、獺、獱水禽也、取鯉魚置水邊、四面陳之、世謂之祭魚、淮南兵畧訓、畜池魚者必去猵獺、爲其害魚也、故鹽鐵論

輕重篇云水有猵獺而池魚勞御覽引博物志云猵頭如馬頭腎以下似蝙蝠毛似獺大可五六十斤名醫别錄陶注亦云獺有兩種猵獺形大頭如馬身似蝙蝠則猵乃獺之大者而顏師古注漢書揚雄傳以猵爲小獺非也

蹏蹢蹓蹯足也

說文蹏足也字亦作蹄釋名蹄底也足底也蹢之爲言猶蹏蹏也爾雅馬四蹢皆白首豕四蹢皆白豥小雅漸漸之石篇有豕白蹢傳云蹢蹄也爾雅貍狐貒貈醜其足蹯說文蹯作番云獸足謂之番從釆田象其掌或從足從煩作蹞古文作丑徐鍇傳云象獸掌形也文元年左傳請食熊蹯杜預注云熊掌也

隲牡犒特挺猳犃雄也

邶風匏有苦葉傳飛曰雌雄走曰牝牡正義云此定例耳若散則通故書曰牝雞之晨傳曰獲其雄狐是也然則走者亦得稱雌雄小雅無羊云以雌以雄謂牝牡也隲之爲言猶特也爾雅馬牡曰隲郭璞注云

今江東呼父馬爲騭、字通作陟、夏小正、四月執陟攻駒、陟、謂牡馬也、執、與縶通、月令游牝别羣、則縶騰駒是其事、傳訓陟爲升、云執而升之君、於義疏矣、說文、牡、畜父也、玉篇、犅特牛也、說文又云、朴特、牛父也、急就篇云、犙𤙭特𤛛羔犢駒、特爲牛父之名、馬父亦得稱之、周官校人凡馬特居四之一、鄭衆注云、三牝一牡也、釋畜云、吳羊牡三歲日羝、衆經音義卷十四引三倉云、羝特羊也、大壯九三、羝羊觸藩張璠注云、羝羊、羖羊也、大雅生民篇、取羝以軷傳云、羝牡羊也、豭爲牡豕之名、詳見上文豭豕也下、

㹀牸牝雌也

爾雅、馬牝曰騇、郭璞注云、草馬名、騇、與㹀同、玉篇、牸母牛也、易林訟之井云、大牡肥牸、惠我諸舅、說苑政理篇臣故畜牸牛、生子而大、賣之而買駒、或通作字、史記平準書、衆庶街巷有馬、阡陌之閒成羣、而乘字牝者、儐而不得聚會、是母馬亦謂之牸也、牸之言字、生子之名、釋詁云、字、生也、牛母謂之牸、猶麻母謂之学矣、今高郵人謂牝牛爲牸牛、說文、牝、畜母也、

騬犗羯羠豶猗劇攻㹇也

說文、騬、犗馬也、犗、騬牛也、玉篇犗、加敗切、犗之言割也、割去其勢、故謂之犗、莊子外物篇、五十犗以爲餌、郭象云、犗、犍牛也、犍與㹇同、其轉聲則爲羯、說文、羯、羊羖犗也、急就篇云、牂羖羯羠挑羝羭、史記貨殖傳、羯羠不均、徐廣注云、羯羠皆健羊也、案健當爲犍、字之誤也、廣韻、羠、牯羊也、牯與羖同、衆經音義卷五引三倉云、羖羯也、爾雅說豕云、豬豶、說文、豶羠豕也、大畜六五、豶豕之牙、劉表注云、豕去勢曰豶、說文、猗、犗犬也、釋言、劇攻也、曹憲音止善勦限二反、廣韻、劇以槌去牛勢也、劇之言鐻也、說文、鐻、伐擊也、玉篇之善切、割也、今俗語謂去畜勢爲扇、卽劇聲之變轉矣、周官校人、頒馬攻特、鄭衆注云、攻特、謂騬之、㹇、曹憲音居言、字或作犍、或作劇、衆經音義卷十一引通俗文云、以刀去陰曰劇、卷十四引字書云、犍、割也、廣韻、劇、以刀去牛勢也、劇之言虔也、方言、虔、殺也、義與割通、今俗謂牡豬去勢者曰犍豬、聲如建、

麐狼題肉角含仁懷義音中鐘呂行步中規折還中榘

遊必擇土翔必後處不履生蟲不折生草不羣居不旅行不入陷穽不羅罘䍐文章彬彬

爾雅、麐、麕身牛尾、一角、李巡注云、麐、瑞應獸名、孫炎云、靈獸也、字或作麟、哀十四年公羊傳、麟者、仁獸也、何休注云、狀如麕、一角而戴肉、設武備而不爲害、所以爲仁也、詩云、麟之角、振振公族、是也、周南麟之趾箋亦云、麟角之末有肉、示有武而不用、初學記引孝經古契云、吾所見一禽如麕、羊頭、頭上有角、其末有肉、則緯家已爲此說也、哀十四年左傳正義引京房易傳云、麟麕身牛尾、狼額馬蹄、有五采、腹下黃、高丈二、額、即題也、爾雅定題也、郭璞注云、題、額也、引詩云麟之定、張注上林賦亦云、雄曰麒、雌曰麟、其狀麇身牛尾狼題一角、是也、說苑辨物篇、麒麟麕身牛尾、員項一角、含仁懷義、音中律呂、行步中規、折旋中矩、擇土而踐、位平然後處、不羣居、不旅行、紛兮其有質文也、紛與彬聲相近、藝文類聚引說苑作彬彬然、周南麟之趾義疏云、麟角端有肉、音中鐘呂、行中規矩、遊必擇地、詳而後處、不履生蟲、不踐生草、不羣居、不侶行、不入陷穽、不羅羅網、王者至仁則出、亦與廣雅同、各本行步譌作步行、陷穽譌作穽陷、章譌作彰、彬彬譌作彬也、案說苑作行步中規、詩義疏作不入陷穽、左傳正義引廣雅行步中規、不入陷穽、文章斌斌、禮運正義引不入檻穽、文章斌斌、初學記引行步中規、不犯陷穽、文章彬彬、今據以訂正、又左傳正義禮運正義引廣雅麔上有麒字、狼題作狼頭、翔必後處、左傳正義作翔必有處、禮運正義作詳而後處、不羅罘罔、作不入羅網、初學記作不羅罘罔、案羅罹與羅古字通、

鼱鼠

說文、鼠、穴蟲之摠名也、象形、方言、宛野謂鼠爲鼱、郭璞注云、宛、新野、今皆在南陽、音錐、玉篇云、南陽呼鼠爲鼱、本方言注也、各本鼠字誤入曹憲音內、埤雅引廣雅鼱鼠、今據以訂正、

鼩鼠鼫鼠

爾雅、鼩鼠、孫炎注云、五技鼠也、郭璞云、形人如鼠、頭似兔、尾有毛、青黃色、好在田中食粟豆、關西呼爲鼩

鼠、見廣雅音雀、說文鼫五技鼠也、能飛不能過屋、能緣不能窮木、能游不能渡谷、能穴不能掩身、能走不能先人、晉九四、晉如鼫鼠、九家易云鼫鼠喻貪也、五伎皆劣、四爻當之、荀子勸學篇梧鼠五技而窮、大戴禮作鼫鼠、字通作碩、魏風碩鼠篇碩鼠碩鼠無食我黍、正義引舍人樊光爾雅注、以詩碩鼠爲彼五技之鼠、義疏云、今河東有大鼠能人立、交前兩脚於頸上跳舞、善鳴、食人禾苗、人逐則走入樹空中、亦有五技、或謂之雀鼠、其形大、故序云大鼠也、雀與鼩通、各本鼩下鼠字誤入曹憲音內、埤雅引廣雅鼩鼠鼫鼠、今據以訂正、

鼹鼠鼢鼠

爾雅、鼢鼠、郭璞注云、地中行者、說文鼢、地中行鼠、伯勞所化也、一曰偃鼠、或從虫作蚡、偃與鼹通、莊子逍遙遊篇、偃鼠飲河、不過滿腹、是也、偃之轉聲則爲隱、名醫別錄、鼹鼠在土中行、陶注云、俗中一名隱鼠、一名蚡鼠、形如鼠大而無尾、黑色、長鼻、甚強、常穿地中行、埶文類聚引廣志云、鼢鼠深目而短尾、案此鼠所

在田中多有之、尾長寸許、體肥而匾、毛色灰黑、行於地中、起土上出、若蠶之有封、故方言、蚍蜉䵷鼠之場謂之坻、郭璞注云、場音傷、䵷鼠、蚡鼠也、爾雅疏云、謂起地若耕、因名云、今順天人猶呼鼢鼠、莊二釋文引說文舊音鼢、扶問反、正與俗音相合矣、鼹各本譌作鼹、說文玉篇廣韻集韻類篇俱無鼹字、集韻鼹或作鼴、今訂正、

鼠狼鼬

爾雅、鼬鼠、郭璞注云、今鼬似鼦、赤黃色、大尾、啖鼠、江東呼爲鼪、說文、鼬、如鼠、赤黃而大、倉鼠者、夏小正、九月鼸鼬則穴、傳云、穴也者、言蟄也、莊子徐無鬼篇、藜藿柱乎鼪鼬之逕、秋水篇、騏驥驊騮、一日而馳千里、捕鼠不如狸狌、崔本狌作鼬、鼬善捕鼠、故有鼠狼之名、藝文類聚引廣志云、黃鼠善走、凡狗不得、惟鼠狼能得之、今俗通呼黃鼠狼、順天人呼之黃鼬、好夜中倉人雞、人捕取之、以其尾毛爲筆、

陽鼠

諸書無言陽鼠者、玉篇、⿰鼠易、音惕、鼠也、疑陽字本作⿰鼠易、曹憲音惕、正文脫去⿰鼠易字、音內惕字誤入正文、惕又譌爲陽也、

⿰鼠冗鼠

說文、⿰鼠冗、鼠屬也、龍龕手鑑、⿰鼠冗、小鼠也、玉篇以爲卽鼮鼠、音如勇切、

鼮鼠

說文、鼮、鼮令鼠也、

⿰鼠益鼠

說文、⿰鼠益、鼠屬也、或從豸作貖、

⿰鼠韱⿰鼠胡

說文、獑⿰胡鼠鼠黑身、白胥若帶、手有長白毛、似握版之狀、類蝯蜼之屬、獑與⿰鼠韱同、廣韻、⿰鼠韱⿰鼠胡似猨、黑身白胥、

手有長白毛、善超坂絕巖也、玉篇、獑、仕緘切、猢、戶吾切、漢書司馬相如傳、獑猢穀蛫、張注云、獑猢似獼猴、頭上有髮、要以後黑、郭璞獑音讒、史記作蟖、徐廣音在廉反、似猨黑身也、西京賦、杪木末、擭獑猢、薛綜注云、獑猢猨類而白、要以前黑、諸家或云要以前黑、或云要以後黑、或云黑身白要、未知誰得其實也、

䶈䶂

玉篇、䶈、布各切、䶂、徒當切、廣韻、䶈䶂鼠、一月三易腸、䶂、或作唐、藝文類聚引梁州記云、壻水北壻鄉山有仙人唐公房祠、山有易腸鼠、一月三吐易其腸、東廣微所謂唐鼠者也、又引博物志云、唐房升仙、雞狗並去、唯以鼠惡不將去、鼠悔、一月三出腸、水經沔水注亦云、公房白日升天、雞鳴天上、狗吠雲中、惟以鼠惡留之、鼠乃感激、以月晦日吐腸胃更生、故時人謂之唐鼠、案此曲說也、漢仙人唐公房碑云、鼠齧輒車被具、公房乃畫地爲獄、召鼠誅之、又云、公房妻子屋宅六畜、翛然與之俱去、是殺鼠與升仙、各爲一事、後人乃合二事以爲此說耳、唐鼠自是山中異產、不以唐公房也、

⿰鼠冋⿰鼠令

玉篇、⿰鼠冋、公熒切、班鼠也、⿰鼠令、力丁切、⿰鼠冋⿰鼠令、又云、鼥、班尾鼠、廣韻、⿰鼠冋⿰鼠令、班鼠、又云、鼥、班鼠也、鼥、鼠文也、則⿰鼠冋⿰鼠令卽爾雅之鼥鼠矣、各本⿰鼠冋譌作⿰鼠网、今訂正、

白⿰鼠番

說文、⿰鼠番、鼠也、讀若樊、玉篇、⿰鼠番、白鼠也、初學記引晉起居注云、白鼠一見東宮、藝文類聚引地鏡圖云、黃金之見、爲火與白鼠、又引廣志云、白猴長尾白腹、善緣登、若家鼠小異者、⿰鼠番之言皤也、釋器云、皤、白也、

⿰鼠殳

玉篇公祿切、鼬鼠也、

⿰鼠幾⿰鼠支

未詳、

䶎鼠

廣韻、䶎、子峻切、石鼠出蜀、毛可作筆、

䶊鼠

北山經、丹熏之山有獸焉、其狀如鼠而菟首麋身、其音如獋犬、以其尾飛、名曰耳鼠、食之不䏿、又可以禦百毒、郭璞贊云、蹠實以足、排虛以羽、翹尾翻飛、奇哉耳鼠、厥皮惟良、百毒是禦、耳與䶊通、各本䶊下脫鼠字、集韻、䶊、鼲、鼠屬也、則所見已是誤本、今據北山經訂正、

鼲鼠

說文、鼲鼠出丁零國、皮可爲裘、玉篇、鼲、胡昆古覓二切、鹽鐵論力耕篇、鼲貂狐貉、充於內府、字通作昆、魏志烏丸鮮卑東夷傳注引魏畧云、丁令國出名鼠皮、青昆子白昆子皮、昆子即鼲子也、後漢書鮮卑傳云、鮮卑有貂豽鼲子、皮毛柔蝡、故天下以爲名裘、其尾又可以飾冠、魏志王粲傳注引典略云、鼲貂之尾、綴

侍臣之幘、

䶃鼠

即鼸鼠也、爾雅、鼸鼠、孫炎注云、鼸者、頰裏也、郭璞云、以頰內藏食也、釋文、鼸、下簟反、鼸與䶃聲近義同、鼸之言嗛也、爾雅、寓鼠曰嗛、郭注云、頰裏貯食處是也、故鼸或作嗛、夏小正、正月田鼠出、傳云、田鼠者、嗛鼠也、墨子非儒篇、鼸鼠藏而羝羊視、蓋謂其藏食也、說文、鼸、䶃也、䶃、鼸屬、讀若含、䶃與鼸同、䶃之爲言含食也、龍龕手鑑云、䶃似鼠無耳、

䶉鼠

說文、䶉、竹鼠也、如犬、玉篇、䶉、力久切、似鼠而大、廣韻、䶉、食竹根鼠也、蓺文類聚引劉欣期交州記云、竹鼠如小狗子、食竹根、出封溪縣、䶉或作猫、莊子天地篇、執畱之狗、釋文、畱、本又作猫、司馬彪云、猫、竹鼠也、後世謂之竹䶉、出南方、居土穴中、大如兔、人多食之、味如鴨肉、揚雄蜀都賦云、春羔秋䶉、埤雅引燕山錄云、

煮羊以䭈、煮鼈以蚑、

鼠屬

獸一歲爲豵二歲爲豝三歲爲肩四歲爲特

說文、豵、一歲豚尚藂聚也、豝、二歲豕能相把拏、引召南騶虞篇曰、一發五豝、豣、三歲豕肩相及者、引齊風還篇曰、並驅從兩豣兮、與肩通、騶虞篇壹發五豵傳云、一歲曰豵、正義云、傳以七月云、言私其豵、獻豣於公、大司馬云、大獸公之、小禽私之、豵言私、明其小、故彼亦云、一歲曰豵、獻豣於公、明其大、故彼與還傳皆云、三歲曰豣、伐檀傳云、三歲曰特、蓋異獸別名、故三歲者有二名也、毛詩肩特皆三歲者、此云四歲爲特、與毛異、鄭衆注大司馬引詩言私其豵獻肩于公而釋之云、一歲爲豵、二歲爲豝、三歲爲特、四歲爲肩、五歲爲慎、此云三歲爲肩、四歲爲特、亦與鄭異、

附引廣雅一條

貀豹也

見太平御覽、貀亦豹之屬也、爾雅、貀、無前足、郭璞注云、晉太康七年、召陵扶夷縣檻得一獸、似狗、豹文、有角、兩腳、即此種類也、或說貀似虎而黑、無前兩足、釋文引字林云、獸無前足、似虎而黑、即郭氏所引、或說也、說文、貀、獸無前足、引漢律能捕豺貀購百錢、字亦作豽、廣韻、豽、獸名、似貍蒼黑、無前足、善捕鼠、

釋畱

白馬黑脊驙

脊、各本譌作脊、今訂正、

白馬朱鬣駁

定十年左傳釋文引舍人爾雅注云、鬣馬髮也、駁、各本譌作駱、段先生若膺云、爾雅、白馬黑鬣、駱、駱非朱鬣之馬、駱、當爲駁、逸周書王會篇、犬戎文馬、赤鬣縞身、目若黃金、名吉黃之乘、說文文作駁、海內北經亦

云、犬戎有文馬、縞身朱鬣、目若黃金、名曰吉量、乘之壽千歲、郭璞注云、縞身、色白如縞也、今從段說訂正、

飛黃

一名乘黃、逸周書王會篇、白民乘黃、乘黃者、似騏、背有兩角、海外西經、白民之國有乘黃、其狀如狐、其背上有角、乘之壽二千歲、郭璞注引周書似騏作似狐、云、即飛黃也、淮南覽冥訓、青龍進駕、飛黃伏皁、高誘注云、飛黃、乘黃也、出西方、狀如狐、背上有角、乘之壽三千歲、初學記引符瑞圖云、騰黃者、神馬也、其色黃、一名乘黃、亦曰飛黃、或曰吉黃、或曰翠黃、一名紫黃、

騶吾

海內北經、林氏國有珍獸、大若虎、五采畢具、尾長于身、名曰騶吾、乘之日行千里、郭璞注云、六韜云、紂囚文王、閎夭之徒、詣林氏國、求得此獸獻之、紂大悅、乃釋之、周書曰、夾林酋耳、酋耳若虎、尾參於身、食虎豹、大傳謂之怪獸、吾宜作虞也、又爲贊云、怪獸五采、尾參於身、矯足千里、儵忽若神、是謂騶虞、詩歎其仁、

吉量

量、與量同、詳見上文白馬朱鬣駁下、

朱駁

爾雅、駵白、駁、孫炎注云、駵、赤色也、駁、與駁同、開元占經馬占引禮斗威儀云、君乘火而王、其政和平、則南河輸駁馬、注云、駁馬者、黃赤色馬也、謝莊舞馬賦云、方疊鎔於丹縞、亦聯規於朱駁、

飛兔

呂氏春秋離俗覽、飛兔要裹、古之駿馬也、高誘注云、飛兔要裹皆馬名也、日行萬里、馳若兔之飛、因以爲名也、開元占經馬占引瑞應圖云、飛兔者、馬名也、日行三萬里、禹治水勤勞、救民之害、天眷其德而至、

金喙騕褭

騕、或作要、漢書司馬相如傳、羂要裹、張注云、要裹馬金喙赤色、一日行萬里者、是金喙者爲騕裹也、開元

占經馬占引應劭漢書注云、騕褭、古駿馬、赤喙元身、日行一萬五千里、與張注小異、餘見上條、

𧺆狐

未詳所出

駃騠

說文、駃騠、馬父贏子也、逸周書王會篇云、正北以野馬騊駼駃騠爲獻、史記匈奴傳索隱云、發蒙記、駃騠刳其母腹而生、列女傳云、生七日超其母、騠或作題、御覽引尸子云、文軒六駃、題無四寸之鍵、則車不行、駃之言趹、騠之言踶、疾走之名也、釋詁云、趹、疾也、釋宮云、趹、奔也、說文、趹、馬行皃、趹、踶也、高誘注淮南脩務訓云、踶、趍走也、

飛鴻

御覽引東方朔傳云、騏驎綠耳蜚鴻華騮、天下良馬也、蜚、與飛同、

野麋腹丹

皆未詳所出、

騏驥

說文、騏、馬青驪文如綦也、驥、千里馬也、孫陽所相者
論語憲問篇驥不稱其力、稱其德也、鄭注云、德者、謂
調良之德也、穆天子傳、天子之駿赤驥、郭璞注云、世
所謂騏驥、莊子秋水篇、騏驥驊騮、一日而馳千里、騏
或作驥、荀子性惡篇、驊騮騹驥纖離綠耳、
此皆古之良馬也、楊倞注云、騹、讀爲騏、

騄駬

或作綠耳、竹書紀年、穆王八年、北唐來賓、獻一驪馬
是生騄耳、穆天子傳、天子之駿綠耳、郭璞注云、魏時
鮮卑獻千里馬、白色而兩耳黃、名曰黃耳、即此類也、
商子畫策篇、騏驎騄耳、每一日走千里、有必走之勢
也、

驊騮

說文、騮、赤馬黑髦尾也、驊、或作華、穆天子傳、天子之駿華騮、郭璞注云、色如華而赤、今名馬驃赤者爲棗騮、騮、馬赤也、餘見上文騏驥下、

駣騬

史記秦本紀、造父得驥溫驪、徐廣云、溫、一作盜、索隱云、鄒誕生本作駣、音陶、則盜驪卽此駣騬也、爾雅云小領盜驪、穆天子傳、天子之駿盜驪、郭璞注云、爲馬細頸、驪、黑色也、玉篇作桃騬、御覽引廣雅亦作桃、集韻云、駣騬獸名、似馬、

汗血

史記樂書、太一貢兮天馬下、霑赤汗兮沫流赭、集解引應劭漢書注云、大宛馬汗血霑濡也、流沫如赭、又引應劭云、大宛舊有天馬種、蹋石汗血、汗從前肩髆出如血、號一日千里、大宛傳、大宛多善馬、馬汗血、其

先、天馬子也、集解引漢書音義云、大宛國有高山、其上有馬、不可得、因取五色母馬置其下與交、生駒汗血、因號曰天馬子、埶文類聚引神異經云、西南大宛宛邱有良馬、其大二丈、鬣至膝、尾委於地、蹄如升腕可握、日行千里、至日中而汗血、乘者當以緜絮纏頭腰小腹、以避風病、其國人不纏也、

驒騱

說文、驒騱、野馬屬、司馬相如上林賦、蛩蛩驒騱、郭璞注云、驒騱駏驉類也、驒音顛、騱音奚、史記匈奴傳、其奇畜則橐駞驢驘駃騠騊駼驒騱、

巨虛

爾雅釋地、西方有比肩獸焉、與邛邛岠虛比、爲邛邛岠虛齧甘草、即有難、邛邛岠虛負而走、其名謂之蟨、孫炎注云、邛邛岠虛狀如馬、前足鹿、後足兔、前高不得食而善走、岠與巨通、或作距、逸周書王會篇、獨鹿邛邛距虛善走也、孤竹距虛、孔晁注云、距虛、野獸、驢騾之屬、穆天子傳、邛邛距虛走百里、郭璞注云、亦馬

屬、引尸子云、距虛不擇地而走、漢書司馬相如傳、蛩蛩、蟨距虛、張注云、蛩蛩青獸、狀如馬、距虛似贏而小、郭璞云、距虛卽蛩蛩、變文互言耳、李善七發注引范子云、千里馬必有距虛、

駥鹿

韓子外儲說篇、夫馬似鹿者、題之千金、謂此類也、御覽引廣雅駥作娍、

馬屬

鄭牬丁犖

集韻、大牡謂之牬、說文、犖、駁牛也、藝文類聚引桓譚新論云、夫畜生賤也、然有尤善者、皆見記識、故馬稱驊騮驥騄、牛譽郭牬丁櫟、牬與牬通、櫟與犖通、郭卽郭字、各本郭譌作鄭、牬譌作牪、今訂正、

牛屬

吳羊牡一歲曰牡䍮三歲曰羝其牝一歲曰牸䍮三歲

曰牂吳羊牯曰羳羖羊牯曰羯

爾雅、羊、牡羒、牝牂、夏羊、牡羭、牝羖、郭璞注羊牡羒云、謂吳羊白羝、注夏羊云、黑羖䍽也、注牝羖云、今人便以牂羖爲白黑羊名、是羊之白者爲吳羊、其牝爲牂、黑者爲夏羊、其牝爲羖、又或通稱白羊爲牂羊、黑羊爲羖羊、小雅賓之初筵篇、俾出童羖、箋云、羖羊之性、牝牡有角、是黑羊牝牡皆得稱羖也、說文、䍧、羊未卒歲也、玉篇音雉矯切、䍧之言肇、始生之名也、爾雅、肇、始也、前釋獸云、羝、雄也、牸、雌也、大壯九三云、羝羊觸藩、小雅苕之華云、牂羊墳首、釋獸云、羯、犍也、說文、羯、羊羖犗也、各本牡䍧、䍧譌作翔、吳羊犗、犗作羠、說文玉篇廣韻俱無羠字、今並據初學記御覽所引訂正、

羍䍪羜羭美也

說文、羍、小羊也、讀若達、大雅生民箋云、達、羊子也、正義引薛琮答韋昭云、羊子初生達、小名羔、未成羊曰羜、大曰羊、長幼之異名也、說文、䍪、六月生羔也、讀若霧、小羊謂之䍪、猶小雞謂之鶩矣、爾雅、未成羊、羜、說

文、羜、五月生羔也。讀若煑。小雅伐木篇云：既有肥羜以速諸父。顏師古匡謬正俗云：今謂小羊未成爲旋子，何也。荅曰：按呂氏字林云：𦍩，音選，未晬羊也。今言旋者，葢語訛耳，當言𦍩子也。晬，玉篇音子對切，周年也。說文云：羊未卒歲曰𦍩，是也。𦍩之言𩠐，方言：𩠐，短也。郭璞注云：便旋，庳小貌也。後漢書王渙傳注引韓詩章句云：小者曰羔，大者曰羊。

美皮冷角

冷、與麢通，或作羚。羔羊之皮可以爲裘，冷羊之角可以療疾。召南羔羊篇：羔羊之皮，素絲五紽。傳云：古者素絲以英裘，不失其制，大夫羔裘以居。周官司服：王祀昊天上帝，則服大裘而冕。鄭衆注云：大裘，羔裘也。爾雅：麢，大羊。郭璞注云：麢羊似羊而大，角員銳，好在山崖閒。說文：麢，大羊而細角。西山經云：翠山多旄牛麢麝。本草羚羊角，陶注云：羚羊今出建平宜都諸蠻中及西域，多兩角，一角者爲勝，角甚多節，蹙蹙圓繞。陳藏器拾遺云：羚羊角有神，夜宿以角挂樹，不著地。角彎中深銳緊小，猶有挂痕。耳邊聽之集集鳴者良。

羊屬

頓北

此豬頓北之良豕、卽以頓北爲名、其詳則未聞也、

梁獼

初學記引纂文云、梁州以豕爲獼、之涉反、玉篇、獼、良豬也、廣韻、獼、梁之良豕也、

重顱

未詳、

豲

說文、豲、逸也、讀若桓、六書故引唐本說文作豲、豕屬也、逸、周書周祝解云、狐有牙而不敢以噬、豲有蚤而不敢以撅、玉篇、貆、與豲同、西山經、竹山有獸焉、其狀如豚而白毛、大如笄而黑端、名曰豪彘、郭璞注云、貆

豬也、夾髀有麤豪長數尺、能以脊上豪射物、亦自爲牝牡、吳楚呼爲鸞豬、亦此類也、

豕屬

殷虞

爾雅釋文引廣雅殷虞晉獒楚獷韓獹宋浞而釋之云、皆良犬也、此殷虞、當爲殷之良犬名虞、然未詳所出、

晉獒

爾雅、狗四尺爲獒、宣二年左傳說晉靈公將攻趙盾云、公嗾夫獒焉、杜預注云、獒、猛犬也、宣六年公羊傳靈公有周狗謂之獒、何休注云、周狗、可以比周之狗所指如意、案獒者、大犬之名、釋詁云、駿、大也、聲義與獒同、

楚黄

呂氏春秋直諫篇、荆文王得茹黄之狗、宛路之矰、以畋於雲夢、

韓獹

初學記引字林云、獹、韓良犬也、猔、宋良犬也、獹、通作盧、齊風盧令篇傳云、盧、田犬也、秦策云、譬若馳韓盧而逐蹇兔也、少儀守犬田犬則授擯者、既受乃問犬名、鄭注云、名、謂若韓盧宋鵲之屬、正義云、戰國策云、韓子盧者、天下之壯犬也、桓譚新論云、夫畜生賤也、然其尤善者、皆見記識、故犬道韓盧宋猔、又魏文帝說諸方物亦云、狗於古則韓盧宋鵲則猔鵲音同字異耳、孔叢子執節篇、申叔問曰、犬馬之名、皆因其形色而名焉、唯韓盧宋鵲獨否、何也、子順荅曰、盧、黑色、鵲、白黑色、

宋猔

詳見上條、

狼狐

未詳

狂獖

說文、狂、黃犬黑頭也、讀若注、初學引纂文云、守犬爲獖、扶本反、

犬屬

辟雎鶵也

方言、雞、陳楚宋魏之閒謂之鷝䳭、郭璞音避祇、鷝䳭與辟雎同、

杜艾季蜀

藝文類聚引桓譚新論云、馬稱驊騮驥騄、牛譽郭犐丁櫟、少儀正義引桓譚新論云、犬道韓盧宋猚、此上文郭犐丁犖韓獹宋猚所本也、杜艾季蜀、文正與之相似、且騄櫟猚蜀、句末爲韻、疑杜艾季蜀亦新論之文、蓋杜艾季蜀皆良雞、杜季乃畜雞者之姓氏、猶郭犐丁犖矣、爾雅、雞大者蜀、郭璞注云、今蜀雞、

鷄屬

廣雅疏證卷第十下

博雅音卷第一

高郵王念孫校

釋詁

鼃戶瓜反 𦬸律 寷豐 [illegible]苦雷反 粗在戶反 沛浦會反 祏音託 齡矜 夸

苦瓜 匯乎對反胡罪反胡磊 奰扶弗反 [illegible]赤以反 [illegible]布萌反 [illegible]布茂 朴普木 訏

吁 [illegible]以員反 誧鋪 繟昌者反 顤考 顝苦骨反 [illegible]苦磊反 敦敦 芋吁

[illegible]彫 顤許堯反 觰竹家反 驁五高反 龓音籠 員貟 假格 [illegible]苦禮 艾五害

反又刈 撽陟履反 岠巨 搣就夙反又子六又似育 抵多禮反 繄於兮反 [illegible]歸往

反 迋于放反 忓汗 惢素果反才累反又 嫧側革反 娕測角反 [illegible]如小 馴音旬

說文字巛反 孎竹緑反 睩祿 [illegible]去焉 悰在宗反 比鼻 聆禮丁 娓媚 揗循

博雅音卷第一

捄巨菊巨牛反又俱梟魚列瀘法甬勇棃離倭蘇荀敔大到反者點款
款軫軫奞火逼反渠俱反雨隒苦檢居斂語險三反鑰乃頻弸氷㦗苦賴慵
剪物刃愊皮逼窒丁一屯大村○當音張倫反說見疏證[illegible]於敬[illegible]乙丈臆憶穌
蘇迦勿釗昭音世人以釗釗失爲一字迃紆覓呀性逴丑卓○各本丑譌作尹今訂正
遾逝[illegible]牒音又齒廉反懕一占[illegible]細則反、宓眉筆反世人以山如堂者密作祕宓字失之矣
毒毒嗼莫又亾白湛丈減俠達濫反便房連寱亾彼反眯米侎亾是媞狄叶
反又之移上支二反○叶音稽各本叶譌作計今訂正尼女一濟大閼僑逐併步憐袒丑丈
亭呼行懲畀懍力甚反浚三閏悛此緣反拌普干音伴墽苦孝又苦交撊
晉沿罨甫奉又方犯揹緣藥反抗口枀弙於娛反又口孤反憮呼磔竹尼反㲉
古僚反彍廓郭攄丑於反邀丑力瞋嗔躔直然趦七干徥直駭又仕紙遃魚輦

瞧只石　遂鹿　䟺示亦　追乎館反尚書日追逃也　道育　踰倫音方言爲藥○案當作方言

爲踰音藥　祺基○各本基譌作其今訂正　欸二反資利反又　嬴羅外反又力卧反　殨才賜　劂

側　婚昏　熅溫　媟業　奄於業反　疞吁　疥介　瘕假　邛巨恭　暱女乙　婑

委嫺於爲　病符命補命又　瘚九劣苦悅　痵揆季　病猶又疢待　癭於整　疛肘○各本肘譌作背

辨見疏證　疝所澗　齲區禹　疿爪已　闠古內　瘍亦　癇閑　痳林　𤸎斯　痿於危　瘷

巨月又厥　痔時　瘀於去　療始藥以灼　疓女駭而亥　痾阿　疕尼八　痟消　癘於發又渴

歼居滿　疱白教　疚九　瘤畱　痒羊　鼽求　疢敕鎮疹字今　疰注　痂加　瘃

陟錄　瘙素刀　𤸷丁世　瘍陽　癬四淺　𤻮三到　㾺鹽　㾜苦夾工洽　胗軫　痞普迴　瘍

馬嫁　創初良　𤸫乘　亯嚮　頤夷　委一僞　冣在遇　嗇色　㚇材吝　壘力水　積在茲

又私　寖子鴆　楪臣熱　秭咨履　𥞘父　稯巠毀丁禾　積子賜子亦　㥛欺革九力　憮武

博雅音卷第一　二

悇於檢於劍 悛陵 㥯隱 敓徒活 掇知劣丁活又 搴九件 摭之亦 芼亾報 摡許既

掇初洽 扼烏革 擿陟革 擸力甘力敢 索所白 撈牢又力幺 撟几小几消○各本兩几字竝譌

作凡今訂正 摣仄加○各本仄譌作反今訂正 摷力刀 撩力幺 掭天含 抯莊加子邪 捕步

摕帝 扱九及 撤徹 挻式延丑延 摻所減 銛他點 拼之丞 攟舉蘊 剿策交初孝 撏

才含 捊皮侯 㛹凶穢 懸苦計 妜桂 妖他計 嬕擇 娎哲歷 三 婚昏 媼溫 卢

五達 亢平郎○各本平譌作呼今訂正廣雅訓亢為極則當音口浪反 羸力追 券去願○案券極之券

字從力音巨眷反契券之券字從刀音去願反廣雅訓券為極而曹憲音去願則是誤以為契券字矣 御

巨咯去逆 㰳烏嫁 憊皮怪 噬上世 醮在焦 悴才遂 怛丁達 惴揣瑞 怮於聊於流 悹去弓

悺貫 忦公拜 𢡟辨婢典○各本辨字誤入正文辨見疏證 慯傷 惂坎 慁乎困 憖牛覲

𥊍才念 惄泥歷 溼濕 嚳口沃 劈普狄 擘補革○各本正文脫去擘字其補革之音遂溷入上

文劈字下補字又譌作普辦見疏證析三亦棻塗刊彼刘劇徒各列布仁普眞反陸許規

隫積陁大何可反大陁直紙陊遂可廮莫知徹敵音㨶宅耕撞直江鈌決挃

知帙○各本帙譌作帙今訂正剅衡杻女六独大鴆擣禱釗居公祈內又扰丁感劉

牒掇丁几○各本脫去掇字其丁几之音遂涵入劉字下几字又譌作凡辨見疏證抵底抋邲普

必白必○各本白譌作自今訂正捭楚耕鍼針刺七亦刵耳志劊古外刓五九剸尊本

剳楚律刌村本刜拂剈爪略截慈頓剸拙大充丸劓楚本芮皇楚甫刮錄○本影畢宋效

欽本刮字並譌作孔吳琯本遂改爲亂而諸本皆從之今訂正刏彤刎必粉劉在侯劋栗劑

拙充銛他點又息廉反○當音古活反說見疏證剆才彤制苦拜㔂拙充刈又劖士咸劖

力涉剘絹牛二儭仕緘頮雷對僛叔儵叔傴慈渠朓天弔踩爾尋躁于到駛山吏

猥挑大了拊方字勮其御鞿去力○各本脫去鞿字其去力之音遂涵入劚字下辨見疏證

博雅音　卷一　三

汩于筆　悠音叔○各本此下有一作悠三字蓋校書者所記家悠即悠之俗字考諸書無訓悠爲疾者今

刪　颸忽　趌公穴　鬵仕林潛說文讀若岑○各本林譌作休若譌作蒙今訂正　䟕火月　越于月

腆土典○各本土譌作士今訂正　媕烏縑烏檢　䣩純○各本純譌作紕今訂正　㛸刻　殲子冉

胋大念　[illegible]子荏　[illegible]代紺　賁布魂反彼寄反失之矣　琇秀　甛大嫌　[illegible]旨升　暟凱　豔

豔　珇祖　挴每稀　赧女板　作昨　[illegible]土典　[illegible]之忍　䀣祕　瞢莫贈　[illegible]天德反　慝

女六反　怩尼　[illegible]子六反　恧女六反　懇苦恨如上聲道之　瘥楚嫁　瘉移主　慫悚

慂勇　勱厲　儓臺　婘拳　嬴盈　娃烏佳　嫷大果　孌力兖　嬥權　姚遙　娧

通外　珇丑　眊莫對　婠一丸一刮　妦丰○各本丰譌作半辨見疏證　忓汗　妧玩　媌莫交

莫紋　㜈魚件○各本件譌作伴今訂正　嬇楚革○各本革譌作草今訂正　鮮思延　頔狄　[illegible]休六

嫥乎故　鈔七小　嫽了　姣古爪　袾充朱竹瑜　齌側皆　媉握　嬄於支　瞴亾宇　嬰於盈

易頻姝充朱竹瑜姽牛委姽牛果嫿獲㜺贊才口婍綺婽古雅嬥徒聊徒了嫙

旋娙五村乎丁○各本村譌作丁今訂正黊託隨褿才牢袓才呂襊且六嫖而充媨子六

又才久○各本久譌作反推影宋本皇甫本不譌姂赴乏又乞乏芳乏嫋八救婺營塋嫛揆

覣於皮婥綽嫵武嬛淵姍素丹桻峯耑端標必沼杓的又片幺○各本片

譌作斥幺譌作久說文繫傳杓音片幺反今據以訂正懱蔑聥己禹㦜乎郭瘼詰愕吾各

逴勅略獡式若𢗷灼透音叔世人以此爲跳透字他傒反未是矣趯他的憚大汗摯貞二

又至○當音充世反辨見疏證蕆勅輦俙許皆屬時欲蛻土會○各本土譌作七今訂正𣬛孚

𣬾門懵反冒字也必無有字遺從毛吐外反形聲不然或未○案此注譌脫甚多不可校正䏻音他臥反曹

憲以爲能字非是辨見疏證劇口白口郭劙力支躡女涉蹬丁鄧跂去跂○各本跂譌作鼓今

訂正踚藥跈才紾又乃展反今之踐字蹀牒蹍女展蹈道蹂如酉蹋徒臘跐側買

蹝之石駁支又巨支反剄古鼎○案剄當作剄曹憲音古鼎反非是辨見疏證䝭巨媿賛之忍

劈下月劲牟儉七漸四廉摘會快於亮彊巨兩隉五結阽鹽刖一刮一音月又

五刮竝玄及傒兮鎌力霑漻力兮彫巧淑孰湜音寔浰列澂直陵濘那定潎

匹妙澰力感潚肅濂廉○各本脫去濂字廉字又誤入正文辨見疏證濊乙劂○各本劂譌作

劂今訂正穌蘇秳乎括穀奴候春秋之穀鳥菟○鳥與於同各本鳥譌作鳥又脫去菟字今依段氏

若膺校本補正𨒪楚騶倅寸對揣初毀又丁果尺兗○各本又譌作反今訂正硂七全泚且禮

謜元䕯於縛於縛居縛○各本於縛之於譌作于今訂正湊七候蒴莫郎趣趨娶○各本趨

譌作趍娶譌作趣辨見疏證務無住○各本脫去務字其無住之音遂溷入趣字下住字又譌作在辨見

疏證褊必善儖械隘烏賣窄側白陿匣揥帝敕勑䜃烏報眂示敲尉

嗇烏外於幾闢彥陳恂苦候○各本苦譌作若今訂正愗茂娍越戇竹降憃式鍾

券去卷御巨腳犒苦告勦子小反又楚交反疑誤也禮記曰毋勦說鄭注云勦由擥也謂取人之說春秋左傳無及於鄭而勦民焉用之杜訓為勞是則勦從刀而勦從力明矣○自疑誤也以下蓋校書者所記各本於鄭譌作於其於字上脫去春秋左傳無及六字又誤衍訓為勞是則五字民字上又脫去而勦二字今俱訂正涅乃結湮因滃烏同諑卓謫徒革趣大竹哉于才際七祭推札窺苦垂

覘恥淹覩時覒耄闞苦暫盻乎計竀恥敬覽古覽眽麥睍乎典睌亾限瞡居恚覗司覔麥○各本此下有一覓二字當是一作覓三字之脫文案覓即覓之省文非異文也蓋校書者不明字體而弃記之今刪睩力推覿狄○當音七亦反說見疏證睥普計睨五計眄亾見

睞來代瞰苦暫睇弟䁗堪眂支瞗彫鬱馬校瞜走公䁙烏見矍虎縛○影宋本皋甫本虎譌作霈諸本又譌作霈今訂正矎呼縣睯口計䀣祕覷且居七絮䀽以戰診眞敵又陣覞五買梩於往橈女孝䌛尿幡步干冤烏圓○各本圓譌作圖自宋時本已然故

集韻冤字有鳥困之音考諸書冤字無音鳥困反者卷
四冤謳也曹憲音於袁反於袁與鳥圂同音今據以訂
正[illegible]古冤骫委傴依矩反僂力雨[illegible]古萬迟喈剢椓傳剳落剃他帝剔
他覓緶婢延緝七立[illegible]資緁且立踊勇陞升弻備筆陘逕誂大鳥誀如志
訧戌謏素了三六三酉所六○此八字各本誤入誘字下今訂正嬩虛譽忒敷忔許乞欯
虛一婜丈例誇呼瓜吁虛于又于○各本又譌作反今訂正欸哀譩於兮謑於麗睎希
睢鶴瀁峯今之峯火字宂作此瀁○各本字字誤在今字上字上又衍于字今訂正糅女又𥽉
女亮櫟力的媮他侯殜良音世人作殜禘之殜水傍著京失之矣○各本禘譌作禘京譌作涼今訂正
又案殜字經傳皆作涼說文亦訓涼爲薄非後人之失也磷吝襌丹䙐口革非佛匪反世人以
此爲芳雜之雜失之矣○各本雜譌作非今訂正又案說文無雜字古但作非此亦非後人之失也沾他兼
反世人水傍著忝失之又以此沾字爲霑亦失之也添字宜然○各本沾字之沾譌作占影宋本不譌禘

步各反世人作禪襌之褠艸下著溥亦失之矣○各本溥譌作禣艸譌作草溥譌作溥今訂正又案說文無禣
字古但作薄亦非後人之失也絅古熒反○各本反譌作字今訂正獧俱面反又俱晒反僎匹昭
陖先訓陗且肖怦普衛普耕窘逵剝𨒪祖迴反字書聲類音爲局促促長○若膺云當作字書聲
類音局促促爲長𨒪促古通用故以音促爲長迺徐胥蹩子六笞苦攊公鄧亟幾憶緊居忍
提呈掄崘撟嬌捎所交擠雀揀朿○各本朿譌作揀今訂正摳苦侯掀虛言
反出春秋亦訓爲舉擎渠迎拲拱[illegible]子恒翥之預反方言爲署音○各本方譌作亦卷三翥字下
云方言音曙今據以訂正扛江偁齒升搴鶱暴俱錄拼燕之上聲四聲燕拼證職揭、揭
攤念舁餘窪烏瓜窆碑監窊烏瓜埝乃頰敦都念墜除立隮積骿步田胣
弋跂坿扶又附埤符彌䝯方寄賢以瑞賰思役[illegible]馬潼童沮子念湆泣泇
如念淖女孝莊子亦以此字爲淖顉五感慂勇勨蕩撼乎感[illegible]謂擡、臺揌素來
博雅音卷第一

扮伏粉揮暉揣初委摷力刁抗弋逕弋芮○各本逕譌作吳今訂正搈容蝡如兗摺
力合踒於皮擖公八○擖當爲擸音獵曹憲音公八反非是說見疏證抈月擌呂閭儇許綿
憭了請他和[illegible]莫佳莫諧[illegible]革詖彼寄[illegible]呵呰哈同上唏許几許冀谷巨略听
魚隱嗞子慈唹乙餘嚬引嗢乙滑[illegible]火雅咦火尸吲與哂同啞烏格嘶斯音任
平聲嬉休六嫪力高力報嫭乎故妎械媢匹篤劮逸婸大朗馺素迊[illegible]苦耕賢
平開○各本乎譌作呼今訂正侄質礭口卓磑牛衣牛哀鍇楷又公諧○各本楷譌作揩今訂正
鐕啟[illegible]出允茁側劣嬋丹滲所蔭○各本所蔭二字譌入正文辨見疏證涸鶴汽
許乞焪去鳳凘斯涖力二反釂子曜糞方問鬌都果徒果[illegible]子延鋌達鼎○各本達
譌作達今訂正軥衢輗兒輓晚摯至○當音充世反辨見疏證扽頓拕達可[illegible]
平根攎盧扔仍扱楚洽摍縮捈途音控苦貢抓烏麻彎關又烏還戾而兖反呂

靜音碾　闟乃弟　懦奴玩奴臥　㥏而審反疑之　㜸女于㐫亮　嬉女孝　䏿七歲　集又䇯如甚

鉦如談○各本脫去鉦字其如談之音遂圝入集字下辨見疏證　偄乃臥　偄乃飯　䩓納　欿口感

歛呼濫呼甘　欽呼緜

博雅音卷第一

博雅音卷第二

釋詁

攖以旦以丸撏宣掮母磊忨翫懆操謷他高餮鐵訖阿帙於既歉苦感○各本若謌作若今訂正歃口感婪來南遴力晉姡如與慘七感饒苑袁踊巨勿劤靳偵勑驚○當音貞說見疏證訣映又於兩詵史巾喫丑世靚才性反譊女交嗃虎各嚻奥

訓川獿狗上豪下虎苟訏虎都嘹力弔猋爾靡衮恩腷丈入燿曜煠弋涉土洽丑涉○各本土洽謌作土合今訂正影宋本惟洽字不謌爚藥烘平敕恥力反案說文從攴束聲今勑字勑字力代反勞愼以狄反羨組雅才智反熯而善反又罕熠答鏊五高

絜初絞炕抗暵漢又呼但熯又貧力爨衛鐰曹才刀反燩口擊○各本擊謌作繫惟影宋

本不譌 焇消 姑枯 [illegible]苦老 [illegible]巨 烼許勿 熍穹之去聲 灱火交 瞸泣 膊普各

咈拂 煬恙 [illegible]歌鄧 嘌匹妙 囇所賣 拸與紙與支二音 甗去滯 鏄虎嫁 璺問 捭補買

振必麥 捇呼虢反 剅多侯 掝呼麥 抇呼沒乎沒又 劈普歷 擕衛 劃口穫○各

本口穫作呼獲蓋因下文劃字音呼獲而誤今據玉篇廣韻集韻類篇訂正 [illegible]弋粲 劐呼獲口獲又

鬝措瞎 鬢口八○各本八譌作入今訂正 䰄瞎 頢口本口骨 㬊呼館虎元二反方言音段○各

本段譌作段今訂正 齘械 苛何 嫳篇悅普列又 覣於危○覣當作婜音羌箠反曹憲音於危

反非是說見疏證 頪巨錦渠領 㑦戾 娺陟衛 怴呼述 訮虛妍 訶火哥 [illegible]苦暫 [illegible]虛葛

諸時 試皿 [illegible]魚刮 [illegible]湼 喤戶盲 恫敕公 㣿灼 [illegible]老到力彫又 憯七點 怛

都達 㡅第 瘌羅達 䕸丑略呼各又 藿案此藿字張揖出重耳○各本重譌作里今訂正藿藿同

字故云重 疼形 痠酸 喙凶穢○各本凶譌作又案喙與喙同音前卷一內喙音凶穢反今據以訂

正唔虎夬氣虛氣欸虎夾欬漢佳○各本作譌作家辨見疏證呟苦訶䶒姑夭涅
烔同焯之藥反𤈦火過炘虛隱煆呼嫁𤇨哀爆布角哲角步角熇而悅難然
爟古亂鄘多朗尻也上古魚反尻案說文從尸几聲今居字乃箕居字也古處反○上古魚反各本
反皆作切案反切之名自南北朝以上皆謂之反孫愐
唐韻則謂之切唐元度九經字樣序云聲韻謹依開元
文字避以反言是則變反言切始自開元曹憲爲隋唐
閒人不空有此凡廣雅音中有言某切者皆是後人所
改今訂正說文從尸几聲各本脫從字今補隶遝縊他丁給待繟闡○各本闡字誤入正文
辨見疏證譠託山綫昌善婓非豫蕩貣容上奔音周易貣卦今人多彼寄反失之捺
塗掐他刀掏憲案即上掐字舀臾戽虎攣拘[illegible]抖呼括抒侍與公去○各本去字
說入正文辨見疏證摫規腬柔𦢊攘僇苦交泡白交[illegible]古迴膞孚二扶四○各本扶
皆作狀扶譌爲狀故又譌而爲狀今訂正腯奚奢火計[illegible]具癸衆惟摻所鑑纖亦詹麼莫可

俐樊稅悅杪彌沼乚子列倰來登儠力葉棈大果儥瀆暘張挻恥延鋋

恥聾隑牛哀反蹻巨略㺜口堯犺抗㞩戶湛𩴾巢○各本巢字誤入正文辨見疏證獜

力仁力忍豉古委藿恭錄繝弋冉𠟊魚劫且葉又撚乃典臬粟癧力計力翅癥節

痤坐戈反肬膖上尤音下扶江○各本扶譌作狀今訂正肛虎江膎匹聊膮呼堯肰痕

上大結下互根反○各本互譌作五今訂正尰時勇尳骨紕布麻扶規督篤○各本篤字誤入

正文辨見疏證擦力雜艴勃艵片鼎嘔於句呴虛于○各本于譌作去今訂正繻从俞譙

慈曜諯釧又至緣澇老刀澗簡澌桑狄潒蕩溞素高澡早湔子堅沬呼內魝

結刌寸本𠞊初律闄於小徼要又音也正音計堯○案微音計堯反又音要故曹憲云然各本要

又音也正音六字誤入上闕字下又字又誤作口字考廣雅音內又字多誤作口又考玉篇廣韻集韻類篇闕

字俱無要音今訂正泄制荼塗錉旻耤似亦反耡士魚反稍酒冑賨在宗癈

方又紼於軋緤魚劫組直莧○各本直譌作亘辨見疏證繬色○各本色字誤入正文辨見疏證

緷畢繶隱斳幽布耕絽呂䋿略絣百猛布耕絎下孟紕符夷純之尹○各諸

本之字與諸字相連諸字又譌作洎考鄉射禮記及曲禮釋文純音之閏諸允二反諸允與諸尹同音是今本

之下脫一字而洎尹爲諸尹之譌今訂正顮頻瀗以本滿○各本以本二字誤入上文憫字下本字又

誤作木辨見疏證貇苦昆退退掊步侯扒所斤刮古滑敓筆貧屛古卷[illegible]衰縱

隨術爍月鶂紖直引隋大果反抮顯盭戾兆乖姅侈遠遒採各個面幅

逐由反㦟蒙慎覓慢莫汗忻福鄧苙子立且立二音蔓此寢去鳳惊憮呼

䰇魚記儲充涉忦公八公械咺火袁謾蠻台夷㼮拱㤨恭征征音忪鍾

恎多結㤼冬遯其去萲以咸擓苦懷抆吻挸古典揤子翼撨嘯𠠥鑑又音檻

鑯七廉剡易斂鋭役桂銛纖抓壯孝撅厥擖落合○當音公八口八二反說見疏證

博雅音　卷第二

揩可睹　擿恥革　菴非音又匪　飵昨又似故　鲇女霑如甘　又啖敢　饐烏因於根又饐

五　滄鏘寒　餔逋　啜時月楮芮　簪士眷　傺六罪力維○各本罪雜二傺字並譌作罹案釋訓篇傺

傺疲也曹憲音力罪力追二反玉篇廣韻並同力罪與六罪同音力追與力維同音今據以訂正　髻女革

嬾洛滿　晻烏感　薆愛　薈烏鱠　瀧籠　涿陟角　渰落感　濅子禁　瀸作廉　濂廉　漚

惡候反○各本候譌作侯今訂正　澆計堯　濯口角　漳市倫　沃屋　淙士降　湓蒲悶　淋林

灌觀　孌欒　澍徒內　瀀憂　浞士角反　踏他市　蹠只易　踰遥喻又　跳拂　蹳

陟劣　蹶厥　蹠勑側　傺恥制　眙恥利　𥗬盈　崪萃　憚他紺○各本紺譌作甘今訂正　恁

稔又如淡　俞論　仳鼻之　倠許惟　娸欺　婄陪　儓臺　䫆蒲北　頪丈反又差又　頦

丁可　嗚欽危　臛權　朕逵　頦該　顝苦沒　頫欺　諱匹爾　訾子移又紫　誹扉尾　詆

嫡毀音則諻詬之諻今毀乃訓壞○案諻字古通作

禮諻毀故說文無諻字必謂諻詬之諻不當作毀則渥

矣鍪思列鐇甫袁錇於檢敤苦果又口臥㧻卓鍛短館椎直追台夷拉云紛

戾矢鋪判遍嫽了誂大鳥透叔揥帝○當讀爲摘說見疏證嬈挪鳥戲一慾歇

許謁讝居免軋於八吃棘乞慭魚靳遈疑勑反佼領校快可怪反齧稽禮湑思呂

瀇巨仰潷筆筰側白㨾士勑左之反士漂子紹子肖䴡所佳所飢盜䆋苦穢

㯓喙婢布兮妣子兮㛗坐不癠在細䉮藉禮痡於綺㾈附付俱禹旋嬮旋步楷

○各本揩譌作指今訂正彌竹徵律劣貂彫了下皎○吉一兮下戶假拱俱隴鈉丙

憖普的朴普普卜角趚七步各末又屝郎上同音造七到棐棐猝錯忽反哺布平

奊胡結顀普啟彼化彼草木㪇韋跛必何陀大哥戲偏匹緣迆亦陀音哨

七笑哇於家䍐策霞刺落末賷徒回頹俄訽鉤候譙誚詒與之誒許哀謬靡幼

嚚創北屎耻棃㦒力兮忚虎兮謾莫干譠託寒謏蓬各詿乖賣訑湯隨譀耻華暇

該戩殘肄弋至○各本弋譌作戈惟影宋本不譌俜普經侹他鼎挑大了○各本大譌作

夲今訂正致昌樹倮果仡魚乙蹵酒六躓竹利躦才他跐昃買又子爾○各本昃譌作𦚏

卷一內跐字音側買反側昃同音今據以訂正踶敞䟡丁戻蹖詩容蹋大臘反今人作蹹字如此

失之矣○各本皆脫作字釋器篇䐑字下云今世人作鮭字如此失之今據補黬烏減俺於劍𢡟聿醉

念以去慌呼晃反詄徒結㥏逯詿只屢琹刑塌徒盍疊徒葉鬌都果霩廣音

音洛

博雅音卷第二

高郵王念孫校

博雅音卷第三

釋詁

倢字徵佴如志呰眦眦利栗笓眦利縒初宜惎巨記恉旨鞥臾野先刿姸在安

䊓似菆側流饋遺餋去晚犒摘竹叉尼擻竹利摶大丸䉶錯汗彩䓍汗彪必鄒

瓣班璘鄰㡍迫叙彬福巾彧於菊盻戶倢勅達擷頁盻介晥古眼○古眼

與胡同玉篇晥音古恭切廣韻音各朗切並與古眼同音各本眼譌作浪自宋時本已然故集韻類篇晥字又

音浪切考玉篇廣韻皆無此音後釋宮篇晥道也釋地篇晥池也曹憲並音古眼反今據以訂正㚇終

猝卒傅數謹佳了梱苦本犳訖歷刲苦圭刳看姑翬呼韋倗郎恒翕諸力僉言

音𠷎翾火仙翃㕣翝鄰翃宏獝呼麥𧽚連翑吁絲翋力合𦑃大合鴥聿穴

博雅音卷第三

翻三六 鑿昨 裔聿述又市出 歘居月 扫平没 斛他聊 抉於穴 竊蟲又穿絹 搊彭

撅居月 妭本作郯朮詳弋音 擿雅戟 翕虛及 焥京 煜夷六 嘻晞 悲翡芳尾又 恷

手 愉以珠 兌度外 僄匹妙 媥篇 娀日○各本日譌作月今訂正 傷以豉 侃凡 寘

田 羞七佳又七咨 坡杜 畝乃結乃頰 昏下刮○各本下刮譌作丁刻集韻類篇昏陟劣切引

廣雅昏塞也陟刻與丁刻同音則宋時廣雅本己誤玉篇廣韻竝云昏下刮切今據以訂正 敹千外 晵

一活女刮 礲落東 瓻又佳○各本又譌作又今訂正 甐爽 剴五哀 扢古各 礙古對○各本礙譌作

擬惟影宋本不譌 孯研 揩看皆 碙同 攊淮口 鎣胡冥 磃斯 捌七結 砥止 訋

弔 詆丑加 賢羊瑞 惹汝奢汝灼 諵於劒 誦女家 拏女家 嫿遥 惕暘 嬉虛之 劮

逸○各本逸譌作浼今訂正 挈孤八 踞陽 登務 㯳布界反 傑巨恭○各本恭譌作工今

訂正 㭊春 詢呼邁乎邁居候三反 剔天歷 攨盘 搋鄧 擔帶甘 靡靡皮 蘮音衛 㶇

而餁而枕饎充志秲酷酋似流駛研輚孰憲案說文解字从丮章卽孰字也與孰誰之孰無異唯顧野王玉篇孰字加火未知所出

媛爰㥽遂䩗低㦘革忬竹呂反音佇○各本脫去反字音字又譌作立影宋本音字不譌請思與思余垤徒結坻直尸塲傷蹻虛虐

遴良鎮䟷師急○各本急譌作㥩今訂正絓口乖挈古八僁覺寘臬惃衮昆二音慂勃

眠迷殿慥遜攖嬰撓乃飽乃孝慁乎困攪古巧緼於昆於粉惷嗔允安望

怓女交憒古每蹇寒妯抽獿奴絞乎絞○各本奴譌作叔今訂正獪柯邁躁作竈誥

逴勑角一音卓○各本脫音字今補綦巨基䞴勑角𧿒布可踦居綺掩烏感烏含烏洽三反

衖乎麵○各本麵皆作典考玉篇廣韻集韻類篇衖字俱無乎典之音後釋言篇衖音乎麵反衖與衖同今據以訂正

詅力政賠尼賣麥嫁反彙謂穜種疙居乙魚乙騃魚駭○各本駭譌作誺今訂正

憯昝誖蒲没胥旨升眦莫鄧瘍易愓揚一本作傷嬌居夭揉而手○各

本手譌作毛惟影宋本皇甫本不譌　娗達鼎　嫚嫚　𡤻女涉　㛧奴本　嚥於見　嚥乃見　喝於曷
嚾乃旦乃達　燠於菊　燂湝　烦奴管　比娗上鼎下大鼎○各木鼎譌作鼻惟影宋本不譌　佽
夾　跆劫　遞狄遞　迭狄顛　鉿含　龕堪　盛平聲　氾敷劍　踠滿　洼烏蛙家反　尼
潿剡　濩乎郭　匋桃○各本桃譌作挑今訂正　雚歡　譁五瓜○各本五譌作一方言蔫譌譁
涅化也譁音五瓜反廣雅釋言蔫譌蘼也華亦音五瓜反今據以訂正　蔫于彼　匕化　䕰力佫　孳
茲○各本茲譌作慈今訂正　僆輦　顱縣　孿　也上山慮反　撊下板　梗介猛　艐以證　庛
不巽　寓儀庄　侘託　害乎割○各本乎割二字誤入下文曷字下案害有二音音乎蓋反者訓爲傷音
乎割反者訓爲何廣雅訓害爲何故以乎割反別之若曷字則不煩音釋今訂正　刊可寒　劉竹劣　剟
力活　剽匹妙　剗楚簡　劆獵　㝵桂○各本桂譌作柱惟影宋本皇甫本不譌　覞古刀　僻
上免○各本鵅譌作鵅今訂正　虒式丹　𠫭聊　抐乃頰　宆乙八　鏐力彫　崝士耕　嵤宏　嶸

鳥篠天了掊步矦㩶力救秝歷擐乎慣字一○官下脫一字王篇擐音慣公患二切麗

麗歷尼匿搏圓著丈略纇倶遂反圜還圓旋梋沿圖市宣壞而巻[illegible]

苦臥堅於奚垒普寸步頓又壓磨○各本磨下並云恐埋字此校書者所記謂磨字恐是埋字之譌

耳益俗讀塵壓之壓聲如埋故以爲當音埋不知塵音莫臥莫杯二反入過灰二韻埋音莫皆反入皆韻分別

抹末坺步葛訣於敬於兩譞鳥到聹乃尼○乃下尼下各脫一字玉篇聹音乃經乃定二

切誋忌[illegible]直利說文直二萠匹彭匹安儓臺亢抗聳竦方言音雙講䏁宰[illegible]

五八耾宏聵五怪縳篆緯韋貴韋鬼稛苦本稹之善綳布耕繟衰擷下結團

苦本摎流九輟笿落繶憶絯該[illegible]古典[illegible]凱譩於計[illegible]狄麗諟帝

緡巾匹戲許寄担宣擆竹略扚竹歷打鼎拋片交抪布音普乎又抰於兩扶

恥栗撆芳舌普結撦者[illegible]步結普奚擏影拍普柏㧾苦忽㧙步必摽乎蠢怖交二反

擸普角步角拍怂芇穀臀○各本臀譌作殿今訂正搊彭挨烏駭敋格批普迷搎

攄布后攄[扌得]他得拘吁縣揊普力敤口果○各本果譌作杲辨見疏證敂口攇五葛

敵索董攕許義○各本義譌作美今訂正拊方主芳主撼所革捭布蟹攷考攣口弔攩

幌敥弱敂口餓火可擽歷摷勞摉山有擊郤閑郤賢攉苦學捵他典涊那典

溾烏回涹烏禾澣乎管洿烏淖嬢教淈古没澳於六濊穢火末淰訦感漍乎附

反匍蒲竣七旬跧壯拳厭於甲○當作猒之厭說見疏證足懕苦挾喊呼感○各本呼

譌作乎今訂正哿古我侻他括錭桃鈯大兀但度滿○但本作但音癱疽之疽說見疏證拙

織厥欷許記嘵去亮喨亮胺烏葛○各本葛譌作臈今訂正鯘諾每黲七敢黴眉漫

莫曰穤毋姎央婄敷九腐父㚤朽俌敝娻來曰贅只歲訛四夷○各本夷

譌作萬今訂正效教睪邱殄牭四恎質又結反多慢符遏裉乎懇窊乎化夾古匣

擠子詣　抵丁禮　㧜戎　徸直龍　𢔶遠[illegible]魂　䡉抗　輢奇廟奇朝　軻五浪　毄苦大

姘靜　獑山減　涂塗　娉聘　捘落登又陵○此言捘音落登反又音陵也影宋本以下又字譌作又郎本遂改為義謬甚今訂正

竣此循　綝丑林　処昌汝反憲案說文解字從久几○各本昌譌作昜久譌作文影宋本惟昌字不譌

咹過又音稱案○各本又譌作口今訂正案上不當有稱字未審何字之譌

跱直李○各本直譌作宜今訂正　根雉庾　渟亭　懫質　蹕畢　蹟藏又音所甘○各本又譌作口今訂正

抳又几女禮　䮓煩　駤致　躅徒加　劵羌[illegible]　𦃗烏孔　繷奴孔　綶乎果

緌委　絯口才　結棄　絣邢　䋠莘　綒浮　紁之鼓　紞丁含　蓴祖本○各本夲譌作木今訂正

蓴大丸　㚇走公　雋俊　漆湊　贊織芮　挎　緦上烏下恩　翕許及　輸始朱　聚

慈僉　截慈頡　撥博葛　繕時扇　竘口　捲權　搖亦咲反○各本此三字誤入正文辨見疏證

踧子六　緀居件○各本居譌作尻今訂正　瘯子就○各本就譌作訧今訂正　癄子笑　綰烏板　𢬵

博雅音　卷三

抽音憲案即抽字也緶而究贅紙袂嶠嬌怚子絮慢麥澗傷余賜賻無巿㺜侯○各本

侯譌作候辨見疏證廋素高色鄒謏呼縣○各本呼譌作乎惟影宋本皇甫本不譌下呼諾同詗呼諾

匃各末拊拂舞絿求蓩暮陶桃埽素考擧步干擗必政箯婢緜揪呼高撥

博葛蹲存跠夷屍夷歛呼濫呼甘○各本甘作欿因歛欿二字而誤今訂正欿居乙匃

葛諳於劍裨浮夷气去乙闕口決霝零孚天鼎罥令窔呼穴繆寮豁火活

抐乃撚○各本乃譌作仍今訂正邱邱窾款甹由貿莫救○各本救譌作故今訂正施

失異反詨火教駇亦鼓挍所鄒卉吁尾辿皇沚止魁苦迴摡許既[illegible]去牛齝

士白齵士角齮五綺齕乎謁齣士乙齫苦限[illegible]欺[illegible]邱可[illegible]丁皆多來[illegible]竹加䶪

士滑咥瓜胡[illegible]五巧啄陟學阸平簡攣戀夭於表挬蒲骨揠於八攊亂踚納

扒蒸之上聲鋪浦乎○各本乎譌作手今訂正黴散黴麗說文李衣抪片平捘作爲又子

寸叉子迴○各本上叉字譌作文今訂正壓於涉乙甲攤乃旦據讓去按安去掫壯后燚然

紘呼縣今人以為乎炫失之矣凡弓弩琴瑟弦皆從弓○各本弦譌作紘今訂正歉苦簟堇謹○當讀

為僅說見疏證蛸生景屆楚立尼丈立又音雉立○各本又譌作口今訂正屯陟倫驙知焉蹇

寒訒刃赾謹憎增懹人尚遴閵慎諄之閏○各本閏譌作問今訂正訧尤髡

御別蹙子六搑而容扱初匣拼蒸之上聲擓古會餅必井○餅當為餅餅與飯同說見疏證

餌耳意○各本意譌作音今訂正訦恥敬魕創閅覗上孤下司限栥卭矇蒙睃

蘇苟敲慰縟辱劬其俱驟仕究○各本仕究譌作在九又誤入劬字下今訂正嫴姑媮

徐撮錯括搕烏革操錯高捦琴搦尼拈念甜𢪏而豔掫鄒之上聲蒦於縛居傅

於號攕纖齌子兮啜時月嚌在細啐倉快批子介子米捳岳嶢堯摵掅上減

下且定捽徂律挅都果斞史甫○各本史譌作央今訂正斛的斠角縡子代棚步宏

又負萌榫荀八磤子田鼓古彼濘寧定妠奴闇印於信反䟌祕比比方之比一鄰

比之比○各本方譌作木今訂正忋古亥反又改音婞幸軼逸○各本逸字誤入正文辨見疏證

悛七緣懌亦諢華唌失氈以戰又这企皵之善蟃晚渙喚懏平圭向

火甫彌迡遲睓土典○各本土譌作中卷一內睓度美也曹憲音土典反今據以訂正憼會

慝土勒虎虐訧尤憋俾列芳列○各本俾譌作埤今訂正讟讀慅才周鉗奇炎憚

大汗疲批飯痓叱至颮力追貉麥傜三盍索合傸爽懀烏外屖士虔士簡又甗

乎孝諭曜詄逸挩奪○各本奪字誤入正文辨見疏證諫賚誑布兮詿卦訂田鼎

準准廷于放○此音誤辨見疏證枰平命捭布買撦充野坼勅格疑卽字也○疑卽下脫

一字各本勅格二字誤甚疑卽下今訂正闢辟闆爲靡闠苦每○各本苦譌作古今訂正婟谷

婡速嬖甓○各本甓譌作壁集韻類篇嬖音甓又音壁引廣雅嬖㳋夕也則所見已是誤本考玉篇廣

韻𡤈字皆無學音卷一內𡤈𡟾析析𡣍昬嬪方問㚢五高儈
極也曹憲音釋今據以訂正

竇音○各本無竘口妖倚嬌媮偷躔馳葦踈匹迹迒乎郎䡵之隴䑋
音字影宋本有

子龍鏠直危㕡鼎鏌㭷紉女珍紉切

博雅音卷第三

博雅音卷第四

釋詁

揩鍇故弛失旨反實摯毅郎古文厲也鉦豪署辰豫幹意括搯短道有

敗尹豉○各本尹譌作丑惟影宋本不譌捰吡𢿨吳儀○各本吳譌作吳今訂正拎鉗紬

直罶贅旨歲嘆匹各餽烏革餒奴罪戔棧𠜾力達劂寄衛反字林音卯許凋多聊反憲

案說文解字凋落凋字從仌彫刻彫字從彡雕鷻雕字從隹○各本脫彡雕二字今補痍夷致卓

撻大結擿池戟反今人以爲擿竹革字如此失之○各本脫失之二字今補詼苦迴啁竹交譏平濫

○各本平譌作呼今訂正誠咸譺魚記調達弔闠流新謹䵷口音無誅敎汝鷸

竹革𪋃恥知𪐴日黏女霑貲訾○影宋本以下訾譌作貲與正文相讀即本改作資尤非資音卽

夷反入六脂賁甞並音郎移反入五支今訂正　敔魚與　𤇯多感　傑葉　礔必盇　禰之涉　冤於袁

楏於冈　鞪俱萬　袷古狹　移以豉　複復○各本脫去複字復字又誤入正文辨見疏證　重直用

昢斐又普骨　昕許斤　昞丙　較角　烎淫　炤照　燿耀　囧古丙　烜恒　晃晃

僤達汗　彩落汗　皉邲夷　睪亦　怈曳　晣制　昱夷六　晤悅　旳的　旭斷又忽老

焞他魂　闉看苺　粲錯汗　烓烏攜烏鉄圭惠口井四音　瀧錯定　洞平茗　淬七碎　惲於汶　孚

宣　逡七循　㩒無巾　禷博　婍邱知　羸力果　裎呈　窌潘又普孝　墊多念　庰必聲　宗

保　揞阿感　揜弇　寥歷　[illegible]麗　紕　抴上大河下夷細　讖楚譖　譣魚檢反又魚劍反今

人以馬旁驗字爲證論失之矣　綈第　縎骨　嫿撟　赳剎○各本脫去赳字糾字又誤入正文辨

見疏證　娌里　邊遺與之遺　攄勑魚　攡勑離　䨼芋　掜五禮　獪瓜邁　猾滑　獿奴牢

摎奴絞平絞　𡡉初洽　㥠胥　恇匡　侉看孤　怯去劫　嬗十扇　娙五丁　娭熙　㬥己足

綴陟月掍混黕勑感都甚䵘尨聰錯公聆郎丁⿰耳票匹照⿰耳祭七祭⿰耳冥馬年抐而袂

搵於粉搙奴遘擩而主○各本脫去擩字而主二字誤入正文又譌作插拄辨見疏證謑乎啟呼介

○各本呼介二字誤入下文訴字下呼字又誤作乎今訂正諻乎孟吪吾禾誧普乎証征諭

諭誤助轉趏戶格趚山格僵暫悅吁請沭恥律瘨丁田姰旬縣音音又瘹弔

倚巨出猘古制獟五校佷長訂丁鼎倗朋普又等粃彼比俱得鱁牛志㬥俱綠綄

緩繚了紿待縏酌遯體兮寠古候昒勿晻烏感惷忽寣忽害即寤

字梗梗倚於綺跱時志隑巨代企棄即文企字偉瑋像乎佳倈采价介又

公八懟直耒憾乎淡佷很限限嫥上都又端奐珚巨頵砠牛六嫥魚淺嬻

楚革瑎楚角洒思禮譚之閭○各本閭下譌作閭今訂正㤆下代勤曳𤻲多賀礦孤猛䰒

臣佐恮且全子卷惐居方价五介○各本脫去价字五介二字又誤入惐字下辨見疏證懂謹

勬巻劼公八勖苦没仂力勒又彝羲禳而羊祰公老公篤禱禱賕求砰

普耕磅普行砿宏磕苦大㱿形硠力當力蕩砏普斤磐隱鏗苦耕鎗測庚○各

本測訛作側今訂正鍠横錚楚耕玲呂丁嘈曹[illegible]昨末○各本末譌作未今訂正颶謂

飂流飈必昭颮忽颮呼律颰呼越[illegible]思六[illegible]遺颸楚飢飀逐畱[illegible]步力繕

膳緻致衲納鞔亾干靪斑○斑上脫一字玉篇靪音丁泠切絅辭茵丈側[illegible]

五革[illegible]兒[illegible]卓擣擣溘苦合侂託總匆紗少○少上脫一字集韻類篇紗弭

沼切微也糸覓紑麃[illegible]付鬢邱位[illegible]且代[illegible]側瓜[illegible]案說文即纖文髻字也數

韋軭匡弧乎咈佛抮顯[illegible]很盭麗獿奴[illegible]獿遶狡絞訬士交

[illegible]讒辟浦壁○各本浦壁二字誤入下文月字下今訂正胖判斢偶妁酌些先計

戚[illegible]也戚翦悅反恬大嫌倓大濫又達甘憺徒敢徒濫怕普白怗他頰都篳[illegible]莫

[土内]乃頰 蘁力恭 覘平昀 攙士銜 捈塗 剡琰音今會稽有剡縣音舌染反未知此音出何文字

鐵子廉 拔博末 榜彭 臿初洽 [日差]昨何 昁敷穢 暍謁 糳子洛 擽之藥 蔦丁老 [illegible]

楚芮 [illegible]杳 舂失鍾 巉士彡 巖五銜 崟吟 巑在丸 嶕辭焦 嶢堯 阢兀 嵬牛迴

牛尾 顤堯 [敖頁]五高 嶅遨 巢巢 峭且咲 挑七消 亢苦浪 喬橋○影宋本橋作撟乃隸

書之譌各本又譌作撟今訂正 崒子恤反 叡下遘 侑又 撣檀○各本檀譌作擅今訂正 [亞刂]

乙牙 剄古鼎 剾烏侯 劊頭 剈淵 剜烏桓 姙任 娠振身 媰壯救 [illegible]身 偁稱之

平聲 獎獘○獘俗獎字曹憲每用俗字爲音取其易曉也各本獘作獎與正文相複釋器篇獘箄也曹憲音

獘今據以訂正 譝繩 與與○各本與下有疑字乃校書者所記今刪 皃陌豹 廋所酉 廦古卷

差楚儀反 頍規 [illegible]設 揄以珠 酺蒲乎薄故 醵巨略 吸許急 濔彌 趠卓 撥

逋末 [女卒]卒 護護 慬謹 [禾龍]聾 [禾甫]輔 秎浮問 [illegible]頰 穧在細 [禾冓]遘 [禾啇]的

博雅音卷第四

韗魂般班辥才兀勬步器誙莖摹莫乎剫烏角㵼憂低都犂弛失以反

倈來伸申侁烏絓乎卦韞蘊裝莊𢥠於問揁田箋戔袠表敕

劥標必饒諫七賜機乎歷蕭書餑勃餽息䠷道趹烏老剫魚既聉耳志

檢撿夌陵跐女六紫辭槳鉦王𢥠於問羹卷粈女叉踦居綺隒檢冒

壘搪唐數長庚揆突歎口陷㝉淑𢞀子栗𧜀爐𥊎遭炪四者爈烏高

煾恩煨烏回烼呼勿熅於云歔昔頓嘑乎萬㖞巨頌哯乎典昀鈞鮻㖗有六欲

其表歐於苟㲉許角掐苦敢噡仕陷䁍口減懠在細㤐草庬匹江項蔦於然菸

於去㜔於危惌於元䪏是閻輈周籉竹利齝啟嶠橋捭必耳䫐恥敬郰尤

驛譯

博雅音卷第五

釋言

䁱覓 幔莫汗 闇淹○當音菴說見疏證 靚恥敬反亦爲靚莊之靚似政反恥敬則召靚之靚也今多云靚師僧則其字矣○各本莊譌作莊字俗書作荘故譌而爲荘恥敬則召靚之靚也各本敬上脫恥字敬下衍䟽字召字又譌作屆今俱訂正 薳誘 搵烏沒烏困 抐奴沒 擩而專周禮六日擩祭 娟索教 誇於禮 誠咸 警五牢五交 皸軍 皴管 [illegible]鎋古 揻平咸 揣測委丁果 掣拂

劉卓 譸晢衝 鬺傷 飪荏 潟悉也 糗去久 麨叱少 夗苑 專轉○各本轉字譌入正文辨見疏證 泚千禮 [illegible]才代又音賊 譀乎闇 鄉許卷反 愇瑋 [illegible]乎粹又乎貢 陬 側矦反 柧孤 棱力曾 晐 咸上古來反 燀爨上闡音下如字 𡨴寧定 拍溥麥 㥏徒落

忩乂憒工廩稟礄的沰託磓對回渮歌溏居淖女孝醲渠蔫

花諤五戈譁五瓜跓莊○莊下脫一字各本莊字誤入正文辨見疏證昭茗晴七挺讀

齒眞反今人作嗔字如此失之○各本嗔誤作息叉脫去字字今訂正霤含霽士林恑古彼攋

賴隻遠鵜才尹瘥辞翦○各本翦譌作箭今訂正蛘音卷趲作滿正音作但猲式藥虘

枉何縒布兮餫運著張慮反䟣方跰巨追踤他達○各本他皆作俱此因上文並借俱

也而誤今訂正礐苦鼎劐穫上才彫下乎郭詆底譵直類○各本直譌作止今訂正誎七賜

反鉧苦莖摐楚江稙陟譔士春專反此纇雷對誎促督篤瞉奴口䚦大兮

馺馳上素合抵觸上嫡禮䆈米○各本米作寐此因正文寐字而誤集韻類篇䆈又音寐引

廣雅䆈厭也則所見已是誤本案說文䆈字從米得聲玉篇廣韻並音米不音寐西山經及莊子天運篇作眯

郭璞李軌亦音米今據以訂正竀丁念丁類齋子兮傿言上魚軌遝待合緯于鬼○各本于

譌作丁惟影宋本皇甫本不譌痎古來痁失占瘧虐。各本虐譌作瘧今訂正痡步瘱路

痞否瘖普來疕匹弭痂加竈作告僞魚美噴蒲悶愈臾主撿盈屖總上西

下思覔導賧恥林貰世又常夜⿰貝爲說○說下脫一字廣韻⿰貝爲音詭僞切賭都古挂卦

歁再伶力政擘古萬嶠邱逝諫力代笠也上宜滲色譖腠夌亼祕悉蹟徙過

疐陟利駔在古反在朗反會古外焠村對堅古現齺楚師摎流捋落末摻索減

必寄叉家○家上脫一字括居滑搯抽妊任娠織刃疑卽身也尿年弔漊所流漂

匹照蹷古越踶徒計跌徒結蹶古越墇織允扒八擘班格抵丁禮畣多合今人以荅字爲對畣畣失之矣○各本畣譌作荅又脫去之字今訂正又案說文無畣字古但作荅非後人之失也鐍才荷

沾天呫今人以沾爲霑𠱓字失之矣○各本沾霑二字互譌又脫去以字知盥反三字又誤入音內正文今訂正拼蒸之上聲陞升⿰氵奉湊巷遯培片回慘錯感愒苦大悍大汗潎匹照

叜更首韾嶢堯趟渠屈儭親刃姣古卯將七將掮元。脫上一字叜付奉

唵乙感啐倉未倉快歃所夾顪顯怕片麥袧口豆䆐辭政鈔楚敎[illegible]曹劮逸

欧丁禮脰豆喑於含於今噌子夜噭古弔嘹丁。案玉篇廣韻集韻類篇嘹字皆不音丁

音內了字當是了弔二字之脫文前卷二內噭嘹鳴也嘹音力弔反是其證輆啟礙五代腒巨居

偬七來嫿也上子庶反。各本脫去上字其子庶反三字遂移入嫿字下今據影宋本訂正下素乎反

同嫭互嫪力高力到穌也上素乎反遒錯音。各本音譌作二今訂正逘交箐潘戶

操七高仰迴過側在堯刟彫樘丈旨達郎閡五代鐫醉全醉兗晆昗權瞸虛葉[illegible]

子紹圊烏鉤劒頭諟庶子是疑上字郎是是也書曰先王顧諟僾愛轔力鎮轢歷

譙之若憤符粉反鐮古點嘰祈。各本脫去嘰字祈字又誤入正文辨見疏證傈素蹝

浦迷又音普計正音。謂蹝字正音普計反又音浦迷反也各本又譌作口今訂正篇內又字多有譌作口者

皆隨條改正不復醜縷　踦東美　掴平本　拙丘炎　隑怨代　陭於雜　㖑談　鐰七嬌　燥素皓
潚魚別　囮由○當音譌辨見疏證　圝由　拼布莖　購古候　栔缺上苦結○各本苦譌作若
今訂正　睪翠　儷力計郎儷○各本儷皆作麗惟影宋本作儷　扶蒲滿　庫婢　裯他高　跑
步卓　妨訪　娉聘　鼎古堯　礫丁格　辟符役　墾苦很　過禍　俚吏里二音　驓寄　煨
隈　涑素侯　栔苦計　劆平圭反　刵烏涓○各本涓譌作俏今訂正　刲苦攜反　剅多侯　抅
鉤又圭音　謯嗟　諑祿　蹹藉　潄所救　潩遜　譛晉○各本晉譌作譛今訂正　懍栗
辟匹亦　誇譀上苦瓜反　柢多反　禮　貳女吏　燚然　掘渠勿　葸炊　姤遘又音后○各
本又字譌作古又鑽在遜字上譌作口啟從譌而爲古今訂正　又　憒責　筡塗又於反　恥　𢧵莫老
褋保　誕挻　扼乃罪　摘擿　蒍花　譌五瓜　孌力捐　善膳字夸嬉之善　纔才　暫
去　晐古孩　䟢夷　蹲存　諳烏甘　押匣又烏甲　軋烏八　孳茲　紐尼手　㠯以　𢦏

博雅音卷第五

古來 儓腤 佼交 㾮想上莫洞反今人以夢爲㾮失之矣○各本脫爲字今補 道䌌 瘺

愚 疣尤 詅力政令 衔乎麵○各本乎譌作呼今訂正 㕘苦合 衘衛 㿜詣 慌荒晃

嬈苛上泥了反下河 媟薛 嬻讀 痵於綺 鈪正音竹涉反 鉆正音炎反 巨 嫴姑

榷角 胳口反 屄 詤呼晃反 僦子溜 坅古八 嗤知栗 咄都沒 矗蠢 胯枯 銚

戈五 刓五九 㔍宜別書曰天作㔍也○各本天作㔍也四字誤入下菑字音內又脫去書曰二字今訂正

㔍各本皆作孽惟影宋本作㔍 菑阻師爲災音 尯去僞 將子良 掜魚禮 諱匹爾反 訾紫又

子弟 劙力谷音犁 務力谷 瘛乎計 㿗足用 嗺慈樂 懾之葉反 嬾力但音魯滿又

反 懇僻 欨呼虞○各本呼譌作乎今訂正 歔許戾 棓婆講 掣力遳反 掔研 蘚力遳

反 麼靡宜又音無悲 𤸷力代 癘例 抾去劫 挹於七 窇步角 窖古反 皃兒 𡰪壁○各本

壁譌作甓今訂正 瘗陸 瘦伏富 瘜謎 訳支 謂也有本作只詞也 屎勑吏又音豨

餩於北反又音烏克○各本北譌作此惟影宋本不譌　餇於結　抵紙音○各本紙上有只字蓋因上文只詞也而衍今刪　咀嗺上慈與下慈藥　渫思熱反說文相列反　鮥格　劇止善反又音鋤限

憏蕩　衄女六　噞儼又音魚淹反　喁五恭反　攙去踦　崽子上所佳反又音从○各本佳譌作佳今訂正　祅於嬌　妖於表　鬐晏　裨俾○各本俾譌作卑今訂正　肬尤　褖蕩　[illegible]了

蹻巨小　瘨必巽　瘵直慮　[illegible]時勇　難而緝又音而緣○各本緣下衍音字今刪　𩀱涵　煥哀　烗可拜　鐮廉　柧孤

博雅音卷第五

博雅音卷第六

釋訓

洞洞同董閭閭魚斤反○各本反皆作切此後人所改說見卷二疣齒魚反下後皆放此臲臲

魚列反硊硊兀嶢嶢堯虢虢所革反獲獲蘇勍勍巨京反仡仡

魚乙矍矍許縛吻吻亾內亾八眈眈多含轡轡欒之上晚晚莫限督督梓

眽眽亾革眓眓呼活睊睊公縣綫綫四淺治善○各本善作羨因正文綫字而誤今訂正

緷緷鬭扤扤求嘔嘔烏侯嗎嗎許速忥忥欯欯上許氣下許一[埶女][埶女]

乏唏唏虛几虛冀欨欨呼可○各本呼可譌作乎下字因下文火下而譌今訂正[口問][口問]

火下呵呵虛多訌訌口啞啞於百慅慅草怮怮於糾於流懕懕形絜

博雅音卷第十

梨犁 嵋嵋古兀呼兀二反 但但多達 巘巘五葛反 嶭嶭讞 阢阢兀 嵬

嵬牛回牛尾二反 岌岌魚及 屹屹五乙 霶霶普光 濩濩彼苗○各本此下正文有雪雪二字乃雪也之譌曹憲音有林字乃因下文林字而衍辨見疏證

霅霅素合徒帀二反 [illegible]士林

渢渢小篤 湒湒子立 騷騷林 䨕䨕落 [illegible]丑入 霫霫先入 霥霥蒙

[illegible]狄 颼颼所留 飂飂留 飉飉遼 瀏瀏留 [illegible]而羊 [illegible]奴容奴冬二反

湛湛直減牒珍反 泥泥䋣禮今人以此爲埿䋣低失之○各本䋣低二字誤入音內正文今訂正又案說文無埿字古但作泥非後人之失也 渾渾魂 顯顯㬎 集集而審 嫋嫋䋣鳥

婩婩如珍又乃點○各本又皆作切此因又字譌作反後人遂改反爲切耳今訂正 詪詪古很

嵒嵒魚斤 詻詻額 譆譆呼氣呼几二反○各本呼氣之呼譌作乎今訂正 譊譊女交

慛慛才回 暤暤臯 皬皬鵠 [illegible]宁骨 窱窱曉 癉癉吐安吐案吐佐三反

騑騑妃傈傈力纍力追二反彶彶急偟偟其往勮其去亹亹尾夅夅

巻權悾悾控慤慤苦角懇懇苦很反○各本很調作艮今訂正齗齗都玩翽翽

匹人𤞤𤞤宏翩翩匹延翃翃火宏翽翽火外翁翁火宏翽翽呼◡各本呼

調作乎惟影宋本皇甫本不爲翲翲匹饒翓翓臾𦒍𦒍肅翂翂紛㹆㹆暉

翧翧火元煌煌皇熠熠謂倏倏叔烱烱公迥熒熒乎扃○各本扃調作

扃今訂正晻晻烏感娗娗太丁唐鼎戜戜於鞠嫚嫚謂媉媉渥夭夭於苗

傑傑正桀駓駓步悲颿颿扶嚴扶泛䳍䳍香幽囱反必𦒄𦒄古永𧽏𧽏方孟

從從先拱蹡蹡七羊反馥馥伏馞馞步没馦馦呼廉馣馣烏含馛馛

步蒿𩡫𩡫匹緒誹誹非歸設設設眐眐征趑趑企叉巨支䟫䟫遙施

逗余○余下衍一字奕奕亦趫趫去遙徳徳吏儦儦必嬌䠛䠛謟趿

跋跋目及踥踥七葉憧憧處鐘[illegible][illegible]柈○各本柈字誤入正文又誤作拌拌二字辨見疏證

徲徲丈尸○各本尸譌作尺惟影宋本皇甫本不譌腜腜梅[illegible][illegible]如掌眘眘呼計臔

臔呼典泡泡白交普交淘淘陶○當讀爲滔說見疏證洋洋陽○各本陽字誤入正文又衍

作陽陽二字辨見疏證洹洹丸湯湯傷泱泱於薑潪潪諳潒潒蕩鼠

鼠于密浪浪郎油油由泧泧許活滮滮蒲虎汎汎扶弓○各本扶弓二字誤

入正文內又誤作垮垮二字辨見疏證氾氾孚劍○各本脫去氾氾二字孚字又譌作扶辨見疏證

[illegible][illegible]苦埜硠硠郎又力蕩葟葟皇茷茷冊禮菶菶布孔芊芊千芾芾

不味薿薿擬淠淠匹制茀茀弗娭娭於苗幪幪莫一○莫下脫一字各本莫字

誤入正文又衍作莫莫二字辨見疏證罸罸徒內務務亡豆亡老[illegible][illegible]保[illegible][illegible]莽

歁歁大含人感二反譪譪鑊鑊上音曖下音不祓○各本下音之音譌作二今訂正貌貌

亾角煒煒韋鬼鱥鱥呼會騤騤逵僔僔尊本伾伾芬悲逯逯鹿蝚二音嘽

嘽他安反澾澾產嚶嚶虔羽呦呦於糾嘤嘤烏梟○各本烏譌作烏今訂正嚂

嚂烏耕嗇嗇側格嘖嘖責嚖嚖呼惠輷輷呼耾轞轞檻丁丁竹耕譻

譻淵轗轗隱䛴䛴逢檬檬託轔轔鄰混混沌沌上乎悃下大悃

烟烟因熅熅於分睢睢許佳盱盱吁衯衯紛憒憒憒怴怴呼述

○各本呼譌作乎惟影宋本皇甫本不譌下呼昆同惛惛呼昆忞忞武粉歔歔欺僁

僁僁上音仙下素何反蜿蜿一音烏丸○一音上有脫文玉篇音於阮於元於丸三切蝹蝹

溫誇誇苦瓜趯趯佗狄嬥嬥湯的呱呱孤致致徒鼎頻頻符賓嚚

呼嬌○各本呼譌作叫惟影宋本皇甫本不譌斤斤靳兢兢吉升反○各本此三字誤入下文孝

也二字下今訂正騣騣楚吟眊眊亾到反亾角反諓諓翦健健都計反繷女交

奴孔二反 輆軩 上亥下待 撟 居夭 㨩 帝 崢 士耕 嵤 宏 跋 勑錦 踔 勑角 征 征 伀
鍾 悇 念又他乎反 憛 與占反他紺反 儴 襄 俇 其往 躟 而羊 曖 愛 曃 逮 撣 蟬
躅 逐由 躇 直魚 蹢 馳戟 躅 逐綠 跢 池 跦 廚 跦 子六 蹐 迹 縎 骨 緝 被 上昌
○上昌下當右下拔二字 軳 牛力 敾 揮 㦸 呼獲○各本呼譌作乎惟影宋本皇甫本不譌 倣 儻
上汀歷下他朗 濯 推 嵦 五哀五非 送 七各 雎 七魚 琦 奇 抗 尹 捎 悉焦 掉 揆 上大
引下 銅 邱六 銅 邱弓 委 於悲○各本於悲二字譌入下文宊字下宊字又譌作透辨見疏證 潢
嘯乎光晃 又 潒 蕩 搌 展 撰 膳呂己善反 靜音 悁 謂 恲 耕普 徜 常 規 戚 頃
失之 僬 說文無立人旁焦唯有僥字止云焦僥短人也 僥 堯 瘂 烏下反 瘖 音 瓉 五怪 澗
呼昀 㘓 蘭 咩 半 謰 連 謱 力主 㦣 力兮 㥠 許兮 讃 潰 諢 報乎 脊 權 跧 莊拳
䩞 囮 上烏郎下罔○各本囮譌作罔今訂正 暎 夷 摧 角 嫜 辜 榷 口角 堤 時

釋親

爸步可爹大可奢止奢媓皇㚤子我又子㳄娯鼻嬭乃弟奴解又媪烏道姐

宋字書即前䶵字入正文辨見疏證娋所交婿謂娣徒悳妯逐娌里姒似○各本脱去姒字似字又誤

嫢炬孜滋穀乃口婗吳鷄姼多可音多嬬須偏二音倩取令

𡢃古來䐊媒顲之然顱力乎頏乎郎顩翁顀成顲乎感頣以時頷閤顴

權頄求頯烏葛顛音拙䪼子紫囑竹救䎽耳志齔又瑾噱劇○各本劇字誤入正文

辨見疏證臽含嗌益餲火代骭于胒弌肊於力臆憶胳各膀步光胠

祛音可慮又胉布各○各本各譌作冬惟影宋本皇甫本不譌肋勒肺忿廢裨卑○各本脱去

裨字卑字又誤入正文辨見疏證腎時忍膀傍○各本傍字誤入朊字下今訂正胱光脬片交

肑百卓骶帝胂申脢梅脺翠髁口外口臥二音臀屯脽誰○各本誰譌作佳

今訂正 胏肥 脊啟 腨時兖 踦居綺 胻乎當 膕古獲 朏鶻骨 髖苦丸苦魂 豚卓乂

多鹿反 臀豚 骯五九 骫苦黃 骩力岡 髺括 髆甫 髖寬 骬若亞

博雅音卷第六

博雅音卷第七

高郵王念孫校

釋宮

庌雅 龐龍 庉徒囷 庲來 康七粟○康當作康音七賜反此音七粟反乃後人所改辨見疏證 庵烏含 廞先見○各本先調作光今訂正 堭皇 壂殿 坫多念 㘽序 廜徒 廝蘇 廦魯 廨蜀 粗才祖 廁來逵 檜似陵反又音會 棚步萌又負宏 棼墳 栽才○本下脫一字 窹悟 窻悤 堗突 甎只賓 匋桃 窯遙 檐櫺上詹下零 欃楚悲 㮰角好 槆角 楝恥綠又且足○各本綠調作綠惟影宋本皇甫本不調 椽直緣 檼於靳 甗 樀步各步革 枅鷄又古研亦有本作樀此一本耳○各本脫又字研字又調作研今訂正若膺云此一本耳本當爲字枅一作樀故云此一字耳 欒鑾 楶節 笮組格 礎楚 磌眞又徒年 礩

質闓虛亮丰蜂坻除離盌猛雹步角𥨊丈革複扶福鹿鹿膾古外匯貢

躃鮮跣甂潘瓳胡瓨亭瓺真瓵力隹瓯夷耳瓴䍃零上旳下甓○壁壁

與甓不同音壁字當是反語之下一字甗鹿辘也專上音甎同瓬百甆側濡欄

蘭檻平減櫳龍梐布萃閉平計平介柣帙𣏾仕巳音士𣐊力手忍櫱手音巨月

柴苦木學浮𦉪思闐藥鍵奇辨扆及闟大臘𡒄力彤隊篆院桓廦

壁案郎壁埤普計垷五計㯓巨於栫在見篳必欏離落洛杝離離○各本離字誤作

雜又誤入正文內辨見疏證柵策栅朔黝於紏於久垩惡又鳥故垷峴音乎典墀遲

塈虛既㥢奴回塗力奉堿古湛㙴莫典培裴椴都館橛居月巨月又楬竭㯿

豬狀臧𠀤歌咸洞柵策杙弋墿亦墌古鄧吭古眼迒衍平上郎下

昔千七各本部音作則此因上文吭音古朗反而誤自

字音下朗玉篇廣

瓶方言注爾雅釋文迒字並音乎郎反不音乎朗反前卷三內迒迹也曹憲亦音乎郎反今據以訂正駚決鴷例趡子肖趨千纖趸勑略騰親陵埒力闕堡保壜多老隄唐隉音照

之曜隄低一音皮兮○各本脫音字今補粗士家湝倉故隁於建権角彴灼徛居義音寄黈土斗○各本土譌作士今訂正

釋器

甇烏浪瓿部甌偶鑪盧甎弟甌一侯甂邊甋棟甈去滯甗初鑑甍容多腹○各本腹譌作眼惟影宋本皇甫本不譌㼓杜甓乎暫𤭛士江甀牛志甊郎甖容

瓴剝瓽多感甋部甎來後甃出甄直類甗廡甕一洞罌一正甒多甘甁

殊䍃臾𤭨腸又音悵○各本腸譌作暢又譌作口今訂正𤮏所猛瓬方往○各本往譌作住今訂正𤮎他臘甗於龍甈斯甈步美罃烏行瓨下江鑐需挈若計錪土典○各本土

譌作士今訂正鉼必整敲蟻鏤盧后○各本后譌作舌惟影宋本皇甫本不譌鬲歷鍑富

鑢烏高鍪茂鬵矩皮鬳昇錡奇綺鬴扶宇鐈橋鬷子工鋗呼元銚遙今人多

作大弔反鎢烏錥育銼坐戈䥈力戈匾布典榼苦臘椑步兮盤敦㯳戕典盞

安盋發銚遙櫂直兒栓七緣柍決盫橋盎拳眷又榼又章盧摩椷

古咸○各本古譌作若今訂正盃雅閜呼雅盞側限温凡斝古馬醆側眼[illegible]扯究觛

多旦卮支瓠回故蠡居隱甗魚偃筭平江簇舉籯盈筲所交桶檧上天孔下

思○思下脫一字廣雅檧音先孔蘇公二切籫作管箸馳慮柶四匙是支筴夾枓主

椸頤焅苦篤煝媚嵠溪峡柱筲所交簇呂籓甫袁𡵂扶嶕諸庶○各

本諸譌作栢惟影宋本不譌匜徒弔艵步丁畚本笄研篗攘簍蘇荷匠泉正音旋

斞於𦦚笎素典○各本脫去笎字素典二字又誤入下文籥字下辨見疏證籥素管匴弁匰

丹　匵巨位　椷咸緘二音　定齋定　耨乃后　楮張略　鑁九縛　錍方支　銽他點　鑴蒲　箬

七綵　笓婢之布兮　罶栖　簏提　籮苦郭　簗堂　簞珍教　涔字廉　栫才見　箄畢　図

女洽　旝於劫又於檢　豈互○各本互譌作牙辨見疏證　署肥無　冒泫　欞禮　軥衢　輗

見　兆兆　䏽裴　牑鞭　牏之句徒度二反　著直藥　綮苦戾苦戾二反　總葱揔又　繳

早　辥力出反　續辭足　紨敷　綐徒外　纚式支赤移二反○各本支下衍又字今刪　絬乖又

空反　沭　絬刮　緜若反　木　綃悉遙　絅阿　緻直異　約藥　襴古典　繞嘵　編必延

繶憶　紃循　縧滔　纅音栗　幌鬼音　幃韋　麴去菊　綟麗　綵采　追多回　縎

況羽　繀邱卷○各本邱譌作兵今訂正　帉芳云反○帉當作帉音介說見疏證　鬠副　簂公許　帨

見　晨辰　幓乃可　帒貉　㣼刃　帥山律　幋盤　𢃇之利　幏家　幦辟歷　帍戶

裱筆明　幘責　屣失致○各本失譌作夫惟影宋本皇甫本不誤下失兪同　[illegible]失兪　帞陌　帑

七見又七年贅去位槩采幧七消䘹作漬縱子冢褋牒襌單褈常凶褣容

衹低裯刀襜褕上昌占下曳○各本占譌作古惟影宋本皇甫本不譌襋棘极劫

複於例袷領愒於例襗亦襡蜀襜尺占裿居綺裨脾卑二音䙠登襂衫

裲兩襠謂當上音袙陌帗西媚褘異又暉衻冄占襜昌占袚不勿㓹悉

韍弗縪必纗允恚平卦○各本允譌作九今訂正緄裒○各本脫去緄字裒字又誤入正文辨

見疏證䘸誕紟騎禁裪桃𧜬決袿圭、襡大口襽含䘓姤禾袔賀被

亦袘夷袼各褭胡褩平佳裀因袾姝株二音袑弓裑身褾必照褊

布蔑𧘳布末○各本末譌作末今訂正褩平佳綃士霄袩多頰褸樓𧘊楚械衸械祏

他各裓膝上七盍韐許䩐䙴去乾袴袴綰管袑時沼衳七勇𧝋步反廉裧

度沒襐天帝𧜣保繄鳥雞袼落褔鳥苟褿七刀袚不勿䘓子肩襶慈夜袺古頡

䍸胡𩓢頭幠無髮幡樊𢃇於反䊵帗幞上荒音下扶欲反幬池流幭布迷

幨叱占幓廉髾舜昜笞㣽他梅鞨乎末鞆五郎鶡士角屣所爾鞮低緹

其於紟渠禁韐古匣靸沙䌈素洛韈大洛靸素合屐執屣乎馬屐渠戟屩劇

緻直利編部典緉兩繶爽絞古爪縝勅真縷力主纑來乎葷婢亦褏散禾簦

登幢直江獨大告幨俗占幰火假繴語絲力枕幖必昭徽吁飛幨帶古旃子堅

幵憸幡蘇褭於劫帣卷棘大河縈苦員纆相饐上婉音犍丑列鞮

低籤作甘帎啼帢在故縢大能㡀朔緘古咸紲思列紘宏甍纆覺紨而勇

紩直乙絃呼盱反今人以此為弓弦失之也○各本弦譌作紘今訂正縻無悲紖直忍縋直僞

緰力丹緎思絹纆墨綯陶笯胥纍力追繘橘絡洛綆古猛纚力追繯

泣又平串反軲枯姑又轉片各轀輬上溫下涼輹墳輐於云軿蒲眠輀而軺

彤[illegible]己足輰陽䡫烏軥衢○當讀爲劬說見疏證罌嬰鈁方繀素對靬于
[illegible]了入○[illegible]當爲[illegible]音戶犬反說見疏證[illegible]解弸冰輫俳轓甫袁[illegible]扶福[illegible]反
幢直江幏蒙[illegible]杜[illegible]步各[illegible]因幦覓[illegible]彌忍輹扶欲靷允兔太故軑
達計達蓋二反轂摠輇舟軝渠夷[illegible]土山轐九縛[illegible]渠輮如酉[illegible]俱勇輑牛殞
鍋古臥錕古本[illegible]籠[illegible]五弔轊衛錸諫錆大罪○各本大譌作天惟影宋本皇甫本
不譌鈦太錧館枸俱篗褸篌公侯[illegible]穹籠龍畚步本筤良郎二音笑
譖箹步角又角二反○各本又譌作又今訂正簚覓綯桃緧秋[illegible]無篂星簹
當[illegible]古核轠壘靶巴化軥巨駒靾曳駻汗韐公洽轖所[illegible]鞘所交[illegible]須字
[illegible]又滿桊眷椷緘[illegible]烏含篼多鉤帳貞

博雅音卷第七

博雅音卷第八

釋器

骸乎皆　骼格　骹苦交。各本皆作苦弔此因下文覈音苦弔反而誤考玉篇廣韻集韻類篇及爾雅釋文骹字竝音苦交反不音苦弔反今訂正　覈苦弔。案蔡邕注典引云肉曰脊骨曰覈廣雅覈骨也脊肉也義本於此覈即詩殽核維旅之核不當音苦弔反苦弔乃竅字之音也　䀋荒　衊蔑又陌曷　衉苦暗。各本譌作言暗也。辨見疏證　[月絜]乎結　[月弱]弱　膜莫　腅達濫　膎乎佳反今世人作鮭字如此失之　䐠兩　䐞若　膂旅　腱居言　脤鐇上時忍下音煩　脀之丞　臉七潛反　鋄熟　盞之丞　[虘皿]阻居　胾側事　膞拙兖　臠劣兖　[月立]泣　鹶岑又才感反。各本岑譌作鹶惟影宋本皇甫本不譌　鮨耆　鬶吳下。各本吳譌作吳今訂正　鱐繡畱　脘丸管二音　膊普各　腊

博雅音卷第八

筲膴呼又凶宇○各本字譌作字今訂正胏壯里腒巨於腩南感賸子兖膹扶粉䐈損

臛呼各膍毗胵齒之胘弦胖平⿰月斷折⿰月胥思節膋聊⿰黑勺的餾溜飵

才故⿱壴夫衛饙佛云反○各本譌作費今訂正沸餋倚酒焷婢亦又毗支○各本支譌作反今訂

正貨不⿰麥比毗⿰麥黎棃⿰麥酋齒沼糗去久糇侯粰浮⿰米㐬流糈所居師舉反

⿰麥貞素果⿰麥蒙蒙粿平寡⿰麥啇狄謫二音糜無悲糈思節⿰米歲乙達麪匹眄反音面饔於恭

⿰食美高⿰食齊才辭⿰食令⿰食奄上零下於劫反⿰食元五丸餦張餭皇飴弋之⿰食亥該餹堂

餳辭精⿰食青髓⿰食宛於勿於月二反○各本月譌作日今訂正飦居言⿰食匊居六粘平⿰米尾媚又

未粖乙達乙結粰浮毇毀糮艦湩竹用又棟○各本竹用二字合譌爲筩字考諸書湩

字皆無筩音又考史記索隱引字林湩竹用反又廣韻衆經音義及列子力命篇釋文漢書匈奴傳注後漢書

獨行傳注文選孫楚爲石仲容與孫晧書注湩字竝音竹用反今據以訂正醪牢醍體○各本體譌

作醴今訂正瀝歷泦乃口醝才何酎治九酏移酴塗酪洛截昨再祖戴二反

○各本祖譌作且今訂正䣼良醪所鑑醆且冊醶初鑑酮動同二音○各本動譌作洞今訂正

醞蘊醋汝吏釀尼尚酘豆醦且林醅音寢寑醓才心[illegible]匹亦[illegible]疾災[illegible]

滑[illegible]卑麰牟[illegible]苦木[illegible]蒙[illegible]消[illegible]且豆[illegible]楚使[illegible]於昆[illegible]步典[illegible]密

[illegible]在細醬莫候[illegible]頭醓他感[illegible]巨出䣼涼[illegible]子兮[illegible]達内釀攘酷庫[illegible]

旨升醃於炎藍藍○各本脫去藍字藍字又誤入正文辨見疏證菹緇疏甛大嫌甙代瞫

大紺又大含○各本大含之大譌作紺今訂正穤康褐居刻居曷泔甘潘孚袁潲稍濯

直見滫息朽澱殿滓組使菸依譽○各本譽譌作與今訂正菴之舌又之世反鯘乃每擿

書延餲許戒饁於劫饖穢雋蕉膱織馣烏含○各本烏含作呼含呼字因下文呼含反

而誤今訂正影宋本皇甫本惟含字不誤馝匕節邲膮許堯馦虛謙馠呼含膷香臐詡云

○各本皆闕謏字惟影宋本皇甫本有謏必昭敫步曷反鼐乃代鼒資鑴攜又呼規鏏

衛鬻辱鬵潛⿰鬲咨咨應[illegible]貍髦毛⿰𠦝毛汗䎃奴感翈押翭侯䎚惠

翮革翄翅⿸广毛唐毦二○畢本二譌作三吳本以下又譌作毛惟影宋本皇甫本不譌⿰並毛

布莽毼曷⿰賁毛方文毭豆⿱從毛足凶反氍衢⿺毛粟粟毧而恭毨鮮毤支氀

力于鋈沃澒乎孔礦正謂之口音雖無疑郎礦也鏈連鏅脩鋇貝音鋁似鉿

工納口市戉日鏦初江斨千羊鑱讒鈹披鐫醉全子兖鏨慙敢又漸○敢上蓋

脫又才二字玉篇鏨才敢切廣頷鏨音慙又才敢切又音漸銍誅失⿰工刂工划工卧鉊昭刟

鉤鍥結鏺撥鐮廉銃充仲○各本仲譌作中今訂正銎去恭鍱鋂上牒下梅鏤

夢鐶環觡格⿰金微徽釣弔鏶集鍱葉鑯且廉鏟又展○各本又譌作又今

訂正栓所權櫍巨側鍤測夾○各本測譌作側推影宋本不譌鉥音述⿰糸忌忌錥大非徒果

鐗澗　鍇他合　銓七緣　錘直危直僞　鍴端　鑽子貫。各本子誤作了，惟影朱本、皇甫本不誤。

鑴況規　鍣昭　鋟子廉子甚又　鋁力庶　錎采古　碬都玩　磕力甘　礑諸　磫足恭　礶

衝　砥砥細於礪　磏礪上音廉　鈴含　鐮形　錤基　鑮博　錠定丶　鐙登　栻

勑　篿博　箸馳慮　篗大故　簪載甘　箘居勿　刷所滑　豹亦灼　櫯素戈　艨升證　榱袁

籆于縛柴碧　屎勑利　杓子允　篙平的　桶大龍亦勇　笆大本　篰上沿　幡丈旬豬旬　鬷畏

岍陟呂　籫苦怪　篘彭　筊女加奴慕　簝力幺　籯盈　篝溝　笭零　籠力公　纁

篝溝　簞丹　簏來平　籃來甘　篔餘　箈沿　箄俾　籅繼　篆舉　帶帶　樕

朕　校爻。各本爻誤作爻，辨見疏證。　持竹革　桷角　植直吏　样羊　槌逐累。各本累誤作

畏，今訂正。　箇曲　笄笄　籥藥　櫱勑葉餘涉　又　𨭆辯　笘丁頰　𥸩力第。各本第誤作

甬，今訂正。　觚孤　篤司夜　篇苦典　䉳先典　籫皇　牌步佳　屎勑利　矜巨斤　柯詞　櫑

蕓 柲祕 弣撫 杬五九 椹知今反今人以爲桑甚失之 柊終 椶葼 敷苦果 櫌

憂 椎逐佳世人以此爲錐字失之。各本錐謂作佳字謂作子今訂正 魁他禮 棓步講步項 桲

步沒 梲吐活又杜活 柍於兩 欘攝 殳是珠 簦拙桑 籔走公 箂竹花 籩才六 笡七夜

相士加 樘牚。各本牚謂作堂今訂正 桔古篤 柳乎格。各本乎謂作平推影宋本皇甫本不謂

篠方千婢年。各本婢謂作俾影宋本皇甫本不謂作 㬥俱綠。各本俱謂作具今訂正 鍏瑋 畚

本 敵插。敵本作敵音嫣汭之嫣說見疏證 梩騃 臬七遙 鏵平瓜 鎵蒙 鐅普結 杷

蒲加 柫拂 枷加 篷平江 箂妹 佯羊 篖唐 筕衡 䈁之舌 蕟廢 簟大點

筁曲 㐁天念亦有本茵字代丙 䈼子養 篠三果。各本三謂作二今訂正 簽乎朧 篆玠

筳呈又汀 柴醉燊 穗穎或從壺 杋九 笯奴 艧烏郭又于縛反 𢐅致 彈大汗 帥

升芮 蕢墳、 絠戈宰。各本戈謂作弋今訂正 韝溝 韘攝 蟰蕭 彯絹 䩹脣 鞬

居言韔暢掤冰医於計韇讀鞴備韍又。各本韍又二字誤在鞴字之上，今訂正。

蝕莫耕䋲曾笰拂又音也弗正音。本又譌作口，今訂正。各鈀普加錍片兮鉡牢。鉡當

作鉀，音甲，說見疏證。鏃七木七候子谷三反鈇扶鐃饒鉥陳律。鉥本作木，曹憲音陳律反，非

是，辨見疏證。鐔淫鞞布鼎靳之舌之逝二反釾以邪剞車奇劂歸衛錟談又音他甘反

。各本又譌作日，今訂正。又各本音字誤在他字下，惟影宋本不誤。鏦初江鍵己偃矟朔鍦蛇

矝呼覺穳子段鋋蟬狼郎矠苦大鏔寅孑雞節鏝莫干釨子戛古八戣

邀戮辱匽於幰鐓敦釬汗鐏存頓瞂伐櫓音虜戰干鍤含鍪牟

錏烏牙鍜乎加鏂烏侯鍭侯鉦征鏄步各鈕尼手綸古頑紱不勿瑹書珽

他冷簶祿簏鹿篇滿篓緩篰部梡苦緩棵口卵橛劇杫賜虡巨音

今人虍下作兵失之。各本虍譌作虞，今訂正。桯餘征餘經二音，又呈䐻户賜招紹賾責。各本

責謫作素今訂正第側里杠江榻他臘枰平跰迸樍棣上墳下巨鳩巨菊反椈
付于菝側求篪移枷嫁軖狂筐護爟灌熜青工又摠○各本又字誤在青字上
今訂正斞庾筥擧稯子公秅妬觚孤觶之豉㪚素但綃消縓請絹縹
匹紹繰早緑祿緅側畱緫采公赩虛力䞓恥京烊小營緹他禮焃呼狄赭者
䵍他口黊乎馬乎卦黲老䵐齒善䵎他丸黇他廉䵒今，䵓屯䵉統音亦有本作
歀口浪䵋下悔于部又皔汗皛乎了又乎灼反○各本乎灼皆作乎烔烔與灼草書相似故灼
字謫而為烔集韻皛字又音戶茖切引廣雅皛白也戶茖與乎烔同音則宋時廣雅本已誤案說文皛讀若皎
皎與乎烔聲不相近今本廣雅皛音乎了乎烔二反乎了與乎烔聲亦不相近故玉篇廣韻皛字皆無乎烔之
音又案玉篇皛乎了切又乎灼切廣雅音即本於此則烔字當為灼字之謫乎灼與乎了古聲相近故字之從
勺聲者亦有乎了之音爾雅芍皃訛芍音戶了反又蓮其中的昀音丁歷反又戶了反皆其證也自廣雅音乎

灼謂爲乎烱而集韻以下皆仍其誤且哲制。哲本作
不復知有乎灼之音矣今據玉篇訂正哲哲哥。析說見
疏證曉呼了曨在爵曤乎告皚牛哀皏普幸暍呼咼皤布何步何皎古了。各本古謂作
占惟影宋本皇甫本不謂嚚學黝於糾於柳䵎於物黯烏減黶烏點默墨黛工典默
弋皁祖早黫於閒於眞湼乃結緇灉黸力胡黮勑感都甚二反蕉焦黔琴巨廉
黤己證黴明飢䵑乙再黵烏外黚古闇縝之忍黳於兮黗他孫黲七敢黟伊檮
衛櫝讀櫬楚覲槅導厤禾

釋樂

六莖顓頊樂五韺帝俈樂大章堯樂簫韶舜樂大夏禹樂。各本脫大夏禹樂
四字今據上下文補大頀湯樂大武武王樂。各本脫武王樂三字今補勺只藥周公樂也對酌
文武之道大予漢明帝永平三年秋八月戊辰改大樂爲大予樂足鼓夏后氏鼓四足也植

鼓見禮明堂記詩植我鞉鼓　縣鼓禮記曰周縣鼓鄭注云縣於栒虡也　雷鼓周禮雷鼓鼓神祀鄭注曰雷鼓八面　靈鼓周禮靈鼓鼓社祭鄭注靈鼓六面也　路鼓周禮路鼓鼓鬼享鄭注路鼓四面　鼖鼓周禮鼖鼓鼓軍事鄭注大鼓也長八尺　鼛鼓周禮鼛鼓鼓役事考工記長尋有四尺也　晉鼓周禮晉鼓鼓金奏鄭注長六尺六寸也　鼜鼓周禮凡軍旅夜鼓鼜鄭云夜戒守鼓音造次之次。各本夜鼓下有日字乃後學人以意加之今刪　鼙鼓周禮旅帥執鼙。各本旅帥作師旅亦後學人所改今訂正　鞀鼓周禮小師之職掌鼓鼗釋名云鞀導也　應𩋡詩云應𩋡縣鼓　搏拊禮記拊搏鄭注以韋爲之充之以糠形如小鼓以節樂。各本拊搏譌作博搏搏下又衍琴字今訂正　伏羲氏瑟長七尺二寸上有二十七弦見世本　桶動　陞升　敔魚呂　倕氏鍾十六枚世本倕造鍾倕舜臣　毋句氏磬十六枚世本毋句作磬毋句堯臣也　塤許圓象稱鋞以土爲之有六孔古史考曰有塤尚矣周幽王時暴辛公善

塤。各本王字或譌作曰或譌作田又脫䶵池以竹爲去纂字今訂正影宋本皇甫本王字不譌䶵池

之長尺四寸有八孔前有一孔上有三孔後有四孔頭有一孔。此十六字各本誤入正

文辨見籟頼䶵池⿰口動洞歈頭

疏證

博雅音卷第八

博雅音卷第九

〈

釋天

太初氣之始也生於酉仲清濁未分也太始形之始也生於戌仲八月酉仲號爲太初屬雄九月戌仲號爲太始屬雌○各本爲太初上脫號字太始上脫爲字今據上下文補清者爲精濁者爲形也太素質之始也生於亥仲已有素朴而未散也三氣相接至於子仲剖判分離輕清者上爲天重濁者下爲地中和爲萬物詩緯曰陽本爲雄陰本爲雌物本爲魂雄雌俱行三節而雄合物魂號曰太素也三氣未分別號曰渾淪○各本俱譌作但又脫去氣字今訂正天地辟設人皇以來至魯哀公十有四年積

二百七十六萬歲分爲十紀曰九頭五龍攝提合雒連通序命循蜚因提禪通疏訖帝王世紀自天地闢設人皇以來迄魏咸熙二年凡二百七十二代積二百七十六萬七百四十五年分爲十紀一日九頭至十日疏訖○各本帝上衍記字世紀之紀譌作記十日疏訖脫日字疏訖譌作流記今俱訂正影宋本惟紀字不譌格格乎擇宅禝子枕濛莫孔澒平孔淪倫○各本倫字誤作隃又誤入正文辨見疏證沆乎朗瀣乎戒歎若簞歊康猲彫离勑支獱墳靄于愁靇追渠俱反甬荓蒲形歲星謂之重華或謂之應星木宿也熒惑謂之罰星或謂之執法火宿也鎮星謂之地侯土宿也太白謂之長庚或謂之大囂金宿也晨見東方爲啟明昏見西方爲長庚○各本脫去金宿也三字下水宿也同今並據上文補長庚下又有案金星三字乃校書者所記今刪辰星謂之爨星或謂之免星或謂之鉤

星水宿也禬士駕反禮曹䘹七外祱稅褸力侯反禊平計餟知稅○各本知譌作和惟影宋本不譌祼古奐反軷步末彝彝祊布庚祾陵又力登禖梅祧他琱醮子咲反禬古外禨巨衣禲例夏曰清祀○禮運正義引廣雅云以清潔而祭祀蓋曹憲注文通典引廣雅同殷曰嘉平○禮運正義引廣雅云嘉善也平成也以歲終萬物皆成就而報其功通典同歐欺于垝車美軹紙

釋地

阬古朗埏延○各本埏譌作延辨見疏證皋古豪原原毗符夷沛盃妹珩衡璇旋球求瓄瀆璐音路瓗唐𤥒渠憖玫梅瑰古回隋侯隋侯見虵傷治之後虵銜珠以報碝而兗玟忙巾硨車磲渠碼馬碯奴道琨昆珸吾瑊古咸又咸○各本又咸之咸譌作咸今訂正玏勒鉿古合鷩必舌鳺付于反○各本于譌作予今訂正

獿九縛繇由八家爲鄰三鄰爲朋三朋爲里五里爲邑十邑爲都十都爲師州十有二師焉見尚書㖠柔嘆奴戈○各本此下有堅字音堅堅字係曹憲避諱而缺其下書堅字則後人所加辨見疏證甄古賢埴時識塿樓

垟息營壚來乎賦付坲沸𦔶才心耩講𦔳弋𦓥突䅋側基麃布苗𦓽披

耠平荅𦔣碑𦓿步侯䎔局𦔑漢稍所交反𥟇匕旦𦔮叉江𦔦他尽䎨一

積牀責○各本牀訛作壯今訂正𣪘魚世稽祇○各本祇訛作祇今訂正𦔮派畤時志

穜用之

釋邱

泌祕隮大迴反堬以珠埰采墦煩埌浪塔步苟塿來苟垗兆塋營

𨻶戚隇夷隥多鄧陘形隒檢斂二音○各本斂訛作斂今訂正澳於六𣸣蔡浮

劣 [illegible]昏 垠吳根 廋所流 坑[illegible]

釋山

峋古侯反○各本侯譌作侯今訂正 嶁力侯 岍牽 䂣石 磵學 㞙元鳥 㕚大吉 嶰乎買

釋水

濆墳 渚直尸 渭謂 磯機 磧七的 [illegible]洪 湀遂 埂古杏反 窞徒感 臽陷

瀉大高○各本大作太因下文太字而誤今訂正 汏太 [illegible]彤 艬士巖 艜帶 艒目 艑風

艀蒲故 舺甲又押○各本此下誤衍能艋二字辨見疏證 艆力唐 [illegible]壯尤 䑦鉤○各本鉤譌作鈎今訂正 [illegible]鹿 艑步典 艖楚加祖多二反 䑛丁計 艡當 舽扶江 舡呼江反○各本呼譌作乎惟影宋本皇甫本不譌 艞滔 舸古可○各本古譌作苦惟影宋本皇甫本不譌 艠撥

艘刀疾舣又艘苦計艭其艃貍艣岑舶白艀扶鵃○各本扶誤作狀今訂正

艦衡之上聲舼洪艇挺艅餘艎黃艨蒙艟衝艗五的艏首舴側格

艋猛䑲禮簰薄佳艀敷潢横筏伐舤凡舷賢[舟侖]倫桄光[illegible]

子侯又鄒棸乎角呼篤汾墳

博雅音卷第九

博雅音卷第十

釋草

蕇高　蓇高　蕖渠　菩負又部。案玉篇廣韻集韻類篇菩字皆不音部，部下當脫一字。玉篇菩音步亥切　蒷負　蒩子平　蔾力兮　䕅那甘　搐疇　蒢除　蘽力甚反　蘱力對　芽才　蔽苦拜反　葰雖　鞩之舌　蓫丑六。各本丑譌作刃，今訂正　𦬇徒昆反。世人作豲字或純或豚或肫，竝失之。各本脫字字，今補。又案說文豚篆文豲字，非後人之失也　菥析　蒖覓　蒣舒

蔀部又步古　薺齊底反。蕙築說文以此爲薺蒺藜之薺字。各本此字皆作底，因上文薺底反而誤。自賚二字又訛入音內正文，今俱訂正　藶歷　蓪狄　藋丸　蘄芹　芪祇。各本祇譌作祇，今訂正　蔏商　陸六　筋居勤反　菝拔　薢古買反。又古埋反。各本埋譌作理，今訂正　萿

苟○各本苻誤作苟音內苟字又誤作狗辨見疏證　獳奴侯　蔏直載　蘜逐錄○各本錄誤作錄惟影宋
本不誤　蕫讀音世人作蕫字如此失之○各本脫蕫字今補　藋徒弔　芤住律反世人作朮字如此
失之朮古文秫字○各本前朮字誤作木又脫去後朮字影宋本皇甫本前朮字不誤　須思臾反案說文
須從彡世人作鬚字如此失之矣　蕿所今　蘘素禾　葃音昨　菇音姑　蘻婢昭　笢民忍　笨步本
簸素但　鉤鉤　鍴端　鎇媚　銍至　蘽采　虊劣船反又力眷反　蓖古本　莜工遥　菉
邛　苜目　蓿習　蘸醜　萎綏　蕎橋　蕢貢　薏憶　蘞廉○各本脫去蘞字廉字
又誤入正文辨見疏證　薁奧　莜悅粲　芡儉　藈苦圭　𤫳古侯○各本侯誤作候下鹿侯反同
集韻𤫳𤬪二字皆有平去兩聲其去聲下引廣雅𤫳𤬪王瓜也則所見已是誤本考玉篇廣韻爾雅釋文𤫳𤬪
二字皆有平聲無去聲今據以訂正　𤬪鹿侯　藷蕷上市念反下羊恕反　藟力水　采似辭　秆古旱
䅝空又苦江　稭古八　䅆側　𥢶莊于　葯約　蕡浮沸符分　蘘穰○各本脫去蘘字穰字又誤

入正文，辨見疏證。葉采　蔨乃項　蓍䏔　秈仙　秫述　稉奴臥　䅰口見口。各本䅰訟

誤作於䅹匹，今訂正䅹皮　稨匆　稈皐　穄祭　穧扶云　穛誅　䵚布兮　䵼烏九　𪏭酉

䮼平江　𪏷雙　麰牟　麳來　䴭斜　麧私　穗似醉　䵟大九　䴽路　䵺眞　䵖

苦拜　笥公但　衝衞　䔾捉　蘬爲詭　榗步項　䔋乎巧　茇撥　荄古來　蒨弋索瑩瑩

葉力內　藘千古　采鼯辭　䕡胡戒　蕎橋　蘬歸　蔏丈牛　藸直魚　䓬臺　萵客　菸

孤　蔣子良　葒紅　蘢乎結。各本蘢誤作吉，今訂正　蕢麥　張揖云蕢蔑白也，蕢與苦蕢大異也

恐非。各本蔑也之蔑誤作葴，今訂正　蘧巨　勃步没　菈力合　蘧沓　䔲豊　又蔿。各本䔲誤

作蘴，䔲誤作䔲影，米本當字不誤　蕘女交反，世人以此爲芻蕘之蕘，未知孰是。各本脫人字，今補　書

精。各本脫去菁字，精字又誤入正文，辨見疏證　蓏及　䕢力占　䖀鹽　蓏昆徒　䖀步田　長

丁丈反　葱去去拱用　又萃平　蔄浪　蕩宕　莨古根　蓴曾各　苴子魚　葛悅專　蓬

所夾 藰可與 葍腹 莞九

釋木

栝古末 檡宅 楙武蓋。各本蓋譌作盇今訂正 爵雀。各本脫去爵字雀誤作崔又誤入正文
內辨見疏證 梡考 楺丁戈 梡緩 梢稍交。各本稍譌作梢惟影宋本皇甫本不譌 椵又苟
。各本又譌作又影宋本皇甫本不譌 檣之善 [艹僕]浦莫。各本浦譌作蒲今訂正 橡象 柔常與
棒七候 樫耻京 檟子狄 杆古旦 梔支 椅爻 樢鳥 椑扶支 榹西

釋蟲

蚑伎 蛣去吉 蟨曆 蟧遼 蟈縣 蛥折 蚗穴 蝭帝 蛁彫 蛾五何 蛘
羊掌 蟞匹結 蜉浮 螘玉蒲 蛢鷄 地。各本此下曹憲音有蚍字乃因下文蚍字而衍今刪
蚍毗 蟊茅 蠐揃 蠀七漬 蠆丑介 蠍歇 蟒力刃 蛭質 蛒胡格 蜷眷 蠶

雜含反世人作蠶字或蠶或蚕如此並失之矣。各本音內蠶字譌作蚕或蚕上脫去或蠶二字又誤衍如蠶
二字如字因下文如字而誤蠶字因與後蟦蛘也之蟦字相似而誤今訂正蠹姤蟦浮沸又肥蠐
疾資螬曹蝪暘蠡力支蚎女六。各本六作支因上力支反而誤玉篇廣韻蚎字並女六切今
據以訂正蚭尼蛈皃蚈絅蚰由蜒延蝵年蠋燭蛦史蝳毒蜍
餘蛺夾蜨山頰蛈替蛬恭勇趗促蜻精螻樓蜮古麥蛆子魚蟝渠
蝝逆蚿弦蠓蒙螉翁蠮一結螠憶蠀即蝤酒六蚴幽蛻悅蠮
烏結螉翁齕痕之蚹博蟭焦洟他帝螵婢消蛸消蟅柘蟒猛蟘他則
蜙粟容蝑胥又思呂反蠢舂蟍黍蝍即蛆子餘蟿士板。各本士譌作土惟影宋
本皇甫本不譌蠽節蛷求螋所蟱霧蛷求鼅女陟鼄乃德䵹旨鼅錫又
七亦蟔覓蜰肥蜏秀孶茲。各本茲譌作慈今訂正蜎烏泫螽之戎反蝗皇又

華孟 𧍱邱 蚓引 蜿宛 蟺時涵 蠜煩 蟦之夜 蠊廉 蝑謂 蝘便 蜁旋

蚋步幸 蛹勇 蠁許兩。各本兩譌作雨，今訂正 螌班 蟊茅 蝮扶福 蛸有 蛻始悅

蚦 蟱無 蝺牛俱 蚨附于。各本附譌作付，今訂正 蚲平音 蠰羊悸 蛤古反 蟽大臘

蛘羊掌

釋魚

鯸矦 鮔頤 鮦河。各本脫去鮦字，河字又誤入正文，辨見疏證 鯳齒之 魧航 鰅唐

魠託 鮷啼 鯷綈。各本啼譌作綈，綈譌作啼，集韻類篇鮷田黎切，又大計切，即因此而誤，考玉篇

衆經音義鮷音啼，不音綈，鯷音綈，不音啼，廣韻鯷字有鮷音而鮷字無綈音，太平御覽引廣雅鮷鯷鮎也，鮷音

啼，鯷音遞，今據以訂正 鮎那縑 鱺離又力兮 鰑陽 鮦重 鱝積 鮒附 鰱力延 鰊

蟆 鯕居家 鮊音白 鱎奇兆 鮜平豆 鯉平寡 鱋虔 鱄普姑 鮄副周 鮈菊 鯼子公

魶那鼢 鯢五兮 鯞側耕 鯿來旳 鯛魚恭 鯙亭 魤於八 鯶步佳 鰌秋 鮂要 鱮奧。各本此下衍一奧字今删奧下又有蟷也二字係正文誤入音內辨見疏證 鯪陵 蠦力平 蠊
鼁 蚵何 龍龍 蚚析。各本析誤作折今訂正 蛙口圭 蠪巨虎 蚳耽支 蠪獲又。各本又誤作又惟影朱本皇甫本不誤 蟈古獲 蛟甫 蜢孟 蝦霞 蟆麻 蛸甫 蟹平買
蚾古彼。各本彼誤作皮今訂正 鯁郎 鱧下哀 蜌陛 黿闍 蠡力兮 螺洛戈 蝸瓜
蜆孩 蝓瑜 蟀子律 蟰條 蜮域

釋鳥

鷤弟啼 又 鵋古惠古二 鵙買 鶬古彼 鴂規 鴶古八一反 鵴菊 鶪闃 鴨五各 鷙慙 鷲就 鵰彫 鵂休 鶹留之 鸕盧休。各本脫去鶹字盧休二字文誤入正文辨見疏證 鴾茅 鶔莫講 鷳閑 鵵兔。各本兔誤作兔今訂正 鴺末。各本末誤作末今訂

正鴄匹。各本匹皆作疋，匹俗作疋，因譌而爲疋，辨見疏證。鸗龍鷛邕於甲亦有鴨字如此鴨

加鴈五諫。案鴈字亦如此，又鴈字。鵻隹。各本脫去鵻字隹字，又誤入正文，辨見疏證。鴐如

鴿烏含鵯郎鶻高滑骨鵃鵰又竹交鴔盆。盆與盆同，各本譌作盆，今訂正。鵽役

鷄葵鶟浮鶝菊鷉弟啼二音鷸述鴭延照。各本照譌作昭，今訂正。鷊扁

不尤鷦焦鷯弭沼鸋乃定鴂決鸁力果鷗匠鶡曷鴠旦鳱苦汗鴠旦

䳭石鵖邑鸔渠雅邱莖。各本邱譌作五，今訂正。雗子幽雊務鷇苦候鵠古篤

鳩尸鸓疊音鷏酉鶹仲鶅力追鵻布獲反，又步覓鷅梯鴺沈之去聲鵅古活

。各本活譌作沽，今訂正。鵤動鶇妻鶊餘占反搗膈鶩敲音，人多作音，非也。案曹

說非是，辨見疏證。各本頃譌作項，今訂正。

釋獸

於烏䖘塗貔毗豾丕貒湍貛歡狚七餘貄山吏㚖決㹟烏部豠

胡才貕奚貘眼豚屯犹柚蜼誄豰平谷。各本平誤作平，惟彭宋本皇甫本不誤

豺艾貗山甲貐仕禹𧳋緇圈奇𢙹麐迷貔奴侯貒五丸猭匹萬貔乃侯獮

所教獱頻獺勅轄又闥虒啼蹢的蹶鄒蹯煩犄狄豭加犒部犄

舍騋㶊陵似陵二反羚鈇豶墳猗於宜劇又進猲居言㺄作駒爵駘墳

鼬由酒鼫如勇鼨抽鼮於革鼶謊鼩平鼱博鼲唐鼸古焚鼢零鼪

頫鼷谷鼸卜鼭音支。支音菅木反，各本誤作支，今訂正鼶音俊鼷耳鼳古門鼳

胡貪鼶柳。各本柳誤作抑，今訂正

釋嘼

驢大安知進駃決騠蹄騾力劣驒顛犗古轄犍博羖古拳捷犛務

博雅音卷第十

獝辛兖 泠零 獮之涉 顱盧 獂原 楚黄楚有犬名如黄。各本犬譌作大，惟影宋本皇甫本不譌 猊七勺反 狂霍 獖扶粉 辟避 雎渠夷

廣雅疏證補正

高郵　王念孫

自序　凡字之譌者五百八十改五百七十八　脱者四百九十改四百九十一

上廣雅表　以釋其意義注乙神仙傳二十六字改爾雅釋訓釋文引張揖雜字云訓者謂字有意義也襄二十九年穀梁傳云此致君之意義也　文不違古注乙後漢書曹褒傳十九字改臧氏在東曰張稚讓言叔孫通撰置禮記不違爾雅然則大戴禮記中當有爾雅數篇爲叔孫氏所取入故白虎通義引禮親屬記男子先生稱兄後生稱弟女子先生爲姊後生爲妹文出釋親風俗通義引禮樂記大者謂之産其中謂之仲小者謂之箹文出釋樂公羊宣十二年注引禮天子造舟諸侯維

舟卿大夫方舟士特舟文出釋水孟子帝館甥于貳室趙注引禮記妻父曰外舅謂我舅者吾謂之甥文出釋親則禮記中之有爾雅信矣

卷第一上

釋詁

業始也　注業猶創也下補莊子秋水篇云將忘子之故失子之業

令龍君也　注令君也下補韓子初見秦篇云立社稷主置宗廟令　乙賈子容經篇云十四字改呂氏春秋介立篇注云龍君也

方旁袞大也　注方者下乙堯典云二十字於方大也下補墨子非攻篇云其土之方未至有數百里也人民之衆未至有數十萬也楚策方船積粟史記張儀傳方作

大是方與大同義　旁注加墨籤云逸周書世俘解旁生魄孔晁注云旁廣大月大時也　裒注乙後漢書馮緄十二字改呂氏春秋大樂篇注云渾讀如裒冕之裒

仁虞有也　注加墨籤云廣韻侳則卧切有也仁字疑侳字之譌一切經音義三之六七之十二十三之五引白虎通虞樂言天下之民皆有樂也

抵薦至也　注抵雲陽抵與氐通改河渠書自中山西邸瓠口為渠氐邸竝與抵通　義竝與抵通改義亦與抵同　臻至也下補藝文類聚引書大傳云薦至也

乃咎廷往也　注是乃為往也下補阮籍為鄭沖勸晉王牋聖上覽乃昔以來禮典舊章乃昔謂往昔也　聲竝相近下補楚語左史倚相廷見申公子亹韋昭注云廷見見於廷也長子引之云下文云子亹不出則在家非

在朝也不得言廷見廷當為廷廷往也謂往至子亹之家而請見故下文云子亹不出也下文又云鬬且廷見令尹子常廷亦廷之譌

黨觳善也　注史記夏紀作美言黨讜昌聲近義同改管子霸形篇云仲父盍不當言黨讜當昌竝聲近而義同

懇謹也下補祭義云懇善不違身

聆從也　注古通作令下補商子算地篇云故國有不服之民主有不令之臣　呂氏春秋為欲篇下補云字

悌倫順也　注心順行篤也下乙孝經云三十三字改孟子滕文公篇注云悌順也荀子修身篇云端愨順弟弟與悌同　倫之言順也下補莊子天運篇云夫至樂者一盛一衰文武倫經謂順其經也

谷斯㩴瀍也　注與鍾會同下補太元中次三首尾信可

以為庸范望注云庸法也庸與容通　拱梾者下乙長

子二字　類注加墨籤云太元毅次七觥羊之毅鳴不

類測曰觥羊之毅言不法也　謂之揆頭是也下補揆

猶憲也管子宙合篇云迹求履之憲憲揆語之轉耳

期頤老也　注養道而已下補古辭滿歌行百年保此期

頤亦以期頤二字連讀

款誠也　注款誠重也下乙楚辭十五字改荀子修身篇

云愚款端慤

厲方也　注其義一也下補故魏風伐檀篇寘之河之側

兮傳云側猶厓也毛下接以厲為水旁得之

榦正也　注貞正也下補文選西京賦注引薛君韓詩章

句云榦正也　虞翻注下乙云榦正也四字改與薛君

同

愾臆滿也　注許氣二反下乙謂氣滿也四字　廣雅作嘅下乙說文鎎怒戰也五十八字改哀公問君行此三者則愾乎天下矣鄭注云愾猶至也家語大婚解與此同王肅注云愾滿也案愾訓為滿於義為長行此三者則愾乎天下猶孔子閒居言致五至而行三無以橫於天下也　憑噫即愊臆之轉下乙說文十萬曰意百五十五字改小雅楚茨篇我倉既盈我庾維億億盈亦語之轉也易林乾之師云倉盈庾億漢巴郡太守樊敏碑云持滿億盈是億即盈也我黍與與我稷翼翼翼翼猶與與也我倉既盈我庾維億維億猶既盈也此億字但取盈滿之義而非紀其數與萬億及秭之億不同傳以萬萬為億箋以十萬為億皆失之襄二十五年左傳今陳介恃楚衆以馮陵我敝邑不可億逞億逞即億盈言

其欲不可盈滿也文十八年傳云侵欲崇侈不可盈厭
意與此同盈與逞古同聲而通用左氏春秋昭二十三
年沈子逞穀梁作沈子盈左氏傳欒盈史記作欒逞又
左氏傳昭四年逞其心以厚其毒新序善謀篇逞作盈
皆其證也杜注訓億爲度逞爲盡皆失之漢書賈誼傳
衆人惑惑好惡積意意者滿也言好惡積滿於中也李
奇云所好所惡積之萬億薛瓚云衆懷好惡積之心意
皆失之
極遠也　注極遠也下補史記三王世家云極臨北海
隱安也　注據定也下補漢析里橋郙閣頌云改解危殆
即便求隱
畏亟敬也　注畏者下補鄭注曲禮云心服曰畏孟子公
孫丑篇云吾先子之所畏也　謹重皃下補漢成陽靈

四

臺碑云齊革精誠　亟恆下補革字

要棄也　注莊子天地篇下乙子往矣七字　乏廢也下

補僖十年左傳云失刑乏祀

從隨駕行也　注服字並譌作般今俱訂正下補從者夏

小正嗇人不從傳云不從者弗行　逯然而往下補隨

者皋陶謨隨山刊木史記夏本紀隨作行　駕者下補

張注漢書司馬相如傳云駕行也　金口而木舌下乙

是駕爲行也五字

疥瘕卭疛痳病也　注疛與疛通疥讀爲痎自讀爲痎乙

八十七字改義見下條　亦孔之卭下乙巧言篇七字

毛傳下乙鄭箋竝三字　卭病也下補韓詩外傳云

詩曰匪其止共惟王之卭言不共其職事而病其主也

說文疛下小腹痛也改心腹病也下又乙玉篇云七

字　今據以訂正下補凡隸書從寸之字或書作木故
府字或作庥因譌而爲庥漢衛尉衡方碑遵尹鐸之導
導字作䆃廣雅釋言篇朷切也刌字作朷是其例也
瘕女病也改瘕瑕也　瘬脹張竝通府者府改作府
棄弋也　乘注加墨籤云方言六之五物無耦曰特獸無
耦曰介飛鳥曰隻鴈曰乘管子地員篇二有三分而去
其乘尹知章注乘三分之一也揚雄解嘲乘鴈集不爲
之多隻鳧飛不爲之少　蜀義相因也下乙管子形勢
篇三十字
將陶旅養也　注將養也下乙淮南子原道訓云十三字
改墨子尚賢篇云食饑息勞將養其萬民　方言陶養
也秦曰陶下補太元元攡資陶虛無而生乎規范望注
云陶養也旅者漢書武帝紀云旅耆老復孝敬旅耆老

即王制所謂養耆老也顔師古注云加惠於耆老之人
若賓旅失之
哀也　注哀愛也下乙檀弓云十四字改樂記肆直而慈
愛者鄭注云愛或爲哀
撟穌攎拼取也　注撟取也下補漢竹邑侯相張壽碑云
略涉傳記矯取其用矯與撟通　穌猶部斂之也下補
管子法禁篇云漁利穌功　索亦取也下乙史記淮陰
侯傳二十二字　今俗語猶呼五指取物曰攎下補墨
子天志篇云踰人之牆垣担格人之子女　拼注加墨
籤云大戴禮禮察篇人主胡不承殷周秦事以觀之乎
承取也漢書賈誼傳承作引引亦取也故晉語引黨以
封己韋昭注云引取也原注在攈者上
殢極也　注加墨籤云呂刑人極于病

惙惂憂也　注惙與惙同下補賈子容經篇云㤿紀之容

惙然懾然若不還　愁貌也下補太元內次三坎我西

揩范望注云坎憂也　欿與惂通改欿坎竝與惂通

㪿分也㪿改折下補注㪿字　注𩟸𩟸破也義竝與斯通

下乙㪿各本譌作折四十四字改折者鄉飲酒禮乃設

折俎鄭注云牲體枝解節折在俎少儀以牛左肩臂臑

折九个注云折斷分之也楚辭九章令五帝以折中兮

王注云折猶分也　班與斑通下補㪿者說文㪿裂也

解釋文引廣雅㪿分也衆經音義卷一卷六卷十七引

廣雅竝與釋文同今本脫㪿字

㢊壞也　注靡損也下補淮南子說山訓云比干以忠靡

其體

徇搖疾也　注史記五帝紀幼而徇齊集解云徇疾齊速

也二佝字均改作佝　楚辭九章下補云字　頗搖起

而横奔兮下補淮南子原道訓云疾而不搖

沃美也　注沃美也下補襄二十五年左傳注云衍沃平

美之地

敵輩也　注秦晉之閒物同者謂之臺敵下乙耦也二字

作慙也　注荀子孺效篇無所疑怍下補莊子讓王篇行

修於内者無位而不作

卷第一下

釋詁

慫慂勸也　注聳獎也下補獎與將古字通故方言作將

史記衡山王傳日夜從容勸之漢書作將養將養即慫

慂之轉

儓臣也　注臺給臺下微名也微名改徵召

嫿嫛好也　注畜君何尤卽好君何尤下補呂氏春秋適

威篇民善之則畜也不善則讐也高誘注云畜好也

說文嫛媞也下乙秦晉謂細要曰嫛七字

蚅毻解也　注今俗語猶謂鳥獸解毛爲毻毛下乙毻毻

六字又補矣字　方言揞易也揞脫也下補改論衡道

虛篇云龜之解甲蛇之脫皮鹿之墮角墮揞墮義竝與

毻相近

駊强也　注駊同也下補說文忮很也莊子齊物論篇大

勇不忮忮與駊亦聲近義同

孺生也　注李頤注云孚乳而生也下補大荒東經云東

海之外大壑少昊孺帝顓頊于此

福盈也　注福字當從衣今本從示亦傳寫誤也下補韓

詩外傳福乎天地之閒者德也謂盈乎天地之閒也今

本福字亦誤從示

源䨄隱度也　注神女賦云志未可乎得原下補韓子主道篇云掩其跡匿其端下不能原　文選座右銘下乙隱心而後動七字引上補注字　爾雅隱占也下乙郭璞注亦云七字改管子禁藏篇下觀不及者以自隱也

郭璞尹知章注竝與劉熙同

指語也　注加墨籤云指王翳曰此項王也

祕勞也　注傳云無勞于憂下補改又天閟毖我成功所

漢書翟方進傳毖作勞毖與祕通

過賫也　注唯大王有意督過之也下補引之云商頌殷武篇勿予禍適予猶施也禍讀爲過過適與讁通勿予過讁謂不施譴責也史記吳王濞傳云賊臣鼂錯擅適過諸侯是過適皆責也禍與過古字通荀子成相篇說刑

云罪禍有律莫得輕重罪禍即罪過也

目診視也　注目視也下乙史記項羽紀云十二字改宣十二年左傳云目于眢井而拯之　說文診視也下乙史記扁鵲傳云十一字改楚辭九懷乃自診兮在茲王逸注云徐自省視至此處也

迟曲也　迟注加墨籤云漢書韓長孺傳廷尉當恢迟橈當斬服虔曰迟音企應劭曰迟曲行避敵也橈顧望也軍法語也　又朱籤云同查明板漢書史記皆作逗橈

注皆引音豆之說

貢上也　注珇與祖義亦相近下補貢亦謂自下而上也漢郎中鄭固碑貢計王庭謂上計也泰山都尉孔宙碑貢登王室謂上登也涼州刺史魏元丕碑貢躡帝宇謂上躡也

休喜也　注韋昭注云休喜也下補楚語云教之世而爲之昭明德而廢幽昏焉以休懼其動　釋文正義並訓休爲美失之下補引之云呂刑云雖畏勿畏雖休勿休謂雖喜勿喜也休與畏正相反傳訓休爲美亦失之

睎虞候望也　注或操表掇以善睎望下乙莊子讓王篇十七字改管子君臣篇云上下相希若望參表　案虞望也言曰望四邑之至也下乙虞候皆訓爲望四十七字

陗清急也　注瓚曰陗峻也下補韓詩外傳云故吳起峭刑而車裂商鞅峻法而支解　百官以峭法斷絶於外下乙王襃四子講德論云十六字　激清也下補莊子齊物論篇廉清而不信郭象注云激然廉清貪名者耳非真廉也

糾檐舉也　注糾者下補周官鄰長掌相糾相受注云相糾相舉察　說文儋何也下乙管子七法篇云二十二字

貤益也　注駢與賆通下補貤曹憲音弋豉反　施于孫子下乙義與貤同四字改施與貤通貤又為饒益之益郊特牲云順成之方其蜡乃通以移民也鄭注云移之言羡也釋文移以豉反移亦與貤通羡者饒益之意正與上文謹民財相對正義以為使民歆羡失其指矣

捎衝動也　注賈逵注云掉搖也下補文選長笛賦纖末奮蕱李善注引方言云捎動也蕱與捎同　衝亦動也方俗語有輕重耳下乙釋訓云衝衝行也七字改易是類謀萌之衝鄭注云萌之始動　咸九四憧憧往來皆動貌也皆字改亦

制折也　注制獄即折獄也下補吕刑制以刑墨子尚同篇制作折　論語為政篇改顔淵篇

娟妬也　注加墨籤云逸周書祭公篇女無以嬖御固莊后綴衣固作疾

䫻引也　注今吴楚俗猶謂牽引前卻為䫻挌下補大元元圖云寅贊柔微拔䫻于元

卷第二上

釋詁

咨問也咨改資　注幾與譏通下乙咨各本訛作資九字改資即咨字也表記事君先資其言鄭注云資謀也周語事莫若咨賈子禮容語篇作資是咨資古通用　墨籤云表記事君先資其言鄭注資謀也是咨字古通作資非傳寫之誤　周語事口大若咨賈子禮容語篇作

資

扣劃裂也　注猶溝洫之通作淢矣下補扣者荀子議兵篇云君臣上下之閒滑然有離德滑與扣通　所中霍然即破裂也下補荀子議兵篇云霍然離耳

愁恚也　注謂上下相恚也下補淮南子詮言訓云已之所生乃反愁人

馮怒也　注猶淜河之淜通作馮也下補故史記田完世家之韓馮韓策作韓朋

慸息也　注加墨籤云思元賦姑純懿之所廬

煬熱也　注加墨籤云燎之方揚谷永傳作陽漢書敘傳炎炎燎火亦允不陽

延徧也　注爾雅宣徧也下乙呂刑云十二字改漢書禮樂志郊祀歌爣嘗蕭延四方謂馨香徧達於四方也

於落凥也　注於其國曰君之類是也下乙於與居聲相近六字改賈子大政篇云居官之道不過於居家故不肖者之於家也不可以居官是於與居同義故序卦傳物不可以久居其所凥說之云鄭作物不可以終久於其所　二年成邑三年成都下乙落亦聚也下二十字改列女傳賢明傳云一年成落三年成聚

挺緩也　注加墨籤云雖有搞暴不復挺晏子雜篇上挺作贏

役助也　注埤餅裨並通役者下補周官䔡氏遂役之鄭注云役之使助之　少儀云乙云字　謂之社稷之役鄭注云乙鄭字

擂插也　眉批云漢書蒯通傳云將爭接刃於公之腹管仲詘纓插衽插改捷　插臿扱捷下補接字

蘊茂盛也　注加墨籤云方言蘊饒也饒與盛茂亦相近」

𡭗小也　注乙說文秦晉謂細要曰㜸九字　說文䰉束

髮少小也少改𡭗

尋長也　注凡物長謂之尋下補漢李尋字子長

犺怒健也　犺注加墨籤云朱博傳注伉健也　怒其臂

以當車轍下補史記虞卿傳云天下將因秦之彊怒乘

趙之弊

屬續也　注加墨籤云鄉飲酒禮皆不屬焉注不屬者不

相續也

讀說也　注三公進而讀之讀之謂說之也說改道下補

莊子則陽篇云今計物之數不止於萬而期曰萬物者

以數之多者號而讀之也

卷第二下

釋詁

灡洒也　注說文灡淅也下補秦策簡練以爲揣摩高注云簡汰也簡與灡同

且借也　注且與借聲相近下乙檀弓下三十四字改隱元年公羊傳且如桓立何休注云且如假設之辭　何氏隱義改音義隱

賨税也　注說文賨南蠻賦也下補晉書李特載記云巴人呼賦爲賨

罷歸也　注襄三十年左傳云皆自朝布路而罷乙云字罷下補謂分散而歸也吳語遠者罷而未至韋昭注云罷歸也

幔覆也　注說文幔幕也幕改幎

遽惶也　注玉篇怪悴惶遽也下乙遽謂惶遽也五字改

遽者襄三十一年左傳注云遽畏懼也

疲嬾也　注疲嬾也下補即今俗語所謂疲玩也　有似於罷下補齊語云罷士無伍罷女無家

淋瀆也　注玉篇云雨淋淋下也義竝相近下補漢李翕析里橋郙閣頌云涉秋霖漉霖與淋同淋漉猶瀧漉語之轉耳

𥖄裔習也　注謂玩習也下補漢書五帝紀怵於邪說怵一本作怢服虔云怢音裔應劭曰狃怢也　爾雅釋言狃復也乙釋言二字　狃怢前事復為也下乙釋詁釋文云十二字

待也　注跱止也下下補素問脈要精微論數動一代王冰注云代止也代與待亦聲近而義同

既失也　注駘與台聲義相近下補史記太史公自序云

不既信不倍言是既為失也

子夊短也　注爾雅樴謂之杙杙改代

陠俄㸚險衺也　注玉篇陠衺也下補漢李翕析里橋陠

閣頌説郙閣之狀云緣崖鑿石處隱定柱臨深長淵三

百餘丈益閣傾衺不平因謂之郙閣矣郙與陠同　義

字亦是傾衺之意下補大戴禮千乘篇説司寇治民煩

亂之事云作於財賄六畜五穀曰盜誘居室家有君子

曰義子女專曰媒飭五兵及木石曰賊以中情出小曰

閒大曰諜利辭以亂屬曰讒以財投長曰貸以上八者

皆寇賊姦宄之事義即鴆義姦宄之義也　解者皆失

之下乙昭三十一年左傳三十五字　説文差貳也貳

改貳　皆傾衺之義也下補荀子性惡篇云人無師法

則偏險而不正

遁欺也　注遁者下補管子法禁篇云遁上而遁民者聖

王之禁也

遊俠也　注漢紀遊俠論云遊俠論改武帝紀

精論也　注誦論也下補精者微之論也凡約言大要謂

之粗略討論祕旨謂之精微漢小黄門譙敏碑云深明

典籙讖錄圖緯能精微天意精微即講論之意故漢人

講學處謂之精舍後漢書黨錮傳劉淑隱居立精舍講

授諸生是也

墮也　墨籤云前有墮珥後有遺簪史記滑稽傳

卷第三上

釋詁

幓餘也　注説文幓残帛也下補又云帓幓裂也

翍㹥飛也　注吴都賦云𧽝𧾷翍㹥下補漢鐃歌思悲翁

篇云拉沓高飛暮安宿

欳穿也　注左傳闕地及泉下乙逸周書十五字改大戴
禮曾子疾病篇魚鼈黿鼉以淵爲淺而蹷穴其中潛夫
論貴忠篇蹶作穿闕蹶

撅投也　注搒各本譌作榜今訂正下補撅者方言楚凡
揮棄物謂之敲郭璞注云敲今汝潁間語亦然或云撅
也大荒東經撅以雷獸之骨郭注云猶擊也撅與撅通

娍輕也　注說文娍輕也下乙爾雅越揚也二十四字改
呂氏春秋本味篇注云越越輕易之貌是越與娍同義
緇衣引太甲曰毋越厥命以自覆也若虞機張往省括
于厥度則釋越輕易也言毋輕發汝之政令以自敗也
必度於道而行之若射之省矢括於其度而後釋正見
發令之不可輕易也上文云小人溺於水君子溺於口

大八溺於民皆在其所褻也故君子不可以不慎也曰

在其所褻曰不可不慎皆戒其輕易也鄭注以越爲顛

蹷失之荀子非相篇筋力越勁亦謂輕勁也　以越爲

過八下補亦字

錯鍪磨也　注八卦相錯下李鼎祚注云改虞翻注云

鍪者下乙玉篇音三十二字改爾雅釋鳥注鸒鵯膏中

鍪刀釋文云鍪磨鍪也

旅擔也　墨鐵云干祿字書旅俗作旅

孤寡獨也　注加墨鐵云管子入國篇丈夫無妻曰鰥婦

人無夫曰寡取鰥寡而合和之此之謂合獨

賜貴也　注懋遷有無化居下乙史記呂不韋傳云十二

字改晉語云假貸居賄　與賜通下補字又作舉史記

越世家云父子耕畜廢居候時轉物仲尼弟子傳云子

貣好廢舉與時轉貨貲廢舉即廢居也　居注加墨籤云使夷吾得居楚之黄會吾能令農毋耕而食女毋織而衣管子輕重篇

疙癡也　墨籤云相如賦訖以治儗仡疙義相近

矯侹當直也　注矯菌桂以紉蕙兮下乙王逸注三字改淮南子説山訓始調弓矯矢王逸高誘注竝　爾雅頲直也下乙襄五年十八字改考工記弓人於挺臂中有柎焉鄭注云挺直也　當者下乙説文當田相直也七字改管子霸形篇仲父盍不當言當言直言也

曣㷀也　注日出清濟爲晏下乙晏而温三字改韓子外儲説云雨霽日出視之晏陰之間　曣注加墨籤云晉書左貴嬪傳悼后頌曣晛沾濡用韓詩也

氾汚也　注齌然氾而不俗然改焉

匋流匕也　墨䥫云淮南子主術訓禽獸昆蟲與之陶化

文子精誠篇陶化作變化　流者下乙莊子逍遥遊三

十一字改漢書董仲舒傳書曰有火復于王屋流爲烏

是流爲化也

盇何也　注爾雅盇曷也改曷盇也

農勉也　注農猶努也語之轉耳下乙洪範云十三字

藏深也　注藏者下補素問長刺節論頭疾痛爲藏鍼之

王冰注云藏猶深也　藏猶深也改與藏猶與深也

雞少也　注說文作雞下𣥠呂氏春秋仲夏紀注云雛春

鷚也　雛雞也下乙玉篇云七字

秝疏也　注季孫意如會晉荀躒于適歷是也下補管子

地員篇赤壚歷彊肥　李善注云歷猶疏也改李善尹

知章注竝云歷疏也又下乙古詩云八字

著也　注加墨籤云華嚴經音義上引廣雅置著也

堅坌坺塵也　注說文堅塵埃也下補玉篇於奚於計二

切淮南子說山訓注云堙堁猶塵翳也翳與堅同說文

壒天陰塵起也義與堅亦相近　坋塵也下乙高誘注

三字　䝷俗訓云訓下補注字　塵起也下補易稽覽

圖云黄之色悖如麴塵　揚雄蜀都賦埃敎塵拂敎與

埻通賦下補云字拂下補悖字敎下補竝字

稽亢當也　注當順古之道也下補王莽量銘云同律度

量衡稽當前人　亢注加朱籤云宣十三年左傳晉以

衛之救陳也討焉孔達曰我則為政而亢大國之討將

以誰任我則死之案亢者當也大國之討謂晉討衛之

救陳也言我實掌衛國之政而當晉之討不得委罪於

他人也前年宋伐陳衛孔達救陳曰若大國討我則死

之是其證也杜訓亢為禦以亢大國之討為禦宋討陳

皆失之

聵聾也　注加墨籤云易林家人之咸心狂志悖視聽聾

顡

帶徽束也　注是束之義也下補襄十年左傳帶其斷以

徇於軍謂束其斷布以徇也　兩股為纆下補太元養

次七云小子牽象婦人徽猛

為施也　注麗兵於王尸者盡加重罪下補為者呂氏春

秋長利篇注云為施也今俗語猶云施為矣

抯剝擊也　注廣雅作笡下補古辭婦病行云有過慎莫

笡笞　剝與扑聲義同下補說文作攴

攻伏也　注陽氣伏於下也下補諸書無訓攻為伏者攻

當為攺字之誤也隸書氐或作互工或作五二形相似

故敃誤為攻漢李翕析里橋郙閣頌挍致攻堅攻字作攷是其證也淮南子説林訓使工厭竅今本工誤作氏大戴禮帝繫篇青陽降居江水今本江誤作泜是從工從氏之字多因形近而譌也敃玉篇音丁禮切敃者伏藏之名襄二十九年左傳若泯棄之物乃坻伏釋文坻音旨又丁禮反後漢書馬融傳駭恫底伏李賢注云底伏猶滯伏也坻底竝與敃通是敃與伏同義王襃四子講德論雷霆必發而潛底震動潛底猶潛伏也伏與隱義相近故釋言又云敃隱也論衡感虛篇云夏末政衰龍乃隱伏即傳所云物乃坻伏也

寶道也　注寶者下補檀弓喪人無寶仁親以為寶鄭注云寶謂善道可守者　墨籤云知其所知之謂知道不知其所知之謂棄寶呂氏春秋侈樂篇晉書石季龍載記季龍

下書曰懷道迷邦

銖鈍也　注淮南子齊俗訓其兵戈銖而無刃乙戈字

伐淹敗也　注加墨籤云一切經音義引白虎通曰伐者

何伐敗也欲敗去之　鄭注云淹謂浸漬之下補後漢

書安帝紀云秋稼垂可收穫而連雨未霽懼必淹傷

窕寬也　注加墨籤云百工將時斬伐侻其期日而利其

巧任荀子王霸篇注侻緩也謂不迫促也案侻與窕同

卷第三下

釋詁

𦟝厚也　注加墨籤云其飲食不溽

庸和也　注各本譌作庸改各本皆作庸下補千祿字書

庸俗作庸故譌而為庸韋昭注周語云庸和用也

戮辱也　注濩與獲古亦同聲下補戮者周官掌戮注云

戮猶辱也又加墨籤云晉語請殺其生者而戮其死者韋注陳尸為戮　史記張儀傳中國無事秦得燒掇焚杅君之國秦策作秦且燒焫獲君之國焚杅讀為煩汙

潔也　注加墨籤云周語静其巾冪注静絜也

沈驜駐止也　注加墨籤云家語七十二弟子篇公晳哀字季次今本次譌作沉　說文驜驁不行也下補魏阮瑀駕出北門行云馬樊不肯馳　史記晉世家云惠公馬鷙不行下補太元元錯云進欲行止欲鷙　鷙與騺同鷙下補竝字

截對滐治也　注截然整齊而治下補漢啟母廟石闕銘九域乂其脩治乂與截通　說文討治也下乙玉篇廣韻竝同六字改宣十二年左傳其君無日不討國人而訓之杜預注與說文同　滐者治去茅蒢下補士虞禮

溼葛經帶鄭注云溼治也

緛縮也　注需人兗反義亦與緛同下補守又作儒管子

宙合篇此言聖人之動静開闔詘信溼儒取與之必因

於時也溼與盈同儒與緛同盈緛猶盈縮也

㶩素本也　注數羽稱其本猶數草木稱其根株今據以

訂正下補後漢書南蠻傳雞羽三十鏃鏃與㶩通李賢

注以為鏃矢失之　鄭注云地質之所本始也下補説

苑反質篇云是謂伐其根素流於華葉

𥦗空也　注崔譔注云𥦗空也下補管子國蓄篇云大國

内款小國用盡

夅敗也　注夷詃為平易之易下補假為相假易之易

相親信無後患之辭下補易乾鑿度云光明四通佼易

立節　是佼與夷同義下補假訓為易者易謂相寬假

也桓十三年左傳見莫敖而告諸天之不假易謂天道
之不相寬假也僖三十三年左傳云敵不可縱史記春
申君傳敵不可假泰策作敵不可易是假易皆寬縱之
意也杜注謂天不借貸慢易之人失之
宗衆也　注同人于宗下補逸周書程典解商王用宗讒
　荀爽王逸注逸下補孔晁二字
尚質主也　注尚之言掌也乙之言掌也四字改者字
尚主也下補尚與掌聲近而義同故呂氏春秋驕恣篇
遽召掌書新序刺奢篇掌作尚　杜預注云改杜預郭
象注竝云　眉批云莊子庚桑楚篇因以己為質
天揠拔也　注加墨籤云天揠猶夭閼
煢為名成也　注武王踐阼篇云乙云字　乙毋曰胡害
其禍將大八字改謂其禍將成也楚辭遠遊無滑而魂

兮彼將自然謂彼將自成也　秦族訓云乙云字　天

地正其道而物自然是然爲成也乙是然爲三字改謂

物自成也　韋昭注云爲成也下補月令閉塞而成冬

呂氏春秋音律篇作閉而爲冬　春秋説題辭云名成

也下補法言五百篇或性或彊及其名一也名者成也

猶中庸言及其成功一也李軌注以名爲名譽之名失

之

堇少也　注射儀云蓋勵有存者下補墨子辭過篇云謹

此則止　多者不獨行少者不獨饉饉改勤

屯難也　注説文駗馬載重難行也乙行字

戮辠也　注今俗語猶云辠孽矣下補戮者襄二十六年

左傳云専録以周旋戮也是戮爲辠也

校收也　注是鳩救古通用下補救校形相近故救譌作

枚史記淮南衡山傳江都人救赫漢書作枚赫是其例也

䁠覞也　注謂自察而不察人也下乙史記十九字改趌策云君不如使人微要靳尚而刺之

頻比也　注頻者下補大雅桑柔箋云頻猶比也

更過也　注經與徑同下補更者史記秦本紀秦兵遂東更晉地更過也

彌久也　注說文镾久長也下補逸周書謚法解云彌久也

踈㠉迹也　墨籤云段氏說文注云踈當作踈曹憲音匹迹反集韻云迹或作踈釋獸鹿其跡速速亦當為速說文㠉相迹也　另行有齊師敗績公將馳之蓋駟逐也條下文

駟逐也　注加墨籤云北地郡歸德洛水出北北蠻夷中入河河本作渭

紉索也　注級索也下補惜誓注云單爲級合爲索　墨籤云離騷豈惟紉夫蕙茝注紉索也　御覽七百六十六引通俗文單口曰級　史記倉公傳正義引素問云脉短實而數有似切繩名曰緊

卷第四上

釋詁

廢鉒置也　注加墨籤云莊子徐無鬼篇於是乎爲之調琴廢一於堂廢一於室　注是注爲置也下乙注與鉒通四字改荀子榮辱篇則君子注錯之當而小人注錯之過也楊倞注云注錯與措置義同注亦鉒也錯亦措也故廣雅措鉒同訓爲置矣　是其證也改是鉒與注

通

職業也　注加墨籤云管子明法解篇孤寡老弱不失其所職

據定也　注據猶安也下乙釋名云十字改襄九年穀梁傳恥不能據鄭也言諸侯不能定鄭也史記白起傳趙軍長平以按據上黨民按據猶安定也鹽鐵論繇役篇云四支强而躬體固華葉茂而本根據

石擿也　注石者下乙新書二字補史記王翦傳云方投石超距漢書甘延壽傳云投石拔距絶於等倫石者擿也投石猶言投擿距如距躍三百之距應劭以拔距爲超踰司馬貞以超距爲跳躍皆是也投石超距投石拔距皆四字平列石亦投也距亦超也超亦拔也應劭云投石以石投人也劉逵注吳都賦云拔距謂兩人以手

相棄能拔引之也皆非是賈子

襞結詘也　注辟卷不開也下乙皆詰屈之意也六字改

高誘注西周策云山形屈辟狀如羊腸　墨譤云易林

姤之豫云襞屈復伸　結之言詰屈也下補月令云蚯

蚓結

緣循也　注順循也下乙急就篇二十一字改列御寇篇

緣循偃佒困畏不若人郭象注云緣循仗物而行者也

韓詩外傳緣理而行說苑雜言篇緣作循

襮表也　注臣請為襮下補高誘注云襮表也新序義勇

篇襮作表　曹大家及高誘注竝云襮表也改曹大家

注與高誘同乙竝云襮表也五字

奧藏也　注其義一也奧下乙之言幽也二十二字下補

者字　㕎民奧下補老子道者萬物之奧河上公注云

奧藏也

括結也　注加墨籤云衛北宮括字子結左襄三十年注

攜綏舒也　注猶分析其辭句失之下補張衡思元賦離朱脣而微笑兮亦以離爲擕也　綏注加墨籤云武王綏旌注綏謂垂舒之也　洞簫賦時恬淡以綏肆注綏

遲也

竊私也　注竊者下乙王逸注十字改呂氏春秋知士篇注云竊私也

恥也　吝注加墨籤云吝恥也後漢揚賜傳注張衡傳注

膚傳也　注說文膚籀文臚字下乙晉語十五字　周禮司儀旅擯下乙鄭衆注云十五字改鄭司農云旅讀爲旅於泰山之旅謂九人傳辭後鄭讀爲鴻臚之臚臚陳之也士冠禮旅占古文旅作臚臚旅古通用襄十四年

左傳史為書瞽為詩工誦箴諫大夫規誨士傳言庶人謗商旅於市杜預注云旅陳也陳其貨物以示時所貴尚引之云旅讀鴻臚之臚臚陳言也傳言也晉語風聽臚言於市韋昭注云臚傳也采聽商旅所傳善惡之言是也周語云庶人傳語此傳云士傳言竝與臚言同義韋注庶人傳語云庶人卑賤見時得失不得達傳以語士也杜注士傳言云士卑不得徑達聞君過失傳告大夫然則商人亦卑賤不能徑達故傳言於市以待上之風聽而已漢書賈山傳云史在前書過失工誦箴諫瞽誦詩諫公卿比諫士傳言諫過庶人謗於道商旅議於市彼文皆取此傳為之而末云商旅議於市則是以旅為商殆由誤讀傳文而然然於市之上增一議字亦足證商人之以言諫而非以貨諫矣

愛人仁也　墨䥴云方言十凡言相憐哀九疑湘潭之閒謂之人兮　人即仁也下補穀梁春秋莊元年夫人孫於齊傳云孫之爲言猶孫也諱奔也接練時録母之變始人之也録亦謂閔録之也人之者仁之也謂於練時閔録夫人之不與祭於是始仁之也公羊傳云夫人固在齊矣其言孫於齊何念母也彼言念母此言人之其義一也范甯謂始以人道録之非是

遻逋遟也　注然後天明也下乙史記衛將軍傳二十四字　字亦作犁下補史記南越傳犁旦城中皆降伏波犁一作比漢書作遟是遟犁二字並與比同義　以犁明爲比明其説是也下乙僖二十三年三十字改史記晉世家重耳謂其妻曰待我二十五年不來乃嫁其妻笑曰犁二十五年吾冢上柏大矣義亦同也　淮南子

天文訓作去稽留下補太元爽測云縮失時坐逋後也

偉吝悁也　注違很也很亦恨也下補楚辭九章懲違改忿兮抑心而自强違當從史記屈原傳作違違恨也言止其恨改其忿也王逸注以違爲留違失之　說文吝恨惜也下補屯六三往吝馬融注云吝恨也

嫧斷琔齊也　注所以爲嫧也下補太元元掜云嫧以牙者童其角　嫧與嫧通嫧下補竝字　斷與㓿聲近而義同下乙令人狀物之齊十三字改荀子君道篇云其知慮足以決疑其齊斷足以距難是斷爲齊也　義竝與琔同下補褚少孫續滑稽傳騶牙者其齒前後若一齊等無牙故謂之騶牙索隱云以有九牙齊等故謂之騶牙猶騶騎然也騶與琔亦聲近而義同

病苦也　注呂刑云人極于病下補病猶苦也故呂氏春

秋貴卒篇皆甚苦之高誘注云苦病也

卷第四下

釋詁

嘈聲也　注東京賦云奏嚴鼓之嘈嚈下乙周天大象賦

云十三字

䬕風也　注劉逵蜀都賦注引蜀改吳

緫紕微也　注皆微之義也下補大戴禮文王官人篇微

忽之言忽忽亦微也盧辯注云謂微細及忽然之語失之

言追學文武之微德也下補宋玉小言賦云纖於毳

末之微蔑

髻也　注加墨籤云招魂激楚之結注結髮也

宋静也　注蟬宋漠而無聲下乙淮南子俶真訓云十一

字改呂氏春秋審分覽云意氣得遊乎寂寞之宇

榜輔也　注加墨籤云大戴禮保傅篇成王生仁者養之

孝者襁之四賢傍之傍輔也

𧆞捶舂也　注加墨籤云孫𣪊古微書引春秋說題辭云

孔子言曰七變入臼米出甲謂磑之為糲米也舂之則

粺米也師之則鑿米也𥸤之則毇米也又𥳑擇之暘䁖

之則為晶米　捶注加墨籤云內則捶反側之注捶擣

之也

嶢巖岑高也　注谿谷嶄巖分水橫波下乙淮南子覽冥

訓十五字　墨籤云管子宙合篇陵岑巖　墨籤云說

文黟赤黑也餘竟切

刑剄也　注說文刑剄也下補刑與剄古同聲而通用史

記淮南厲王傳令從者魏敬剄之漢書剄作刑

奕容也　注奕奕容也下下補賈子道術篇云包衆容易

謂之裕荀子非十二子篇遇賤而少者則脩告導寬容之義韓詩外傳容作裕

跌差也　注穀梁傳跌作失下補荀子王霸篇云楊子哭衢塗曰此夫過舉蹞步而跌千里者夫

揄脫也　注若愉之轉為悅矣下補太元格次三裳格鞶鉤渝范望注云渝解也渝與揄義亦相近又加墨籤注云淮南子道應訓敖幼而好游至長不渝蜀志郤正傳引作不喻解論衡道虛篇作不偷解

緼饒也　注字書温有兩義温改煴

㡯舍也　注弛為放舍之舍下乙㡯讀為氏六十七字改㡯者楚辭招魂軒輬既低王逸注云低屯也屯亦舍也九章邸余車兮方林王注云邸舍也邸一作低

抗絓縣也　注聲相近也下補僖元年公羊傳云於是抗

輈經而从是抗為縣也　絓者楚辭九章自者字乙十

九字改絓與挂通

趒趹長也　注加墨籤云文子上仁篇不掩羣而取趹趒

倚因也　注依與因同義下補老子禍兮福之所倚河上

公注云倚因也

必敕也　注謹與敕同義下補必當為密繫辭傳云君子

慎密而不出是謹敕之意也字通作宓蜀秦宓字子勑

勑與敕通論衡問孔篇云周公告小材勑大材略勑謂

密也略謂疏也或曰

究貧也　注是究為貧也下補莊子讓王篇內省而不窮

於道呂氏春秋慎人篇窮作疚窮與貧義相近

熾灺也　注㙯謂燭盡㙯與熾通乙與上㙯字改檀弓釋

文引管子作即㙯即竝

蔫葱也　注用兵篇草木殕黄改百草殕黄　毛傳云宛死貌下補淮南子俶真訓形傷於寒暑燥溼之虐者形苑而神壯高誘注云苑枯病也

蟄低也　注輊蟄蟄摯竝通下補樂記云武坐致右憲左致亦與蟄通憲與軒通

卷第五上

釋言

曼無也　注猶曼與莫之同訓爲無也下補無之轉爲曼猶蕪菁之轉爲蔓菁也　曼注加墨籤云漢書高帝紀注云曼丘毋丘本一姓也語有緩急耳

稟治也　此段注全乙改桓十四年公羊傳注云稟者釋治穀名

碻沰磓也　注加墨籤云四民月令引農家諺云上火不

落下火滴沰

與如也　注對田弗如也下乙王曰二十一字　皆訓為當也下補史記匈奴傳單于自度戰不能如漢兵漢書如作與

恑反也　注詭反也下補韓子詭使篇云下之所欲常與上之所以為治相詭　賈子傳職篇反作詭下乙漢書武五子傳十一字

穌寤也　注寤通作寤下補楚辭九章穌世獨立王逸注云穌寤也

趽蹄踤也　注讀若逵下乙漢書下一百三十字

譏諫怨也　注是怨與譏刺同意下補襄二十七年左傳伯有賦鶉之賁賁趙文子告叔向曰伯有志誣其上而公怨之以為賓榮怨亦謂譏刺也

竈造也　注是竈與造通下補吴越春秋夫差内傳勒馬

銜枚出火於造即吴語所謂係馬舌出火竈也

已紀也　注加墨籤云桓二年穀梁傳已即是事而朝之

范甯注云已紀也

馮登也　注以視天文之次序下補荀子宥坐篇百仞之

山而豎子馮而游焉韓詩外傳馮作登

摎捋也　注此云摎捋也義並相通下補爾雅流求也張

衡思元賦舊注云摎求也是摎流古通用

蹶趧也　注説文趣蹠也下補史記夏侯嬰傳云漢王常

蹶兩兒欲棄之故曰蹶張淮南子下乙説林訓云十三

字

遂育也　注史記樂書遂作育下補齊語犧牲不略則牛

羊遂管子中匡篇遂作育

任保也　注說文任保也上補周語亹亹怵惕保任戒懼任亦保也保慎戒懼四字平列　不能保任其父之勞下補是其證韋昭訓任為職失之

應受也　此段注全乙改引之云康誥應保殷民應受也周頌賚篇云我應受之襄十三年左傳云應受多福周語叔父實應且憎韋昭注云應猶受也楚辭天問鹿何膺之王逸注云膺受也膺與應通應保即膺保也周語云膺保明德是也膺保猶受保也士冠禮字辭云永受保之是也或言承保洛誥云承保乃文祖受命民承亦受也傳云上以應天下以安我所受殷之民衆戾於經文矣

襘祜也　此段注全乙改襘當為禬祜當為祏說文禬襘也襘帶也祏衣衸也衸祏也徐鍇引字書云衸補鄣褁

也是禮與祏皆帛之異名祏譌爲祐又譌爲祜耳集韻

類篇竝云禮祐也是其證

淫游也　此段注全乙改王逸注招魂云淫游也管子明

法篇不淫意於法之外尹知章注與王逸同說苑反質

篇丹朱慠虐好慢淫即臯陶謨所謂慢遊是好敖虐是

作也遊與游同

㪉隱也　此段注全乙改說見卷三攻伏也下

蓋黨也　補墨籤注云寶應朱氏武曹云昭二十年左傳

君子不蓋不義

腒央也　注腒或作渠又作巨下補詎字　古辭相逢行

云辭字下補長安有狹邪行云調弦未詎央

非違也　注加墨籤云昭元年左傳云小國爲蘩大國省

穡而用之其何實非命言不敢違命也(以上)云何敢

不從命

卷第五下

釋言

免隮也　注未詳二字乙改諸書無訓免爲隮者免當爲臽臽古陷字也說文本作臽隸或作臽與免字上半相似因譌而爲免臽今通作陷說文陷高下也一曰陊也又云隮隊下也韋昭注魯語云陷墜也玉篇陷隮也廣韻陷入地隮也淮南子原道訓云先者隮陷則後者以謀是陷與隮同義

謂指也　此段注全乙改華嚴經音義引漢書音義云謂者指趣也

已似也　注未詳二字乙墨戠改注云於穆不已疏引孟仲子作於穆不似又詩教誨爾子式穀似之

昊跌也　注天文志作跌下補太元將次六日失㚇㚇竝

字異而義同

資操也　注資與齎通上補考工記或通四方之珍異以

資之喪服四制資於事父以事君而敬同鄭注竝云資

操也

徇營也　注乙衆經音義十四字改漢書賈誼傳貪夫徇

財應劭注云徇營

㒓經也　注加墨籖云漢博陵太守孔彪碑無偏無黨王

道之素

乍暫也　注詐卒也下補襄二十九年公羊傳今若是迮

而與季子季子猶不受也迮亦與乍同

䁋企也　注加墨籖云萱齡按韓勑禮器碑莫不䁋思歎

仰

煨火也　加墨籤注云說文煨盆中火也

踐蹐也　注加墨籤云踐之者籍之也破斧正義引詩大傳

酌漱也酌改酳　注未詳二字乙改各本酳譌作酌錢氏晦之云酌當爲酳說文酳少少飲也玉篇酳余振切酳同上廣韻酳酒漱口也案士虞禮少牢饋食禮注竝云古文酳爲酌特牲饋食禮注云今文酳爲酌酌皆當爲酳顔師古注漢書賈山傳云酳者少少飲酒謂食已而湯口也念孫案士昏禮酌酳主人鄭注云酳漱也酳之言演也安也漱所以絜口且演安其所食酳與酌同此酌訓爲漱之明證也今訂正

貳汗也　此段注全乙

貳𢍉也　注未詳二字乙改公羊春秋莊二十三年公會齊侯盟於扈傳云桓之盟不日此何以日危之也何危

爾我貳也何休注云莊公有汙貳之行是貳訓為汙也下文云魯子曰我貳者非彼然我然也注云非齊惡我也我行汙貳動作有危故曰之也據此則傳云非彼然我然也者猶言非彼實使然乃我實使然耳非訓貳為然也此云貳然也蓋誤會傳意耳

律率也　注加墨籤云爾雅律述也　述與率通下乙中庸七字改爾雅二字

蔟蓧也　注草叢生曰蓧下補太平御覽引通俗文云生茂曰蓧

箋云也　注未詳二字乙改諸書無訓箋為云者疑志字之誤說文箋表識書也識與志古字通草書云字作ホ志字作[illegible]二形相近而誤

識謎也　此段注全乙改隱二年公羊傳此何以書譏何

休注云譏猶譴也

柰那也　注單言之則曰柰下補淮南子兵略訓云唯無形者無可柰也　人莫予柰是也乙是也二字

楊揚也　此段注全乙改臧氏在東云尚書禹貢周禮職方氏爾雅釋地凡揚州字舊本皆從木佩觿云揚柳也亦州名又云按禹貢淮海惟揚州正義云江南其氣燥勁厥性輕揚則非當從木據此則郭氏所見尚書尚從木旁也漢曹全碑兖豫荆楊字亦從木隸釋載石經魯詩殘碑唐風揚之水字作楊王風揚之水釋文曰揚如字激揚也或作楊木之字非然藝文類聚引王風太平御覽引唐風則皆作楊之水與陸氏所見本正合不得議其非矣李巡注爾雅云江南其氣燥勁厥性輕揚故曰楊州毛詩以激揚訓揚李巡以輕揚訓揚皆可為廣

雅揚揚也之證　墨䇲云文八年左傳晉解揚史記十二諸侯年表作解楊衛世家莊公揚十二諸侯表作楊襄三年晉侯之弟揚干古今人表作楊干案此䇲旁有朱書存以備考不必補入八字

匪彼也　注小雅四月篇自四月乙一百三十八字

拊抵也　注讀若抵掌之抵下補晉書音義引字林云抵側擊也之爾反　秦策抵掌而言下補太元翕上九撣其角維用抵族范望注云抵擊也釋文云抵音紙　文選皆譌作抵文字上補太元二字

毓長也　注爾雅育長也下乙邶風谷風篇四十三字改大雅生民篇載生載育毛傳云育長也

毓稚也　注乙豳風鴟鴞篇下三十八字　說見上文漢怕也下下補引之云堯典教冑子說文及周官大司樂

注並引作教育子史記五帝紀作教穉子索育子穉子也育字或作毓通作鬻又通作鞠邶風谷風篇昔育恐育鞠鄭箋解昔育云育稚也正義以為爾雅釋言文今爾雅育作鞠郭璞音義云鞠一作毓豳風鴟鴞篇鬻子之閔斯毛傳云鬻稚也釋文鬻由六反徐居六反是育鞠同聲同義古謂穉子為育子或曰鞠子堯典之育子即豳風之鬻子亦即康誥所謂兄亦不念鞠子哀顧命所謂無遺鞠子羞者也王制注引尚書傳云年十五始入小學十八入大學內則云十有三年學樂誦詩舞勺成童舞象是入學習樂在未冠之時凡未冠者通謂之穉子或曰育子故曰命女典樂教育子西漢經師如夏侯歐陽必有訓育子為穉子者故史公以穉代育蓋有所受之也大司樂釋文云育音胄是育胄古同聲作胄

者假借字耳逸周書大子晉篇人生而重丈夫謂之胄
子胄子成人能治上官謂之士亦謂未冠者爲胄子也
自馬注訓胄爲長鄭王訓胄子爲國子後人咸用其說
而史記之教穉子遂莫有能通其義者矣
意疑也　此段注全乙改長楊賦及魯靈光殿賦注引廣
雅竝同漢書文三王傳於是天子意梁顔師古注云意
疑也韓子說疑篇上無意下無怪呂氏春秋去尤篇人
有亡鈇者意其鄰之子史記張儀傳楚相亡璧門下意
張儀意皆謂疑也陳丞相世家項王爲人意忌信讒謂
疑忌也荀子賦篇暴至殺傷而不億忌億與意同
喝嘶也　注嗌與喝同下補莊子庚桑楚篇兒子終日嗥
而嗌不嗄嗄崔譔本作喝

卷第六上

釋訓

衎衎和也　注侃侃和樂之皃下補漢成陽令唐扶頌衎衎誾誾衎衎即侃侃也

曠曠大也　注重言之則曰曠曠下乙荀子十四字改莊子天道篇云廣廣乎其無不容也

晰晰明也　注明星晢晢下補通作逝太元狩次六獨狩逝逝范望注云逝逝明也

彶彶𪫺𪫺勮也　注如有所追而弗及也下乙汲與彶通四字改莊子盜跖篇狂狂汲汲釋文云汲本亦作彶賈子匈奴篇云人人忣忣唯恐其後來至也竝字異而義同　迋與俇通下補莊子狂狂汲汲　恇與俇亦聲近義同恇改竝乙亦字

葼葼孝也　注光燿於天地下補後漢紀靈帝紀崇有虞

之孝昭蒸蒸之仁　奉蒸嘗與禴祠下補巴郡太守張
納碑膺大雅之淑姿脩蒸蒸之孝友　孝章皇帝大孝
蒸蒸下乙家語六本篇二十一字改魏志甄皇后傳注
引三公奏云至孝蒸蒸通於神明　盡孝於田壠烝烝
不違仁下補家語六本篇云瞽瞍不犯不父之罪而舜
不失蒸蒸之孝
偃蹇夭撟也　注撟字或作蟜又作嬌下補淮南子脩務
訓云龍夭嬌燕枝拘
峥嵤溟冥也　注王廙注云冥深也下乙楚辭九章十八
字改論衡道虚篇云其書溟冥奇怪
躊躇猶豫也　注單言之則曰猶曰豫下補管子君臣篇
云民有疑惑貳豫之心
從容舉動也　注此皆昔人謂舉動爲從容之證下補舉

動謂之從容跳躍謂之竦踊聲義竝相近故竦踊或作從容新序雜事篇云元蝯居桂林之中峻葉之上從容游戲超騰往來從容即竦踊也　動人謂之慫慂聲意竝相近竝改亦字

軫軳轉戾也　注多轉入職德緝合諸韻乙緝合諸三字亦有異位而相轉者下乙續漢書五行志五十八字改說苑敬慎篇曾子有疾曾元抱首大戴禮曾子疾病篇抱首作抑首是抱抑聲相近故抱首之抱或作抑

揚搉無慮都凡也　注故廣雅訓為都几也几改凡字下補張晏注漢書古今人表云略舉揚較以起失謬較與搉通　續漢書律歷志云歷改厤　左思吳都賦云商搉萬俗是也下補中山策云商敵為資敵亦與搉通諸凡猶都凡耳下補鄭注儒行云妄之言無也　李賢

注云謂請圍陵都凡制度也無慮之轉下補爲勿慮大戴禮曾子立事篇云君子爲小由爲大也居由仕也備則未爲備也而勿慮存焉勿慮即無慮言居家理則治可移於官道雖未備而大較已存乎此也盧辯不曉其義乃以勿慮存爲不忘危其失也鑿矣又轉之爲摹略墨子小取篇摹略萬物之然論求羣言之比摹略者總括之辭猶言無慮也又轉之　不委細之意下乙莫絡孟浪無慮六字改無慮勿慮摹略莫絡孟浪

卷第六下

釋親

姓子也　注振振公姓下補特牲饋食禮子姓兄弟如主人之服鄭注云言子姓者子之所生

妻謂之嬬　注說文嬬下妻也下補歸妹六三歸妹以須

釋文云須蒻陸作嫣陸云妄也

踦腔也　注小竈鼀長脚者下補管子侈靡篇云其獄一踦腓一踦屨而當死

卷第七上

釋宫

廊舍也　注加墨籤云韓非子有度篇遠在千里外不敢易其辭勢在郎中不敢蔽善飾非外儲說左上於是日郎中莫衣紫其明日國中莫衣紫三日境内莫衣紫秦策令臣處郎中

寑窟也　注寑之言複也下補錢氏晦之云究疑當作究玉篇究五丸切究窟也

治甄瓻也　注加墨籤云晏子春秋諫篇景公令兵摶治當臘冰月之閒而寒民多凍餒而功不成隋書百官志

太府寺有掌治甄官

檻牢也　注加墨籤云呂氏春秋順說篇云管子得於魯

魯束縛而檻之

櫱機朱也　注不出其機化導宣暢下補櫱謂之機亦謂

之閣爾雅所以止扉謂之閣郭注云門辟旁長櫱也漢

博陵太守孔彪碑有五官掾劉機字口閣義取諸此也

橡杝也　注芭與杷義亦相近也下補引之云周官掌固

掌修城郭溝池樹渠之固渠與橡同謂籬落也因樹木

以為籬落故曰樹渠司險職云設國之五溝五涂而樹

之林以為阻固鄭注云樹之林作藩落也是其證矣城

郭為一類溝池為一類樹渠為一類賈疏以為渠上有

樹失之

術隊陌道也　注內經閻術外為阡陌下補墨子明鬼篇

道路率徑率與術通　左傳夙沙衛連大車以塞隧是

也下乙文十六年傳六十六字改商子算地篇都邑遂

路遂亦與隧通　南北曰阡東西曰陌下補管子四時

篇作阡伯

趡冓也　或為醮史記下補高祖紀襄城無遺類遺一作

噍

廟天子五　注加墨籤云吕氏春秋諭大篇商書曰五世

之廟可以觀怪尚書後案第八咸有一德七世之廟可

以觀德下引證甚詳此條須改

案尚書後案辨曰吕覽卷十三諭大覽引商書云五

世之廟可以觀怪萬夫之長可以生謀莫知為何篇

語也作偽者取其文而加以改竄不知七廟始於周

夏商以前未有也王制云天子七廟三昭三穆與太

祖之廟而七鄭云比周制七者太祖及文王武王之
祧與親廟四太祖后稷殷則六廟契及湯與二昭二
穆夏則五廟無太祖禹與二昭二穆而已鄭禮緯稽
命徵及鉤命決云唐虞五廟親廟四與始祖五禹四
廟至子孫五殷五廟至子孫六周六廟至子孫七故
七廟獨周制爲然蓋禹之時祇有高祖以下四親廟
至子孫并禹則五矣湯之時祇有契及四親至子孫
并湯則六矣周文武之廟不毀以爲二祧始祖之廟
亦不毀則爲七矣此不易之論也書云五世之廟此
湯之時也王肅議禮必反鄭元此僞書及傳正王肅
之徒所爲故宗其說

獄犴也　注淮南子說林訓下乙亡犴不可再七字　注
云犴獄也下補荀子宥坐篇獄犴不平　漢書刑法志

下乙云獄豻不平五字改作豻二字　令敔禁也下乙

或但謂二十七字

卷第七下

釋器

瓬甀罌甂瓶也　注今江東通呼大瓮爲瓬下補晉書五

行志建興中江南謠歌曰訇如白坑破合集持作甒揚

州破換敗吴興覆瓿甊坑與瓬同　甀注加墨籤云大

宗師皆在鑪捶之閒耳崔譔注捶當作甀　甂字通作

儋又作擔下補又作檐吕氏春秋異寶篇禄萬檐高誘

注云萬檐萬石也　罌注加墨籤云穆天子傳二天子

乃賜之黄金之罌三六

案謂之㯫　注若今人持承槃下乙漢書外戚傳十七字

改史記田叔傳云高祖過趙趙王張敖自持案進食

三十六

椀盂也　注盌與椀同下補賈子時變篇云母取瓢椀箕帚

盪杯也　注說文桮𧷾也下補太平御覽引風俗通義云吳郡名酒杯爲盪盪說文

楮謂之钁　注淮南子兵略訓奮儋钁改淮南子精神訓揭钁臿

犧象罇也　注則與鷄鳥諸彝之制不合下乙其不可信一也一百八十二字改且莊子云百年之木破爲犧尊淮南子云百圍之木斬而爲犧尊則古人以木爲犧尊明矣今魯郡所得犧尊在地中七百餘年而完好可辨以木爲之乎抑以金爲之乎以木爲之則不能經七百年而不壞以金爲之則又與莊子破木爲尊之說不合無一可者也

紈緈素也　注加墨籤云聘禮賄用束紡鄭注云紡紡絲
為之今之縛也
麴塵綵也　注麴塵亦染黃也下補易稽覽圖云黃之色
悖如麴塵
𧛵衱謂之褗　注説文褗𧝝領也𧝝改褗
繞領帔帍也　注加墨籤云段注説文七下説繞領帔之
義甚是當據改
案説文解字段氏注云方言繞衿謂之帍廣雅本之
曰繞領句帔句帍也衿領今古字領者劉熙云總領
衣體為端首也然則繞領者圍繞於領今男子婦人
披肩其遺意劉熙曰帔披也披之肩背不及下也蓋
古名帍宏農方言曰帔若常則曰下帍言帍之在下
者亦集衆幅為之如帍之集衆幅被身也如李善引

梁典任昉諸子冬月著葛巾帔練裙自是上下三物

水經注淮南王廟安及八士像皆羽扇裙帔巾壺枕

物一如常居亦帬帔竝言自釋名裙系下帔系上後

人乃不知帔帬之别擅改說文矣

衽袖也　注衽亦袂也下補管子弟子職篇云攝衽盥漱

又云振衽埽席趙策云攝衽抱几

稍謂之袩　注稍衣衽也下補太元元掜云垂稍為衣襞

幅為裳

褯謂之褓　注褓小兒衣也下乙漢書宣帝紀十三字改

呂氏春秋明理篇道多褓繈高誘　賈誼傳作繈抱上

補宣帝紀作繈褓

鞊鞇屨也　注加墨䥈云說文鞅䩐鞅沙也鞅沙與鞊鞇

同

幨謂之幰　注然猶不能獨穿也下補墨子備城門篇云城上之備渠襜藉車

微幟幑幡也　注微識也呂絳微帛著于背乙微字　說文隸人給事者衣為卒乙衣字　以絳微帛謂之帾乙微字帛下補著背二字　六月篇織文鳥章鄭箋云織徽織也三織字竝改識　張旗志幟織識竝通乙織字

幃謂之幐　注加墨籤云商子賞刑篇云贊茅岐周之粟以賞天下之人不得一幐韓子外儲說左篇云猶贏幐而履蹻秦策贏幐履蹻負書擔橐趙策贏幐負書擔橐

絚索也　注說文絚大索也下補魏志王昶傳兩岸引竹絚為橋絚與絚同

絡也　注加墨籤云易林訟之蠱衣敝如絡

轀輬車也　注而非喪車明矣下補史記齊世家桓公載

轀車中馳行轀與輼通　士喪禮下篇注云乙下篇二

字改記字

錧也　注說文輨轂耑錔也下補士喪禮記云主人乘惡

車木錧

傘也　注淮陽名車穹隆轒下乙四民月令十六字改管

子度地篇土車什一雨傘什二尹知章注云車傘所以

禦雨故曰雨傘

卷第八上

釋器

鏤謂之錯　注加墨籤云晉語文錯其服注錯錯鏤也是

錯與鏤同義　御覽七百五十六引通俗文云金銀要

飾謂之錯鏤

振謂之幐　注加墨籤云易林訟之漁機杼幐複女功不

成

柱距也　注加墨籤云漢書朱雲傳注拄刺也距也

矢箭也　注加墨籤云墨子備穴篇爲短戈短戟短弩虻

矢

錍鏃鏑也　注加墨籤云唐六典引通俗文云骨鏃曰骲

鐵鏃曰鏑鳴箭曰骹霍葉曰釲釲與錍同

簣第　注加墨籤云釋名舟中牀以薦物者曰笭言但有

簣如笭牀也

丹赤也　注加墨籤云鄉射記凡畫者丹質注丹淺於赤

黎驪黑也　注加墨籤云衆經音義卷十二引通俗文云

面黎黑曰皯驪

卷第九上

釋天

三十九

譎冠珥　注加墨籤云莊子天下篇俱誦墨經而倍譎不同記其各守所見分離乖異也如淳以鐍爲抉失之譎子義相近抱珥背鐍皆外向之名背鐍即倍譎冠珥皆內向之名如淳說非也

朱明日也　注加墨籤云朱明承夜注朱明日也

參伐謂之大辰　注加墨籤云夏小正傳參也者伐星也

北辰謂之曜魄　注加墨籤云楚辭遠遊綴鬼谷於北辰兮注北辰北極星也□□引日月以指極兮注極北辰星也魏明帝長歌行仰首觀靈宿北辰奮休榮春秋繁露深察名號篇云正朝夕者視北辰晏子春秋雜篇古之立國者南望南斗北戴樞星彼安有朝夕者哉

隸兵　注加墨籤云周官小宗伯肆儀爲信故書肆爲肆

大夫與士隸隸本作隸

卷第九下

釋地

畖斥澤池也　注加墨籤云五制正義北監本第八頁引口義左氏說賦法積四十五井除山川坑岸三十六井定出賦者九井　澤注加墨籤云口斥澤則亟去無留孫子行軍篇去菹萊鹹鹵斥澤山閒堤壖不爲用之壤管子輕重篇

埴土也　注加墨籤云衆經音義十三引淮南許注埴土也

齊俗訓若璽之印埴

䑛耕也　注加墨籤云說文䑛耕暴田曰䑛魏志司馬芝傳耕熯種麥晉書傅休奕傳耕䑛不熟

釋丘

邱上有木爲祕邱　注加墨籤云抱朴子正郭篇高潔三條貫爲祕邱之俊民

墳陵冢也　注加墨籤云唐律疏義衛禁篇引三秦記云秦謂天子墳曰山漢曰陵

塋葬地也　注加墨籤云漢書哀帝紀田非冢塋皆以賦貧民

厓也　注加墨籤云孟康注漢書司馬相如傳云厓廉也

嶰谿谷也　注加墨籤云伶倫自大夏之西乃之阮隃之陰取竹於嶰谿之谷

釋水

瀍理也　注加墨籤云胡取禾三百廛兮廛本亦作壥管子心匡篇壥而不税干禄字書廛通作㕓

波也　注加墨籤云波者涌起人閒訓注西京賦河渭爲之波盪

舶舟也　注加墨籤云華陽國志周赧王七年司馬錯率

巴蜀衆十萬大舶船萬艘浮江伐楚

卷第十上

釋草

蒼耳枲耳也　注加墨籤云金匱要略云飲酒食生蒼耳令人心痛令順天人皆謂之蒼耳

女菀也　注加墨籤云菀通作宛魏志華佗傳有四物女宛丸

土瓜芴也　注加墨籤云金匱要略有土瓜根散

稻穰謂之稈　注加墨籤云墐塗塗有穰草也　金匱要略云飲酒食猪肉卧秫稻穰中則發黄

蕪菁也　注加墨籤云世所云蔓菁者今始見之其根葉皆似蘿蔔但蘿蔔根長其味辛蔓根圓其味甘蘿蔔葉小而四布蔓菁葉大而上竦夏秋閒發芽至春抽臺花

小而黃子如蘿蔔而小至結子時根即枯朽而不可食故詩言采葑采菲無以下體也其根葉花亦與芥相似故又有大芥之名固安人皆謂之蔓菁聲如蠻　蔓菁蘿蔔芥菜白菜皆以六月下種諺云頭伏蘿蔔二伏菜三伏種蕎麥莫代反

狼毒也　注加墨籤云文選陳琳為袁紹檄豫州注引漢書誅翟義夷滅三族皆至同坑以五毒參并葬之如淳曰野葛狼毒之屬漢書翟方進傳以棘五毒并葬之如淳曰野葛狼毒之屬也

馬帚馬第也　注加墨籤云順天人謂馬帚為埽帚菜

蒦薪也　注加墨籤云干祿字書樵俗作蕉桓七年公羊傳焚之者何樵之也注樵薪也以樵燒之故因謂之樵之

椽柔也　注加墨籤云上劉輪軸下采杍栗管子輕重篇

重皮厚朴也　注加墨籤云朴之言附也史記惠景閒矦者年表諸矦子弟若肺附索隱附木皮也

卷第十下

釋蟲

蛉蚗蛩也　注說文云蚼蚗蛁蟟也下補楚辭九思云蚼蚗兮噍噍

蛉蛄蛁蟟也　注一名蝭蟧蟧改蟧字

杜伯蠍也　注幽州謂之蠍下補崔瑗草書埶云絕筆收埶餘綖糾結若杜伯揵毒緣巇

景天螢火𧍯也　注加墨籤云段氏說文粦字注云詩傳熠燿粦也粦火也粦火謂其火熒熒閃睗猶言鬼火也陳思王曰熠燿宵行章句以爲鬼火或謂之粦章句者謂薛君

章句是則毛韓古無異説毛詩字本作熒或乃以釋蟲之熒火即炤當之且或改熒爲螢改燐爲蟒大非詩義

螻姑也　注加墨籤云御覽螻蛄條不全當借查

馬蠲馬蚿也　注蚈馬蠸也下補説苑雜言篇馬蚿折而復行者何以輔足衆也

螗蜋也　注本草誤耳螳蜋下乙令字補有斧蟲故一名斫父江東呼爲石蜋石斫聲相近今高郵人或謂之斫蜋又謂之刀蜋聲之轉也乙聲之轉也四字

蟅蟒蚮也　注加墨籤云管子七臣七主篇苴多螣蟇山多蟲𧒂蟇與蟒同百螣即蟇螣

蝍蛆吴公也　注加墨籤云王逸九思哀感蝍蛆兮穰穰

注將變貌

引無也　注加墨籤云漢益州太守高頤碑游心典籍字

作無
虎王蝟也 注加墨籤云蝟令虎申蛇令豹止旁夾注手
抄本有之
沙蝨蝬蝂也 注與射工相似皆殺人下乙是其情狀也
五字改故晉車永與陸雲書云鄮縣既有短弧之疾又
有沙蝨害人
釋魚
鯆䱐鮒也 注加墨籤云史記伍子胥傳縣吳東門之上
正義曰東門鱔門謂䱐門也鱔音普姑反䱐音覆浮反
越軍開示浦子胥濤盪羅城開北門有鱔䱐隨濤入故
以名門顧野王云鱔魚一名江豚欲風則涌也
鱮鰌也 注鰌似鱓短小也下補華陽國志漢中志云度
水有二源清水出鱮濁水出鮒

四十三

無角曰虯龍　注加墨籤云白帖九十五引此無角曰螭

龍下有未升天曰蟠龍　龍注欲大口則藏於天下加

墨籤注云手抄本大字下亦係則字此乃重寫則字

釋鳥

鴉鵰也　注皇象本鳶作戴下補中庸鳶飛戾天爾雅鳶

烏醜釋文並云鳶字又作戴　釋文云戴本又作鳶下

補史記穰侯傳魏將暴鳶韓世家鳶作戴　墨籤云段

以鳶為夏小正鳴弋之弋又以鳶為鵰之俗字大謬

又籤云隸書從弋之字或省從弋曹全碑威年諸賁攻

城墅戰是也此可為鳶字作鳶之例又李翊夫人碑世

有皇分氣所載吳仲山碑慼癋張遷碑開定畿寓亦均

省戈作弋

鴟鷂鶚也　注集韻鷂小鴟也改玉篇鷂鳥㲋也　呂靜韻

集云鷙野鳥也索隱引劉伯莊云鳥字改梟乙索隱引

下二十六字

鴆鳥其雄謂之運日　注王逸離騷注云注字下補韋昭

晉語注竝六字　鴆運日也下乙羽有毒六字

翼文曰順　注加墨籤云白帖九十四引山海經作翼文

曰禮背文曰義　又籤云論衡講瑞篇引禮記瑞命篇

云雄曰鳳雌曰皇雄鳴曰即即雌鳴曰足足

鳳皇屬也　注加墨籤云論衡講瑞篇主鳥之記四方中

央皆有大鳥其出衆鳥皆從小大毛色類鳳皇

鵿怪鳥屬也　注加墨籤云玉篇鵿亡俱切雀也廣韻鵿

鳥名雀屬即廣雅之鵿雀

釋獸

獌犺也　注加墨籤云犺或作犺魏志東遼傳夫餘大人

加狐貍犺白黑貂之裘又云出貂犺蓋犺亦狐貍之屬可以為裘故傳以狐貍犺並言之貁或譌作豽魏志鮮卑傳注引魏書鮮卑有貂豽貚子皮毛柔蠕故天下以為名裘後漢書鮮卑傳同又東遼傳夫餘出貂豽字皆作豽蓋貁從宂聲廣韻宂而隴切或作内其形與内相似故貁字譌而為豽李賢注後漢書不知釐正乃音奴八反云似豹無前足又云豽猴屬也案爾雅貀無前足本又作豽女滑反郭璞云似狗豹文又用字林說云似虎而黑不言皮可為裘亦不以為猴屬李注非也又案廣韻豽獸名無前足說文作貀女滑切又云似貍蒼黑善捕鼠依女滑之音則為爾雅之豽依似貍之解則又為倉頡篇之貁矣蓋貁豽譌混已久為韻書者莫能辨正而誤合之不知似貍之獸其字作貁作豽不作豽音

余叔切不音女滑切

豰豕也　注說文又云豠豕屬也下乙豰牡豕也一百十

字改豰疑當作𧰲說文云上谷名豬𧰲從豕役省聲玉

篇音營隻切豰字俗書作豰兩旁皆與𧰲相似世人多

見豰少見𧰲故𧰲字譌而爲豰此言豕之通名下文方

釋豕之牝牡下既有豭豰之文則此文不得作豰也

娩兔子也　注娩者新生弱小之稱下補小雅采薇篇薇

亦柔止毛傳云柔謂肥脃之時釋文脃音問　聲義與

娩相近義字下補竝字

殰羯也　注豕去勢曰殰下補虞翻云劇豕稱殰劇與羯

同殰字或作豮韓子十過篇云豎刁自豮以爲治內

鮦鮯　注爾雅之𩵋鼠矣下補北户錄引廣志云蛔蛉鼠

毛可以爲筆蛔蛉與鮦鮯同

䶂鼠　注加墨籤云爾雅釋獸釋文引博物志云䶅鼠之最小者或謂之耳鼠

釋嘼

白馬朱鬣駁　注加墨籤云爾雅釋言釋文引廣雅曰白馬朱鬣曰駱與今本同蓋三家詩說不必改駁續漢書禮儀志立秋之日乘輿御戎駱白馬朱鬣卽月令之乘白駱也

金喙騕褭　注金喙者爲腰褭也下乙開元占經二十五字改武帝紀更黄金爲麟趾褭蹏應劭注云古有駿馬名要褭赤喙黑身一日行

駃騠　注以野馬駒駼駃騠爲獻下補列女傳辯通傳云駃騠生七日而超其母　匈奴傳索隱云發蒙記云改引字記下補云字　刳其母腹而生下乙列女傳云十

字

郭注丁犖　注加墨鐵云注當爲橓集韻橓苦禾切引博雅郭橓牛屬玉篇廣韻竝云橓牛無角也桓譚新論作郭椒乃科之誤蓋科作粁與隸書椒字作楙者相似故誤爲椒也淮南子説山髡屯犖牛既科以犝段氏説文犖字注引此二書謂科椒同韻非也

廣補

光緒戊戌春在滬江揚州書估夏炳泉挾書求售中有廣
雅疏證書中夾墨籤甚多間有朱書偶見念孫案字夏估
疑是石臞先生手筆索價至奢予時未見石臞先生書迹
而加籤處固極精密微石臞先生當世殆無其人惜少八
九兩卷因許以善價夏估云兩卷聞尚在某故家當為覔
之因挾其書去及明年夏予返淮陰寓居漢軍黃蕙伯姻
丈觴予於河下飲淥草堂酒半出新得書見示謂是書當
為王石臞先生手校而未敢遽定予取觀蓋即夏估挾至
滬上者予假歸一夕盡讀之決為出石臞先生手因勸黃
丈條錄付梓其年秋黃丈乃手編為補正以新刊本見貽
又數年丈卒於淮安後嗣零替鬻所藏書予得書十餘種
石臞先生是書在焉而補正刊版則不可知丁巳在海東
海甯王忠慤公 國維從予假黃氏本刊入雜誌中且為之

跋及予由海東返寓津沽得王氏手稿及雜書一笥中有疏證初印本已佚數册而卷八九獨存中夾墨籤適足補曩本之闕因命兒子福頤移黏舊得本上黄丈所錄間有遺漏因據原書重加校錄共得五百有一則視黄丈所錄增數十則而一仍黄丈舊名重為印行並錄黄丈原跋以記是書之得流傳自黄丈始也至八九兩卷予初見時本佚去後夏估以他本足之黄跋遂誤認為待校而未校至校正各條皆出自石臞先生忠慤謂間有伯申尚書手不盡先生筆其言殊渾淪今案其實則朱書為文簡所清寫墨籤則文簡尚未清寫者也爰於書首仍署石臞先生名至此書佚卷南北千餘里後先廿餘年終為延津之合殆石臞先生所陰相歟謹書卷末以志欣慰戊辰八月上虞羅振玉

此廣雅疏證始刻成後覆加勘定之本朱墨燦列凡所刪
補無慮四百餘條皆精詳確當卷五釋言酌潄也下朱筆
補疏有念孫案三字知為石臞先生親自攷訂者其補自
文簡者則冠以引之曰卷七釋宮廟天子五下墨籤云尚
書後案第八咸有一德七世之廟可以觀德引證甚詳此
條當改釋器繞領帔帬也下墨籤云段氏說文七下說繞
領帔之義甚是當據改則是待改而未改者八九兩卷獨
無一字則是待校而未及校者統觀諸條的係先生親自
脩定之藁嗣是曾否補完曾否再刻或祇此本或尚有傳
錄之本無從徵考不能臆測阮文達刊入學海堂經解揚
州淮南書局光緒重鋟悉據原疏本似都未見此冊無論
世間有無第二本而此冊信可寶貴已獨不識何以流傳
在外入清河汪氏所藏有汪氏珍藏桃花潭水二印汪葵

田先生名汲春園先生名椿祖孫咸精經學有著述雖不若高郵王氏父子之盛亦學人也書賈獲自汪裔索價頗昂余初見謂朱墨爲汪氏所加繼而諦審始辨是王家故物直端午得錢極艱逦畱縮米薪力購得之暇當徧質通人設法流布儻是孤本斷不敢自我韞其寶氣也光緒庚子五月古襄平黄海長謹識

王懷祖先生廣雅疏證刊成後補正數百事皆細書刊本上或别箋夾入書中蓋意欲改刊而未果也其手校補本舊在淮安黄惠伯海長家後歸上虞羅叔言參事余前在大雲書庫見之書眉行間朱墨爛然間有出伯申尚書手者不盡先生筆也光緒庚子黄氏曾寫出爲一卷刊於淮陰印書二十部而板燬於寇故世罕知此書者余以黄刊本校原書則原書朱墨箋間有奪落已不如二十年之完善故亟刊黄本而識其可貴者於後丁巳八月海甯王國維